WINNETOU

ZWEITER BAND

—

REISEERZÄHLUNG

VON

KARL MAY

PARKLAND

KARL MAYs HAUPTWERKE
in 33 Bänden
»Züricher Ausgabe«

—

Herausgegeben von
Hermann Wiedenroth und
Hans Wollschläger

—

Band 20

Die »Züricher Ausgabe«
von KARL MAYs HAUPTWERKEN
in 33 Bänden folgt der von
Hermann Wiedenroth und Hans Wollschläger
herausgegebenen historisch-kritischen Ausgabe
KARL MAYs WERKE in 99 Bänden
im Haffmans Verlag Zürich.

Umschlagbild von
Klaus Dill
Konzeption und Gestaltung von
Urs Jakob

Berechtigte, einmalige Lizenzausgabe
für Parkland im Karl-May-Jubiläumsjahr 1992

Herstellung: Ebner Ulm
ISBN 3-88059-706-5

Inhalt

Der Text dieses Bandes folgt zeichengetreu der Buchfassung letzter Hand,
Freiburg 1909.
Die Editorischen Berichte für die insgesamt vierbändige Reiseerzählung, die über Entstehung und Textgeschichte Auskunft geben, finden sich in der Bibliotheksausgabe »Karl Mays Werke. Historisch-kritische Ausgabe« IV.14 »Winnetou III« und V.7 »Winnetou IV«, Haffmans Verlag, Zürich.

WINNETOU

II

ERSTES KAPITEL.

Als Detektive.

Kaum ist der erste Band von Winnetou ausgegeben worden, so gehen von den Lesern desselben schon zahlreiche Fragen nach dem weiteren Verlaufe der Ereignisse bei mir ein. Dieser wurde ein ganz anderer, als ich damals dachte.

Wir kamen nach einem wahren Parforceritte an die Mündung des Rio Boxo de Natchitoches, wo wir erwarteten, einen von Winnetou zurückgelassenen Apachen vorzufinden. Leider ging diese Hoffnung nicht in Erfüllung. Freilich Spuren von Menschen, welche dagewesen waren, fanden wir, aber was für welche! Nämlich die Leichen der beiden Traders, welche uns Auskunft über das Dorf der Kiowas gegeben hatten. Sie waren erschossen worden, und zwar von Santer, wie ich später durch Winnetou erfuhr.

Santers Kanoefahrt war so rasch vor sich gegangen, daß er die Mündung des genannten Flusses zugleich mit den Händlern erreicht hatte, obgleich diese eher als er das Zeltlager Tanguas verlassen hatten. Er war gezwungen gewesen, auf die Nuggets Winnetous zu verzichten, und also mittellos; da stachen ihm die Waren der Traders in die Augen, und um sich derselben zu bemächtigen, erschoß er die zwei ahnungslosen Männer, höchst wahrscheinlich aus dem Hinterhalte. Hierauf machte er sich mit ihren Mauleseln aus dem Staube. Dies las Winnetou aus den Spuren, welche er bei seiner Ankunft an der betreffenden Stelle vorfand.

Der Mörder hatte sich nichts Leichtes vorgenommen, denn der Transport so vieler Packtiere über die Savanne ist für einen einzelnen Menschen mit großen Schwierigkeiten verknüpft. Dazu kam, daß er zur größten Eile gezwungen war, weil er die Verfolger hinter sich wußte.

Unglücklicherweise trat ein mehrtägiger Regen ein, welcher alle Spuren verwischte, so daß Winnetou sich nicht mehr auf sein Auge, sondern nur auf Kombinationen verlassen konnte. Höchst wahrscheinlich hatte Santer, um seinen Raub zu verwerten, eine der nächstliegenden Niederlassungen aufgesucht, und so blieb dem Apachen nichts anderes übrig, als diese Ansiedelungen nacheinander abzureiten.

Erst nach einer Reihe von verlorenen Tagen fand er auf Gaters Faktorei die verschwundene Spur wieder. Santer war dagewesen, hatte alles verkauft und sich ein gutes Pferd erworben, um auf der damaligen Red River-Straße nach dem Osten zu gehen. Winnetou verabschiedete alle seine Apachen, die ihm nun nur hinderlich sein konnten, schickte sie in ihre Heimat zurück und nahm die weitere Verfolgung nun allein auf. Er hatte genug Goldkörner bei sich, besaß also die nötigen Mittel, im Osten längere Zeit existieren zu können.

Da er uns infolgedessen am Natchitoches keine Weisung hinterlassen hatte, wußten wir nicht, wo er sich befand, konnten ihm also nicht folgen und wendeten uns nach dem Arkansas hinüber, um auf dem geradesten Landwege nach St. Louis zu kommen. Es tat mir außerordentlich leid, den Freund jetzt nicht wiedersehen zu können, doch dies zu ändern, lag ja nicht in meiner Macht.

Es war eines Abends, als wir nach langer Reise in St. Louis ankamen. Ganz selbstverständlich suchte ich sofort meinen alten Mr. Henry auf. Als ich in seine Werkstatt trat, saß er bei der Lampe an der Drehbank und überhörte das Geräusch, welches ich beim Oeffnen der Tür verursacht hatte.

»*Good evening*, Mr. Henry!« grüßte ich, als ob ich erst gestern zum letztenmal bei ihm gewesen sei. »Seid Ihr mit dem neuen Stutzen bald im Geschick?«

Bei diesen Worten setzte ich mich auf die Ecke der Bank, grad so, wie ich es früher oft getan hatte. Er fuhr von seinem Sitze auf, starrte mich eine Weile wie abwesend an und schrie dann vor Freude förmlich auf:

»Ihr – Ihr – – Ihr seid es? Ihr seid da? Der Hauslehrer – – – der – – der Surveyor – – der – – der – der verteufelte Old Shatterhand!«

Dann warf er seine Arme um mich, zog mich an sich und küßte mich wiederholt hüben und drüben auf die Wangen, daß es nur so klatschte.

»Old Shatterhand! Woher kennt Ihr diesen Namen?« fragte ich, als der Ausdruck seiner Freude ruhiger geworden war.

»Woher? Das fragt Ihr noch? Es wird ja überall von Euch erzählt, Ihr Schwerenöter! Seid ein Westmann geworden, wie er im Buche steht! Mr. White, der Ingenieur von der nächsten Sektion, war der erste, welcher Nachricht brachte; war voll des Lobes über Euch; das muß ich sagen. Die Krone hat Euch Winnetou aufgesetzt.«

»Wieso?«

»Hat mir alles erzählt – alles!«

»Was? Wie? War er denn da?«

»Natürlich war er da – natürlich!«

»Wann denn, wann?«

»Vor drei Tagen. Ihr hattet ihm von mir erzählt, von mir und dem alten Bärentöter, und da konnte er nicht hier sein, ohne mich zu besuchen. Hat mir wohl gesagt, was für ein Westmann Ihr geworden seid. Büffelbulle, Grizzlybär und so weiter, und so weiter! Habt sogar die Würde eines Häuptlings erhalten!«

In diesem Tone ging es noch lange Zeit fort, und es half nichts, daß ich ihn verschiedene Male unterbrach. Er umarmte mich wieder und immer wieder und freute sich riesenhaft darüber, daß er es gewesen war, der meinem Lebenswege die Richtung nach dem wilden Westen gegeben hatte.

Winnetou hatte Santers Spur nicht wieder verloren und war ihr in Eilmärschen bis nach St. Louis gefolgt, von wo aus sie nach New Orleans gezeigt hatte. Diese seine Eile war der Grund, daß ich später als er nach St. Louis gekommen war. Er hatte bei Henry hinterlassen, daß ich ihm nach New Orleans folgen solle, falls ich Lust dazu verspüre, und ich war sofort entschlossen, dies zu tun.

Natürlich mußte ich vorher meinen geschäftlichen Obliegenheiten nachkommen, was am nächsten Morgen geschah.

Da saß ich schon zeitig mit Hawkens, Stone und Parker hinter jener Glastür, wo man mich ohne mein Wissen examiniert hatte. Mein alter Henry hatte es nicht unterlassen können, mitzugehen. Da gab es denn zu erzählen, zu berichten, zu erklären, und es stellte sich heraus, daß unter allen Sektionen die meinige die interessantesten und gefährlichsten Erlebnisse gehabt hatte. Freilich war ich als der einzige Surveyor übrig geblieben.

Sam gab sich alle Mühe, eine Extragratifikation für mich herauszuschlagen, doch vergeblich; wir bekamen unser Geld sofort, aber keinen einzigen Dollar mehr, und ich gestehe aufrichtig, daß ich die mit solcher Mühe angefertigten und geretteten Zeichnungen und Notizen nicht ohne das Gefühl ärgerlicher Enttäuschung ablieferte. Die Herren hatten fünf Surveyors angestellt, bezahlten aber nur einen und steckten das Honorar der vier übrigen in ihre Taschen, obgleich sie das volle Resultat unserer Gesamtarbeit in die Hände bekamen – – eigentlich freilich aber das Resultat nur meiner Ueberanstrengung.

Sam ließ deshalb eine geharnischte Rede los, erreichte aber dadurch weiter nichts, als daß er ausgelacht und mit Dick und Will zur Türe hinauskomplimentiert wurde. Ich ging natürlich mit und schüttelte den Staub von den Füßen. Uebrigens war die Summe, welche ich erhalten hatte, für meine Verhältnisse eine bedeutende.

Also ich wollte Winnetou nach, welcher mir die Adresse eines Hotels in New Orleans bei Mr. Henry zurückgelassen hatte. Aus Höflichkeit oder auch Anhänglichkeit fragte ich Sam und seine beiden Gefährten, ob sie mitwollten; sie hatten aber die Absicht, sich in St. Louis erst einmal gehörig auszuruhen, was ich ihnen nicht übel nehmen konnte. Ich kaufte Wäsche u. s. w., auch einen neuen Anzug, den ich mit meinem indianischen vertauschte, und dampfte nach dem Süden ab. Die wenigen Habseligkeiten, welche ich nicht mitnehmen wollte, darunter auch den schweren Bärentöter, übergab ich Henry, der sie mir heilig aufzuheben versprach. Den Rotschimmel ließ ich natürlich auch zurück; ich brauchte ihn nicht mehr. Wir alle waren der Ansicht, daß meine Abwesenheit nur eine kurze sein werde.

Es sollte aber anders kommen. Wir befanden uns, was ich noch gar nicht erwähnt habe, weil es auf die bisher erzählten Ereignisse keinen Einfluß gehabt hatte, mitten im Bürgerkriege. Zufälligerweise war grad jetzt der Mississippi offen, denn der berühmte Admiral Farragut hatte ihn wieder in die Gewalt der Nordstaaten gebracht; dennoch aber wurde die Fahrt des Steamers, auf dem ich mich befand, durch allerlei Maßregelungen, die freilich wohl notwendig waren, sehr verzögert, und als ich in New Orleans ankam und in dem betreffenden Hotel nach Winnetou fragte, wurde mir der Bescheid, daß er gestern fort sei und für mich die Weisung zurückgelassen habe, daß er nach Vicksburg hinter Santer her sei, mir aber der Unsicherheit wegen nicht raten könne, ihm zu folgen, und später bei Mr. Henry in St. Louis sagen werde, wo er zu finden sei.

Was nun tun? Es drängte mich, meine in der Heimat befindlichen Verwandten, welche der Unterstützung bedurften, zu besuchen; die Mittel hatte ich ja dazu. Nach St. Louis zurückkehren, um da auf Winnetou zu warten? Nein. Wer weiß, ob es ihm möglich war, dorthin zu kommen. Ich erkundigte mich nach einem abgehenden Schiffe. Es gab eines, einen Yankee, welcher die gegenwärtige ruhige Kriegslage benutzen wollte, nach Cuba zu gehen, wo ich Gelegenheit nach Deutschland oder wenigstens zunächst nach New York finden konnte. Ich entschloß mich kurz und ging an Bord.

Vorsichtigerweise hätte ich mein Bargeld bei einer Bank gegen eine Anweisung umtauschen sollen; aber auf welchen Bankier in New Orleans war damals Verlaß! Dazu kam, daß es kaum die nötige Zeit dazu gab, weil ich nur kurz vor der Abfahrt des Schiffes hatte Passage nehmen können; ich trug also mein ganzes Geld bar in der Tasche bei mir.

Um über dieses fatale Ereignis kurz hinwegzugehen, will ich nur sagen, daß uns des Nachts ein Hurrikan vollständig überraschte. Wir hatten zwar trübes, windiges Wetter, aber gute Fahrt gehabt, und nichts deutete am Abende auf einen gefährlichen Wirbelsturm. Ich ging also, ebenso wie die andern Passagiere, welche die Gelegenheit, aus New Orleans fortzukommen, auch benutzt hatten, unbesorgt schlafen. Nach Mitternacht wurde ich von dem plötzlichen Heulen und Brausen des Sturmes geweckt und sprang vom Lager auf. In diesem Augenblicke erhielt das Schiff einen so gewaltigen Stoß, daß ich hinstürzte und die Kabine, welche ich mit noch drei Passagieren teilte, mit ihrem ganzen Inhalte auf mich niederkrachte. Wer denkt in einem solchen Augenblicke an das Geld. Das Leben kann an einem einzigen Momente hängen, und bei der tiefen Finsternis und heillosen Verwirrung konnte lange Zeit vergehen, ehe ich meinen Rock mit der Brieftasche fand. Ich arbeitete mich also schnell aus den Trümmern heraus und eilte – nein taumelte nach dem Deck hinaus, denn das Schiff schlingerte und stampfte entsetzlich.

Draußen sah ich nichts; es war stockdunkel; der Hurrikan warf mich augenblicklich nieder, und eine Sturzsee rollte über mich weg. Ich glaubte schreiende Stimmen zu hören, doch war das Heulen des Wirbelsturmes stärker als sie. Da zuckten kurz nacheinander mehrere Blitze durch die Nacht, die sie auf einige Augenblicke erhellten. Ich sah Brandung vor uns und jenseits derselben Land. Das Schiff hatte sich zwischen Klippen eingebohrt und wurde durch den Andrang der Wogen hinten hoch emporgehoben. Es war verloren und konnte jeden Augenblick auseinandergerissen werden. Die Boote waren fortgespült. Wo gab es Rettung? Nur durch Schwimmen! Ein neuer Blitz zeigte mir Menschen, welche, auf dem Deck liegend, sich an allen möglichen Gegenständen festhielten, um nicht von den Sturzseen mitgenommen zu werden. Ich hingegen war der Ansicht, daß man grad nur einer solchen See sich anvertrauen müsse.

Da kam eine, scheinbar haushoch, heran, trotz der Dunkelheit durch ihren phosphoreszierenden Glanz zu erkennen. Sie erreichte das Schiff; dieses krachte, daß ich sicher war, es geht jetzt in Trümmer. Ich hatte mich an einem eisernen Träger festgehalten, ließ aber jetzt los; Herrgott, hilf, und rette mich! Es war mir, als ob ich von der See turmhoch emporgetragen würde; es drehte mich wie einen Ball im Kreise; es wirbelte mich in die Tiefe hinab und nahm mich wieder nach oben. Ich bewegte kein Glied, denn jetzt hätte mir alle Anstrengung nichts genützt, aber sobald die See das Land erreichte, mußte ich arbeiten, um nicht von ihr wieder zurückgerissen zu werden.

Ich befand mich jedenfalls kaum eine halbe Minute in der Gewalt der stürzenden See, aber es dünkte mir, stundenlang zu sein. Da wurde ich von der gewaltigen Woge durch die Luft geschleudert. Sie spie mich aus und warf mich zwischen Felsen in ruhiges Wasser. Nur nicht wieder von ihr erfaßt werden! Ich stieß und strich aus Leibeskräften mit Armen und Beinen aus und schwamm mit einer Anstrengung, wie ich noch nie geschwommen hatte. Wenn ich soeben den Ausdruck ›ruhiges Wasser‹ gebraucht habe, so war dies natürlich nur relativ gemeint. Die Sturzsee hatte mich über die Brandung hinweggetragen; ich hatte es nun nicht mehr mit haushohen Wogen zu tun, aber der Sturm wühlte und pflügte das Wasser doch so auf, daß ich auf und nieder und hin und her geworfen wurde wie ein leichter Kork in einem geschüttelten Wassergefäße. Es war ein großes Glück, daß ich das Land gesehen hatte. Ohne diesen günstigen Umstand wäre ich höchst wahrscheinlich verloren gewesen. Ich wußte, nach welcher Richtung ich zu schwimmen hatte, und wenn ich in dem fürchterlichen Aufruhr der Elemente auch nur geringe Fortschritte machte, so erreichte ich endlich doch die Küste, aber nicht in der Weise, wie ich es wollte. Die See war dunkel und das Land auch; ich konnte in der dichten Finsternis die eine nicht von dem andern unterscheiden, mir also keine zum Landen passende Stelle suchen und trieb mit dem Kopfe in der Weise gegen eine Klippe an, als hätte mir jemand mit einem Beil einen Hieb gegeben. Ich hatte noch die Geistesgegenwart, mich schnell an diesen Felsen emporzuarbeiten, und verlor dann das Bewußtsein.

Als ich wieder zu mir kam, war der Hurrikan noch nicht vorüber. Mein Kopf schmerzte mich, doch beachtete ich dies nicht. Viel größere Sorge machte mir der Umstand, daß ich nicht wußte, wo ich mich befand. Lag ich auf dem festen Lande, oder auf einer aus dem Wasser ragenden Klippe? Ich durfte nicht von der Stelle fort, auf welcher ich mich befand. Sie war glatt und eben und ich hatte Mühe, sie zu behaupten, denn die Kraft des Sturmes war groß genug, mich wegzufegen. Nach einiger Zeit aber bemerkte ich, daß sie sich verminderte, und dann dauerte es, wie es bei derartigen Wirbelstürmen fast stets der Fall zu sein pflegt, gar nicht lange, so war der Hurrikan ganz plötzlich, wie mit einem Schlage, vorüber, der Regen auch, und die Sterne erschienen am Himmel.

Bei ihrem Scheine konnte ich mich orientieren. Ich befand mich an der Küste. Hinter mir tobte die Brandung; vor mir sah ich einzelne Bäume stehen. Ich ging auf dieselben zu; sie hatten dem Sturme getrotzt; andere aber hatte er aus der Erde gerissen und niedergeworfen, oder gar streckenweit mit fortgenommen. Dann bemerkte ich einige Lichter, welche sich bewegten; da mußten Menschen sein, und ich beeilte mich, sie aufzusuchen.

Sie befanden sich bei einigen Gebäuden, denen der Sturm arg mitgespielt hatte; von einem derselben hatte er das ganze Dach mit fortgenommen. Wie staunten die Leute, als sie mich erblickten! Sie starrten mich an, als ob sie mich für ein Gespenst hielten. Die See tobte noch so, daß wir brüllen mußten, um uns zu verstehen. Sie waren Fischersleute. Der Sturm hatte unser Schiff gegen die Tortugas getrieben, und zwar gegen diejenige Insel, auf welcher sich Fort Jefferson befindet. In diesem waren damals konföderierte Kriegsgefangene interniert.

Die Fischer nahmen sich meiner auf das freundlichste an und versahen mich mit frischer Wäsche und den notwendigsten Kleidungsstücken, denn ich war nur so bekleidet, wie man sich während einer Seereise schlafen zu legen pflegt. Dann schlugen sie Alarm, denn es galt, die Küste nach andern vielleicht Geretteten abzusuchen. Es wurden bis zum Morgen sechzehn Personen gefunden. Bei dreien gelang es, sie ins Leben zurückzurufen; die andern waren tot. Als es Tag wurde, sah ich das Ufer mit angespülten Trümmern bedeckt;

das Schiff war zerschellt; das Vorderteil des Rumpfes saß auf der Klippe, auf welche ihn der Hurrikan getrieben hatte.

Ich war also ein Schiffbrüchiger, und zwar im vollsten Sinne des Wortes, denn ich besaß nichts, gar nichts mehr; das Geld, welches einem so Freude erregenden Zweck hatte dienen sollen, lag auf dem Grunde der See. Natürlich bedauerte ich diesen Verlust, doch nicht ohne mich über denselben zu trösten; ich selbst war ja gerettet worden, ich und noch drei von so vielen, gewiß ein großes Glück!

Der Kommandant des Forts nahm sich unser an; wir bekamen, was wir brauchten, und mir erwirkte er die Gelegenheit, per Schiff nach New York zu gehen. Dort angekommen, stand ich ärmer da, wie damals, wo ich die Stadt zum erstenmal betreten hatte. Ich besaß nichts als den Mut, von neuem anzufangen.

Warum hatte ich mich nach New York und nicht nach St. Louis gewendet, wo ich Bekannte besaß und wenigstens auf die Hilfe des alten Henry sicher rechnen konnte? Weil ich ihm schon so sehr zu Dank verpflichtet war und diese Verpflichtung nicht gern vergrößern wollte. Ja, wenn ich sicher gewesen wäre, Winnetou dort zu treffen! Dies war aber keineswegs der Fall. Seine Jagd nach Santer konnte monatelang und noch länger dauern; wo hatte ich ihn während dieser Zeit zu suchen? Ich war zwar fest entschlossen, wieder mit ihm zusammenzukommen; da mußte ich aber nach dem Westen, nach dem Pueblo am Rio Pecos, und um dies zu können, mußte ich mich vorher auf eigene Füße stellen. Bei den jetzigen Verhältnissen konnte mir dies, so war ich überzeugt, am besten in New York gelingen.

Diese Voraussetzung täuschte mich nicht; ich hatte Glück. Ich machte die Bekanntschaft des sehr honorablen Mr. Josh Tailor, Dirigent eines damals berühmten Privatdetektiv-Corps, und bat ihn um Aufnahme in dasselbe. Als er hörte, wer ich war und was ich in der letzten Zeit getrieben hatte, erklärte er, eine Probe mit mir machen zu wollen, obgleich ich ein Deutscher sei. Er hielt nämlich die Deutschen nicht für sehr brauchbar für sein Fach, doch gelang es mir, durch einige gute Erfolge, welche ich aber mehr dem Zufalle als meinem Scharfsinne zu verdanken hatte, sein Vertrauen zu erwerben, welches sich nach und nach vergrößerte, so daß er mir schließlich gar sein besonderes Wohlwollen schenkte und mich vorzugsweise mit solchen Aufträgen bedachte, die ein sicheres Gelingen und nebenbei eine gute Gratifikation verhießen.

Eines Tages ließ er mich nach dem Appell in sein Kabinett kommen, wo ein älterer, sorgenvoll dreinschauender Herr saß. Bei der Vorstellung wurde er mir als ein Bankier Ohlert genannt, der gekommen sei, sich in einer Privatangelegenheit unseres Beistandes zu bedienen. Der Fall war für ihn ebenso betrübend wie für sein Geschäft gefährlich.

Er besaß ein einziges Kind, einen Sohn, Namens William, fünfundzwanzig Jahre alt und unverheiratet, dessen geschäftliche Dispositionen dieselbe Gültigkeit hatten, wie die des Vaters, der mit einer deutschen Frau verheiratet gewesen und selbst deutscher Abstammung war. Der Sohn, mehr träumerisch als tatkräftig angelegt, hatte sich mehr mit wissenschaftlichen, schöngeistigen und Büchern metaphysischen Inhaltes als mit dem Hauptbuch beschäftigt und sich nicht nur für einen bedeutenden Gelehrten, sondern sogar für einen Dichter gehalten. In dieser Ueberzeugung war er durch die Aufnahme einiger Gedichte in einer der deutschen Zeitungen New Yorks bestärkt worden. Auf irgend eine Weise war er auf die Idee geraten, eine Tragödie zu schreiben, deren Hauptheld ein wahnsinniger Dichter sein sollte. Um dies zu können, hatte er gemeint, den Wahnsinn studieren zu müssen, und sich eine Menge darauf bezüglicher Werke angeschafft. Die schreckliche Folge davon war gewesen, daß er sich nach und nach mit diesem Dichter identifizierte und nun glaubte, selbst wahnsinnig zu sein. Vor kurzem hatte der Vater einen Arzt kennen gelernt, welcher angeblich die Absicht gehabt hatte, eine Privatheilanstalt für Geisteskranke gründen zu wollen. Der Mann wollte lange Zeit Assistent berühmter Irrenärzte gewesen sein und hatte dem Bankier ein solches Vertrauen einzuflößen gewußt, daß dieser ihn gebeten hatte, die

Bekanntschaft seines Sohnes zu machen, um zu versuchen, ob sein Umgang mit dem letzteren von guter Wirkung sei.

Von diesem Tage an hatte sich eine innige Freundschaft zwischen dem Arzte und Ohlert junior entwickelt, welche die ganz unerwartete Folge hatte, daß beide ganz plötzlich – – verschwanden. Nun erst hatte der Bankier sich genauer nach dem Arzte erkundigt und erfahren, daß derselbe einer jener Medizinpfuscher sei, wie sie zu Tausenden in den Vereinigten Staaten ungestört ihr Wesen treiben.

Tailor fragte, wie dieser angebliche Irrenarzt heiße, und als der Name Gibson und dessen Wohnung genannt wurde, stellte es sich heraus, daß wir es da mit einem alten Bekannten zu tun hatten, welchen ich bereits wegen einer anderen Angelegenheit einige Zeit lang scharf im Auge gehabt hatte. Ich besaß sogar eine Photographie von ihm. Sie lag im Bureau, und als ich sie Ohlert zeigte, erkannte dieser sofort den zweifelhaften Freund und Arzt seines Sohnes.

Dieser Gibson war ein Schwindler ersten Ranges und hatte sich lange Zeit in verschiedenen Eigenschaften in den Staaten und Mexiko herumgetrieben. Gestern war der Bankier zu dem Wirt desselben gegangen und hatte erfahren, daß er seine Schuld bezahlt habe und dann abgereist sei, wohin, das wisse niemand. Der Sohn des Bankiers hatte eine bedeutende Barsumme mitgenommen, und heute war von einem befreundeten Bankhause in Cincinnati die telegraphische Meldung eingelaufen, daß William dort fünftausend Dollars erhoben habe und dann nach Louisville weiter gereist sei, um sich von dort seine Braut zu holen. Das letztere war natürlich Lüge.

Es war alle Ursache vorhanden, anzunehmen, daß der Arzt seinen Patienten entführt habe, um sich in den Besitz großer Summen zu setzen. William war den hervorragendsten Geldmännern seiner Branche persönlich bekannt und konnte von ihnen erhalten, so viel ihm nur beliebte. Infolgedessen galt es, sich des Verführers zu bemächtigen und den Kranken nach Hause zu bringen. Die Lösung dieser Aufgabe wurde mir anvertraut. Ich erhielt die nötigen Vollmachten und Anweisungen, auch eine Photographie von William Ohlert, und dampfte zunächst nach Cincinnati ab. Da Gibson mich kannte, so nahm ich auch diejenigen Requisiten mit, deren ich bedurfte, wenn ich in die Lage kommen sollte, mich durch Verkleidung unkenntlich zu machen.

In Cincinnati suchte ich den betreffenden Bankier auf und erfuhr von ihm, daß Gibson sich wirklich bei William Ohlert befunden habe. Von da ging es nach Louisville, wo ich in Erfahrung brachte, daß die beiden sich Billetts nach St. Louis genommen hatten. Natürlich reiste ich nach, fand aber erst nach längerem und angestrengtem Suchen ihre Spur. Hierbei war mir mein alter Mr. Henry behilflich; denn es versteht sich ganz von selbst, daß ich ihn sofort aufsuchte. Er war nicht wenig erstaunt, mich als Detektive zu sehen, bedauerte den Verlust, den ich durch den Schiffbruch erlitten hatte, auf das lebhafteste und nahm mir, als wir uns trennten, das Versprechen ab, nach Lösung meiner jetzigen Aufgabe meine Stellung aufzugeben und nach dem wilden Westen zu gehen. Ich sollte dort sein neu erfundenes Repetiergewehr probieren, und den Bärentöter wollte er mir auch aufheben.

Ohlert und Gibson waren auf einem Mississippidampfer nach New Orleans gefahren, wohin ich ihnen folgen mußte. Ohlert sen. hatte mir ein Verzeichnis derjenigen Geschäftshäuser gegeben, mit denen er in Verbindung stand. In Louisville und St. Louis war ich zu den Betreffenden gegangen und hatte erfahren, daß William bei ihnen gewesen sei und Geld erhoben habe. Dasselbe hatte er auch in New Orleans bei zwei Geschäftsfreunden getan; die übrigen warnte ich und bat sie, sofort zu mir zu schicken, falls er noch kommen werde.

Das war alles, was ich erfahren hatte, und nun stak ich mitten in der Brandung der Menschenwogen, welche die Straßen von New Orleans durchfluten. Wie sich ganz von selbst versteht, hatte ich mich an die Polizei gewendet und konnte nun weiter nichts tun, als abwarten, welchen Erfolg die Hilfe dieser Leute haben werde. Um nicht ganz untätig zu bleiben, trieb ich mich suchend in dem Gewühl herum. Vielleicht kam mir ein günstiger Zufall zu statten.

New Orleans hat einen ganz entschieden südlichen Charakter, besonders in seinen älteren Teilen. Da gibt es schmutzige, enge Straßen mit Häusern, die mit Laubenvorbauten und Balkons versehen sind. Dorthin zieht sich dasjenige Leben zurück, welches das Licht des Tages zu scheuen hat. Da sind alle möglichen Gesichtsfarben vom krankhaften gelblichen Weiß bis zum tiefsten Negerschwarz vertreten. Leierkastenmänner, ambulante Sänger und Gitarrespieler produzieren ihre ohrenzerreißenden Leistungen. Männer schreien, Frauen kreischen; hier zerrt ein zorniger Matrose einen scheltenden Chinesen am Zopfe hinter sich her; dort balgen sich zwei Neger, von einem Kreise lachender Zuschauer umgeben. An jener Ecke prallen zwei Packträger zusammen, werfen sofort ihre Lasten ab und schlagen wütend aufeinander los. Ein dritter kommt dazu, will Frieden stiften und bekommt nun von beiden die Hiebe, welche ursprünglich nicht für ihn bestimmt waren.

Einen bessern Eindruck machen die vielen kleinen Vorstädtchen, welche aus netten Landhäusern bestehen, die sämtlich von sauberen Gärten umfriedet sind, in denen Rosen, Stechpalmen, Oleander, Birnen, Feigen, Pfirsiche, Orangen und Zitronen wachsen. Dort findet der Bewohner die ersehnte Ruhe und Beschaulichkeit, nachdem ihn der Lärm der Stadt umtobt hat.

Am Hafen geht es natürlich am regsten zu. Da wimmelt es förmlich von Schiffen und Fahrzeugen aller Arten und Größen. Da liegen riesige Wollballen und Fässer aufgestapelt, zwischen denen sich Hunderte von Arbeitern bewegen. Man könnte sich auf einen der Baumwollenmärkte Ostindiens versetzt denken.

So wanderte ich durch die Stadt und hielt die Augen offen – vergeblich. Es war Mittag und sehr heiß geworden. Ich befand mich in der schönen, breiten Common-Street, als mir das Firmenschild einer deutschen Bierstube in die Augen fiel. Ein Schluck Pilsener in dieser Hitze konnte nichts schaden. Ich ging hinein.

Welcher Beliebtheit sich schon damals dieses Bier erfreute,

konnte ich aus der Menge der Gäste ersehen, welche in dem Lokale saßen. Erst nach langem Suchen sah ich einen leeren Stuhl, ganz hinten in der Ecke. Es stand da ein kleines Tischchen mit nur zwei Sitzplätzen, deren einen ein Mann eingenommen hatte, dessen Aeußeres wohl geeignet gewesen war, die Besucher von der Benutzung des zweiten Platzes abzuschrecken. Ich ging nichtsdestoweniger hin und bat um die Erlaubnis, mein Bier bei ihm trinken zu dürfen.

Ueber sein Gesicht ging ein fast mitleidiges Lächeln. Er musterte mich mit prüfendem, beinahe verächtlichem Blicke und fragte:

»Habt Ihr Geld bei Euch, Master?«

»Natürlich!« antwortete ich, mich über diese Frage wundernd.

»So könnt Ihr das Bier und auch den Platz, den Ihr einnehmen wollt, bezahlen?«

»Ich denke es.»

»*Well*, warum fragt Ihr da nach meiner Erlaubnis, Euch zu mir setzen zu können? Ich kalkuliere, daß Ihr ein Dutchman seid, ein Greenhorn hierzulande. Der Teufel sollte einen jeden holen, der es wagen wollte, mich zu verhindern, da Platz zu nehmen, wo es mir gefällt! Setzt Euch also nieder; legt Eure Beine dahin, wo es Euch beliebt, und gebt demjenigen, der es Euch verbieten will, sofort eins hinter die Ohren!«

Ich gestehe aufrichtig, daß die Art und Weise dieses Mannes mir imponierte. Ich fühlte, daß meine Wangen sich gerötet hatten. Streng genommen, waren seine Worte beleidigend für mich, und ich hatte das dunkle Gefühl, daß ich sie mir nicht gefallen lassen dürfe und wenigstens einen Versuch der Abwehr machen müsse. Darum antwortete ich, indem ich mich niedersetzte:

»Wenn Ihr mich für einen German haltet, so habt Ihr das Richtige getroffen, Master; die Bezeichnung Dutchman aber muß ich mir verbitten, sonst sehe ich mich gezwungen, Euch zu beweisen, daß ich eben kein Greenhorn bin. Man kann höflich und doch dabei ein alter Schlaukopf sein.«

»*Pshaw!*« meinte er gleichmütig. »Ihr seht mir just nicht so schlau aus. Gebt Euch keine Mühe, in Zorn zu kommen; es würde zu nichts führen. Ich habe es nicht bös mit Euch gemeint und wüßte faktisch nicht, wie Ihr es anfangen wolltet, Euch mir gegenüber ein Relief zu geben. Old Death ist nicht der Mann, der sich durch eine Drohung aus seinem Gleichmute bringen läßt.«

Old Death! Ah, dieser Mann war Old Death! Ich hatte von diesem bekannten, ja berühmten Westmanne oft gehört. Sein Ruf war an allen Lagerfeuern jenseits des Mississippi erklungen und auch bis in die Städte des Ostens gedrungen. Wenn nur der zehnte, der zwanzigste Teil dessen, was man von ihm erzählte, auf Wahrheit beruhte, so war er ein Jäger und Pfadfinder, vor welchem man den Hut ziehen mußte. Er hatte sich ein ganzes Menschenalter lang im Westen umhergetrieben und war trotz der Gefahren, denen er sich ausgesetzt hatte, niemals verwundet worden. Darum wurde er von denen, welche abergläubisch waren, für kugelfest gehalten.

Wie er eigentlich hieß, das wußte man nicht. Old Death war sein *nom de guerre*; er hatte denselben wegen seiner außerordentlich dürren Gestalt erhalten. Der ›alte Tod‹! Als ich ihn so vor mir sitzen sah, leuchtete es mir ein, wie man darauf gekommen war, ihn so zu nennen.

Er war sehr, sehr lang, und seine weit nach vorn gebeugte Gestalt schien wirklich nur aus Haut und Knochen zu bestehen. Die ledernen Hosen schwappten ihm nur so um die Beine. Das ebenfalls lederne Jagdhemde war mit der Zeit so zusammen- und eingeschrumpft, daß ihm die Aermel nicht viel über den halben Vorderarm reichten. An diesem letzteren konnte man die beiden Knochen, Elle und Speiche, so deutlich wie bei einem Gerippe unterscheiden. Auch die Hände waren ganz diejenigen eines Skeletts.

Aus dem Jagdhemde ragte ein langer, langer Totenhals hervor, in dessen Haut der Kehlkopf wie in einem Ledersäckchen herniederhing. Und nun erst der Kopf! Er schien nicht fünf Lot Fleisch zu enthalten. Die Augen lagen tief in ihren Höhlen, und auf dem Schädel gab es nicht ein einziges Haar.

Die schrecklich eingefallenen Wangen, die scharfen Kinnladen, die weit hervortretenden Backenknochen, die zurückgefallene Stumpfnase mit den weiten, aufgerichteten Löchern – wahrhaftig, es war ein Totenkopf, über den man sich entsetzen konnte, wenn man ihn unerwartet zu Gesicht bekam. Der Anblick dieses Kopfes wirkte wahrhaftig auch auf meine Nase: ich glaubte, die Dünste der Verwesung, den Odeur von Schwefelwasserstoff und Ammoniak zu riechen. Es konnte einem dabei der Appetit zum Essen und Trinken vollständig abhanden kommen.

Seine langen, dürren Füße steckten in stiefelartigen Futteralen, welche je aus einem einzigen Stücke Pferdeleders geschnitten waren. Ueber dieselben hatte er wahrhaft riesige Sporen angeschnallt, deren Räder aus mexikanischen silbernen Pesostücken bestanden.

Neben ihm an der Erde lag ein Sattel mit vollständigem Zaumzeuge, und dabei lehnte eine jener ellenlangen Kentukkybüchsen, welche jetzt nur noch äußerst selten zu sehen sind, weil sie den Hinterladern weichen mußten. Seine sonstige Bewaffnung bestand aus einem Bowiemesser und zwei großen Revolvern, deren Griffe aus seinem Gürtel ragten. Dieser letztere bestand aus einem Lederschlauche von der Form einer sogenannten ›Geldkatze‹, welcher rundum mit handtellergroßen Skalphäuten besetzt war. Da diese Skalpe nicht auf den Köpfen von Bleichgesichtern gesessen hatten, so war zu vermuten, daß sie von ihrem jetzigen Besitzer den von ihm besiegten Indianern abgenommen worden waren.

Der Boardkeeper brachte mir das bestellte Bier. Als ich das Glas an die Lippen setzen wollte, hielt der Jäger mir das seinige entgegen und sagte:

»Halt! Nicht so eilig, Boy! Wollen vorher anstoßen. Ich habe gehört, daß dies drüben in Eurem Vaterlande Sitte ist.«

»Ja, doch nur unter guten Bekannten,« antwortete ich, indem ich zögerte, seiner Aufforderung nachzukommen.

»Ziert Euch nicht! Jetzt sitzen wir beisammen und haben

es gar nicht nötig, uns, wenn auch nur in Gedanken, die Hälse zu brechen. Also stoßt an! Ich bin kein Spion oder Bauernfänger, und Ihr könnt es getrost für eine Viertelstunde mit mir versuchen.«

Das klang anders als vorhin; ich berührte also sein Glas mit dem meinigen und sagte:

»Für was ich Euch zu halten habe, das weiß ich, Sir. Wenn Ihr wirklich Old Death seid, so brauche ich nicht zu befürchten, mich in schlechter Gesellschaft zu befinden.«

»Ihr kennt mich also? Nun, dann brauche ich nicht von mir zu reden. Sprechen wir also von Euch! Warum seid Ihr denn eigentlich in die Staaten gekommen?«

»Aus demselben Grunde, welcher jeden andern herbeiführt – um mein Glück zu machen.«

»Glaube es! Da drüben im alten Europa denken die Leute eben, daß man hier nur die Tasche aufzumachen habe, um die blanken Dollars hineinfliegen zu sehen. Wenn es einmal Einem glückt, so schreiben alle Zeitungen von ihm; von den Tausenden aber, welche im Kampfe mit den Wogen des Lebens untersinken und spurlos verschwinden, spricht kein Mensch. Habt Ihr denn das Glück gefunden, oder befindet Ihr Euch wenigstens auf seiner Fährte?«

»Ich denke, das letztere bejahen zu können.«

»So schaut nur scharf aus, und laßt Euch die Spur nicht wieder entgehen! Ich weiß am besten, wie schwer es ist, eine solche Fährte festzuhalten. Vielleicht habt Ihr gehört, daß ich ein Scout[1] bin, der es mit jedem andern Westmanne aufzunehmen vermag, und dennoch bin ich bisher dem Glücke vergeblich nachgelaufen. Hundertmal habe ich geglaubt, nur zugreifen zu brauchen, aber sobald ich die Hand ausstreckte, verschwand es wie ein *Castle in the air*[2], welches nur in der Einbildung des Menschen existiert.«

Er hatte das in trübem Tone gesprochen und blickte dann still vor sich nieder. Als ich keine Bemerkung zu seinen Worten machte, sah er nach einer Weile wieder auf und meinte:

[1] Späher, Kundschafter, Pfadfinder.
[2] Luftschloß.

»Ihr könnt nicht wissen, wie ich zu solchen Reden komme. Die Erklärung ist sehr einfach. Es greift mir immer ein wenig an das Herz, wenn ich einen Deutschen, zumal einen jungen Deutschen sehe, von dem ich mir sagen muß, daß er wohl auch – – untergehen werde. Ihr müßt nämlich wissen, daß meine Mutter eine Deutsche war. Von ihr lernte ich ihre Muttersprache, und wenn es Euch beliebt, können wir also deutsch sprechen. Sie hat mich bei ihrem Tode auf den Punkt gesetzt, von welchem aus ich das Glück vor mir liegen sah. Ich aber hielt mich für klüger und lief in falscher Richtung davon. Master, seid gescheiter als ich! Es ist Euch anzusehen, daß es Euch grad so gehen kann wie mir.«

»Wirklich? – Wieso?«

»Ihr seid zu fein; Ihr duftet nach Wohlgerüchen. Wenn ein Indianer Eure Frisur sähe, so würde er vor Schreck tot hinfallen. An Eurem Anzuge gibt es kein Fleckchen und kein Stäubchen. Das ist nicht das Richtige, um im Westen sein Glück zu machen.«

»Ich habe keineswegs die Absicht, es grad hier zu suchen.«

»So! Wollt Ihr wohl die Güte haben, mir zu sagen, welchem Stande oder Fache Ihr angehört?«

»Ich habe studiert.«

Ich sagte das mit einem gewissen Stolze. Er aber sah mir mit leichtem Lächeln – das bei seinen Totenkopfzügen wie ein höhnisches Grinsen erschien – in das Gesicht, schüttelte den Kopf und sagte:

»Studiert! O wehe! Darauf bildet Ihr Euch jedenfalls viel ein? Und doch sind grad Leute Eurer Sorte am wenigsten befähigt, ihr Glück zu machen. Ich habe das oft genug erfahren. Habt Ihr eine Anstellung?«

»Ja, in New York.«

»Was für eine?«

Es war ein so eigener Ton, in welchem er seine Fragen stellte, daß es fast unmöglich war, ihm die Antwort zu verweigern. Da ich ihm die Wahrheit nicht sagen durfte, erklärte ich ihm:

»Ich bin engagiert von einem Bankier, in dessen Auftrag ich mich hier befinde.«

»Bankier? Ah! Dann freilich ist Euer Weg ein viel ebenerer, als ich gedacht habe. Haltet diese Stelle fest, Sir! Nicht jeder Studierte findet seine Stellung bei einem amerikanischen Geldmanne. Und sogar in New York? Da genießt Ihr bei Eurer Jugend ein bedeutendes Vertrauen. Man sendet von New York nach dem Süden nur einen, auf den man sich verlassen kann. Freut mich sehr, daß ich mich in Euch geirrt habe, Sir! So ist's jedenfalls ein Geldgeschäft, welches Ihr abzuwickeln habt?«

»Etwas Aehnliches.«

»So! Hm!«

Er ließ abermals einen seiner scharf forschenden Blicke über mich hingleiten, lächelte grinsend wie vorher und fuhr fort:

»Aber ich glaube, den eigentlichen Grund Eurer Anwesenheit erraten zu können.«

»Das bezweifle ich.«

»Habe nichts dagegen, will Euch aber einen guten Rat erteilen. Wenn Ihr nicht merken lassen wollt, daß Ihr hierher gekommen seid, jemand zu suchen, so nehmt Eure Augen besser in acht. Ihr habt Euch alle hier im Lokale Anwesenden auffällig genau angesehen, und Euer Blick hängt beständig an den Fenstern, um die Vorübergehenden zu beobachten. Ihr sucht also jemand. Habe ich es erraten?«

»Ja, Master. Ich habe die Absicht, einem zu begegnen, dessen Wohnung ich nicht kenne.«

»So wendet Euch an die Hotels!«

»War vergeblich, und ebenso vergeblich die Bemühung der Polizei.«

Da ging jenes freundlich sein sollende Grinsen wieder über sein Gesicht; er kicherte vor sich hin, schlug mir mit dem Finger ein Schnippchen und sagte:

»Master, Ihr seid trotzdem ein Greenhorn, ein echtes, richtiges Greenhorn. Nehmt es mir nicht übel; aber es ist wirklich so.«

In diesem Augenblicke sah ich freilich ein, daß ich zu viel gesagt hatte. Er bestätigte diese meine Ansicht, indem er fortfuhr:

»Ihr kommt hierher in einer Angelegenheit, welche ›etwas einem Geldgeschäfte Aehnliches‹ ist, wie Ihr mir sagtet. Der Mann, auf welchen sich diese Sache bezieht, wird in Eurem Auftrage von der Polizei gesucht. Ihr selbst lauft in den Straßen und Bierhäusern herum, um ihn zu finden – – ich müßte nicht Old Death sein, wenn ich nun nicht wüßte, wen ich vor mir habe.«

»Nun wen, Sir?«

»Einen Detektive, einen Privatpolizisten, welcher eine Aufgabe zu lösen hat, welche mehr familiärer als krimineller Natur ist.«

Dieser Mann war wirklich ein Muster von Scharfsinnigkeit. Sollte ich zugeben, daß er ganz richtig vermutet habe? Nein. Darum antwortete ich:

»Euern Scharfblick in Ehren, Sir; aber dieses Mal dürftet Ihr Euch doch verrechnet haben.«

»Glaube es nicht!«

»O gewiß!«

»*Well!* Es ist Eure Sache, ob Ihr es zugeben wollt oder nicht. Ich kann und mag Euch nicht zwingen. Aber wenn Ihr nicht wollt, daß man Euch durchschaue, dürft Ihr Euch nicht so durchsichtig verhalten. Es handelt sich um eine Geldsache. Man hat die Aufgabe einem Greenhorn anvertraut; man will also schonend verfahren; folglich ist der Betreffende ein guter Bekannter oder gar ein Glied der Familie des Geschädigten. Etwas Kriminelles ist doch dabei, sonst würde die hiesige Polizei Euch nicht ihre Hilfe zugesagt haben. Vermutlich hat der Betreffende einen Verführer, welcher sich bei ihm befindet und ihn ausnützen will. Ja, ja, schaut mich nur an, Sir! Ihr wundert Euch über meine Phantasie? Nun, ein guter Westmann konstruiert sich aus zwei Fußstapfen einen ganzen langen Weg von hier bis meinetwegen ins Kanada hinein, und es ist gar selten, daß er sich dabei irrt.«

»Ihr entwickelt allerdings eine außerordentliche Einbildungskraft, Master.«

»*Pshaw!* Leugnet meinetwegen immerfort! Mir macht es keinen Schaden. Ich bin hier leidlich bekannt und hätte Euch wohl einen guten Rat geben können. Doch wenn Ihr meint, auf eigenem Weg schneller zum Ziele zu gelangen, so ist das zwar recht lobenswert von Euch, ob aber klug, das möchte ich bezweifeln.«

Er stand auf und zog einen alten Lederbeutel aus der Tasche, um sein Bier zu bezahlen. Ich glaubte, ihm durch mein Mißtrauen wehe getan zu haben, und sagte, um das wieder gut zu machen:

»Es gibt Geschäfte, in welche man keinen andern, am allerwenigsten aber einen Fremden, blicken lassen darf. Ich habe keineswegs die Absicht gehabt, Euch zu beleidigen und denke – – –«

»Ay, ay!« unterbrach er mich, indem er ein Geldstück auf den Tisch legte. »Von einer Beleidigung ist keine Rede. Ich habe es gut mit Euch gemeint, denn Ihr habt etwas an Euch, was mein Wohlwollen erweckte.«

»Vielleicht begegnen wir uns wieder!«

»Schwerlich. Ich gehe heut hinüber ins Texas und will nach Mexiko hinein. Es ist wohl nicht anzunehmen, daß Euer Spaziergang dieselbe Richtung haben werde, und so – – *fare well*, Sir! Und denkt bei Gelegenheit daran, daß ich Euch ein Greenhorn genannt habe! Von Old Death dürft Ihr das ruhig hinnehmen, denn er verbindet nicht die Absicht der Beleidigung damit, und es kann keinem Neulinge Schaden bringen, wenn er ein klein wenig bescheiden von sich denkt.«

Er setzte den breitkrempigen Sombrero auf, welcher über ihm an der Wand gehangen hatte, nahm Sattel und Zaumzeug auf den Rücken, griff nach seinem Gewehre und ging. Aber als er drei Schritte gemacht hatte, wendete er sich schnell wieder um, kam noch einmal zurück und raunte mir zu:

»Nichts für ungut, Sir! Ich habe nämlich auch – studiert und denke heute noch mit großem Vergnügen dran, was für ein eingebildeter Dummkopf ich damals gewesen bin. *Good bye!*«

Jetzt verließ er das Lokal, ohne sich nochmals umzudrehen. Ich sah ihm nach, bis seine auffällige und von den Passanten belächelte Gestalt in der Menschenmenge verschwand. Gern hätte ich ihm gezürnt. Ich gab mir ordentlich Mühe, bös auf ihn zu sein, und brachte es doch nicht fertig. Sein Aeußeres hatte eine Art von Mitleid in mir erweckt; seine Worte waren rauh, aber seine Stimme hatte dabei sanft und eindringlich wohlmeinend geklungen. Es war ihr anzuhören gewesen, daß er es ernsthaft gut mit mir meine. Er hatte mir trotz seiner Häßlichkeit gefallen, aber ihn darum in meine Absichten einzuweihen, das wäre nicht nur unvorsichtig, sondern sogar leichtsinnig gewesen, obgleich allerdings anzunehmen war, daß er mir vielleicht einen guten Wink geben konnte. Das Wort Greenhorn hatte ich ihm nicht übelgenommen; ich war durch Sam Hawkens so an dasselbe gewöhnt worden, daß es mich nicht beleidigen konnte. Ebensowenig hatte ich es für nötig gehalten, ihm zu sagen, daß ich schon einmal im Westen gewesen war.

Ich legte den Ellbogen auf den Tisch, den Kopf in die Hand und blickte sinnend vor mir nieder. Da wurde die Tür geöffnet, und der, welcher hereintrat, war kein anderer als -- Gibson.

Er blieb am Eingange stehen und musterte die Anwesenden. Als ich annahm, daß sein Blick auf mich fallen müsse, wendete ich mich um, der Türe den Rücken zukehrend. Es gab keinen leeren Platz außer demjenigen, welchen Old Death inne gehabt hatte. Gibson mußte also zu mir kommen, um sich bei mir niederzusetzen. Ich freute mich bereits im stillen über den Schreck, welchen mein Anblick ihm einjagen würde.

Aber er kam nicht. Ich hörte das Geräusch der sich wieder in ihren Angeln drehenden Türe und drehte mich schnell um. Wahrhaftig, er hatte mich erkannt; er floh. Ich sah ihn hinaustreten und schnellen Schrittes davoneilen. Im Nu hatte ich den Hut auf dem Kopf, warf dem Boardkeeper eine Bezahlung zu und schoß hinaus. Da, rechts, lief er, sichtlich bemüht, hinter einer dichten Menschengruppe zu verschwinden. Er drehte sich um, sah mich und verdoppelte seine Schritte. Ich folgte mit gleicher Schnelligkeit. Als ich an der Gruppe vorüber war, sah ich ihn in einer Seitengasse verschwinden. Ich erreichte diese eben, als er am Ende derselben um die Ecke bog. Vorher aber drehte er sich abermals um, zog den Hut und schwenkte denselben gegen mich. Das ärgerte mich natürlich, und ich fiel, ohne zu fragen, ob die Passanten über mich lachen würden, in scharfen Trab. Kein Polizist war zu sehen. Privatpersonen um Hilfe zu bitten, wäre vergeblich gewesen; es hätte mir keiner beigestanden.

Als ich die Ecke erreichte, befand ich mich auf einem kleinen Platze. Mir zu beiden Seiten standen geschlossene Reihen kleiner Häuser; gegenüber erblickte ich Villen in prächtigen Gärten. Menschen gab es genug auf dem Platze; aber Gibson bemerkte ich nicht. Er war verschwunden.

An der Türe eines Barbierladens lehnte ein Schwarzer. Er schien schon lange dagestanden zu haben; der Flüchtige mußte ihm unbedingt aufgefallen sein. Ich trat zu ihm, zog höflich den Hut und fragte ihn, ob er nicht einen weißen Gentleman flüchtig aus der Gasse habe kommen sehen. Er fletschte mir seine langen, gelben Zähne lachend entgegen und antwortete:

»*Yes*, Sir! Habe ihn schon. Lief sehr schnell, sehr. Ist da hinein.«

Er deutete nach einer der kleinen Villen. Ich dankte ihm und beeilte mich, das Häuschen zu erreichen. Die eiserne Pforte des Gartens, in welchem es stand, war verschlossen, und ich klingelte wohl fünf Minuten lang, bevor mir ein Mann, wieder ein Neger, öffnete. Ihm trug ich mein Anliegen vor; er schlug indessen die Türe vor meiner Nase zu und meinte:

»Erst Massa fragen. Ohne Erlaubnis von Massa ich nicht aufmachen.«

Er ging, und ich stand wenigstens zehn Minuten lang wie auf Kohlen. Endlich kehrte er mit dem Bescheide zurück:

»Nicht aufmachen darf. Massa verboten. Kein Mann heut hereingekommen. Türe zugeschlossen stets. Ihr also schnell fortgehen, denn wenn etwa über Zaun springen, dann Massa sein Hausrecht brauchen und mit Revolver schießen.«

Da stand ich nun! Was sollte ich tun? Mit Gewalt eindringen durfte ich nicht; ich war überzeugt, daß in diesem Falle der Besitzer wirklich auf mich geschossen hätte; denn der Amerikaner versteht in Beziehung auf sein Heim keinen Spaß. Es blieb mir nichts anderes übrig, als zur Polizei zu gehen.

Als ich höchst ergrimmt über den Platz zurückschritt, kam ein Junge auf mich zugelaufen. Er hatte einen Zettel in der Hand.

»Sir, Sir!« rief er. »Wartet einmal! Ihr sollt mir zehn Cents für diesen Zettel geben.«

»Von wem ist er denn?«

»Von einem Gentleman, welcher eben da drüben« – er deutete nicht nach der Villa, sondern in grad entgegengesetzte Richtung – »aus dem Hause kam. Er zeigte Euch mir und schrieb mir die Zeilen auf. Zehn Cents, so bekommt Ihr sie!«

Ich gab ihm das Geld und erhielt den Zettel. Der Junge sprang von dannen. Auf dem verwünschten Papiere, welches aus einem Notizbuche gerissen war, stand:

»Mein werter Master Dutchman.

Seid Ihr etwa meinetwegen nach New Orleans gekommen? Ich vermute das, weil Ihr mir folgt. Ich habe Euch für albern gehalten; für so dumm, mich fangen zu wollen, aber doch nicht. Wer nicht mehr als nur ein halbes Lot Gehirn besitzt, der darf sich so etwas nicht unterfangen. Kehrt getrost nach New York zurück, und grüßt Master Ohlert von mir. Ich habe dafür gesorgt, daß er mich nicht vergißt, und hoffe, daß auch Ihr zuweilen an unsere heutige Begegnung denkt, welche freilich nicht sehr ruhmvoll für Euch abgelaufen ist.

Gibson.«

Man kann sich denken, welches Entzücken ich empfand, als ich diese liebenswürdige Epistel las. Ich knillte den Zettel zusammen, steckte ihn in die Tasche und ging weiter. Es war möglich, daß ich von ihm heimlich beobachtet wurde, und ich wollte dem Menschen nicht die Genugtuung bereiten, mich in Verlegenheit zu sehen.

Dabei blickte ich forschend über den Platz. Gibson war nicht zu sehen. Der Neger war vom Barbierladen verschwunden; den Jungen konnte ich ebenfalls nicht entdecken und ihn nach Gibson fragen. Er hatte jedenfalls die Weisung erhalten, sich schnell davonzumachen.

Während ich wegen des Einlasses in die Villa kapitulierte, hatte Gibson Zeit gefunden, mir in aller Gemütlichkeit einen Brief von dreiundzwanzig Zeilen zu schreiben. Der Neger hatte mich genarrt; Gibson lachte mich ohne Zweifel aus, und der Junge hatte eine Miene gemacht, aus welcher ich ersehen mußte, daß er wußte, ich sei einer, der geprellt werden solle.

Ich befand mich in einer ärgerlichen Stimmung, denn ich war blamiert, im höchsten Grade blamiert, und durfte nicht einmal auf der Polizei erwähnen, daß ich Gibson begegnet sei. Ich ging also still davon.

Ohne den freien Platz wieder zu betreten, durchsuchte ich die in denselben einmündenden Gassen, natürlich ohne den blassen Schimmer eines Erfolges, denn es verstand sich ganz von selbst, daß Gibson ein für ihn so gefährliches Stadtviertel schleunigst verlassen hatte. Es war sogar zu vermuten, daß er die erste Gelegenheit, aus New Orleans zu kommen, benutzen werde.

Auf letzteren Gedanken kam ich trotz meines nur ›ein halbes Lot‹ wiegenden Gehirnes und begab mich infolgedessen nach dem Platze, an welchem die an jenem Tage abgehenden Schiffe lagen. Zwei in Zivil gekleidete Polizisten unterstützten mich – auch vergeblich. Der Aerger, so übertölpelt worden zu sein, ließ mich nicht ruhen, und ich durchwanderte, in alle möglichen Restaurants und Tavernen blickend, bis in die späte Nacht hinein die Straßen. Dann, als ich mich gar zu ermüdet fühlte, ging ich nach meinem Lodging-House und legte mich nieder.

Der Traum versetzte mich in ein Irrenhaus. Hunderte von

Wahnsinnigen, welche sich für Dichter hielten, streckten mir ihre dickleibigen Manuskripte entgegen, welche ich durchlesen sollte. Natürlich waren es lauter Tragödien, welche einen verrückten Dichter zum Havpthelden hatten. Ich mußte lesen und lesen, denn Gibson stand mit dem Revolver neben mir und drohte, mich sofort zu erschießen, wenn ich nur einen Augenblick pausiere. Ich las und las, daß mir der Schweiß von der Stirne lief. Um denselben abzutrocknen, zog ich mein Taschentuch, hielt eine Sekunde lang inne und – wurde von Gibson erschossen!

Das Krachen des Schusses weckte mich, denn es war nicht ein vermeintliches, sondern ein wirkliches Krachen gewesen. Ich hatte mich vor Aufregung im Bette hin und her geworfen und in der Absicht, Gibson den Revolver aus der Hand zu schmettern, die Lampe von dem Kammerdiener, einem kleinen, hart am Bette stehenden Tischchen, geschlagen. Sie wurde mir am Morgen mit nur acht Dollars angerechnet.

Vollständig in Schweiß gebadet, erwachte ich. Ich trank meinen Tee und fuhr dann hinaus nach dem herrlichen See Pontchartrain, wo ich ein Bad nahm, welches mich erfrischte. Dann begab ich mich von neuem auf die Suche. Dabei kam ich wieder an die deutsche Bierstube, in welcher ich gestern Old Death getroffen hatte. Ich ging hinein, und zwar ohne alle Ahnung, hier eine Spur finden zu können. Das Lokal war in diesem Augenblicke nicht so gefüllt wie am vergangenen Tage. Gestern war keine Zeitung zu bekommen gewesen; heut lagen mehrere Blätter unbenutzt auf dem Tische, und ich ergriff das erste beste, die bereits damals in New Orleans erscheinende ›Deutsche Zeitung‹, welche noch heute existiert, wenn sie auch wahrscheinlich inzwischen nach amerikanischem Muster den Verleger und Redakteur viele Male gewechselt hat.

Ohne die Absicht, das Blatt wirklich durchzustudieren, schlug ich es auf, und das erste, was mir auffiel, war ein Gedicht. Gedichte lese ich bei der Durchsicht einer Zeitung entweder zuletzt oder lieber gar nicht. Die Ueberschrift glich der Kapitelüberschrift eines Schauerromans. Das stieß mich ab. Sie lautete: ›Die fürchterlichste Nacht‹. Schon wollte ich die Seite umwenden, als mein Auge auf die beiden Buchstaben fiel, mit denen das Gedicht unterzeichnet war: ›W. O.‹ Das waren ja die Anfangsbuchstaben des Namens William Ohlert! Der Name hatte mir so lange Zeit und so unausgesetzt im Sinne gelegen, daß es nicht wundernehmen kann, wenn ich ihn in Beziehung zu diesen Buchstaben brachte. Ohlert junior hielt sich ja für einen Dichter. Sollte er seinen Aufenthalt in New Orleans dazu benutzt haben, eine Reimerei an das Publikum zu bringen? Vielleicht war die Veröffentlichung so schnell erfolgt, weil er die Aufnahme bezahlt hatte. Bewahrheitete sich meine Vermutung, so konnte ich durch dieses Gedicht auf die Spur der Gesuchten gebracht werden. Ich las also:

Die fürchterlichste Nacht.

Kennst du die Nacht, die auf die Erde sinkt
  Bei hohlem Wind und schwerem Regenfall,
Die Nacht, in der kein Stern vom Himmel blinkt,
  Kein Aug' durchdringt des Wetters dichten Wall?
So finster diese Nacht, sie hat doch einen Morgen;
O lege dich zur Ruh, und schlafe ohne Sorgen.

Kennst du die Nacht, die auf das Leben sinkt,
  Wenn dich der Tod aufs letzte Lager streckt
Und nah der Ruf der Ewigkeit erklingt,
  Daß dir der Puls in allen Adern schreckt?
So finster diese Nacht, sie hat doch einen Morgen;
O lege dich zur Ruh, und schlafe ohne Sorgen!

Kennst du die Nacht, die auf den Geist dir sinkt,
  Daß er vergebens nach Erlösung schreit,
Die schlangengleich sich um die Seele schlingt
  Und tausend Teufel ins Gehirn dir speit?
O halte fern dich ihr in wachen Sorgen,
Denn diese Nacht allein hat keinen Morgen! W. O.

Ich gestehe, daß die Lektüre des Gedichtes mich tief ergriff. Mochte man es für literarisch wertlos erklären, es enthielt doch den Entsetzensschrei eines begabten Menschen, welcher vergebens gegen die finstern Gewalten des Wahnsinns ankämpft und fühlt, daß er ihnen rettungslos verfallen müsse. Doch schnell überwand ich meine Rührung, denn ich mußte handeln. Ich hatte die Ueberzeugung, daß William Ohlert der Verfasser dieses Gedichtes sei, suchte im Directory nach der Adresse des Herausgebers der Zeitung und begab mich hin.

Expedition und Redaktion befanden sich in demselben Hause. In der ersteren kaufte ich mir ein Exemplar und ließ mich sodann bei der Redaktion melden, wo ich erfuhr, daß ich sehr richtig vermutet hatte. Ein gewisser William Ohlert hatte das Gedicht am Tage vorher persönlich gebracht und um schleunige Aufnahme gebeten. Da das Verhalten des Redakteurs ein ablehnendes gewesen war, so hatte der Dichter zehn Dollars deponiert und die Bedingung gestellt, daß es in der heutigen Nummer erscheine und ihm die Revision zuzuschicken sei. Sein Benehmen sei ein sehr anständiges gewesen, doch habe er ein wenig verstört drein geschaut und wiederholt erklärt, daß das Gedicht mit seinem Herzblute geschrieben sei – übrigens eine Redensart, deren sich begabte und unbegabte Dichter und Schriftsteller gern zu bedienen pflegen. Wegen der Zusendung der Revision hatte er seine Adresse angeben müssen, und ich erfuhr dieselbe natürlich. Er wohnte oder hatte gewohnt in einem als fein und teuer bekannten Privatkosthause in einer Straße des neueren Stadtteils.

Dorthin verfügte ich mich, nachdem ich mich in meiner Wohnung unkenntlich gemacht hatte, was mir nach meiner Ansicht sehr gut gelang. Dann holte ich mir zwei Polizisten, welche sich vor der Türe des gedachten Hauses aufstellen sollten, während ich mich im Innern befand.

Ich war so ziemlich überzeugt, daß mir die Festnahme des gesuchten Spitzbuben und seines Opfers gelingen werde, und in ziemlich gehobener Stimmung zog ich die Hausglocke, über welcher auf einem Messingschilde zu lesen war:

›*First class pension for Ladies and Gentlemen*‹. Ich befand mich also am richtigen Orte. Haus und Geschäft waren Eigentum einer Dame. Der Portier öffnete, fragte mich nach meinem Begehr und erhielt den Auftrag, mich bei der Dame zu melden; auch übergab ich ihm eine Visitenkarte, welche auf einen andern Namen lautete als den meinigen. Ich wurde in das Parlour geführt und hatte nicht lange auf die Lady zu warten.

Sie war eine fein gekleidete, behäbig aussehende Dame von ungefähr fünfzig Jahren. Wie es schien, hatte sie einen kleinen Rest von schwarzem Blute in ihren Adern, wie ihr gekräuseltes Haar und eine leichte Färbung ihrer Nägel vermuten ließen. Sie machte den Eindruck einer Frau von Gemüt und empfing mich mit großer Höflichkeit.

Ich stellte mich ihr als den Feuilletonredakteur der ›Deutschen Zeitung‹ vor, zeigte ihr das betreffende Blatt und gab an, daß ich den Verfasser dieses Gedichtes sprechen müsse; dasselbe habe solchen Anklang gefunden, daß ich ihm Honorar und neue Aufträge bringe.

Sie hörte mir ruhig zu, betrachtete mich aufmerksam und sagte dann:

»Also ein Gedicht hat der Herr bei Ihnen drucken lassen? Wie hübsch! Schade, daß ich nicht Deutsch verstehe, sonst würde ich Sie bitten, es mir vorzulesen. Ist es gut?«

»Ausgezeichnet! Ich hatte bereits die Ehre, Ihnen zu sagen, daß es sehr gefallen habe.«

»Das ist mir von größtem Interesse. Dieser Herr hat den Eindruck eines fein gebildeten Mannes, eines wahrhaften Gentleman auf mich gemacht. Leider sprach er nicht viel und verkehrte mit niemand. Er ist nur ein einziges Mal ausgegangen, jedenfalls als er Ihnen das Gedicht brachte.«

»Wirklich? Ich entnahm aus der kurzen Unterhaltung, welche ich mit ihm hatte, daß er hier Gelder erhoben habe. Er muß also öfters ausgegangen sein.«

»So ist es während meiner Abwesenheit vom Hause geschehen, vielleicht auch hat sein Sekretär diese geschäftlichen Dinge abgemacht.«

»Er hat einen Sekretär? Davon sprach er nicht. Er muß also ein wohlsituierter Herr sein.«

»Gewiß! Er zahlte gut und speiste auf das feinste. Sein Sekretär, Master Clinton, führte die Kasse.«

»Clinton! Ah, wenn dieser Sekretär Clinton heißt, so muß ich ihn im Klub getroffen haben. Er stammt aus New York oder kommt wenigstens von dort und ist ein vorzüglicher Gesellschafter. Wir trafen uns gestern zur Mittagszeit – –«

»Das stimmt,« fiel sie ein. »Da war er ausgegangen.«

»Und fanden,« fuhr ich fort, »ein solches Wohlgefallen aneinander, daß er mir seine Photographie verehrte. Die meinige hatte ich nicht bei mir, mußte sie ihm aber bestimmt versprechen, da wir uns heute wieder treffen wollen. Hier ist sie.« Und ich zeigte ihr Gibsons Bild, welches ich immer bei mir trug.

»Richtig, das ist der Sekretär,« sagte sie, als sie einen Blick darauf geworfen hatte. »Leider werden Sie ihn nicht so bald wieder sehen, und von Master Ohlert werden Sie kein weiteres Gedicht erhalten können; sie sind beide abgereist.«

Ich erschrak, faßte mich indessen schnell und sagte:

»Das tut mir sehr leid. Der Einfall, abzureisen, muß ihnen ganz plötzlich gekommen sein?«

»Allerdings. Es ist das eine sehr, sehr rührende Geschichte. Master Ohlert freilich sprach nicht davon, denn niemand greift in die eigenen Wunden, aber sein Sekretär hat sie mir unter dem Siegel der Verschwiegenheit mitgeteilt. Sie müssen nämlich wissen, daß ich mich stets des besonderen Vertrauens derjenigen erfreue, welche zeitweilig bei mir wohnen.«

»Das glaube ich Ihnen. Ihre feinen Manieren, Ihre zarten Umgangsformen lassen das als ganz natürlich erscheinen,« flunkerte ich mit der größten Unverfrorenheit.

»O bitte!« meinte sie, trotz der Unbeholfenheit dieser Adulation geschmeichelt. »Die Geschichte hat mich fast zu Thränen gerührt, und ich freue mich, daß es dem unglücklichen jungen Manne gelungen ist, noch zur rechten Zeit zu entkommen.«

»Entkommen? Das klingt ja genau so, als ob er verfolgt werde!«

»Es ist auch wirklich der Fall.«

»Ah! Wie interessant! Ein so hochbegabter, genialer Dichter, und verfolgt! In meiner Eigenschaft als Redakteur, gewissermaßen also als Kollege des Unglücklichen, brenne ich vor Verlangen, etwas Näheres zu hören. Die Zeitungen repräsentieren eine bedeutende Macht. Vielleicht wäre es mir möglich, mich seiner in einem Artikel anzunehmen. Wie schade, daß Ihnen diese interessante Geschichte nur unter dem Siegel der Verschwiegenheit mitgeteilt worden ist!«

Ihre Wangen röteten sich. Sie zog ein nicht ganz reines Taschentuch, um es im Falle des Bedürfnisses sofort bei der Hand zu haben, und sagte:

»Was diese Diskretion betrifft, Sir, so fühle ich mich jetzt nicht mehr zu ihr verpflichtet, da die Herren abgereist sind. Ich weiß, daß man das Zeitungswesen eine Großmacht nennt, und würde ganz glücklich sein, wenn Sie dem armen Dichter zu seinem Rechte helfen könnten.«

»Was in meinen Kräften steht, soll ja ganz gern geschehen; nur müßte ich von den betreffenden Verhältnissen unterrichtet sein.«

Ich muß gestehen, daß es mir Mühe kostete, meine Aufregung zu verbergen.

»Das werden Sie, denn mein Herz gebietet mir, Ihnen alles mitzuteilen. Es handelt sich nämlich um eine ebenso treue, wie unglückliche Liebe.«

»Das habe ich mir gedacht, denn eine unglückliche Liebe ist das größte, herzzerreißendste, überwältigendste Leiden, welches ich kenne.«

Natürlich hatte ich von Liebe noch nicht die blasse Ahnung.

»Wie sympathisch Sie mir mit diesem Ausspruche sind, Sir! Haben auch Sie dieses Leiden empfunden?«

»Noch nicht.«

»So sind Sie ein glücklicher Mann. Ich habe es ausgekostet bis fast zum Sterben. Meine Mutter war eine Mulattin. Ich verlobte mich mit dem Sohne eines französischen Pflanzers, also mit einem Kreolen. Unser Glück wurde zerrissen, weil der Vater meines Bräutigams keine Coloured-Lady in seine Familie aufnehmen wollte. Wie sehr muß ich also mit dem bedauernswerten Dichter sympathisieren, da er aus demselben Grunde unglücklich werden soll!«

»So liebt er eine Farbige?«

»Ja, eine Mulattin. Der Vater hat ihm diese Liebe verboten und sich schlauerweise in den Besitz eines Reverses gesetzt, in welchem die Dame unterschrieben hat, daß sie auf das Glück der Vereinigung mit William Ohlert verzichte.«

»Welch ein Rabenvater!« rief ich erbittert aus, was mir einen wohlwollenden Blick von der Dame eintrug.

Sie nahm sich das, was Gibson ihr weisgemacht hatte, mächtig zu Herzen. Gewiß hatte die sprachselige Lady ihm von ihrer einstigen unglücklichen Liebe erzählt, und er war mit einem Märchen bereit gewesen, durch welches es ihm gelang, ihr Mitgefühl zu erregen und die Plötzlichkeit seiner Abreise zu erklären. Die Mitteilung, daß er sich jetzt Clinton nenne, war mir natürlich von der größten Wichtigkeit.

»Ja, ein wahrer Rabenvater!« stimmte sie bei. »William aber hat ihr seine Treue bewahrt und ist mit ihr bis hierher entflohen, wo er sie in Pension gegeben hat.«

»So kann ich doch noch nicht ersehen, warum er New Orleans verlassen hat.«

»Weil sein Verfolger hier angekommen ist.«

»Der Vater läßt ihn verfolgen?«

»Ja, durch einen Deutschen. O, diese Deutschen! Ich hasse sie. Man nennt sie das Volk der Denker, aber lieben können sie nicht. Dieser erbärmliche Deutsche hat sie, mit einem Reverse in der Hand, von Stadt zu Stadt bis hierher gejagt. (Ich mußte innerlich lachen über die Entrüstung der Dame gegen einen Herrn, mit dem sie soeben recht gemütlich verkehrte.) Er ist nämlich Polizist. Er soll William ergreifen und nach New York zurückbringen.«

»Hat der Sekretär Ihnen diesen Wüterich beschrieben?«

fragte ich, gespannt auf weitere Mitteilungen über mich selbst.

»Sehr genau, da ja anzunehmen ist, daß dieser Barbar die Wohnung Williams entdecken und zu mir kommen wird. Aber ich werde ihn empfangen! Ich habe mir schon jedes Wort überlegt, welches ich zu ihm sagen werde. Er soll nicht erfahren, wohin sich William gewendet hat. Ich werde ihn grad nach der entgegengesetzten Richtung schicken.«

Sie beschrieb nun diesen ›Barbaren‹ und nannte auch seinen Namen – – es war der meinige, und die Beschreibung stimmte sehr gut, wenn sie auch in einer für mich sehr wenig schmeichelhaften Weise vorgetragen wurde.

»Ich erwarte ihn jeden Augenblick,« fuhr sie fort. »Als Sie mir gemeldet wurden, glaubte ich, er sei es bereits. Aber ich hatte mich glücklicherweise getäuscht. Sie sind nicht dieser Verfolger der Liebenden, dieser Räuber süßesten Glückes, dieser Abgrund von Unrecht und Verrat. Ihren treuherzigen Augen sieht man es an, daß Sie in Ihrer Zeitung einen Artikel bringen werden, um den Deutschen niederzuschmettern und die von ihm Gejagten in Schutz zu nehmen.«

»Wenn ich das tun soll, was ich allerdings sehr gern möchte, so ist es freilich notwendig, zu erfahren, wo William Ohlert sich befindet. Ich muß ihm jedenfalls schreiben. Hoffentlich sind Sie über seinen gegenwärtigen Aufenthalt unterrichtet?«

»Wohin er gereist ist, das weiß ich allerdings; aber ich kann nicht sagen, ob er sich noch dort befinden wird, wenn Ihr Brief ankommt. Diesen Deutschen hätte ich nach dem Nordwesten geschickt. Ihnen aber sage ich, daß er nach dem Süden ist, ins Texas. Er beabsichtigte, nach Mexiko zu gehen und in Veracruz zu landen. Aber es war kein Schiff zu haben, das sofort die Anker lichtete. Die Gefahr drängte zur größten Eile, und so fuhr er mit dem ›Delphin‹, welcher nach Quintana bestimmt war.«

»Wissen Sie das genau?«

»Ganz sicher. Er hatte sich zu beeilen. Es gab grad noch Zeit, das Gepäck an Bord zu bringen. Mein Portier hat das besorgt und ist an Deck gewesen. Dort sprach er mit den Matrosen und erfuhr, daß der ›Delphin‹ wirklich nur bis Quintana gehen, vorher aber noch in Galveston anlegen werde. Mit diesem Dampfer ist Master Ohlert wirklich fort, denn mein Portier hat gewartet, bis das Schiff abfuhr.«

»Und sein Sekretär und die Miß sind auch mitgereist?«

»Natürlich. Der Portier hat die Dame indessen nicht gesehen, da sie sich nach der Damenkajüte zurückgezogen hatte. Er hat auch gar nicht nach ihr gefragt, denn meine Bediensteten sind gewöhnt, im höchsten Grade diskret und rücksichtsvoll zu sein; aber es versteht sich doch ganz von selbst, daß William nicht seine Braut zurücklassen und der Gefahr aussetzen wird, von dem deutschen Wüterich ergriffen zu werden. Ich freue mich eigentlich auf seine Ankunft bei mir. Es wird eine sehr interessante Szene geben. Zunächst werde ich versuchen, sein Herz zu rühren, und dann, wenn dieses mir nicht gelingt, so werde ich ihm meine Donnerworte in das Gesicht schleudern und in einer Weise mit ihm sprechen, daß er sich unter meiner Verachtung förmlich krümmen muß.«

Die gute Frau befand sich in wirklicher Aufregung. Sie hatte sich die Angelegenheit sehr zu Herzen genommen. Jetzt war sie von ihrem Sessel aufgestanden, ballte die kleinen, fleischigen Fäuste gegen die Türe und rief drohend:

»Ja, komme nur, komme nur, du diabolischer Dutchman! Meine Blicke sollen dich durchbohren und meine Worte dich zerschmettern!«

Ich hatte nun genug gehört und konnte gehen. Ein anderer hätte das auch getan und die Dame einfach in ihrem Irrtum gelassen. Ich aber sagte mir, es sei meine Pflicht, sie aufzuklären. Sie sollte nicht länger einen Schurken für einen ehrlichen Menschen halten. Ein Vorteil erwuchs mir aus dieser Offenherzigkeit gar nicht. Ich sagte also:

»Ich glaube nicht, daß Sie Gelegenheit haben werden, ihm Ihre Blicke und Worte in so zerschmetternder Weise entgegen zu werfen.«

»Warum?«

»Weil er die Sache wohl ganz anders anfangen wird, als Sie

meinen. Auch wird es Ihnen nicht gelingen, ihn nach dem Nordwesten zu schicken. Er wird vielmehr direkt nach Quintana fahren, um sich Williams und seines sogenannten Sekretärs zu bemächtigen.«

»Er kennt ja ihren Aufenthalt gar nicht!«

»O doch, denn Sie selbst haben ihm denselben mitgeteilt.«

»Ich? Unmöglich! Das müßte ich doch wissen! Wann sollte das geschehen sein?«

»Soeben jetzt.«

»Sir, ich begreife Sie nicht!« rief die Dame höchst erstaunt.

»Ich werde Ihnen behilflich sein, mich zu verstehen. Erlauben Sie mir nur, eine kleine Veränderung meiner Person vorzunehmen.«

Bei diesen Worten nahm ich die dunkle Perücke, den Vollbart und auch die Brille ab. Die Dame trat erschrocken zurück.

»Um Gottes willen!« rief sie aus. »Sie sind nicht ein Redakteur, sondern jener Deutsche! Sie haben mich betrogen!«

»Ich mußte das tun, weil man Sie vorher getäuscht hatte. Die Geschichte mit der Mulattin ist vom Anfang bis zum Ende eine Lüge. Man hat mit Ihrem guten Herzen Mißbrauch und Spott getrieben. Clinton ist gar nicht der Sekretär Williams. Er heißt in Wahrheit Gibson und ist ein gefährlicher Betrüger, den ich allerdings unschädlich machen soll.«

Sie sank wie ohnmächtig auf den Sessel nieder und rief:

»Nein, nein! Das ist unmöglich! Dieser liebe, freundliche, prächtige Mann kann kein Betrüger sein. Ich glaube Ihnen nicht.«

»Sie werden mir glauben, sobald Sie mich angehört haben. Lassen Sie mich Ihnen erzählen!«

Ich unterrichtete sie über den wirklichen Stand der Angelegenheit und hatte den Erfolg, daß ihre bisherige Sympathie für den ›lieben, freundlichen, prächtigen‹ Sekretär sich in den heftigsten Zorn umwandelte. Sie sah ein, daß sie in schmählichster Weise belogen worden sei, und gab mir schließlich sogar ihre Genugtuung darüber zu erkennen, daß ich in Verkleidung zu ihr gekommen sei.

»Hätten Sie das nicht getan,« sagte sie, »so hätten Sie nicht die Wahrheit von mir erfahren und wären meiner Weisung gemäß gen Norden nach Nebraska oder Dakota gedampft. Das Verhalten dieses Gibson-Clinton erfordert die allerstrengste Ahndung. Ich hoffe, daß Sie sofort aufbrechen, um ihn zu verfolgen, und bitte Sie, mir von Quintana aus zu schreiben, ob es Ihnen gelungen ist, ihn dort festzunehmen. Auf dem Transporte nach New York müssen Sie mir ihn hierher bringen, damit ich ihm sagen kann, wie sehr ich ihn verachte.«

»Das wird wohl kaum möglich sein. Es ist nicht so leicht, sich in Texas eines Menschen zu bemächtigen und ihn nach New York zu bringen. Ich würde äußerst zufrieden sein, wenn es mir gelänge, William Ohlert aus den Händen seines Verführers zu befreien und wenigstens einen Teil der Summen zu retten, welche beide unterwegs einkassiert haben. Für jetzt aber würde es mich außerordentlich freuen, von Ihnen vernehmen zu können, daß Sie die Deutschen nicht länger für Barbaren halten, welche nicht lieben können. Es hat mich geschmerzt, meine Landsleute grad von Ihnen so verkannt zu sehen.«

Die Antwort war eine Entschuldigung ihrerseits und die Versicherung, daß sie sich von ihrem Irrtume bekehrt fühle. Wir schieden in herzlichster Weise voneinander, und ich sagte den beiden vor dem Hause wartenden Polizisten, daß die Angelegenheit erledigt sei. Ich drückte ihnen ein Trinkgeld in die Hände und eilte fort.

Natürlich mußte ich möglichst schnell nach Quintana und und suchte zunächst nach einem Schiffe, welches dorthin ging. Die Gelegenheit war mir nicht günstig. Ein Dampfer lag bereit, nach Tampico zu gehen, legte aber auf der Tour nirgends an. Schiffe, welche mich nach Quintana gebracht hätten, gingen erst in einigen Tagen ab. Endlich fand ich einen schnellsegelnden Klipper, welcher Ladung für Galveston hatte und nach Mittag abgehen wollte. Mit ihm konnte ich fahren. In Galveston hoffte ich, schnelle Gelegenheiten nach Quintana zu finden. Ich ordnete schnell meine Angelegenheiten und ging an Bord.

Leider sollte meine Erwartung, in Galveston ein Schiff nach Quintana zu finden, nicht zutreffen. Ich fand eine Gelegenheit über dieses Ziel hinaus, nach Matagorda, am Ausflusse des östlichen Colorado. Doch wurde mir versichert, daß es mir leicht sein werde, von dort schnell zurück nach Quintana zu kommen. Das veranlaßte mich, diese Gelegenheit zu benutzen, und die Folge zeigte, daß ich dies nicht zu bereuen hatte.

Damals war die Aufmerksamkeit des Kabinetts von Washington nach Süden gerichtet, nach Mexiko, welches Land noch unter den blutigen Wirren des Kampfes zwischen der Republik und dem Kaisertume litt.

Benito Juarez war von den Vereinigten Staaten als Präsident der Republik von Mexiko anerkannt worden, und dieselben weigerten sich ganz entschieden, ihn gegen Maximilian fallen zu lassen. Sie betrachteten den Kaiser nach wie vor als Usurpator und begannen, auf Napoleon jenen Druck auszuüben, welcher ihn dann zu der erzwungenen Erklärung veranlaßte, seine Truppen aus Mexiko zurückzuziehen. Durch die Erfolge Preußens im deutschen Kriege indirekt gezwungen, hielt er auch Wort, und von da an war der Untergang Maximilians besiegelt.

Texas hatte sich beim Ausbruche des Bürgerkrieges für die Sezession erklärt und sich also an die Seite der Sklavenstaaten gestellt. Die Niederwerfung der letzteren hatte keineswegs eine schnelle Beruhigung der Bevölkerung zur Folge. Man war erbittert gegen den Norden und verhielt sich infolgedessen feindselig gegen dessen Politik. Eigentlich war die Bevölkerung von Texas gut republikanisch gesinnt. Man schwärmte für Juarez, den ›indianischen Helden‹, welcher sich nicht gescheut hatte, es mit Napoleon und einem Sprossen des mächtigen Hauses Habsburg aufzunehmen. Aber weil die Regierung von Washington es mit diesem ›Helden‹ hielt, konspirierte man im stillen gegen denselben. So ging ein tiefer Riß durch die Bevölkerung von Texas. Die einen traten offen für Juarez auf; die andern erklärten sich gegen denselben, nicht aus Ueberzeugung, sondern nur aus reiner

Widerstandslust. Infolge dieses Zwiespalts war es nicht leicht, durch das Land zu reisen. Alle Vorsicht des Einzelnen, seine politische Farbe verbergen zu wollen, war vergeblich; man wurde förmlich gezwungen, mit derselben hervorzutreten.

Was die in Texas ansässigen Deutschen betrifft, so waren sie mit sich selbst uneins. Als Deutsche sympathisierten sie mit Maximilian, doch entsprach es ihrem Patriotismus nicht, daß er unter der Aegide Napoleons nach Mexiko gekommen war. Sie hatten genug republikanische Luft eingeatmet, um zu glauben, daß der Einfall der Franzosen im Lande Montezumas ein ungerechter sei und nur den Zweck verfolge, durch Auffrischung der französischen Gloire den Blick der Franzosen von den eigenen unheilbaren Gebrechen abzulenken. Aus diesem Grunde verhielten sich die Deutschen schweigend und standen jeder politischen Demonstration fern, zumal sie es während des Sezessionskrieges mit den Nordstaaten und gegen die Sklavenbarone gehalten hatten.

So standen die Verhältnisse, als wir die flache, langgestreckte Nehrung zu Gesicht bekamen, welche die Matagorda-Bai von dem mexikanischen Golfe trennt. Wir segelten durch den Paso Caballo ein, mußten dann aber schnell Anker fallen lassen, da die Bai so seicht ist, daß tiefer gehende Schiffe Gefahr laufen, auf den Grund zu geraten.

Hinter der Nehrung ankerten kleinere Fahrzeuge, vor derselben in See mehrere große Schiffe, Dreimaster, und auch ein Dampfer. Ich ließ mich natürlich sofort nach Matagorda rudern, um mich zu erkundigen, ob es eine baldige Gelegenheit nach Quintana gebe. Leider hörte ich, daß erst nach Verlauf von zwei Tagen ein Schoner dorthin gehen werde. Ich saß also fest und ärgerte mich, denn Gibson erhielt nun einen Vorsprung von vier Tagen, welchen er benutzen konnte, spurlos zu verschwinden. Ich hatte nur den einen Trost, alles getan zu haben, was unter den obwaltenden Verhältnissen möglich gewesen war.

Da mir nichts anderes übrig blieb, als geduldig zu warten, so suchte ich mir ein Gasthaus und ließ mein Gepäck vom Schiffe holen.

Matagorda war damals ein kleinerer Ort als jetzt. Er liegt im östlichen Teile der Bai und ist ein Hafenplatz von weit geringerer Bedeutung als zum Beispiel Galveston. Wie überall in Texas, so besteht auch hier die Küste aus einer sehr ungesunden Niederung, welche zwar nicht gerade morastig genannt werden kann, aber doch sehr wasserreich ist. Man kann sich da sehr leicht das Fieber holen, und so war es mir gar nicht lieb, hier so lange verweilen zu müssen.

Mein ›Hotel‹ glich einem deutschen Gasthofe dritten oder vierten Ranges, mein Zimmer einer Schiffskoje, und das Bett war so kurz, daß ich beim Schlafen entweder den Kopf oben oder die Beine unten hinaushängen lassen mußte.

Nachdem meine Sachen untergebracht waren, ging ich aus, um mir den Ort anzusehen. Aus meiner Stube tretend, mußte ich, um zur Treppe zu gelangen, an einer jetzt offen stehenden Türe vorüber. Ich warf einen Blick in den Raum und sah, daß derselbe genau so wie der meinige möbliert war. An der Wand lag ein Sattel auf dem Boden und über demselben hing ein Zaum. In der Ecke, nahe beim Fenster, lehnte eine lange Kentuckybüchse. Ich mußte unwillkürlich an Old Death denken, doch konnten diese Gegenstände auch irgend einem Andern gehören.

Aus dem Hause getreten, schlenderte ich langsam die Gasse hinab. Als ich um die Ecke biegen wollte, wurde ich von einem Manne angerannt, welcher von der andern Seite kam und mich nicht gesehen hatte.

»*Thunder-storm!*« schrie er mich an. »Paßt doch auf, Sir, bevor Ihr in dieser Weise um die Ecken stürmt!«

»Wenn Ihr meinen Schneckengang für ein Stürmen haltet, so ist die Auster ein Mississippisteamer,« antwortete ich lachend.

Er fuhr einen Schritt zurück, sah mich an und rief:

»Das ist ja der deutsche Greenfish, welcher nicht zugeben wollte, daß er ein Detektiv sei! Was habt Ihr denn hier in Texas und gar in Matagorda zu suchen, Sir?«

»Euch nicht, Master Death!«

»Glaube es wohl! Ihr scheint zu den Leuten zu gehören,

welche niemals finden, was sie suchen, dafür aber mit allen Leuten zusammenrennen, mit denen sie nichts zu schaffen haben. Jedenfalls habt Ihr Hunger und Durst. Kommt, wir wollen uns irgendwo vor Anker legen, wo es ein gutes Bier zu trinken gibt. Euer deutsches Lagerbier scheint sich überall breit zu machen. In diesem elenden Neste ist es auch bereits zu finden, und ich kalkuliere, daß dieses Bier das Beste ist, was man von Euch haben kann. Habt Ihr schon Logis?«

»Ja, da unten im ›Uncle Sam‹.«

»Sehr schön! Da habe ich auch mein Wigwam aufgeschlagen.«

»Etwa in der Stube, in welcher ich ein Reitzeug und die Büchse bemerkte, eine Treppe hoch?«

»Ja. Ihr müßt nämlich wissen, daß ich von diesem Zeug nicht lasse. Es ist mir lieb geworden. Ein Pferd ist überall zu bekommen, ein guter Sattel nicht. Aber kommt, Sir! Soeben war ich in einer Bude, wo es ein kühles Bier gibt, an diesem Junitage ein wahres Labsal. Bin gern bereit, noch eins oder einige zu trinken.«

Er führte mich in ein kleines Lokal, in welchem Flaschenbier zu einem übrigens sehr hohen Preise ausgeschenkt wurde. Wir waren die einzigen Gäste. Ich bot ihm eine Zigarre an; er lehnte sie aber ab. Dafür zog er eine Tafel Kautabak aus der Tasche und schnitt sich von derselben ein Primchen ab, welches für fünf Vollmatrosen ausgereicht hätte. Dieses schob er in den Mund, brachte es liebevoll in der einen Backe unter und sagte dann:

»So, jetzt stehe ich Euch zu Diensten. Ich bin begierig, zu hören, welcher Wind Euch so schnell hinter mir hergetrieben hat. War es ein günstiger?«

»Im Gegenteile, ein sehr widriger.«

»So wolltet Ihr wohl gar nicht hierher?«

»Nein, sondern nach Quintana. Da es aber dorthin keine schnelle Gelegenheit gab, so bin ich hierher gekommen, weil man mir sagte, daß ich hier leicht ein Schiff finden werde, welches nach dem genannten Ort bestimmt sei. Leider muß ich zwei volle Tage warten.«

»Tragt das in Geduld, Master, und tröstet Euch mit der süßen Ueberzeugung, daß Ihr eben ein Pechvogel seid!«

»Schöner Trost! Meint Ihr, daß ich Euch für denselben eine Dankesadresse überreichen lassen soll?«

»Bitte,« lachte Old Death. »Gebe meinen Rat stets unentgeltlich. Uebrigens geht es mir grad so wie Euch; sitze auch so nutzlos hier, weil ich zu langsam gewesen bin. Wollte hinauf nach Austin und dann weiter, ein wenig über den Rio grande del Norte hinüber. Die Jahreszeit ist günstig. Es hat geregnet, und so besitzt der Colorado genug Wasser, um flache Dampfboote nach Austin zu tragen. Der Fluß ist nämlich den größten Teil des Jahres über sehr wasserarm.«

»Ich habe gehört, daß eine Barre die Schiffahrt hindere.«

»Das ist keine eigentliche Barre, sondern eine Raft, eine gewaltige Anschwemmung von Treibholz, welche ungefähr acht englische Meilen oberhalb von hier den Fluß zwingt, sich in mehrere Arme zu spalten. Hinter dieser Raft gibt es dann ein stetig freies Wasser, bis Austin und darüber hinaus. Da durch die Raft die Fahrt unterbrochen wird, so tut man klug, von hier aus bis hinauf zu ihr zu gehen, und erst dann an Bord zu steigen. Das wollte ich auch; aber Euer deutsches Lagerbier hatte es mir angetan. Ich trank und trank, verweilte mich in Matagorda zu lange, und als ich bei der Raft ankam, pfiff das Dampfboot eben ab. Habe also meinen Sattel wieder zurücktragen müssen und muß nun warten bis morgen früh, wo das nächste Boot abgeht.«

»So sind wir Leidensgefährten, und Ihr könnt Euch mit demselben Troste beruhigen, welchen Ihr vorhin mir zugesprochen habt. Ihr seid eben auch ein Pechvogel.«

»Der bin ich nicht. Ich verfolge niemanden, und bei mir ist es sehr gleichgültig, ob ich heute oder in einer Woche in Austin eintreffe. Aber ärgerlich ist es doch, ganz besonders weil jener dumme Greenfrog[1] mich auslachte. Er war schneller gewesen als ich und pfiff mich vom Verdeck herüber an, als ich mit meinem Sattel am Ufer zurückbleiben mußte. Treffe ich

[1] Laubfrosch.

diesen Kerl irgendwo, so erhält er noch eine ganz andere Ohrfeige, als diejenige war, welche er am Bord unseres Dampfers einstecken mußte.«

»Ihr habt eine Prügelei gehabt, Sir?«

»Prügelei? Was meint Ihr damit, Sir? Old Death prügelt sich nie. Aber es war auf dem ›Delphin‹, mit welchem ich hierher kam, ein Kerl vorhanden, welcher sich über meine Gestalt mokierte und lachte, so oft er mich sah. Da fragte ich ihn denn, was ihn so lustig mache, und als er mir antwortete, daß mein Gerippe ihn so heiter stimme, da erhielt er einen *Slap in the face*, daß er sich niedersetzte. Nun wollte er mit dem Revolver auf mich los, doch der Capt'n kam dazu und befahl ihm, sich von dannen zu trollen; es sei ihm recht geschehen, da er mich beleidigt habe. Darum lachte mich der Schelm aus, als ich zu spät an die Raft gekommen war. Schade um den Gefährten, mit welchem er reiste! Schien ein veritabler Gentleman zu sein, nur immer traurig und düster; starrte stets wie ein geistig Gestörter vor sich hin.«

Diese letzteren Worte erregten meine Aufmerksamkeit im höchsten Grade.

»Ein geistig Gestörter?« fragte ich. »Habt Ihr vielleicht seinen Namen gehört?«

»Er wurde vom Capt'n Master Ohlert genannt.«

Es war mir, als hätte ich einen Schlag ins Gesicht erhalten. Hastig fragte ich weiter:

»Ah! Und sein Begleiter?«

»Hieß Clinton, wenn ich mich recht entsinne.«

»Ist's möglich, ist's möglich?« rief ich, von meinem Stuhle aufspringend. »Diese beiden sind an Bord mit Euch gewesen?«

Er sah mich staunend an und fragte:

»Habt Ihr einen Raptus, Sir? Ihr fahrt ja auf wie eine Rakete! Gehen Euch diese zwei Männer etwas an?«

»Viel, sehr viel! Sie sind es ja, die ich finden will!«

Wieder ging jenes freundliche Grinsen, welches ich wiederholt bei ihm gesehen hatte, über sein Gesicht.

»Schön, schön!« nickte er. »Ihr gebt also endlich zu, daß

Ihr zwei Männer sucht? Und grad diese zwei? Hm! Ihr seid wirklich ein Greenhorn, Sir! Habt Euch selber um den schönen Fang gebracht.«

»Wieso?«

»Dadurch, daß Ihr in New Orleans nicht aufrichtig mit mir waret.«

»Ich durfte ja nicht,« antwortete ich.

»Der Mensch darf alles, was ihn zum guten Ziele führt. Hättet Ihr mir Eure Angelegenheit offenbart, so befänden sich die Beiden jetzt in Euren Händen. Ich hätte sie erkannt, sobald sie an Bord des Dampfers kamen, und Euch sofort geholt oder holen lassen. Seht Ihr das nicht ein?«

»Wer konnte denn wissen, daß Ihr dort mit ihnen zusammentreffen würdet! Uebrigens haben sie nicht nach Matagorda, sondern nach Quintana gewollt.«

»Das haben sie nur so gesagt. Sie sind dort gar nicht ans Land gekommen. Wollt Ihr klug sein, so erzählt mir Eure Geschichte. Vielleicht ist es mir möglich, Euch behilflich zu sein, die Kerls zu erwischen.«

Der Mann meinte es aufrichtig gut mit mir. Es fiel ihm gar nicht ein, mich kränken zu wollen, und doch fühlte ich mich beschämt. Gestern hatte ich ihm die Auskunft verweigert, und heute wurde ich von den Verhältnissen gezwungen, sie ihm zu geben. Mein Selbstgefühl flüsterte mir zu, ihm nichts zu sagen; aber der Verstand behielt doch die Oberhand. Ich zog die beiden Photographien hervor, gab sie ihm und sagte:

»Bevor ich Euch eine Mitteilung mache, betrachtet Euch einmal diese Bilder. Sind das die Personen, welche Ihr meint?«

»Ja, ja, sie sind es,« nickte er, als er einen Blick auf die Photographien geworfen hatte. »Es ist gar keine Täuschung möglich.«

Ich erzählte ihm nun aufrichtig den Sachverhalt. Er hörte mir aufmerksam zu, schüttelte, als ich geendet hatte, den Kopf und sagte nachdenklich:

»Was ich da von Euch gehört habe, ist alles glatt und klar.

Nur eins leuchtet mir nicht ein. Ist dieser William Ohlert denn vollständig wahnsinnig?«

»Nein. Ich verstehe mich zwar nicht auf Geisteskrankheiten, möchte hier aber doch nur von einer Monomanie reden, weil er, abgesehen von einem Punkte, vollständig Herr seiner geistigen Tätigkeiten ist.«

»Um so unbegreiflicher ist es mir, daß er diesem Gibson einen so unbeschränkten Einfluß auf sich einräumt. Er scheint diesem Menschen in allem zu folgen und zu gehorchen. Jedenfalls geht dieser schlau auf die Monomanie des Kranken ein und bedient sich derselben zu seinen Zwecken. Nun, hoffentlich kommen wir hinter all seine Schliche.«

»Ihr seid also überzeugt, daß sie auf dem Wege nach Austin sind? Oder haben sie die Absicht, unterwegs auszusteigen?«

»Nein, Ohlert hat dem Capt'n des Dampfers gesagt, daß er nach Austin wolle.«

»Sollte mich wundern. Er wird doch nicht sagen, wohin zu gehen er beabsichtigt.«

»Warum nicht? Ohlert weiß vielleicht gar nicht, daß er verfolgt wird, daß er sich auf Irrwegen befindet. Er ist wohl in dem guten Glauben, ganz recht zu handeln, lebt nur für seine Idee, und das andere ist Gibsons Sache. Der Irre hat es nicht für unklug gehalten, Austin als Ziel seiner Reise anzugeben. Der Capt'n sagte mir es wieder. Was gedenkt Ihr zu tun?«

»Natürlich muß ich ihnen nach und zwar schleunigst.«

»Bis morgen früh müßt Ihr trotz aller Ungeduld doch warten; es geht kein Schiff eher ab.«

»Und wann kommen wir an?«

»Unter den gegenwärtigen Wasserverhältnissen erst übermorgen.«

»Welch eine lange, lange Zeit!«

»Ihr müßt bedenken, daß die beiden wegen der Wasserarmut des Flusses eben auch spät ankommen. Es ist gar nicht zu vermeiden, daß das Schiff zuweilen auf den Grund fährt, und da dauert es stets eine geraume Weile, bevor es wieder loskommt.«

»Wenn man nur wüßte, was Gibson eigentlich beabsichtigt, und wohin er Ohlert schleppen will?«

»Ja, das ist freilich ein Rätsel. Irgend eine bestimmte Absicht hat er ja. Die Gelder, welche bisher erhoben worden sind, würden ausreichen, ihn zum wohlhabenden Manne zu machen. Er braucht sie nur an sich zu nehmen und Ohlert einfach sitzen zu lassen. Daß er das nicht tut, ist ein sicheres Zeichen, daß er ihn noch weiter ausbeuten will. Ich interessire mich außerordentlich für diese Angelegenheit, und da wir, wenigstens einstweilen, den gleichen Weg haben, so stelle ich mich Euch zur Verfügung. Wenn Ihr mich braucht, so könnt Ihr mich haben.«

»Euer Anerbieten wird mit großem Danke akzeptiert, Sir. Ihr flößt mir ein aufrichtiges Vertrauen ein; Euer Wohlwollen ist mir angenehm, und ich denke, daß Eure Hilfe mir von Vorteil sein wird.«

Wir schüttelten uns die Hände und leerten unsere Gläser. Hätte ich mich diesem Manne doch bereits gestern anvertraut!

Wir bekamen eben die Gläser neu gefüllt, als sich draußen ein wüster Lärm hören ließ. Johlende, menschliche Stimmen und heulendes Hundegebell kamen näher. Die Türe wurde ungestüm aufgerissen, und sechs Männer traten ein, die alle schon ein beträchtliches Quantum getrunken haben mochten; keiner von ihnen war mehr nüchtern zu nennen. Rohe Gestalten und Gesichter, südlich leichte Kleidung und prächtige Waffen fielen an ihnen sofort auf. Jeder von ihnen war mit Gewehr, Messer, Revolver oder Pistole versehen, außerdem hatten alle eine wuchtige Niggerpeitsche an der Seite hängen, und jeder führte an starker Leine einen Hund bei sich. Alle diese Hunde von ungeheurer Größe waren von jener sorgfältig gezüchteten Rasse, welche man in den Südstaaten zum Einfangen flüchtig gewordener Neger verwendete und Bluthunde oder Menschenfänger nannte.

Die Strolche starrten uns, ohne zu grüßen, mit unverschämten Blicken an, warfen sich auf die Stühle, daß diese krachten, legten die Füße auf den Tisch und trommelten mit den Absätzen auf ihm herum, womit sie an den Wirt das höfliche Ersuchen richteten, sich zu ihnen zu bemühen.

»Mensch, hast du Bier?« schrie ihn einer an. »Deutsches Bier?« Der geängstigte Wirt bejahte.

»Das wollen wir trinken. Aber bist du auch selbst ein Deutscher?«

»Nein.«

»Das ist dein Glück. Das Bier der Deutschen wollen wir trinken; sie selbst aber sollen in der Hölle braten, diese Abolitionisten, welche dem Norden geholfen haben und schuld sind, daß wir unsere Stellen verloren!«

Der Wirt zog sich schleunigst zurück, um seine noblen Gäste so rasch wie möglich zu bedienen. Ich hatte mich unwillkürlich umgedreht, um den Sprecher anzusehen. Er bemerkte es. Ich bin überzeugt, daß in meinem Blicke gar nichts für ihn Beleidigendes lag; aber er hatte einmal keine Lust, sich ansehen zu lassen, vielleicht große Sehnsucht, mit jemand anzubinden, und schrie mir zu:

»Was starrst du mich an! Habe ich etwa nicht wahr gesprochen?«

Ich wendete mich ab und antwortete nicht.

»Nehmt Euch in acht!« flüsterte Old Death mir zu. »Das sind Rowdies der schlimmsten Sorte. Jedenfalls entlassene Sklavenaufseher, deren Herren durch die Abschaffung der Sklaverei bankerott geworden sind. Die haben sich nun zusammengetan, um allerlei Unfug zu treiben. Es ist besser, wir beachten sie gar nicht. Trinken wir rasch aus, um dann zu gehen.«

Aber grad dieses Flüstern gefiel dem Manne nicht. Er schrie zu uns herüber:

»Was hast du Heimliches zu reden, altes Gerippe? Wenn du von uns sprichst, so tu' es laut, sonst werden wir dir den Mund öffnen!«

Old Death setzte sein Glas an den Mund und trank, sagte aber nichts. Die Leute bekamen Bier und kosteten. Das Gebräu war wirklich gut; die Gäste befanden sich aber in echter Rowdylaune und gossen es in die Stube. Derjenige, welcher vorhin gesprochen hatte, hielt sein volles Glas noch in der Hand und rief:

»Nicht auf den Boden! Dort sitzen zwei, denen dieses Zeug sehr gut zu bekommen scheint. Sie sollen es haben.«

Er holte aus und goß sein Bier über den Tisch herüber auf uns beide aus. Old Death fuhr sich ruhig mit dem Aermel über das naßgewordene Gesicht; ich aber brachte es nicht fertig, so ruhig wie er die schändlichsten Beleidigungen einzustecken. Mein Hut, mein Kragen, mein Rock, alles tropfte an mir, da mich der Hauptstrahl getroffen hatte. Ich drehte mich um und sagte:

»Sir, ich bitte Euch sehr, das nicht zum zweitenmal zu tun! Treibt Euern Spaß mit Euern Kameraden; wir haben nichts dagegen; uns aber laßt gefälligst in Ruhe.«

»So! Was würdet Ihr denn tun, wenn ich Lust empfände, Euch nochmals zu begießen?«

»Das wird sich finden.«

»Sich finden? Nun, da müssen wir doch gleich einmal sehen, was sich finden wird. Wirt, neue Gläser!«

Die Andern lachten und johlten ihrem Matador Beifall zu. Es war augenscheinlich, daß er seine Unverschämtheit wiederholen werde.

»Um Gottes willen, Sir, bindet nicht mit den Kerlen an!« warnte mich Old Death.

»Fürchtet Ihr Euch?« fragte ich ihn.

»Fällt mir nicht ein! Aber sie sind mit den Waffen schnell bei der Hand, und gegen eine tückische Kugel vermag auch der Mutigste nichts. Bedenkt, daß sie Hunde haben!«

Die Strolche hatten ihre Hunde an die Tischbeine gebunden. Um nicht wieder von hinten getroffen zu werden, verließ ich meinen bisherigen Platz und setzte mich so, daß ich den Rowdies die rechte Seite zukehrte.

»Ah! Er setzt sich in Positur!« lachte der Wortführer. »Er will sich wehren, aber sobald er nur eine Bewegung macht, laß ich Pluto auf ihn los. Der ist auf Menschen dressiert.«

Er band den Hund los und hielt ihn an der Schnur bei sich. Noch hatte der Wirt das Bier nicht gebracht; noch war es Zeit für uns, ein Geldstück auf den Tisch zu legen und zu gehen, doch glaubte ich nicht, daß uns die Bande erlauben werde, uns zu entfernen, und sodann widerstrebte es mir, vor diesen verachtenwerten Menschen die Flucht zu ergreifen. Denn solche Prahlhänse sind im Grund ihrer Seele Feiglinge.

Ich griff in die Tasche und spannte meinen Revolver. Im Ringen stellte ich meinen Mann; das wußte ich, doch war mir zweifelhaft, ob es mir gelingen werde, die Hunde zu bewältigen. Aber ich hatte Tiere, welche auf den Mann dressiert gewesen waren, unter den Händen gehabt, und brauchte mich wenigstens vor einem einzelnen Packer nicht zu fürchten.

Jetzt kam der Wirt. Er stellte die Gläser auf den Tisch und sagte in bittendem Tone zu seinen streitsüchtigen Gästen:

»Gentlemen, euer Besuch ist mir sehr angenehm; aber ich bitte euch, die beiden Männer dort in Ruhe zu lassen. Sie sind ebenfalls meine Gäste.«

»Schurke!« brüllte ihn einer an. »Willst du uns gute Lehren geben? Warte, wir werden deinen Eifer gleich abkühlen.« Und der Inhalt von zwei oder drei Gläsern ergoß sich über ihn, der es für das Klügste hielt, die Stube schnell zu verlassen.

»Und nun der Großsprecher dort!« rief mein Gegner. »Er soll es haben!«

Den Hund mit der Linken haltend, schleuderte er den Inhalt seines Glases mit der Rechten nach mir. Ich fuhr vom Stuhle auf und zur Seite, so daß ich nicht getroffen wurde. Dann erhob ich die Faust, um zu ihm hinzuspringen und ihn zu züchtigen. Er aber kam mir zuvor.

»Pluto, *go on!*« rief er, indem er den Hund losließ und auf mich deutete.

Ich hatte grad noch Zeit, an die Wand zu treten, da tat das gewaltige Tier einen wahrhaft tigerähnlichen Satz auf mich zu. Der Hund war ungefähr fünf Schritte von mir entfernt gewesen. Diesen Raum durchmaß er mit einem einzigen Sprunge. Dabei war er seiner Sache so gewiß, daß er mich mit den Zähnen bei der Gurgel fassen mußte, wenn ich stehen blieb. Aber eben als er mich packen wollte, wich ich zur Seite und er flog mit der Schnauze an die Mauer. Der Sprung war so kräftig gewesen, daß der Bluthund durch den Anprall fast betäubt wurde. Er stürzte zu Boden. Blitzschnell hatte ich ihn bei den Hinterläufen, schwang seinen Körper und schleuderte ihn mit dem Kopf voran gegen die Mauer, daß der Schädel zerbrach.

Nun erhob sich ein entsetzlicher Lärm. Die Hunde heulten und zerrten an ihren Leinen die Tische von der Stelle; die Männer fluchten, und der Besitzer des toten Hundes wollte sich auf mich werfen. Da aber rief Old Death, der sich erhoben hatte und den Kerls seine beiden Revolver entgegenhielt:

»*Stop!* Jetzt ist's nun gerade genug, Boys. Noch einen Schritt oder einen Griff nach euern Waffen, so schieße ich. Ihr habt euch in uns geirrt. Ich bin Old Death, der Pfadfinder. Ich hoffe, daß ihr von mir gehört habt. Und dieser Sir, mein Freund, fürchtet sich ebensowenig vor euch wie ich. Setzt euch nieder, und trinkt euer Bier in Bescheidenheit! Keine Hand nach der Tasche, oder bei meiner Seele, ich schieße!«

Diese letzte Warnung war an einen der Sklavenaufseher gerichtet, welcher seine Hand der Tasche genähert hatte, wohl in der Absicht, nach einem Revolver zu greifen. Auch ich hatte den meinen gezogen. Wir beide hatten achtzehn Schüsse. Ehe einer der Kerle zu seiner Waffe kam, mußte er von unserer Kugel getroffen sein. Der alte Pfadfinder schien ein ganz anderer Mensch geworden zu sein. Seine sonst gebeugte Gestalt hatte sich hoch aufgerichtet; seine Augen leuchteten, und in seinem Gesichte lag ein Ausdruck überlegener Energie, der keinen Widerstand aufkommen ließ. Spaßhaft war es, zu sehen, wie kleinlaut die vorher so frech auftretenden Menschen auf einmal wurden. Sie brummten zwar einige halblaute Bemerkungen vor sich hin, doch setzten sie sich nieder, und selbst der Herr des toten Hundes wagte es nicht, zu dem Tiere zu treten, da er sonst ganz in meine Nähe gekommen wäre.

Noch standen wir beide da, die Revolver drohend in den Händen, als ein weiterer Gast eintrat -- ein Indianer.

Er trug ein weißgegerbtes und mit roter, indianischer Stikkerei verziertes Jagdhemde. Die Leggins waren aus demselben Stoffe gefertigt und an den Nähten mit dicken Fransen von Skalphaaren besetzt. Kein Fleck, keine noch so geringe Unsauberkeit war an Hemd und Hose zu bemerken. Seine kleinen Füße steckten in mit Perlen gestickten Mokassins, welche mit Stachelschweinsborsten geschmückt waren. Um den Hals trug er den Medizinbeutel, die kunstvoll geschnitzte Friedenspfeife und eine dreifache Kette von Krallen des grauen Bären, welche er dem gefürchtetsten Raubtiere der Felsengebirge abgewonnen hatte. Um seine Taille schlang sich ein breiter Gürtel, aus einer kostbaren Santillodecke bestehend. Aus demselben schauten die Griffe eines Messers und zweier Revolver hervor. In der Rechten hielt er ein doppelläufiges Gewehr, dessen Holzteile dicht mit silbernen Nägeln beschlagen waren. Den Kopf trug der Indianer unbedeckt. Sein langes, dichtes, blauschwarzes Haar war in einen hohen, helmartigen Schopf geordnet und mit einer Klapperschlangenhaut durchflochten. Keine Adlerfeder, kein Unterscheidungszeichen schmückte diese Frisur, und dennoch sagte man sich gleich beim ersten Blicke, daß dieser noch junge Mann ein Häuptling, ein berühmter Krieger sein müsse. Der Schnitt seines ernsten, männlichschönen Gesichtes konnte römisch genannt werden; die Backenknochen standen kaum merklich vor; die Lippen des vollständig bartlosen Gesichtes waren voll und doch fein geschwungen, und die Hautfarbe zeigte ein mattes Hellbraun mit einem leisen Bronzehauch. Mit einem Worte, es war Winnetou, der Häuptling der Apachen, mein Blutsbruder.

Er blieb einen Augenblick an der Türe stehen. Ein forschender scharfer Blick seines dunklen Auges flog durch den Raum und über die in demselben befindlichen Personen; dann setzte er sich in unserer Nähe nieder, von den ihn anstarrenden Rowdies möglichst entfernt.

Ich hatte schon den Fuß erhoben, um auf ihn zuzuspringen und ihn auf das freudigste zu begrüßen, aber er beachtete mich nicht, obwohl er mich gesehen und selbstverständlich auch erkannt hatte. Er mußte einen Grund dazu haben; darum setzte ich mich wieder nieder und bemühte mich, eine gleichgültige Miene zu zeigen.

Man sah es ihm an, daß er die Situation sofort begriffen hatte. Seine Augen zogen sich ein ganz klein wenig und wie verächtlich zusammen, als er einen zweiten, kurzen Blick auf unsere Gegner warf, und als wir uns nun niedersetzten und die Revolver wieder einsteckten, zeigte sich ein kaum bemerkbares wohlwollendes Lächeln auf seinen Lippen.

Die Wirkung seiner Persönlichkeit war so groß, daß sich bei seinem Eintreten eine wahre Kirchenstille einstellte. Diese Geräuschlosigkeit mochte den Wirt überzeugen, daß die Gefahr vorüber sei. Er steckte den Kopf zur halb geöffneten Türe herein und zog dann, als er sah, daß er nichts zu fürchten brauche, die übrige Gestalt vorsichtig nach.

»Ich bitte um ein Glas Bier, deutsches Bier!« sagte der Indianer mit wohlklingender, sonorer Stimme und im schönsten, geläufigen Englisch.

Das war den Rowdies merkwürdig. Sie steckten die Köpfe zusammen und begannen zu flüstern. Die versteckten Blicke, mit denen sie den Indianer musterten, ließen verraten, daß sie nichts Vorteilhaftes über ihn sprachen.

Er erhielt das Bier, hob das Glas gegen das Fensterlicht, prüfte es mit einem behaglichen Kennerblick und trank.

»*Well!*« sagte er zum Wirte, indem er mit der Zunge schnalzte. »Euer Bier ist gut. Der große Manitou der weißen Männer hat sie viele Künste gelehrt, und das Bierbrauen ist nicht die geringste unter denselben.«

»Sollte man glauben, daß dieser Mann ein Indianer sei!« sagte ich leise zu Old Death, so tuend, als ob Winnetou mir unbekannt sei.

»Er ist einer, und zwar was für einer!« antwortete mir der Alte ebenso leise, aber mit Nachdruck.

»Kennt Ihr ihn? Habt Ihr ihn schon einmal getroffen oder gesehen?«

»Gesehen noch nicht. Aber ich erkenne ihn an seiner Gestalt, seiner Kleidung, seinem Alter, am meisten aber an seinem Gewehre. Es ist die berühmte Silberbüchse, deren Kugel niemals ihr Ziel verfehlt. Ihr habt das Glück, den berühmtesten Indianerhäuptling Nordamerikas kennen zu lernen, Winnetou, den Häuptling der Apachen. Er ist der hervorragendste unter allen Indianern. Sein Name lebt in jedem Palaste, in jeder Blockhütte, an jedem Lagerfeuer. Gerecht, klug, ehrlich, treu, stolz, tapfer bis zur Verwegenheit, Meister im Gebrauch aller Waffen, ohne Falsch, ein Freund und Beschützer aller Hilfsbedürftigen, gleichviel, ob sie rot oder weiß von Farbe sind, ist er bekannt über die ganze Länge und Breite der Vereinigten Staaten und weit über deren Grenzen hinaus als der ehrenhafteste und berühmteste Held des fernen Westens.«

»Aber wie kommt er zu diesem Englisch und zu den Manieren eines weißen Gentleman?«

»Er verkehrt sehr viel im Osten, und man erzählt sich, ein europäischer Gelehrter sei in die Gefangenschaft der Apachen geraten und von ihnen so gut behandelt worden, daß er sich entschlossen habe, bei ihnen zu bleiben und die Indianer zum Frieden zu erziehen. Er ist der Lehrer Winnetous gewesen, wird aber mit seinen philanthropischen Ansichten nicht durchgedrungen und nach und nach verkommen sein.«

Das war sehr, sehr leise gesprochen worden; kaum hatte ich es verstehen können. Und doch wendete sich der über fünf Ellen von uns entfernte Indianer zu meinem neuen Freunde:

»Old Death hat sich geirrt. Der weiße Gelehrte kam zu den Apachen und wurde freundlich von ihnen aufgenommen. Er wurde der Lehrer Winnetous und hat ihn unterrichtet, gut zu sein und die Sünde von der Gerechtigkeit, die Wahrheit von der Lüge zu unterscheiden. Er ist nicht verkommen, sondern er war hochgeehrt und hat sich niemals nach den weißen Männern zurückgesehnt. Als er starb, wurde ihm ein Grabstein errichtet und mit Lebenseichen umpflanzt. Er ist hinübergegangen in die ewig grünenden Savannenländer, wo die Seligen sich nicht zerfleischen und vom Angesichte Manitous wonniges Entzücken trinken. Dort wird Winnetou ihn wiedersehen und allen Haß vergessen, den er hier auf Erden schaut.«

Old Death war unendlich glücklich, von diesem Manne erkannt worden zu sein. Sein Gesicht strahlte vor Freude, als er ihn fragte:

»Wie, Sir, Ihr kennt mich? – Wirklich?«

»Ich habe Euch noch nicht gesehen, aber dennoch sofort erkannt, als ich hereintrat. Ihr seid ein Scout, dessen Name bis hinüber zum las Animas erklingt.«

Nach diesen Worten wendete er sich wieder ab. Während seiner Rede hatte sich kein Zug seines ehernen Gesichtes bewegt – jetzt saß er still und scheinbar in sich selbst versunken da; nur seine Ohrmuscheln zuckten zuweilen, als ob sie sich mit etwas außer ihm Vorgehenden beschäftigten.

Indessen flüsterten die Rowdies immer unter sich weiter, sahen sich fragend an, nickten einander zu, und schienen endlich zu einem Entschluß zu kommen. Sie kannten den Indsman nicht, hatten auch aus seiner Rede nicht geschlossen, wer er sei, und wollten nun wohl die Niederlage, welche sie uns gegenüber erlitten hatten, dadurch ausgleichen, daß sie ihn fühlen ließen, wie sehr sie einen rothäutigen Menschen verachteten. Dabei mochten sie der Ansicht sein, daß es mir und Old Death nicht einfallen werde, uns seiner anzunehmen, denn wenn nicht wir es waren, welche beleidigt wurden, so hatten wir uns nach den herrschenden Regeln ruhig zu verhalten und zuzuschauen, wie ein harmloser Mensch moralisch mißhandelt wurde. Also stand einer von ihnen auf, derselbe, welcher vorher mit mir angebunden hatte, und schritt langsam und in herausfordernder Haltung auf den Indsman zu. Ich zog meinen Revolver aus der Tasche, um ihn so vor mich auf den Tisch zu legen, daß ich ihn bequem erreichen konnte.

»Ist nicht notwendig,« flüsterte Old Death mir zu. »Ein Kerl wie Winnetou nimmt es mit der doppelten Anzahl dieser Buben auf.«

Der Rowdy pflanzte sich breitspurig vor den Apachen hin, stemmte die Hände in die Hüften und sagte:

»Was hast du hier in Matagorda zu suchen, Rothaut? Wir dulden keine Wilden in unserer Gesellschaft.«

Winnetou würdigte den Mann keines Blickes, führte sein Glas an den Mund, tat einen Schluck und setzte es dann, behaglich mit der Zunge schnalzend, wieder auf den Tisch.

»Hast du nicht gehört, was ich sagte, verwünschte Rothaut?« fragte der Rowdy. »Ich will wissen, was du hier treibst. Du schleichst umher, um uns auszuhorchen, den Spion zu spielen. Die Rothäute halten es mit dem Halunken Juarez, dessen Fell ja auch ein rotes ist; aber wir sind auf seiten des Imperators Max und werden jeden Indianer aufknüpfen, welcher uns in den Weg kommt. Wenn du nicht sofort in den Ruf einstimmst: ›Es lebe Kaiser Max‹, legen wir dir den Strick um den Hals!«

Auch jetzt sagte der Apache kein Wort. Kein Zug seines Gesichtes bewegte sich.

»Hund, verstehst du mich? Antwort will ich haben!« schrie ihn der Andere jetzt in offenbarer Wut an, indem er ihm die Faust auf die Achsel legte.

Da richtete sich die geschmeidige Gestalt des Indianers blitzschnell in die Höhe.

»Zurück!« rief er in befehlendem Tone. »Ich dulde nicht, daß ein Cojote mich anheult.«

Cojote wird der feige Prairiewolf genannt, der allgemein als ein verächtliches Tier angesehen wird. Die Indianer bedienen sich dieses Schimpfwortes, sobald sie jemandem ihre höchste Geringschätzung ausdrücken wollen.

»Ein Cojote?« rief der Rowdy. »Das ist eine Beleidigung, für welche ich dir zur Ader lassen werde, und zwar augenblicklich!«

Er zog seinen Revolver. Da aber geschah etwas, was er nicht erwartet hatte: Der Apache schlug ihm die Waffe aus der Hand, faßte ihn an den Hüften, hob ihn empor und schleuderte ihn gegen das Fenster, welches natürlich in Stücke und Scherben ging und mit ihm hinaus auf die Straße flog.

Das war viel schneller geschehen, als man es erzählen

kann. Das Klirren des Fensters, das Heulen der Hunde, das zornige Aufbrüllen der Genossen des auf diese Weise an die Luft Beförderten, das alles verursachte einen Heidenskandal, welcher aber von Winnetous Stimme übertönt wurde. Er trat auf die Burschen zu, deutete mit der Hand nach dem Fenster und rief:

»Will noch einer von euch dort hinaus? Er mag es sagen!«

Er war einem der Hunde zu nahe gekommen. Dieser fuhr nach ihm, erhielt aber von dem Apachen einen Fußtritt, daß er sich winselnd unter den Tisch verkroch. Die Sklavenaufseher wichen scheu zurück und schwiegen. Winnetou hielt keine Waffe in der Hand. Seine Persönlichkeit allein war es, welche allen imponierte. Keiner der Angegriffenen antwortete. Der Indianer glich einem Tierbändiger, wenn er in den Käfig tritt und die Wildheit der Katzen mit dem Blick seines Auges niederhält.

Da wurde die Türe aufgerissen, und der durch das Fenster Geworfene, dessen Gesicht durch die Scherben des Glases leicht beschädigt worden war, trat herein. Er hatte das Messer gezogen und sprang unter einem wütenden Schrei auf Winnetou los. Dieser machte nur eine kleine Seitenbewegung und packte mit schnellem Griffe die Hand, welche das Messer hielt. Dann faßte er ihn grad so wie vorhin bei den Hüften, hob ihn empor und schmetterte ihn auf den Boden, wo der Rowdy besinnungs- und bewegungslos liegen blieb. Keiner der Gefährten des letzteren machte Miene, sich an dem Sieger zu vergreifen. Dieser griff so ruhig, als ob gar nichts geschehen sei, nach seinem Biere und trank es aus. Dann winkte er dem Wirt, welcher sich angstvoll nach der in sein Kabinett führenden Türe zurückgezogen hatte, zu sich, nahm einen Lederbeutel aus dem Gürtel und legte ihm aus demselben einen kleinen gelben Gegenstand in die Hand, dabei sagend:

»Nehmt das für das Bier und für das Fenster, Master Landlord! Ihr seht, daß der ›Wilde‹ seine Schuld bezahlt. Hoffentlich erhaltet Ihr auch von den Zivilisierten Euer Geld. Sie wollen keine ›Rothaut‹ bei sich dulden. Winnetou, der

Häuptling der Apachen, aber geht nicht, weil er sich vor ihnen fürchtet, sondern weil er erkannt hat, daß nur die Haut, nicht aber die Seele dieser Bleichgesichter von heller Farbe ist. Es gefällt ihm nicht bei ihnen.«

Er verließ das Lokal, nachdem er seine Silberbüchse ergriffen hatte, ohne noch irgend wem auch nur einen Blick zuzuwerfen; auch mich sah er nicht an.

Jetzt kam wieder Leben in die Rowdies. Ihre Neugierde aber schien größer zu sein als ihr Zorn, ihre Beschämung und auch ihre Sorge um den bewußtlosen Gefährten. Sie fragten vor allen Dingen den Wirt, was er erhalten habe.

»Ein Nugget,« antwortete er, indem er ihnen das über haselnußgroße Stück gediegenen Goldes zeigte. »Ein Nugget, welches wenigstens zwölf Dollars wert ist. Da ist das Fenster reichlich bezahlt; es war alt und morsch und hatte mehrere Sprünge in den Scheiben. Er schien den ganzen Beutel voll solcher Nuggets zu haben.«

Die Rowdies äußerten ihren Aerger darüber, daß eine Rothaut sich im Besitze einer solchen Menge Goldes befinde. Das Goldstück ging von Hand zu Hand und wurde nach seinem Werte abgeschätzt. Wir benutzten die Gelegenheit, um unsere Zeche zu bezahlen und uns zu entfernen.

»Nun, was sagt Ihr zu dem Apachen, Master?« fragte mich Old Death, als wir uns glücklich draußen befanden. »Kann es einen zweiten solchen Indsman geben? Die Schurken wichen vor ihm zurück, wie die Sperlinge beim Anblicke eines Falken. Wie schade, daß ich ihn nicht mehr sehe! Wir hätten ihm ein wenig nachgehen können, denn ich möchte gar zu gern wissen, was er hier treibt, ob er außerhalb der Stadt lagert oder in einem Gasthause sich niedergelassen hat. Er muß sein Pferd irgendwo eingestellt haben, denn ohne Roß ist nie ein Apache und auch Winnetou nicht zu denken. Uebrigens, Sir, habt auch Ihr Eure Sache gar nicht übel gemacht. Beinahe wäre mir Angst geworden, denn es ist immer gefährlich, mit solchen Leuten anzubinden; aber die kühne und gewandte Art, mit welcher Ihr die Hundebestie bedientet, läßt vermuten, daß Ihr nicht allzu lange Zeit ein Greenhorn bleiben werdet. Aber nun sind wir in der Nähe unseres Logementes angekommen. Gehen wir hinein? Ich denke nicht. Ein alter Trapper wie ich klemmt sich nicht gern zwischen Mauern ein, und ich habe am liebsten den freien Himmel über mir. Laufen wir also noch ein wenig in diesem schönen Matagorda umher. Ich wüßte nicht, wie wir die Zeit anders totschlagen wollten. Oder liebt Ihr es vielleicht, ein Spielchen zu machen?«

»Nein. Ich bin kein Spieler und habe auch nicht die Absicht, einer zu werden.«

»Recht so, junger Mann! Hier aber spielt fast jedermann, und nach Mexiko hinein wird es noch viel schlimmer; da spielt Mann und Weib, Katze und Maus, und die Messer sitzen nicht sehr fest. Erfreuen wir uns an einem Spaziergange! Dann essen wir und legen uns beizeiten auf das Ohr. In diesem gesegneten Lande weiß man ja niemals, ob, wie oder wo man sich des andern Abends zur Ruhe legen kann.«

»So schlimm wird es doch wohl nicht sein!«

»Ihr dürft nicht vergessen, Sir, daß Ihr Euch in Texas befindet, dessen Verhältnisse noch bei weitem nicht geordnet sind. Wir haben zum Beispiel vor, nach Austin zu gehen. Es ist aber sehr fraglich, ob wir dorthin kommen. Die Ereignisse in Mexiko haben ihre Wogen auch über den Rio grande herübergewälzt. Da geschieht manches, was sich sonst nicht zu ereignen pflegt, und überdies haben wir mit den Einfällen dieses Gibson zu rechnen. Wenn es ihm in den Sinn gekommen ist, die Fahrt nach Austin zu unterbrechen und irgendwo auszusteigen, sind wir natürlich gezwungen, dasselbe zu tun.«

»Aber wie erfahren wir, ob er von Bord gegangen ist?«

»Durch Nachfrage. Der Dampfer nimmt sich hier auf dem Colorado Zeit. Man hastet noch nicht so wie auf dem Mississippi und anderwärts. Es bleibt uns an jedem Orte ein kleines Viertelstündchen übrig, unsere Nachforschungen zu halten. Wir können uns sogar darauf gefaßt machen, irgendwo an das Land gehen zu müssen, wo es weder Stadt noch irgend ein Hotel gibt, in welchem wir uns pflegen können.«

»Aber was geschieht in diesem Falle mit meinem Koffer?«

Er lachte laut auf bei meiner Frage.

»Koffer, Koffer!« rief er. »Einen Koffer mitzunehmen, das ist noch ein Rest längst vergangener vorsintflutlicher Verhältnisse. Welcher vernünftige Mensch schleppt ein solches Gepäckstück mit sich! Wenn ich alles, was ich jemals während meiner Reisen und Wanderungen gebrauchte, hätte mitnehmen wollen, so wäre ich niemals weit gekommen. Nehmt mit, was für den Augenblick notwendig ist; alles übrige kauft Ihr Euch zu seiner Zeit. Was habt Ihr denn in Eurem alten Kasten für wichtige Dinge?«

»Kleider, Wäsche, Toilettengegenstände, Verkleidungsstücke und so weiter.«

»Das sind alles ganz schöne Sachen, die man aber überall haben kann. Und wo sie nicht zu haben sind, da ist eben kein Bedürfnis dafür vorhanden. Man trägt ein Hemde, bis man es nicht mehr braucht, und kauft sich dann ein neues. Toilettensachen? Nehmt es nicht übel, Sir, aber Haar- und Nagelbürsten, Pomaden, Bartwichse und dergleichen schänden bloß den Mann. Verkleidungsgegenstände? Die mögen da, wo Ihr jetzt gewesen seid, ihre Dienste leisten, hier aber nicht mehr. Hier braucht Ihr Euch nicht hinter einer falschen Haartour zu verstecken. Solch romantischer Unsinn führt Euch nicht zum Ziele. Hier heißt es, frisch zugreifen, sobald Ihr Euern Gibson findet. Und – – –«

Er blieb stehen, betrachtete mich von oben bis unten, zog eine lustige Grimasse und fuhr dann fort:

»So, wie Ihr hier vor mir steht, könnt Ihr im Zimmer der anspruchvollsten Lady oder im Parkett irgend eines Theaters erscheinen. Texas aber hat mit einem Boudoir oder einer Theaterloge nicht die mindeste Aehnlichkeit. Leicht kann es geschehen, daß bereits nach zwei oder drei Tagen Euer feiner Anzug in Fetzen um Euch hängt und Euer schöner Zylinderhut die Gestalt einer Ziehharmonika erhalten hat. Wißt Ihr denn, wohin Gibson sich wenden wird? In Texas zu bleiben, kann unmöglich seine Absicht sein; er will verschwinden und muß also die Grenze der Vereinigten Staaten hinter sich haben. Daß er die Richtung hierher eingeschlagen hat, macht es über allen Zweifel erhaben, daß er nach Mexiko will. Er kann in den Wirren dieses Landes untertauchen, und kein Mensch, auch keine Polizei wird Euch helfen, ihn empor zu ziehen.«

»Vielleicht habt Ihr recht. Ich denke aber, wenn er wirklich nach Mexiko wollte, so würde er direkt nach einem dortigen Hafen gegangen sein.«

»Unsinn! Er hat New Orleans so schnell verlassen müssen, daß er sich des ersten abfahrenden Schiffes bedienen mußte. Ferner befinden sich die mexikanischen Häfen im Besitze der Franzosen. Wißt Ihr denn, ob er von diesen etwas wissen will? Er hat keine Wahl; er muß den Landweg einschlagen und ist jedenfalls klug genug, sich an den größeren Orten nicht allzuviel sehen zu lassen. So ist es möglich, daß er auch Austin vermeidet und bereits vorher ausgestiegen ist. Er geht nach dem Rio grande, zu Pferde natürlich, durch wenig angebautes Land. Wollt Ihr ihm dorthin mit Eurem Koffer, Eurem Zylinderhut und in diesem eleganten Anzuge folgen? Wenn das Eure Absicht wäre, so müßte ich Euch auslachen.«

Ich wußte natürlich, daß er recht hatte, machte mir aber den Spaß, kläglich an meinem guten Anzuge niederzusehen. Da klopfte er mir lachend auf die Schulter und sagte:

»Laßt es Euch nicht leid tun; trennt Euch getrost von diesem unpraktischen Anzuge. Geht hier zu einem Händler, um all Euern unnützen Krimskrams zu verkaufen, und schafft Euch dafür andere Kleider an. Ihr müßt unbedingt einen festen, dauerhaften Trapperanzug haben. Ich kalkuliere, daß man Euch mit genug Geld versehen hat?« Ich nickte. »Nun, so ist ja alles recht. Weg also mit dem Schwindel! Ihr könnt doch reiten und schießen?« Ich bejahte. »Ein Pferd müßt Ihr auch haben, aber hier an der Küste kauft man sich keins. Hier sind die Tiere teuer und schlecht. Drin im Lande aber läßt Euch jeder Farmer eins ab, doch nicht auch einen Sattel dazu. Den müßt Ihr hier kaufen.«

»O weh! Soll ich etwa so laufen wie Ihr, mit dem Sattel auf dem Rücken?«

»Ja. Warum nicht? Geniert Ihr Euch etwa vor den Leuten?

Wen geht es etwas an, daß ich einen Sattel trage? Keinen Menschen! Wenn es mir beliebt, so schleppe ich ein Sofa mit mir herum, um mich in der Prairie oder im Urwalde gelegentlich darauf ausruhen zu können. Wer da über mich lacht, dem gebe ich einen Nasenstüber, daß ihm alle möglichen Fixsterne vor den Augen funkeln. Man hat sich nur dann zu schämen, wenn man ein Unrecht oder eine Albernheit begeht. Gesetzt, Gibson ist mit William irgendwo ausgestiegen, hat Pferde gekauft und ist davongeritten, so sollt Ihr sehen, wie vorteilhaft es für Euch ist, sofort einen Sattel zur Hand zu haben. Tut, was Ihr wollt. Wenn Ihr aber wirklich wünscht, daß ich bei Euch bleibe, so folgt meinem Rate. Entscheidet Euch also schnell!«

Er sagte das, ohne aber meine Entscheidung abzuwarten, faßte mich vielmehr am Arme, drehte mich um, deutete auf ein Haus mit einem großen Laden, über welchem in ellenhohen Buchstaben zu lesen war: ›*Store for all things*‹, und zog mich fort nach dem Eingang, gab mir einen Stoß, daß ich in den Laden und an ein offenstehendes Heringsfaß schoß, und schob sich dann schmunzelnd hinterdrein.

Die Firmenschrift enthielt keine Lüge. Der Laden war sehr groß und enthielt wirklich alles, was man unter den hiesigen Verhältnissen nötig haben konnte, sogar Sättel und Gewehre.

Die nun folgende Szene war einzig in ihrer Art. Ich glich geradezu einem Schulbuben, welcher mit seinem Vater vor der Jahrmarktsbude steht, seine Wünsche nur unter Zagen äußern darf und vielmehr das nehmen muß, was der erfahrene Vater für ihn aussucht. Old Death stellte gleich anfangs die Bedingung, daß der Besitzer des Ladens meinen gegenwärtigen Anzug und auch den ganzen Inhalt meines Koffers mit an Zahlungsstatt anzunehmen habe. Der Mann ging gern darauf ein und schickte sofort seinen Storekeeper fort, den Koffer zu holen. Als derselbe ankam, wurden meine Sachen taxiert, und nun begann Old Death, für mich auszusuchen. Ich erhielt: eine schwarze Lederhose, ein Paar hohe Stiefel, natürlich mit Sporen, ein rotwollenes Leibhemd, eine Weste von derselben Farbe mit unzähligen Taschen, ein schwarzwollenes Halstuch, einen hirschledernen Jagdrock, ungefärbt, einen ledernen Gürtel, zwei Hände breit und innen natürlich hohl, Kugelbeutel, Tabaksblase, Tabakspfeife, Kompaß und zwanzig andere notwendige Kleinigkeiten, Fußlappen anstatt der Strümpfe, einen riesigen Sombrero, eine wollene Decke mit einem Schlitze in der Mitte, um den Kopf hindurch zu stecken, einen Lasso, Pulverhorn, Feuerzeug, Bowiemesser, Sattel mit Taschen und Zaumzeug. Dann ging es zu den Gewehren. Old Death war kein Freund von Neuerungen. Er schob alles, was neueren Datums war, beiseite und griff nach einer alten Rifle, die ich jedenfalls gar nicht beachtet hätte. Nachdem er sie mit der Miene eines Kenners untersucht hatte, lud er sie, trat vor den Laden hinaus und schoß nach der Giebelverzierung eines sehr entfernten Hauses. Die Kugel saß.

»*Well!*« nickte er befriedigt. »Die wird's tun. Dieses Schießeisen hat sich in famosen Händen befunden und ist mehr wert als aller Krimskrams, den man jetzt mit dem Namen Büchse beehrt. Ich kalkuliere, daß dieses Gewehr von einem sehr tüchtigen Meister angefertigt worden ist, und will hoffen, daß Ihr ihm Ehre macht. Nun noch eine Kugelform dazu. Dann sind wir fertig. Blei können wir hier auch haben; so gehen wir nach Hause und gießen einen Kugelvorrat, vor welchem die da drüben in Mexiko erschrecken sollen.«

Nachdem ich mir noch einige Kleinigkeiten, wie Taschentücher u. s. w., welche Old Death natürlich für ganz überflüssig hielt, ausgesucht hatte, mußte ich in einen kleinen Nebenraum treten, um mich umzuziehen. Als ich in den Laden zurückkehrte, betrachtete der Alte mich wohlgefällig.

Im stillen hatte ich mich der Hoffnung hingegeben, daß er den Sattel tragen werde; aber das fiel ihm gar nicht ein; er packte mir die Geschichte auf und schob mich hinaus.

»So!« schmunzelte er draußen. »Jetzt seht einmal, ob Ihr Euch wirklich zu schämen habt! Jeder verständige Mensch wird Euch für einen sehr vernünftigen Gentleman halten, und was die unverständige Welt sagt, das geht Euch den Teufel an.«

Jetzt hatte ich nichts mehr vor Old Death voraus und mußte mein Joch geduldig nach dem Gasthofe schleppen, während er stolz nebenher schritt und es ihm jedenfalls heimlichen Spaß machte, mich als meinen eignen Packträger in Tätigkeit zu sehen.

Als wir im ›Hotel‹ ankamen, legte er sich nieder; ich aber ging, um nach Winnetou zu suchen. Es läßt sich denken, wie entzückt ich über dieses Wiedersehen war. Es hatte meiner ganzen Selbstbeherrschung bedurft, ihm nicht um den Hals zu fallen. Wie kam er nach Matagorda, und was wollte er hier? Warum hatte er so getan, als ob er mich gar nicht kenne? Das mußte einen Grund haben; aber welchen?

Er hatte jedenfalls ebenso die Absicht, mit mir zu sprechen, wie ich mich sehnte, mit ihm reden zu können. Wahrscheinlich wartete er irgendwo auf mich. Da ich seine Art und Weise kannte, war es mir nicht schwer, ihn zu finden. Er hatte uns gewiß beobachtet und in das Hotel gehen sehen und war also in der Nähe desselben zu suchen. Ich ging nach der hintern Seite des Hauses, welche an das freie Feld stieß. Richtig! Ich sah ihn in der Entfernung von einigen hundert Schritten an einem Baume lehnen. Als er mich bemerkte, verließ er seinen Standort und ging langsam dem Walde zu; ich folgte ihm natürlich. Unter den Bäumen, wo er auf mich wartete, kam er mir mit freudestrahlendem Gesicht entgegen und rief:

»Scharlieh, mein lieber, lieber Bruder! Welche Freude hat dein unverhoffter Anblick meinem Herzen bereitet! So freut sich der Morgen, wenn nach der Nacht die Sonne erscheint!«

Er zog mich an sich und küßte mich. Ich antwortete:

»Der Morgen weiß, daß die Sonne kommen muß; wir aber konnten nicht ahnen, daß wir einander hier sehen würden. Wie glücklich bin ich, deine Stimme wieder zu hören!«

»Was führt deinen Fuß in diese Stadt? Hast du hier zu tun, oder bist du in Matagorda gelandet, um von da aus zu uns nach dem Rio Pecos zu gehen?«

»Ich habe eine Aufgabe zu lösen, welche mich hierher führte.«

»Darf mein weißer Bruder mir diese Aufgabe sagen? Wird er mir erzählen, wo er sich befunden hat, seit wir droben am Red River voneinander schieden?«

Er zog mich ein Stückchen tiefer in den Wald hinein, wo wir uns niedersetzten. Hand in Hand an seiner Seite, erzählte ich ihm meine Erlebnisse. Als ich zu Ende war, nickte er ernst vor sich hin und sagte:

»Wir haben den Pfad des Feuerrosses vermessen, damit du das Geld bekommen solltest; der Hurrikan hat es dir wieder genommen. Wolltest du bei den Kriegern der Apachen bleiben, die dich lieben, so würdest du des Geldes nie bedürfen. Du tatest klug, nicht nach St. Louis zu gehen und bei Henry auf mich zu warten, denn ich wäre nicht gekommen.«

»Hat mein Bruder den Mörder Santer ergriffen?«

»Nein. Der böse Geist hat ihn beschützt, und der große, gute Manitou ließ es geschehen, daß er mir entkam. Er ist zu den Soldaten der Südstaaten gegangen, wo er unter so vielen Tausenden mir entschwand. Aber mein Auge wird ihn wiedersehen, und dann entkommt er mir nicht! Ich kehrte nach dem Rio Pecos zurück, ohne ihn bestraft zu haben. Unsere Krieger haben während des ganzen Winters den Tod Intschu tschunas und meiner Schwester betrauert. Dann mußte ich viele und weite Ritte machen, um die Stämme der Apachen zu besuchen und sie von übereilten Schritten abzuhalten, denn sie wollten nach Mexiko, um sich an den dortigen Kämpfen zu beteiligen. Hat mein Bruder von Juarez, dem roten Präsidenten, gehört?«

»Ja.«

»Wer hat recht, er oder Napoleon?«

»Juarez.«

»Mein Bruder denkt grad so wie ich. Ich bitte dich, mich nicht zu fragen, was ich hier in Matagorda tue! Ich muß es selbst gegen dich verschweigen, denn ich habe das Juarez versprochen, den ich in El Paso del Norte traf. Du wirst, obgleich du mich hier getroffen hast, den beiden Bleichgesichtern folgen, welche du suchst?«

»Ich bin dazu gezwungen. Wie würde ich mich freuen, wenn du mich begleiten könntest! Ist dir das nicht möglich?«

»Nein. Ich habe eine Pflicht zu erfüllen, welche ebenso groß ist wie die deinige. Heut muß ich noch bleiben; aber morgen fahre ich mit dem Schiffe nach La Grange, von wo aus ich über Fort Inge nach dem Rio Grande del Norte muß.«

»Wir fahren mit demselben Schiffe, nur weiß ich nicht, wie weit. Wir werden also morgen noch beieinander sein.«

»Nein.«

»Nicht? Warum nicht?«

»Weil ich meinen Bruder nicht in meine Sache verwickeln möchte; darum habe ich vorhin getan, als ob ich dich nicht kenne. Auch wegen Old Death habe ich nicht mit dir gesprochen.«

»Warum wegen ihm?«

»Weiß er, daß du Old Shatterhand bist?«

»Nein. Dieser Name ist zwischen uns gar nicht gefallen.«

»Er kennt ihn dennoch ganz gewiß. Du bist bisher im Osten gewesen und weißt also nicht, wie oft im Westen von dir gesprochen wird. Old Death hat sicher auch von Old Shatterhand gehört; dich aber scheint er für ein Greenhorn zu halten?«

»Das ist allerdings der Fall.«

»So wird es später eine große Ueberraschung geben, wenn er hört, wer dieses Greenhorn ist; die möchte ich meinem Bruder nicht verderben. Wir werden also auf dem Schiffe nicht miteinander sprechen. Wenn du Ohlert und seinen Entführer gefunden hast, dann werden wir um so länger beisammen sein, denn du wirst doch zu uns kommen?«

»Ganz gewiß!«

»So wollen wir jetzt scheiden, Scharlieh. Es gibt hier Bleichgesichter, welche auf mich warten.«

Er stand auf. Ich mußte sein Geheimnis achten und nahm Abschied von ihm, hoffentlich nur für kurze Zeit.

Am andern Morgen mieteten wir zwei Maultiere, auf denen wir hinaus nach der Raft ritten, wo der Dampfer auf die

Passagiere wartete. Die Tiere erhielten unsere Sättel aufgelegt, wodurch es glücklicherweise vermieden wurde, daß wir dieselben tragen mußten.

Der Steamer war ein sehr flachgehendes Boot und ganz nach amerikanischer Manier gebaut. Es befanden sich bereits zahlreiche Passagiere auf demselben. Als wir, nun allerdings die Sättel tragend, über die Planke schritten und an Deck kamen, rief eine laute Stimme:

»Bei Jove! Da kommen ein paar zweibeinige, gesattelte Maulesel! Hat man schon so etwas gesehen? Macht Platz, Leute! Laßt sie hinab in den Raum! Solch Viehzeug darf doch nicht unter Gentlemen verweilen!«

Wir kannten diese Stimme. Die besten Plätze des mit einem Glasdache versehenen ersten Platzes waren von den Rowdies eingenommen, welche wir gestern kennen gelernt hatten. Der laute Schreier von gestern, welcher überhaupt ihren Anführer zu machen schien, hatte uns mit dieser neuen Beleidigung empfangen. Ich richtete mich nach Old Death. Da er die Worte ruhig über sich ergehen ließ, tat auch ich so, als ob ich sie gar nicht vernommen hätte. Wir nahmen den Kerlen gegenüber Platz und schoben die Sättel unter unsere Sitze.

Der Alte machte es sich bequem, zog seinen Revolver hervor, spannte ihn und legte ihn neben sich hin; ich folgte seinem Beispiele und legte den meinen auch bereit. Die Kerls steckten die Köpfe zusammen und zischelten unter sich, wagten es aber nicht, wieder eine laute Beleidigung hören zu lassen. Ihre Hunde, von denen nun freilich einer fehlte, hatten sie auch heute bei sich. Der Sprecher betrachtete uns mit ganz besonders feindseligen Blicken. Seine Haltung war gebeugt, jedenfalls infolge des Fluges durch das Fenster und der nachfolgenden nicht eben sanften Behandlung durch Winnetou. Sein Gesicht zeigte die noch frischen Spuren der Fensterscheiben.

Als der Conductor kam, uns zu fragen, wie weit wir mitfahren wollten, gab Old Death den Ort Kolumbus an, bis wohin wir bezahlten. Wir konnten ja dort weitere Passage nehmen. Er war der Ansicht, daß Gibson nicht ganz bis Austin gefahren sei.

Die Glocke hatte bereits das zweite Zeichen gegeben, als ein neuer Passagier kam – Winnetou. Er ritt einen auf indianische Weise gezäumten Rapphengst, ein prachtvolles Tier, stieg erst an Bord aus dem Sattel und führte sein Pferd nach dem Vorderteile des Deckes, wo für etwa mitzunehmende Pferde ein schulterhoher Bretterverschlag angebracht worden war. Dann setzte er, scheinbar ohne jemand zu beachten, sich daneben auf die Brüstung des Schiffgeländers. Die Rowdies nahmen ihn scharf in die Augen. Sie räusperten sich und husteten laut, um seine Blicke auf sich zu lenken, doch vergebens. Er saß, sich auf die Mündung seiner Silberbüchse stützend, halb abgewendet von ihnen und schien kein Ohr für sie zu haben.

Jetzt läutete es zum letzenmal; noch einige Augenblicke des Wartens, ob vielleicht noch ein Reisender kommen werde; dann drehten sich die Räder, und das Schiff begann die Fahrt.

Unsere Reise schien ganz gut verlaufen zu wollen. Es herrschte vollständige Ruhe an Bord bis Wharton, wo ein einziger Mann ausstieg, dafür aber zahlreiche Passagiere an Bord kamen. Old Death ging für einige Minuten an das Ufer, wo der Commissioner stand, um sich bei demselben nach Gibson zu erkundigen. Er erfuhr, daß zwei Männer, auf welche seine Beschreibung paßte, hier nicht ausgestiegen seien. Dasselbe negative Resultat hatte seine Erkundigung auch in Kolumbus, weshalb wir dort bis La Grange weiter bezahlten. Von Matagorda bis Kolumbus hat das Schiff einen Weg von vielleicht fünfzig Gehstunden zurückzulegen. Es war also nicht mehr zeitig am Nachmittage, als wir uns am letzteren Orte befanden. Während dieser langen Zeit hatte Winnetou seinen Platz nur ein einziges Mal verlassen, um seinem Pferde Wasser zu schöpfen und ihm Maiskörner zu geben.

Die Rowdies schienen ihren gegen ihn und uns gerichteten Aerger vergessen zu haben. Sie hatten sich, sobald neue Passagiere anlangten, mit diesen beschäftigt, waren aber meist abweisend behandelt worden. Sie brüsteten sich mit ihrer antiabolitionistischen Gesinnung, fragten einen jeden nach der seinigen und schimpften auf alle, die nicht ihrer Meinung waren. Ausdrücke wie ›verdammter Republikaner‹, ›Niggeronkel‹, ›Yankeediener‹ und andere noch schlimmere flossen nur so von ihren Lippen, und so kam es, daß man sich von ihnen zurückzog und nichts von ihnen wissen wollte. Das war jedenfalls auch der Grund, daß sie es unterließen, mit uns anzubinden. Sie durften nicht hoffen, von andern gegen uns unterstützt zu werden. Hätten sich jedoch mehr Sezessionisten an Bord befunden, so wäre es ganz gewiß um den Schiffsfrieden geschehen gewesen.

In Kolumbus nun stiegen viele von den friedlich gesinnten Leuten aus, und es kamen dafür andere an Bord, welche das gerade Gegenteil zu denken schienen. Unter anderen taumelte eine Bande von vielleicht fünfzehn bis zwanzig Betrunkenen über die Planke, welche nichts Gutes ahnen ließen und von den Rowdies mit stürmischer Freude bewillkommnet wurden. Andere der neu Eingestiegenen schlossen sich ihnen an, und bald konnte man sehen, daß das unruhige Element sich jetzt in der Uebermacht befand. Die Unholde flegelten sich auf die Sitze, ohne zu fragen, ob sie andern unbequem wurden oder nicht, stießen sich zwischen den ruhigen Passagieren hin und her und taten alles, um zu zeigen, daß sie sich als Herren des Platzes fühlten. Der Kapitän ließ sie ruhig rumoren; er mochte meinen, daß es das Beste sei, sie nicht zu beachten. So lange sie ihn nicht in der Leitung des Schiffes störten, überließ er es den Reisenden, sich gegen Uebergriffe selbst zu schützen. Er hatte keinen einzigen Yankeezug im Gesichte. Seine Gestalt war voll, wie man es beim Amerikaner selten sieht, und über sein rotwangiges Gesicht breitete sich ein immerwährendes gutmütiges Lächeln, welches, ich hätte darauf wetten wollen, echt germanischer Abstammung sein mußte.

Die meisten Sezessionisten waren nach der Schiffsrestauration gegangen. Von dort her erscholl wüstes Gejohle. Flaschen wurden in Scherben geschlagen, und dann kam ein Neger schreiend gerannt, jedenfalls der Kellner, kletterte zum Kapitän hinauf und jammerte ihm seine uns fast unverständlichen Klagen vor. Nur so viel hörte ich, daß er mit der Peitsche geschlagen worden sei und später am Rauchschlot aufgehangen werden solle.

Jetzt machte der Kapitän ein bedenklicheres Gesicht. Er schaute aus, ob das Schiff den richtigen Kurs habe, und stieg dann herab, um sich nach der Restauration zu begeben. Da kam der Conductor ihm entgegen. Ganz in unserer Nähe trafen die beiden zusammen. Wir hörten, was sie sprachen.

»Capt'n,« meldete der Conductor, »wir dürfen nicht länger ruhig zusehen. Die Leute planen Arges. Laßt den Indianer dort an das Land! Sie wollen ihn aufhängen. Er hat sich gestern an einem von ihnen vergriffen. Außerdem sind zwei Weiße hier, ich weiß nur nicht, welche, die auch gelyncht werden sollen, weil sie gestern dabei waren. Sie sollen Spione von Juarez sein.«

»Alle Teufel! Das wird Ernst. Welche beiden Männer werden das sein!« Sein Auge schweifte forschend umher.

»Wir sind es, Sir,« antwortete ich, indem ich aufstand und zu ihnen trat.

»Ihr? Na, wenn ihr Spione von Juarez seid, so will ich mein Steamboot als Frühstück verzehren!« meinte er, indem er mich musterte.

»Fällt mir nicht ein! Ich bin ein Deutscher und bekümmere mich nicht im mindesten um eure Politik.«

»Ein Deutscher? Da sind wir ja Landsleute! Ich habe mein erstes fließendes Wasser im Neckar gesehen. Euch darf ich nichts tun lassen. Ich werde sofort am Ufer anlegen, damit Ihr Euch in Sicherheit bringen könnt.«

»Da mache ich nicht mit. Ich muß unbedingt mit diesem Boote weiter und habe keine Zeit zu verlieren.«

»Wirklich! Das ist unangenehm. Wartet einmal!«

Er ging zu Winnetou und sagte ihm etwas. Der Apache hörte ihn an, schüttelte verächtlich mit dem Kopfe und wendete sich ab. Der Kapitän kehrte zu uns zurück und meldete mit verdrießlicher Miene:

»Dachte es mir! Die Roten haben eiserne Köpfe. Er will auch nicht ans Land gesetzt werden.«

»Dann ist er mit diesen beiden Herren verloren, denn die Kerle werden Ernst machen,« meinte der Conductor besorgt. »Und wir paar Mann vom Steamer können gegen eine solche Uebermacht nichts tun.«

Der Kapitän blickte sinnend vor sich nieder. Dann zuckte es lustig über sein gutmütiges Gesicht, als ob er einen vortrefflichen Einfall habe, und er wendete sich zu uns:

»Ich werde diesen Sezessionisten einen Streich spielen, an den sie noch lange denken sollen. Ihr müßt euch aber genau so verhalten, wie ich es von euch verlange. Macht vor allen Dingen keinen Gebrauch von der Waffe. Steckt eure Büchsen da unter die Bank zu den Sätteln. Gegenwehr würde die Sache verschlimmern.«

»*All devils!* Sollen wir uns ruhig lynchen lassen, Master?« rief Old Death verdrießlich.

»Nein. Haltet euch an passive Gegenwehr! Im richtigen Augenblicke wird mein Mittel wirken. Wir wollen diese Halunken durch ein Bad abkühlen. Verlaßt euch auf mich! Habe keine Zeit zur Explikation. Die Kerle nahen schon.«

Wirklich kam grad jetzt die Rotte aus der Restauration gestiegen. Der Kapitän wendete sich schnell von uns ab und erteilte dem Conductor einige leise Befehle. Dieser eilte zum Steuermanne, bei welchem die zwei zum Boote gehörigen Deckhands standen. Kurze Zeit später sah ich ihn beschäftigt, den ruhigeren Passagieren heimliche Weisungen zuzuflüstern, konnte aber nicht weiter auf ihn achten, da ich mit Old Death von den Sezessionisten in Anspruch genommen wurde. Nur so viel bemerkte ich im Verlaufe der nächsten zehn Minuten, daß die erwähnten friedlichen Reisenden sich möglichst eng am Vorderdeck zusammenzogen.

Kaum hatten die betrunkenen Sezessionisten die Restauration verlassen, so waren wir beide von ihnen umringt. Wir hatten nach der Weisung des Kapitäns die Gewehre weggelegt.

»Das ist er!« rief der Sprecher von gestern, indem er auf mich deutete. »Ein Spion der Nordstaaten, die es mit Juarez halten. Gestern noch ging er als feiner Gentleman gekleidet; heute hat er einen Trapperanzug angelegt. Warum verkleidet er sich? Meinen Hund hat er mir getötet, und beide haben uns mit ihren Revolvern bedroht.«

»Ein Spion ist er, ja, ein Spion!« riefen die andern wirr durcheinander. »Das beweist die Verkleidung. Und er ist ein Deutscher. Bildet eine Jury! Er muß am Halse baumeln! Nieder mit den Nordstaaten, mit den Yankees und ihren Geschöpfen!«

»Was treibt ihr da unten, Gentlemen?« rief in diesem Augenblicke der Kapitän von oben herab. »Ich will Ruhe und auch Ordnung an Bord. Laßt die Passagiere ungeschoren!«

»Schweigt, Sir!« brüllte einer aus der Rotte hinauf. »Auch wir wollen Ordnung, und wir werden sie uns jetzt verschaffen. Gehört es zu Euren Obliegenheiten, Spione an Bord zu nehmen?«

»Es gehört zu meinen Obliegenheiten, Leute zu befördern, welche die Passage bezahlen. Kommen Führer der Sezessionisten zu mir, so sollen sie mitfahren dürfen, vorausgesetzt, daß sie zahlen und anständig sind. Das ist meine Loyalität. Und wenn ihr mir mit der eurigen das Geschäft verderbt, so setze ich euch ans Ufer und ihr mögt zu Lande nach Austin schwimmen.«

Ein höhnisches, wieherndes Gelächter antwortete ihm. Man drängte Old Death und mich so eng zusammen, daß wir uns nicht rühren konnten. Wir protestierten natürlich, doch wurden unsere Worte durch das fast tierische Geschrei dieser rohen Bande verschlungen. Man stieß uns vom ersten Platze fort, hinaus, bis an die rauchende Esse, an welcher wir aufgeknüpft werden sollten. Dieselbe war oben mit eisernen Oesen versehen, durch welche Taue liefen, also eine wunderbar schöne und praktische Vorrichtung, um jemanden aufzuhängen. Man brauchte die Taue nur schlaff zu lassen und uns mit der empfindlichen Gegend des Halses an dieselben zu befestigen, um uns dann gemächlich emporzuhissen. Hier also wurde ein Kreis um und ein Gerichtshof über uns gebildet. Das letztere war eine reine Lächerlichkeit. Ich glaube, die Schufte sind gar nicht dazu gekommen, sich zu fragen, warum wir gar nicht Miene machten, uns zur Wehr zu setzen; sie sahen doch, daß wir im Besitz von Messern und Revolvern waren, uns derselben aber nicht bedienten. Das mußte doch einen Grund haben.

Old Death mußte sich gewaltige Mühe geben, ruhig zu erscheinen. Seine Hand zuckte öfters nach dem Gürtel; aber sobald dann sein Blick nach dem Kapitän flog, winkte dieser verstohlen ab.

»Na,« meinte er zu mir, und zwar deutsch, um nicht verstanden zu werden, »ich will mich noch fügen. Aber wenn sie mir es zu toll treiben, so haben sie in einer einzigen Minute unsere vierundzwanzig Kugeln im Leibe. Schießt nur gleich, wenn ich anfange!«

»Hört ihr es!« rief der ofterwähnte Rowdy. »Sie reden deutsch. Es ist also erwiesen, daß sie verdammte Dutchmen sind und zu den Schuften gehören, welche den Südstaaten am meisten zusetzen. Was wollen sie hier in Texas? Sie sind Spione und Verräter. Machen wir es kurz mit ihnen!«

Seinem Vorschlage wurde brüllend beigestimmt. Der Kapitän rief ihnen eine strenge Mahnung zu, wurde aber wieder ausgelacht. Dann warf man die Frage auf, ob man nun den Indianer prozessieren oder uns vorher hängen solle, und man entschied sich für das erstere. Der Vorsitzende schickte zwei Männer ab, den Roten herbeizuholen.

Da wir rundum von Menschen umgeben waren, konnten wir Winnetou nicht sehen. Wir hörten einen lauten Schrei. Winnetou hatte einen der Abgesandten niedergeschlagen und den andern über Bord geschleudert. Dann war er in die aus Eisenblech gefertigte Kabine des Conductors geschlüpft, welche sich am Radkasten befand. Diese hatte ein kleines Fensterchen, durch welches jetzt die Mündung seiner Doppelbüchse schaute. Natürlich erregte der Vorfall einen fürchterlichen Lärm. Alles rannte an die Schiffsbrüstung, und man schrie dem Kapitän zu, einen Mann ins Boot zu senden, um den in das Wasser Expedierten aufzufischen. Er kam diesem Rufe nach und gab einem der Deckhands einen Wink. Der Mann sprang in das am Hinterteile befestigte Boot, löste das Tau, an welchem es gehalten wurde, und ruderte nach dem Betreffenden, welcher glücklicherweise ein wenig schwimmen konnte und sich alle Mühe gab, über Wasser zu bleiben.

Ich stand mit Old Death allein. Von Hängen war einstweilen keine Rede mehr. Wir sahen die Augen des Steuermanns und der übrigen Schiffsleute auf den Kapitän gerichtet, welcher uns näher winkte und mit unterdrückter Stimme sagte:

»Paßt auf, Mesch'schurs! Jetzt geb ich ihnen das Bad. Bleibt nur ruhig an Bord, es mag geschehen, was da wolle. Macht aber so viel Lärm wie möglich!«

Er hatte stoppen lassen, und das Schiff wurde langsam abwärts getrieben, dem rechten Ufer zu. Dort gab es eine Stelle, über welche sich das Wasser brach, eine seichte Bank. Der Fluß war von da bis zum Ufer überhaupt nicht tief. Ein Wink vom Kapitän – der Steuermann nickte lächelnd und ließ das Boot gerade gegen die Bank treiben. Ein kurzes Knirschen unter uns, ein Stoß, daß alle taumelten, viele aber niederstürzten – wir saßen fest. Das lenkte die allgemeine Aufmerksamkeit vom Kahne auf das Schiff. Die ruhigen Passagiere waren alle vom Conductor unterrichtet worden, schrieen aber laut Verabredung, als ob sie die höchste Todesangst auszustehen hätten. Die andern, welche an einen wirklichen Unfall glaubten, stimmten natürlich mit ein. Da tauchte einer der Deckhands hinten auf, kam scheinbar voller Entsetzen zum Kapitän gerannt und schrie:

»Wasser im Raume, Capt'n! Das Riff hat den Kiel mitten entzwei geschnitten. In zwei Minuten sinkt das Schiff.«

»Dann sind wir verloren!« rief der Kapitän. »Rette sich, wer kann! Das Wasser ist seicht bis zum Ufer. Schnell hinein!«

Er eilte von seinem Platze herab, warf den Rock, die Weste und die Mütze von sich, zog in höchster Eile die Stiefel aus und sprang über Bord. Das Wasser ging ihm nur bis an den Hals.

»Herunter, herunter!« schrie er. »Jetzt ist es noch Zeit. Wenn das Schiff sinkt, begräbt es in seinem Strudel alle, die sich noch an Bord befinden!«

Daß der Kapitän der erste war, der sich rettete, daß er sich vorher halb entkleidete, darüber dachte keiner der Sezessionisten nach. Das Entsetzen hatte sie ergriffen. Sie sprangen über Bord und arbeiteten sich schleunigst nach dem Ufer, ohne darauf zu achten, daß der Kapitän nach der andern, dem Ufer abgekehrten Seite des Schiffes schwamm und dort am schnell niedergelassenen Fallreep an Bord stieg. Das Schiff war nun gesäubert, und wo eine Minute vorher der bleiche Schrecken geherrscht hatte, ertönte jetzt ein lautes lustiges Lachen.

Eben als die ersten der sich Rettenden an das Land stiegen, gab der Kapitän den Befehl, vorwärts zu dampfen. Das seicht gehende, unten breit und sehr stark gebaute Fahrzeug hatte nicht den mindesten Schaden gelitten, und gehorchte willig dem Drucke der Räder. Seinen Rock wie ein Flagge schwenkend, rief der Kapitän zum Ufer hinüber:

»*Farewell,* Gentlemen! Habt ihr wieder einmal Lust, eine Jury zu bilden, so hängt euch selber auf. Eure Sachen, welche sich noch an Bord befinden, werde ich in La Grange abgeben. Holt sie euch dort ab.«

Es läßt sich denken, welchen Eindruck diese höhnischen Worte auf die Gefoppten machten. Sie erhoben ein wütendes Geheul, forderten den Kapitän auf, sie augenblicklich wieder aufzunehmen, drohten mit Anzeige, Tod und anderen Schreckmitteln, ja schossen ihre Gewehre, soweit dieselben nicht naß geworden waren, auf den Steamer ab, doch ohne irgend welchen Schaden anzurichten. Endlich brüllte einer in ohnmächtiger Wut zu dem Kapitän herüber:

»Hund! Wir warten hier auf deine Rückkehr und hängen dich an deiner eigenen Esse auf!«

»*Well*, Sir! Kommt dann gefälligst an Bord! Bis dahin aber laßt mir die Generale Mejia und Marquez grüßen!«

Jetzt hatten wir volle Kraft und dampften in beschleunigtem Tempo weiter, um die versäumte Zeit einzuholen. – –

ZWEITES KAPITEL.

Die Kukluxer.

Obiges Wort ist noch heute ein sprachliches Rätsel, das verschiedentliche Lösungen gefunden hat. Der Name des berüchtigten Kukluxklan, oder anders geschrieben Ku-Klux-Klan, soll nach einigen nur eine Nachahmung des Geräusches sein, welches durch das Spannen des Gewehrhahnes hervorgebracht wird. Andere setzen ihn zusammen aus *cuc*, Warnung, *gluck*, glucksen und *clan*, dem schottischen Worte für Stamm, Geschlecht oder Bande. Mag dem sein, wie ihm wolle; die Mitglieder des Ku-Klux-Klan wußten wohl selber nicht, woher ihr Name stammte und was er zu bedeuten hatte; es war ihnen auch gewiß ganz gleichgültig. Einem von ihnen war das Wort vielleicht in den Mund gekommen, die andern fingen es auf und sprachen es nach, ohne sich um den Sinn oder Unsinn dieser Bezeichnung zu bekümmern.

Nicht so unklar war der Zweck, welchen diese Verbindung verfolgte, die zuerst in einigen Grafschaften Nordkarolinas auftrat, dann sich schnell über Südkarolina, Georgien, Alabama, Mississippi, Kentucky und Tennessee verbreitete und endlich gar ihre Glieder auch nach Texas sandte, um dort für ihre Zwecke tätig zu sein. Der Bund umfaßte eine Menge grimmiger, gegen die Nordstaaten erbitterter Feinde, deren Aufgabe es war, mit allen Mitteln, auch den unerlaubtesten und verbrecherischsten, gegen die nach der Beendigung des Bürgerkrieges eingetretene Ordnung anzukämpfen. Und in der Tat hielten die Kukluxer eine ganze Reihe von Jahren hindurch den Süden in beständiger Aufregung, machten jeden Besitz unsicher, hemmten Industrie und Handel, und selbst die strengsten Maßregeln vermochten es nicht, diesem unerhörten Treiben ein Ende zu machen.

Der Geheimbund, welcher infolge der Rekonstruktionsmaßregeln, welche die Regierung dem besiegten Süden gegenüber zu treffen gezwungen war, entstand, rekrutierte sich aus Leuten, welche Anhänger der Sklaverei, aber Feinde der Union und der republikanischen Partei waren. Die Mitglieder wurden durch schwere Eide zum Gehorsam gegen die heimlichen Satzungen und durch Androhung der Todesstrafe zur Geheimhaltung ihrer Organisation verbunden. Sie scheuten vor keiner Gewalttat, auch nicht vor Brand und Mord zurück, hatten regelmäßige Zusammenkünfte und erschienen bei Ausübung ihrer ungesetzlichen Taten stets zu Pferde und in tiefer Vermummung. Sie schossen Pfarrherren von den Kanzeln und Richter von ihren Plätzen, überfielen brave Familienväter, um sie mit bis auf die Knochen zerfleischten Rücken inmitten ihrer Familien liegen zu lassen. Alle Raufbolde und Mordbrenner zusammengenommen waren nicht so zu fürchten, wie dieser Ku-Klux-Klan, welcher es so entsetzlich trieb, daß zum Beispiel der Gouverneur von Südkarolina den Präsidenten Grant ersuchte, ihm militärische Hilfe zu senden, da dem Geheimbunde, welcher bereits die bedenklichsten Dimensionen angenommen hatte, nicht anders beizukommen sei. Grant legte die Angelegenheit dem Kongresse vor, und dieser erließ ein Anti-Ku-Klux-Gesetz, welches dem Präsidenten diktatorische Gewalt verlieh, die Bande zu vernichten. Daß man gezwungen war, nach einem so drakonischen Ausnahmegesetz zu greifen, ist ein sicherer Beweis, welche außerordentliche Gefahr sowohl für den Einzelnen, wie für die ganze Nation in dem Treiben der Kukluxer lag. Der Klan wurde nachgerade zu einem infernalischen Abgrunde, in welchem sich alle umstürzlerisch gesinnten Geister zusammenfanden. Einer der geistlichen Herren, welcher von der Kanzel geschossen wurde, hatte nach der Predigt für das Seelenheil einer Familie gebetet, deren Glieder bei hellem Tage von den Kukluxern ermordet worden waren. In seinem frommen Eifer und auch ganz der Wahrheit gemäß bezeichnete er das Treiben des Klans als einen Kampf der Kinder des Teufels gegen die Kinder Gottes. Da erschien auf der gegenüberliegenden Empore eine vermummte Gestalt und jagte ihm eine Kugel durch den Kopf. Ehe die erschrokkene Gemeinde sich von ihrem Entsetzen zu erholen vermochte, war dieser Teufel verschwunden.

Als unser Steamboot in La Grange anlangte, war es Abend geworden, und der Kapitän erklärte uns, daß er wegen der im Flußbett drohenden Gefahren für heute nicht weiterfahren könne. Wir waren also gezwungen, in La Grange auszusteigen. Winnetou ritt vor uns über die Planke und verschwand zwischen den nahestehenden Häusern im Dunkel der Nacht.

Auch in La Grange stand der Commissioner bereit, die Interessen des Schiffseigners zu versehen. Old Death wendete sich sofort an ihn:

»Sir, wann ist das letzte Schiff aus Matagorda hier angekommen, und stiegen alle Passagiere aus?«

»Das letzte Schiff kam vorgestern um dieselbe Zeit an und alle Passagiere gingen an Land, denn der Steamer fuhr erst am andern Morgen weiter.«

»Und Ihr waret hier, als früh wieder eingestiegen wurde?«

»Ganz natürlich, Sir.«

»So könnt Ihr mir vielleicht Auskunft erteilen. Wir suchen zwei Freunde, welche mit dem betreffenden Steamer gefahren und also auch hier geblieben sind. Wir möchten gern wissen, ob sie dann früh die Fahrt fortgesetzt haben.«

»Hm, das ist nicht leicht zu sagen. Es war so dunkel und die Passagiere drängten so von Bord, daß man dem einzelnen gar keine besondere Aufmerksamkeit schenken konnte. Wahrscheinlich sind die Leute frühmorgens alle wieder mitgefahren, einen gewissen Master Clinton ausgenommen.«

»Clinton? Ah, den meine ich. Bitte, kommt einmal her zu Eurem Lichte! Mein Freund wird Euch eine Photographie zeigen, um zu erfahren, ob es die Master Clintons ist.«

Wirklich erklärte der Commissioner mit aller Entschiedenheit, daß es diejenige des Mannes sei, den er meine.

»Wißt Ihr, wo er geblieben ist?« fragte Old Death.

»Genau nicht; aber sehr wahrscheinlich bei Sennor Cortesio, denn dessen Leute waren es, welche die Koffer holten. Er ist Agent für alles, ein Spanier von Geburt. Ich glaube, er beschäftigt sich jetzt mit heimlichen Waffenlieferungen nach Mexiko hinein.«

»Hoffentlich lernt man in ihm einen Gentleman kennen?«

»Sir, heutzutage will jeder ein Gentleman sein, selbst wenn er seinen Sattel auf dem Rücken trägt.«

Das galt natürlich uns beiden, die wir mit unsern Sätteln vor ihm standen, doch war die Stichelei nicht bös gemeint. Darum fragte Old Death in ungeminderter Freundlichkeit weiter:

»Gibt es hier in diesem gesegneten Orte, wo außer Eurer Laterne kein Licht zu brennen scheint, ein Gasthaus, in welchem man schlafen kann, ohne von Menschen und andern Insekten belästigt zu werden?«

»Es ist nur ein einziges da. Und da Ihr so lange hier bei mir stehen geblieben seid, so werden die andern Passagiere Euch zuvorgekommen sein und die wenigen vorhandenen Räume in Beschlag genommen haben.«

»Das ist freilich nicht sehr angenehm,« antwortete Old Death, der auch diese Stichelei überhörte. »In Privathäusern darf man wohl keine Gastfreundschaft erwarten?«

»Hm, Sir, ich kenne Euch nicht. Bei mir selbst könnte ich Euch nicht aufnehmen, da meine Wohnung sehr klein ist. Aber ich habe einen Bekannten, der Euch wohl nicht fortweisen würde, falls Ihr ehrliche Leute seid. Er ist ein Deutscher, ein Schmied, aus Missouri hergezogen.«

»Nun,« entgegnete mein Freund, »mein Begleiter hier ist ein Deutscher, und auch mir ist die deutsche Sprache geläufig. Spitzbuben sind wir nicht; bezahlen wollen und können wir auch; so kalkuliere ich, daß Euer Bekannter es einmal mit uns versuchen könnte. Wollt Ihr uns nicht seine Wohnung beschreiben?«

»Das ist nicht nötig. Ich würde euch hinführen; aber ich habe noch auf dem Schiffe zu tun. Master Lange, so heißt der Mann, ist jetzt nicht zu Hause. Um diese Zeit sitzt er gewöhnlich im Wirtshause. Das ist so deutsche Sitte hier. Ihr braucht also nur nach ihm zu fragen, Master Lange aus Missouri. Sagt ihm, daß der Commissioner euch geschickt habe!

Geht grad aus und dann links um das zweite Haus; da werdet ihr das Schänkhaus an den brennenden Lichtern erkennen. Die Läden sind wohl noch offen.«

Ich gab dem Manne ein Trinkgeld für die erteilte Auskunft, und dann wanderten wir mit unsern Pferdegeschirren weiter. Das Vorhandensein des Wirtshauses war nicht nur an den Lichtern, sondern noch weit mehr an dem Lärm zu erkennen, welcher aus den geöffneten Fenstern drang. Ueber der Türe war eine Tierfigur angebracht, welche einer Riesenschildkröte glich, aber Flügel und nur zwei Beine hatte. Darunter stand zu lesen: ›*Hawks inn.*‹ Die Schildkröte sollte also einen Raubvogel vorstellen, und das Haus war der ›Gasthof zum Geier‹.

Als wir die Stubentüre öffneten, kam uns eine dicke Wolke übelriechenden Tabaksqualmes entgegen. Die Gäste mußten mit vortrefflichen Lungen ausgerüstet sein, da sie in dieser Atmosphäre nicht nur nicht erstickten, sondern sich augenscheinlich ganz wohl zu befinden schienen. Uebrigens erwies sich der ausgezeichnete Zustand ihrer Lungen bereits aus der ungemein kräftigen Tätigkeit ihrer Sprachwerkzeuge, denn keiner sprach, aber jeder schrie, so daß es schien, als ob niemand auch nur eine Sekunde schweige, um zu hören, was ein anderer ihm vorbrüllte. Angesichts dieser angenehmen Gesellschaft blieben wir einige Minuten an der Türe stehen, um unsere Augen an den Qualm zu gewöhnen und die einzelnen Personen und Gegenstände unterscheiden zu können. Dann bemerkten wir, daß es zwei Stuben gab, eine größere für gewöhnliche und eine kleinere für feinere Gäste, für Amerika eine sonderbare und sogar gefährliche Einrichtung, da kein Bewohner der freien Staaten einen gesellschaftlichen oder gar moralischen Unterschied zwischen sich und andern anerkennen wird.

Da vorn kein einziger Platz mehr zu finden war, so gingen wir nach der hinteren Stube, die wir ganz unbeachtet erreichten. Dort standen noch zwei Stühle leer, die wir für uns in Anspruch nahmen, nachdem wir die Sättel in eine Ecke gelegt hatten. An dem Tische saßen mehrere Männer, welche

Bier tranken und sich in deutscher Sprache unterhielten. Sie hatten uns nur einen kurzen, forschenden Blick zugeworfen, und es schien mir, daß sie bei unserem Nahen schnell auf ein anderes Thema übergegangen seien, wie ihre unsichere suchende Sprachweise vermuten ließ. Zwei von ihnen waren einander ähnlich. Man mußte sie auf den ersten Blick für Vater und Sohn halten, hohe kräftige Gestalten mit scharf markierten Zügen und schweren Fäusten, ein Beweis fleißigen und anstrengenden Schaffens. Ihre Gesichter machten den Eindruck der Biederkeit, waren aber jetzt von lebhafter Aufregung gerötet, als ob man sich über ein unliebsames Thema unterhalten hätte.

Als wir uns niedersetzten, rückten sie zusammen, so daß zwischen ihnen und uns ein freier Raum entstand, ein leiser Wink, daß sie nichts von uns wissen wollten.

»Bleibt immerhin sitzen, Mesch'schurs!« sagte Old Death. »Wir werden euch nicht gefährlich, wenn wir auch seit heut früh fast gar nichts gegessen haben. Vielleicht könnt ihr uns sagen, ob man hier etwas Genießbares bekommen kann, was einem die liebe Verdauung nicht allzu sehr malträtiert?«

Der eine, den ich für den Vater des andern hielt, kniff das rechte Auge zusammen und antwortete lachend:

»Was das Verspeisen unserer werten Personen betrifft, Sir, so würden wir uns wohl ein wenig dagegen wehren. Uebrigens seid Ihr ja der reine Old Death, und ich glaube nicht, daß Ihr den Vergleich mit ihm zu scheuen brauchtet.«

»Old Death? Wer ist denn das?« fragte mein Freund mit möglichst dummem Gesicht.

»Jedenfalls ein berühmteres Haus als Ihr, ein Westmann und Pfadfinder, der in jedem Monate seines Herumstreichens mehr durchgemacht hat, als tausend andere in ihrem ganzen Leben. Mein Junge, der Will, hat ihn gesehen.«

Dieser ›Junge‹ war vielleicht sechsundzwanzig Jahre alt, tief gebräunten Angesichtes, und machte den Eindruck, als ob er es gern und gut mit einem halben Dutzend anderer aufnehmen würde. Old Death betrachtete ihn von der Seite her und fragte:

»Der hat ihn gesehen? Wo denn?«

»Im Jahre Zweiundsechzig, droben im Arkansas, kurz vor der Schlacht bei Pea Ridge. Doch werdet Ihr von diesen Ereignissen wohl kaum etwas wissen.«

»Warum nicht? Bin oft im alten Arkansas gewandert und glaube, um die angegebene Zeit nicht weit von dort gewesen zu sein.«

»So? Zu wem habt Ihr Euch denn damals gehalten, wenn man fragen darf? Die Verhältnisse liegen jetzt und in unserer Gegend so, daß man die politische Farbe eines Mannes, mit welchem man an einem Tische sitzt, genau kennen muß.«

»Habt keine Sorge, Master! Ich vermute, daß Ihr es nicht mit den besiegten Sklavenzüchtern haltet, und bin vollständig Eurer Meinung. Daß ich übrigens nicht zu dieser Menschensorte gehöre, konntet Ihr daraus ersehen, daß ich deutsch spreche!«

»Seid uns willkommen. Aber irrt Euch nicht, Sir! Die deutsche Sprache ist ein trügerisches Erkennungszeichen. Es gibt im andern Lager auch Leute, welche mit unserer Muttersprache ganz leidlich umzugehen wissen und dies benutzen, um sich in unser Vertrauen einzuschleichen. Das habe ich zur Genüge erfahren. Doch wir sprachen von Arkansas und Old Death. Ihr wißt vielleicht, daß dieser Staat sich beim Ausbruche des Bürgerkrieges für die Union erklären wollte. Es kam aber unerwartet ganz anders. Viele tüchtige Männer, denen das Sklaventum und ganz besonders das Gebaren der Südbarone ein Greuel war, taten sich zusammen und erklärten sich gegen die Sezession. Aber der Mob, zu dem ich natürlich auch diese Barone rechne, bemächtigte sich schleunigst der öffentlichen Gewalt; die Verständigen wurden eingeschüchtert, und so fiel Arkansas dem Süden zu. Es verstand sich ganz von selbst, daß dies besonders unter den Einwohnern deutscher Abstammung eine große Erbitterung erweckte. Sie konnten aber vorderhand nichts dagegen tun und mußten es dulden, daß namentlich die nördliche Hälfte des schönen Landes unter den Folgen des Krieges außerordentlich zu leiden hatte. Ich wohnte in Missouri, in Poplar Bluff, nahe der

Grenze von Arkansas. Mein Junge, der da vor Euch sitzt, war, wie sich ganz von selbst versteht, in eines der deutschen Regimenter getreten. Man wollte den Unionisten in Arkansas zu Hilfe kommen und schickte eine Abteilung zur Kundschaftung über die Grenze. Will war bei diesen Leuten. Sie trafen unversehens auf eine erdrückende Uebermacht und wurden nach verteufelter Gegenwehr überwältigt.«

»Also kriegsgefangen? Das war damals freilich schlimm. Man weiß, wie die Südstaaten es mit ihren Gefangenen trieben, denn von hundert derselben starben mindestens achtzig an schlechter Behandlung. Aber direkt ging es doch nicht ans Leben?«

»Oho? Da seid Ihr gewaltig auf dem Holzwege. Die braven Kerle hatten sich wacker gehalten, alle ihre Munition verschossen und dann noch mit Kolben und Messer gearbeitet. Das ergab für die Sezessionisten gewaltige Verluste, und darüber erbost, entschlossen sie sich, die Gefangenen über die Klinge springen zu lassen. Will war mein einziger Sohn, und ich stand also ganz nahe daran, ein verwaister Vater zu werden, und daß ich es nicht wurde, habe ich nur Old Death zu verdanken.«

»Wie so, Master? Ihr macht mich außerordentlich neugierig. Hat dieser Pfadfinder etwa ein Streifkorps herbeigeführt, um die Gefangenen zu befreien?«

»Da wäre er zu spät gekommen, denn bevor solche Hilfe erscheinen konnte, wäre der Mord geschehen gewesen. Nein, er fing es als echter, richtiger und verwegener Westmann an. Er holte die Gefangenen ganz allein heraus.«

»Alle Wetter! Das wäre ein Streich!«

»Und was für einer! Er schlich sich in das Lager, auf dem Bauche, wie man Indianer beschleicht, eine List, die ihm durch einen Regen, welcher an jenem Abende in Strömen niederfiel und die Feuer auslöschte, erleichtert wurde. Daß dabei einige Vorposten sein Messer gefühlt haben, versteht sich ganz von selbst. Die Sezessionisten lagen in einer Farm, ein ganzes Bataillon. Die Offiziere hatten natürlich das Wohnhaus für sich behalten, und die Truppen waren untergebracht worden, wie es eben ging; die Gefangenen aber, über zwanzig an der Zahl, hatte man in die Zuckerpresse eingeschlossen. Dort wurden sie von vier Posten bewacht, je einer an jeder Seite des Gebäudes. Am nächsten Morgen sollten die armen Teufel füsiliert werden. Des Nachts, kurz nach der Ablösung der Posten, hörten sie ein außergewöhnliches Geräusch über sich, auf dem Dache, das nicht vom aufprasselnden Regen herrührte. Sie lauschten. Da krachte es plötzlich. Das aus langen, aus Weichholz geschleißten Schindeln bestehende Dach war aufgesprengt worden. Irgend jemand arbeitete das so entstandene Loch weiter, bis der Regen in die Presse fiel. Dann blieb es wohl über zehn Minuten lang still. Nach dieser Zeit aber wurde ein junger Baumstamm, an welchem sich noch die Aststummeln befanden, und der stark genug war, einen Menschen zu tragen, herabgelassen. An demselben stiegen die Gefangenen auf das Dach des niedrigen Gebäudes und von demselben zur Erde herab. Dort sahen sie die vier Posten, welche wohl nicht bloß geschlafen haben werden, regungslos liegen und nahmen ihnen augenblicklich die Waffen. Der Retter brachte die Befreiten mit großer Schlauheit aus dem Bereiche des Lagers und auf den nach der Grenze führenden Weg, den sie alle kannten. Erst hier erfuhren sie, daß es Old Death, der Pfadfinder sei, der sein Leben gewagt hatte, um ihnen das ihrige zu erhalten.«

»Ist er mit ihnen gegangen?« fragte Old Death.

»Nein. Er sagte, er habe noch Wichtiges zu tun, und eilte fort, in die finstere, regnerische Nacht hinein, ohne ihnen Zeit zu lassen, sich zu bedanken oder ihn sich anzusehen. Die Nacht war so dunkel, daß man das Gesicht eines Menschen nicht erkennen konnte. Will hat nichts bemerken können als nur die lange, hagere Gestalt. Aber gesprochen hat er mit ihm und weiß noch heute jedes Wort, welches der wackere Mann zu ihm sagte. Käme Old Death uns einmal in die Hände, so sollte er erfahren, daß wir Deutsche dankbare Menschen sind.«

»Das wird er wohl auch ohnedies wissen. Ich kalkuliere, daß Euer Sohn nicht der erste Deutsche ist, den dieser Mann getroffen hat. Aber, Sir, kennt Ihr vielleicht hier einen Master Lange aus Missouri?«

Der Andere horchte auf.

»Lange?« fragte er. »Warum fragt Ihr nach ihm?«

»Ich fürchte, daß wir hier im ›Geier‹ keinen Platz mehr finden, und erkundigte mich bei dem Commissioner am Flusse nach einem Manne, der uns vielleicht ein Nachtlager geben werde. Er nannte uns Master Lange und riet uns, diesem zu sagen, daß der Commissioner uns zu ihm schicke. Dabei meinte er, daß wir den Gesuchten hier finden würden.«

Der ältere Mann richtete nochmals einen prüfenden Blick auf uns und sagte dann:

»Da hat er sehr recht gehabt, Sir, denn ich selbst bin Master Lange. Da der Commissioner Euch sendet, und ich Euch für ehrliche Leute halte, so seid Ihr mir willkommen, und ich will hoffen, daß ich mich nicht etwa in Euch täusche. Wer ist denn da Euer Gefährte, der noch gar kein Wort gesprochen hat?«

»Ein Landsmann von Euch, ein Sachse, gar ein studierter, der herübergekommen ist, um hier sein Glück zu machen.«

»O wehe! Die guten Leute da drüben denken, die gebratenen Tauben fliegen ihnen nur so in den Mund. Ich sage Euch, Sir, daß man hier hüben viel, viel härter arbeiten und bedeutend mehr Täuschungen erfahren muß, um es zu etwas zu bringen, als drüben. Doch nichts für ungut! Ich wünsche Euch Erfolg und heiße Euch willkommen.«

Er gab nun auch mir die Hand. Old Death drückte sie ihm noch einmal und sagte:

»Und wenn Ihr nun noch im Zweifel seid, ob wir Euer Vertrauen verdienen oder nicht, so will ich mich an Euern Sohn wenden, welcher mir bezeugen wird, daß ich kein Mißtrauen verdiene.«

»Mein Sohn, der Will?« fragte Lange erstaunt.

»Ja, er und kein anderer. Ihr sagtet, daß er sich mit Old Death unterhalten habe und noch jedes Wort genau wisse. Wollt Ihr mir wohl mitteilen, junger Mann, was da gesprochen worden ist? Ich interessiere mich sehr lebhaft dafür.«

Jetzt antwortete Will, an den die Frage gerichtet war, in lebhaftem Tone:

»Als Old Death uns auf den Weg brachte, schritt er voran. Ich hatte einen Streifschuß in den Arm bekommen, welcher mich sehr schmerzte, denn ich war nicht verbunden worden und der Aermel war an der Wunde festgeklebt. Wir gingen durch ein Gebüsch. Old Death ließ einen starken Ast hinter sich schnellen, welcher meine Wunde traf. Das tat so weh, daß ich einen Schmerzensruf ausstieß, und – – –«

»Und da nannte der Pfadfinder Euch einen Esel!« fiel Old Death ein.

»Woher wißt Ihr das?« fragte Will erstaunt.

Der Alte fuhr, ohne zu antworten, fort:

»Darauf sagtet Ihr ihm, daß Ihr einen Schuß erhalten hättet, dessen Wunde entzündet sei, und er riet Euch, den Aermel mit Wasser aufzuweichen und dann fleißig die Wunde mit dem Safte von *Way-bread*[1] zu kühlen, wodurch der Brand verhütet werde.«

»Ja, so ist es! Wie könnt Ihr das wissen, Sir?« rief der junge Lange überrascht.

»Das fragt Ihr noch? Weil ich es selbst bin, der Euch diesen guten Rat gegeben hat. Euer Vater sagte vorhin, ich könne mich recht gut mit Old Death vergleichen. Nun, er hat sehr recht, denn ich gleiche dem alten Kerl freilich so genau, wie eine Ehefrau der Gattin gleicht.«

»So – so – so seid Ihr es selber?« rief Will erfreut, indem er von seinem Stuhle aufsprang und mit ausgebreiteten Armen auf Old Death zueilte; aber sein Vater hielt ihn zurück, zog ihn mit kräftiger Hand auf den Stuhl nieder und sagte:

»Halt, Junge! Wenn es sich um eine Umarmung handelt, so hat der Vater das erste Recht und zunächst die Pflicht, deinem Retter die Vorderpranken um den Hals zu legen. Das wollen wir aber unterlassen, denn du weißt, wo wir uns befinden, und wie man auf uns achtet. Bleib also ruhig sitzen!« Und sich zu Old Death wendend, fuhr er fort: »Nehmt mir diesen

[1] Wegebreit, Wegerich.

Einspruch nicht übel, Sir! Ich habe meine guten Gründe dafür. Hier ist nämlich der Teufel los. Daß ich Euch dankbar bin, dürft Ihr mir glauben, aber gerade darum bin ich verpflichtet, alles zu vermeiden, was Euch in Gefahr bringen kann. Ihr seid, wie ich weiß und oft gehört habe, als Parteigänger der Abolitionisten bekannt. Ihr habt während des Krieges Coups ausgeführt, welche Euch berühmt gemacht, den Südländern aber großen Schaden gebracht haben. Ihr seid Heeresteilen des Nordens als Führer und Pfadfinder beigegeben gewesen und habt sie auf Wegen, auf welche sich kein Anderer gewagt hätte, in den Rücken der Feinde geführt. Wir haben Euch deshalb hoch geehrt; die Südländer aber nannten Euch und nennen Euch heut noch einen Spion. Ihr wißt wohl, wie jetzt die Sachen stehen. Geratet Ihr in eine Gesellschaft von Sezessionisten, so lauft Ihr Gefahr, aufgeknüpft zu werden.«

»Das weiß ich sehr wohl, Master Lange; ich mache mir aber nichts daraus,« entgegnete Old Death äußerst kühl. »Ich habe zwar keine Leidenschaft dafür, aufgehangen zu werden, aber man hat mir schon oft damit gedroht, ohne es wirklich fertig zu bringen. Erst heut' wollte eine Bande von Rowdies uns beide an den Schornstein des Dampfers hängen, auch sie sind nicht dazu gekommen.«

Und Old Death erzählte den Vorfall auf dem Dampfer. Als er geendet hatte, meinte Lange sehr nachdenklich:

»Das war sehr brav von dem Kapt'n, aber auch gefährlich für ihn. Er bleibt bis morgen früh hier in La Grange, die Rowdies aber kommen vielleicht noch während der Nacht hierher; dann kann er sich auf ihre Rache gefaßt machen. Und Euch ergeht es vielleicht noch schlimmer.«

»Pah! Ich fürchte diese paar Menschen nicht. Habe bereits mit andern Kerlen zu tun gehabt.«

»Seid nicht allzu sicher, Sir! Die Rowdies werden hier ganz bedeutende Hilfe bekommen. Es ist in La Grange seit einigen Tagen nicht ganz geheuer. Von allen Seiten kommen Fremde, welche man nicht kennt, und die in allen Winkeln und an allen Ecken beisammen stehen und heimlich tun. Geschäftlich haben sie hier nichts zu suchen, denn sie lungern müßig herum und tun gar nichts, was auf ein Geschäft schließen läßt. Jetzt sitzen sie da drinnen in der Stube und reißen das Mundwerk auf, daß ein Grizzlybär es sich zum Lager wählen könnte. Sie haben schon entdeckt, daß wir Deutsche sind, und uns zu reizen versucht. Wenn wir ihnen antworteten, würde es sicher Mord und Totschlag geben. Ich habe heut' übrigens keine Lust, mich lange zu verweilen, und Ihr werdet Euch nach Ruhe sehnen. Aber mit dem Abendessen sieht es nicht allzugut aus. Wir führen nämlich, da ich Witwer bin, einen Junggesellentisch und gehen des Mittags in den Gasthof speisen. Auch habe ich vor einigen Tagen mein Haus verkauft, da mir hier der Boden zu heiß wird. Damit will ich nicht sagen, daß die Menschen mir hier nicht gefallen. Sie sind eigentlich nicht schlimmer als überall, aber in den Staaten ist der mörderische Krieg kaum beendet, und die Folgen liegen noch schwer auf dem Lande, und drüben in Mexiko schlachtet man sich noch immer ab. Texas liegt so recht zwischen diesen beiden Gebieten; es gärt, wohin man blickt; aus allen Gegenden zieht sich das Gesindel hierher, und das verleidet mir den Aufenthalt. Darum beschloß ich, zu verkaufen und dann zu meiner Tochter zu gehen, die sehr glücklich verheiratet ist, und bei deren Mann ich eine Stelle finde, wie ich sie mir nicht besser wünschen kann. Dazu kommt, daß ich hier im Orte einen Käufer gefunden habe, dem die Liegenschaft paßt und der mich sofort bar bezahlen konnte. Vorgestern hat er mir das Geld gegeben; ich kann also fort, sobald es mir beliebt. Ich gehe nach Mexiko.«

»Seid Ihr des Teufels, Sir?« rief Old Death.

»Ich? Weshalb denn?«

»Weil Ihr vorhin über Mexiko geklagt habt. Ihr gabt zu, daß man sich da drüben abschlachte. Und nun wollt Ihr selbst hin!«

»Geht nicht anders, Sir. Uebrigens ist es nicht in der einen Gegend Mexikos wie in der andern. Da, wohin ich will, nämlich ein wenig hinter Chihuahua, ist der Krieg zu Ende. Juarez mußte zwar bis nach El Paso fliehen, hat sich aber bald aufgemacht und die Franzmänner energisch nach dem Süden zurückgetrieben. Ihre Tage sind gezählt; sie werden aus dem Lande gejagt, und der arme Maximilian wird die Zeche zu bezahlen haben. Es tut mir leid, denn ich bin ein Deutscher und gönne ihm alles Gute. Um die Hauptstadt wird die Sache ausgefochten werden, während die nördlichen Provinzen verschont bleiben. Dort wohnt mein Schwiegersohn, zu dem ich mit dem Will gehen werde. Dort erwartet uns alles, was wir nur hoffen können, denn, Sir, der wackere Kerl ist als Silberminenbesitzer sehr wohlhabend. Er befindet sich jetzt über anderthalb Jahre in Mexiko und schreibt in seinem letzten Briefe, daß ein kleiner Silberminenkönig angekommen sei, der ganz gewaltig nach dem Großvater schreie. Alle Teufel, kann ich da hier bleiben? Ich soll an der Mine eine gute Anstellung erhalten, mein Junge, der Will hier, ebenso. Dazu kann ich dem kleinen Minenkönig das erste Abendgebet und dann das Einmaleins beibringen. – Ihr seht, Mesch'schurs, daß es für mich kein Halten gibt. Ein Großvater muß unbedingt bei seinen Enkeln sein, sonst ist er nicht am richtigen Platze. Also will ich nach Mexiko, und wenn es Euch beliebt, mit mir zu reiten, so soll es mir lieb sein.«

»Hm!« brummte Old Death. »Macht keinen Scherz, Sir! Es könnte kommen, daß wir Euch beim Worte hielten.«

»Was, Ihr wollt mit hinüber? Das wäre freilich prächtig. Schlagt ein, Sir! Wir reiten zusammen.«

Er hielt ihm seine Hand hin.

»Langsam, langsam!« lachte Old Death. »Ich meine allerdings, daß wir wahrscheinlich nach Mexiko gehen werden, aber ganz gewiß ist es doch noch nicht, und wenn der Fall eintreten sollte, so wissen wir jetzt noch nicht, welche Richtung wir einschlagen werden.«

»Wenn es nur das ist, Sir, so reite ich mit Euch, wohin Ihr wollt. Von hier aus führen alle Wege nach Chihuahua, und es ist mir ganz gleich, ob ich heute dort ankomme oder morgen. Ich bin ein eigennütziger Kerl und sehe gern auf meinen Vorteil. Ihr seid ein gewandter Westmann und berühmter Fährtensucher. Wenn ich mit Euch reiten darf, komme ich sicher hinüber, und das ist in der jetzigen unruhigen Zeit von großem Werte. Wo gedenkt Ihr denn das Nähere zu erfahren?«

»Bei einem gewissen Sennor Cortesio. Kennt Ihr den Mann vielleicht?«

»Ob ich den kenne! La Grange ist so klein, daß sich alle Katzen mit Du anreden, und dieser Sennor ist ja derjenige, welcher mir das Haus abgekauft hat.«

»Vor allen Dingen möchte ich wissen, ob er ein Schuft oder ein Ehrenmann ist.«

»Das letztere, das letztere. Seine politische Färbung geht mich natürlich nichts an. Ob einer kaiserlich oder republikanisch regiert sein will, das ist mir ganz gleich, wenn er nur sonst seine Pflicht erfüllt. Er steht mit der jenseitigen Grenze in reger Verbindung. Ich habe beobachtet, daß des Nachts Maultiere mit vollen, schweren Kisten beladen werden, und daß sich heimlich Leute bei ihm versammeln, welche dann nach dem Rio del Norte gehen. Darum meine ich, man habe mit der Vermutung recht, daß er den Anhängern des Juarez Waffen und Munition liefere und ihnen auch Leute hinüberschicke, welche gegen die Franzosen kämpfen wollen. Das ist bei den hiesigen Verhältnissen ein Wagnis, welches man nur dann unternimmt, wenn man der Ueberzeugung ist, selbst bei einem jeweiligen Verluste dabei gute Geschäfte zu machen.«

»Wo wohnt er? Ich muß noch heute mit ihm reden.«

»Um zehn Uhr werdet Ihr ihn sprechen können. Ich hatte heute noch eine Unterredung mit ihm, deren Gegenstand sich aber indessen erledigt hat, so daß sie nicht mehr nötig ist. Er sagte, daß ich um zehn Uhr zu ihm kommen könne, er werde kurz vorher ankommen.«

»Hatte er Besuch, als Ihr bei ihm waret?«

»Den hatte er. Es waren Männer, welche bei ihm saßen, ein junger und ein älterer.«

»Wurden ihre Namen genannt?« warf ich gespannt ein.

»Ja. Wir saßen fast eine Stunde lang beisammen, und während einer solchen Zeit bekommt man schon die Namen derjenigen, mit denen man redet, zu hören. Der jüngere hieß

Ohlert, und der ältere wurde Sennor Gavilano genannt. Dieser letztere schien ein Bekannter von Cortesio zu sein, denn sie sprachen davon, daß sie sich vor mehreren Jahren in der Hauptstadt Mexiko getroffen hätten.«

»Gavilano? Kenne den Mann nicht. Sollte Gibson sich jetzt so nennen?«

Diese Frage war an mich gerichtet. Ich zog die Photographien hervor und zeigte sie dem Schmiede. Er erkannte die beiden sofort und bestätigte:

»Das sind sie, Sir. Dieser hier mit dem hagern, gelben Kreolengesichte ist Sennor Gavilano; der andere ist Master Ohlert, welcher mich in eine nicht geringe Verlegenheit brachte. Er fragte mich immerfort nach Gentlemen, die ich in meinem Leben noch nicht gesehen hatte, so z. B. nach einem Nigger, Namens Othello, nach einer jungen Miß aus Orleans, Johanna mit Namen, welche erst Schafe weidete und dann mit dem König in den Krieg zog, nach einem gewissen Master Fridolin, welcher einen Gang nach dem Eisenhammer gemacht haben soll, nach einer unglücklichen Lady Maria Stuart, der sie in England den Kopf abgeschlagen haben, nach einer Glocke, die ein Lied von Schiller gesungen haben soll, auch nach einem sehr poetischen Sir, Namens Ludwig Uhland, welcher zwei Sänger verflucht hat, wofür ihm irgend eine Königin die Rose von ihrer Brust herunterwarf. Er freute sich, einen Deutschen in mir zu finden, und brachte eine Menge Namen, Gedichte und Theaterhistorien zum Vorscheine, von denen ich mir nur das gemerkt habe, was ich soeben sagte. Das ging mir alles wie ein Mühlenrad im Kopf herum. Dieser Master Ohlert schien ein ganz braver und ungefährlicher Mensch zu sein, aber ich möchte wetten, daß er einen kleinen Klapps hatte. Und endlich zog er ein Blatt mit einer Reimerei hervor, welche er mir vorlas. Es war da die Rede von einer schrecklichen Nacht, welche zweimal hintereinander einen Morgen, aber das drittemal keinen Morgen hatte. Es kamen da vor das Regenwetter, die Sterne, der Nebel, die Ewigkeit, das Blut in den Adern, ein Geist, der nach Erlösung brüllt, ein Teufel im Gehirn und einige Dutzend

Schlangen in der Seele, kurz, lauter konfuses Zeug, was gar nicht möglich ist und auch gar nicht zusammenpaßt. Ich wußte wirklich nicht, ob ich lachen oder ob ich weinen sollte.«

Es war kein Zweifel vorhanden, er hatte mit William Ohlert gesprochen. Sein Begleiter Gibson hatte jetzt zum zweitenmale seinen Namen geändert. Wahrscheinlich war der Name Gibson auch nur ein angenommener. Daß der Ver- und Entführer einen gelben Kreolenteint hatte, wußte ich auch, denn ich hatte ihn ja gesehen. Vielleicht stammte er wirklich aus Mexiko und hieß ursprünglich Gavilano, unter welchem Namen ihn Sennor Cortesio kennen gelernt hatte. Gavilano heißt zu deutsch Sperber, eine Bezeichnung, welche dem Mann freilich alle Ehre machte. Vor allen Dingen lag mir daran, zu erfahren, welches Vorwandes er sich bediente, William so mit sich herumzuführen. Dieser Vorwand mußte für den Geisteskranken ein sehr verlokkender sein und mit dessen fixer Idee, eine Tragödie über einen wahnsinnigen Dichter schreiben zu müssen, in naher Verbindung stehen. Vielleicht hatte Ohlert sich auch darüber gegen den Schmied ausgesprochen. Darum fragte ich den letzteren:

»Welcher Sprache bediente sich dieser junge Mann während des Gespräches mit Euch?«

»Er redete Deutsch und sprach sehr viel von einem Trauerspiel, das er schreiben wollte, es sei aber nötig, daß er alles das, was in jenem enthalten sein solle, auch selbst vorher erlebe.«

»Das ist ja gar nicht zu glauben!«

»Nicht? Da bin ich ganz anderer Meinung, Sir! Die Verrücktheit besteht ja grad darin, Dinge zu unternehmen, die einem vernünftigen Menschen gar nicht in den Sinn kommen. Jedes dritte Wort war eine Sennorita Felisa Perilla, die er mit Hilfe seines Freundes entführen müsse.«

»Das ist ja wirklich Wahnsinn, der reine Wahnsinn! Wenn dieser Mann die Gestalten und Begebenheiten seines Trauerspiels in die Wirklichkeit überträgt, so muß man das unbedingt zu verhindern suchen. Hoffentlich ist er noch hier in La Grange?«

»Nein. Er ist fort, gestern abgereist. Er ist eben mit Sennor Cortesio nach Hopkins Farm, um von da nach dem Rio grande zu gehen.«

»Das ist unangenehm, höchst unangenehm! Wir müssen schleunigst nach, womöglich noch heute. Wißt Ihr vielleicht, ob man hier zwei gute Pferde zu kaufen bekommen kann?«

»Ja, eben bei Sennor Cortesio. Er hat immer Tiere, jedenfalls, um sie den Leuten abzulassen, welche er für Juarez anwirbt. Aber von einem nächtlichen Ritte möchte ich Euch doch abraten. Ihr kennt den Weg nicht und bedürft also eines Führers, den Ihr für heute wahrscheinlich nicht mehr bekommen werdet.«

»Vielleicht doch. Wir werden alles versuchen, heute noch fortkommen zu können. Vor allen Dingen müssen wir mit Cortesio sprechen. Es ist zehn Uhr vorüber, und da er um diese Zeit zu Hause sein wollte, so möchte ich Euch bitten, uns jetzt seine Wohnung zu zeigen.«

»Gern. Brechen wir also auf, wenn es Euch beliebt, Sir!«

Als wir aufstanden, um zu gehen, hörten wir Hufschlag vor dem Hause und einige Augenblicke später traten neue Gäste in die vordere Stube. Zu meinem Erstaunen und nicht mit dem Gefühle der Beruhigung erkannte ich diese Leute, neun oder zehn der Sezessionisten, welchen der Kapitän heute so schöne Gelegenheit gegeben hatte, sich an das Ufer zu retten. Sie schienen mehreren der anwesenden Gäste bekannt zu sein, denn sie wurden von denselben lebhaft begrüßt. Wir hörten aus den hin und her fliegenden Fragen und Antworten, daß sie erwartet worden waren. Sie wurden zunächst so in Beschlag genommen, daß sie keine Zeit fanden, auf uns zu achten. Das war uns auch sehr lieb, denn es konnte keineswegs unser Wunsch sein, ihre Aufmerksamkeit zu erregen. Darum setzten wir uns einstweilen wieder nieder. Wären wir jetzt gegangen, so hätten wir an ihnen vorüber gemußt, und diese Gelegenheit hätten sie ganz sicher benutzt, mit uns anzubinden. Als Lange hörte, wer sie waren, stieß er die Verbindungstüre so weit zu, daß sie uns nicht sehen, wir aber alles hören konnten, was gesprochen wurde. Außerdem tauschten er und die Andern mit uns die Plätze, so daß wir mit dem Rücken nach der vorderen Stube saßen und die Gesichter von derselben abgewendet hatten.

»Es ist nicht notwendig, daß sie Euch sehen,« meinte der Schmied. »Denn schon früher herrschte eine für uns nicht eben günstige Stimmung da draußen. Bemerkten sie Euch, die sie für Spione halten und heute schon aufknüpfen wollten, so wäre der Krawall sofort fertig.«

»Das ist ganz gut,« antwortete Old Death. »Aber meint Ihr etwa, daß wir Lust haben, hier sitzen zu bleiben, bis sie sich entfernt haben? Dazu ist keine Zeit vorhanden, da wir unbedingt zu Cortesio müssen.«

»Das könnt Ihr, Sir! Wir gehen einen Weg, auf welchem sie uns nicht sehen.«

Old Death schaute sich in dem Zimmer um und sagte dann:

»Wo wäre das? Wir können ja nur durch die Vorderstube.«

»Nein. Da hinaus haben wir es viel bequemer.«

Er deutete nach dem Fenster.

»Ist das Euer Ernst?« fragte der Alte. »Ich glaube gar, Ihr fürchtet Euch! Sollen wir uns französisch empfehlen wie Mäuse, welche aus Angst vor der Katze in alle Löcher kriechen? Man würde uns schön auslachen.«

»Furcht kenne ich nicht. Aber es ist ein gutes, altes, deutsches Sprichwort, daß der Klügste nachgibt. Es genügt mir vollständig, mir selbst sagen zu können, daß ich es nicht aus Furcht, sondern nur aus Vorsicht tue. Ich will gar nicht erwähnen, daß da draußen eine zehnfach größere Zahl, als wir sind, sitzt. Die Vagabunden sind übermütig und ergrimmt. Sie werden uns nicht vorüberlassen, ohne uns zu belästigen, und da ich nicht der Mann bin, der dies duldet, und Euch auch nicht für Leute halte, die so etwas ruhig hinnehmen, so wird es eine bedeutende Keilerei geben. In einem Kampfe mit der Faust, mit Stößen oder mit abgebrochenen Stuhlbeinen scheue ich eine solche Uebermacht nicht, denn ich bin ein

Schmied und verstehe es, Köpfe breit zu hämmern. Aber ein Revolver ist eine verteufelt dumme Waffe. Der feigste Knirps kann mit einer erbsengroßen Kugel den mutigsten Riesen niederstrecken. Darum rät uns die einfachste Klugheit, diesen Kerlen ein Schnippchen zu schlagen, indem wir uns heimlich durch das Fenster aus dem Staube machen. Sie werden sich mehr darüber ärgern, als wenn wir uns stellen und einigen von ihnen die Schädel einschlagen, uns aber selbst dabei blutige Nasen oder gar etwas noch Schlimmeres holen.«

Ich gab dem verständigen Manne im stillen recht, und auch Old Death sagte nach einer Pause:

»So ganz unklug ist Eure Meinung freilich nicht. Ich will auf Euren Vorschlag eingehen und meine Beine mit allem, was daran hängt, zum Fenster hinausschieben. Hört doch einmal, wie sie brüllen! Ich glaube, sie sprechen von dem Abenteuer auf dem Steamer.«

Er hatte recht. Die Neuangekommenen erzählten, wie es ihnen auf dem Dampfer ergangen war, dann von Old Death, dem Indianer und mir, sowie von der Hinterlist des Kapitäns. Ueber die Ausübung ihrer Rache waren sie nicht einig gewesen. Die sechs Rowdies und deren Anhang hatten den Dampfer erwarten wollen, die Andern aber nicht Lust oder Zeit dazu gehabt.

»Wir konnten uns natürlich nicht eine ganze Ewigkeit lang an das Ufer setzen,« sagte der Erzähler, »denn wir mußten hierher, wo wir erwartet wurden. Darum war es ein Glück, daß wir eine naheliegende Farm fanden, auf welcher wir uns Pferde borgten.«

»Borgten?« fragte einer lachend.

»Ja, borgten, aber freilich nach unserer Weise. Sie reichten indessen nicht für uns, und wir mußten zu zweien auf einem Tiere sitzen. Später machte sich die Sache besser. Wir fanden noch andere Farmen, so daß schließlich auf jeden Mann ein Pferd kam.« Ein unbändiges Gelächter folgte dieser Diebstahlsgeschichte. Dann fuhr der Erzähler fort: »Ist hier alles in Ordnung? Und sind die Betreffenden gefunden?«

»Ja, wir haben sie.«

»Und die Anzüge?«

»Haben zwei Kisten mitgebracht; das wird ausreichen.«

»So gibt es ein Vergnügen. Aber auch die Spione und der Kapitän sollen ihr Teil haben. Der Steamer hält ja heute nacht hier in La Grange, und so wird der Kapitän zu finden sein, und den Indianer und die beiden Spione werden wir auch nicht lange vergeblich zu suchen brauchen. Sie sind sehr leicht zu erkennen. Der Eine trug einen neuen Trapperanzug, und beide hatten Sättel mit, ohne aber Pferde bei sich zu haben.«

»Sättel?« ertönte es jetzt in fast freudigem Tone. »Hatten nicht die Zwei, welche vorhin kamen und da draußen sitzen, ihre – – –«

Er sagte das übrige leiser, das galt natürlich uns.

»Mesch'schurs,« meinte der Schmied, »es ist Zeit, daß wir uns von dannen machen, denn in einigen Minuten kommen sie heraus. Steigt Ihr schnell voran! Eure Sättel reichen wir Euch hinaus.«

Er hatte sehr recht, drum fuhr ich, ohne mich zu genieren, schleunigst zum Fenster hinaus; Old Death folgte, worauf die Schmiede uns unsere Sachen, auch die Gewehre, nachreichten und dann auch hinaussprangen.

Wir befanden uns an der Giebelseite des Hauses auf einem kleinen, eingezäunten Platz, welcher wohl ein Grasgärtchen sein sollte. Als wir über den Zaun sprangen, bemerkten wir, daß auch die andern Gäste, welche sich mit uns in der kleinen Stube befunden hatten, durch das Fenster gestiegen kamen. Auch sie durften nicht hoffen, von Sezessionisten freundlich behandelt zu werden, und hielten es für das beste, unserm Beispiele zu folgen.

»Nun,« lachte Lange, »sie werden Augen machen, die Kerle, wenn sie die Vögel ausgeflogen finden. Ist aber wirklich am besten so.«

»Aber eine verteufelte Blamage für den Augenblick!« schimpfte Old Death. »Es ist mir ganz so, als ob ich ihr höhnisches Gelächter hörte.«

»Laßt sie lachen! Wir lachen später, und das ist bekanntlich besser. Ich werde Euch schon beweisen, daß ich mich nicht vor ihnen fürchte, aber auf eine Wirtshausbalgerei lasse ich mich nicht ein.«

Die beiden Schmiede nahmen uns unsere Sättel ab und versicherten, sie könnten es nicht zugeben, daß ihre Gäste eine solche Last selbst schleppen müßten. Bald standen wir zwischen zwei Gebäuden. Das eine, links von uns, lag in tiefes Dunkel gehüllt, in dem andern, rechts, schimmerte ein Licht durch die Ladenritze.

»Sennor Cortesio ist zu Hause,« sagte Lange. »Dort, wo der Lichtstreifen durchdringt, wohnt er. Ihr braucht nur an die Türe zu klopfen, so wird er Euch öffnen. Seid Ihr mit ihm fertig, so kommt da links herüber, wo wir wohnen. Klopft an den Laden, welcher sich neben der Türe befindet! Wir werden indessen einen Imbiß fertig machen.«

Sie begaben sich nach ihrem Hause, und wir beide wendeten uns nach rechts. Auf unser Klopfen wurde die Türe um eine schmale Lücke geöffnet, und eine Stimme fragte:

»Wer sein da?«

»Zwei Freunde,« antwortete Old Death. »Ist Sennor Cortesio daheim?«

»Was wollen von Sennor?«

Der Ausdrucksweise nach war es ein Neger, welcher diese Fragen stellte.

»Ein Geschäft wollen wir mit ihm machen.«

»Was, ein Geschäft? Es sagen, sonst nicht herein dürfen.«

»Sage nur, daß Master Lange uns schickt!«

»Massa Lange? Der sein gut. Dann wohl herein dürfen. Einen Augenblick warten!«

Er machte die Türe zu, öffnete sie aber bereits nach kurzer Zeit wieder und brachte Bescheid:

»Kommen herein! Sennor haben sagen, daß mit Fremden reden wollen.«

Wir traten durch einen engen Hausflur in eine kleine Stube, welche als Kontor benutzt zu werden schien, denn ein Schreibpult, ein Tisch und einige Holzstühle waren das ganze, einfache Meublement. An dem Pulte stand ein langer, hagerer Mann, mit dem Gesicht nach der Türe gekehrt. Der erste Blick in sein Gesicht brachte das Ergebnis, daß er ein Spanier sei.

»*Buenas tardes!*« beantwortete er unsern höflichen Gruß. »Sennor Lange sendet Euch? Darf ich erfahren, was Euch zu mir führt, Sennores?«

Ich war neugierig, was Old Death antworten werde. Er hatte mir vorher gesagt, daß ich ihn sprechen lassen solle.

»Vielleicht ist's ein Geschäft, vielleicht auch nur eine Erkundigung, Sennor. Wir wissen es selbst noch nicht genau,« sagte der Alte.

»Wir werden ja sehen. Setzt Euch, und nehmt einen Zigarillo.«

Er hielt uns das Zigarrenetui und Feuerzeug entgegen, welches wir nicht abschlagen durften. Der Mexikaner kann sich nichts, am allerwenigsten aber ein Gespräch, eine Unterhandlung ohne Zigaretten denken. Old Death, welchem ein Primchen zehnmal lieber war als die feinste Zigarre, nahm sich so ein kleines, dünnes Ding, brannte es an, tat einige gewaltige Züge, und – die Zigarette hatte ausgeraucht. Ich verfuhr mit der meinigen sparsamer.

»Was uns zu Euch führt,« begann Old Death, »ist nicht von großer Bedeutung. Wir kommen nur deshalb so spät, weil Ihr nicht früher zu treffen waret. Und wir wollen mit diesem Besuche nicht bis morgen warten, weil uns die hiesigen Zustände gar nicht zu einem langen Bleiben hier einladen. Wir haben die Absicht, nach Mexiko zu gehen und Juarez unsere Dienste anzubieten. So etwas tut man natürlich nicht gern aufs Geratewohl. Man möchte eine gewisse Sicherheit haben, willkommen zu sein und angenommen zu werden. Darum haben wir uns unter der Hand erkundigt und dabei in Erfahrung gebracht, daß man hier in La Grange angeworben werden kann. Euer Name wurde uns dabei genannt, Sennor, und so sind wir zu Euch gekommen, und nun habt Ihr vielleicht die Gewogenheit, uns zu sagen, ob wir uns bei dem richtigen Manne befinden.«

Der Mexikaner antwortete nicht sogleich, sondern betrachtete uns mit forschenden Blicken. Sein Auge schien mit Befriedigung auf mir zu haften; ich war jung und sah rüstig aus. Old Death gefiel ihm wohl weniger. Die hagere, nach vorn gebeugte Gestalt des Alten schien nicht geeignet zu sein, große Strapazen auszuhalten. Dann fragte er:

»Wer war es, der Euch meinen Namen nannte, Sennor?«

»Ein Mann, den wir auf dem Steamer trafen,« log Old Death. »Zufällig begegneten wir dann auch Master Lange und erfuhren von ihm, daß Ihr vor zehn Uhr nicht zu Hause sein würdet. Wir sind Nordländer deutscher Abstammung und haben gegen die Südstaaten gekämpft. Wir besitzen also militärische Erfahrung, sodaß wir dem Präsidenten von Mexiko wohl nicht ganz ohne Nutzen dienen würden.«

»Hm! Das klingt recht gut, Sennor; aber ich will Euch aufrichtig sagen, daß Ihr nicht den Eindruck macht, den Anstrengungen und Entbehrungen, welche man von Euch fordern wird, gewachsen zu sein.«

»Das ist freilich sehr aufrichtig, Sennor,« lächelte der Alte. »Doch brauche ich Euch wohl nur meinen Namen zu nennen, um Euch zu überzeugen, daß ich sehr wohl zu gebrauchen bin. Ich werde gewöhnlich Old Death genannt.«

»Old Death!« rief Cortesio erstaunt. »Ist es möglich! Ihr wäret der berühmte Pfadfinder, welcher dem Süden so großen Schaden zugefügt hat?«

»Ich bin es. Meine Gestalt wird mich legitimieren.«

»Allerdings, allerdings, Sennor. Ich muß sehr vorsichtig sein. Es darf keineswegs an die Oeffentlichkeit gelangen, daß ich für Juarez werbe; besonders jetzt bin ich gezwungen, mich in acht zu nehmen. Aber da Ihr Old Death seid, so ist für mich kein Grund der Zurückhaltung vorhanden, und ich kann Euch also ganz offen eingestehen, daß Ihr Euch an die richtige Adresse gewendet habt. Ich bin sofort und sehr gern bereit, Euch anzuwerben, kann Euch sogar eine Charge in sicherste Aussicht stellen, denn einen Mann wie Old Death wird man natürlich zu verwerten wissen und steckt ihn nicht unter die gemeinen Soldaten.«

»Das hoffe ich allerdings, Sennor. Und was meinen Gefährten betrifft, so wird auch er, selbst wenn er als Soldat eintreten müßte, es sehr bald zu etwas Besserem bringen. Er hat es unter den Abolitionisten trotz seiner Jugend bis zum Kapitän gebracht. Sein Name ist allerdings bloß Müller, aber vielleicht, ja höchst wahrscheinlich habt Ihr dennoch von ihm gehört. Er diente unter Sheridan und hat als Leutnant bei dem berühmten Flankenmarsche über die Missionary-Ridge die Spitze der Avantgarde befehligt. Ihr wißt gewiß, welch kühne Raids[1] damals ausgeführt worden sind. Müller war der besondere Liebling Sheridans und hatte infolgedessen den Vorzug, stets zu diesen gewagten Unternehmungen kommandiert zu werden. Er war auch der vielfach gefeierte Kavallerie-Offizier, welcher in der blutigen und in ihren Folgen so entscheidenden Schlacht bei Five-Forks den General Sheridan, welcher bereits gefangen war, wieder heraushieb. Darum meine ich, daß er keine schlechte Akquisition für Euch ist, Sennor.«

Der Alte log ja das Blaue vom Himmel herunter! Aber durfte ich ihn Lügen strafen? Ich fühlte, daß mir das Blut in die Wangen stieg, aber der gute Cortesio hielt mein Erröten für Bescheidenheit, denn er reichte mir die Hand und sagte, ebenfalls lügend wie ein Zeitungsschreiber:

»Dieses wohlverdiente Lob braucht Euch nicht peinlich zu berühren, Sennor Müller. Ich habe allerdings von Euch und Euern Taten gehört und heiße Euch herzlich willkommen. Auch Ihr werdet natürlich sofort als Offizier eintreten, und ich bin bereit, Euch gleich jetzt eine Summe bar zur Verfügung zu stellen, welche zur Anschaffung alles Nötigen ausreicht.«

Old Death wollte beistimmen. Ich sah ihm das an; darum fiel ich schnell ein:

»Das ist nicht nötig, Sennor. Wir haben nicht die Absicht, uns von Euch equipieren zu lassen. Zunächst haben wir nichts nötig, als zwei Pferde, die wir vielleicht bekommen können. Sättel haben wir.«

[1] Reiterstückchen.

»Das trifft sich gut. Ich kann Euch zwei tüchtige Tiere ablassen, und wenn Ihr sie wirklich bezahlen wollt, so werde ich sie Euch für den Einkaufspreis geben. Wir können morgen früh in den Stall gehen, wo ich Euch die Pferde zeigen werde. Es sind die besten, die ich habe. Habt Ihr schon ein Unterkommen für die Nacht?«

»Ja. Master Lange hat uns eingeladen.«

»Das trifft sich ausgezeichnet. Wäre dies nicht der Fall, so hätte ich Euch eingeladen, bei mir zu bleiben, obgleich meine Wohnung eine sehr beschränkte ist. Wie meint Ihr, wollen wir das übrige gleich jetzt oder morgen früh abmachen?«

»Gleich jetzt,« antwortete Old Death. »Welche Formalitäten sind denn zu erledigen?«

»Für jetzt gar keine. Ihr werdet, da Ihr alles selbst zahlt, erst nach Eurem Eintreffen beim Korps in Pflicht und Eid genommen. Das einzige, was zu tun ist, besteht darin, daß ich Euch mit Legitimation versehe und außerdem mit einem Empfehlungsschreiben, welches Euch die Chargen sichert, die Ihr nach Euern Eigenschaften zu beanspruchen habt. Es ist freilich besser, diese Schriftstücke sofort anzufertigen. Man kann hier nie wissen, was im nächsten Augenblicke geschieht. Habt also hier eine Viertelstunde Geduld. Ich werde mich beeilen. Da liegen Zigarillos, und hier will ich Euch auch einen guten Schluck vorsetzen, von welchem ich sonst niemandem gebe. Davon ist leider nur eine einzige Flasche vorhanden.«

Er schob uns die Zigaretten hin und holte eine Flasche Wein herbei. Dann trat er an das Pult, um zu schreiben. Old Death zog mir hinter dem Rücken des Mexikaners eine Grimasse, aus welcher ich ersah, daß er sich höchst befriedigt fühle. Dann goß er sich ein Glas voll, brachte die Gesundheit Cortesios aus und leerte es auf einen Zug. Ich war bei weitem nicht so befriedigt wie er, denn die beiden Männer, auf welche ich es abgesehen hatte, waren noch gar nicht erwähnt worden. Das flüsterte ich dem Alten zu. Er antwortete mit einer Gebärde, welche mir sagen sollte, daß er das schon auch noch besorgen werde.

Nach Verlauf einer Viertelstunde hatte Old Death die vorher volle Flasche ganz allein ausgetrunken und Cortesio war fertig. Der letztere las uns vor dem Versiegeln das Empfehlungsschreiben vor, mit dessen Inhalte wir sehr zufrieden sein konnten. Dann füllte er nicht zwei, sondern vier Blanketts aus, von denen jeder von uns zwei erhielt. Zu meinem Erstaunen sah ich, daß es Pässe waren, der eine in französischer, der andere in spanischer Sprache gedruckt, und der erstere war von Bazaine und der letztere von Juarez unterschrieben. Cortesio mochte mein Erstaunen bemerken, denn er sagte unter einem Lächeln schlauer Befriedigung:

»Ihr seht, Sennor, daß wir imstande sind, Euch gegen alle möglichen Vorkommnisse in Schutz zu nehmen. Wie ich zu der französischen Legitimation komme, das ist meine Sache. Ihr wißt nicht, was Euch begegnen kann; und es ist also gut, dafür zu sorgen, daß Ihr für alle Fälle gesichert seid. Andern diese Doppelpässe zu geben, würde ich mich wohl hüten, denn sie werden nur ganz ausnahmsweise ausgestellt, und diejenigen Mannschaften, welche unter Bedeckung von hier abgehen, erhalten überhaupt keine Legitimation.«

Dies benutzte Old Death endlich zu der von mir so heiß ersehnten Frage:

»Seit wann sind die letzten dieser Leute hinüber?«

»Seit gestern. Ich hatte einen Transport von über dreißig Rekruten, welchen ich bis Hopkins Farm selbst begleitet habe. Es befanden sich diesesmal zwei Sennores in Privat dabei.«

»Ah, so befördert ihr auch Privatleute?« fragte Old Death in verwundertem Tone.

»Nein. Das würde zu Unzuträglichkeiten führen. Nur gestern machte ich eine Ausnahme, weil der eine dieser Herren ein guter Bekannter von mir war. Uebrigens werdet Ihr ausgezeichnet beritten sein und könnt, wenn Ihr morgen zeitig von hier fortreitet, das Detachement einholen, bevor es den Rio Grande erreicht.«

»An welchem Punkte wollen die Leute über den Fluß gehen?«

»Sie nehmen die Richtung auf den Eagle-Paß. Da sie sich aber dort nicht sehen lassen dürfen, so halten sie sich ein wenig nördlicher. Zwischen dem Rio Nueres und dem Rio grande durchschneiden sie den von San Antonio kommenden Maultierweg, kommen an Fort Inge vorüber, welches sie aber auch vermeiden müssen, und gehen zwischen den beiden Nebenflüßchen Las Moras und Moral über den Rio grande, weil es dort eine leicht passierbare Furt gibt, welche nur unsere Führer kennen. Von dort an halten sie sich westlich, um über Baya, Cruces, San Vinzente, Tabal und San Carlos die Stadt Chihuahua zu erreichen.«

Alle diese Orte waren mir böhmische Dörfer. Old Death aber nickte mit dem Kopf und wiederholte jeden Namen laut, als ob er die Gegend sehr genau kenne.

»Wir werden sie sicher einholen, wenn unsere Pferde wirklich nicht schlecht und die ihren nicht allzu gut sind,« sagte er. »Aber werden sie es erlauben, daß wir uns anschließen?«

Cortesio bejahte lebhaft. Doch mein Freund fragte weiter:

»Werden indessen die beiden Masters, welche Ihr Privatleute nanntet, auch damit einverstanden sein?«

»Jedenfalls. Sie haben gar nichts zu befehlen, ja, müssen sich freuen, unter dem Schutze des Detachements reisen zu dürfen. Da Ihr mit ihnen zusammentreffen werdet, so kann ich Euch sagen, daß Ihr sie als Gentlemen behandeln dürft. Der eine, ein geborener Mexikaner, namens Gavilano, ist ein Bekannter von mir. Ich habe schöne Stunden in der Hauptstadt mit ihm verlebt. Er hat eine jüngere Schwester, welche allen Sennores die Köpfe verdrehte.«

»So ist wohl auch er ein schöner Mann?«

»Nein. Sie sehen einander nicht ähnlich, da sie Stiefgeschwister sind. Sie heißt Felisa Perillo und war als reizende Cantora[1] und entzückende Ballerina[2] in der guten Gesellschaft eingeführt. Später verschwand sie, und jetzt erst habe ich von ihrem Bruder gehört, daß sie noch in der Umgegend

[1] Sängerin.
[2] Tänzerin.

von Chihuahua lebt. Genaue Auskunft konnte er mir nicht geben, da auch er sich erst nach ihr erkundigen muß, wenn er dorthin kommt.«

»Darf ich fragen, was dieser Sennor eigentlich war oder ist?«

»Dichter.«

Old Death machte ein sehr verblüfftes und geringschätzendes Gesicht, so daß der brave Cortesio hinzusetzte:

»Sennor Gavilano dichtete umsonst, denn er besitzt ein bedeutendes Vermögen und braucht sich seine Gedichte nicht bezahlen zu lassen.«

»So ist er freilich zu beneiden!«

»Ja, man beneidete ihn, und infolge der Kabalen, welche man deshalb gegen ihn schmiedete, hat er die Stadt und sogar das Land verlassen müssen. Jetzt kehrt er mit einem Yankee zurück, welcher Mexiko kennen lernen will und ihn gebeten hat, ihn in das Reich der Dichtkunst einzuführen. Sie wollen in der Hauptstadt ein Theater bauen.«

»Wünsche ihnen sehr viel Glück dazu! Also hat Gavilano gewußt, daß Ihr Euch jetzt in La Grange befindet?«

»O nein. Ich befand mich zufällig am Flusse, als der Dampfer anlangte, damit die Passagiere hier die Nacht zubringen könnten. Ich erkannte den Sennor sofort und lud ihn natürlich ein, mit seinem Begleiter bei mir zu bleiben. Es stellte sich heraus, daß die beiden nach Austin wollten, um von da aus über die Grenze zu gehen, und ich bot ihnen die passende Gelegenheit an, schneller und sicherer hinüber zu kommen. Denn für einen Fremden, zumal wenn er nicht sezessionistisch gesinnt ist, ist es nicht geraten, hier zu verweilen. In Texas treiben jetzt Leute ihr Wesen, welche gern im Trüben fischen, allerhand nutzloses oder gefährliches Gesindel, dessen Herkommen und Lebenszweck man nicht kennt. Man hört allerorts von Gewalttaten, von Ueberfällen und Grausamkeiten, deren Veranlassung niemand kennt. Die Täter verschwinden spurlos, wie sie gekommen sind, und die Polizei steht dann den Tatsachen völlig ratlos gegenüber.«

»Sollte es sich etwa um den Ku-Klux-Klan handeln?« fragte Old Death.

»Das haben viele gefragt, und in den letzten Tagen sind Entdeckungen gemacht worden, welche es wahrscheinlich machen, daß man es mit dieser Geheimbande zu tun habe. Vorgestern hob man unten in Halletsville zwei Leichen auf, denen Zettel mit der Inschrift ›Yankee-Hounds‹ angeheftet waren. Drüben in Shelby wurde eine Familie fast tot gepeitscht, weil der Vater derselben unter General Grant gedient hat. Und heute habe ich erfahren, daß drunten bei Lyons eine schwarze Kapuze gefunden worden ist, auf welche zwei weiße, eidechsenartig geschnittene Zeugstücke aufgenäht waren.«

»Alle Wetter! Solche Masken tragen die Kukluxer!«

»Ja, sie hängen sich schwarze, mit weißen Figuren versehene Kapuzen über das Gesicht. Jeder einzelne soll sich einer besonderen Figur bedienen, an welcher man ihn erkennt, denn ihre Namen sollen sie nicht einmal untereinander wissen.«

»So steht allerdings zu vermuten, daß der Geheimbund anfängt, sein Wesen auch hier zu treiben. Nehmt Euch in acht, Don Cortesio. Sie kommen sicher hierher. Zuerst waren sie in Halletsville, und die Kapuze hat man in Lyons gefunden. Der letztere Ort liegt doch wohl bedeutend näher nach hier als der erstere?«

»Allerdings, Sennor, Ihr habt recht. Ich werde von heute an Türen und Fenster doppelt sorgfältig verschließen und meine geladenen Gewehre bereit halten.«

»Daran tut Ihr sehr recht. Diese Kerle dürfen nicht geschont werden, denn sie schonen auch nicht. Wer sich ihnen ohne Gegenwehr ergibt, weil er auf ihre Milde rechnet, der hat sich getäuscht. Ich würde nur mit Pulver und Blei zu ihnen sprechen. Uebrigens scheint es drüben im Wirtshause nicht ganz geheuer zu sein, denn wir sahen da Gentlemen, denen nichts Gutes zuzutrauen ist. Ihr werdet klug tun, alles sorgfältig zu verstecken, womit man Euch beweisen kann, daß Ihr zu Juarez haltet. Tut das heute schon! Es ist besser, einmal unnötigerweise vorsichtig zu sein, als sich wegen einer kleinen Unterlassung durchpeitschen oder gar erschießen zu lassen. Jetzt denke ich, daß wir fertig sind. Morgen früh sehen wir uns wieder. Oder hättet Ihr uns heute noch etwas zu bemerken?«

»Nein, Sennores. Für heute sind wir fertig. Ich freue mich sehr, Euch kennen gelernt zu haben, und hoffe, später recht Gutes von Euch zu hören. Ich bin überzeugt, daß Ihr bei Juarez Euer Glück machen und schnell avancieren werdet.«

Damit waren wir entlassen. Cortesio reichte uns freundlich die Hand, und wir gingen. Als sich die Haustüre hinter uns geschlossen hatte und wir nach Langes Wohnung hinübergingen, konnte ich mich doch nicht halten, dem Alten einen gelinden Rippenstoß zu versetzen und dabei zu sagen:

»Aber Master, was fiel Euch ein, den Sennor in dieser Weise anzuflunkern! Eure Lügen waren ja häuserhoch!«

»So? Hm! Das versteht Ihr nicht, Sir! Es war immerhin möglich, daß wir abgewiesen wurden. Darum erweckte ich bei dem Sennor möglichst großen Appetit nach uns.«

»Und sogar Geld wolltet Ihr nehmen! Das wäre der offenbare Betrug gewesen!«

»Nun, offenbar gerade nicht, denn er wußte nichts davon. Warum sollte ich nicht nehmen, was er uns freiwillig anbot?«

»Weil wir nicht die Absicht haben, dies Geld zu verdienen.«

»So! Nun, in diesem Augenblicke haben wir diese Absicht freilich nicht. Aber woher wißt Ihr denn so ganz genau, daß wir nicht Gelegenheit finden werden, der Sache Juarez' zu dienen? Wir können sogar um unser selber willen dazu gezwungen sein. Doch kann ich Euch nicht unrecht geben. Es ist sehr gut, daß wir kein Geld nahmen, denn nur dadurch sind wir zu den Pässen und zu dem Empfehlungsschreiben gekommen. Das Allerbeste aber ist, daß wir nun wissen, wohin sich Gibson gewendet hat. Ich kenne den Weg sehr genau. Wir brechen frühzeitig auf, und ich bin überzeugt, daß wir ihn einholen werden. Infolge unserer Papiere wird der Kommandeur des Detachements sich nicht eine Sekunde lang weigern, uns die beiden auszuliefern.«

Wir brauchten bei Lange nicht zu klopfen. Er lehnte unter der geöffneten Türe und führte uns in die Stube. Diese hatte drei Fenster, welche mit dicken Decken verhangen waren.

»Wundert Euch nicht über diese Vorhänge, Mesch'schurs!« sagte er. »Ich habe sie mit Absicht angebracht. Wollen überhaupt möglichst leise sprechen. Die Kukluxer brauchen nicht zu wissen, daß Ihr bei uns seid.«

»Habt Ihr die Halunken gesehen?«

»Ihre Kundschafter wenigstens. Ich hatte, während Ihr so lange drüben bei Sennor Cortesio waret, Langeweile und ging hinaus, auf Euch zu warten, damit Ihr nicht erst zu klopfen brauchtet. Da hörte ich Jemand heranschleichen von der Seite, wo das Wirtshaus liegt. Ich schob die Türe bis zu einer schmalen Spalte zu und lugte durch diese letztere hinaus. Drei Männer kamen und blieben nahe bei der Türe stehen. Trotz der Dunkelheit sah ich, daß sie sehr lange, weite Hosen, ebenso weite Jacken und dazu Kapuzen trugen, welche über die Gesichter gezogen waren. Diese Verkleidung war aus dunklem Stoffe gemacht und mit hellen Figuren besetzt.«

»Ah, wie es bei den Kukluxern der Fall ist!«

»Ganz recht. Zwei von den dreien blieben bei der Türe stehen. Der dritte schlich sich an das Fenster und versuchte, durch den Laden zu blicken. Als er zurückkehrte, meldete er, daß nur ein junger Mensch in der Stube sei, welcher der junge Lange sein müsse; der Alte sei nicht da, aber es stehe Essen auf dem Tische. Da meinte einer der beiden andern, daß wir jetzt zu Abend essen und dann schlafen gehen würden. Sie wollten rund um das Haus gehen, um zu sehen, wie man am besten hineinkommen könne. Dann verschwanden sie um die Ecke, und Ihr kamt, nachdem wir soeben die Fenster verhängt hatten. Aber über diesen Schuften darf ich nicht vergessen, daß Ihr meine Gäste seid. Setzt Euch nieder! Eßt und trinkt! Ihr findet heute nur die Kost eines Hinterwäldlers bei mir; doch was ich habe, gebe ich herzlich gern. Wir können auch während des Essens über die Gefahr sprechen, welche mir droht.«

»Eine Gefahr, in welcher wir Euch nicht verlassen werden, wie sich ganz von selbst versteht,« sagte Old Death. »Wo habt Ihr denn Euren Sohn?«

»Als Ihr drüben herauskamt, schlich er sich davon. Ich habe einige gute Freunde, Deutsche, auf welche ich rechnen kann. Die soll er heimlich holen. Zwei von ihnen kennt ihr schon. Sie saßen im Wirtshause mit an unserm Tische.«

»Sie werden doch trachten, unbemerkt ins Haus zu kommen? Es ist Euer Vorteil, die Kukluxer denken zu lassen, daß sie es nur mit Euch und Eurem Sohne zu tun haben.«

»Habt keine Sorge! Diese Leute wissen schon, was sie tun, und übrigens habe ich meinem Will gesagt, wie er sich verhalten soll.«

Das Essen bestand in Schinken, Brot und Bier. Wir hatten kaum begonnen, so hörten wir, scheinbar einige Häuser weit, das Winseln eines Hundes.

»Das ist das Zeichen,« sagte Lange, indem er aufstand. »Die Leute sind da.«

Er ging hinaus, um zu öffnen, und kehrte mit seinem Sohne und fünf Männern zurück, welche mit Gewehren, Revolvern und Messern bewaffnet waren. Sie nahmen schweigend Platz, wo sie irgend einen Gegenstand zum Sitzen fanden. Keiner sprach ein Wort, aber alle musterten die Fenster, ob dieselben auch gut verhangen seien. Das waren die richtigen Leute. Nicht sprechen und viele Worte machen, aber bereit zur Tat. Unter ihnen war ein alter, grauhaariger und graubärtiger Mann, welcher kein Auge von Old Death wendete. Er war der erste, welcher sprach, und zwar zu meinem Begleiter:

»Verzeiht, Master! Will hat mir gesagt, wen ich hier treffen werde, und ich habe mich sehr darüber gefreut, denn ich meine, daß wir uns schon einmal gesehen haben.«

»Möglich!« antwortete der Fährtensucher. »Habe schon vieler Leute Kinder gesehen.«

»Könnt Ihr Euch nicht auf mich besinnen?«

Old Death betrachtete den Sprecher genau und sagte dann:

»Ich kalkuliere allerdings, daß wir uns bereits einmal begegnet sein müssen, kann mich aber nicht besinnen, wo das geschehen ist.«

»Drüben in Kalifornien vor etwa zwanzig Jahren und zwar im Chinesenviertel. Besinnt Euch einmal! Es wurde scharf gespielt und nebenbei Opium geraucht. Ich hatte all mein Geld verspielt, nahe an tausend Dollars. Eine einzige Münze hatte ich noch; die wollte ich nicht auf die Karte setzen, sondern verrauchen und mir dann eine Kugel durch den Kopf jagen. Ich war ein leidenschaftlicher Spieler gewesen und stand am Ende meines Könnens. Da – – –«

»Schon gut! Besinne mich!« unterbrach ihn Old Death. »Ist nicht notwendig, daß Ihr das erzählt.«

»O doch, Sir, denn Ihr habt mich gerettet. Ihr hattet die Hälfte meines Verlustes gewonnen. Ihr nahmt mich beiseite, gabt mir das Geld wieder und nahmt mir dafür das heilige Versprechen ab, nie wieder zu spielen und vor allen Dingen auf die Bekanntschaft mit dem Opiumteufel ein für allemal zu verzichten. Ich gab Euch dieses Versprechen und habe es gehalten, wenn es mir auch sauer genug geworden ist. Ihr seid mein Retter. Ich bin inzwischen ein wohlhabender Mann geworden, und wenn Ihr mir eine große Freude machen wollt, so erlaubt Ihr mir, Euch das Geld zurückzugeben.«

»So dumm bin ich nicht!« lachte Old Death. »Bin lange Zeit stolz darauf gewesen, auch einmal etwas Gutes verbrochen zu haben, und werde mich hüten, dieses Bewußtsein gegen Euer Geld zu verkaufen. Wenn ich einmal sterbe, so habe ich nichts, gar nichts Gutes vorzubringen als nur dieses Eine, und das gebe ich also niemals her! Reden wir von andern Dingen, die jetzt viel notwendiger sind. Ich habe Euch damals vor zwei Teufeln gewarnt, welche ich leider genau kannte. Aber Eurer Willenskraft habt Ihr allein Eure Rettung zu verdanken. Reden wir nicht mehr davon!«

Bei diesen Worten des Scout ging mir eine Ahnung auf. Er hatte mir in New Orleans gesagt, seine Mutter habe ihn auf den Weg gesetzt, welcher zum Glücke führe, er aber habe seine eigene Richtung eingeschlagen. Jetzt bezeichnete er sich als einen genauen Kenner der beiden fürchterlichen Laster des Spieles und des Opiumrauchens. Konnte er diese Kenntnis allein durch die Beobachtung Anderer erlangt haben? Wohl schwerlich. Ich vermutete, er sei selbst leidenschaftlicher Spieler gewesen, sei es vielleicht noch. Und was das Opium betrifft, so wies seine dürre, skelettartige Gestalt auf den zerstörenden Genuß desselben hin. Sollte er noch jetzt heimlicher Opiumraucher sein? Vielleicht doch nicht, denn das Rauchen dieses Giftes setzt einen gewissen Ueberfluß an Zeit voraus, welcher dem Scout während unsers Rittes nicht zur Verfügung stand. Vielleicht aber war er Opiumesser. Auf alle Fälle war er dem Genusse dieser gefährlichen Substanz noch jetzt ergeben. Hätte er demselben entsagt, so wäre es seinem Körper wohl schon gelungen, sich nach und nach von den Folgen zu erholen. Ich begann, den Alten mit andern Augen zu betrachten. Zu der Achtung, welche er mir bisher eingeflößt hatte, trat ein gutes Teil Mitleid. Wie mochte er gegen die beiden Teufel gekämpft haben! Welch einen gesunden Körper, welch einen hochbegabten Geist mußte er besessen haben, da das Gift es bis heute noch nicht fertig gebracht hatte, beide völlig zu zerstören. Was waren alle Abenteuer, die er erlebt hatte, alle Anstrengungen und Entbehrungen des Lebens in der Wildnis gegen die Szenen, die sich in seinem Innern abgespielt haben mußten! Er rang vielleicht ebenso wild gegen die unerbittlichen, übermächtigen Leidenschaften, wie der dem Aussterben geweihte Indianer gegen das überlegene Bleichgesicht. Er hatte erfahren, daß jede Phase dieses Kampfes mit seiner Niederwerfung endige, und dennoch wehrte er sich weiter, selbst am Boden liegend, noch immer widerstehend. Old Death, dieser Name hatte von jetzt an einen grauenhaften Beiklang für mich. Der berühmte Scout war einem Untergange geweiht, gegen welchen das rein körperliche Sterben eine unbeschreibliche Wohltat ist!

Old Deaths letzte Worte: »Reden wir nicht mehr davon«,

waren in einem solchen Tone gesprochen, daß der alte Deutsche auf Widerspruch verzichtete. Er antwortete:

»*Well*, Sir! Wir haben es jetzt mit einem Feinde zu tun, der ebenso grimmig und unerbittlich ist wie das Spiel und das Opium. Glücklicherweise aber ist er leichter zu packen als diese beiden, und packen wollen wir ihn. Der Ku-Klux-Klan ist ein ausgesprochener Gegner des Deutschtums, und wir alle müssen uns seiner wehren, nicht nur derjenige allein, der zunächst und direkt von ihm angegriffen wird. Er ist eine Bestie, welche aus tausend und abertausend Gliedern besteht. Jede Nachsicht wäre ein Fehler, der sich unbedingt rächen würde. Wir müssen gleich beim ersten Angriffe zeigen, daß wir unerbittlich sind. Gelingt es den Kukluxern, sich hier festzusetzen, so sind wir verloren; sie werden sich über uns hermachen und einen nach dem andern abwürgen. Darum bin ich der Meinung, daß wir ihnen heute einen Empfang bereiten, der ihnen einen solchen Schreck einjagt, daß sie es nicht wagen, wiederzukommen. Ich hoffe, daß dies auch eure Meinung ist.«

Die andern stimmten ihm alle bei.

»Schön!« fuhr er fort, da man ihm als dem Aeltesten das Wort ließ. »So haben wir unsere Vorbereitungen so zu treffen, daß nicht nur ihre Absicht mißlingt, sondern daß sie es selbst sind, gegen welche der Spieß gerichtet wird. Will einer von euch einen Vorschlag machen? Wer einen guten Gedanken hat, der mag ihn hören lassen.«

Seine Augen und diejenigen der Andern richteten sich auf Old Death. Dieser wußte als erfahrener Westmann jedenfalls besser als sie alle, wie man sich gegen solche Feinde zu verhalten habe. Er sah die erwartungsvollen Blicke und die in denselben liegende stille Aufforderung, zog eine seiner Grimassen, nickte leise vor sich hin und sagte:

»Wenn die Andern schweigen, so will ich einige Worte sagen, Mesch'schurs. Wir haben nur mit dem Umstande zu rechnen, daß sie erst dann kommen werden, wenn Master Lange sich niedergelegt hat. Wie ist Eure Hintertüre verschlossen? – Durch einen Riegel?«

»Nein, durch ein Schloß, wie alle meine Türen.«

»*Well!* Auch das werden sie wissen, und ich kalkuliere, daß sie sich mit falschen Schlüsseln versehen haben. Wenigstens wäre es unverzeihlich von ihnen, wenn sie das nicht getan hätten. Die Gesellschaft wird jedenfalls auch Mitglieder haben, die Schlosser sind oder mit einem Dietrich umzugehen wissen. Sie kommen also ganz gewiß herein, und es liegt nun an uns, zu beraten, wie wir sie empfangen werden.«

»Natürlich mit den Gewehren. Wir schießen sofort auf sie!«

»Und sie schießen auf Euch, Sir! Das Aufblitzen eurer Gewehre verrät ihnen, wo ihr euch befindet, wo ihr steht. Nein, nicht schießen. Ich kalkuliere, daß es eine wahre Wonne wäre, sie gefangen zu nehmen, ohne uns der Gefahr auszusetzen, mit ihren Waffen in Berührung zu kommen.«

»Haltet Ihr das für möglich?«

»Sogar für verhältnismäßig leicht. Wir verstecken uns im Hause und lassen sie herein. Sobald sie sich in Eurer Kammer befinden, werfen wir die Türen zu und verschließen sie. Einige von uns halten vor den letzteren Wacht und einige draußen vor dem Fenster. So können sie nicht heraus und müssen sich einfach ergeben.«

Der alte Deutsche schüttelte bedächtig den Kopf und stimmte energisch dafür, die Einbrecher niederzuschießen. Old Death kniff bei der Entgegnung des Alten das eine Auge zu und zog ein Gesicht, welches sicher ein allgemeines Gelächter hervorgerufen hätte, wenn die Situation nicht so ernst gewesen wäre.

»Was macht Ihr da für ein Gesicht, Sir?« fragte Lange. »Seid Ihr nicht einverstanden?«

»Gar nicht, Master. Der Vorschlag unseres Freundes scheint sehr praktisch und leicht ausführbar zu sein; aber ich kalkuliere, daß es ganz anders kommen würde, als er denkt. Die Geheimbündler wären ja geradezu Prügel wert, wenn sie es so machten, wie er es ihnen zutraut. Er meint, daß sie alle zugleich hereinkommen und sich wie auf einen Präsentierteller vor unsere Gewehre stellen werden. Wenn sie das täten, so hätten sie kein Hirn in ihren Köpfen. Ich bin der Ueberzeugung, daß sie die Hintertüre leise öffnen und dann aber erst einen oder zwei hereinschicken werden, um zu rekognoszieren. Diesen einen oder diese zwei Kerle können wir freilich niederschießen; die Andern aber machen sich schleunigst aus dem Staube, um bald wieder zu kommen und das Versäumte nachzuholen. Nein, Sir, mit diesem Plane ist es nichts. Wir müssen sie alle, alle hereinlassen, um sie zu fangen. Dafür habe ich auch noch einen andern und sehr triftigen Grund. Selbst wenn Euer Plan ausgeführt würde, so widerstrebt es mir, eine solche Menge von Menschen mit einem einzigen Pulverkrache und ohne daß ihnen ein Augenblick bleibt, an ihre Sünden zu denken, in den Tod zu befördern. Wir sind Menschen und Christen, Mesch'schurs. Wir wollen uns zwar gegen diese Leute wehren und ihnen das Wiederkommen verleiden, aber das können wir auf weniger blutige Art und Weise erreichen. Bleibt Ihr dabei, sie wie ein Rudel wilder Tiere niederzuschießen, so tut es meinetwegen; ich aber und mein Gefährte haben keinen Teil daran. Wir gehen und suchen uns einen andern Ort, wo wir diese Nacht zubringen können, ohne später mit Schaudern und Selbstvorwürfen an sie denken zu müssen!«

Er hatte mir ganz aus der Seele gesprochen, und seine Worte machten den beabsichtigten Eindruck. Die Männer nickten einander zu, und der Alte meinte:

»Was Ihr da zuletzt gesagt habt, Sir, das ist freilich sehr begründet. Ich habe geglaubt, daß ein solcher Empfang sie ein für allemal aus La Grange vertreiben würde; aber ich dachte nicht an die Verantwortung, welche wir auf uns laden; darum möchte ich mich wohl zu Eurem Plane bequemen, wenn es mir nur einleuchtete, daß derselbe gelingen werde.«

»Jeder, auch der allerbeste Plan kann mißlingen, Sir. Es ist nicht nur menschlich, sondern auch klug, die Leute herein zu lassen und einzuschließen, so daß wir sie lebend in unsere Hände bekommen. Glaubt mir, daß dies besser, viel besser ist, als wenn wir sie erschießen. Denkt daran, daß Ihr die Rache des ganzen Klans auf Euch ladet, wenn Ihr eine solche

Anzahl seiner Mitglieder tötet. Ihr würdet die Kukluxer nicht von La Grange fern halten, sondern sie im Gegenteil herbeiziehen, um den Tod der Ihrigen grausam zu rächen. Ich bitte Euch also, meinen Plan anzunehmen. Es ist das beste, was Ihr tun könnt. Um ja nichts zu versäumen, was das Gelingen desselben beeinträchtigen könnte, werde ich jetzt einmal um das Haus schleichen. Vielleicht ist da etwas für uns Günstiges zu entdecken.«

»Wollt Ihr das nicht lieber unterlassen, Sir?« fragte Lange. »Ihr sagt ja selbst, daß man einen Posten aufgestellt haben werde. Dieser Mann könnte Euch sehen.«

»Mich sehen?« lache Old Death. »So etwas hat mir noch niemand gesagt! Old Death soll so dumm sein, sich sehen zu lassen, wenn er ein Haus oder einen Menschen beschleicht! Master, das ist lächerlich! Wenn Ihr ein Stück Kreide habt, so zeichnet mir jetzt einmal den Grundriß Eures Hauses und Hofes da auf den Tisch, damit ich mich nach demselben richten kann! Laßt mich zur Hintertüre hinaus, und wartet dort auf meine Rückkehr. Ich werde nicht klopfen, sondern mit den Fingerspitzen an die Türe kratzen. Wenn also jemand klopft, so ist es ein Anderer, den Ihr nicht einlassen dürft.«

Lange nahm ein Stückchen Kreide von dem Türensims und zeichnete den verlangten Riß auf den Tisch. Old Death betrachtete denselben genau und gab seine Befriedigung durch ein wohlgefälliges Grinsen zu erkennen. Die beiden Männer wollten nun gehen. Sie befanden sich schon unter der Türe, da drehte sich Old Death noch einmal um und fragte mich:

»Habt Ihr schon einmal irgend ein Menschenkind heimlich angeschlichen, Sir?«

»Nein,« antwortete ich der Verabredung mit Winnetou gemäß.

»So habt Ihr jetzt eine vortreffliche Gelegenheit, zu sehen, wie man das macht. Wenn Ihr mitgehen wollt, so kommt!«

»Halt, Sir!« fiel Lange ein. »Das wäre ein allzu großes Wagnis, da Euer Gefährte selbst gesteht, daß er in diesen Dingen unerfahren ist. Wenn der geringste Fehler gemacht wird, bemerkt der Posten euch, und alles ist verdorben.«

»Unsinn! Ich kenne diesen jungen Master allerdings erst seit kurzer Zeit; aber ich weiß, daß er darauf brennt, die Eigenschaften eines guten Westmannes zu erwerben. Er wird sich die Mühe geben, jeden Fehler zu vermeiden. Ja, wenn es sich darum handelte, uns an einen indianischen Häuptling zu schleichen, da würde ich mich sehr hüten, ihn mitzunehmen. Aber ich versichere Euch, daß kein braver Prairieläufer sich herablassen wird, in den Ku-Klux-Klan zu treten. Darum steht gar nicht zu erwarten, daß der Posten so viel Uebung und Gewandtheit besitzt, uns erwischen zu können. Und selbst wenn er uns bemerkte, so wäre Old Death sofort da, den Fehler auszugleichen. Ich will den jungen Mann mitnehmen, folglich geht er mit! Also kommt, Sir! Aber laßt Euern Sombrero hier, wie ich den meinigen. Das helle Geflecht leuchtet zu sehr und könnte uns verraten. Schiebt Euer Haar auf die Stirn herunter und schlagt den Kragen über das Kinn empor, damit das Gesicht möglichst bedeckt wird. Ihr habt Euch immer hinter mir zu halten und genau das zu tun, was ich tue. Dann will ich den Klux oder Klex sehen, der uns bemerkt!«

Es wagte keiner eine weitere Widerrede, und so begaben wir uns in den Flur und an die Hintertüre, um von Lange hinausgelassen zu werden. Dieser öffnete leise und verschloß hinter uns wieder. Sobald wir draußen standen, kauerte Old Death sich nieder, und ich tat dasselbe. Er schien die Finsternis mit seinen Augen durchdringen zu wollen, und ich hörte, daß er die Luft in langen Zügen durch die Nase einzog.

»Ich kalkuliere, daß sich da vor uns kein Mensch befindet,« flüsterte mir der Alte zu, indem er über den Hof nach dem Stallgebäude zeigte. »Dennoch will ich mich überzeugen. Man muß vorsichtig sein. Habt Ihr vielleicht als Knabe es gelernt, mit einem Grashalme zwischen den beiden Daumen das Zirpen einer Grille nachzuahmen?«

Ich bejahte die Frage leise.

»Da vor der Türe steht Gras. Nehmt Euch einen Halm, und wartet bis ich zurückkehre. Regt Euch nicht von der

Stelle. Sollte aber etwas geschehen, so zirpt. Ich komme sofort herbei.«

Er legte sich auf den Boden und verschwand, auf allen vieren kriechend, in der Finsternis. Es vergingen wohl zehn Minuten, bevor er zurückkehrte. Und wahrhaftig, ich hatte ihn nicht kommen sehen, aber der Geruch sagte mir, daß er sich nähere.

»Es ist so, wie ich dachte,« flüsterte er. »Im Hofe niemand und auch da um die Ecke an der einen Giebelseite kein Mensch. Aber hinter der andern Ecke, wo das Fenster der Schlafstube sich befindet, wird einer stehen. Legt Euch auch zur Erde, und schleicht hinter mir her! Aber nicht etwa auf dem Bauche wie eine Schlange, sondern wie eine Eidechse auf den Fingern und Zehen. Tretet nicht mit den ganzen Fußsohlen, sondern nur mit den Fußspitzen auf. Untersucht den Boden mit den Händen, damit Ihr nicht ein Aestchen knickt, und knöpft Euern Jagdrock ganz zu, damit nicht etwa ein Zipfel auf der Erde hinstreift! – Nun vorwärts!«

Wir krochen bis an die Ecke. Old Death blieb dort halten, ich also auch. Nach einer Weile wendete er den Kopf zu mir zurück und raunte mir zu:

»Es sind zwei. Seid ja vorsichtig!«

Er schob sich weiter fort, und ich folgte abermals. Er hielt sich nicht nahe der Mauer des Hauses, sondern kroch von derselben fort bis zu einem aus aufrecht stehenden Fenzriegeln, an denen wilder Wein oder eine ähnliche Pflanzenart emporrankte, errichteten Zaune, der den Garten umschloß. Diesen Zaun entlang krochen wir der Giebelseite des Hauses parallel, von derselben vielleicht zehn Schritte entfernt. Auf dem dadurch entstehenden Zwischenraume sah ich bald einen dunklen Haufen vor uns auftauchen, der fast wie ein Zelt geformt war. Wie ich später erfuhr, waren es zusammengestellte Bohnen- und Hopfenstangen. Am Fuße derselben wurde leise gesprochen. Old Death griff nach mir zurück, faßte mich beim Kragen, zog mich zu sich heran, so daß mein Kopf neben den seinigen kam, und raunte mir zu:

»Da sitzen sie. Wir müssen hören, was sie reden. Eigentlich sollte ich allein hin, denn Ihr seid ein Greenhorn, welches mir den ganzen Spaß verderben kann. Aber zwei hören mehr als einer. Getraut Ihr Euch, unvermerkt so nahe an sie heranzuschleichen, daß Ihr sie hört?«

»Ja,« antwortete ich.

»So wollen wir es versuchen. Ihr geht von dieser Seite an sie und ich von der andern. Wenn Ihr nahe seid, legt Ihr das Gesicht auf den Boden, damit sie nicht etwa Eure Augen funkeln sehen. Sollten sie Euch dennoch bemerken, vielleicht weil Ihr zu laut atmet, so müssen wir sie sofort unschädlich machen.«

»Töten?« flüsterte ich.

»Nein. Das müßte still geschehen, also mit dem Messer, und dazu habt Ihr kein Geschick. Ein Revolverschuß darf nicht gewagt werden. Sobald sie Euch oder mich entdecken, werfe ich mich auf den Einen, Ihr Euch auf den Andern, legt ihm beide Hände um den Hals und drückt ihm die Gurgel zu, daß er keinen Laut von sich geben kann. Dabei müßt Ihr ihn zur Erde niederreißen. Was dann geschehen soll, werde ich Euch sagen. Aber nur ja keinen Lärm! Ich habe gesehen, daß Ihr ein starker Kerl seid, aber seid Ihr auch überzeugt, so einen Strolch still niederlegen zu können?«

»Unbedingt,« antwortete ich.

»Also vorwärts, Sir!«

Er kroch um die Stangen herum, und ich schob mich auf dieser Seite nach ihnen hin. Jetzt hatte ich die Stangenpyramide erreicht. Die beiden Strolche saßen dicht neben einander, mit den Gesichtern nach dem Hause zu. Es gelang mir, ganz lautlos so nahe an sie heranzukommen, daß mein Kopf sich kaum eine Elle weit von dem Körper des mir Nächstsitzenden befand. Nun legte ich mich auf den Bauch und das Gesicht nach unten in die Hände. Das hatte zweierlei Vorteil, wie ich bald bemerkte. Erstens konnte meine helle Gesichtsseite mich nicht verraten, und dann konnte ich in dieser Lage viel besser hören als mit erhobenem Kopfe. Sie sprachen in jenem hastigen Flüstertone, welcher die Worte auf einige Schritte hin verständlich macht.

»Den Kapitän lassen wir ungeschoren,« sagte eben derjenige, in dessen Nähe ich lag. »Er hat euch zwar auf das Trockene gesetzt, streng genommen aber seine Pflicht getan. Weißt du, Locksmith, er ist zwar auch ein verdammter Deutscher, aber es kann uns nichts nützen, sondern nur schaden, wenn wir ihm an den Kragen gehen. Wenn wir uns hier in Texas festsetzen und auch halten wollen, so dürfen wir es mit den Steamleuten nicht verderben.«

»Gut! Ganz wie Ihr wollt, Capt'n. Der Indsman ist uns entgangen, wie ich vermute. Kein Indianer setzt sich nach La Grange, um eine ganze Nacht lang auf das Abgehen des Bootes zu warten. Aber die beiden Andern sind noch da, die deutschen Hunde, welche wir aufknüpfen wollten. Sie sind Spione und müssen gelyncht werden. Könnte man nur erfahren, wo sie sind. Sie sind wie Luft aus ihrer Gaststube verschwunden, zum Fenster hinaus, diese Feiglinge!«

»Wir werden es erfahren. Die ›Schnecke‹ ist ja deshalb im Wirtshause sitzen geblieben, und er wird nicht ruhen, als bis er erfährt, wo sie stecken. Er ist ein schlauer Patron. Ihm haben wir es auch zu danken, daß wir wissen, daß dieser Lange hier von dem Mexikaner das Geld für sein Haus erhalten hat. Wir werden also ein sehr gutes Geschäft machen und vielen Spaß haben. Der Junge hat als Offizier gegen uns gekämpft und soll dafür aufgeknüpft werden. Der Alte hat ihn in die Uniform gesteckt und muß dafür bezahlt werden; aber hängen wollen wir ihn nicht. Er wird soviel Prügel bekommen, daß ihm das Fleisch vom Rücken springt. Dann werfen wir ihn heraus und stecken die Bude an.«

»Ihm bringt das keinen Schaden, denn sie gehört ihm nicht mehr,« entgegnete der Andere.

»Desto mehr wird es den Mexikaner ärgern, der sicherlich niemand mehr über den Rio grande hinüberschickt, um Juarez zu dienen. Wir räumen auf und geben ihm einen Denkzettel, den er sicher nicht hinter den Spiegel steckt. Die Leute sind instruiert. Aber bist du wirklich überzeugt, Locksmith, daß deine Schlüssel passen werden?«

»Beleidigt mich nicht, Capt'n! Ich verstehe mein Geschäft. Die Türen, um welche es sich in diesem Hause handelt, können meinem Dietrich nicht widerstehen.«

»So mag es gehen. Wenn die Kerle sich nur bald zur Ruhe legten. Unsere Leute werden ungeduldig sein, denn es sitzt sich verteufelt schlecht in den alten Hollunderbüschen dort hinter dem Stalle. Lange's haben alle ihre Scherben dort hingeworfen. Ich wollte, Ihr könntet bald gehen und unseren Kameraden ein Zeichen geben. Will doch noch einmal an dem Laden horchen, ob sie wirklich noch nicht im Bette sind, diese deutschen Nachteulen.«

Der Capt'n stand auf und ging leise zu dem einen Laden der Wohnstube. Er wurde von seinen Gefährten Capt'n genannt; diese Bezeichnung und auch die Unterredung, welche ich eben gehört hatte, gaben Grund zu der Vermutung, daß er der Anführer sei. Der Andere war mit dem Worte »Locksmith« bezeichnet worden. Das heißt Schlosser. Vielleicht hieß er so; wahrscheinlich aber war er Schlosser, da er gesagt hatte, daß er sich auf den Gebrauch des Dietrichs verstehe. Und eben jetzt machte er eine Bewegung, bei welcher ich ein leises Klirren hörte. Er hatte Schlüssel bei sich. Aus diesen Gedanken wurde ich aufgestört durch ein leises Zupfen an meinem Bein. Ich kroch zurück. Old Death lag hinter den Stangen. Ich schob mein Gesicht an das seinige, und er fragte mich leise, ob ich alles gehört und verstanden hätte. Ich bejahte.

»So wissen wir, woran wir sind. Werde diesen Burschen einen Streich spielen, über den sie noch lange die Köpfe schütteln sollen! Wenn ich mich nur auf Euch verlassen könnte!«

»Versucht es einmal mit mir! Was soll ich denn tun?« antwortete ich.

»Den einen Kerl bei der Gurgel nehmen.«

»*Well,* Sir, das werde ich!«

»Gut, um aber ganz sicher zu gehen, will ich Euch erklären, wie Ihr es anzufangen habt. Horcht! Er wird doch nicht hierher hinter die Stangen kommen!«

Der Capt'n kehrte vom Laden zurück. Glücklicherweise setzte er sich gleich wieder nieder.

Old Death hielt es nicht für notwendig, sie weiter zu belauschen. Er raunte mir zu:

»Also, ich will Euch sagen, wie Ihr den Kerl zu fassen habt. Ihr kriecht zu ihm hin und befindet Euch also hinter ihm. Sobald ich einen halblauten Ruf ausstoße, legt Ihr ihm die Hände um den Hals, aber richtig, versteht Ihr? Die beiden Daumen kommen ihm in den Nacken, so daß sie mit den Spitzen zusammenstoßen, und die andern acht Finger, je vier von jeder Seite, an die Gurgel. Mit diesen acht Fingerspitzen drückt Ihr ihm den Kehlkopf so fest, wie Ihr könnt, einwärts!«

»Da muß er doch ersticken!«

»Unsinn! Das Ersticken geht nicht so schnell. Schufte, Schurken und ähnliches Gelichter gehören in eine Raubtierklasse, welche ein ungeheuer zähes Leben besitzt. Wenn Ihr ihn festhabt, drückt Ihr ihn nieder, weil Ihr dann weit mehr Kraft anwenden könnt, aber ja nicht falsch! Ihr befindet Euch, wie gesagt, hinter ihm und dürft ihn nicht etwa nach Euch niederziehen, sondern Ihr müßt ihn seitwärts nach links niederdrücken, so daß er erst auf die Seite und dann auf den Bauch und Ihr auf ihn zu liegen kommt. So habt Ihr ihn am sichersten. Da Ihr an solche Kunstgriffe nicht gewöhnt seid, so ist es möglich, daß es ihm doch gelingt, einen Laut auszustoßen. Das wird aber höchstens ein kurzes verzweifeltes »Bäh« sein. Dann ist er still, und Ihr haltet ihn so lange fest, bis ich bei Euch bin. Werdet Ihr das fertig bringen?«

»Gewiß. Ich habe früher viel gerauft.«

»Gerauft!« höhnte der Alte. »Das will ganz und gar nichts sagen! Und Ihr müßt auch noch bedenken, daß der Capt'n länger ist als der Andere. Macht Eurem Lehrer Ehre, Sir, und laßt Euch von denen da drin nicht auslachen! Also vorwärts! Wartet auf meinen Ruf!«

Er schob sich wieder fort von mir, und ich kroch dahin zurück, wo ich vorhin gelegen hatte; ja, ich näherte mich dem

Capt'n noch weiter und zog die Kniee an den Leib, um mich augenblicklich aufrichten zu können.

Die beiden Kukluxer setzten ihre Unterhaltung fort. Sie sprachen ihren Aerger darüber aus, daß sie und ihre Gefährten so lange zu warten hatten. Dann erwähnten sie uns beide und äußerten die Hoffnung, daß die »Schnecke« unsern Aufenthaltsort ausspähen werde. Da hörte ich Old Deaths halblaute Stimme:

»Da sind wir ja, Mesch'schurs! Paßt doch auf!«

Schnell richtete ich mich hinter dem Capt'n auf und schlug ihm die Hände in der Weise, wie der Scout es mir gesagt hatte, um den Hals. Mit den Fingerspitzen fest auf seinem Kehlkopfe, drückte ich ihn seitwärts zu Boden nieder, stieß ihn mit dem Knie noch weiter um, so daß er auf das Gesicht zu liegen kam, und kniete ihm dann auf den Rücken. Er hatte keinen Laut ausgestoßen, zuckte krampfhaft mit den Armen und Beinen und lag dann still. Da kauerte sich Old Deaths Gestalt vor uns hin. Der Alte versetzte dem Capt'n einen Schlag mit dem Revolverknaufe auf den Kopf und sagte dann:

»Laßt los, Sir, sonst erstickt er wirklich! Ihr habt es für den Anfang gar nicht übel gemacht. Anlagen scheint Ihr zu besitzen, und ich kalkuliere, daß einmal ein famoser Bösewicht oder aber ein tüchtiger Westmann aus Euch wird. Nehmt den Kerl auf die Achsel, und kommt!«

Er nahm den Einen, ich den Andern auf die Schulter, und wir kehrten nach der Hintertüre zurück, wo Old Death, wie es besprochen worden war, zu kratzen begann. Lange ließ uns ein.

»Was bringt Ihr denn da?« fragte er leise, als er trotz der Dunkelheit bemerkte, daß wir Lasten trugen.

»Werdet es sehen,« antwortete Old Death lustig. »Schließt zu, und kommt mit herein!«

Wie staunten die Männer, als wir unsere Beute auf die Diele legten.

»Alle Wetter!« fuhr der alte Deutsche auf. »Das sind ja zwei Kukluxer! Tot?«

»Hoffentlich nicht,« sagte der Scout. »Ihr seht, wie recht ich tat, daß ich diesen jungen Master mit mir nahm. Er hat sich brav gehalten, hat sogar den Anführer der Bande überwältigt.«

»Den Anführer? Ah, das ist prächtig! Aber wo stecken seine Leute, und warum bringt Ihr diese Beiden herein?«

»Muß ich Euch das erst sagen? Es ist doch sehr leicht zu erraten. Ich und der junge Sir da, wir werden die Kleider der beiden Lumpen anlegen und die Bande, welche sich am Stalle versteckt hält, herein holen.«

»Seid Ihr des Teufels! Ihr riskiert das Leben. Wenn man nun entdeckt, daß ihr gefälschte Kukluxer seid?«

»Das wird man eben nicht entdecken,« entgegnete der Alte in überlegenem Tone. »Old Death ist ein pfiffiger Kerl, und dieser junge Master ist auch nicht ganz so dumm, wie er aussieht.«

Old Death erzählte, was wir belauscht und getan hatten, und erklärte ihnen dann seinen Plan. Ich sollte als Locksmith hinter den Stall gehen, um die Kukluxer herein zu holen. Er wollte die Verkleidung des Capt'ns, welche grad für seine Länge paßte, anlegen und den Anführer spielen. »Es versteht sich von selbst,« fügte der Scout hinzu, »daß nur leise gesprochen wird, und beim Flüstern sind alle Stimmen gleich.«

»Nun, wenn Ihr es wagen wollt, so tut es!« sagte Lange, »Ihr tragt nicht unsere Haut zu Markte, sondern Eure eigene. – Was aber wollen wir inzwischen tun?«

»Zunächst leise hinausgehen und einige starke Pfähle oder Stangen hereinholen, welche wir gegen die Kammer- oder Stubentüre stemmen, damit diese nicht von innen geöffnet werden kann. Sodann verlöscht Ihr die Lichter und versteckt Euch im Hause. Das ist alles, was Ihr zu tun habt. Was dann noch geschehen muß, läßt sich jetzt noch nicht bestimmen.«

Vater und Sohn gingen in den Hof, um Pfähle zu holen. Inzwischen nahmen wir den beiden Gefangenen ihre Verkleidungen ab. Dieselben waren schwarz und trugen weiße, aufgenähte Abzeichen. Diejenige des Capt'ns war an Kapuze, Brust und Oberschenkel mit einem Dolch, die des Locksmith an denselben Stellen mit Schlüsseln versehen. Der Dolch war also das Abzeichen des Anführers. Derjenige, welcher in der Schenke saß, um unsern Aufenthaltsort zu erfahren, war ›Schnecke‹ genannt worden. Er trug also wohl vorkommenden Falls eine mit Schnecken ausgezeichnete Verkleidung. Eben als wir dem Capt'n seine Hose, welche den Schnitt der Schweizer Wildheuerhosen hatte und über dem eigentlichen Beinkleid befestigt war, vom Leibe zogen, erwachte er. Er blickte wirr und erstaunt umher und machte dann eine Bewegung, aufzuspringen, wobei er nach der Leibesgegend griff, in welcher sich vorher die Tasche mit dem Revolver befunden hatte. Old Death aber drückte ihn schnell wieder nieder, hielt ihm die Spitze des Bowiemessers auf die Brust und drohte:

»Ruhig, mein Junge! Nur einen unerlaubten Laut oder eine Bewegung, so fährt dir dieser schöne Stahl in den Leib!«

Der Kuklux war ein Mann im Anfange der Dreißiger mit militärisch geschnittenem Bart. Sein scharf gezeichnetes, dunkel angehauchtes und ziemlich verlebtes Gesicht ließ einen Südländer in ihm vermuten. Er griff mit den beiden Händen an den schmerzenden Kopf, wo ihn der Hieb getroffen hatte, und fragte: »Wo bin ich? Wer seid Ihr?«

»Hier wohnt Lange, den Ihr überfallen wolltet, Boy. Und ich und dieser junge Mann sind die Deutschen, deren Aufenthalt die ›Schnecke‹ erkunden sollte. Du siehst, daß du dich da befindest, wohin deine Sehnsucht dich trieb.«

Der Mann kniff die Lippen zusammen und ließ einen wilden aber erschrockenen Blick umherschweifen. In diesem Augenblick kam Lange mit seinem Sohne zurück. Sie brachten einige Stangen und eine Säge mit. »Material zum Binden ist da, ausreichend für zwanzig Mann,« sagte der Erstere.

»So gebt her, einstweilen nur für diese Beiden.«

»Nein, binden lasse ich mich nicht!« rief der Capt'n, indem er abermals versuchte, sich aufzurichten. Aber sofort hielt ihm Old Death wieder das Messer vor und sagte:

»Wage es ja nicht, dich zu rühren! Jedenfalls hat man vergessen, dir zu sagen, wer ich bin. Man nennt mich Old Death, und du wirst wissen, was das zu bedeuten hat. Oder meinst du gar, daß ich ein Freund der Sklavenzüchter und Kukluxer sei?«

»Old – Old Death seid Ihr!« stammelte der Capt'n aufs höchste erschrocken.

»Ja, mein Junge, der bin ich. Und nun wirst du dir keine unnützen Einbildungen machen. Ich weiß, daß du den jungen Lange aufknüpfen und seinen Vater bis auf die Knochen peitschen lassen wolltest, um dann dieses Haus in Brand zu stecken. Wenn du noch irgend welche Nachsicht erwartest, so kannst du sie nur dann haben, wenn du dich in dein Schicksal ergibst.«

»Old Death, Old Death!« wiederholte der leichenblaß gewordene Mann. »Dann bin ich verloren!«

»Noch nicht. Wir sind nicht ruchlose Mörder wie ihr. Wir werden euer Leben schonen, wenn ihr euch uns ohne Kampf ergebt. Tut ihr das nicht, so wird man morgen eure Leichen in den Fluß werfen können. Ich teile dir jetzt mit, was ich dir zu sagen habe. Handelst du danach, so mögt ihr das County und meinetwegen Texas verlassen, um nicht wiederzukommen. Verachtest du meinen Rat, so ist es aus mit euch. Ich hole jetzt deine Leute herein. Sie werden ebenso unsere Gefangenen sein, wie du es bist. Befiel ihnen, sich zu ergeben. Tust du das nicht, so schießen wir euch zusammen, wie einen Baum voll wilder Tauben!«

Der Kuklux wurde gebunden und erhielt ein Taschentuch in den Mund. Der Andere war auch zu sich gekommen, zog aber vor, kein Wort zu sagen. Auch er wurde gefesselt und geknebelt. Dann trug man die Beiden hinaus in die Betten, in denen Lange und sein Sohn zu schlafen pflegten, und band sie noch besonders fest, so daß sie sich nicht regen konnten, und deckte sie bis an den Hals zu.

»So!« lachte Old Death. »Nun kann die Komödie beginnen. Wie werden die Kerls sich wundern, wenn sie in diesen sanften Schläfern ihre eigenen Genossen erkennen. Es wird ihnen ein ungeheures Vergnügen machen! Aber sagt, Master Lange, wie könnte man denn, wenn wir sie haben, mit den

Leuten reden, ohne daß sie einen sehen und fassen können, aber doch so, daß es möglich ist, sie dabei zu beobachten?«

»Hm!« meinte der Gefragte, indem er nach der Decke deutete, »von da oben. Die Decke besteht nur aus einer Bretterlage. Wir könnten eins der Bretter lossprengen.«

»So kommt alle heraus, und nehmt eure Waffen mit. Ihr steigt die Treppe hinauf und bleibt oben, bis es Zeit ist. Vorher aber wollen wir für passende Stemmhölzer sorgen.«

Es wurden einige der Stangen mit der Säge so verkürzt, daß sie genau für den beabsichtigten Zweck paßten, und dann bereit gelegt. Ich zog die Hose und Bluse des Locksmith an, während Old Death die andere Verkleidung anlegte. In der weiten Tasche meiner Hose steckte ein eiserner Ring mit einer Menge falscher Schlüssel.

»Ihr werdet sie gar nicht gebrauchen,« sagte Old Death. »Ihr seid kein Schlosser und auch kein Einbrecher und würdet Euch durch Euere Ungeschicklichkeit verraten. Ihr müßt also die echten Schlüssel hier abziehen und mitnehmen. Dann tut Ihr so, als ob Ihr mit dem Dietrich öffnetet. Unsere Messer und Revolver stecken wir bei; unsere Büchsen aber nehmen hier die Masters zu sich, die, während wir draußen unsere Aufgabe erledigen, droben ein Brett lossprengen werden. Dann aber müssen alle Lichter verlöscht werden.«

Dieser Weisung wurde gefolgt. Man ließ uns hinaus, und draußen verschloß ich die Türen. Ich hatte nun die drei Schlüssel zur Haus-, Stuben- und Kammertüre bei mir. Old Death instruierte mich jetzt genauer, als es vorher geschehen war. Als wir den Knall hörten, welcher durch das Lossprengen des Brettes verursacht worden war, trennten wir uns. Er ging nach der Giebelseite des Hauses, wo die Stangen standen, und ich begab mich über den Hof hinüber, um meine lieben Kameraden zu holen. Ich wendete mich zum Stalle. Ich trat dabei nicht allzu leise auf, denn ich wollte gehört und angesprochen sein, um nicht etwa mit meiner Anrede einen Fehler zu machen. Eben als ich um die Ecke treten wollte, erhob sich eine Gestalt, über welche ich beinahe hinweggestolpert wäre, vom Boden.

»*Stop!*« sagte er. »Bist du es, Locksmith?«

»*Yes.* Ihr sollt kommen; aber sehr leise.«

»Will es dem Leutnant sagen. Warte hier!«

Er huschte fort. Also auch einen Leutnant gab es! Der Ku-Klux-Klan schien eine militärische Organisation zu besitzen. Ich hatte noch keine Minute gewartet, so kam ein Anderer. In leisem Tone sagte er:

»Das hat lange gedauert. Schlafen denn die verwünschten Deutschen endlich?«

»Endlich! Aber nun auch desto fester. Sie haben miteinander einen ganzen Krug Brandy ausgestochen.«

»So werden wir leichtes Spiel haben. Wie steht es mit den Türen?«

»Klappt alles aufs trefflichste.«

»So wollen wir gehen. Mitternacht ist schon vorüber, und dann wird es auch drüben bei Cortesio losgehen, wofür die erste Stunde nach Mitternacht festgesetzt war. Führe uns!«

Hinter ihm tauchten eine Menge vermummter Gestalten auf, die mir folgten. Als wir an das Haus kamen, trat Old Death leise zu uns, dessen Gestalt in der Dunkelheit nicht von derjenigen des Capt'n zu unterscheiden war.

»Habt Ihr besondere Befehle, Capt'n?« fragte der zweite Offizier.

»Nein,« antwortete der Alte in seiner sichern, selbstverständlichen Weise. »Wird sich alles danach richten, wie wir es drinnen finden. Nun, Locksmith, wollen wir es mit der Haustüre versuchen.«

Ich trat zur Türe und hielt den richtigen Schlüssel in der Hand. Doch tat ich, als ob ich erst einige andere versuchen müsse. Als ich dann geöffnet hatte, blieb ich mit Old Death stehen, um die Andern an uns vorbei zu lassen. Auch der Leutnant blieb bei uns. Als alle leise eingetreten waren, fragte er:

»Laternen heraus?«

»Nur die Eurige einstweilen.«

Wir traten ebenfalls ein; ich machte die Türe wieder zu,

doch ohne sie zu verschließen, und der Leutnant zog eine brennende Blendlaterne aus der Tasche seiner weiten Hosen. Sein Anzug war mit weißen Figuren von der Gestalt eines Bowiemessers gezeichnet. Wir hatten fünfzehn Personen gezählt. Jeder trug ein anderes Zeichen. Da waren Kugeln, Halbmonde, Kreuze, Schlangen, Sterne, Frösche, Räder, Herzen, Scheren, Vögel, vierfüßige Tiere und viele andere Figuren zu sehen. Der Leutnant schien gern zu kommandieren. Er leuchtete, während die Andern regungslos standen, umher und fragte dann:

»Einen Posten hier an die Türe?«

»Wozu?« antwortete Old Death. »Ist gar nicht nötig. Locksmith mag zuschließen; da kann niemand herein.«

Ich schloß augenblicklich zu, um dem Leutnant keine Veranlassung zu Bedenken zu geben, ließ aber den Schlüssel stecken.

»Wir müssen alle hinein,« sagte Old Death jetzt. »Die Schmiede sind baumstarke Leute.«

»So seid Ihr heute ganz anders als sonst, Capt'n!«

»Weil die Verhältnisse anders sind. Vorwärts!«

Er schob mich nach der Stubentüre, wo dieselbe Prozedur sich wiederholte. Ich tat, als ob ich nicht sofort den passenden Schlüssel fände. Dann traten wir alle ein. Old Death nahm dem Leutnant die Laterne aus der Hand und leuchtete nach der Kammertüre.

»Dort hinaus!« sagte er. »Aber leise, leise!«

»Sollen wir nun auch die anderen Laternen herausnehmen?«

»Nein, erst in der Kammer.«

Old Death wollte mit dieser Weisung verhüten, daß die ›sanften Schläfer‹ zu zeitig erkannt würden. Die fünfzehn Personen fanden Raum in der Kammer; es kam nur darauf an, sie alle hineinzubringen, damit die Belagerung sich nicht auch mit auf die Stube erstrecken mußte. Jetzt verfuhr ich beim Oeffnen noch langsamer und scheinbar sorgfältiger. Endlich ging die Türe auf. Old Death ließ den Schein der Laterne in den Schlafraum fallen, sah hinein und flüsterte:

»Sie schlafen. Schnell hinein! Leise, aber leise! Der Leutnant voran!«

Er ließ dem letzteren gar keine Zeit zur Widerrede und zum Nachdenken, schob ihn vorwärts, und die Andern folgten auf den Fußspitzen. Kaum aber war der Letzte drin, so schob ich die Türe zu und drehte den Schlüssel um.

»Schnell die Stangen!« sagte Old Death.

Sie lagen da, grad so lang, daß man sie zwischen den Fensterstock und der Türkante schief einklemmen konnte. Das taten wir, und nun wäre die Kraft eines Elefanten erforderlich gewesen, um die Türe aufzusprengen. Jetzt eilte ich hinaus an die Treppe.

»Seid Ihr da?« fragte ich hinauf. »Sie sind in der Falle. Kommt herab!«

Sie kamen eilends herabgesprungen.

»Sie befinden sich alle in der Schlafstube. Drei von euch hinaus vor das Fenster, um Stangen gegen dasselbe zu stemmen. Wer aussteigen will, bekommt eine Kugel!«

Ich öffnete die Hintertüre wieder, und drei eilten hinaus. Die Andern folgten mir nach der Wohnstube. Inzwischen hatte sich in der Schlafkammer ein entsetzlicher Lärm erhoben. Die gefoppten Halunken hatten bemerkt, daß sie eingeschlossen seien, ihre Laternen herausgenommen und beim Lichte derselben bemerkt, wer in den Betten lag. Jetzt fluchten und brüllten sie wild durcheinander und schlugen mit den Fäusten gegen die Türe.

»Auf, auf, sonst demolieren wir alles!« ertönte es. Als ihre Drohungen nichts fruchteten, versuchten sie, die Türe aufzusprengen, aber sie gab nicht nach, die Stützen hielten fest. Dann hörten wir, daß sie das Fenster öffneten und den Laden aufzustoßen versuchten.

»Es geht nicht!« rief eine zornige Stimme. »Man hat draußen etwas dagegen angestemmt.«

Da hörten wir es draußen drohend erschallen:

»Weg vom Laden! Ihr seid gefangen. Wer den Laden aufstößt, bekommt eine Kugel!«

»Ja,« fügte in der Stube Old Death laut hinzu: »Auch diese

Türe ist besetzt. Hier stehen genug Leute, euch alle ins Jenseits zu befördern. Fragt euern Capt'n, was ihr tun sollt.«

Und leiser sagte er zu mir:

»Kommt mit hinauf auf den Boden. Nehmt die Laterne und Eure Büchse mit! Die Andern mögen die Lampe hier anbrennen.«

Wir gingen hinauf, wo sich eine über dem Schlafraume liegende offene Bodenkammer befand. Wir fanden sehr leicht das losgesprengte Brett. Nachdem wir die Laterne maskiert und die Kapuzen abgelegt hatten, hoben wir das Brett ab und konnten nun hinunter in die von mehreren Laternen erleuchtete Schlafstube sehen.

Da standen sie eng aneinander. Man hatte den beiden Gefangenen die Fesseln und Knebel abgenommen, und der Capt'n sprach leise und wie es schien, sehr eindringlich zu den Leuten.

»Oho!« sagte der Leutnant lauter. »Ergeben sollen wir uns! Mit wie viel Gegnern haben wir es denn zu tun?«

»Mit mehr als hinreichend, euch in fünf Sekunden niederzuschießen!« rief Old Death hinab.

Aller Augen richteten sich empor. In demselben Augenblicke hörten wir draußen einen Schuß fallen, noch einen. Old Death begriff sogleich, was das zu bedeuten habe und wie er es benützen könne.

»Hört ihr's!« fuhr er fort. »Eure Kumpane werden auch drüben bei Cortesio mit Kugeln abgewiesen. Ganz La Grange ist gegen euch. Man hat sehr wohl gewußt, daß ihr da seid, und euch ein Willkommen bereitet, wie ihr es euch nicht dachtet. Wir brauchen keinen Ku-Klux-Klan. In der Stube neben euch stehen zwölf, draußen vor dem Laden sechs, und wir hier oben sind auch sechs. Ich heiße Old Death, verstanden! Zehn Minuten gebe ich euch. Legt ihr dann die Waffen ab, so werden wir glimpflich mit euch verfahren. Tut ihr es aber nicht, so schießen wir euch zusammen. Weiter habe ich euch nichts zu sagen, es ist mein letztes Wort. Ueberlegt es euch!«

Er warf das Brett wieder zu und sagte leise zu mir:

»Nun schnell hinab, um Cortesio Hilfe zu bringen!«

Wir holten zwei Mann aus der Stube, wo Lange mit seinem Sohne zurückblieb, und zwei draußen vom Laden weg, wo eine Wache einstweilen genug war. So waren wir fünf. Eben fiel wieder ein Schuß. Wir huschten hinüber und sahen dort vier oder fünf vermummte Gestalten stehen. Ebensoviele kamen grad hinter Cortesios Haus hervorgerannt, und einer derselben rief lauter, als er wohl beabsichtigte:

»Hinten schießen sie auch. Wir kommen nicht hinein!«

Ich hatte mich auf den Boden gelegt und war näher gekrochen; ich hörte, daß einer von denen, welche vorn gestanden hatten, antwortete:

»Verteufelte Geschichte! Wer konnte das ahnen! Der Mexikaner hat Lunte gerochen und weckt mit seinen Schüssen die Leute auf. Ueberall werden die Lichter angebrannt. Da hinten hört man schon Schritte. In einigen Minuten ist man auf unsern Fersen; beeilen wir uns. Schlagen wir mit den Kolben die Türe ein! Wollt ihr?«

Ich wartete die Antwort nicht ab, sondern huschte eiligst zu den Gefährten zurück und bat:

»Mesch'schurs, schnell, schlagen wir mit den Kolben auf die Bande! Sie wollen Cortesios Türe stürmen.«

»*Well, well!* Tüchtig drauf!« lautete die Antwort, und da fielen auch schon die Hiebe auf die verzweifelten Burschen wie aus den Wolken herab. Sie rissen schreiend aus und ließen vier ihrer Spießgesellen zurück, welche so getroffen waren, daß sie nicht fliehen konnten. Sie wurden entwaffnet, und dann trat Old Death an die Türe von Cortesios Haus, um zu klopfen.

»Wer da?« fragte es von drinnen.

»Old Death, Sennor. Wir haben Euch die Halunken vom Halse geschafft. Sie sind fort. Macht einmal auf!«

Die Türe wurde vorsichtig geöffnet. Der Mexikaner erkannte den Scout, obgleich dieser noch mit der Hose und Bluse des Capt'n bekleidet war, und sagte:

»Sind sie wirklich fort?«

»Ueber alle Berge. Vier haben wir hier gefangen. Ihr habt geschossen?«

»Ja. Es war ein Glück, daß Ihr mich warntet, sonst wäre es mir schlecht ergangen. Ich schoß vorn und mein Neger hinten aus dem Hause, so daß sie nicht herein konnten. Dann sah ich freilich, daß Ihr über sie herfielt.«

»Ja, wir haben Euch erlöst. Nun kommt aber auch uns zu Hilfe! Zu Euch kehren sie nicht zurück, wir jedoch haben noch fünfzehn dieser Kerle drüben, die wir nicht entwischen lassen wollen. Euer Neger mag indessen von Haus zu Haus laufen und Lärm machen. Ganz La Grange muß auf die Beine gebracht werden, damit den Buben gehörig heimgeleuchtet werde.«

»So mag er vor allen Dingen zum Sheriff laufen. Horcht, da kommen Leute! Auch ich werde gleich drüben sein, Sennor.«

Er trat in das Haus zurück. Von rechts her kamen zwei Männer mit Gewehren in der Hand und fragten, was die Schüsse zu bedeuten hätten. Als wir ihnen Auskunft erteilt hatten, waren sie sofort bereit, uns beizustehen. Selbst diejenigen Bewohner von La Grange, welche sezessionistisch gesinnt waren, hielten es trotzdem noch lange nicht mit den Kukluxern, deren Treiben den Anhängern jeden politischen Bekenntnisses ein Greuel sein mußte. Wir nahmen die vier Blessierten beim Kragen und schafften sie hinüber in Langes Stube. Letzterer meldete uns, daß die Kukluxer sich bis jetzt ruhig verhalten hätten. Sennor Cortesio kam nach, und bald folgten so viele andere Einwohner von La Grange, daß die Stube nicht für sie ausreichte, und manche draußen bleiben mußten. Das gab ein Gewirr von Stimmen und ein Geräusch von hin und her eilenden Schritten, aus welchem die Kukluxer entnehmen konnten, wie die Sache stand. Old Death nahm mich wieder mit hinauf in die Bodenkammer. Als wir das Brett entfernt hatten, bot sich uns ein Bild stillgrimmiger Verzweiflung. Die Gefangenen lehnten an den Wänden, saßen auf den Betten oder lagen auf der Diele und ließen in des Wortes eigentlichster Bedeutung die verhüllten Köpfe hängen.

»Nun,« sagte Old Death, »die zehn Minuten sind vorüber. Was habt ihr beschlossen?«

Er bekam keine Antwort. Nur einer stieß einen Fluch aus.

»Ihr schweigt? Nun, so nehme ich an, daß ihr euch nicht ergeben wollt; das Schießen mag beginnen.«

Er legte sein Gewehr an und ich das meinige. Sonderbarerweise fiel es keinem von ihnen ein, den Revolver auf uns zu richten. Die Schurken waren eben feig, und ihr Mut bestand nur in Gewalttätigkeiten gegen Wehrlose.

»Also antwortet, oder ich schieße!« drohte der Alte. »Es ist mein letztes Wort.«

Keiner antwortete. Da flüsterte mir Old Death zu:

»Schießt auch Ihr. Treffen müssen wir, sonst flößen wir ihnen keinen Respekt ein. Zielt dem Leutnant nach der Hand, ich dem Capt'n!«

Unsere zwei Schüsse krachten zu gleicher Zeit. Die Kugeln trafen genau. Die beiden Offiziere schrieen laut auf, und bald schrieen und heulten alle in einem widerlichen Konzert. Unsere Schüsse waren gehört worden. Man glaubte uns im Kampfe mit den Kukluxern; darum krachte es in der Stube und draußen vor dem Fenster. Kugeln flogen durch die Türe und durch den Laden in die Schlafkammer. Mehrere Kukluxer wurden getroffen. Alle warfen sich zu Boden, wo sie sich sicherer fühlten, und schrieen, als ob sie am Marterpfahle gebraten werden sollten. Der Capt'n kniete vor dem Bette, hatte seine blutende Hand in das Leintuch gewickelt und rief zu uns empor:

»Haltet ein! Wir ergeben uns!«

»Gut!« antwortete Old Death. »Tretet alle vom Bette weg! Werft eure Waffen auf dasselbe, dann wird man euch herauslassen. Aber derjenige, bei welchem dann noch eine Waffe gefunden wird, hat unerbittlich eine Kugel im Leibe! Ihr hört, daß draußen Hunderte von Leuten stehen. Nur völlige Ergebung kann euch retten.«

Die Situation, in welcher sich die Geheimbündler befanden, war eine hoffnungslose, denn an Flucht konnten sie nicht denken. Das wußten sie. Ergaben sie sich, was konnte ihnen da geschehen? Ihre Absichten waren nicht zur Ausführung gekommen; man konnte sie also der Ausführung eines

Verbrechens nicht beschuldigen. Jedenfalls war es besser, sich dem Verlangen Old Deaths zu fügen, als einen nutzlosen Versuch, sich durchzuschlagen, zu machen, welcher schwere Folgen nach sich ziehen mußte. Also flogen ihre Messer und Revolver auf das Bett.

»Gut, Mesch'schurs!« rief der Alte ihnen zu. »Und nun will ich euch nur sagen, daß ich auch jeden niederschießen werde, welcher eine Bewegung macht, seine Waffe wieder wegzunehmen, wenn die Türe geöffnet wird. Nun wartet noch einen Augenblick.«

Er schickte mich hinunter in die Wohnstube, um Lange die Weisung zu überbringen, die Kukluxer herauszulassen und gefangen zu nehmen. Aber die Ausführung dieses Auftrages war nicht so leicht, wie wir dachten. Der ganze von mehreren schnell requirierten Laternen erleuchtete Hausflur war dicht mit Menschen gefüllt. Ich trug außer der Kapuze noch die Verkleidung, so daß man mich für ein Mitglied der Geheimbande hielt und sich sofort meiner Person bemächtigte. Auf meinen Widerspruch wurde gar nicht gehört; ich erhielt Püffe und Stöße in Menge, so daß mich die getroffenen Stellen noch nach einigen Tagen schmerzten. Ich sollte augenblicklich vor das Haus geschafft und dort gelyncht werden.

Ich war nicht wenig in der Klemme, da meine Angreifer mich nicht kannten. Besonders war es ein langer, starkknochiger Kerl, welcher mir seine Faust unausgesetzt in die Seite stieß und dabei brüllte:

»Hinaus mit ihm, hinaus! Die Bäume haben Aeste, schöne Aeste, prächtige Aeste, starke Aeste, welche sicherlich nicht knicken, wenn ein solches Mannskind daran aufgeknüpft wird.«

Dabei drängte er mich nach der Hintertüre zu.

»Aber, Sir,« schrie ich ihn an, »ich bin kein Kuklux. Fragt doch Master Lange!«

»Schöne Aeste, herrliche Aeste!« antwortete er mit einem neuen Stoße nach meiner Hüfte.

»Ich verlange, zu Master Lange in die Stube geschafft zu werden! Ich habe diese Verkleidung nur angelegt, um –«

»Veritabel prächtige Aeste! Und einen Strick findet man in La Grange auch, einen feinen, wirklich eleganten Strick aus gutem Hanfe!«

Er schob mich weiter und stieß mir die Faust abermals und zwar so in die Seite, daß mir die Geduld ausging. Der Kerl war imstande, die Leute so aufzuregen, daß sie mich lynchten. Hatte man mich einmal draußen, so war nichts Gutes zu erwarten.

»Herr,« brüllte ich ihn jetzt an, »ich verbitte mir Eure Roheit! Ich will zu Master Lange, verstanden?«

»Herrliche Aeste! Unvergleichliche Stricke!« schrie er noch lauter als ich und bedachte mich dabei mit einem gewaltigen Box an die Rippen. Jetzt kochte der Topf über. Ich stieß ihm die Faust mit aller Kraft unter die Nase, daß er sicherlich hintenüber und zu Boden geflogen wäre, wenn es den dazu nötigen Raum gegeben hätte. Die Leute standen zu eng. Aber ein wenig Raum bekam ich doch. Ich benützte diese Gelegenheit sofort, indem ich mit Gewalt vordrang, aus Leibeskräften brüllte und, wie blind um mich schlagend, Püffe, Stöße und Hiebe austeilte, vor denen man wenigstens so weit zurückwich, daß ich mir eine enge Gasse erkämpfte, durch welche ich in die Stube gelangte. Aber während ich auf diesem Wege nach vorn so kräftig meine Fäuste gebrauchte, schloß sich die Gasse sofort hinter mir, und alle Arme, welche mich erreichten, kamen in Bewegung, sodaß es Fäuste buchstäblich auf mich hagelte. Wehe den wirklichen Kukluxern, wenn schon ein imitierter in dieser Weise blau gegerbt wurde! Der Starkknochige war mir möglichst schnell gefolgt. Er schrie wie ein angestochener Eber und gelangte fast zugleich mit mir in die Stube. Als Lange ihn erblickte, fragte er:

»Um des Himmels willen, was ist denn los, lieber Sir? Warum schreit Ihr so? Warum blutet Ihr?«

»An den Baum mit diesem Kuklux!« antwortete der Wütende. »Hat mir die Nase zerschlagen, die Zähne eingestoßen, zwei Zähne oder drei oder vier. Herrliche Zähne! Die einzigen, die ich vorn noch hatte! Hängt ihn!«

Jetzt war sein Zorn begründeter als vorher, denn er blutete wirklich ganz leidlich.

»Der da?« fragte Lange, auf mich deutend. »Aber Sir, werter Sir, der ist ja gar kein Kuklux! Er ist unser Freund, und grad ihm verdanken wir es am meisten, daß wir die Kerle erwischt haben. Ohne ihn lebten wir und Sennor Cortesio nicht mehr, und unsere Häuser ständen in Flammen!«

Der Starkknochige riß die Augen und den blutenden Mund möglichst weit auf, deutete auf mich und fragte:

»Ohne – ohne – diesen da?«

Famoses Tableau! Alle Umstehenden lachten. Er trocknete sich mit dem hervorgezogenen Taschentuche den Schweiß von der Stirn und das Blut von Mund und Nase, und ich rieb mir die verschiedenen Stellen, an denen noch später die Augenblicksphotographien seiner Knochenfinger zu sehen waren.

»Da hört Ihr es, Sir!« donnerte ich ihn dabei an. »Ihr waret ja geradezu rasend darauf, mich baumeln zu lassen! Und von Euren verteufelten Püffen fühle ich jedes Knöchelchen meines Leibes. Ich bin der veritable geschundene Raubritter, Sir!«

Der Mann wußte sich nicht anders zu helfen, als daß er den Mund abermals aufriß und uns stumm die linke Hand geöffnet hinhielt. Auf der letzteren lagen die zwei ›einzigen‹ Vorderzähne, welche bis vorhin in dem ersteren ihr sicheres und friedliches Domizil gehabt hatten. Jetzt mußte auch ich lachen, denn er sah gar zu kläglich aus. Und nun brachte ich endlich meinen Auftrag an den Mann.

Man hatte fürsorglicherweise alle vorhandenen Stricke zusammengetragen. Sie lagen mit Schnüren, Leinen und Riemen in der Ecke zum Gebrauche bereit.

»Also laßt sie heraus!« sagte ich. »Aber einzeln. Und jeder wird gebunden, sobald er heraustritt. Old Death wird gar nicht wissen, weshalb so lange gezögert wurde. Eigentlich sollte der Sheriff da sein. Cortesios Neger wollte ihn doch sofort holen!«

»Der Sheriff?« fragte Lange erstaunt. »Der ist doch da!

Am Ende wißt Ihr gar nicht, wem Ihr die Püffe zu verdanken habt? Hier steht er ja!«

Er deutete auf den Knochigen.

»Alle Wetter, Sir!« fuhr ich diesen an. »Ihr selbst seid der Sheriff? Ihr seid der oberste Exekutivbeamte dieses schönen County? Ihr habt auf Ordnung und gehörige Befolgung der Gesetze zu sehen und macht dabei in höchst eigener Person den Richter Lynch? Das ist stark! Da ist es kein Wunder, daß die Kukluxer sich in Eurem County so breit zu machen wagen!«

Das brachte ihn in unbeschreibliche Verlegenheit. Er konnte sich nicht anders helfen, als daß er mir die beiden Zähne abermals vor die Augen hielt und dabei stotterte:

»Pardon, Sir! Ich irrte mich, weil Ihr ein gar so kriminales Gesicht habt!«

»Danke ergebenst! Dafür sieht das Eurige um so kläglicher aus. Nun tut wenigstens von jetzt an Eure Pflicht, wenn Ihr nicht in den Verdacht kommen wollt, nur deshalb brave Leute lynchen zu wollen, weil Ihr es heimlich mit den Kukluxern haltet!«

Das gab ihm das volle Bewußtsein seiner amtlichen Würde zurück.

»Oho!« rief er, sich in die Brust werfend. »Ich, der Sheriff des sehr ehrenwerten County Fayette soll ein Kuklux sein? Ich werde Euch sofort das Gegenteil beweisen. Gegen die Halunken soll noch in dieser Nacht verhandelt werden. Tretet zurück, Mesch'schurs, damit wir Raum für sie bekommen. Tretet hinaus auf den Flur, aber laßt eure Gewehre zur Türe hereinblicken, damit sie sehen, wer jetzt Herr im Hause ist. Nehmt Stricke zur Hand, und öffnet die Türe!«

Der Befehl wurde ausgeführt, und ein halbes Dutzend Doppelläufe drohten zur Türe herein. In der Stube befanden sich jetzt der Sheriff, die beiden Langes, Cortesio, zwei der gleich anfangs mit uns verbündeten Deutschen und ich. Draußen schrie die Menge nach Beschleunigung der Aktion. Darum stießen wir die Läden auf, damit die Leute hereinblikken und sehen könnten, daß wir nicht müßig seien. Und nun wurden die Stützen entfernt; ich schloß die Kammertüre auf. Keiner der Kukluxer wollte zuerst heraus. Ich forderte den Capt'n und dann den Leutnant auf, zu kommen. Beide hatten ihre verwundeten Hände mit Taschentüchern umwickelt. Außer ihnen waren noch drei oder vier Mitglieder der Bande blessiert worden. Droben an der durch das aufgerissene Brett entstandenen Deckenlücke saß Old Death, welcher den Lauf seiner Büchse herabgerichtet hielt. Den von ihm so erfolgreich Ueberlisteten wurden die Hände auf den Rücken gebunden; dann mußten sie zu den ebenfalls gebundenen vier Genossen treten, welche wir von Cortesio herübergebracht hatten. Die Draußenstehenden sahen, was vorging, und riefen laut Hallo und Hurra. Wir ließen den Gefangenen ihre Kapuzen noch, doch wurden die Gesichter des Capt'ns und des Leutnants entlarvt. Auf meine Fragen und Bemühungen wurde ein Mann herbeigeschafft, den man mir als Wundarzt bezeichnete und welcher behauptete, alle möglichen Schäden in kürzester Zeit verbinden, operieren und heilen zu können. Er mußte die Verwundeten untersuchen und trieb dann ein halbes Schock La Grange-Leute im Hause umher, um nach Watte, Werg, Lappen, Pflaster, Fett, Seife und andern Dingen zu suchen, deren er zur Ausübung seines menschenfreundlichen Berufes bedurfte.

Als wir endlich alle Kukluxer sicher hatten, wurde die Frage aufgeworfen, wohin sie zu schaffen seien, denn ein Gefängnis für neunzehn Männer gab es in La Grange nicht.

»Schafft sie nach dem Salon des Wirtshauses!« gebot der Sheriff. »Am besten ist's, die Angelegenheit so rasch wie möglich zu erledigen. Wir bilden eine Jury mit Geschworenen und vollziehen das Urteil sofort. Wir haben es mit einem Ausnahmefall zu tun, welcher auch mit Ausnahmemaßregeln zu behandeln ist.«

Die Kunde von diesem Beschlusse pflanzte sich schnell nach außen fort. Die Menge kam in Fluß und eilte nach dem Wirtshause, um einen guten Platz im Salon zu erwischen. Viele, denen das nicht gelungen war, standen auf der Treppe, im Flur und im Freien vor dem Gasthofe. Sie bewillkommneten die Kukluxer mit argen Drohungen, so daß die Eskorte sich sehr stramm zu halten hatte, um Tätlichkeiten abzuwehren. Nur mit großer Mühe gelangten wir in den Salon, einen größern aber sehr niedrigen Raum, welcher zur Abhaltung von Tanzvergnügen bestimmt war. Das Orchester war besetzt, wurde aber sofort geräumt, um die Gefangenen dort unterzubringen. Als man diesen nun die Kapuzen abnahm, stellte es sich heraus, daß sich kein einziger Bewohner der Umgegend unter ihnen befand.

Nun wurde die Jury gebildet, in welcher der Sheriff den Vorsitz hatte. Sie bestand aus einem öffentlichen Ankläger, einem Anwalt zur Verteidigung, einem Schriftführer und den Geschworenen. Der Gerichtshof war in einer Weise zusammengesetzt, welche mich gruseln machte, doch war das durch die gegenwärtigen Verhältnisse des Kreises und die Natur des vorliegenden Falles leidlich zu entschuldigen.

Als Zeugen waren vorhanden die beiden Langes, Cortesio, die fünf Deutschen, Old Death und ich. Als Beweismaterial lagen die Waffen der Angeklagten auf den Tischen, auch ihre Gewehre. Old Death hatte dafür gesorgt, daß dieselben aus ihrem Verstecke hinter dem Pferdestalle herbeigebracht worden waren. Es stellte sich heraus, daß in jedem Laufe die Ladung steckte. Der Sheriff erklärte die Sitzung für eröffnet mit der Bemerkung, daß von einer Vereidigung der Zeugen abzusehen sei, da die »sittliche Beschaffenheit der Angeklagten nicht ausreiche, so moralische und ehrenwerte Gentlemen wie uns mit den Beschwerden eines Eides zu belästigen«. Außer den Kukluxern seien überhaupt nur Männer im Salon vorhanden, deren »rechtliche und gesetzliche Gesinnung über allen Zweifel erhaben stehe, was er hiermit zu seiner großen Freude und Genugtuung feststellen wolle«. Ein vielstimmiges Bravo lohnte ihm diese Schmeichelei, und er dankte mit einer sehr würdigen Verbeugung. Ich aber erblickte verschiedene Gesichter, welche nicht so unfehlbar auf die gelobte »rechtliche und gesetzliche« Gesinnung der Betreffenden schließen ließen.

Zunächst wurden die Zeugen vernommen, von denen Old

Death das Ereignis ausführlich erzählte. Wir Andern konnten uns darauf beschränken, ihm beizustimmen. Dann trat der ›Staaten-Attorney‹, der Staatsanwalt, auf. Er wiederholte unsere Aussagen und stellte fest, daß die Angeklagten einer verbotenen Verbindung angehörten, welche den verderblichen Zweck verfolge, die gesetzliche Ordnung zu untergraben, das Fundament des Staates zu zerstören und jene verdammungswürdigen Verbrechen zu verbreiten, welche mit langjährigem oder lebenslänglichem Zuchthause oder gar mit dem Tode zu bestrafen seien. Schon diese Mitgliedschaft sei hinreichend, eine zehn- oder zwanzigjährige Einsperrung zu rechtfertigen. Außerdem aber habe sich erwiesen, daß die Angeklagten die Tötung eines früheren Offiziers der Republik, die grausame Durchpeitschung zweier sehr angesehener Gentlemen und die Einäscherung eines Hauses dieser gesegneten Stadt beabsichtigten. Und endlich habe man die Absicht gehabt, zwei fremde, außerordentlich friedliche und ehrenhafte Männer – bei diesen Worten machte er Old Death und mir zwei Verbeugungen – aufzuknüpfen, was höchst wahrscheinlich unsern Tod zur Folge gehabt hätte und also streng zu bestrafen sei, besonders da man es grad uns beiden zu verdanken habe, daß das über La Grange heraufbeschworene Unheil glücklich abgewendet worden sei. Er müsse also auf die unnachsichtlichste Ahndung dringen und beantrage, einige der Kukluxer, welche der Scharfblick des sehr ehrwürdigen Gerichtes wohl auszuwählen wissen werde, am Halse aufzuhängen, die Andern aber zu ihrer eigenen ›moralischen Beherzigung‹ tüchtig auszupeitschen und dann lebenslänglich zwischen dicke Mauern zu tun, damit es ihnen fernerhin unmöglich sei, den Staat und die anerkannt ehrenwerten Bürger desselben in Gefahr zu bringen.

Auch dem Staatsanwalt wurden Bravos zugerufen, und auch er bedankte sich mit einer würdigen Verneigung. Nach ihm ließ sich der Anwalt hören, welcher zunächst bemerkte, daß der Vorsitzende eine unverzeihliche Unterlassungssünde begangen habe, indem die Angeklagten nicht einmal nach ihren Namen und sonstigen Umständen befragt worden seien, was nachzuholen er hiermit ergebenst anrate, da man doch wohl wissen müsse, wen man aufknüpfen oder einsperren wolle, schon des Totenscheines und anderer Schreibereien wegen – – eine geistreiche Bemerkung, die aber meine volle, wenn auch stille Zustimmung hatte. Er gab die besagten Absichten der Kukluxer vollständig zu, denn er müsse die Wahrheit anerkennen, aber es sei keine dieser Absichten wirklich ausgeführt worden, sondern sie alle hätten im Stadium des Versuches stehen bleiben müssen. Darum könne von Aufknüpfen oder lebenslänglichem Einsperren keine Rede sein. Er frage hiermit jedermann, ob der bloße Versuch einer Tat irgend jemand in Schaden gebracht habe oder überhaupt in Schaden bringen könne. Gewiß niemals und auch hier nicht! Da also keinem Menschen ein Schaden erwachsen sei, so müsse er unbedingt auf vollständige Freisprechung dringen, wodurch die Mitglieder des hohen Gerichtshofes und alle weiteren respektablen Anwesenden sich das Zeugnis menschenfreundlicher Gentlemen und friedfertiger Christen ausstellen würden. Auch ihm gaben einige wenige Stimmen Beifall. Er machte eine tiefe, halbkreisförmige Verbeugung, als ob alle Welt ihm zugejubelt hätte.

Darauf erhob sich der Vorsitzende zum zweitenmal. Zunächst bemerkte er, daß er es in voller Absicht unterlassen habe, nach den Namen und ›sonstigen Angewohnheiten‹ der Angeschuldigten zu fragen, da er vollständig überzeugt sei, daß sie ihn doch belogen hätten. Im Falle des Aufknüpfens schlage er also vor, der Kürze wegen einen einzigen und summarischen Totenschein auszustellen, welcher ungefähr lauten werde: »Neunzehn Kukluxer aufgehängt, weil sie selbst daran schuld waren.« Er gebe ferner zu, daß man es nur mit Versuchen zu tun habe, und wolle danach die Schuldfrage stellen. Aber den beiden fremden Gentlemen haben wir es zu verdanken, daß aus dem Versuche nicht die Tat geworden sei. Der Versuch sei gefährlich, und diese Gefahr müsse bestraft werden. Er habe weder Lust noch Zeit, sich stundenlang zwischen dem Staatsanwalte und dem Verteidiger hin und her zu bewegen; auch könne es ihm nicht einfallen, sich übermäßig lange mit einer Bande zu beschäftigen, welche, neunzehn Mann stark und sehr gut bewaffnet, sich von zwei Männern habe gefangen nehmen lassen; solche Helden seien nicht einmal der Aufmerksamkeit eines Kanarienvogels oder Sperlings wert. Er habe sich schon sagen lassen müssen, daß er wohl gar ein Freund der Kukluxer sei; das könne er nicht auf sich sitzen lassen, sondern er werde dafür sorgen, daß diese Leute wenigstens beschämt abziehen und das Wiederkommen für immer vergessen müßten. Er stelle also hiermit an die Herren Geschworenen die Frage, ob die Angeklagten des Versuches des Mordes, des Raubes, der Körperverletzung und der Brandstiftung schuldig seien, und bitte, die Antwort ja nicht bis zum letzten Dezember des nächsten Jahres hinauszuschieben, denn es seien da vor der Jury eine ganze Menge sehr hochachtbarer Zuhörer versammelt, denen man die Entscheidung nicht lange vorenthalten dürfe.

Seine sarkastische Ausführung wurde mit lautem Beifall belohnt. Die Herren Geschworenen traten in eine Ecke zusammen, besprachen sich nicht zwei Minuten lang, und dann teilte ihr Obmann dem Vorsitzenden das Resultat mit, welches letzterer verkündigte. Es lautete auf schuldig. Nun begann eine leise Beratung des Sheriffs mit seinen Beisitzern. Auffällig war es, daß der erstere während dieser Beratung den Befehl erteilte, den Gefangenen alles abzunehmen, was sie in ihren Taschen mit sich führten, besonders aber nach Geld zu suchen. Als dieser Befehl ausgeführt worden war, wurde das vorhandene Geld gezählt. Der Sheriff nickte befriedigt vor sich hin und erhob sich dann, um das Urteil zu verkündigen.

»Mesch'schurs,« sagte er ungefähr – »die Angeklagten sind als schuldig erkannt. Ich glaube, es entspricht eurem Wunsche, wenn ich euch, ohne dabei viele Worte zu machen, sage, worin die Strafe besteht, zu deren Verhängung und sehr energischen Durchführung wir uns geeinigt haben. Die in Rede stehenden Verbrechen sind nicht ausgeführt worden; daher haben wir, dem Herrn Verteidiger gemäß, welcher an unsere Humanität und christliche Gesinnung appellierte, beschlossen, von einer direkten Bestrafung abzusehen – – –«

Die Angeklagten atmeten auf; das sah man ihnen an. Unter den Zuhörern wurden einzelne Rufe der Unzufriedenheit laut. Der Sheriff fuhr fort:

»Ich sagte bereits, daß der Versuch eines Verbrechens eine Gefahr mit sich bringe. Wenn wir diese Kukluxer nicht bestrafen, so müssen wir wenigstens dafür sorgen, daß sie uns fernerhin nicht mehr gefährlich werden können. Daher haben wir beschlossen, sie aus dem Staate Texas zu entfernen, und zwar in so beschämender Weise, daß es ihnen wohl nicht einfallen wird, sich hier jemals wieder sehen zu lassen. Darum wird zunächst bestimmt, daß ihnen allen jetzt sofort das Haar und die Bärte bis ganz kurz auf die Haut abzuscheren sind. Einige der anwesenden Gentlemen werden sich wohl gern den Spaß machen, dies zu tun. Wer nicht weit zu laufen hat, mag nach Hause gehen, um eine Schere zu holen; solchen, welche nicht gut schneiden, wird die sehr ehrwürdige Jury den Vorzug geben.«

Allgemeines Gelächter erscholl. Einer riß das Fenster auf und schrie hinab:

»Scheren herbei! Die Kukluxer sollen geschoren werden. Wer eine Schere bringt, wird eingelassen.«

Ich war sehr überzeugt, daß im nächsten Augenblicke alle Untenstehenden nach Scheren rannten. Und wirklich hörte ich sogleich, daß ich ganz richtig vermutet hatte. Man hörte ein allgemeines Laufen und lautes Rufen nach Shears und Scissars. Eine Stimme brüllte sogar nach *shears for clipping trees* und *shears for clipping sheeps*, also nach Baum- und Schafscheren.

»Ferner wird beschlossen,« fuhr der Sheriff fort, »die Verurteilten nach dem Steamer zu schaffen, welcher noch nach elf Uhr von Austin gekommen ist und mit Anbruch des Tages nach Matagorda gehen wird. Dort angekommen, werden sie auf das erste beste Schiff gebracht, welches abgeht, ohne wieder in Texas landen zu wollen. Sie werden an Deck dieses Fahrzeuges gebracht, gleichviel, wer sie sind, woher sie kamen und wohin dieses Schiff geht. Von jetzt an bis zur Einschiffung dürfen sie ihre Verkleidungen nicht ablegen, damit jeder Passagier das Recht habe, zu sehen, wie wir Texaner mit den Kukluxern verfahren. Auch werden ihnen die Fesseln nicht abgenommen. Wasser und Brot erhalten sie erst in Matagorda. Die auflaufenden Kosten werden von ihrem eigenen Gelde bezahlt, welches die schöne Summe von über dreitausend Dollars ausmacht, die sie wohl zusammengeraubt haben werden. Außerdem wird all ihr Eigentum, besonders die Waffen, konfisziert und sofort versteigert. Die Jury hat bestimmt, daß der Ertrag der Auktion zum Ankaufe von Bier und Brandy verwendet werde, damit die ehrenwerten Zeugen dieser Verhandlung mit ihren Ladies einen Schluck zu dem Reel haben, den wir nach Beendigung dieses Gerichtes hier tanzen werden, um dann bei Tagesanbruch die Kukluxer mit einer würdigen Musik und dem Gesange eines tragischen Liedes nach dem Steamer zu begleiten. Sie werden diesem Balle da zusehen und zu diesem Zwecke da stehen bleiben, wo sie sich befinden. Wenn der Verteidiger etwas gegen dieses Urteil einzuwenden hat, so sind wir gerne bereit, ihn anzuhören, falls er die Gewogenheit haben will, es kurz zu machen. Wir haben die Kukluxer zu scheren und ihre Sachen zu versteigern, also sehr viel zu tun, bevor der Ball beginnen kann.«

Das Beifallsrufen, welches sich jetzt erhob, war eher ein Brüllen zu nennen. Vorsitzender und Verteidiger mußten sich sehr anstrengen, Ruhe zu schaffen, damit der letztere zu Worte kommen könne.

»Was ich noch zum Nutzen meiner Klienten zu sagen habe,« meinte er, »ist folgendes. Ich finde das Urteil des hochachtbaren Gerichtshofes einigermaßen hart, doch ist diese Härte durch den letzten Teil der richterlichen Entscheidung, welcher Bier, Brandy, Tanz, Musik und Gesang betrifft, mehr als zur Genüge ausgeglichen. Darum erkläre ich mich im Namen derjenigen, deren Interessen ich zu vertreten habe, mit dem Urteile völlig einverstanden und hoffe, daß sie sich dasselbe als Aufforderung zum Beginn eines besseren und nützlicheren Lebenswandels dienen lassen. Ich warne sie auch, jemals wieder zu uns zu kommen, da ich in diesem Falle mich weigern würde, ihre Verteidigung nochmals zu übernehmen, und sie also nicht wieder einen so ausgezeichneten juridischen Beirat finden würden. Geschäftlich bemerke ich noch, daß ich für meine Verteidigung pro Klient zwei Dollars zu fordern habe, macht für neunzehn Mann achtunddreißig Dollars, wofür ich nicht schriftlich zu quittieren brauche, wenn sie mir gleich jetzt vor so vielen Zeugen ausgehändigt werden. In diesem Falle nehme ich nur achtzehn für mich und gebe die übrigen zwanzig für Licht und Miete des Saales. Die Musikanten können durch ein Entree entschädigt werden, welches ich vorschlage, auf fünfzehn Cents pro Gentleman zu stellen. Die Ladies haben natürlich nichts zu zahlen.«

Er setzte sich, und der Sheriff erklärte sich völlig mit ihm einverstanden.

Ich saß da, als wenn ein Traum mich befangen hielte. War das alles Wirklichkeit? Ich konnte nicht daran zweifeln, denn der Verteidiger erhielt sein Geld, und Viele rannten fort, um ihre Frauen zum Ball zu holen; viele Andere kamen und brachten alle möglichen Arten von Scheren mit sich geschleppt. Ich wollte mich gern ärgern, brachte es aber nicht fertig und stimmte in Old Deaths Gelächter ein, dem dieser Ausgang des Abenteuers außerordentlichen Spaß bereitete. Die Kukluxer wurden wirklich kahl geschoren. Dann begann die Versteigerung. Die Gewehre gingen schnell weg und wurden sehr gut bezahlt. Auch von den übrigen Gegenständen war bald nichts mehr vorhanden. Der dabei verursachte Lärm, das Kommen und Gehen, das Drängen und Stoßen war unbeschreiblich. Jeder wollte im Salon sein, obgleich derselbe nicht den zehnten Teil der Anwesenden faßte. Dann stellten sich die Musikanten ein, ein Klarinettist, ein Violinist, ein Trompeter und jemand mit einem alten Fagotte. Diese wunderbare Kapelle postierte sich in eine Ecke und begann, ihre vorsündflutlichen Instrumente zu stimmen, was mir einen nicht eben angenehmen Vorgeschmack der eigentlichen Leistung gab. Ich wollte gehen, besonders da jetzt die Ladies auf dem Schauplatz erschienen, aber da kam ich bei Old Death schön an. Er erklärte, wir beiden, die wir doch die Hauptpersonen seien, müßten nach all den Mühen und Gefahren nun auch das Vergnügen genießen. Der Sheriff hörte das und stimmte ihm bei, ja, behauptete mit aller Energie, daß es eine Beleidigung der ganzen Bürgerschaft von La Grange sein würde, wenn wir beide uns weigerten, den ersten Rundtanz anzuführen. Er stellte dazu Old Death seine Gemahlin und mir seine Tochter zur Verfügung, welche beide ausgezeichnete Tänzerinnen seien. Da ich ihm zwei Zähne ausgeschlagen habe und er mir einigemale in die Rippen geraten sei, müßten wir uns selbstverständlich als wahlverwandt betrachten, und so würde ich seine Seele auf das tiefste kränken, falls ich ihm seine dringende Bitte, hier zu bleiben, nicht erfülle. Er werde dafür sorgen, daß ein Extratisch für uns reserviert werde. Was konnte ich machen? Unglücklicherweise stellten sich in diesem Augenblicke seine beiden Ladies ein, denen wir vorgestellt wurden. Mitgegangen, mitgefangen, mitgehangen! Ich sah ein, daß ich den berühmten Rundtanz riskieren müsse und vielleicht noch einige Rutscher und Hopser dazu, ich, einer der Helden des heutigen Tages und – Privatdetektiv inkognito.

Der gute Sheriff freute sich vielleicht außerordentlich, uns den Göttinnen seiner Häuslichkeit geweiht zu haben. Er besorgte uns einen Tisch, welcher den großen Fehler hatte, nur für vier Personen auszureichen, so daß wir ohne Gnade und Barmherzigkeit den beiden Ladies verfallen waren. Die Damen waren kostbar. Die amtliche Stellung ihres Gatten und Vaters erforderte, daß sie sich mit möglichster Würde gaben. Die Mama war etwas über fünfzig, strickte an einer wollenen Leibjacke und sprach einmal vom Codex Napoleon; dann aber schloß sich ihr Mund für immer. Das Töchterlein, über dreißig alt, hatte einen Band Gedichte mitgebracht, in welchem sie trotz des uns umtobenden Höllenspektakels unausgesetzt zu lesen schien, beehrte Old Death mit einer geistreich sein sollenden Bemerkung über Pierre Jean de Béranger, und als der alte Scout ihr aufrichtig versicherte, daß er mit diesem Sir noch niemals gesprochen habe, versank sie in ein ewiges Stillschweigen. Als Bier herumgereicht wurde, tranken unsere Damen nicht; als aber der Sheriff ihnen zwei

Gläser Brandy brachte, belebten sich ihre scharfen, menschenfeindlichen Züge.

Bei dieser Gelegenheit gab mir der würdige Beamte einen seiner bekannten Rippenstöße und flüsterte mir zu:

»Jetzt kommt der Rundtanz. Greift nur rasch zu!«

»Werden wir nicht abgewiesen werden?« fragte ich in einem Tone, welchem jedenfalls viel Vergnügen nicht anzumerken war.

»Nein. Die Ladies sind gut informiert.«

Ich erhob und verbeugte mich vor der Tochter, murmelte etwas von Ehre, Vergnügen und Vorzug und erhielt – das Buch mit den Gedichten, an welchem die Miß festhing. Old Death fing die Sache praktischer an. Er rief der Mama zu:

»Na, kommt also, Mis'siß! Rechts herum oder links hinum, ganz wie es Euch recht ist. Ich springe mit allen Beinen.«

Wie wir beide tanzten, welches Unheil mein alter Freund anrichtete, indem er mit seiner Tänzerin zu Boden stürzte, wie die Gentlemen zu trinken begannen – davon schweige ich. Genug, als es Tag wurde, waren die Vorräte des Wirtes ziemlich auf die Neige gegangen, und der Sheriff versicherte, daß doch das aus der Versteigerung gewonnene Geld noch nicht alle sei; man könne morgen oder vielleicht heute abend noch einen kleinen Reel tanzen. In den beiden Parterrestuben, im Garten und vor dem Hause saßen oder lagen die Angeheiterten, teilweise wohl mit schweren Köpfen. Sobald aber die Kunde erschallte, daß der Zug nach dem Landungsplatze vor sich gehen solle, waren alle auf den Beinen. Der Zug war folgendermaßen geordnet: Voran die Musikanten, dann die Mitglieder des Gerichtshofes, die Kukluxer in ihrer seltsamen Bekleidung, ferner wir Zeugen und hinter uns die Masters, Sirs und Gentlemen nach Gefallen und Belieben.

Der Amerikaner ist ein wunderbarer Kerl. Was er braucht, ist stets da. Woher die Leute alles so schnell bekommen oder geholt hatten, das wußten wir nicht, aber so viel ihrer sich dem Zug anschlossen, und das waren wohl alle, die würdigen

Prediger und die ›Ladies‹ ausgenommen, jeder hatte irgend ein zur Katzenmusik geeignetes Instrument in der Hand. Als alle in Reihe und Glied standen, gab der Sheriff das Zeichen; der Zug setzte sich in Bewegung, und die voranschreitenden Virtuosen begannen das Yankee-doodle zu malträtieren. Am Schlusse desselben fiel die Katzenmusik ein. Was alles dazu gepfiffen, gebrüllt, gesungen wurde, das ist nicht zu sagen. Es war, als ob ich mich unter lauter Verrückten befände. So ging es im langsamen Trauerschritt nach dem Flusse, wo die Gefangenen dem Kapitän abgeliefert wurden, welcher sie, wie wir uns überzeugten, in sichern Gewahrsam nahm. An Flucht war nicht zu denken, dafür verbürgte sich der Kapitän. Uebrigens wurden sie von den mitfahrenden Deutschen auf das strengste bewacht.

Als sich das Schiff in Bewegung setzte, bliesen die Musikanten ihren schönsten Tusch, und die Katzenmusik begann von neuem. Während aller Augen dem Schiff folgten, nahm ich Old Death beim Arme und trollte mich nun mit Lange und Sohn heim. Dort angelangt, beschlossen wir, einen kurzen Schlaf zu halten; aber er dauerte länger, als wir uns vorgenommen hatten. Als ich erwachte, war Old Death schon munter. Er hatte vor Schmerzen in der Hüfte nicht schlafen können und erklärte mir zu meinem Schreck, daß es ihm unmöglich sei, heute weiter zu reiten. Das waren die schlimmen Folgen seines Sturzes beim Tanze. Wir schickten nach dem Wundarzte. Dieser kam, untersuchte den Patienten und erklärte, das Bein sei aus dem Leibe geschnappt und müsse also wieder hineingeschnappt werden. Ich hätte ihm am liebsten eine Ohrfeige gegeben. Er zerrte eine halbe Ewigkeit an dem Beine herum und versicherte uns, daß wir es schnappen hören würden. Wir lauschten aber natürlich vergebens. Dieses Zerren verursachte dem Scout fast gar keine Schmerzen; darum schob ich den Pflastermann zur Seite und sah die Hüfte an. Es gab da einen blauen Fleck, welcher in einen gelben Rand auslief, und ich war darum überzeugt, daß es sich um eine Quetschung handelte.

»Wir müssen für eine Einreibung mit Senf oder einem andern Spiritus sorgen, das wird Euch aufhelfen,« sagte ich. »Freilich, wenigstens heute müßt Ihr Euch ruhig verhalten. Schade, daß Gibson indessen entkommt!«

»Der?« antwortete der Alte. »Habt keine Sorge, Sir! Wenn man die Nase so eines alten Jagdhundes, wie ich bin, auf eine Fährte richtet, so läßt er sicher nicht nach, bis das Wild gepackt ist. Darauf könnt Ihr Euch getrost verlassen.«

»Das tue ich auch; aber er gewinnt mit William Ohlert einen zu großen Vorsprung!«

»Den holen wir schon noch ein. Ich kalkuliere, es ist ganz gleich, ob wir sie einen Tag früher oder später finden, wenn wir sie eben nur finden. Haltet den Kopf empor! Dieser sehr ehrenwerte Sheriff hat uns mit seinem Reel und seinen beiden Ladies einen kleinen Strich durch die Rechnung gemacht; aber Ihr könnt Euch darauf verlassen, daß ich die Scharte gewiß auswetzen werde. Man nennt mich Old Death. Verstanden!«

Das klang freilich leidlich tröstlich, und da ich dem Alten zutraute, daß er Wort halten werde, so gab ich mir Mühe, unbesorgt zu sein. Allein konnte ich doch nicht fort. Darum war es mir auch sehr willkommen, als Master Lange beim Mittagessen sagte, er wolle mit uns reisen, da sein Weg vorläufig derselbe sei.

»Schlechte Kameraden erhaltet ihr an mir und meinem Sohn nicht,« versicherte er. »Ich weiß ein Pferd zu regieren und mit einer Büchse umzugehen. Und sollten wir unterwegs auf irgend welches weißes oder rotes Gesindel stoßen, so wird es uns nicht einfallen, davonzulaufen. Also wollt ihr uns mitnehmen? Schlagt ein!«

Natürlich schlugen wir ein. Später kam Cortesio, der noch länger geschlafen hatte als wir, und wollte uns die beiden Pferde zeigen. Old Death hinkte trotz seiner Schmerzen in den Hof. Er wollte die Pferde selbst sehen.

»Dieser junge Master behauptet zwar, reiten zu können,« sagte er; »aber unsereins weiß, was davon zu halten ist. Und einen Pferdeverstand traue ich ihm nicht zu. Wenn ich ein Pferd kaufe, so suche ich mir vielleicht dasjenige aus, welches das schlechteste zu sein scheint. Natürlich aber weiß ich, daß es das beste ist. Das ist mir nicht nur einmal passiert.«

Ich mußte ihm alle im Stalle stehenden Pferde vorreiten, und er beobachtete jede ihrer Bewegungen mit Kennermiene, nachdem er vorsichtigerweise nach dem Preise gefragt hatte. Wirklich kam es so, wie er gesagt hatte; er nahm die beiden, welche für uns bestimmt gewesen waren, nicht.

»Sehen besser aus, als sie sind,« sagte er. »Würden aber nach einigen Tagen schon marode sein. Nein, wir nehmen die beiden alten Füchse, die wunderbarerweise so billig sind.«

»Aber das sind ja die reinen Karrengäule!« meinte Cortesio.

»Weil Ihr es nicht versteht, Sennor, mit Eurer Erlaubnis zu sagen. Die Füchse sind Prairiepferde, haben sich aber in schlechter Hand befunden. Ihnen geht die Luft nicht aus, und ich kalkuliere, daß sie wegen einer kleinen Strapaze nicht in Ohnmacht fallen. Wir behalten sie. Basta, abgemacht!« ––

DRITTES KAPITEL.

Ueber die Grenze.

Eine Woche später befanden sich fünf Reiter, vier Weiße und ein Neger, ungefähr an dem Punkte, an welchem die südlichen Ecken der jetzigen texanischen Countys Medina und Uvalde zusammenstoßen. Die Weißen ritten zu zwei Paaren hintereinander, der Neger machte den Beschluß. Die voranreitenden zwei Weißen waren fast ganz gleich gekleidet, nur daß der Anzug des jüngeren neuer war, als derjenige des älteren, sehr hageren Mannes. Ihre Pferde waren Füchse; sie trabten so munter und ließen von Zeit zu Zeit ein lustiges Schnauben hören, daß anzunehmen war, sie seien einem anstrengenden Ritte in dieser abgelegenen Gegend wohl gewachsen. Dem folgenden Paare sah man es sofort an, daß sie Vater und Sohn seien. Auch sie waren gleich gekleidet, aber nicht in Leder, wie die Voranreitenden, sondern in Wolle. Ihre Köpfe waren von breitkrämpigen Filzhüten beschützt; ihre Waffen bestanden aus Doppelbüchse, Messer und Revolver. Der Neger, eine überaus sehnige Gestalt, war ganz in leichten dunklen Callico gekleidet und trug einen glänzenden, fast neuen Zylinderhut auf dem wolligen Schädel. In der Hand hielt er eine lange, zweiläufige Rifle, und im Gürtel steckte eine Machete, eins jener langen, gebogenen, säbelartigen Messer, wie sie vorzugsweise in Mexiko gebraucht werden.

Die Namen der vier Weißen sind bekannt. Sie waren Old Death, Lange, dessen Sohn und ich. Der Schwarze war Cortesios Neger aus La Grange, derselbe, welcher uns an jenem ereignisreichen Abend bei dem Mexikaner eingelassen hatte.

Old Death hatte drei volle Tage gebraucht, sich von der Verletzung zu erholen, welche ihm auf eine so lächerliche Weise zugefügt worden war. Ich vermutete, daß er sich dieser Veranlassung schämte. Im Kampfe verwundet zu werden, ist eine Ehre; aber beim Tanze zu stürzen und sich dabei das

Fleisch vom Knochen treten zu lassen, das ist höchst ärgerlich für einen braven Westmann, und das ging dem alten Scout zu nahe. Die Quetschung war ganz gewiß weit schmerzhafter, als er sich merken ließ, sonst hätte er mich nicht drei Tage auf den Aufbruch warten lassen. An dem oftmals plötzlichen Zusammenzucken seines Gesichtes erkannte ich, daß er selbst jetzt noch nicht von Schmerzen frei sei. Cortesio hatte natürlich erfahren, daß die beiden Langes sich uns anschließen würden. Am letzten Tage war er zu uns herübergekommen und hatte uns gefragt, ob wir ihm nicht den Gefallen tun wollten, seinen Neger Sam mitzunehmen. Natürlich waren wir über diese Forderung sehr erstaunt gewesen, ohne es uns anmerken zu lassen. Es ist nicht jedermanns Sache, wochenlang mit einem Schwarzen zu reiten, der einen ganz und gar nichts angeht. Cortesio erklärte uns die Sache. Er habe nämlich aus Washington eine wichtige Depesche erhalten, infolge deren er sofort einen ebenso wichtigen Brief nach Chihuahua senden müsse. Er hätte uns denselben mitgeben können, aber er mußte Antwort haben, welche wir ihm nicht zurückbringen konnten. Darum sah er sich gezwungen, einen Boten zu schicken, zu welchem Amte es keine geeignetere Person gab, als den Neger Sam. Dieser war zwar ein Schwarzer, stand aber an Begabung viel höher als gewöhnliche Leute seiner Farbe. Er diente Cortesio seit langen Jahren, war ihm treu ergeben und hatte den gefährlichen Ritt über die mexikanische Grenze schon mehrere Male gemacht und sich in allen Fährlichkeiten höchst wacker gehalten. Cortesio versicherte uns, daß Sam uns nicht im mindesten lästig fallen, sondern im Gegenteile ein aufmerksamer und gutwilliger Diener sein werde. Daraufhin hatten wir unsere Einwilligung erteilt, die wir bis jetzt nicht zu bereuen gehabt hatten. Sam war nicht nur ein guter, sondern sogar ein ausgezeichneter Reiter. Er hatte diese Kunst geübt, als er mit seinem Herrn noch drüben in Mexiko lebte und zu Pferde die Rinderherde hüten mußte. Er war flink und sehr gefällig, hielt sich immer respektvoll hinter uns und schien von uns vieren besonders mich in sein Herz geschlossen zu haben, denn er erzeigte mir unausgesetzt eine Menge Aufmerksamkeiten, die nur ein Ausfluß besonderer persönlicher Zuneigung sein konnten.

Old Death hatte es nicht nur für überflüssig, sondern auch für zeitraubend gehalten, die Spur Gibsons aufzusuchen und von Ort zu Ort zu verfolgen. Wir wußten genau, welche Richtung das Detachement, bei welchem er sich befand, nehmen und welche Oertlichkeiten es berühren wolle, und so hielt der Scout es für geraten, direktement nach dem Rio Nueces und dann nach dem Eagle-Paß zu reiten. Es war sehr wahrscheinlich, daß wir zwischen diesem Flusse und diesem Passe, vielleicht aber schon eher, auf die Fährte des Detachements treffen würden. Freilich mußten wir uns sehr beeilen, da dasselbe einen so großen Vorsprung vor uns hatte. Ich wollte nicht glauben, daß es möglich sei, dasselbe einzuholen; aber Old Death erklärte mir, daß die mexikanische Eskorte der Angeworbenen sich nicht sehen lassen dürfe und also gezwungen sei, bald rechts, bald links abzuweichen und ganz bedeutende Umwege zu machen. Wir aber konnten in fast schnurgerader Linie reiten, ein Umstand, welcher einen Vorsprung von einigen Tagen wohl auszugleichen vermochte.

Nun hatten wir in sechs Tagen fast zweihundert englische Meilen zurückgelegt, eine Leistung, welche außer Old Death niemand unsern Füchsen zugetraut hätte. Die alten Pferde aber schienen hier im Westen neu aufzuleben. Das Futter des freien Feldes, die stets frische Luft, die schnelle Bewegung bekamen ihnen ausgezeichnet; sie wurden von Tag zu Tag mutiger, lebendiger und jünger, worüber der Scout sich außerordentlich freute, denn dadurch wurde ja erwiesen, daß er einen ausgezeichneten ›Pferdeverstand‹ besaß.

Wir hatten jetzt San Antonio und Castroville hinter uns, waren durch das wasserreiche County Medina geritten und näherten uns nun der Gegend, in welcher das Wasser immer seltener wird und die triste texanische Sandbüchse beginnt, welche zwischen dem Nueces und Rio grande ihre größte Trostlosigkeit erreicht. Wir wollten zunächst nach Rio Leona, einem Hauptarme des Rio Frio, und dann nach der Stelle des Rio Nueces, an welcher der Turkey Creek in denselben fließt. Im Nordwesten von uns lag der hohe Leonaberg mit Fort Inge in der Nähe. Dort hatte das Detachement vorüber gemußt, aber ohne es wagen zu dürfen, sich von der Besatzung des Forts sehen zu lassen. Wir konnten also hoffen, bald ein Lebenszeichen von Gibson und denen, bei welchen er sich befand, zu bemerken.

Der Boden, welchen wir unter uns hatten, war außerordentlich geeignet zu einem schnellen Ritte. Wir befanden uns auf einer ebenen, kurzgrasigen Prairie, über welche unsere Pferde mit großer Leichtigkeit dahinflogen. Die Luft war sehr rein, so daß der Horizont in großer Klarheit und Deutlichkeit vor uns lag. Da wir nach Südwest ritten, so hatten wir vorzugsweise die dorthin liegende Gegend im Auge und schenkten den anderen Richtungen weniger Aufmerksamkeit. Aus diesem Grunde war es kein Wunder, daß uns ziemlich spät das Nahen von Reitern bemerkbar wurde, auf welche uns Old Death aufmerksam machte. Er deutete nach rechts hinüber und sagte:

»Schaut einmal dorthin, Mesch'schurs! Für was haltet ihr das, was da zu sehen ist?«

Wir sahen einen dunklen Punkt, welcher sich sehr, sehr langsam zu nähern schien.

»Hm!« meinte Lange, indem er seine Augen mit der Hand beschattete, »das wird ein Tier sein, welches dort grast.«

»So!« lächelte Old Death. »Ein Tier! Noch dazu, welches dort grast! Wunderschön! Eure Augen scheinen sich noch nicht recht an die Perspektive gewöhnen zu wollen. Dieser Punkt ist wohl gegen zwei englische Meilen entfernt von uns. Auf eine so bedeutende Strecke ist ein Gegenstand von der Größe dieses Punktes nicht ein einzelnes Tier. Müßte ein Büffel sein, fünfmal so groß wie ein ausgewachsener Elefant, und Büffel gibt es hier nicht. Mag sich wohl einmal so ein verlaufener Kerl hier herumtreiben, aber sicherlich in dieser Jahreszeit nicht, sondern nur im Frühjahre oder Herbst. Ferner täuscht sich derjenige, welcher nicht geübt ist, außerordentlich leicht über die Bewegung eines Gegenstandes, welcher sich in solcher Ferne von ihm befindet. Ein Büffel oder Pferd geht beim Grasen höchst langsam Schritt um Schritt vorwärts. Ich wette aber um alles, daß der Punkt da drüben sich in sehr schnellem Galoppe bewegt.«

»Nicht möglich,« sagte Lange.

»Nun, wenn die Weißen so falsch denken,« sagte Old Death, »so wollen wir einmal hören, was der Schwarze sagt. Sam, was hältst du von dem Dinge da draußen?«

Der Neger hatte bisher aus Bescheidenheit geschwiegen. Jetzt aber, da er direkt aufgefordert wurde, sagte er:

»Reiter sein. Vier, fünf oder sechs.«

»Das denke ich auch. Vielleicht Indianer?«

»O nein, Sirrah! Indian nicht so direkt kommen zu Weißen. Indian sich verstecken, um Weißen erst heimlich anzusehen, ehe mit ihm reden. Reiter kommen grad zu auf uns, also es Weiße sein.«

»Das ist sehr richtig, mein guter Sam. Ich höre da zu meiner Befriedigung, daß dein Verstand heller ist als deine Hautfarbe.«

»O, Sirrah, o!« schmunzelte der gute Kerl, wobei er alle seine Zähne zeigte. Von Old Death gelobt zu werden, war eine außerordentliche Auszeichnung für ihn.

»Wenn diese Leute wirklich die Absicht haben, zu uns zu kommen,« sagte Lange, »so müssen wir hier auf sie warten.«

»Fällt mir nicht ein!« antwortete der Scout. »Ihr müßt doch sehen, daß sie nicht grad auf uns zuhalten, sondern mehr südlicher trachten. Sie sehen, daß wir uns fortbewegen und reiten also, um auf uns zu treffen, die Diagonale. Also vorwärts! Wir haben gar keine Zeit, hier still zu halten. Vielleicht sind es Soldaten vom Fort Inge, welche sich auf Rekognition befinden. Ist dies der Fall, so haben wir uns über das Zusammentreffen nicht zu freuen.«

»Warum nicht?«

»Weil wir Unangenehmes erfahren werden, Master. Fort Inge liegt ziemlich weit von hier entfernt im Nordwest. Wenn der Kommandant desselben solche Streifpatrouillen so weit entsendet, muß irgend etwas Unerfreuliches in der Luft liegen. Werdet es sicher hören.«

Wir ritten in unverminderter Schnelligkeit weiter. Der Punkt näherte sich jetzt zusehends und löste sich endlich in kleinere Punkte auf, welche sich schnell vergrößerten. Bald sahen wir deutlich, daß es Reiter waren. Fünf Minuten später erkannten wir schon die militärischen Uniformen. Und dann waren sie bald so nahe, daß wir den Ruf hörten, welchen sie zu uns herüberschickten. Wir sollten anhalten. Es war ein Dragonersergeant mit fünf Leuten.

»Warum reitet Ihr in solcher Eile?« fragte er, indem er sein Pferd parierte. »Habt Ihr uns nicht kommen sehen?«

»Doch,« antwortete der Scout kaltblütig, »aber wir sehen nicht ein, weshalb wir auf Euch warten sollen.«

»Weil wir unbedingt wissen müssen, wer Ihr seid.«

»Nun, wir sind Weiße, welche in südlicher Richtung reiten. Das wird für Eure Zwecke wohl genügen.«

»Zum Teufel!« fuhr der Sergeant auf. »Denkt ja nicht, daß ich Euch erlauben werde, Euern Spaß mit uns zu machen!«

»*Pshaw!*« lächelte Old Death überlegen. »Bin selbst gar nicht zum Scherzen geneigt. Wir befinden uns hier auf offener Prairie, aber nicht im Schulzimmer, wo Ihr den Lehrer machen dürft und wir Eure Fragen gehorsam und ergebenst beantworten müssen, wenn wir nicht Gefahr laufen wollen, den Stock zu bekommen.«

»Ich habe nur meiner Instruktion zu folgen. Ich fordere Euch auf, Eure Namen zu nennen!«

»Und wenn es uns nun nicht beliebt, zu gehorchen?«

»So seht Ihr, daß wir bewaffnet sind und uns Gehorsam verschaffen können.«

»Ah! Könnt Ihr das wirklich? Freut mich um Euretwillen ungemein. Nur rate ich Euch nicht, es zu versuchen. Wir sind freie Männer, Master Sergeant! Wir möchten den Mann sehen, der es wagen wollte, uns im Ernste zu sagen, daß wir ihm gehorchen müßten, hört Ihr es, müßten! Ich würde den Halunken einfach niederreiten!«

Seine Augen blitzten, und er nahm sein Pferd in die Zügel, daß es aufstieg und, seinem Schenkeldrucke gehorchend, einen drohenden Sprung gegen den Sergeanten machte. Dieser riß sein Tier schnell zurück und wollte aufbrausen. Old Death aber ließ ihn gar nicht dazu kommen, sondern fuhr schnell fort:

»Ich will gar nicht rechnen, daß ich zweimal so viel Jahre zähle wie Ihr und also wohl mehr erfahren und erlebt habe, als Ihr jemals zu sehen bekommen werdet. Ich will Euch nur darauf antworten, daß Ihr von Euern Waffen gesprochen habt. Denkt Ihr denn etwa, unsere Messer seien von Marzipan, unsere Gewehrläufe von Zucker und unsere Kugeln von Schokolade? Diese Süßigkeiten sollten Euch wohl schlecht bekommen! Ihr sagt, daß Ihr Eurer Instruktion gehorchen müßtet. *Well*, das gehört sich so, und ich habe also gar nichts dagegen. Aber hat man Euch auch anbefohlen, erfahrene Westmänner anzuschnauzen und mit ihnen in dem Tone zu sprechen, dessen sich ein General einem Rekruten gegenüber bedient? Wir sind bereit, mit Euch zu sprechen; aber wir haben Euch nicht gerufen und verlangen vor allen Dingen Höflichkeit!«

Der Unteroffizier wurde verlegen. Old Death schien ein ganz Anderer geworden zu sein, und sein Auftreten blieb nicht ohne Wirkung.

»Redet Euch doch nicht in solchen Zorn hinein!« sagte der Sergeant. »Es ist ja gar nicht meine Absicht, grob zu sein.«

»Nun, ich habe weder Eurem Tone, noch Eurer Ausdrucksweise große Feinheit angehört.«

»Das macht, daß wir uns eben hier und nicht im Salon einer vornehmen Lady befinden. Es treibt sich hier allerlei Gesindel herum, und wir müssen die Augen offen halten, da wir uns auf einem vorgeschobenen Posten befinden.«

»Gesindel? Zählt Ihr etwa auch uns zu diesen zweifelhaften Gentlemen?« brauste der Alte auf.

»Ich kann weder ja noch nein sagen. Ein Mann aber, der ein gutes Gewissen hat, wird sich nicht weigern, seinen Namen zu sagen. Es gibt jetzt besonders viele von diesen verdammten Kerlen, die hinüber zu Juarez wollen, in dieser Gegend. Diesen Halunken ist nicht zu trauen.«

»So haltet Ihr es mit den Sezessionisten, mit den Südstaaten?«

»Ja, Ihr doch hoffentlich auch?«

»Ich halte mit jedem braven Manne gegen jeden Schurken. Was unsere Namen und Herkunft betrifft, so gibt es keinen Grund, sie zu verschweigen. Wir kommen aus La Grange.«

»So seid Ihr also Texaner. Nun, Texas hat es mit dem Süden gehalten. Ich habe es also mit Gesinnungsgenossen zu tun.«

»Gesinnungsgenossen! *All devils!* Ihr drückt Euch da sehr hoch aus, wie ich es einem Sergeanten kaum zugetraut hätte; aber anstatt Euch unsere fünf Namen zu sagen, welche Ihr doch bald vergessen würdet, will ich Euch zu Eurer Erleichterung nur den meinigen sagen. Ich bin ein alter Prairieläufer und werde von denjenigen, welche mich kennen, gewöhnlich Old Death genannt.«

Dieser Name wirkte augenblicklich. Der Sergeant fuhr im Sattel empor und sah den Alten starr an. Die andern Soldaten warfen auch überraschte, aber dabei freundliche Blicke auf ihn. Der Unteroffizier aber zog seine Brauen zusammen und sagte:

»Old Death! Der, der seid Ihr? Der Spion der Nordstaaten!«

»Herr!« rief der Alte drohend. »Nehmt Euch in acht! Wenn Ihr von mir gehört habt, so werdet Ihr wohl auch die Ansicht haben, daß ich nicht der Mann bin, eine Beleidigung auf mir sitzen zu lassen. Ich habe für die Union mein Hab und Gut, mein Blut und Leben gewagt, weil es mir so beliebte und weil ich die Absichten des Nordens für richtig hielt und heute noch für richtig halte. Unter Spion verstehe ich etwas Anderes, als ich gewesen bin, und wenn mir so ein Kindskopf, wie Ihr zu sein scheint, ein solches Wort entgegenwirft, so schlage ich ihn nur deshalb nicht sogleich mit der Faust nieder, weil ich ihn bemitleide. Old Death fürchtet sich vor sechs Dragonern nicht, auch nicht vor zehn und noch mehr. Glücklicherweise scheint es, daß Eure Begleiter verständiger sind als Ihr. Sie mögen dem Kommandanten von Fort Inge sagen, daß Ihr Old Death getroffen und wie einen Knaben angepustet habt. Ich bin der Ueberzeugung, daß er Euch dann eine Nase ins junge Gesicht steckt, welche so lang ist, daß Ihr die Spitze derselben nicht mit dem Fernrohr erkennen könnt!«

Die letzteren Worte erreichten ihren Zweck. Der Kommandant war wohl ein verständigerer Mann als sein Untergebener. Der Sergeant mußte in seinem Bericht selbstverständlich unser Zusammentreffen und den Erfolg desselben erwähnen. Wenn ein Postenführer auf einen so berühmten Jäger trifft, so ist das von großem Vorteile für ihn, weil dann Gedanken und Meinungen ausgetauscht, Beobachtungen mitgeteilt und Ratschläge gegeben werden, welche oft von großem Nutzen sein können. Westmänner von der Art Old Deaths werden von den Offizieren ganz wie ihresgleichen und mit größter Rücksicht und Hochachtung behandelt. Was konnte nun dieser Sergeant von uns berichten, wenn er in dieser Weise mit dem bewährten Pfadfinder verfuhr? Das sagte er sich jetzt wohl im Stillen, denn die Röte der Verlegenheit war ihm bis an die Stirn getreten. Um diese Wirkung zu verstärken, fuhr Old Death fort:

»Euern Rock in Ehren, aber der meinige ist wenigstens ebenso viel wert. Es könnte Euch bei Eurer Jugend gar nichts schaden, von Old Death einige Ratschläge zu vernehmen. Wer ist denn jetzt Kommandant auf Fort Inge?«

»Major Webster.«

»Der noch vor zwei Jahren in Fort Ripley als Capt'n stand?« fragte Old Death weiter.

»Derselbe.«

»Nun, so grüßt ihn von mir. Er kennt mich sehr wohl. Habe oft mit ihm nach der Scheibe geschossen und den Nagel mit einer Kugel durch das Schwarze getrieben. Könnt mir Euer Notizbuch geben, damit ich Euch einige Zeilen hineinschreibe, die Ihr ihm vorzeigen mögt! Ich kalkuliere, daß er sich ungemein freuen wird, daß einer seiner Untergebenen Old Death einen Spion nannte.«

Der Sergeant wußte in seiner Verlegenheit keinen Rat. Er

schluckte und schluckte und stieß endlich mit sichtlicher Mühe hervor:

»Aber, Sir, ich kann Euch versichern, daß es wahrlich nicht so gemeint war! Bei unsereinem ist nicht alle Tage Feiertag. Man hat seinen Aerger, und da ist es kein Wunder, wenn einem einmal ein Ton ankommt, den man nicht beabsichtigt hat!«

»So, so! Nun, das klingt höflicher als vorher. Ich will also annehmen, daß unser Gespräch erst jetzt beginnt. Seid Ihr auf Fort Inge mit Zigarren versehen?«

»Nicht mehr. Der Tabak ist zu unser aller Bedauern ausgegangen.«

»Das ist sehr schlimm. Ein Soldat ohne Tabak ist ein halber Mensch. Mein Gefährte hat sich eine ganze Satteltasche voll Zigarren mitgenommen. Vielleicht gibt er Euch von seinem Vorrat mit.«

Des Sergeanten und der andern Augen richteten sich verlangend auf mich. Ich zog eine Hand voll Zigarren hervor und verteilte sie unter sie, gab ihnen auch Feuer. Als der Unteroffizier die ersten Züge getan hatte, breitete sich der Ausdruck hellen Entzückens über sein Gesicht. Er nickte mir dankend zu und sagte:

»So eine Zigarre ist die reine Friedenspfeife. Ich glaube, ich könnte dem ärgsten Feinde nicht mehr gram sein, wenn er mir hier in der Prairie und nachdem wir wochenlang nicht rauchen konnten, so ein Ding präsentierte.«

»Wenn bei Euch eine Zigarre mehr Kraft hat als die größte Feindschaft, so seid Ihr wenigstens kein ausgesprochener Bösewicht,« lachte Old Death.

»Nein, das bin ich freilich nicht. Aber, Sir, wir müssen weiter, und so wird es sich empfehlen, das zu fragen und zu sagen, was nötig ist. Habt Ihr vielleicht Indianer oder andere Fährten gesehen?«

Old Death verneinte und fügte hinzu, ob er denn der Meinung sei, daß es hier Indianer geben könne?

»Sehr! Und wir haben alle Ursache dazu, denn diese Schufte haben wieder einmal das Kriegsbeil ausgegraben.«

»Alle Wetter! Das wäre böse! Welche Stämme sind es?«

»Die Comanchen und Apachen.«

»Also die beiden gefährlichsten Völker! Und wir befinden uns so richtig zwischen ihren Gebieten. Wenn eine Schere zuklappt, so pflegt dasjenige, was sich dazwischen befindet, am schlechtesten wegzukommen.«

»Ja, nehmt Euch in acht! Wir haben schon alle Vorbereitungen getroffen und mehrere Boten nach Verstärkung und schleuniger Verproviantierung geschickt. Fast Tag und Nacht durchstreifen wir die Gegend in weitem Umkreise. Jeder uns Begegnende muß uns verdächtig sein, bis wir uns überzeugt haben, daß er kein Lump ist, weshalb Ihr mein voriges Verfahren entschuldigen werdet!«

»Das ist vergessen. Aber welchen Grund haben denn die Roten, gegen einander loszuziehen?«

»Daran ist eben dieser verteufelte – – Pardon, Sir! Vielleicht denkt Ihr anders von ihm als ich – dieser Präsident Juarez schuld. Ihr habt gewiß gehört, daß er ausreißen mußte, sogar bis El Paso herauf. Die Franzosen folgten ihm natürlich. Sie kamen bis nach Chihuahua und Cohahuela. Er mußte sich vor ihnen verstecken wie der Waschbär vor den Hunden. Sie hetzten ihn bis zum Rio grande und hätten ihn noch weiter verfolgt und schließlich gefangen genommen, wenn unser Präsident in Washington nicht so albern gewesen wäre, es ihnen zu verbieten. Alles war gegen Juarez, alle hatten sich von ihm losgesagt; sogar die Indianer, zu denen er als eine geborne Rothaut doch gehört, mochten nichts von ihm wissen.«

»Auch die Apachen nicht?«

»Nein. Das heißt, sie waren weder gegen noch für ihn. Sie nahmen überhaupt keine Partei und blieben ruhig in ihren Schlupfwinkeln. Das hatte ihnen Winnetou, ihr junger, aber schon sehr berühmter Häuptling, geraten. Desto besser aber gelang es den Agenten Bazaines, die Comanchen gegen ihn zu stimmen. Sie kamen in hellen Scharen, aber natürlich heimlich, wie das so ihre Art und Weise ist, über die Grenze nach Mexiko, um den Anhängern des Juarez den Garaus zu machen.«

»Hm! Um zu rauben, zu morden, zu sengen und zu brennen, wollt Ihr sagen! Mexiko geht die Comanchen nichts an. Sie haben ihre Wohnplätze und Jagdgebiete nicht jenseits, sondern diesseits des Rio grande. Ihnen ist es sehr gleichgültig, wer in Mexiko regiert, ob Juarez, ob Maximilian, ob Napoleon. Aber, wenn die Herren Franzosen sie rufen, um sie gegen friedliche Leute loszulassen, nun, so ist es ihnen als Wilden nicht zu verdenken, wenn sie diese gute Gelegenheit, sich zu bereichern, schleunigst ergreifen. Wer die Verantwortung hat, will ich nicht untersuchen.«

»Nun, mich geht es auch nichts an. Kurz und gut, sie sind hinüber und haben natürlich getan, was man von ihnen verlangte, und dabei sind sie mit den Apachen zusammengestoßen. Die Comanchen sind immer die geschworenen Feinde der Apachen gewesen. Darum überfielen sie das Lager derselben, schossen tot, was sich nicht ergab, und nahmen die Uebrigen als Gefangene mit samt ihren Zelten und Pferden.«

»Und dann?«

»Was dann, Sir? Die männlichen Gefangenen sind, wie das die Gepflogenheit der Indianer ist, an den Marterpfahl gebunden worden.«

»Ich kalkuliere, daß so eine Gepflogenheit nicht sehr angenehm für diejenigen sein kann, welche sich bei lebendigem Leibe rösten und mit Messern spicken lassen müssen. Das haben die Herren Franzosen auf dem Gewissen! Natürlich sind die Apachen sofort losgebrochen, um sich zu rächen?«

»Nein. Sie sind ja Feiglinge!«

»Das wäre das erstemal, daß ich das behaupten hörte. Jedenfalls haben sie diesen Schimpf nicht ruhig hingenommen.«

»Sie haben einige Krieger abgesandt, um mit den ältesten Häuptlingen der Comanchen über diese Angelegenheit zu verhandeln. Diese Unterhandlung hat bei uns stattgefunden.«

»In Fort Inge? Warum da?«

»Weil das neutraler Boden war.«

»Schön! Das begreife ich. Also die Häuptlinge der Comanchen sind gekommen?«

»Fünf Häuptlinge mit zwanzig Kriegern.«

»Und wie viele Apachen waren erschienen?«

»Drei.«

»Mit wie viel Mann Begleitung?«

»Ohne jede Begleitung.«

»Hm! Und da sagt Ihr, daß sie Feiglinge seien? Drei Mann wagen sich mitten durch feindliches Land, um dann mit fünfundzwanzig Gegnern zusammenzutreffen! Herr, wenn Ihr die Indianer nur einigermaßen kennt, so müßt Ihr zugeben, daß dies ein Heldenstück ist. Welchen Ausgang nahm die Unterredung?«

»Keinen friedlichen, sondern der Zwiespalt wurde größer. Endlich fielen die Comanchen über die Apachen her. Zwei derselben wurden niedergestochen, der dritte aber gelangte, wenn auch verwundet, zu seinem Pferde und setzte über eine drei Ellen hohe Umplankung weg. Die Comanchen verfolgten ihn zwar, haben ihn aber nicht bekommen können.«

»Und das geschah auf neutralem Boden, unter dem Schutze eines Forts und der Aufsicht eines Majors der Unionstruppen? Welch eine Treulosigkeit von den Comanchen! Ist es da ein Wunder, wenn die Apachen nun auch ihrerseits das Kriegsbeil ausgraben? Der entkommene Krieger wird ihnen die Nachricht bringen, und nun brechen sie natürlich in hellen Haufen auf, um sich zu rächen. Und da der Mord der Abgesandten in einem Fort der Weißen geschehen ist, so werden sie ihre Waffen auch gegen die Bleichgesichter kehren. Wie werden sich denn die Comanchen gegen uns verhalten?«

»Freundlich. Die Häuptlinge haben es uns versichert, ehe sie das Fort verließen. Sie sagten, daß sie nur gegen die Apachen kämpfen und sofort zu diesem Zwecke aufbrechen würden; die Bleichgesichter aber seien ihre Freunde.«

»Wann war diese Verhandlung, welche einen so blutigen Ausgang nahm?«

»Am Montag.«

»Und heute ist Freitag, also vor vier Tagen. Wie lange haben sich die Comanchen nach der Flucht des Apachen noch im Fort aufgehalten?«

»Ganz kurze Zeit. Nach einer Stunde ritten sie fort.«

»Und ihr habt sie fortgelassen? Sie hatten das Völkerrecht verletzt und mußten zurückgehalten werden, um die Tat zu büßen. Sie haben gegen die Vereinigten Staaten gesündigt, auf deren Gebiet der Verrat, der Doppelmord geschah. Der Major mußte sie gefangen nehmen und über den Fall nach Washington berichten. Ich begreife ihn nicht.«

»Er war an dem Tage auf die Jagd geritten und kehrte erst abends heim.«

»Um nicht Zeuge der Verhandlung und des Verrats sein zu müssen! Ich kenne das! Wenn die Apachen erfahren, daß es den Comanchen erlaubt worden ist, das Fort zu verlassen, dann wehe jedem Weißen, der in ihre Hand gerät! Sie werden keinen verschonen.«

»Sir, ereifert Euch nicht allzusehr. Es ist auch für die Apachen gut gewesen, daß die Comanchen sich entfernen durften, weil sie eine Stunde später noch einen ihrer Häuptlinge verloren hätten, wenn die Comanchen nicht fort gewesen wären.«

Old Death machte eine Bewegung der Ueberraschung:

»Noch einen Häuptling, meint Ihr? Ah, ich errate! Vier Tage ist's her. Er hatte ein ausgezeichnetes Pferd und ist schneller geritten als wir. Er ist es gewesen, ganz gewiß er!«

»Wen meint Ihr denn?« fragte der Sergeant überrascht.

»Winnetou.«

»Ja, der war es. Kaum waren die Comanchen nach Westen hin verschwunden, so sahen wir gegen Osten, vom Rio Frio her, einen Reiter auftauchen. Er kam in das Fort, um sich Pulver und Blei und Revolverpatronen zu kaufen. Er war nicht mit den Abzeichen eines Stammes versehen, und wir kannten ihn nicht. Während des Einkaufes erfuhr er, was geschehen war. Zufälligerweise befand sich der Offizier *du jour* dabei. An diesen wendete sich der Indianer.«

»Das ist höchst, höchst interessant,« rief Old Death

gespannt. »Ich hätte dabei sein mögen. Was sagte er zu dem Offizier?«

»Nichts als die Worte: ›Viele Weiße werden es büßen müssen, daß eine solche Tat bei euch geschah, ohne daß ihr sie verhütet habt oder sie wenigstens bestraftet!‹ Dann trat er heraus aus dem Magazine und stieg in den Sattel. Der Offizier war ihm gefolgt, um den herrlichen Rappen zu bewundern, welchen der Rote ritt, und dieser sagte ihm nun: ›Ich will ehrlicher sein, als ihr es seid. Ich sage euch hiermit, daß vom heutigen Tage Kampf sein wird zwischen den Kriegern der Apachen und den Bleichgesichtern. Die Krieger der Apachen saßen in Frieden in ihren Zelten; da fielen die Comanchen heimtückisch über sie her, nahmen ihre Frauen, Kinder, Pferde und Zelte, töteten viele und führten die übrigen fort, um sie am Marterpfahle sterben zu lassen. Da hörten die weisen Väter der Apachen noch immer auf die mahnende Stimme des großen Geistes. Sie gruben nicht sofort das Kriegsbeil aus, sondern sandten ihre Boten zu euch, um hier bei euch mit den Comanchen zu verhandeln. Diese Boten aber wurden in eurer Gegenwart ebenfalls überfallen und getötet. Ihr habt den Mördern die Freiheit gegeben und damit bewiesen, daß ihr die Feinde der Apachen seid. Alles Blut, welches von heute an fließt, soll über euch kommen, aber nicht über uns!‹«

»Ja, ja, so ist er! Es ist, als ob ich ihn reden hörte!« meinte Old Death. »Was antwortete der Offizier?«

»Er fragte ihn, wer er sei, und nun erst sagte der Rote, daß er Winnetou, der Häuptling der Apachen sei. Sofort rief der Offizier, man solle das Tor zuwerfen und den Roten gefangen nehmen. Er hatte das Recht dazu, denn die Kriegserklärung war ausgesprochen, und Winnetou befand sich nicht in der Eigenschaft eines Parlamentärs bei uns. Aber dieser lachte laut auf, ritt einige von uns über den Haufen, den Offizier dazu, und wendete sich gar nicht nach dem Tore, sondern setzte, grad wie der andere Apache vorher, über die Umplankung. Sofort wurde ihm ein Trupp Leute nachgesandt, aber sie bekamen ihn nicht wieder zu sehen.«

»Da habt ihr es! Nun ist der Teufel los! Wehe dem Fort und der Besatzung desselben, wenn die Comanchen nicht siegen! Die Apachen werden keinen von euch leben lassen. Besuch habt ihr nicht gehabt?«

»Nur ein einzigesmal, vorgestern gegen Abend, ein einzelner Reiter, welcher nach Sabinal wollte. Er nannte sich Clinton, das weiß ich ganz genau, denn ich hatte grad die Torwache, als er kam.«

»Clinton! Hm! Ich will Euch einmal diesen Mann beschreiben. Schaut zu, ob er es ist!«

Er beschrieb Gibson, welcher sich ja bereits vorher den falschen Namen Clinton beigelegt hatte, und der Sergeant sagte, daß die Beschreibung ganz genau stimme. Zum Ueberflusse zeigte ich ihm die Photographie, in welcher er das zweifellose Bild des betreffenden Mannes erkannte.

»Da habt Ihr Euch belügen lassen,« meinte Old Death. »Der Mann hat keineswegs nach Sabinal gewollt, sondern er kam zu Euch, um zu erfahren, wie es bei Euch stehe. Er gehört zu dem Gesindel, von welchem Ihr vorhin redetet. Er ist wieder zu seiner Gesellschaft gestoßen, welche auf ihn wartete. Sonst ist wohl nichts Wichtiges geschehen?«

»Ich weiß weiter nichts.«

»Dann sind wir fertig. Sagt also dem Major, daß Ihr mich getroffen habt. Ihr seid sein Untergebener und dürft ihm also nicht mitteilen, was ich von den letzten Ereignissen denke, aber Ihr hättet großes Unheil und viel Blutvergießen verhütet, wenn Ihr nicht so lax in der Erfüllung Eurer Pflicht gewesen wäret. *Good bye, Boys!*«

Er wendete sein Pferd zur Seite und ritt davon. Wir folgten ihm nach kurzem Gruße gegen die Dragoner, welche sich nun direkt nach Norden wendeten. Wir legten im Galopp eine große Strecke schweigend zurück. Old Death ließ den Kopf hängen und gab seinen Gedanken Audienz. Im Westen neigte sich die Sonne dem Untergange zu; es war höchstens noch eine Stunde Tag und doch sahen wir den südlichen Horizont noch immer wie eine messerscharfe Linie vor uns liegen. Wir hatten heute den Rio Leona erreichen wollen, wo es

Baumwuchs gab. Letzterer hätte den Horizont als eine viel dickere Linie erscheinen lassen müssen. Darum stand zu vermuten, daß wir dem Ziele unseres heutigen Rittes noch nicht nahe seien. Diese Bemerkung mochte sich auch Old Death im Stillen sagen, denn er trieb sein Pferd immer von Neuem an, wenn es in langsameren Gang fallen wollte. Und diese Eile hatte endlich auch Erfolg, denn eben als der sich vergrößernde Sonnenball den westlichen Horizont berührte, sahen wir im Süden einen dunklen Strich, welcher um so deutlicher wurde, je näher wir ihm kamen. Der Boden, welcher zuletzt aus kahlem Sande bestanden hatte, trug wieder Gras, und nun bemerkten wir auch, daß der erwähnte Strich aus Bäumen bestand, deren Wipfel uns nach dem scharfen Ritte einladend entgegenwinkten. Old Death deutete auf dieselben hin, erlaubte seinem Pferde, in Schritt zu gehen, und sagte:

»Wo in diesem Himmelsstriche Bäume stehen, muß Wasser in der Nähe sein. Wir haben den Leonafluß vor uns, an dessen Ufer wir lagern werden.«

Bald hatten wir die Bäume erreicht. Sie bildeten einen schmalen, sich an den beiden Flußufern hinstreckenden Hain, unter dessen Kronendach dichtes Buschwerk stand. Das Bett des Flusses war breit, um so geringer aber die Wassermasse, die er mit sich führte. Doch zeigte sich der Punkt, an welchem wir auf ihn trafen, nicht zum Uebergange geeignet, weshalb wir langsam am Ufer aufwärts ritten. Nach kurzem Suchen fanden wir eine Stelle, wo das Wasser seicht über blinkende Kiesel glitt. Da hinein lenkten wir die Pferde, um hindurch zu reiten. Old Death war voran. Eben als sein Pferd die Hufe in das Wasser setzen wollte, hielt er es an, stieg ab und bückte sich nieder, um den Grund des Flusses aufmerksam zu betrachten.

»*Well!*« nickte er. »Dachte es doch! Hier stoßen wir auf eine Fährte, welche wir nicht eher bemerken konnten, weil das trockene Ufer aus starkem Kies besteht, welcher keine Spur aufnimmt. Betrachtet euch einmal den Boden des Flusses!«

Auch wir stiegen ab und bemerkten runde, etwas mehr als handgroße Vertiefungen, welche in den Fluß hineinführten.

»Das ist eine Fährte?« fragte Lange. »Ihr habt jedenfalls recht, Sir. Vielleicht ist's ein Pferd gewesen, also ein Reiter.«

»Nein. Sam mag sich die Spur betrachten. Will sehen, was der von ihr meint.«

Der Neger hatte bescheiden hinter uns gestanden. Jetzt trat er vor, sah in das Wasser und meinte dann:

»Da sein gewesen zwei Reiter, welche hinüber über den Fluß.«

»Warum meinst du, daß es Reiter und nicht herrenlose Pferde gewesen sind?«

»Weil Pferd, welches Eisen haben, nicht wilder Mustang sein, sondern zahmes Pferd, und darauf doch allemal sitzen Reiter. Auch seine Spuren tief. Pferde haben tragen müssen Last, und diese Last sein Reiter. Pferde nicht gehen nebeneinander in Wasser, sondern hintereinander. Auch bleiben stehen am Ufer, um zu saufen, bevor laufen hinüber. Hier aber nicht sind stehen bleiben, sondern stracks hinüber. Sind auch laufen nebeneinander. Das nur tun, wenn sie müssen, wenn gehorchen dem Zügel. Und wo ein Zügel sein, da auch ein Sattel, worauf sitzen Reiter.«

»Das hast du gut gemacht!« lobte der Alte. »Ich selbst hätte es nicht besser erklären können. Ihr seht, Mesch'schurs, daß es Fälle gibt, in welchen ein Weißer noch genug von einem Schwarzen lernen kann. Aber die beiden Reiter haben Eile gehabt; sie haben ihren Pferden nicht einmal Zeit zum Saufen gelassen. Da diese aber jedenfalls Durst fühlten und jeder Westmann vor allen Dingen auf sein Pferd sieht, so kalkuliere ich, daß sie erst drüben am andern Ufer trinken durften. Für diese zwei Männer muß es also einen Grund gegeben haben, vor allen Dingen zunächst hinüber zu kommen. Hoffentlich erfahren wir diesen Grund.«

Während dieser Untersuchung der Spuren hatten die Pferde das Wasser in langen Zügen geschlürft. Wir stiegen wieder auf und gelangten trocken hinüber, denn der Fluß war an dieser Stelle so seicht, daß nicht einmal die Steigbügel die Oberfläche berührten. Kaum waren wir wieder auf dem

Trockenen, so sagte Old Death, dessen scharfem Auge nicht so leicht etwas entgehen konnte:

»Da haben wir den Grund. Seht euch diese Linde an, deren Rinde von unten, so hoch wie ein Mann reichen kann, abgeschält ist! Und hier, was steckt da in der Erde?«

Er deutete auf den Boden nieder, in welchem zwei Reihen dünner Pflöcke steckten, die nicht stärker als ein Bleistift waren und auch die Länge eines solchen hatten.

»Was sollen diese Pflöcke?« fuhr Old Death fort. »In welcher Beziehung stehen sie zu der abgeschälten Rinde? Seht ihr nicht die kleinen, vertrockneten Bastschnitzel, welche zerstreut da herum liegen? Diese im Boden steckenden Pflöcke sind als Maschenhalter gebraucht worden. Habt ihr vielleicht einmal ein Knüpfbrett gesehen, mit dessen Hilfe man Netze, Tücher und dergleichen knüpft? Nicht? Nun, so ein Knüpfbrett haben wir vor uns, nur daß es nicht aus Holz und eisernen Stiften besteht. Die beiden Reiter haben aus Bast ein langes, breites Band geknüpft. Es ist zwei Ellen lang und sechs Zoll breit gewesen, wie man aus der Anordnung der Pflöcke ersehen kann, also schon mehr ein Gurt. Solche Bänder oder Gurten aus frischem Baste aber nehmen, wie ich weiß, die Indianer gern zum Verbinden von Wunden. Der saftige Bast legt sich kühlend auf die Wunde und zieht sich, wenn er trocken wird, so fest zusammen, daß er selbst einem verletzten Knochen leidlich Halt erteilt. Ich kalkuliere, daß wenigstens einer der beiden Reiter verwundet worden ist. Und nun schaut her ins feuchte Wasser! Sehr ihr die beiden muschelförmigen Vertiefungen des Grundsandes? Da haben sich die zwei Pferde im Wasser gewälzt. Das tun nur indianische Pferde. Man hatte ihnen die Sättel abgenommen, damit sie sich wälzen und erfrischen könnten, was man den Tieren nur dann erlaubt, wenn sie noch einen anstrengenden Weg vor sich haben. Wir dürfen also mit Sicherheit annehmen, daß die beiden Reiter sich hier nicht länger verweilt haben, als zur Anfertigung des Bastgurtes notwendig war, und dann weiter geritten sind. Das Resultat unserer Untersuchung ist also folgendes: Zwei Reiter auf indianischen Pferden, von denen wenigstens einer verwundet war, und die es so eilig hatten, daß sie drüben die Pferde nicht trinken ließen, weil sie hüben die Linde stehen sahen, deren Bast sie als Verband benutzen wollten. Nach Anlegung dieses Verbandes sind sie schnell wieder fortgeritten. Was folgt daraus, Mesch'schurs? Strengt Ihr einmal Euer Gehirn an!« forderte der Alte mich auf.

»Will es versuchen,« antwortete ich. »Aber Ihr dürft mich nicht auslachen, wenn ich nicht das Richtige treffe!«

»Fällt mir gar nicht ein! Ich betrachte Euch als meinen Schüler, und von einem Lehrlinge kann man doch kein ausgewachsenes Urteil verlangen.«

»Da die beiden Pferde indianische waren, so vermute ich, daß ihre Besitzer zu einem roten Stamme gehörten. Ich muß dabei an die Ereignisse in Fort Inge denken. Der eine der Apachen entkam, wurde aber verwundet. Winnetou ritt auch schleunigst davon, ist dem ersteren jedenfalls ohne Aufenthalt nachgefolgt und hat denselben, da er ein ausgezeichnetes Pferd besitzt, wohl bald eingeholt.«

»Nicht übel!« nickte Old Death. »Wißt Ihr noch etwas?«

»Ja. Es kam den beiden Apachen vor allen Dingen darauf an, so schnell wie möglich ihre Stammesgenossen zu erreichen, um ihnen die im Fort erlittene Schmach mitzuteilen und sie darauf aufmerksam zu machen, daß die Ankunft der feindlichen Comanchen baldigst zu erwarten sei. Daher ihre große Eile. Also haben sie sich erst hier Zeit genommen, die Wunde zu verbinden, zumal sie sich vorher gesagt haben, daß am Flusse wohl Bast zu finden sei. Und daher haben sie ihren Pferden nur die notwendigste Erfrischung gegönnt und sind dann sofort weiter geritten.«

»So ist es. Ich bin zufrieden mit Euch. Ich halte es für gar nicht zweifelhaft, daß es Winnetou mit dem entkommenen Friedensunterhändler war. Wir kommen freilich zu spät, um draußen im Grase ihre Fährte zu finden; aber ich kann mir denken, welche Richtung sie eingeschlagen haben. Sie mußten über den Rio Grande, grade wie wir, haben die gradeste Richtung eingeschlagen, was auch wir tun werden, und so kalkuliere ich, daß wir wohl noch auf irgend ein Zeichen von ihnen stoßen werden. Nun wollen wir uns nach einem Platze umsehen, an dem wir lagern können, denn morgen müssen wir möglichst zeitig aufbrechen.«

Sein geübtes Auge fand sehr bald eine passende Stelle, ein rund von Büschen umgebenes, offenes Plätzchen, dicht mit saftigem Grase bestanden, an welchem unsere Pferde sich gütlich tun konnten. Wir sattelten sie ab und pflockten sie an den Lassos an, welche wir aus La Grange mitgenommen hatten. Dann lagerten wir uns nieder und hielten von dem Reste unseres Speisevorrates ein bescheidenes Abendmahl. Auf meine Erkundigung, ob wir nicht ein Lagerfeuer anbrennen wollten, antwortete Old Death, indem er eine spöttisch pfiffige Miene zog:

»Habe diese Frage von Euch erwartet, Sir. Habt wohl früher manche schöne Indianergeschichte von Cooper und Anderen gelesen? Haben Euch wohl sehr gefallen, diese hübschen Sachen?«

»Ziemlich.«

»Hm, ja! Das liest sich so gut; das geht alles so glatt und reinlich. Man brennt sich die Pfeife oder die Zigarre an, setzt sich auf das Sofa, legt die Beine hoch und vertieft sich in das schöne Buch, welches der Leihbibliothekar geschickt hat. Aber lauft nur einmal selbst hinaus in den Urwald, in den fernen Westen! Da geht es wohl ein wenig anders zu, als es in solchen Büchern zu lesen ist. Cooper ist ein ganz tüchtiger Romanschreiber gewesen, und auch ich habe seine Lederstrumpferzählungen genossen; aber im Westen war er nicht. Er hat es ausgezeichnet verstanden, die Poesie mit der Wirklichkeit zu verbinden; aber im Westen hat man es eben nur mit der letzteren zu tun, und von der Poesie habe wenigstens ich noch keine Spur entdecken können. Da liest man von einem hübsch brennenden Lagerfeuer, an welchem eine saftige Büffellende gebraten wird. Aber ich sage Euch, wenn wir jetzt ein Feuerchen anzündeten, so würde der Brandgeruch jeden Indsman herbeilocken, welcher sich innerhalb einer um uns gezogenen Kreislinie befindet, deren Halbmesser von hier weg zwei englische Meilen beträgt.«

»Eine Stunde fast! Ist das möglich?«

»Werdet wohl noch erfahren, was für Nasen die Roten haben. Und wenn sie es nicht riechen sollten, so wittern es ihre Pferde, welche es ihnen durch jenes fatale Schnauben verraten, das den Tieren anerzogen ist und schon manchem Weißen das Leben gekostet hat. Darum meine ich, wir sehen heute von der Poesie eines Lagerfeuers ab.«

»Aber es steht doch wohl nicht zu befürchten, daß sich Indianer in unserer Nähe befinden, weil die Comanchen noch nicht unterwegs sein können. Bevor die Unterhändler heim gekommen sind und die dann ausgesendeten Boten die Krieger der verschiedenen Stämme zusammengeholt haben, muß eine leidliche Zeit vergehen.«

»Hm! Was so ein Greenhorn doch für kluge Reden halten kann! Leider habt Ihr dreierlei vergessen. Nämlich erstens befinden wir uns eben im Comanchengebiete. Zweitens sind ihre Krieger bereits bis hinüber ins Mexiko geschwärmt. Und drittens sind auch die Zurückgebliebenen nicht erst langsam zusammenzutrommeln, sondern jedenfalls längst versammelt und zum Kriegszuge gerüstet. Oder haltet Ihr die Comanchen für so dumm, die Abgesandten der Apachen zu töten, ohne zum sofortigen Aufbruche gerüstet zu sein? Ich sage Euch, der Verrat gegen diese Abgesandten war keineswegs eine Folge augenblicklichen Zornes; er war vorher überlegt und beschlossen. Ich kalkuliere, daß es am Rio Grande bereits Comanchen gibt, und befürchte, daß es Winnetou sehr schwer sein wird, unbemerkt an ihnen vorüber zu kommen.«

»So haltet Ihr es mit den Apachen?«

»Im Stillen, ja. Ihnen ist unrecht geschehen. Sie sind schändlich überfallen worden. Zudem habe ich grad für diesen Winnetou eine außerordentliche Sympathie. Aber die Klugheit verbietet uns, Partei zu ergreifen. Wollen uns gratulieren, wenn wir mit heiler Haut unser Ziel erreichen, und es uns ja nicht einfallen lassen, entweder mit der einen oder der andern Seite zu liebäugeln. Uebrigens habe ich keine allzu große Veranlassung, mich vor den Comanchen zu fürchten.

Sie kennen mich. Ich habe ihnen wissentlich niemals ein Leid getan und bin oft bei ihnen gewesen und ganz freundlich aufgenommen worden. Einer ihrer bekanntesten Häuptlinge, Oyo-koltsa, zu deutsch ›der weiße Biber‹, ist sogar mein besonderer Freund, dem ich einen Dienst geleistet habe, welchen nie zu vergessen er mir versprochen hat. Das geschah droben am Red River, wo er von einer Truppe Tschickasahs überfallen wurde und sicher Skalp und Leben hätte lassen müssen, wenn ich nicht dazugekommen wäre. Diese Freundschaft ist jetzt für uns von großer Wichtigkeit. Ich werde mich auf dieselbe berufen, wenn wir auf Comanchen stoßen und von ihnen feindselig behandelt werden sollten. Uebrigens sind wir fünf Männer, und ich hoffe, daß ein jeder von uns mit seinem Gewehre umzugehen versteht. Ehe ein Roter meine Kopfhaut samt der Frisur bekommt, müßten vorher ein Dutzend seiner Gefährten sich Billetts nach den ewigen Jagdgründen lösen. Wir müssen auf alle Fälle vorbereitet sein und uns grad so verhalten, als ob wir uns im feindlichen Lande befänden. Darum werden wir nicht alle fünf zugleich schlafen, sondern einer muß wachen, und die Wache wird von Stunde zu Stunde abgelöst. Wir losen mit Grashalmen von verschiedener Länge, um die Reihenfolge der Wache zu bestimmen. Das gibt fünf Stunden Schlafes, woran wir genug haben können.«

Er schnitt fünf Halme ab. Ich bekam die letzte Wache. Indessen war es Nacht und ganz dunkel geworden. So lange wir noch nicht schliefen, brauchten wir keine Wache, und zum Schlafen war keiner von uns aufgelegt. Wir steckten uns Zigarren an und erfreuten uns einer anregenden Unterhaltung, welche dadurch sehr interessant wurde, daß Old Death uns verschiedene seiner Erlebnisse erzählte. Ich bemerkte, daß er dieselben so auswählte, daß wir beim Zuhören lernen konnten. So verging die Zeit. Ich ließ die Uhr repetieren, sie gab halb elf an. Plötzlich hielt Old Death inne und lauschte aufmerksam. Eins unserer Pferde hatte geschnaubt, und zwar auf eine so eigenartige Weise, wie vor Aufregung und Angst, daß es auch mir aufgefallen war.

»Hm!« brummte er. »Was war denn das? Habe ich nicht recht gehabt, als ich zu Cortesio sagte, daß unsere beiden Klepper bereits in der Prairie gewesen seien? So schnaubt nur ein Tier, welches einen Westmann getragen hat. In der Nähe muß sich irgend etwas Verdächtiges befinden. Aber seht euch ja nicht um, Mesch'schurs! Zwischen dem Gebüsch ist es stockdunkel, und wenn man die Augen anstrengt, in solcher Finsternis etwas zu sehen, so erhalten sie, ohne daß man es ahnt, einen Glanz, welchen der Feind bemerken kann. Schaut also ruhig vor euch nieder! Ich selbst werde umherlugen und dabei den Hut ins Gesicht ziehen, damit meine Augen nicht leicht zu bemerken sind. Horcht! Abermals! Rührt euch nicht!«

Das Schnauben hatte sich wiederholt. Eins der Pferde – es war wohl das meinige – stampfte mit den Hufen, als ob es sich von dem Lasso reißen wollte. Wir schwiegen, was ich für ganz natürlich hielt. Aber Old Death flüsterte:

»Was fällt euch denn ein, jetzt so plötzlich still zu sein! Wenn jemand wirklich in der Nähe ist und uns belauscht, so hat er uns sprechen gehört und bemerkt nun aus dem Schweigen, daß uns das Schnauben des Pferdes aufgefallen ist und unsern Verdacht erregt hat. Also redet, redet weiter! Erzählt euch etwas, gleichviel, was es ist.«

Da aber sagte der Neger leise:

»Sam wissen, wo Mann sein. Sam haben sehen zwei Augen.«

»Gut! Aber schau nicht mehr hin, sonst sieht er auch deine Augen. Wo ist es denn?«

»Wo Sam haben anhängen sein Pferd, rechts bei den wilden Pflaumensträuchern. Ganz tief unten am Boden ganz schwach funkeln sehen zwei Punkte.«

»Gut! Ich werde mich in den Rücken des Mannes schleichen und ihn ein wenig beim Genick nehmen. Daß mehrere da sind, ist nicht zu befürchten, denn in diesem Falle würden sich unsere Pferde wohl ganz anders verhalten. Sprecht also laut fort! Das hat doppelten Nutzen, denn erstens denkt da der Mann, daß wir keinen Verdacht mehr haben, und zweitens verdeckt euer Sprechen das Geräusch, welches ich bei dieser Finsternis nur sehr schwer vermeiden kann.«

Er stand auf und verließ den Platz nach der entgegengesetzten Seite. Lange warf mir eine laute Frage hin, welche ich ebenso laut beantwortete. Daraus entspann sich ein Wortwechsel, welchem eine lustige Färbung zu geben ich mich bemühte, damit wir Grund zum Lachen bekamen. Lautes Lachen war wohl am geeignetsten, den Lauscher von unserer Sorglosigkeit zu überzeugen und ihn nichts von Old Deaths Annäherung hören zu lassen. Will und auch der Neger stimmten ein, und so waren wir wohl über zehn Minuten lang ziemlich laut, bis dann Old Deaths Stimme sich hören ließ:

»Holla! Schreit nicht länger wie Löwen! Es ist nicht mehr nötig, denn ich habe ihn. Werde ihn bringen.«

Wir hörten es dort, wo des Negers Pferd angepflockt stand, rascheln, und dann kam der Alte schweren Schrittes herbei, um die Last, welche er trug, vor uns niederzulegen.

»So!« sagte er. »Das war ein sehr leichter Kampf, denn der Lärm, den ihr machtet, war so bedeutend, daß dieser Indsman sogar ein Erdbeben mit allem, was dazu gehört, nicht hätte bemerken können.«

»Ein Indianer? So sind noch mehrere in der Nähe?«

»Möglich, aber nicht wahrscheinlich. Aber nun möchten wir doch ein wenig Licht haben, um uns den Mann ansehen zu können. Habe da vorn trockenes Laub und auch ein kleines verdorrtes Bäumchen gesehen. Werde es holen. Achtet einstweilen auf den Mann!«

»Er bewegt sich nicht. Ist er tot?«

»Nein, aber sein Bewußtsein ist ein wenig spazieren gegangen. Habe ihm mit seinem eigenen Gürtel die Hände auf den Rücken gebunden. Ehe die Besinnung ihm wiederkommt, werde auch ich zurück sein.«

Er ging, um das erwähnte Bäumchen abzuschneiden, welches wir, als er es gebracht hatte, mit den Messern zerkleinerten. Zündhölzer hatten wir, und so brannte bald ein kleines Feuer, dessen Schein hinreichte, den Gefangenen genau betrachten zu können. Das Holz war so trocken, daß es fast gar keinen Rauch verbreitete.

Jetzt sahen wir uns den Roten an. Er trug indianische Hosen mit Lederfransen, ein eben solches Jagdhemde und einfache Mokassins ohne alle Verzierung. Sein Kopf war glatt geschoren, so daß man auf der Mitte des Scheitels nur die Skalplocke stehen gelassen hatte. Sein Gesicht war mit Farbe bemalt, schwarze Querstriche auf gelbem Grunde. Seine Waffen und alles, was an seinem Ledergürtel gehangen hatte, waren ihm von Old Death genommen worden. Diese Waffen bestanden in einem Messer und Bogen mit ledernem Pfeilköcher. Die beiden letzteren Gegenstände waren mit einem Riemen zusammengebunden. Er lag bewegungslos und mit geschlossenen Augen da, als ob er tot sei.

»Ein einfacher Krieger,« sagte Old Death, »der nicht einmal den Beweis, daß er einen Feind erlegt hat, bei sich trägt. Er hat weder den Skalp eines von ihm Besiegten am Gürtel hängen, noch sind seine Leggins mit Menschenhaarfransen versehen. Nicht einmal einen Medizinbeutel trägt er bei sich. Er besitzt also entweder noch keinen Namen oder er hat ihn verloren, weil ihm seine Medizin abhanden gekommen ist. Nun ist er als Kundschafter verwendet worden, weil das eine gefährliche Sache ist, bei welcher er sich auszeichnen, einen Feind erlegen und also sich wieder einen Namen holen kann. Schaut, er bewegt sich. Er wird gleich zu sich kommen. Seid still!«

Der Gefangene streckte die Glieder und holte tief Atem. Als er fühlte, daß ihm die Hände gebunden waren, ging es wie ein Schreck durch seinen Körper. Er öffnete die Augen, machte einen Versuch, emporzuspringen, fiel aber wieder nieder. Nun starrte er uns mit glühenden Augen an. Als sein Blick dabei auf Old Death fiel, entfuhr es seinem Munde:

»Koscha-pehve!« Das ist ein Comanchenwort und heißt genau so viel wie Old Death = der ›alte Tod‹.

»Ja, ich bin es,« nickte der Scout. »Kennt mich der rote Krieger?«

»Die Söhne der Comanchen kennen den Mann, welcher

diesen Namen führt, sehr genau, denn er ist bei ihnen gewesen.«

»Du bist ein Comanche. Ich sah es an den Farben des Krieges, welche du im Gesichte trägst. Wie lautet dein Name?«

»Der Sohn der Comanchen hat seinen Namen verloren und wird nie wieder einen tragen. Er zog aus, ihn sich zu holen; aber er ist in die Hände der Bleichgesichter gefallen und hat Schimpf und Schande auf sich geladen. Er bittet die weißen Krieger, ihn zu töten. Er wird den Kriegsgesang anstimmen, und sie sollen keinen Laut der Klage hören, wenn sie seinen Leib am Marterpfahle rösten.«

»Wir können deine Bitte nicht erfüllen, denn wir sind Christen und deine Freunde. Ich habe dich gefangen genommen, weil es so dunkel war, daß ich nicht sehen konnte, daß du ein Sohn der mit uns in Frieden lebenden Comanchen bist. Du wirst am Leben bleiben und noch viele große Taten verrichten, so daß du dir einen Namen holst, vor welchem eure Feinde erzittern. Du bist frei.«

Er band ihm die Hände los. Ich hatte erwartet, daß der Comanche nun erfreut aufspringen werde; aber er tat es nicht, er blieb liegen, als ob er noch gefesselt sei, und sagte:

»Der Sohn der Comanchen ist doch nicht frei. Er will sterben. Stoß ihm dein Messer in das Herz!«

»Dazu habe ich keinen Anlaß und nicht die mindeste Lust. Warum soll ich dich töten?«

»Weil du mich überlistet und gefangen genommen hast. Wenn die Krieger der Comanchen es erfahren, werden sie mich von sich jagen und sagen: Erst hatte er die Medizin und den Namen verloren, und dann lief er in die Hände des Bleichgesichtes. Sein Auge ist blind und sein Ohr taub, und er wird niemals würdig sein, das Zeichen des Kriegers zu tragen.«

Er sagte das in so traurigem Tone, daß er mir wirklich leid tat. Ich konnte zwar nicht alle seine Worte verstehen, denn er sprach ein sehr mit Comanchen-Ausdrücken gespicktes Englisch; aber was ich nicht verstand, das suchte ich zu erraten.

»Unser roter Bruder trägt keine Schande auf seinem

Haupte,« sagte ich schnell, ehe Old Death antworten konnte. »Von einem berühmten Bleichgesichte, wie Koscha-pehve, überlistet zu werden, ist keine Schande, und übrigens werden die Krieger der Comanchen es nie erfahren, daß du unser Gefangener gewesen bist. Unser Mund wird darüber schweigen.«

»Und wird Koscha-pehve dies bestätigen?« fragte der Indianer.

»Sehr gern,« stimmte der Alte bei. »Wir werden tun, als ob wir uns ganz friedlich getroffen hätten. Ich bin euer Freund, und es ist kein Fehler von dir, wenn du offen zu mir trittst, sobald du erkannt hast, daß ich es bin.«

»Mein weißer, berühmter Bruder spricht Worte der Freude für mich. Ich traue seiner Rede und kann mich erheben, denn ich werde nicht mit Schimpf zu den Kriegern der Comanchen zurückkehren. Den Bleichgesichtern aber werde ich für ihre Verschwiegenheit dankbar sein, so lange meine Augen die Sonne sehen.«

Er erhob sich in sitzende Stellung und tat einen tiefen, tiefen Atemzug. Seinem dick beschmierten Gesichte war keine Gemütsbewegung anzusehen, aber doch bemerkten wir sofort, daß wir ihm das Herz sehr erleichtert hatten. Natürlich überließen wir es dem erfahrenen Scout, die Unterhaltung mit ihm fortzusetzen. Der Alte zögerte auch gar nicht, dies zu tun. Er sagte:

»Unser roter Freund hat gesehen, daß wir es gut mit ihm meinen. Wir hoffen, daß auch er uns als seine Freunde betrachten und also meine Fragen aufrichtig beantworten werde.«

»Koscha-pehve mag fragen. Ich sage nur die Wahrheit.«

»Ist mein indianischer Bruder allein ausgezogen, vielleicht nur, um einen Feind oder ein gefährliches, wildes Tier zu erlegen, damit er mit einem neuen Namen in sein Wigwam zurückkehre? Oder sind noch andere Krieger bei ihm?«

»So viele, wie Tropfen da im Flusse laufen.«

»Will mein roter Bruder damit sagen, daß sämtliche Krieger der Comanchen ihre Zelte verlassen haben?«

»Sie sind ausgezogen, um sich die Skalpe ihrer Feinde zu holen.«

»Welcher Feinde?«

»Der Hunde der Apachen. Es ist von den Apachen ein Gestank ausgegangen, welcher bis zu den Zelten der Comanchen gedrungen ist. Darum haben sie sich auf ihre Pferde gesetzt, um die Coyoten von der Erde zu vertilgen.«

»Haben sie vorher den Rat der alten, weisen Häuptlinge gehört?«

»Die betagten Krieger sind zusammengetreten und haben den Krieg beschlossen. Dann mußten die Medizinmänner den großen Geist befragen, und die Antwort Manitous ist befriedigend ausgefallen. Von den Lagerstätten der Comanchen bis zum großen Flusse, welchen die Bleichgesichter Rio Grande del Norte nennen, wimmelt es bereits von unsern Kriegern. Die Sonne ist viermal untergegangen, seit das Kriegsbeil von Zelt zu Zelt getragen wurde.«

»Und mein roter Bruder gehört zu einer solchen Kriegerschar?«

»Ja. Wir lagern oberhalb dieser Stelle am Flusse. Es wurden Kundschafter ausgesandt, um zu untersuchen, ob die Gegend sicher sei. Ich ging abwärts und kam hierher, wo ich die Pferde der Bleichgesichter roch. Ich kroch zwischen die Büsche, um ihre Zahl zu erfahren; da aber kam Koschapehve über mich und tötete mich für kurze Zeit.«

»Das ist vergessen, und niemand soll davon sprechen. Wie viele Krieger der Comanchen sind es, welche da oben lagern?«

»Es sind ihrer grad zehnmal zehn.«

»Und wer ist ihr Anführer?«

»Avat-vila[1], der junge Häuptling.«

»Den kenne ich nicht und habe seinen Namen noch niemals gehört.«

»Er hat diesen Namen erst vor wenigen Monaten erhalten, weil er in den Bergen den grauen Bären getötet hatte und des-

[1] Der große Bär.

sen Fell und Klauen mitbrachte. Er ist der Sohn von Oyokoltsa, den die Bleichgesichter den ›weißen Biber‹ nennen.«

»O, den kenne ich. Er ist mein Freund.«

»Ich weiß es, denn ich habe dich bei ihm gesehen, als du der Gast seines Zeltes warst. Sein Sohn, der ›große Bär‹, wird dich freundlich empfangen.«

»Wie weit ist der Ort von hier entfernt, an welchem er mit seinen Kriegern lagert?«

»Mein weißer Bruder wird nicht die Hälfte der Zeit reiten, welche er eine Stunde nennt.«

»So werden wir ihn bitten, seine Gäste sein zu dürfen. Mein roter Freund mag uns führen.«

Nach kaum fünf Minuten saßen wir auf und ritten fort; der Indianer schritt uns voran. Er führte uns erst unter den Bäumen hinaus bis dahin, wo das Terrain offen war, und nun wendete er sich flußaufwärts.

Nach einer guten Viertelstunde tauchten mehrere dunkle Gestalten vor uns auf. Es waren die Lagerposten. Der Führer wechselte einige Worte mit ihnen und entfernte sich dann. Wir aber mußten halten bleiben. Nach einiger Zeit kehrte er zurück, um uns zu holen. Es war stockdunkel. Der Himmel hatte sich getrübt, und kein Stern war mehr zu erkennen. Ich schaute fleißig nach rechts und nach links, konnte aber nichts erkennen. Nun mußten wir wieder anhalten. Der Führer sagte:

»Meine weißen Brüder mögen sich nicht mehr vorwärts bewegen. Die Söhne der Comanchen brennen während eines Kriegszuges kein Feuer an, aber jetzt sind sie überzeugt, daß sich kein Feind in der Nähe befindet, und so werden sie Feuer machen.«

Er huschte fort. Nach wenigen Augenblicken sah ich ein glimmendes Pünktchen, so groß wie eine Stecknadelkuppe.

»Das ist Punks,« erklärte Old Death.

»Was ist Punks?« erkundigte ich mich, indem ich mich unwissend stellte.

»Das Prairiefeuerzeug. Zwei Hölzer, ein breites und ein dünnes, rundes. Das breite hat eine kleine Vertiefung, welche mit Punks, d.h. mit trockenem Moder aus hohlen, ausgefaulten Bäumen gefüllt wird. Das ist der beste Zunder, den es gibt. Das dünne Stäbchen wird dann auch in die Vertiefung auf den Moder gesetzt und mit beiden Händen schnell wie ein Quirl bewegt. Durch diese Reibung erhitzt und entzündet sich der Zunder. Seht!«

Ein Flämmchen flackerte auf und ward zur großen, von einem trockenen Laubhaufen genährten Flamme. Doch bald sank sie wieder nieder, denn der Indianer duldet keinen weit leuchtenden Feuerschein. Es wurden Aststücke angelegt und zwar rund im Kreise, so daß sie mit einem Ende nach dem Mittelpunkte zeigten. Auf diesem Zentrum brannte das Feuer, welches auf diese Weise leicht zu regeln war, denn je nachdem man das Holz näher heran oder zurückschob, wurde das Feuer groß oder kleiner. Als das Laub hoch aufflammte, sah ich, wo wir uns befanden. Wir hielten unter Bäumen und waren rings von Indianern umgeben, welche ihre Waffen in den Händen hielten. Nur einige wenige hatten Gewehre, die andern waren mit Lanzen, Pfeilen und Bogen bewaffnet. Alle aber trugen Tomahawks, jenes fürchterliche Kriegsbeil der Indianer, welches in der Hand eines geübten Kriegers eine weit gefährlichere Waffe ist, als man gewöhnlich annimmt. Als das Feuer geregelt war, erhielten wir die Weisung, abzusteigen. Man führte unsere Pferde fort, und nun befanden wir uns in der Gewalt der Roten, denn ohne Pferde war in dieser Gegend nichts zu machen. Zwar hatte man uns die Waffen nicht abverlangt, aber fünf gegen hundert ist kein sehr erquickliches Verhältnis.

Wir durften zum Feuer treten, an welchem ein einzelner Krieger saß. Man konnte ihm nicht ansehen, ob er jung oder alt war, denn auch sein Gesicht war über und über gefärbt und zwar ganz in denselben Farben und in derselben Weise wie dasjenige des Kundschafters. Sein Haar hatte er in einen hohen Schopf geflochten, in welchem die Feder des weißen Kriegsadlers steckte. An seinem Gürtel hingen zwei Skalpe, und an einer um seinen Hals gehenden Schnur waren der Medizinbeutel und das Kalumet, die Friedenspfeife, befestigt.

Quer über seinen Knieen lag die Flinte, ein altes Ding von anno zwanzig oder dreißig. Er blickte uns nacheinander aufmerksam an. Den Schwarzen schien er nicht zu sehen, denn der rote Mann verachtet den Neger.

»Der tut stolz,« sagte Old Death in deutscher Sprache, um von den Roten nicht verstanden zu werden. »Wir wollen ihm zeigen, daß auch wir Häuptlinge sind. Setzt euch also auch, und laßt mich reden!«

Er setzte sich dem Häuptlinge gegenüber, und wir taten dasselbe. Nur Sam blieb stehen, denn er wußte, daß er als Schwarzer sein Leben wage, wenn er den Vorzug der Häuptlinge, am Feuer zu sitzen, auch für sich in Anspruch nehme.

»Uff!« rief der Indianer zornig, und stieß noch mehrere Worte hervor, welche ich indessen nicht verstand.

»Verstehst du die Sprache der Bleichgesichter?« fragte Old Death den Indsman.

»Avat-vila versteht sie; aber er spricht sie nicht, weil es ihm nicht beliebt,« antwortete der Häuptling, wie Old Death uns augenblicklich übersetzte.

»Ich bitte dich aber, sie jetzt zu sprechen!«

»Warum?«

»Weil meine Gefährten die Sprache der Comanchen nicht verstehen und doch auch wissen müssen, was gesprochen wird.«

»Sie befinden sich bei den Comanchen und haben sich der Sprache derselben zu bedienen. Das fordert die Höflichkeit.«

»Du irrst. Sie können sich keiner Sprache bedienen, welche sie nicht kennen. Das siehst du wohl ein. Und sie befinden sich hier als Gäste der Comanchen. Also haben sie die Höflichkeit zu fordern, welche du von ihnen verlangst. Du kannst englisch sprechen. Wenn du es nicht redest, so glauben sie nicht, daß du es kannst.«

»Uff!« rief er. Und dann fuhr er in gebrochenem Englisch fort: »Ich habe gesagt, daß ich es kann, und ich lüge nicht. Wenn sie es nicht glauben, so beleidigen sie mich, und ich lasse sie töten! Warum habt ihr es gewagt, euch zu mir zu setzen?«

»Weil wir als Häuptlinge das Recht dazu haben.«

»Wessen Häuptling bist du?«

»Der Häuptling der Scouts.«

»Und dieser?« Dabei deutete er auf Lange.

»Der Häuptling der Schmiede, welche Waffen verfertigen.«

»Und dieser?« Er meinte Will.

»Dieser ist sein Sohn und macht Schwerter, mit denen man die Köpfe spaltet, auch Tomahawks.«

Das schien zu imponieren, denn der Rote sagte:

»Wenn er das kann, so ist er ein sehr geschickter Häuptling. Und dieser da?« Er nickte gegen mich hin.

»Dieser berühmte Mann ist aus einem fernen Lande weit über das Meer herübergekommen, um die Krieger der Comanchen kennen zu lernen. Er ist ein Häuptling der Weisheit und Kenntnis aller Dinge und wird nach seiner Rückkehr Tausenden erzählen, was für Männer die Comanchen sind.«

Das schien über das Begriffsvermögen des Roten zu gehen. Er betrachtete mich sehr sorgsam und sagte dann:

»So gehört er unter die klugen und erfahrenen Männer? Aber sein Haar ist nicht weiß.«

»In jenem Lande werden die Söhne gleich so klug geboren, wie hier die Alten.«

»So muß der große Geist dieses Land sehr lieb haben. Aber die Söhne der Comanchen bedürfen seiner Weisheit nicht, denn sie sind selbst klug genug, um zu wissen, was zu ihrem Glücke erforderlich ist. Die Weisheit scheint nicht mit ihm in dieses Land gekommen zu sein, weil er es wagt, unsern Kriegspfad zu kreuzen. Wenn die Krieger der Comanchen den Tomahawk ausgegraben haben, dulden sie keine weißen Männer bei sich.«

»So scheinst du nicht zu wissen, was eure Abgesandten in Fort Inge gesagt haben. Sie haben versichert, daß sie nur mit den Apachen Krieg führen wollen, aber den Bleichgesichtern freundlich gesinnt bleiben werden.«

»Sie mögen halten, was sie gesagt haben, ich aber war nicht dabei.«

Er hatte bisher in einem sehr feindlichen Tone gesprochen; Old Death hatte seine Antworten in freundlicher Weise gegeben. Jetzt hielt er es für geraten, seinen Ton zu ändern, und fuhr zornig auf:

»So sprichst du? Wer bist du denn eigentlich, daß du es wagst, zu Koscha-pehve solche Worte zu sagen? Warum hast du mir deinen Namen nicht genannt? Hast du einen? Wenn nicht, so nenne mir denjenigen deines Vaters!«

Der Häuptling schien vor Erstaunen über diese Kühnheit ganz starr zu sein, sah dem Sprecher eine lange, lange Weile unverwandt in das Gesicht und antwortete dann:

»Mann! Soll ich dich zu Tode martern lassen?«

»Das wirst du bleiben lassen!«

»Ich bin Avat-vila, der Häuptling der Comanchen.«

»Avat-vila? Der ›große Bär‹? Als ich den ersten Bären erlegte, war ich ein Knabe und seit jener Zeit habe ich so viele Grizzlys getötet, daß ich meinen ganzen Körper mit ihren Klauen behängen könnte. Wer einen Bären erlegt hat, der ist in meinen Augen noch kein großer Held.«

»So sieh die Skalpe an meinem Gürtel!«

»*Pshaw!* Hätte ich allen denen, welche ich besiegte, die Skalplocke genommen, so könnte ich deine ganze Kriegerschar mit denselben schmücken. Auch das ist nichts!«

»Ich bin der Sohn von Oyo-koltsa, dem großen Häuptlinge!«

»Das will ich eher als eine Empfehlung gelten lassen. Ich habe mit dem ›weißen Biber‹ die Pfeife des Friedens geraucht. Wir schworen einander, daß seine Freunde auch die meinigen, meine Freunde auch die seinigen sein sollten, und haben stets Wort gehalten. Hoffentlich ist sein Sohn ebenso gesinnt, wie der Vater!«

»Du redest eine kühne Sprache. Hältst du die Krieger der Comanchen für Mäuse, welche der Hund anzubellen wagt, wie es ihm beliebt?«

»Wie sagst du? Hund? Hältst du Old Death für einen Hund, den man nach Belieben prügeln darf? Dann würde ich dich augenblicklich nach den ewigen Jagdgründen senden!«

»Uff! Hier stehen hundert Männer!«

Er zeigte mit der Hand ringsum.

»Gut!« erwiderte der Alte. »Aber hier sitzen wir, und wir zählen ebensoviel wie deine hundert Comanchen. Sie alle können nicht verhüten, daß ich dir eine Kugel in den Leib jage. Und dann würden wir auch mit ihnen ein Wort reden. Sieh her! Hier habe ich zwei Revolver. In jedem stecken sechs Kugeln. Meine vier Gefährten sind ebenso bewaffnet, das gibt sechzig Kugeln, und sodann haben wir noch die Büchsen und Messer. Bevor wir überwunden würden, müßte die Hälfte deiner Krieger sterben.«

So war mit dem Häuptling noch nicht gesprochen worden. Fünf Männer gegen hundert! Und doch trat der Alte in dieser Weise auf! Das schien dem Roten unbegreiflich, und darum sagte er:

»Du mußt eine starke Medizin besitzen!«

»Ja, ich habe eine Medizin, ein Amulett, welches bisher jeden meiner Feinde in den Tod geschickt hat, und so wird es auch bleiben. Ich frage dich, ob du uns als Freund anerkennen willst oder nicht!«

»Ich werde mich mit meinen Kriegern beraten.«

»Ein Häuptling der Comanchen muß seine Leute um Rat fragen? Das habe ich bisher nicht geglaubt. Weil du es aber sagst, so muß ich es glauben. Wir sind Häuptlinge, welche tun, was ihnen beliebt. Wir haben also mehr Ansehen und Macht als du und können folglich nicht mit dir am Feuer sitzen. Wir werden unsere Pferde besteigen und davonreiten.«

Er stand auf, noch immer die beiden Revolver in der Hand. Auch wir erhoben uns. Der ›große Bär‹ fuhr von seinem Sitze auf, als ob er von einer Natter gestochen worden sei. Seine Augen flammten und seine Lippen öffneten sich, so daß man die weißen Zähne sehen konnte. Er kämpfte sicherlich einen harten Kampf mit sich selbst. Im Falle eines Kampfes hätten wir die Kühnheit des Alten mit dem Leben bezahlen müssen; aber ebenso sicher war es, daß mehrere oder gar viele der Comanchen von uns getötet oder verwundet wurden. Der junge Häuptling wußte, welch eine furchtbare Waffe so eine Drehpistole ist, und daß er der erste sein würde, den die Kugel treffen müsse. Er war seinem Vater verantwortlich für alles, was geschah, und wenn auch bei den Indianern niemals ein Mann zur Heeresfolge gezwungen wird – folgt er einmal, so ist er einer eisernen Disziplin und unerbittlichen Gesetzen unterworfen. Der Vater stößt seine eigenen Söhne in den Tod. Hat sich einer als feig im Kampfe oder als unfähig erwiesen, als zu wenig kraftvoll, sich selbst zu beherrschen und die Rücksicht für das Allgemeine über seinen persönlichen Regungen stehen zu lassen, so verfällt er der allgemeinen Verachtung, kein anderer Stamm, selbst kein feindlicher, nimmt ihn auf; er irrt ausgestoßen in der Wildnis umher und kann sich nur dadurch einigermaßen wieder einen guten Namen machen, daß er in die Nähe seines Stammes zurückkehrt und sich selbst den langsamsten, qualvollsten Tod gibt, um wenigstens zu beweisen, daß er Schmerzen zu ertragen weiß. Das ist das einzige Mittel, sich den Weg in die ewigen Jagdgründe offen zu halten. Der Gedanke an diese Jagdgründe ist es, welcher den Indianer zu allem treibt, dessen ein Anderer unfähig wäre.

Diese Erwägungen mochten jetzt durch die Seele des Roten gehen. Sollte er uns ermorden lassen, um dann seinem Vater sagen oder, falls er fiel, durch die Ueberlebenden wissen lassen zu müssen, daß er unfähig gewesen sei, sich zu beherrschen, daß er, um den Häuptling zu spielen, dem Freunde seines Vaters das Gastrecht verweigert und ihn und dessen Genossen wie Coyoten angeschnauzt habe? Auf solche Erwägungen hatte Old Death sicher gerechnet. Sein Gesicht zeigte nicht die mindeste Sorge, als er jetzt vor dem Roten stand, die Finger am Drücker der beiden Revolver und ihm fest in die zornblitzenden Augen schauend.

»Fort wollt ihr?« rief der Indianer. »Wo sind eure Pferde? Ihr werdet sie nicht bekommen! Ihr seid umzingelt!«

»Und du mit uns! Denk an das Angesicht des ›weißen Bibers‹! Wenn meine Kugel dich trifft, so wird er nicht sein Haupt verhüllen und die Totenklage über dich anstimmen, sondern er wird sagen: Ich habe keinen Sohn gehabt. Der von Old Death erschossen wurde, war ein unerfahrener Knabe, welcher meine Freunde nicht achtete und nur der Stimme seines Unverstandes gehorchte. Die Schatten derer, welche wir mit dir töten, werden dir den Eintritt in die ewigen Jagdgründe verwehren, und die alten Weiber werden ihren zahnlosen Mund öffnen, um den Anführer zu verspotten, welcher das Leben der ihm anvertrauten Krieger nicht schonte, weil er sich nicht selbst regieren konnte. Sieh, wie ich hier stehe! Sehe ich aus, als ob ich mich fürchte? Ich spreche nicht aus Angst so zu dir, sondern weil du der Sohn meines roten Bruders bist, von dem ich wünsche, daß er seine Freude an dir haben möge. Nun entscheide! Ein falsches Wort an die Deinen, eine falsche Bewegung von dir, und ich schieße; der Kampf beginnt!«

Der Häuptling stand wohl noch eine volle Minute völlig bewegungslos. Man sah ihm nicht an, was in seinem Innern vorging, denn die Farbe lag ihm dick wie Kleister auf dem Gesicht. Plötzlich aber ließ er sich langsam nieder, nestelte das Kalumet von der Schnur und sagte:

»Der ›große Bär‹ wird mit den Bleichgesichtern die Pfeife des Friedens rauchen.«

»Daran tust du wohl. Wer mit den Scharen der Apachen kämpfen will, darf sich nicht auch die Weißen zu Feinden machen.«

Wir setzten uns auch wieder.

Der ›große Bär‹ zog seinen Beutel aus dem Gürtel und stopfte die Pfeife mit Kinnikinnik, das ist mit wilden Hanfblättern vermischter Tabak. Er zündete denselben an, erhob sich wieder, hielt eine kurze Rede, welche ich vergessen habe, in welcher aber die Ausdrücke Friede, Freundschaft, weiße Brüder sehr häufig vorkamen, tat sechs einzelne Züge, stieß den Rauch gegen den Himmel, die Erde und die vier Windrichtungen und reichte die Pfeife dann Old Death. Dieser hielt auch eine sehr freundschaftliche Rede, tat dieselben Züge und gab die Pfeife mir mit dem Bemerken, daß er für uns alle gesprochen habe und wir nur die sechs Züge nachzuahmen hätten. Dann ging das Kalumet zu Lange und dessen Sohn. Sam wurde übergangen, denn die Pfeife wäre nie wieder an den Mund eines Indianers gekommen, wenn ein

Schwarzer daraus geraucht hätte. Doch war der Neger natürlich in unsern Friedensbund mit einbegriffen. Als diese Zeremonie vorüber war, setzten sich die Comanchen, welche bisher gestanden hatten, in einem weiten Kreise um uns nieder, und der Kundschafter mußte heran, um zu erzählen, wie er uns getroffen habe. Er stattete seinen Bericht ab und ließ dabei unerwähnt, daß er von Old Death gefangen genommen worden sei. Als er wieder abgetreten war, ließ ich Sam zu den Pferden führen, um mir Zigarren zu holen. Natürlich bekam von den Comanchen niemand als nur der Häuptling eine, denn es hätte meiner ›Häuptlingsehre‹ geschadet, wenn ich mich gegen gewöhnliche Krieger so brüderlich verhalten hätte. Der ›große Bär‹ schien zu wissen, was eine Zigarre für ein Ding ist. Sein Gesicht zog sich ganz entzückt in die Breite, und als er sie ansteckte, stieß er bei den ersten Zügen ein Grunzen aus, wie ich es ähnlich dann gehört hatte, wenn sich eines jener bekannten lieblichen Tiere, von denen die Prager und westfälischen Schinken stammen, einmal recht urbehaglich an der Ecke des Stalles reibt. Dann fragte er uns in außerordentlich freundlicher Weise nach dem eigentlichen Zwecke unsers Rittes. Old Death hielt es nicht für notwendig, ihm die Wahrheit zu sagen, sondern erklärte ihm bloß, daß wir einige weiße Männer ereilen wollen, welche nach dem Rio Grande seien, um nach Mexiko zu gehen.

»Da können meine weißen Brüder mit uns reiten,« meinte der Rote. »Wir brechen auf, sobald wir die Fährte eines Apachen gefunden haben, welche wir suchen.«

»Und aus welcher Richtung soll dieser Mann gekommen sein?«

»Er war da, wo die Krieger der Comanchen mit den Aasgeiern der Apachen sprachen. Die Weißen nennen den Ort Fort Inge. Er sollte getötet werden, aber er entkam. Doch hat er dabei einige Kugeln erhalten, so daß er nicht lange im Sattel hat bleiben können. Er muß hier in dieser Gegend stekken. Haben vielleicht meine weißen Brüder eine Fährte bemerkt?«

Es war klar, daß er den Apachen meinte, welchen Winnetou über den Fluß geführt und dort verbunden hatte. Von dem Letzteren wußte er gar nichts.

»Nein,« antwortete Old Death, und er sagte damit auch keine Lüge, denn wir hatten keine Fährte, sondern nur einige Stapfen im Flusse gesehen. Es konnte uns natürlich nicht einfallen, Winnetou zu verraten.

»So muß dieser Hund tiefer abwärts am Flusse stecken. Weiter hat er nicht reiten können, wegen seiner Wunden, und weil die Krieger der Comanchen bereit standen, die Apachen diesseits des Flusses zu empfangen, falls sie vom Fort Inge entkommen sollten.«

Das klang ziemlich gefährlich für Winnetou. Ich war freilich der Ueberzeugung, daß die Comanchen die Spur im Flusse nicht finden würden, da unsere Pferde dieselbe ausgetreten hatten; aber wenn sie bereits seit vier Tagen in dieser Gegend hielten, so war leicht zu vermuten, daß die beiden Apachen einer Abteilung von ihnen in die Hände gefallen seien. Daß der ›große Bär‹ nichts davon wußte, war noch kein Beweis, daß es nicht geschehen sei. Der schlaue Scout, welcher an alles dachte, machte die Bemerkung:

»Wenn meine roten Brüder suchen, so werden sie die Stelle finden, an welcher wir über den Fluß gekommen sind und einen Baum abgeschält haben. Ich habe eine alte Wunde, welche aufgebrochen ist, und mußte sie mit Bast verbinden. Das ist ein vortreffliches Mittel, welches mein roter Bruder sich merken mag.«

»Die Krieger der Comanchen kennen dieses Mittel, und sie wenden es stets an, wenn sie sich in der Nähe eines Waldes befinden. Mein weißer Bruder hat mir nichts Neues gesagt.«

»So will ich wünschen, daß die tapfren Krieger der Comanchen keine Veranlassung finden, dieses Mittel viel in Anwendung zu bringen. Ich wünsche ihnen Sieg und Ruhm, denn ich bin ihr Freund, und darum tut es mir leid, daß ich nicht bei ihnen bleiben kann. Sie haben hier nach der Fährte zu suchen, wir aber müssen schnell reiten, um die weißen Männer zu ereilen.«

»So werden meine weißen Brüder auf den ›weißen Biber‹

treffen, welcher sich freuen wird, sie zu sehen. Ich werde ihnen einen Krieger mitgeben, welcher sie zu ihm führen mag.«

»Wo befindet sich dein Vater, der berühmte Häuptling?«

»Wenn ich Old Death diese Frage beantworten will, so muß ich die Orte so benennen, wie die Bleichgesichter es tun. Wenn meine Brüder von hier aus nach Untergang reiten, so kommen sie an den Nebenfluß des Nueces, welcher Turkey-Creek, der Arm des Truthahns, genannt wird. Sodann müssen sie über den Chico-Creek, von wo an sich eine große Wüste bis zum Elm-Creek erstreckt. In dieser Wüste schweifen die Krieger des ›weißen Bibers‹, um niemand über die Furt zu lassen, welche oberhalb des Eagle-Paß über den Rio del Norte geht.«

»Teufel!« entfuhr es dem Scout, doch setzte er schnell hinzu: »Das ist genau der Weg, welchen wir einschlagen müssen! Mein roter Bruder hat uns durch seine Mitteilung außerordentlich erfreut, und ich bin ganz glücklich, den ›weißen Biber‹ wieder sehen zu können. Jetzt aber werden wir uns zur Ruhe begeben, um zeitig munter zu sein.«

»So werde ich meinen Brüdern selbst den Platz anweisen, an welchem sie sich niederlegen sollen.«

Er stand auf und führte uns zu einem starken, dicht belaubten Baume, unter welchem wir schlafen sollten. Dann ließ er unsere Sättel herbeiholen und die Decken dazu. Er war ein ganz Anderer geworden, seit er das Kalumet mit uns geraucht hatte. Als er wieder fort war, untersuchten wir die Satteltaschen. Es fehlte uns nicht der geringste Gegenstand, was ich sehr anerkennenswert fand. Wir machten die Sättel zu Kopfkissen und legten uns nebeneinander, uns in die Decken hüllend. Bald kamen die Comanchen auch, und wir bemerkten trotz der Dunkelheit, daß sie, sich zur Ruhe legend, einen Kreis um uns bildeten.

»Das darf keinen Verdacht bei uns erwecken,« meinte Old Death. »Sie tun das, um uns in ihren Schutz zu nehmen, nicht aber, um uns etwa an der Flucht zu verhindern. Hat man einmal mit einem Roten die Friedenspfeife geraucht, so kann man sich auf ihn verlassen. Wollen indessen sehen, daß wir von ihnen fortkommen. Habe ihnen einen tüchtigen Bären aufgebunden wegen Winnetou, denn ich mußte sie von seiner Fährte wegbringen. Aber ich kalkuliere, daß es ihm sehr, sehr schwer geworden sein wird, über den Rio Grande zu kommen. Ein Anderer brächte es nicht fertig. Ihm allein traue ich es zu. Aber doppelt bedenklich ist die Sache, da er einen Verwundeten mit hat. Zu solchen Beratungen werden gewöhnlich die erfahrensten Leute gesandt. Darum kalkuliere ich, daß der Mann alt ist. Rechnen wir das Wundfieber dazu, welches er, besonders bei so einem Parforceritte, bekommen muß, so ist es mir um ihn und Winnetou himmelangst. Na, nun wollen wir schlafen. Gute Nacht!«

Er wünschte Gute Nacht! Ich fand sie aber nicht, denn von Schlaf war bei mir keine Rede, die Sorge um Winnetou ließ mich keine Ruhe finden. Infolgedessen war ich schon munter, oder vielmehr noch immer munter, als sich der Osten zu lichten begann. Ich weckte die Gefährten. Sie erhoben sich völlig geräuschlos, aber sofort standen auch sämtliche Indianer um uns. Jetzt am Tage waren die Rothäute besser zu betrachten als am Abend beim Scheine des spärlichen Feuers. Es überkam mich eine Art von Gruseln, als ich die abscheulich bemalten Gesichter und die abenteuerlich gekleideten Gestalten erblickte. Nur wenige von ihnen hatten ihre Blöße vollständig bedeckt. Viele von ihnen waren mit armseligen Lumpen behangen, welche von Ungeziefer zu strotzen schienen, aber alle waren starke, kräftige Gestalten, wie ja grad der Stamm der Comanchen als derjenige bekannt ist, welcher die schönsten Männer hat. Von den Frauen darf man in dieser Beziehung freilich nicht reden. Die Squaw ist die verachtete Sklavin des Roten.

Der Häuptling fragte uns, ob wir ›speisen‹ wollten, und brachte uns wirklich einige Stücke sehniges Fleisch, welches vom Pferde stammte und ›zugeritten‹ war. Wir dankten unter dem Vorgeben, daß wir noch mit Vorrat versehen seien, obgleich derselbe nur noch aus einem ziemlich kleinen Stücke Schinken bestand. Auch den Mann, welcher uns begleiten sollte, stellte er uns vor, und es bedurfte keiner geringen diplomatischen Kunst des Scout, ihn davon abzubringen. Er verzichtete endlich darauf, als der Alte ihm erklärte, daß es eine Beleidigung für solche weiße Krieger sei, ihnen einen Führer mitzugeben. Das tue man Knaben oder unerfahrenen und ungeschickten Männern an. Wir würden die Schar des ›weißen Bibers‹ schon zu finden wissen. Nachdem wir noch unsere Ziegenschläuche mit Wasser gefüllt und einige Bündel Gras für unsere Pferde aufgeschnallt hatten, brachen wir nach einigen kurzen Abschiedsworten auf. Auf meiner Uhr war es vier.

Erst ritten wir langsam, um die Pferde in den Gang kommen zu lassen. Wir hatten noch grasigen Boden, doch wurde der Rasen immer dünner und unansehnlicher, hörte endlich ganz auf, und Sand trat an seine Stelle. Als wir die Bäume des Flußufers hinter uns nicht mehr sehen konnten, war es, als ob wir uns in der Sahara befänden: eine weite Ebene ohne die geringste Bodenerhebung, Sand, nichts als Sand und über uns die Sonne, die trotz der frühen Morgenstunde schon stechend niederschien.

»Nun können wir bald einen schnelleren Trab anschlagen,« meinte Old Death. »Wir müssen uns besonders am Vormittage sputen, weil wir da die Sonne hinter uns haben. Unser Weg geht genau nach Westen. Nachmittags scheint sie uns in das Gesicht; das strengt mehr an.«

»Kann man in dieser eintönigen Ebene, welche gar kein Merkzeichen bietet, nicht die Richtung verlieren?« fragte ich als angebliches Greenhorn.

Old Death ließ ein mitleidiges Lachen hören und antwortete:

»Das ist schon wieder eine Eurer berühmten Fragen, Sir. Die Sonne ist der sicherste Wegweiser, den es gibt. Unser nächstes Ziel ist der Turkey-Creek, ungefähr sechzehn Meilen von hier. Wenn es Euch recht ist, werden wir ihn in wenig über zwei Stunden erreichen.«

Der Scout ließ sein Pferd erst in Trab und dann in Galopp fallen, und wir taten dasselbe. Von jetzt an wurde nicht gesprochen. Jeder war darauf bedacht, seinem Pferde die Last zu erleichtern und es nicht durch unnötige Bewegungen anzustrengen. Eine Stunde verging, noch eine, während welcher wir die Tiere zuweilen eine Strecke weit Schritt gehen ließen, damit sie verschnaufen konnten. Da deutete Old Death vor sich hin und sagte zu mir:

»Seht nach Eurer Uhr, Sir! Zwei Stunden und fünf Minuten sind wir geritten, und da haben wir den Nueces vor uns. Stimmt es?«

Es stimmte allerdings.

»Ja, seht,« fuhr er fort, »das Zifferblatt liegt unsereinem sozusagen in den Gliedern. Ich will Euch sogar in finsterer Nacht sagen, wie viel Uhr es ist, und werde höchstens um einige Minuten fehlen. Das lernt Ihr nach und nach auch.«

Ein dunkler Streifen bezeichnete den Lauf des Flusses, doch waren keine Bäume, sondern nur Büsche vorhanden. Wir fanden leicht eine zum Uebergange passende Stelle und kamen dann an den Turkey-Creek, welcher in dieser Gegend in den Rio Nueces mündet. Er hatte fast gar kein Wasser. Von da ging es nach dem Chico-Creek, den wir kurz nach neun Uhr erreichten. Sein Bett war ebenfalls fast trocken. Es gab nur hier und da eine schmutzige Lache, aus welcher ein armseliger Wasserfaden abwärts floß. Bäume oder Strauchwerk waren gar nicht vorhanden, und das spärliche Gras zeigte sich ganz vertrocknet. Am andern Ufer stiegen wir ab und gaben den Pferden Wasser aus den Schläuchen. Als Eimer wurde Will Langes Hut benutzt. Das mitgenommene Gras wurde von den Tieren schnell verzehrt, und dann ging es nach einer halbstündigen Rast wieder vorwärts nach dem Elm-Creek, unserm letzten Ziele. Auf dieser letzten Strecke zeigte sich, daß die Pferde ermüdet waren. Die kurze Rast hatte sie nur wenig gestärkt, und wir mußten im Schritt reiten.

Es wurde Mittag. Die Sonne brannte mit fast versengender Glut hernieder, und der Sand war heiß und so tief, daß die Pferde in demselben förmlich wateten. Das erschwerte das Vorwärtskommen. Gegen zwei Uhr stiegen wir abermals ab, um den Pferden den Rest des Wassers zu geben. Wir selbst tranken nicht. Old Death litt es nicht. Er war der Meinung, daß wir den Durst viel leichter als sie ertragen könnten, die uns durch diesen Sand zu schleppen hätten.

»Uebrigens,« fügte er schmunzelnd hinzu, »habt ihr euch brav gehalten. Ihr wißt gar nicht, welche Strecken wir zurückgelegt haben. Ich sagte, daß wir erst am Abend am Elm-Creek sein wollten, aber wir werden ihn bereits nach zwei Stunden erreichen. Das ist ein Stückchen, welches uns nicht leicht Einer mit solchen Pferden nachmachen wird.«

Nun bog der Alte ein wenig von der westlichen Richtung nach Süden ab und fuhr fort:

»Ein wahres Wunder ist es, daß wir noch nicht auf die Fährte eines Comanchen gekommen sind. Sie haben sich jedenfalls mehr nach dem Flusse hingezogen. Welch eine Dummheit von ihnen, so lange Zeit nach dem entkommenen Apachen zu suchen. Wären sie stracks über den Rio Grande hinüber, so hätten sie die Feinde überrascht.«

»Sie werden sich sagen, daß sie das auch jetzt noch tun können,« meinte Lange, »denn wenn Winnetou mit dem Verwundeten nicht glücklich hinübergekommen ist, so haben die Apachen keine Ahnung, daß die verräterischen Comanchen ihnen so nahe sind.«

»Hm! Das ist nicht so ganz unrichtig, Sir. Grad der Umstand, daß wir die Letzteren nicht sehen, macht mich für Winnetou besorgt. Sie schwärmen nicht mehr, sondern sie scheinen sich zusammengezogen zu haben. Das ist ein für die beiden Apachen sehr ungünstiges Zeichen. Vielleicht sind sie ergriffen worden.«

»Was wäre in diesem Falle das Schicksal Winnetous?«

»Das entsetzlichste, was sich nur denken läßt. Er würde nicht etwa getötet oder während des Kriegszuges gemartert. Nein. Den berühmtesten Häuptling der Apachen gefangen zu haben, wäre für die Comanchen ein noch nie dagewesenes Ereignis, welches in würdiger, das heißt fürchterlicher Weise gefeiert werden müßte. Er würde unter sicherer Bedeckung heimgeschafft nach den Weideplätzen der Comanchen, wo nur die Frauen, Knaben und Alten zurückgeblieben sind.

Dort würde er außerordentlich gut gepflegt, so daß ihm nichts als die Freiheit fehlte. Die Frauen würden ihm jeden erfüllbaren Wunsch an den Augen ablesen. Wenn Ihr aber meint, daß es höchst freundlich von ihnen sei, den Gefangenen so gut zu pflegen, so irrt Ihr Euch ungeheuer. Man will den Gefangenen nur kräftigen, damit er später die Qualen so lange wie möglich zu ertragen vermag und nicht gleich bei der ersten Marter stirbt. Ich sage Euch, Winnetou müßte sterben, aber nicht schnell, nicht in einer Stunde, an einem Tage. Man würde seinen Körper mit wahrhaft wissenschaftlicher Vorsicht nach und nach zerfleischen, so daß viele Tage vergehen könnten, ehe der Tod ihn erlöste. Das ist ein eines Häuptlings würdiger Tod, und ich bin überzeugt, daß er bei all den ausgesuchten Qualen nicht eine Miene verziehen, sondern vielmehr seine Henker verspotten und verlachen würde. Es ist mir wirklich bange um ihn, und ich sage Euch aufrichtig, daß ich gegebenen Falls mein Leben wagen würde, ihn aus diesen Händen zu erretten. Jedenfalls haben wir die Comanchen da westlich vor uns. Wir reiten etwas südlich ab, um zu meinem alten Freunde zu kommen, von welchem wir vielleicht erfahren werden, wie es am Rio Grande steht. Wir bleiben die Nacht bei ihm.«

»Werden wir willkommen sein?«

»Ganz selbstverständlich! Sonst würde ich ihn gar nicht als Freund bezeichnen. Er ist Ranchero, ein Landwirt, ein echter Mexikaner von unverfälschter spanischer Abkunft. Einer seiner Ahnen ist einmal von irgend wem zum Ritter geschlagen worden, und also bezeichnet auch er sich als einen Caballero, einen Ritter. Darum hat er auch seinem Rancho den wohlklingenden Namen Estanzia del Caballero gegeben. Ihn selbst habt Ihr Sennor Atanasio zu nennen.«

Nach diesen Erklärungen ging es wieder schweigend weiter. Unsere Pferde wieder in Galopp zu bringen, gelang uns nicht, sie sanken fast bis an die Knie in den Sand. Nach und nach aber nahm die Tiefe desselben ab, und ungefähr um vier Uhr nachmittags begrüßten wir das erste Gräschen. Dann kamen wir über eine Prairie, auf welcher berittene Vaqueros ihre Pferde, Rinder und Schafe bewachten. Unsere Tiere bekamen neues Leben; sie fielen von selbst in schnelleren Gang. Bäume erhoben sich vor uns, und endlich sahen wir etwas Weißes aus dem Grün uns entgegenschimmern.

»Das ist die Estanzia del Caballero,« sagte Old Death. »Ein ganz eigenartiges Bauwerk, genau nach dem Stile der Moqui- und Zunni-Bauten errichtet, die reine Festung, was in dieser Gegend sehr notwendig ist.«

Wir kamen näher an das Gebäude und konnten die Einzelheiten desselben erkennen. Eine doppelt mannshohe Mauer zog sich um dasselbe. Sie war mit einem hohen, breiten Tore versehen, vor welchem eine Brücke über einen tiefen, jetzt aber wasserleeren Graben führte. Das Gebäude hatte eine kubische Gestalt. Das Erdgeschoß konnten wir nicht sehen, da es von der Mauer vollständig verdeckt wurde. Das Stockwerk trat von demselben zurück, so daß rundum Raum zu einer Galerie verblieb, welche mit weißem Zeltleinen überdeckt war. Von einem Fenster bemerkten wir nichts. Auf diesem würfelförmigen Stockwerke lag ein zweites von derselben Form. Die Grundfläche desselben war wieder kleiner als die des vorhergehenden, so daß abermals eine Galerie entstand, welche durch Leinwand beschützt wurde. So bestanden Erdgeschoß, erstes und zweites Stockwerk aus drei Mauerwürfeln, von denen der höhere immer kleiner war als der tiefer liegende. Die Mauern waren weiß angestrichen; die Leinwand hatte dieselbe Farbe, weshalb das Gebäude weit hinaus in die Ferne leuchtete. Erst als wir näher kamen, bemerkten wir an jedem Stockwerke rundum laufende Reihen schmaler schießschartenähnlicher Maueröffnungen, welche als Fenster dienen mochten.

»Schöner Palast!« lächelte Old Death. »Werdet Euch über die Einrichtung wundern. Möchte den Indianerhäuptling sehen, der sich einbildet, dieses Haus erstürmen zu wollen!«

Nun ritten wir über die Brücke an das Tor, in welchem eine kleine Oeffnung angebracht war. An der Seite hing eine Glocke, so groß wie ein Menschenkopf. Old Death läutete sie. Man konnte den Ton wohl über eine halbe Stunde weit hören. Bald darauf erschienen eine Indianernase und zwei wulstige Lippen an dem Loche. Zwischen den letzteren heraus ertönte es in spanischer Sprache:

»Wer ist da?«

»Freunde des Hausherrn,« antwortete der Scout. »Ist Sennor Atanasio zu Hause?«

Die Nase und der Mund senkten sich tiefer, zwei dunkle Augen schauten heraus, und dann hörten wir die Worte:

»Welche Freude! Sennor Death! Euch lasse ich natürlich sofort herein. Kommt, Sennores! Ich werde euch sofort melden.«

Wir hörten einen Riegel gehen; dann öffnete sich das Tor, und wir ritten ein. Der Mann, welcher uns geöffnet hatte, war ein dicker, ganz in weißes Leinen gekleideter Indianer, einer von den Indios fideles, das heißt gläubigen Indianern, welche sich im Gegensatze zu den wilden Indios bravos mit der Zivilisation friedlich abgefunden haben. Er schloß das Tor, machte eine tiefe Verneigung, schritt dann gravitätisch über den Hof hinüber und zog dort an einem an der Mauer herabhängenden Draht.

»Wir haben Zeit, das Haus zu umreiten,« sagte Old Death. »Kommt mit, euch das Bauwerk zu betrachten.«

Erst jetzt konnten wir das Erdgeschoß sehen. Auch an demselben zog sich eine Reihe kleiner Schießscharten rund um die vier Seiten. Das Gebäude stand in einem mauereingeschlossenen Hofe, der ziemlich breit und nicht gepflastert, sondern mit Gras bewachsen war. Außer den Schießscharten war kein Fenster zu sehen, und es gab auch keine Türe. Wir umritten das ganze Haus und kamen wieder an der vorderen Seite desselben an, ohne eine Türe gefunden zu haben. Der Indianer stand noch wartend da.

»Aber wie kommt man denn in das Innere des Gebäudes?« fragte Lange.

»Werdet es gleich sehen!« antwortete Old Death.

Da beugte sich von der auf dem Erdgeschoße befindlichen Galerie ein Mann herab, um nachzusehen, wer unten sei. Als er den Indianer sah, verschwand sein Kopf wieder, und dann wurde eine schmale, leiterähnliche Treppe herabgelassen, an welcher wir emporsteigen mußten. Wer nun der Ansicht gewesen wäre, daß es hier im ersten Stocke wenigstens eine Türe gebe, der hätte sich geirrt. Oben auf dem zweiten Geschoße stand wieder ein Diener, auch in Weiß gekleidet, welcher von da oben eine zweite Leiter herabließ, auf welcher wir auf der Höhe des Hauses ankamen. Diese Plattform bestand aus mit Sand bedecktem Zinkblech. In der Mitte befand sich ein viereckiges Loch, welches die Mündung einer in das Innere führenden Treppe bildete.

»So wurde bereits vor Jahrhunderten in den jetzigen indianischen Pueblos gebaut,« erklärte Old Death. »Niemand kann in den Hof. Und wenn es einem Feinde gelingen sollte, über die Mauer zu kommen, so ist die Treppe emporgezogen und er steht vor der türenlosen Mauer. In friedlichen Zeiten freilich kann man auch ohne Tor und Treppen herein- und heraufkommen, indem man sich auf das Pferd stellt und über die Mauer und auf die Galerie klettert. In Kriegszeiten aber möchte ich es keinem raten, dieses Experiment zu versuchen, denn man kann von dieser Plattform und der Galerie aus, wie ihr seht, die Mauer, das vor ihr liegende Terrain und auch den Hof mit Kugeln bestreichen. Sennor Atanasio wird an die zwanzig Vaqueros, Peons und Diener haben, von welchen jeder ein Gewehr besitzt. Wenn zwanzig solcher Leute hier oben ständen, müßten Hunderte von Indianern sterben, bevor der erste von ihnen über die Mauer käme. Diese Bauart ist hier an der Grenze von großem Vorteile, und der Haziendero hat mehr als eine Belagerung ausgehalten und glücklich abgewehrt.«

Man konnte von der Höhe des Hauses weit nach allen Seiten sehen. Ich bemerkte, daß hinter dem Hause, gar nicht weit von demselben entfernt, der Elm-Creek vorüberfloß. Er hatte ein schönes, klares Wasser, und es war kein Wunder, daß er Fruchtbarkeit nach beiden Seiten verbreitete. Sein schönes, klares Wasser erregte in mir das Verlangen, ein Bad in ihm zu nehmen.

Wir stiegen, von einem Diener geführt, die Treppe hinab

und gelangten da auf einen langen, schmalen Korridor, welcher vorn und hinten durch je zwei Schießscharten erleuchtet wurde. Zu beiden Seiten mündeten Türen, und am hinteren Ende ging eine Treppe in das Erdgeschoß hinab. Um vom Hofe aus in dieses zu gelangen, mußte man also außen am Gebäude zwei Treppen hinauf- und im Innern desselben wieder zwei Treppen hinabsteigen. Es erschien mir das sehr umständlich, war aber in den Verhältnissen der Gegend wohlbegründet. Der Diener verschwand hinter einer Türe und kehrte erst nach einiger Zeit zurück, um zu melden, daß Sennor der *Capitano de Caballeria* uns erwarte. Während dieser Wartezeit hatte Old Death uns auf etwas aufmerksam gemacht:

»Nehmt es meinem alten Sennor Atanasio nicht übel, wenn er euch ein wenig förmlich empfängt. Der Spanier liebt die Etikette, und der von ihm abstammende Mexikaner hat das behalten. Wäre ich allein gekommen, so wäre er mir längst entgegengeeilt. Da aber Andere dabei sind, so gibt es jedenfalls einen Staatsempfang. Lächelt ja nicht, wenn er etwa in Uniform erscheint! Er bekleidete in seinen jungen Jahren den Rang eines mexikanischen Rittmeisters und zeigt sich noch heutigen Tages gern in seiner alten, längst antik gewordenen Uniform. Im übrigen ist er ein Prachtkerl.«

Jetzt kam der Diener, und wir traten in ein wohltuend kühles Gemach, dessen einst wohl kostbares Meublement jetzt vollständig verblichen war. Drei halbverschleierte Schießscharten verbreiteten ein gedämpftes Licht. Inmitten des Zimmers stand ein langer, hagerer Herr mit schneeweißem Haar und Schnurrbart. Er trug rote, mit breiten Goldborten besetzte Hosen, hohe Reiterstiefel aus blitzendem Glanzleder mit Sporen, deren Räder die Größe eines silbernen Fünfmarkstückes hatten. Der Uniformfrack war blau und reich mit goldenen Bruststreifen verziert. Die goldenen Epauletten deuteten auf den Rang nicht eines Rittmeisters, sondern eines Generals. An der Seite hing ihm ein Säbel in stählerner Scheide, deren Schnallenhalter auch vergoldet waren. In der Linken hielt er einen Dreispitzhut, dessen Spitzen von goldenen Raupen strotzten; an der Seite war eine schillernde Agraffe befestigt, welche einen bunten Federstutz trug. Das sah aus wie Maskerade. Aber wenn man in das alte, ernste Gesicht und das noch frische, gütig blickende Auge sah, konnte man es nicht über das Herz bringen, heimlich zu lächeln. Als wir eingetreten waren, schlug er die Absätze sporenklirrend zusammen, richtete sich stramm empor und sagte:

»Guten Tag, meine Herren! Ihr seid sehr willkommen!«

Das klang sehr steif. Wir Andern verbeugten uns stumm. Old Death antwortete ihm in englischer Sprache:

»Wir danken, Sennor *Capitano de Caballeria*! Da wir uns in dieser Gegend befanden, so wollte ich meinen Begleitern gern die ehrenvolle Gelegenheit geben, Euch, den tapfern Streiter für Mexikos Unabhängigkeit, kennen zu lernen. Gestattet, sie Euch vorzustellen!«

Bei diesen schmeichelhaften Worten ging ein befriedigtes Lächeln über das Gesicht des Haziendero. Er nickte zustimmend und sagte:

»Tut es, Sennor Death! Es ist mir eine große Freude, die Sennores kennen zu lernen, welche Ihr zu mir bringt.«

Old Death nannte unsere Namen, und der Caballero reichte jedem von uns, sogar dem Neger die Hand und lud uns dann zum Sitzen ein. Der Scout fragte nach Sennora und Sennorita, worauf sofort der Haziendero eine Türe öffnete und die beiden schon bereit stehenden Damen eintreten ließ. Die Sennora war eine sehr schöne, freundlich dreinschauende Matrone, die Sennorita ein liebliches Mädchen, ihre Enkelin, wie wir später erfuhren. Beide waren ganz in schwarze Seide gekleidet, als ob sie soeben im Begriffe gestanden hätten, bei Hof zu erscheinen. Old Death eilte auf die Damen zu und schüttelte ihnen die Hände so herzhaft, daß mir bange wurde. Die beiden Langes versuchten es, eine Verbeugung zu stande zu bringen. Sam grinste am ganzen Gesichte und rief:

»O Missis, Missus, wie schön, wie Seide!«

Ich trat auf die Sennora zu, nahm ihre Hand auf die Spitzen meiner Finger, bückte mich auf dieselbe und zog sie an die Lippen. Die Dame nahm meine Höflichkeit so wohlwollend auf, daß sie mir ihre Wange darreichte, um auf derselben den *Beso de cortesia*, den Ehrenkuß, zu empfangen, was eine große Auszeichnung für mich war. Ganz dasselbe wiederholte sich bei der Sennorita. Nun wurde wieder Platz genommen. Natürlich kam die Rede sofort auf den Zweck unseres Rittes. Wir erzählten das, was wir für nötig hielten, auch unser Zusammentreffen mit den Comanchen. Die Herrschaften hörten uns mit der größten Aufmerksamkeit zu, und ich bemerkte, daß sie einander bezeichnende Blicke zuwarfen. Als wir geendet hatten, bat Sennor Atanasio um eine Beschreibung der beiden Männer, welche wir suchten. Ich zog die Photographien hervor und zeigte sie ihnen. Kaum hatten sie dieselben gesehen, so rief die Sennora:

»Sie sind es, sie sind es! Ganz gewiß! Nicht wahr, lieber Atanasio?«

»Ja,« stimmte der Caballero bei, »sie sind es wirklich. Sennores, die Männer waren in vergangener Nacht bei mir.«

»Wann kamen und wann gingen sie?« fragte der Scout.

»Sie kamen spät des Nachts und waren ganz ermüdet. Einer meiner Vaqueros hatte sie getroffen und brachte sie mir. Sie schliefen sehr lang und erwachten erst nach der Mittagszeit. Es ist drei Stunden her, daß sie fort sind.«

»Schön! So holen wir sie morgen sicher ein. Wir werden ihre Spur jedenfalls finden.«

»Gewiß, Sennor, werdet Ihr das. Sie wollten von hier aus nach dem Rio Grande, um denselben oberhalb des Eagle-Passes, ungefähr zwischen dem Rio Moral und dem Rio las Moras zu überschreiten. Uebrigens werden wir noch von ihnen hören. Ich habe ihnen einige Vaqueros nachgeschickt, welche Euch ganz genau sagen werden, wohin sie geritten sind.«

»Warum habt Ihr ihnen diese Leute nachsenden müssen?«

»Weil diese Menschen mir meine Gastfreundschaft mit Undank belohnt haben. Sie haben mir, als sie fortgeritten sind, den Vaquero einer Pferdetruppe mit einer fingierten

Botschaft gesandt und während seiner Abwesenheit sechs Pferde gestohlen, mit denen sie eiligst fort sind.«

»Schändlich! So waren die beiden Männer nicht allein?«

»Nein. Es war eine Schar verkleideter Truppen bei ihnen, welche angeworbene Rekruten nach Mexiko zu bringen hatten.«

»So glaube ich nicht, daß Eure Leute die Pferde wiederbringen werden. Sie sind zu schwach gegen diese Diebe.«

»O, meine Vaqueros wissen ihre Waffen zu gebrauchen, und ich habe die energischsten Kerls ausgewählt.«

»Haben Gibson und William Ohlert von ihren Verhältnissen und Plänen gesprochen?«

»Kein Wort. Der Erstere war sehr lustig und der Letztere sehr schweigsam. Ich schenkte ihnen alles Vertrauen. Ich wurde gebeten, ihnen die Einrichtung meines Hauses zu zeigen, und da haben sie sogar den verwundeten Indianer gesehen, den ich vor jedermann verstecke.«

»Ein verwundeter Roter? Wer ist er, und wie kommt Ihr zu ihm?«

Der Caballero ließ ein überlegenes Lächeln sehen und antwortete:

»Ja, das ist sehr interessant für euch, Sennores! Ich beherberge nämlich den Unterhändler der Apachen, von dem Ihr vorhin erzähltet, welchen Winnetou droben am Rio Lena verbunden hat. Es ist der alte Häuptling Inda-nischo.«

»Inda-nischo, der ›gute Mann‹, welcher diesen Namen mit Recht trägt! Der älteste und klügste, friedliebendste Häuptling der Apachen! Den muß ich sehen.«

»Ich werde ihn Euch zeigen. Er kam in einem sehr schlimmen Zustande bei mir an. Ihr müßt wissen, daß der berühmte Winnetou mich kennt und stets bei mir einkehrt, wenn er in diese Gegend kommt, denn er weiß, daß er mir vertrauen darf. Er hatte von Fort Inge aus den andern Häuptling eingeholt. Dieser hatte eine Kugel in den Arm und eine zweite in den Schenkel bekommen. Am Rio Lena hat Winnetou ihn verbunden; und dann sind sie sofort wieder aufgebrochen. Aber den alten, verletzten Mann hat das Wundfieber gewaltig gepackt, und die Comanchen sind quer durch die Wüste geschwärmt, um ihn aufzufangen. Wie Winnetou es fertig gebracht hat, ihn trotz dieser Hindernisse bis hierher zu meiner Estanzia del Caballero zu bringen, das ist mir noch jetzt ein Rätsel, so etwas kann eben nur Winnetou leisten. Aber hier ging es nicht weiter, denn Inda-nischo hatte sich nicht mehr im Sattel halten können, so schwach war er gewesen und so hatte ihn das Fieber geschüttelt. Er hatte sehr viel Blut verloren gehabt und ist über siebzig Jahre alt.«

»Man sollte es nicht für möglich halten! Von Fort Inge bis hierher bei solchen Wunden im Sattel zu bleiben! Der Weg, den sie geritten sind, beträgt mehr als hundertsechzig englische Meilen. Bei so einem Alter kann das nur ein Roter aushalten. Bitte, weiter!«

»Er kam des Abends hier an und läutete. Ich ging selbst hinab und erkannte Winnetou. Er erzählte mir alles und bat mich, seinen roten Bruder in Schutz zu nehmen, bis er abgeholt werde; er selbst müsse schleunigst über den Rio Grande, um seine Stämme von dem Verrate und der Annäherung der Comanchen zu benachrichtigen. Ich gab ihm meine beiden besten Vaqueros mit, um zu erfahren, ob es ihm gelingen werde, durchzukommen. Sie sollten ihn begleiten und mir dann Nachricht bringen.«

»Nun,« fragte Old Death gespannt. »Ist er dann hinüber?«

»Ja. Und das hat mich außerordentlich beruhigt. Er ist sehr klug gewesen und nicht oberhalb des Rio Moral, wo die Comanchen stehen, sondern unterhalb desselben über den Rio Grande gegangen. Freilich gibt es dort keine Furt; der Fluß ist sehr reißend, und es ist ein lebensgefährliches Wagnis, hindurch zu schwimmen. Trotzdem sind meine Vaqueros mit ihm hinüber und haben ihn noch soweit begleitet, bis sie Sicherheit hatten, daß er den Comanchen nicht mehr begegnen könne. Nun hat er die Apachen benachrichtigt, und diese werden die Feinde richtig empfangen. Jetzt aber kommt mit zu dem alten Häuptling, wenn es euch recht ist, Sennores.«

Alle standen auf. Wir verabschiedeten uns von den Damen

und stiegen in das tiefere Geschoß. Unten angekommen, befanden wir uns in einem ganz ähnlichen wie dem oberen Korridore. Wir traten durch die hinterste Türe links im Korridore.

Da lag in einem sehr kühlen Raume der alte Häuptling. Das Fieber hatte nachgelassen, aber er war so schwach, daß er kaum sprechen konnte. Die Augen lagen tief in ihren Höhlen, und die Wangen waren eingefallen. Einen Arzt gab es nicht; aber der Caballero sagte, Winnetou sei ein Meister in der Behandlung von Wunden. Er habe heilsame Kräuter aufgelegt und streng verboten, die Verbände zu öffnen. Sobald das Wundfieber vorüber sei, habe man nichts mehr für das Leben des Kranken zu befürchten, für welchen nur der starke Blutverlust und das Fieber gefährlich seien. Als wir die Türe wieder hinter uns und die Treppen vor uns hatten, sagte ich dem Haziendero, daß ich ein Bad im Flusse zu nehmen wünschte.

»Wenn Ihr das wollt, so braucht Ihr garnicht erst die Treppen zu steigen,« meinte er. »Ich lasse Euch gleich hier unten in den Hof hinaus.«

»Ich denke, es gibt keine Türen!«

»O doch, aber heimliche. Ich habe sie anbringen lassen, um einen Fluchtweg zu haben, falls es feindlichen Roten je einmal gelingen sollte, in das Haus zu dringen. Ihr sollt sie gleich sehen.«

Es stand ein Schränkchen an der Mauer; er schob es fort, und ich sah eine Oeffnung, welche nach dem Hofe führte. Sie war draußen durch ein zu diesem Zwecke aufgepflanztes Buschwerk verdeckt. Er führte mich hinaus, zeigte auf die gegenüberliegende Stelle der Außenmauer, an welcher ähnliches Gesträuch stand, und fuhr fort:

»Dort geht es hinaus ins Freie, ohne daß ein Fremder es ahnen kann. Wollt Ihr dies als den kürzesten Weg zum Flusse benutzen? Wartet aber ein wenig hier! Ich will Euch einen bequemen Anzug schicken.«

In diesem Augenblicke wurde die Glocke am Tore geläutet. Er ging selbst hin, um zu öffnen, und ich folgte ihm. Es waren fünf Reiter, prächtige kraftvolle Gestalten, die Leute, welche er den Pferdedieben nachgeschickt hatte.

»Nun?« fragte er. »Ihr habt die Pferde nicht?«

»Nein,« antwortete einer. »Wir waren ihnen bereits ganz nahe. Sie hatten unsern Fluß eben überschritten, und wir sahen aus den Spuren, daß wir sie in einer Viertelstunde einholen mußten. Da aber kamen wir plötzlich auf eine Fährte von vielen Pferden, welche von rechts her mit der ihrigen zusammenfiel. Sie waren also mit den Comanchen zusammengestoßen. Wir folgten ihnen nach und bald sahen wir alle vor uns. Es waren weit über fünfhundert Comanchen, und an eine solche Uebermacht konnten wir uns nicht wagen.«

»Ganz recht. Das Leben sollt ihr nicht an einige Pferde setzen. Haben die Comanchen die Weißen freundlich behandelt?«

»Um das zu erkennen, konnten wir nicht weit genug an sie heran.«

»Wie ritten sie?«

»Gegen den Rio Grande.«

»Also von hier aus vorwärts. So haben wir nichts zu fürchten. Es ist gut. Geht zu euren Herden!«

Sie ritten fort. Der gute Caballero befand sich in einem großen Irrtume. Es war viel zu fürchten, denn die Comanchen hatten von Gibson, wie wir dann erfuhren, gehört, daß der verwundete Apachenhäuptling sich auf der Hazienda del Caballero befinde. Infolge davon hatten sich sofort eine Anzahl roter Krieger aufgemacht, im schärfsten Galoppe nach der Hazienda zu reiten, um den Häuptling gefangen zu nehmen und Sennor Atanasio für seine apachenfreundliche Gesinnung zu bestrafen. Der Letztere stieg ruhig die Treppe empor, und bald kam ein Peon herab, welcher mich bat, mit ihm zu kommen. Er führte mich zum Tore hinaus und an den Fluß. Oberhalb der Hazienda war eine Furt, wie man an den Brechungswellen des Wassers sah. Unterhalb dieser Furt aber war der Strom sehr tief. Da blieb der Peon stehen. Er hatte einen weißleinenen Anzug auf dem Arme.

»Hier Sennor,« sagte er. »Wenn Ihr gebadet habt, zieht Ihr

diesen Anzug an; die Kleidungsstücke, welche Ihr jetzt ablegt, kann ich gleich mitnehmen. Wenn Ihr das Bad beendet habt, so läutet die Glocke; man wird Euch öffnen.«

Er entfernte sich mit meinen Kleidern, und ich sprang in das Wasser. Nach der Hitze des Tages und der Anstrengung des Rittes war es eine wahre Wonne, im tiefen Strome zu tauchen und zu schwimmen. Wohl über eine halbe Stunde war ich im Wasser gewesen, als ich es endlich verließ und den Anzug anlegte. Eben war ich damit fertig, als mein Blick auf das gegenüberliegende Ufer fiel. Zwischen die Bäume hindurch konnte ich von meiner Stelle aus nach aufwärts blicken, wo der Fluß eine Krümmung machte. Da sah ich eine lange Schlange von Reitern kommen, einer hinter dem andern, wie die Indianer so gern reiten. Schnell rannte ich nach dem Tore und läutete. Der Peon, welcher auf mich gewartet hatte, öffnete.

»Schnell zum Caballero!« sagte ich. »Indianer kommen von jenseits des Flusses auf die Hazienda zu.«

»Wie viele?«

»Wohl über fünfzig.«

Der Mann war bei meinen ersten Worten sichtlich erschrocken; als ich ihm jetzt diese Zahl nannte, nahm sein Gesicht einen beruhigteren Ausdruck an.

»Nicht mehr?« fragte er. »Nun, da haben wir ja nichts zu befürchten. Mit fünfzig und auch noch mehr Roten nehmen wir es schon noch auf, Sennor. Wir sind jederzeit auf so einen Besuch vorbereitet. Ich kann nicht hinauf zum Caballero, denn ich muß den Vaqueros augenblicklich Nachricht bringen. Hier habt Ihr Eure Sachen wieder, die ich doch nicht mitnehmen kann. Riegelt hinter mir das Tor zu, und eilt zu Sennor Atanasio. Zieht aber hinter Euch die Treppen empor!«

»Wie steht es mit unsern Pferden? Sind dieselben in Sicherheit?«

»Ja, Sennor. Wir haben sie hinaus zu den Vaqueros geschafft, damit sie weiden können. Das Lederzeug aber wurde in das Haus getragen. Die Tiere können Euch nicht genommen werden.«

Jetzt eilte er fort. Ich schloß hinter ihm das Tor und stieg die beiden Treppen hinauf, die ich natürlich hinter mir emporzog. Eben als ich auf die Plattform kam, sah ich Sennor Atanasio mit Old Death aus dem Innern des Hauses auf derselben erscheinen. Der Haziendero erschrak nicht im mindesten, als ich ihm die Ankunft der Indianer und die Anzahl derselben meldete. Er fragte mich sehr ruhig:

»Zu welchem Stamme gehören sie?«

»Das weiß ich nicht. Ich konnte die Bemalung der Gesichter nicht erkennen.«

»Nun, wir werden es bald sehen. Entweder sind es Apachen, welche Winnetou getroffen und geschickt hat, den verwundeten Häuptling zu holen, oder es sind Comanchen. In diesem Falle hätten wir es wohl nur mit einer Rekognoszierungs-Abteilung zu tun, welche uns fragen will, ob wir vielleicht Apachen gesehen haben. Sie werden sofort wieder fortreiten, wenn sie unsere Antwort erhalten haben.«

»Sie scheinen mir aber doch feindliche Absichten zu haben,« sagte Old Death. »Ich gebe Euch den Rat, so schnell wie möglich die Maßregeln der Abwehr zu treffen.«

»Das ist bereits geschehen. Jeder meiner Leute weiß, was er für einen solchen Fall zu tun hat. Seht, da draußen rennt der Peon zu den nächsten Pferden. Er wird eins derselben besteigen, um die Vaqueros zu benachrichtigen. In höchstens zehn Minuten haben diese die Herden zusammengetrieben. Zwei von ihnen bleiben bei den Tieren, um dieselben zu bewachen, die Andern machen Front gegen die Roten. Ihre Lassos sind gefährliche Waffen, denn ein Vaquero ist weit geübter als ein Indianer. Ihre Büchsen tragen weiter als die Bogen oder alten Gewehre der Wilden. Sie haben sich vor fünfzig Indianern nicht zu fürchten. Und wir hier auf der Estanzia sind ja geschützt. Kein Roter kommt über die Mauer. Uebrigens darf ich doch auf Euch zählen. Ihr seid mit dem Schwarzen fünf wohlbewaffnete Männer. Dazu komme ich mit acht Peons, welche sich im Gebäude befinden, macht in Summa vierzehn Mann. Da möchte ich die Indianos sehen, denen es gelingen könnte, das Tor zu sprengen. O nein, Sennor! Die Roten werden ganz friedlich die Glocke läuten, ihre Erkundigung an den Mann bringen und sich dann wieder entfernen. Wenn der Kundschafter vierzehn gut bewehrte Männer hier oben stehen sieht, so wird er Respekt bekommen. Die Sache ist vollständig ungefährlich.«

Old Deaths Gesicht drückte einen Zweifel aus. Er schüttelte den Kopf und sagte:

»Ich habe da einen Gedanken, welcher mir bedenklich erscheint. Ich bin überzeugt, daß wir es nicht mit Apachen, sondern mit Comanchen zu tun haben. Was wollen sie hier? Eine bloße Rekognition kann sie nicht herführen, denn befände sich ein Trupp feindlicher Apachen hier, so müßten das die Spuren ausweisen. Dazu brauchte man nicht hier Nachfrage zu halten. Nein, die Bande hat einen ganz bestimmten Grund, grad hierher zu Euch zu kommen, Sennor, und das ist der verwundete Häuptling, welcher sich bei Euch befindet.«

»Von ihm wissen sie ja nichts! Wer soll es ihnen gesagt haben?«

»Gibson, eben der Mann, welchen wir verfolgen und der bei Euch gewesen ist. Ihr habt ihm ja den Apachen gezeigt. Er hat ihn den Comanchen verraten, um sich den Stamm geneigt zu machen. Wenn das nicht stimmt, so will ich keinen Augenblick länger Old Death genannt werden, Sennor. Oder zweifelt Ihr daran?«

»Es ist möglich. In diesem Falle werden die Comanchen uns zwingen wollen, den Verwundeten auszuliefern.«

»Allerdings. Werdet Ihr es etwa tun?«

»Auf keinen Fall! Winnetou ist mein Freund. Er hat mir den ›guten Mann‹ anvertraut, und ich darf und will dieses Vertrauen rechtfertigen. Die Comanchen werden den Verwundeten nicht bekommen. Wir wehren uns!«

»Das bringt Euch in die allergrößte Gefahr. Zwar wird es uns gelingen, die Fünfzig abzuwehren; aber sie werden um das Zehnfache verstärkt zurückkehren, und dann seid Ihr wohl verloren.«

»Das steht in Gottes Hand. Mein Winnetou gegebenes Wort werde ich auf alle Fälle halten.«

Da streckte Old Death dem Sennor die Hand entgegen und sagte:

»Ihr seid ein Ehrenmann, und Ihr sollt auf unsere Hilfe rechnen dürfen. Der Anführer der Comanchen ist mein Freund. Vielleicht gelingt es mir dadurch, den Schlag von Euch abzuwenden. Habt Ihr Gibson die geheimen Türen auch gezeigt?«

»Nein, Sennor.«

»Das ist sehr gut. So lange die Roten diese Eingänge nicht kennen, werden wir uns ihrer erwehren können. Nun kommt herab, damit wir die Waffen holen.«

Während meiner Abwesenheit waren meinen Gefährten Zimmer angewiesen worden, in welche man ihre und auch meine Habseligkeiten geschafft hatte. Dahin gingen wir. Der Raum, welcher für mich bestimmt war, lag an der vordern Seite des Hauses und bekam sein Licht durch zwei der erwähnten Schießscharten. Dort hing mein Gewehr. Als ich es von der Wand nehmen wollte, fiel mein Blick hinaus in das Freie, und ich sah die Indianer unter den Bäumen hervorkommen, da, wo oberhalb der Hazienda die Furt war. Sie hatten dieselbe durchritten und kamen nun im Galopp auf das Gebäude zu, nicht heulend, wie es sonst ihre Gewohnheit ist, sondern in heimtükkischer Stille, welche mir bedrohlich erschien. Es waren Comanchen, wie ich an den Farben der bemalten Gesichter erkannte. Im Nu hielten sie draußen an der Mauer, welche so hoch war, daß man die Reiter nun nicht mehr sehen konnte. Sie waren mit Lanzen, Bogen und Pfeilen bewaffnet. Nur der Vorreiter, welcher wahrscheinlich der Anführer war, hatte eine Flinte in der Hand. Einige von ihnen hatten lange Gegenstände hinter ihren Pferden her geschleift. Ich hielt dieselben für Zeltstangen, mußte aber sehr bald einsehen, daß ich mich geirrt hatte. Natürlich verließ ich sofort das kleine Stübchen, um die Andern zu benachrichtigen. Als ich in den Korridor trat, kam mir Old Death aus dem mir gegenüberliegenden Raume entgegen.

»Achtung!« schrie er. »Sie kommen über die Mauer. Sie haben sich junge Bäume als Leitern mitgebracht. Schnell auf die Plattform!«

Aber das ging gar nicht so rasch, wie er es wünschte. Die Peons befanden sich ein Stockwerk tiefer als wir, wo die Dienerschaft gewöhnlich ihren Aufenthaltsort hatte, und auch wir beide wurden verhindert, schnell empor zu steigen, denn zugleich mit dem Caballero traten dessen beide Damen auf den Korridor heraus und bestürmten uns mit den Ausdrükken ihrer Angst vor dem Ueberfalle. Wohl über zwei Minuten verflossen, bevor wir die Treppe hinter uns hatten, in einer solchen Lage eine kostbare Zeit. Die böse Folge des Zeitverlustes zeigte sich sofort, als wir auf die Plattform gelangten, denn da schwang sich bereits der erste Indianer über den Rand derselben. Ihm folgte schnell ein zweiter, dritter, vierter. Wir hatten unsere Waffen in den Händen, konnten ihnen aber nun den Zutritt nicht mehr verwehren, wenn wir sie nicht geradezu niederschießen wollten. Sie hatten mit Hilfe der erwähnten jungen Bäume die Außenmauer und nach Passieren des Hofes auch die beiden Plattformen mit ungemeiner Schnelligkeit erstiegen. Wir standen jetzt auf der Mitte des obern Stockwerks, während sie sich noch am Ende desselben befanden.

»Richtet die Gewehre auf sie! Laßt sie nicht heran!« gebot Old Death. »Wir müssen vor allen Dingen Zeit gewinnen.«

Ich zählte zweiundfünfzig Rote, von denen bis jetzt kein einziger einen Laut ausgestoßen hatte. Wir waren von ihnen vollständig überrumpelt worden. Aber sie wagten sich doch nicht sogleich an uns heran, sondern standen am Rande der Plattform und hielten ihre Bogen und Pfeile in den Händen. Die Lanzen hatten sie unten zurückgelassen, da sie durch dieselben beim Klettern gehindert worden wären. Der Caballero trat ihnen einige Schritte entgegen und fragte in jenem Gemisch von Spanisch, Englisch und Indianisch, welches im dortigen Grenzgebiete zur Verständigung gebraucht wird:

»Was wollen die roten Männer bei mir? Warum betreten sie mein Haus, ohne mich vorher um Erlaubnis zu fragen?«

Der Anführer, welcher vorher seine Flinte auf dem Rücken

trug, sie aber jetzt in die Hand genommen hatte, trat einige Schritte vor und antwortete:

»Die Krieger der Comanchen sind gekommen, weil das Bleichgesicht ihr Feind ist. Die Sonne des heutigen Tages ist die letzte, welche er gesehen hat.«

»Ich bin kein Feind der Comanchen. Ich liebe alle roten Männer, ohne zu fragen, zu welchem Stamme sie gehören.«

»Das Bleichgesicht sagt eine große Lüge. In diesem Hause ist ein Häuptling der Apachen versteckt. Die Hunde von Apachen sind die Feinde der Comanchen. Wer einen Apachen bei sich aufnimmt, ist unser Feind und muß sterben.«

»*Caramba!* Wollt Ihr mir etwa verbieten, irgend jemand bei mir aufzunehmen, wenn es mir gefällt? Wer hat hier zu gebieten, Ihr oder ich?«

»Die Krieger der Comanchen haben dieses Haus erstiegen, sind also Herren desselben. Gib uns den Apachen heraus! Oder willst du leugnen, daß er sich bei dir befindet?«

»Zu leugnen fällt mir gar nicht ein. Nur derjenige, welcher sich fürchtet, sagt eine Lüge; ich aber habe keine Angst vor den Comanchen und will euch also offen – – –«

»Halt!« unterbrach ihn Old Death in gedämpftem Tone. »Macht keine Dummheit, Sennor!«

»Meint Ihr, daß ich leugnen soll?« fragte der Mexikaner.

»Selbstverständlich. Die Lüge ist eine Sünde; das gebe ich ja zu; aber die Wahrheit wäre hier der reine Selbstmord, und ich frage Euch, was sündhafter ist, eine Unwahrheit zu sagen, oder sich selbst umzubringen?«

»Selbstmord? Was vermögen diese Leute gegen unsere vierzehn Gewehre?«

»Viel, da sie einmal hier oben sind. Die Mehrzahl von ihnen würde allerdings fallen; aber wir bekämen auch so einige Pfeile und Messerklingen in den Leib, Sennor. Und selbst wenn wir siegen, so holen die Ueberlebenden die Andern von den Fünfhundert herbei. Laßt mich einmal machen! Ich werde mit ihnen reden.«

Er wendete sich an den Anführer der Roten:

»Die Worte meines Bruders versetzen uns in Erstaunen. Wie kommen die Comanchen auf den Gedanken, daß sich ein Apache hier befindet?«

»Sie wissen es,« antwortete der Gefragte kurz.

»So wißt Ihr mehr als wir.«

»Willst du sagen, daß wir uns irren? Dann sagst du eine Lüge.«

»Und du sagst da ein Wort, welches du mit dem Leben bezahlen mußt, wenn du es wiederholst. Ich lasse mich nicht einen Lügner nennen. Du siehst unsere Gewehre auf dich gerichtet. Es bedarf nur eines Winkes von mir, so stürzen so viele deiner Leute, wie wir an der Zahl sind, in den Tod.«

»Aber die Andern würden Euch ihnen nachsenden. Da draußen befinden sich noch viele Krieger der Comanchen, mehr als zehn mal zehn mal fünf. Sie würden kommen und dieses Haus von der Erde vertilgen.«

»Sie würden nicht über die Mauer kommen, denn wir sind nun gewarnt. Wir würden sie von hier oben aus mit so viel Kugeln begrüßen, daß keiner von ihnen übrig bliebe.«

»Mein weißer Bruder hat ein großes und breites Maul. Warum redet er zu mir? Ist etwa er der Besitzer dieses Hauses? Wer ist er, und wie nennt er sich, daß er es wagt, mit dem Anführer der Comanchen zu reden?«

Old Death machte eine wegwerfende Handbewegung:

»Wer ist der Anführer der Comanchen? Ist er ein berühmter Krieger, oder sitzt er bei den Weisen des Rates? Er trägt nicht die Feder des Adlers oder des Raben in seinem Haare, und ich sehe auch kein anderes Abzeichen der Häuptlinge an ihm. Ich aber bin ein Häuptling der Bleichgesichter. Von welchem Stamme der Comanchen seid Ihr denn, daß Ihr erst fragen müßt, wer ich bin? Mein Name lautet Koscha-pehve, und ich habe die Pfeife des Friedens geraucht mit Oyo-koltsa, dem Häuptling der Comanchen. Auch habe ich gestern mit seinem Sohne Avat-Vila gesprochen und die Nacht bei seinen Kriegern geschlafen. Ich bin ein Freund der Comanchen, aber wenn sie mich einen Lügner nennen, so werde ich ihnen mit einer Kugel antworten.«

Durch die Reihe der Roten ging ein Murmeln. Ihr Anführer wendete sich zu ihnen zurück und sprach leise zu ihnen. Den Blicken, mit denen sie Old Death betrachteten, war es anzusehen, daß sein Name einen großen Eindruck auf sie gemacht hatte. Nach einer kurzen Beratung wendete sich der Anführer wieder zu dem Scout:

»Die Krieger der Comanchen wissen, daß der ›alte Tod‹ ein Freund des ›weißen Bibers‹ ist, aber seine Worte sind nicht diejenigen eines Freundes. Warum verheimlicht er uns die Anwesenheit des Apachen?«

»Ich verheimliche nichts, sondern ich sage euch offen, daß er sich nicht hier befindet.«

»Und doch haben wir ganz genau erfahren, daß Indanischo hier ist, und zwar von einem Bleichgesichte, welches sich in den Schutz der Comanchen begeben hat.«

»Wie ist der Name dieses Bleichgesichtes?«

»Der Name ist nicht für den Mund der Comanchen gemacht. Er klingt wie Ta-hi-ha-ho.«

»Etwa Gavilano?«

»Ja, so lautet er.«

»So haben die Comanchen einen großen Fehler begangen. Ich kenne diesen Mann. Er ist ein Bösewicht und hat die Lüge auf seiner Zunge. Die Krieger der Comanchen werden es bereuen, ihn unter ihren Schutz genommen zu haben.«

»Mein Bruder irrt sich sehr. Das Bleichgesicht hat uns die Wahrheit gesagt. Wir wissen, daß Winnetou den ›guten Mann‹ gebracht hat und dann über den Avat-Hona[1] entkommen ist. Aber wir eilen ihm nach und werden ihn für den Marterpfahl einfangen. Wir wissen, daß der ›gute Mann‹ an einem Arme und einem Beine verwundet ist. Wir wissen sogar ganz genau den Ort, an welchem er sich befindet.«

»Wenn das wahr ist, so sage mir denselben!«

»Man steigt von hier aus zweimal in die Tiefe des Hauses hinab, bis wo es viele Türen rechts und links von einem schmalen Gange gibt. Dann öffnet man zur linken Hand die

[1] Großer Fluß, Rio Grande.

letzte Türe. Dort liegt der Apache auf dem Lager, welches zu verlassen er keine Kräfte hat.«

»Das Bleichgesicht hat dich belogen. Du würdest an dem beschriebenen Orte keinen Apachen finden.«

»So laß uns hinabsteigen, um nachzuforschen, wer die Wahrheit spricht, du oder das Bleichgesicht.«

»Das werde ich freilich nicht. Dieses Haus ist da für diejenigen Leute, welche es mit der Erlaubnis des Besitzers betreten, nicht aber für solche, welche es feindlich überfallen.«

»Nach diesen deinen Worten müssen wir glauben, daß der Apache sich hier befindet. Der ›weiße Biber‹ hat uns befohlen, ihn zu holen, und wir werden gehorchen.«

»Du irrst wieder. Ich verweigere euch die Erfüllung deines Wunsches nicht, weil sich der Apache etwa hier befindet, sondern weil dein Verlangen eine Beleidigung für mich ist. Wenn Old Death euch sagt, daß ihr belogen worden seid, so habt ihr es zu glauben. Wollt ihr euch trotzdem den Eingang erzwingen, so versucht es immerhin! Sehr ihr denn nicht ein, daß ein einziger von uns genügt, den Eingang zu verteidigen? Wenn er hier unten an der Treppe steht, so kann er jeden von euch niederschießen, welcher es wagen wollte, da hinabzusteigen. Ihr habt uns in feindlicher Absicht überfallen; darum weisen wir euch zurück. Geht hinunter vor das Tor und bittet um Einlaß, wie es sich gehört, so werden wir euch vielleicht als Freunde empfangen!«

»Der ›alte Tod‹ gibt einen Rat, welcher sehr gut für ihn selbst ist, aber nicht für uns. Wenn er ein gutes Gewissen hat, so mag er uns in das Haus steigen lassen. Tut er das nicht, so werden wir hier an dieser Stelle bleiben und einen Boten absenden, um die ganze Schar der Comanchen herbei zu holen. Dann wird er wohl gezwungen sein, uns eintreten zu lassen.«

»Gewiß nicht! Selbst wenn tausend Comanchen kämen, so könnte doch immer nur einer hier hinab und müßte es augenblicklich mit dem Leben bezahlen. Uebrigens wird es dir nicht gelingen, einen Boten abzusenden, denn sobald er den Schutz der Mauer nicht mehr hat, werde ich ihn von hier aus mit meiner Kugel niederstrecken. Ich bin ein Freund der Comanchen, aber ihr seid als Feinde gekommen und werdet als solche behandelt.«

Während des ganzen Herüber- und Hinüberredens waren unsere Gewehre auf die Indianer gerichtet gewesen. Obgleich es ihnen gelungen war, die Plattform zu ersteigen, befanden sie sich gegen uns doch im Nachteile. Das sah ihr Anführer gar wohl ein, und darum begann er wieder leise mit ihnen zu verhandeln. Aber auch unsere Lage war keine beneidenswerte. Old Death kratzte sich bedenklich hinter den Ohren und sagte:

»Die Geschichte ist außerordentlich fatal. Die Klugheit verbietet uns, die Comanchen feindlich zu behandeln. Holen sie die Andern herbei, so ist es um uns geschehen. Ja, wenn wir den Apachen verstecken könnten, daß es unmöglich wäre, ihn zu finden! Aber ich kenne dieses Haus genau und weiß, daß kein solches Versteck vorhanden ist.«

»So schaffen wir ihn hinaus!« sagte ich.

»Hinaus?« sagte der Alte. »Seid Ihr des Teufels, Sir? Auf welche Weise denn?«

»Habt Ihr die beiden heimlichen Türen vergessen? Sie befinden sich auf der hintern Seite, während die Comanchen vorn stehen und also nichts bemerken können. Ich schaffe ihn hinaus in das Gebüsch am Flusse, bis sie fort sind.«

»Dieser Gedanke ist freilich nicht schlecht,« sagte Old Death. »An diese Türen habe ich gar nicht gedacht. Hinaus zu bringen wäre er wohl; aber wie nun, wenn die Comanchen draußen Wächter aufgestellt haben?«

»Das glaube ich nicht. Viele über fünfzig sind es nicht. Einige müssen doch bei den Pferden bleiben, welche vorn an der Mauer stehen. Da ist es nicht zu erwarten, daß sie auch hinten Leute hingestellt haben.«

»Gut, so können wir es versuchen, Sir. Ihr und einer der Peons mögt die Sache übernehmen. Wir werden es so einrichten, daß sie euch nicht hinabsteigen sehen, und auch dann stellen wir uns so zusammen, daß sie uns nicht zählen und also bemerken können, daß zwei von uns fehlen. Die Damen mögen euch helfen, und wenn ihr hinaus seid, das Schränkchen wieder vorschieben.«

»Und noch einen Vorschlag. Könnten wir nicht grad die Damen in die Krankenstube bringen? Wenn die Roten sehen, daß die Frauen da wohnen, werden sie doppelt überzeugt sein, daß sich kein Indianer dort befunden hat.«

»Ganz recht!« bemerkte Sennor Atanasio. »Ihr braucht nur einige Decken zu legen und aus den Zimmern meiner Frau und Tochter die Hängematten hinabzuschaffen. Haken zum Aufhängen derselben sind in jeder Stube des Hauses vorhanden. Die Damen mögen sich hineinlegen. Ihr aber findet für den Apachen das beste Versteck gleich unterhalb der Stelle des Flusses, an welchem Ihr vorhin gebadet habt. Dort hängen dichte blühende Petunienranken bis in das Wasser herab, unter denen wir unsern Kahn versteckt haben. Legt Ihr den Apachen hinein, so kann kein Comanche ihn finden. Petro mag mit Euch gehen. Erst wenn Ihr zurückgekehrt seid, werden wir den Indianern erlauben, das Innere des Hauses zu betreten.«

Ich stieg mit dem Peon, welcher Petro hieß, hinab, wo die beiden Damen voller Sorge auf die Entwickelung des Ereignisses warteten. Als wir ihnen mitteilten, um was es sich handle, waren sie uns zur Ausführung unseres Vorhabens schnell behilflich. Sie selbst trugen Decken und Hängematten herbei. In eine der erstren wurde der Apache gewickelt. Als er hörte, daß die Comanchen da seien, um nach ihm zu suchen, sagte er mit schwacher Stimme:

»Inda-nitscho hat viele Winter gesehen, und seine Tage sind gezählt. Warum sollen die guten Bleichgesichter sich seinetwegen ermorden lassen? Sie mögen ihn den Comanchen überantworten, ihn aber vorher töten. Er bittet sie darum.«

Ich antwortete ihm nur durch ein energisches Kopfschütteln. Dann trugen wir ihn aus der Stube. Das Schränkchen wurde zur Seite gerückt und der Transport des Verwundeten glücklich bis hinaus vor die Mauer bewerkstelligt. Bisher hatte uns niemand gesehen. Draußen gab es Strauchwerk, welches uns für den Augenblick verbarg. Zwischen diesem und dem nahen Flusse aber zog sich ein freier Streifen hin, den wir quer zu durchschreiten hatten. Ich lugte vorsichtig hinaus und gewahrte zu meiner Enttäuschung einen Comanchen, welcher am Boden saß und Lanze, Köcher und Bogen vor sich liegen hatte. Er hatte die hintere Seite der Mauer zu bewachen, ein Umstand, welcher die Ausführung unseres Planes unmöglich zu machen schien.

»Wir müssen wieder zurück, Sennor,« sagte der Peon, als ich ihm den Roten zeigte. »Wir könnten ihn zwar töten, aber das würde die Rache der Andern auf uns laden.«

»Nein, töten auf keinen Fall. Aber es muß doch möglich sein, ihn zu entfernen, ihn fortzulocken.«

»Das glaube ich nicht. Er wird seinen Posten nicht verlassen, bis er abgerufen wird.«

»Und doch habe ich einen Plan, welcher mir vielleicht gelingt. Du bleibst hier versteckt; ich aber lasse mich von ihm sehen. Sobald er mich bemerkt, tue ich, als ob ich erschrecke, und fliehe. Er wird mich verfolgen.«

»Oder Euch einen Pfeil in den Leib geben.«

»Das muß ich freilich riskieren.«

»Tut es nicht, Sennor! Es ist zu gewagt. Die Comanchen schießen mit ihren Bogen ebenso sicher, wie wir mit den Büchsen. Wenn Ihr flieht, kehret Ihr ihm den Rücken zu und könnt den Pfeil nicht sehen und ihm ausweichen.«

»Ich fliehe über den Fluß. Wenn ich auf dem Rücken schwimme, sehe ich ihn schießen und tauche sofort nieder. Er wird glauben, daß ich irgend etwas gegen die Seinen im Schilde führe und mir wahrscheinlich ins Wasser folgen. Drüben mache ich ihn für uns unschädlich; ich betäube ihn durch einen Hieb auf den Kopf. Du verlässest diesen Platz nicht eher, als bis ich zurückkehre. Ich habe vorhin beim Baden das Petuniengerank gesehen und weiß also, wo der Kahn sich befindet. Ich werde denselben holen und grad gegenüber anlegen.«

Der Peon gab sich Mühe, mich von meinem Vorsatze abzubringen, aber ich durfte nicht auf seine Einwendungen hören, da ich nicht wußte, in welcher andern Weise wir den uns erteilten Auftrag ausführen könnten. Ich verließ also die Stelle, an welcher wir uns befanden. Um dieselbe nicht zu verraten, schlich ich mich eine Strecke im Gebüsch an der Mauer hin und trat dann hervor, mir den Anschein gebend, als ob ich um die Ecke gekommen sei. Der Comanche sah mich nicht sofort. Bald aber drehte er mir das Gesicht zu und sprang schnell auf. Ich wendete mein Gesicht halb ab, damit er dasselbe später nicht erkennen möge. Er rief mir zu, stehen zu bleiben, und als ich nicht gehorchte, riß er den Bogen vom Boden auf, einen Pfeil aus dem Köcher und spannte den ersteren. Einige rasche Sprünge, und ich hatte das Ufergebüsch erreicht, noch ehe er schießen konnte. Ich sprang augenblicklich in das Wasser und legte mich, nach dem andern Ufer schwimmend, auf den Rücken. Nach wenigen Augenblicken brach er durch das Gesträuch, sah mich und zielte. Der Pfeil flog von der Sehne, und ich tauchte sofort nieder. Ich war nicht getroffen. Als ich wieder emporkam, sah ich ihn erwartungsvoll mit vorgebeugtem Körper am Ufer stehen. Er bemerkte, daß ich unverwundet war. Einen zweiten Pfeil hatte er nicht bei sich, da der Köcher liegen geblieben war. Da warf er den Bogen fort und sprang in das Wasser. Das war es, was ich wollte. Um ihn zu locken, gab ich mir den Anschein, als ob ich ein schlechter Schwimmer sei, und ließ ihn ziemlich nahe an mich herankommen. Dann tauchte ich nieder und arbeitete mich möglichst rasch flußabwärts. Als ich wieder emportauchte, befand ich mich ganz in der Nähe des Ufers. Er hielt weit oberhalb von mir und schaute, wo ich wieder an die Oberfläche kommen werde. Jetzt hatte ich den beabsichtigten Vorsprung, schwamm an das Ufer, erstieg dasselbe und sprang zwischen Bäumen weiter, aber dem Wasserlaufe entgegen. Ich sah eine sehr starke, moosbewachsene Lebenseiche stehen, welche für meinen Zweck paßte. Ungefähr fünf Schritte von ihr entfernt rannte ich vorüber, noch eine Strecke weit, schlug dann einen Bogen und kehrte zu ihr zurück, um mich hinter ihr zu verstecken. Eng an den Stamm geschmiegt, erwartete ich die Ankunft des Roten, welcher auf alle Fälle meinen sehr sichtbaren Spuren folgte. Da kam er angesaust, triefend vor Nässe wie ich und laut keuchend, den Blick auf meine Fährte gerichtet. Er sprang vorüber, ich natürlich nun hinter ihm her. Sein lautes Keuchen hinderte ihn, meine Schritte zu hören, zumal ich nur mit den Fußspitzen auftrat. Ich mußte weite Sprünge machen, um ihn einzuholen. Dann noch ein tüchtiger Satz prall auf seinen Körper, so daß er mit voller Wucht nach vorn zu Boden stürzte. Da kniete ich schon auf ihm und hatte ihn beim Halse. Zwei Faustschläge auf den Schädel, und er bewegte sich nicht mehr. Unweit der Stelle, an welcher er lag, war eine Platane umgebrochen. Sie lag nach der Seite des Flusses, dessen Wasser vielleicht zwei Ellen unter ihren verdorrten Wipfeln dahinflossen. Das gab eine ganz vortreffliche Gelegenheit, wieder in den Fluß zu kommen, ohne eine Fährte zu hinterlassen. Ich stieg auf den Stamm und lief auf demselben hin, bis ich mich über dem Wasser befand, in welches ich sprang. Fast grad gegenüber sah ich die Blüten der Petunien leuchten. Dorthin schwamm ich, band das Boot los, stieg ein und ruderte nach der Uferstelle, an welcher der Apache eingenommen werden sollte. Dort hing ich das Boot an eine Wurzel und stieg aus. Wir mußten uns beeilen, fertig zu werden, bevor der Comanche wieder zu sich kam. Der Apache wurde nach dem Kahne getragen und ihm mit Hilfe der Decke und seiner Kleider ein passables Lager gemacht. Der Peon kehrte sofort zur Mauer zurück. Ich ruderte den Kahn wieder unter die Petunien, band ihn dort fest, schwamm wieder zurück und entledigte mich des leinenen Anzuges, um denselben auszuringen. Als ich ihn wieder angelegt hatte, suchte ich mit dem Auge das jenseitige Ufer ab, ob der Comanche bereits erwacht sei und unser Tun beobachtet habe. Ich konnte aber trotz aller Anstrengung nichts von dem Feinde sehen. Wir kehrten durch die verborgene Tür in die Estanzia zurück. Inzwischen war kaum eine Viertelstunde vergangen. Ich erhielt von der Sennora einen trockenen Anzug und konnte nun jedem Comanchen ins Gesicht lachen, welcher hätte behaupten wollen, daß ich außerhalb des Hauses und sogar im Flusse gewesen sei.

Nun legten sich die Damen in ihre Hängematten, und wir gingen hinauf auf die Plattform, natürlich nachdem wir unsere Waffen wieder an uns genommen hatten. Die beiden Parteien befanden sich noch in Unterhandlung. Old Death war bei der Behauptung geblieben, daß die Durchsuchung des Hauses eine Beleidigung für ihn und den Haciendero sei. Als ich ihm kurz mitteilte, daß der Apache in Sicherheit sei, gab er langsam nach und erklärte endlich, daß es fünf Comanchen erlaubt sein solle, sich zu überzeugen, daß der Apache sich nicht hier befinde.

»Warum nur fünf?« fragte der Anführer. »Ist nicht einer von uns wie der andere? Was einer tut, sollen alle tun. Old Death kann uns Vertrauen schenken. Wir werden nichts berühren. Keiner von uns wird etwas stehlen.«

»Gut! Ihr sollt sehen, das wir großmütig sind. Ihr sollt alle in das Haus dürfen, damit sich jeder überzeugen kann, daß ich die Wahrheit gesagt habe. Aber ich verlange, daß ihr vorher alle eure Waffen ablegt, und daß wir den, welcher eine Person oder eine Sache ohne unsere Erlaubnis anrührt, hier behalten dürfen, um ihn zu bestrafen.«

Die Roten berieten sich über diese Forderung und gestanden sie uns dann zu. Sie legten ihre Bogen, Köcher und Messer ab und stiegen dann hintereinander ein. Schon ehe ich mit Petro fortgegangen war, hatten die Vaqueros draußen auf der Ebene gehalten, gut beritten und bewaffnet, die Blicke zu uns herauf gerichtet. Sie hatten auf ein Zeichen ihres Herrn gewartet und sich nur deshalb ruhig verhalten, weil dieses nicht gegeben wurde.

Von uns vierzehn Männern waren der Haciendero und Old Death bestimmt, den Comanchen alle Räume zu öffnen. Zwei blieben auf der Plattform zurück, und je fünf kamen in die beiden Korridore zu stehen, um mit den Waffen in den Händen jeder etwaigen Ausschreitung der Roten sofort entgegen zu treten. Ich stand mit im untern Korridor und stellte mich an die Türe der Stube, in welcher der Apache gelegen hatte. Die Comanchen kamen stracks herab und auf diese Türe zu. Old Death öffnete dieselbe. Es war den Indianern anzusehen, daß sie überzeugt waren, den ›guten Mann‹ da zu sehen. Anstatt dessen aber sahen sie die beiden Damen, welche lesend in ihren Hängematten lagen.

»Uff!« rief der Anführer enttäuscht. »Da sind die Squaws!«

»Ja,« lachte Old Death. »Und da soll der Häuptling der Apachen liegen, wie das Bleichgesicht gelogen hat. Tretet doch ein, und sucht nach ihm!«

Der Blick des Anführers durchflog den Raum; dann antwortete er:

»Ein Krieger tritt nicht in das Wigwam der Frauen. Hier ist kein Apache. Mein Auge würde ihn erblicken.«

»So sucht in den andern Räumen!«

Ueber eine Stunde dauerte es, bevor die Indianer ihre Untersuchung beendet hatten. Als sie keine Spur des Gesuchten fanden, kehrten sie noch einmal zurück. Die Damen mußten die Stube verlassen, welche nun noch einmal auf das genauste durchforscht wurde. Die Roten hoben sogar die Decken und Matratzen empor, welche direkt auf dem Boden lagen. Auch diesen letzteren untersuchten sie, ob es da vielleicht eine hohle Stelle gebe. Endlich waren sie überzeugt, daß der Gesuchte sich nicht auf der Estanzia befinde. Als der Anführer dies eingestand, sagte Old Death:

»Ich habe es euch gesagt, aber ihr glaubtet es nicht. Ihr habt einem Lügner mehr Vertrauen geschenkt als mir, der ich ein Freund der Comanchen bin. Wenn ich zu dem ›weißen Biber‹ komme, werde ich mich bei ihm beschweren.«

»Will mein weißer Bruder denn zu ihm? So kann er mit uns reiten.«

»Das ist nicht möglich. Mein Pferd ist ermüdet; ich kann erst morgen weiter reiten; die Krieger der Comanchen aber werden schon heut diese Gegend verlassen.«

»Nein. Wir bleiben hier. Die Sonne geht zur Ruhe, und wir reiten nicht des Nachts. Wir brechen bei der Ankunft des Tages auf und da kann mein Bruder mit uns wandern.«

»Gut! Aber ich begleite euch nicht allein. Es sind noch vier Gefährten bei mir.«

»Auch sie werden dem ›weißen Biber‹ willkommen sein. Meine weißen Brüder mögen uns erlauben, in dieser Nacht in der Nähe dieses Hauses zu ruhen.«

»Dagegen habe ich nichts,« antwortete der Mexikaner. »Ich habe euch bereits gesagt, daß ich ein Freund der roten Männer bin, wenn sie friedlich zu mir kommen. Um euch das zu beweisen, werde ich euch ein Rind schenken, welches geschlachtet werden soll. Ihr mögt euch ein Feuer anbrennen, um es zu braten.«

Dieses Versprechen machte einen sehr guten Eindruck auf die Comanchen. Sie waren jetzt wirklich überzeugt, uns unrecht getan zu haben, und zeigten sich von ihrer friedfertigsten Seite. Freilich mochte dazu am meisten das Ansehen beitragen, in welchem Old Death bei ihnen stand. Sie hatten wirklich nichts angerührt und verließen nun das Haus, ohne von uns dazu aufgefordert zu werden. Die Treppen waren hinabgelassen, und das Tor stand offen. Einige bewaffnete Peons blieben als Wächter auf der Plattform zurück. Man durfte trotz des veränderten Benehmens der Roten keine Vorsicht versäumen. Wir andern gingen mit hinab, und nun kamen auch die Vaqueros herbei und erhielten den Befehl, ein Rind einzufangen. Die sämtlichen Pferde der Comanchen standen an der vordern Seite der Umfassungsmauer. Drei Posten hatten bei ihnen gehalten. Auch an der andern Seite war eine Wache aufgestellt gewesen. Diese Leute wurden jetzt herbeigeholt. Der eine von ihnen war derjenige, den ich über den Fluß gelockt hatte. Sein sehr unzureichendes Gewand war noch naß. Er war auf seinen Posten zurückgekehrt und hatte noch keine Gelegenheit gehabt, dem Anführer das Geschehene zu melden. Jetzt trat er zu ihm und erzählte es ihm, doch so, daß wir Weißen nichts hörten. Er schien mit seinem Berichte zu Ende zu sein, als sein Auge auf mich fiel. Wegen der Bemalung seines Gesichtes konnte ich keine Veränderung seiner Züge bemerken, aber er machte eine Bewegung des Zornes, deutete auf mich und rief dem Anführer einige indianische Worte zu, deren Bedeutung ich nicht verstand. Der Letztgenannte betrachtete mich mit drohend forschendem Blicke, trat auf mich zu und sagte:

»Das junge Bleichgesicht ist vorhin über den Fluß geschwommen! Du hast diesen roten Krieger niedergeschlagen?«

Old Death nahm sich meiner an, indem er herbeitrat und den Anführer fragte, was er mit seinen Worten wolle. Der Gefragte erzählte, was geschehen war. Der Alte aber lachte lustig auf und sagte:

»Die roten Krieger scheinen sich nicht darauf zu verstehen, die Angesichter der Weißen zu unterscheiden. Es fragte sich überhaupt, ob es ein Bleichgesicht gewesen ist, welches dieser Sohn der Comanchen gesehen hat.«

»Ein Weißer war es,« antwortete der Betreffende in bestimmtem Tone. »Und kein anderer als dieser hier. Ich habe sein Gesicht gesehen, als er schwimmend auf dem Rücken lag. Auch hatte er dasselbe weiße Gewand an.«

»So! In den Kleidern ist er über den Fluß geschwommen? Dein Anzug ist noch naß. Der seinige müßte es auch noch sein. Fühle ihn aber an, so wirst du dich überzeugen, daß er vollständig trocken ist.«

»Er hat den nassen ausgezogen und im Hause einen andern angelegt.«

»Wie ist er hineingekommen? Haben nicht eure Krieger hier an dem Tore gestanden? Kein Mensch kann in das Haus oder aus demselben, ohne diese Treppen zu besteigen, an welchen sämtliche Krieger der Comanchen standen. Kann mein junger Gefährte also außerhalb des Hauses gewesen sein?«

Sie gaben das zu, und der überlistete Posten war endlich auch selbst der Meinung, daß er sich geirrt habe. Als dann der Haciendero bemerkte, es treibe sich seit einiger Zeit eine Bande von Pferdedieben in dieser Gegend herum, zu denen der Mensch jedenfalls gehöre, so war die Angelegenheit erledigt. Nur der Umstand blieb rätselhaft, daß keine Spur vorhanden gewesen war, aus welcher man hätte ersehen können, nach welcher Richtung dieser Mann davongegangen sei. Um dieses Rätsel zu lösen, ritt der Anführer mit dem Posten und einigen andern durch die Furt und dann nach der betreffenden Stelle. Glücklicherweise aber begann es bereits dunkel zu werden, so daß eine genaue Untersuchung des Ortes nicht mehr stattfinden konnte. Old Death, der Schlaue, nahm mich mit sich, um am Flusse entlang zu spazieren. Die Augen auf die Reiter am jenseitigen Ufer gerichtet und uns scheinbar nur mit diesen beschäftigend, gingen wir langsam fort und blieben bei den Petunien stehen. Dort sagte der Alte so leise, daß nur ich und der im Kahne Befindliche es hören konnten:

»Old Death steht da mit dem jungen Bleichgesichte, welches den ›guten Mann‹ hier versteckt hat. Erkennt mich der Häuptling der Apachen vielleicht an der Stimme?«

»Ja,« lautete die ebenso leise Antwort.

»Die Comanchen glauben jetzt, daß sich der ›gute Mann‹ nicht hier befindet. Sie werden beim Anbruche des Tages fortreiten. Aber wird mein Bruder es so lange im Kahne aushalten können?«

»Der Apache hält es aus, denn der Duft des Wassers erquickt ihn, und das Fieber wird nicht wiederkehren. Der Häuptling der Apachen möchte aber gern wissen, wie lange Old Death mit seinen Gefährten hier bleibt.«

»Wir reiten morgen mit den Comanchen fort.«

»Uff! Warum gesellt sich mein Freund zu unsern Feinden?«

»Weil wir einige Männer suchen, welche bei ihnen zu finden sind.«

»Werden die weißen Männer auch mit Kriegern der Apachen zusammentreffen?«

»Das ist leicht möglich.«

»So möchte ich dem jungen Krieger, welcher sein Leben wagte, um mich hier zu verbergen, gern ein Totem geben, welches er den Söhnen der Apachen zeigen kann, um ihnen stets willkommen zu sein. Old Death ist ein schlauer und erfahrener Jäger; ihn werden die Hunde der Comanchen nicht ertappen, wenn er mir, sobald es dunkel geworden ist, ein Stück weißes Leder und ein Messer bringt. Vor Anbruch des

Tages kann er dann das Totem abholen, welches ich während der Nacht anfertigen werde.«

»Ich werde beides bringen, das Leder und das Messer. Wünschest du noch anderes?«

»Nein. Der Apache ist zufrieden. Möge der gute Manitou stets über die Pfade Old Deaths und des jungen Bleichgesichtes wachen.«

Wir kehrten jetzt wieder zurück. Keinem war es aufgefallen, daß wir eine Minute lang am Flusse gestanden hatten. Der Alte erklärte mir:

»Eine große Seltenheit ist es, daß ein Weißer das Totem eines Indianerhäuptlings bekommt. Ihr habt viel Glück, Sir. Die Handschrift des ›guten Mannes‹ kann Euch von großem Nutzen sein.«

»Und Ihr wollt es wirklich wagen, ihm das Leder und Messer zu besorgen? Wenn Ihr dabei von den Comanchen erwischt werdet, so ist es um den Apachen und um Euch geschehen!«

»Unsinn! Haltet Ihr mich für einen Schulknaben? Ich weiß stets sehr genau, was ich wagen kann und was nicht.«

Der Anführer der Indsmen kehrte unverrichteter Sache zurück. Die Spur war nicht mehr deutlich zu erkennen gewesen.

Der Tag verging ohne Störung und die Nacht ebenso. Früh wurde ich von Old Death geweckt. Er gab mir ein viereckiges Stück weißgegerbtes Leder. Ich betrachtete dasselbe und konnte nichts Besonderes bemerken, denn einige feine Einschnitte auf der glatten Seite des Leders schienen mir ganz bedeutungslos zu sein.

»Das ist das Totem?« fragte ich. »Ich kann nichts Außerordentliches an ihm entdecken.«

»Ist auch nicht nötig. Gebt es dem ersten Apachen, der Euch begegnet, und er wird Euch darüber aufklären, welchen Schatz Ihr besitzt. Die Schrift dieses Totem ist jetzt noch unsichtbar, weil der ›gute Mann‹ keine Farbe bei sich hatte. Aber wenn Ihr es einem Apachen gebt, wird er die Einschnitte färben, worauf die betreffenden Figuren erkennbar sein werden. Doch laßt dieses Leder um Gottes willen nicht einen Comanchen sehen, da man Euch für einen Freund der Apachen halten würde. Jetzt zieht Euch um, und kommt hinab. Die Comanchen sind in kurzer Zeit zum Aufbruche bereit.«

Die Wilden waren beschäftigt, ihr Frühmahl zu halten, welches aus den gestern abend übrig gebliebenen Fleischresten bestand. Dann holten sie ihre Pferde zusammen, um sie am Flusse zu tränken. Dies geschah glücklicherweise oberhalb der Stelle, an welcher der Apache versteckt lag. Nun kam auch der Haciendero mit seinen beiden Damen zum Vorscheine, welche vor den Roten nicht mehr die mindeste Sorge sehen ließen. Als er unsere Pferde sah, welche von den Vaqueros herbeigebracht wurden, meinte er kopfschüttelnd zu Old Death:

»Das sind keine Pferde für Euch, Sennor. Ihr wißt, welchen Wert ein gutes Pferd besitzt. Dieser Sennor Lange und sein Sohn gehen mich nichts an, ebensowenig der Neger. Ihr aber seid ein alter Freund von mir, und da Ihr diesen jungen Herrn so in Euer Herz geschlossen habt, so habe ich ihm auch das meinige geöffnet. Ihr beide sollt bessere Pferde haben.«

Wir nahmen das Anerbieten das Hacienderos dankend an. Auf seinen Befehl fingen die Vaqueros zwei halbwilde Pferde ein, welche wir an der Stelle der unserigen nehmen mußten. Dann verabschiedeten wir uns von ihm und seinen Damen und brachen mit den Comanchen auf.

Die Sonne war noch nicht über den Horizont emporgestiegen, als wir über den Elm-Creek setzten und dann im Galoppe nach Westen flogen, voran wir Fünf mit dem Anführer der Comanchen, und dessen Leute hinter uns her. Ich hatte dabei ein Gefühl der Unsicherheit, denn es war mir immer, als müsse mir ein Pfeil oder eine Lanze in den Rücken fahren. Die auf ihren kleinen, struppigen, mageren und doch so ausdauernden Pferden sitzenden Indianer machten in ihrer Bewaffnung, Bemalung und der ganzen Art und Weise, sich zu geben, nicht den Eindruck, als ob wir uns ihnen anvertrauen könnten. Old Death beruhigte mich aber darüber, als ich eine darauf bezügliche Bemerkung machte. Noch war nicht darüber gesprochen worden, wann und wo wir den Haupttrupp der Comanchen treffen würden. Jetzt erfuhren wir, daß derselbe nicht etwa angehalten habe, um die Rückkehr der abgesandten Fünfzig zu erwarten, sondern daß der Anführer der letzteren den Befehl erhalten hatte, den ›guten Mann‹ auf der Hacienda gefangen zu nehmen und unter einer Bedeckung von zehn Mann nach den Dörfern der Comanchen zu schikken, wo der Marterpfahl seiner wartete. Die übrigen vierzig sollten im Eilritte nach dem Rio Grande kommen und dort der Spur des Haupttruppes folgen, um zu demselben zu stoßen. Da der ›weiße Biber‹ von Gibson erfahren hatte, daß Winnetou über den Fluß entkommen sei und die Apachen natürlich sofort alarmieren werde, so hielt er die größte Eile für geboten, um die Feinde doch noch zu überraschen, bevor sie sich im Verteidigungszustande befanden. Für uns kam es vor allen Dingen darauf an, Gibson noch bei den Comanchen zu finden.

Nach ungefähr zwei Stunden kamen wir an die Stelle, an welcher sich unsere indianischen Begleiter gestern von der Hauptschar getrennt hatten. Im Süden von uns lag am Rio Grande der Eagle-Paß mit Fort Dunkan, welches die Roten zu vermeiden hatten. Nach abermals zwei Stunden zeigten sich spärliche Grasspuren, und wir hatten die Nueces-Wüste hinter uns. Die Fährte, welcher wir folgten, bildete eine schnurgerade Linie, welche von keiner andern gekreuzt wurde; die Comanchen waren unbemerkt geblieben. Der Boden schmückte sich nach und nach mit einem intensiveren Grün, und endlich sahen wir im Westen Wald auftauchen. Das verkündete die Nähe des Rio Grande del Norte.

»Uff!« meinte der Anführer im Tone der Erleichterung. »Kein Bleichgesicht ist uns begegnet, und niemand wird uns verwehren, sogleich über den Fluß zu gehen. Die Hunde der Apachen werden uns bald bei sich sehen und vor Schreck heulen beim Anblicke unserer tapferen Krieger.«

Wir ritten eine Zeit lang langsam unter Platanen, Ulmen,

Eschen, Hackberries und Gummibäumen hin, und dann erreichten wir den Fluß. Der ›weiße Biber‹ war ein guter Führer der Seinen. Die meilenweite Spur, welche uns als Wegweiser gedient hatte, führte linienrecht auf die Stelle zu, an welcher es eine Furt gab. Der Rio Grande war hier sehr breit; er hatte aber wenig Wasser. Nackte Sandbänke ragten aus demselben hervor, aber sie bestanden aus losem Triebsande, in welchem es gefährliche Stellen gab, wo man leicht versinken konnte. Hier am Ufer hatten die Comanchen während der verflossenen Nacht ihr Lager aufgeschlagen, wie man aus den Spuren ersehen konnte. Wir mußten annehmen, daß sie ebenso zeitig wie wir aufgebrochen seien; aber so schnell hatten sie nicht reiten können wie wir, denn sie befanden sich nun im Streifgebiete der Apachen und waren infolgedessen zu Vorsichtsmaßregeln gezwungen, durch welche ihrer Schnelligkeit Abbruch geschehen mußte. So sah man, daß ihr Uebergang über den Fluß nicht ohne große Vorsicht bewerkstelligt worden war. Zahlreiche Fußstapfen bewiesen, daß einige von ihnen abgestiegen seien, um die trügerischen Sandablagerungen zu untersuchen. Die gangbaren Stellen waren mit in den Boden gesteckten Zweigen bezeichnet worden. Für uns war es leichter, hinüber zu kommen, da wir nur ihren Spuren zu folgen brauchten. Der Fluß wurde durch die Bänke in mehrere Arme geteilt, welche unsere Pferde zu durchschwimmen hatten. Drüben hatten wir wieder eine schmale Baum- und Strauchregion zu durchqueren, welcher Gras und endlich wieder Sand folgte. Wir befanden uns in der zwischen dem Rio Grande und der Bolson de Mapimi gelegenen Region, die so recht zum Umherstreifen wilder Indianerhorden geeignet ist. Eine weite Sandebene, welche nur durch große oder kleinere Kaktusstrecken unterbrochen wird. Durch diese Ebene führte die sehr deutliche Spur in beinahe westlicher, nur ein wenig nach Süden geneigter Richtung. Aber wenn ich der Ansicht gewesen war, daß wir die Comanchen heute erreichen würden, so hatte ich mich geirrt. Der durch die Pferdehufe weit nach hinten geschleuderte Sand bewies uns, daß sie sich großer Eile befleißigt hatten. Gegen Mittag durchkreuzten wir eine schmale, niedrige und öde Hügelkette, worauf nun wieder dieselbe sandige Ebene folgte.

Ich mußte die Ausdauer der indianischen Pferde bewundern. Der Nachmittag war weit vorgeschritten, und doch zeigten sie noch keine Spur von Ermüdung. Die drei Gäule von Lange, Sohn und dem Neger konnten nur mit Mühe folgen. Old Deaths und mein Pferd aber bewiesen, daß wir bei dem Tausche sehr im Vorteile gewesen waren. Schon drohte es, dunkel zu werden, als wir zu unserem Erstaunen sahen, daß die Fährte plötzlich ihre bisherige Richtung änderte. Vor ungefähr einer Viertelstunde hatten wir den von San Fernando nach Baya führenden Reitweg durchschnitten; jetzt brach die Spur nach Südwesten ab. Warum? Es mußte ein Grund dazu vorhanden gewesen sein. Old Death erklärte es uns. Man sah aus den Hufeindrücken, daß die Comanchen hier gehalten hatten. Grad von Norden her stieß die Fährte zweier Reiter auf diejenige der Roten. Der Alte stieg ab, untersuchte die erstere und sagte dann:

»Hier sind zwei Männer, welche Indianer waren, zu den Comanchen gekommen. Sie haben ihnen eine Nachricht gebracht, welche die Krieger des ›weißen Bibers‹ veranlaßt hat, ihre Richtung zu ändern. Wir können nichts als dasselbe tun.«

Der Anführer stieg auch ab und bestätigte die Ansicht des Alten, nachdem er die Fährte untersucht hatte. Wir wendeten uns infolgedessen auch nach Süden. So lange es möglich war, die Fährte zu erkennen, ritten wir, denn es sollte heute eine möglichst große Strecke zurückgelegt werden. Selbst als es dämmerte, waren die Hufstapfen noch von der glatten Sandfläche zu unterscheiden. Dann aber verlief alles schwarz in schwarz. Wir wollten halten. Da blies mein Pferd die Nüstern auf, wieherte laut und wollte weiter. Es roch wahrscheinlich Wasser, und darum tat ich ihm den Willen. Nach einigen Minuten kamen wir wirklich an einen Fluß, an welchem wir Halt machten.

Nach einem so anstrengenden und heißen Ritte, wie dem

heutigen, war das aufgefundene Wasser eine wahre Erquikkung für Menschen und Tiere. In kurzer Zeit war ein Lagerplatz gewählt; die Roten stellten Wachen auf und ließen die Tiere unter Aufsicht derselben weiden. Wir Weißen setzten uns zueinander. Old Death erging sich in Berechnungen, was für ein Wasser es sei, an welches wir so unerwartet geraten waren, und kam endlich zu der Ueberzeugung, daß es der Morelos sei, welcher bei Fort Dunkan in den Rio grande fließt. Die am nächsten Morgen angestellte Untersuchung ergab, daß wir uns an einem ganz hübschen Wasserlaufe befanden, über den nicht weit von uns die Comanchen geschwommen waren. Wir taten dasselbe und folgten ihrer Spur von neuem. Um die Mittagszeit wendete sich die Fährte nach Westen, und wir sahen in dieser Richtung nackte Berge vor uns aufsteigen. Old Death machte ein bedenkliches Gesicht. Von mir über die Ursache desselben befragt, antwortete er:

»Die Geschichte gefällt mir nicht. Ich kann den ›weißen Biber‹ nicht begreifen, daß er sich in diese Gegend wagt. Wißt Ihr etwa, was für eine schöne Gegend da vor uns liegt?«

»Ja, die Bolson de Mapimi.«

»Und kennt Ihr diese Wüste?«

»Nein.«

»Diese Mapimi ist ein wahrer Mehlwürmertopf, aus welchem zu allen Zeiten die wilden Völkerschaften hervorgebrochen sind, um sich räuberisch auf die angrenzenden Länder zu werfen. Dabei dürft Ihr aber nicht etwa denken, daß es ein fruchtbares Land sein müsse, weil es eine solche Menschenzahl ausbrütet. Aber man hat immer die Erfahrung gemacht, daß wüste Gegenden der Ausgangspunkt von Völkerwanderungen sind. Den Stämmen, die da oben auf dieser Hochebene und in den Schluchten, Gründen und Tälern wohnen, ist nicht beizukommen. Ich weiß ganz genau, daß sich mehrere Horden der Apachen dort festgesetzt haben. Ist es die Absicht der Comanchen, diese zu überfallen, so können sie mir ungeheuer leid tun, nicht die Apachen, sondern die Comanchen. Im Norden streifen die Apachen zwischen dem Rio del Norte und dem Rio Pecos, und den ganzen Nordwesten bis über den Gila hinüber haben sie inne. Die Comanchen wagen sich also in eine Falle, welche sehr leicht über ihnen zuklappen kann.«

»O weh! Da stecken auch wir mit drin!«

»Ja, aber ich fürchte mich nicht allzusehr. Wir haben den Apachen nichts getan, und so hoffe ich, daß sie uns nicht feindselig behandeln. Im Notfalle wird Euer Totem von guter Wirkung sein.«

»Ist es nicht unsere Pflicht, die Comanchen zu warnen?«

»Versucht es doch einmal, Sir! Sagt einem zehnmal, daß er dumm sei, er glaubt es dennoch nicht. Ich habe vorhin dem Anführer gesagt, was ich denke. Er schnauzte mich ab, und sagte, er habe der Spur des ›weißen Bibers‹ zu folgen. Wenn wir das nicht tun wollten, so stehe es uns frei, zu reiten, wohin es uns beliebe.«

»Das war grob!«

»Ja, die Comanchen nehmen keinen Kursus in Anstandslehre und Konversation. Soll mich wundern, wenn sich da oben nicht irgend etwas über uns zusammenbraut. Ueber die Grenze sind wir hinüber; ob und wie wir wieder herüberkommen, das steht in einem Buch gedruckt, welches ich noch nicht gelesen habe.« – – –

VIERTES KAPITEL.

Durch die Mapimi.

Ich war der Ueberzeugung gewesen, Gibsons noch im Bereiche der Vereinigten Staaten habhaft zu werden. Nun mußte ich ihm nach Mexiko und sogar in die allergefährlichste Gegend dieses Landes folgen. Der Weg, welcher erst hatte eingeschlagen werden sollen, um Chihuahua zu erreichen, berührt den Norden des wüsten Gebietes der Mapimi und führt meist durch freies, offenes Land. Nun aber hatten wir uns südlich wenden müssen, wo Gefahren uns erwarteten, denen wir wohl kaum gewachsen waren. Zu diesen niederschlagenden Gedanken trat die körperliche Ermüdung, deren sich selbst die Comanchen nicht mehr erwehren konnten. Wir hatten von der Hacienda del Caballero aus einen wahren Parforceritt gemacht. Den Roten war das getrocknete Fleisch ausgegangen, welches ihren Proviant gebildet hatte, und auch wir besaßen nur noch wenig von dem Speisevorrate, welchen uns der Haciendero hatte einpacken lassen. Das Terrain stieg nach und nach höher an. Wir erreichten Berge, welche wir am Mittage gesehen hatten, steinige Massen ohne alles pflanzliche Leben. Wir wandten uns zwischen ihnen hindurch, immer nach Süden. Zwischen den steilen Abhängen war die Hitze noch größer als draußen auf der freien Ebene. Die Pferde verlangsamten ihre Schritte immer mehr. Auch der Haupttrupp der Comanchen war hier sehr langsam geritten, wie man aus den Spuren ersah. Ueber uns schwebten mehrere Geier, welche uns seit Stunden gefolgt waren, als ob sie erwarteten, daß unsere Erschöpfung ihnen eine Beute bringen werde. Da färbte sich plötzlich, als wir um eine Felsenecke schwenkten, der Süden dunkler. Dort schien es bewaldete Berge zu geben, und sofort fielen die Pferde, als ob auch sie diese Bemerkung gemacht hätten, in lebhafteren Schritt. Das Gesicht Old Deaths heiterte sich auf.

»Jetzt ahne ich, wohin wir kommen,« sagte er. »Ich rechne, daß wir uns in der Nähe des Flußgebietes des Rio Sabinas befinden, welcher aus der Mapimi herabkommt. Wenn die Comanchen sich entschlossen haben, seinem Laufe aufwärts zu folgen, so hat die Not ein Ende. Wo Wasser ist, gibt es Wald und Gras und wohl auch Wild, selbst in dieser traurigen Gegend. Wollen den Pferden die Sporen zeigen. Je mehr wir sie jetzt anstrengen, desto eher können sie sich ausruhen.«

Die Fährte hatte sich wieder ostwärts gewendet. Wir gelangten in eine lange, schmale Schlucht, und als dieselbe sich öffnete, sahen wir ein grünes Tal vor uns liegen, welches durch einen Bach bewässert wurde. Nach diesem Bache stürmen und dort aus dem Sattel springen, war eines. Selbst wenn die Comanchen sich hätten beherrschen wollen, so hätten sie doch ihren Pferden den Willen lassen müssen. Aber als die letzteren getrunken hatten, saßen wir gleich wieder auf, um weiter zu reiten. Der Bach ergoß sich nach kurzer Zeit in einen größeren, welchem wir aufwärts folgten. Derselbe führte uns in einen Cañon, dessen steile Wände stellenweise mit Büschen bewachsen waren. Als wir diesen durchritten hatten, kamen wir an grünenden Berglehnen vorüber, deren Färbung unseren geblendeten Augen wohl tat. Mittlerweile hatte es zu dunkeln begonnen, und wir mußten uns nach einem Lagerplatz umsehen. Der Anführer der Comanchen bestand darauf, noch ein Stück weiter zu reiten, bis wir auch Bäume finden würden, und wir mußten uns seinem Willen fügen. Die Pferde stolperten über Steine, welche im Wege lagen. Fast war es Nacht; da wurden wir plötzlich angerufen. Der Anführer gab seine Antwort in freudigem Tone, denn der Ruf war in der Sprache der Comanchen erfolgt. Wir blieben halten. Old Death ritt mit dem Anführer vor, kehrte aber bald zurück und meldete:

»Die Comanchen lagern vor uns. Ihrer Fährte nach war das Zusammentreffen jetzt noch nicht zu erwarten. Aber sie haben sich nicht weiter gewagt, ohne die Gegend zu erkunden. Darum haben sie sich hier gelagert und am Mittag Kundschafter ausgeschickt, welche bis jetzt noch nicht zurückgekehrt sind. Kommt vor! Ihr werdet sogleich die Lagerfeuer sehen.«

»Ich denke, daß auf einem solchen Kriegszuge keine Lagerfeuer angebrannt werden,« sagte ich.

»Das Terrain wird es ihnen erlauben. Da sie Kundschafter vor sich her gesandt haben, so sind sie sicher, daß sich kein Feind in der Nähe befindet, welcher die Feuer sehen kann.«

Wir ritten vorwärts. Die Schlucht war zu Ende, und wir sahen wohl gegen zehn Feuer brennen, nicht mit hohen, sondern gedämpften Flammen, wie es bei Indianern stets der Fall ist. Es schien ein runder, baumleerer Talkessel zu sein, welchen wir vor uns hatten. Die Höhen stiegen, so viel ich bei der Dunkelheit erkennen konnte, rundum steil an, ein Umstand, welchen die Comanchen als günstig für ihre Sicherheit zu betrachten schienen.

Die Roten, bei denen wir uns befunden hatten, ritten stracks auf das Lager zu, während uns bedeutet wurde, zu warten, bis man uns holen werde. Es dauerte eine ziemliche Weile, bis einer kam, um uns zum Häuptling zu führen, der seinen Platz am mittleren Feuer hatte, um welches die andern im Kreise brannten. Er saß in Gesellschaft von zwei Männern, welche wohl ausgezeichnete Krieger waren. Sein Haar war grau, aber lang und in einen Schopf gebunden, in welchem drei Adlerfedern befestigt waren. Er trug Mokassins, schwarze Tuchhose, Weste und Jacke von hellerem Stoffe und hatte ein Doppelgewehr neben sich liegen. Im Gürtel sah man eine alte Pistole. Messer und ein Stück Fleisch hielt er in den Händen, legte aber, als er uns sah, beides weg. Er war eben mit dem Essen beschäftigt gewesen. Der Geruch gebratenen Pferdefleisches lag in der Luft. Dicht neben der Stelle, an welcher er saß, murmelte ein Quell aus der Erde hervor. Wir waren noch nicht von den Pferden gestiegen, so hatte sich schon ein weiter Kreis eng aneinander stehender Krieger um uns gebildet, unter denen ich mehrere weiße Gesichter bemerkte. Man bemächtigte sich sofort unserer Pferde, um sie fort zu schaffen. Da Old Death es geschehen ließ, ohne

Einspruch zu erheben, konnte ich nichts Gefährliches darin sehen. Der Häuptling stand auf und die beiden Andern mit ihm. Er trat Old Death entgegen, reichte ihm ganz nach Art der Weißen die Hand und sagte in freundlich ernstem Tone:

»Mein Bruder Old Death überrascht die Krieger der Comanchen. Wie hätten sie ahnen können, ihn hier zu treffen. Er ist willkommen und wird mit uns gegen die Hunde der Apachen kämpfen.«

Er hatte, wohl damit auch wir ihn verstehen könnten, im Mischjargon gesprochen. Old Death antwortete in eben demselben:

»Der weise Manitou leitet seine roten und bleichen Kinder auf wunderbaren Wegen. Glücklich ist der Mann, welcher auf jedem dieser Wege einem Freunde begegnet, auf dessen Wort er sich verlassen kann. Wird der ›weiße Biber‹ auch mit meinen Gefährten die Pfeife des Friedens rauchen?«

»Deine Freunde sind auch meine Freunde, und wen du liebst, den liebe ich auch. Sie mögen sich an meine Seite setzen und aus dem Calumet des Häuptlings der Comanchen den Frieden trinken.«

Old Death setzte sich nieder, und wir folgten seinem Beispiel. Nur der Schwarze trat zur Seite, wo er sich ebenfalls im Grase niederließ. Die Roten standen stumm und bewegungslos wie Statuen im Kreise. Die Gesichtszüge der einzelnen Weißen zu erkennen, war mir unmöglich. Der Schein des Feuers reichte dazu nicht aus. Oyo-koltsa band sein Calumet vom Halse, stopfte den Kopf desselben voll Tabak aus dem Beutel, welcher ihm am Gürtel hing, und brannte ihn an. Nun folgte fast ganz genau dieselbe Zeremonie, welche beim Zusammentreffen mit seinem Sohne stattgefunden hatte. Dann erst gewannen wir die Gewißheit, keine Feindseligkeiten seitens der Comanchen befürchten zu müssen.

Während wir vor dem Lager warten mußten, hatte der Anführer der Fünfzig dem Häuptling über uns Mitteilung gemacht, wie wir jetzt aus dem Munde des Letzteren hörten. Er bat Old Death, ihm nun auch seinerseits zu erzählen, wie die Angelegenheit sich zugetragen habe. Der Alte tat es in einer

Weise, daß weder auf uns, noch auf Sennor Atanasio ein Mißtrauen fallen konnte.

Der ›weiße Biber‹ blickte eine Zeit lang sinnend vor sich nieder und sagte dann:

»Ich muß meinem Bruder Glauben schenken. Selbst wenn ich zweifeln wollte, finde ich in seiner Erzählung nichts, woraus ich schließen könnte, daß er mich täuschen will. Aber auch dem andern Bleichgesicht muß ich trauen, denn er hat keinen Grund, die Krieger der Comanchen zu belügen, und eine Lüge würde ihm das Leben kosten. Er befindet sich bei uns und hätte sich längst von uns entfernt, wenn er uns die Unwahrheit gesagt hätte. Ich kann also nichts anders denken, als daß einer von euch sich getäuscht hat.«

Das war sehr scharfsinnig gedacht, nämlich von seinem Standpunkte aus. Old Death mußte vorsichtig sein. Wie leicht konnte der Häuptling auf den Gedanken kommen, noch einmal eine Abteilung zurückzusenden, um den Haciendero des Nachts zu überraschen! Am allerbesten war es, eine glaubliche Erklärung des vermuteten Irrtums zu geben. Das dachte auch der Scout. Darum sagte er:

»Eine Täuschung liegt allerdings vor; aber nicht ich, sondern das Bleichgesicht wurde getäuscht. Wo wäre der Mann, welcher Old Death zu täuschen vermöchte! Das weiß mein roter Bruder auch.«

»So mag mein Bruder mir sagen, wie sich die Sache zugetragen hat!«

»Zunächst muß ich da sagen, daß der Häuptling der Comanchen selbst getäuscht worden ist.«

»Von wem?« fragte der ›weiße Biber‹, indem er plötzlich ein sehr ernstes Gesicht machte.

»Von den sämtlichen Bleichgesichtern, welche du bei dir hast, vermute ich.«

»Auf eine Vermutung darf ich nicht hören. Gib mir den Beweis! Wenn die mich täuschen, mit denen wir die Pfeife des Friedens geraucht haben, so müssen sie sterben!«

»Also nicht nur die Friedenshand hast du ihnen gegeben, sondern sogar das Calumet mit ihnen geraucht? Wäre ich bei dir gewesen, so hätte ich dich gehindert, es zu tun. Ich werde dir den verlangten Beweis geben. Sage mir, wessen Freund du bist, etwa des Präsidenten Juarez?«

Der Gefragte machte eine wegwerfende Handbewegung und antwortete:

»Juarez ist eine abgefallene Rothaut, welche in Häusern wohnt und das Leben der Bleichgesichter führt. Ich verachte ihn. Die Krieger der Comanchen haben ihre Tapferkeit dem großen Napoleon geliehen, welcher ihnen dafür Waffen, Pferde und Decken schenkt und ihnen die Apachen in die Hände gibt. Auch die Bleichgesichter sind Napoleons Freunde.«

»Das ist eben eine Lüge. Damit haben sie dich getäuscht. Sie sind nach Mexiko gekommen, um Juarez zu dienen. Hier sitzen meine Gefährten als Zeugen. Du weißt doch, wen der große, weiße Vater in Washington in seinen Schutz genommen hat?«

»Juarez.«

»Und daß drüben jenseits der Grenze Soldaten angeworben werden, welche man auf heimlichen Wegen an Juarez herübersendet, weißt du auch. Nun, zu La Grange wohnt ein Mexikaner, welcher Sennor Cortesio heißt. Wir selbst sind bei ihm gewesen, und diese beiden Männer waren seine Nachbarn und Freunde. Er selbst hat es ihnen und uns gesagt, daß er viele Männer für Juarez anwirbt, und am Tage, bevor wir zu ihm kamen, einige der bei dir befindlichen Weißen zu Soldaten des Juarez gemacht hat. Die andern aber sind Truppen, welche die Angeworbenen begleiten müssen. Du bist ein Feind des Juarez und hast doch mit seinen Soldaten die Pfeife des Friedens geraucht, weil sie dich belogen haben.«

Das Auge des Häuptlings flammte zornig auf. Er wollte sprechen, doch Old Death fiel ihm in die Rede:

»Laß mich vor dir sprechen! Also diese Bleichgesichter sind Soldaten des Juarez. Sie kamen auf die Hacienda des Sennor Atanasio, der ein Freund Napoleons ist. Er hatte einen hohen, alten Anführer der Franzosen als Gast bei sich.

Die Bleichgesichter hätten diesen Mann getötet, wenn sie ihn erkannt hätten. Darum mußte er sich krank stellen und sich niederlegen. Man bestrich sein Gesicht mit dunkler Farbe, um ihm das Aussehen eines Indianers zu geben. Als nun die Bleichgesichter ihn sahen und fragten, wer er sei, wurde geantwortet, er sei der ›gute Mann‹, der Häuptling der Apachen.«

Der Häuptling zog die Augenbrauen hoch. Er glaubte dem Erzähler, war aber doch so vorsichtig, zu fragen:

»Warum sagte man grad diesen Namen?«

»Weil die Apachen es mit Juarez halten. Die Bleichgesichter mußten also in diesem Manne einen Freund erkennen. Und er war alt und hatte graues Haar, welches er nicht verbergen konnte. Man wußte, daß der ›gute Mann‹ auch graues Haar hat; darum gab man ihm den Namen dieses Apachen.«

»Uff! Jetzt verstehe ich dich. Dieser Sennor muß ein sehr kluger Mann sein, daß er auf eine solche Ausrede gekommen ist. Aber wo war der Anführer des Napoleon, als meine Krieger kamen? Sie haben ihn nicht gesehen.«

»Er war bereits wieder fort. Du siehst also, es ist nur eine Ausrede gewesen, daß Winnetou den ›guten Mann‹ gebracht habe. Die Bleichgesichter haben das geglaubt. Dann sind sie auf dich und deine Krieger gestoßen. Sie haben gewußt, daß die Comanchen Freunde der Franzosen sind, und sich also auch für deren Freunde ausgegeben.«

»Ich glaube dir, aber ich muß einen sicheren Beweis haben, daß sie Anhänger des Juarez sind, sonst kann ich sie nicht bestrafen, denn sie haben aus unserm Calumet geraucht.«

»Ich wiederhole, daß ich dir diesen Beweis geben werde. Vorher aber muß ich dir sagen, daß sich unter diesen Bleichgesichtern zwei Männer befinden, welche ich gefangen nehmen will.«

»Warum?«

»Sie sind unsere Feinde, und wir haben unsere Pferde viele Tage lang auf ihrer Spur gehabt.«

Das war die beste Antwort. Hätte Old Death eine lange Erzählung über Gibson und William Ohlert gemacht, so hätte er das nicht erreicht, was er mit den kurzen Worten ›Sie sind unsere Feinde‹ erreichen konnte. Das zeigte sich sofort, denn der Häuptling sagte:

»Wenn sie deine Feinde sind, so sind sie auch die unserigen, sobald wir ihnen den Rauch des Friedens wieder genommen haben. Ich werde dir die Beiden schenken.«

»Gut! So laß den Anführer der Bleichgesichter hierher kommen! Wenn ich mit ihm rede, so wirst du bald erkennen, wie recht ich habe, wenn ich behaupte, daß er Anhänger des Juarez ist.«

Der Häuptling winkte. Einer seiner Krieger kam herbei und erhielt den betreffenden Befehl. Er schritt auf einen Weißen zu, sagte ihm einige Worte, und dann kam dieser zu uns, eine hohe, starke Gestalt, mit bärtigem Gesicht und von martialischem Aussehen.

»Was soll ich?« fragte er, indem er uns mit einem finstern, feindseligen Blicke maß. Ich war jedenfalls von Gibson erkannt worden, und dieser hatte ihm gesagt, daß von uns nichts Gutes zu erwarten sei. Meine Neugierde, zu hören, wie Old Death seinen Kopf aus der Schlinge ziehen werde, war nicht gering. Der alte, pfiffige Scout sah dem Frager mit sehr freundlichem Blicke in das Gesicht und antwortete auf das höflichste:

»Ich habe Euch von Sennor Cortesio in La Grange zu grüßen, Sennor.«

»Kennt Ihr ihn denn?« fragte der Mann schnell, ohne zu ahnen, daß er soeben an eine sehr gefährliche Angel beiße.

»Natürlich kenne ich ihn,« meinte der Alte. »Wir sind Freunde seit langer Zeit. Leider kam ich zu spät, um Euch bei ihm zu treffen, doch gab er mir die Richtung an, in welcher wir Euch treffen könnten.«

»Wirklich? So müßt Ihr freilich ein guter Freund von ihm sein. Welche Richtung nannte er?«

»Die Furt zwischen dem Las Moras und Rio Moral, und dann über Baya und Tabal nach Chihuahua. Ihr seid allerdings von dieser Route ein wenig abgewichen.«

»Weil wir unsere Freunde, die Comanchen trafen.«

»Eure Freunde? Ich denke, die Krieger der Comanchen sind Eure Gegner!«

Der Mann kam ganz sichtlich in große Verlegenheit; er räusperte sich und hustete, um Old Death ein Zeichen zu geben, welcher aber nichts zu bemerken schien. Old Death fuhr fort:

»Ihr haltet es ja mit Juarez; die Comanchen aber kämpfen für die Franzosen.«

Jetzt hatte sich der Mexikaner gefaßt. Er erklärte:

»Sennor, da irrt Ihr Euch sehr. Auch wir stehen auf der Seite der Franzosen.«

»Und schafft Angeworbene aus den Vereinigten Staaten nach Mexiko?«

»Ja, aber für Napoleon.«

»Ah so! Also Sennor Cortesio wirbt für Napoleon an?«

»Natürlich! Für wen anders?«

»Ich denke für Juarez.«

»Das fällt ihm gar nicht ein!«

»Schön! Ich danke Euch für diese Aufklärung, Sennor! Ihr könnt jetzt wieder an Euren Platz zurückkehren.«

Ueber das Gesicht des Mannes zuckte es zornig. Sollte er sich von diesem unscheinbaren Menschen wie ein Untergebener fortweisen lassen?

»Sennor,« sagte er, »woher habt Ihr das Recht, mich so einfach in dieser Weise gehen zu heißen?«

»An diesem Feuer sitzen nur Häuptlinge und hervorragende Personen.«

»Ich bin ein Offizier!«

»Des Juarez?« fragte Old Death schnell emporfahrend.

»Ja – nein, nein, Napoleons, wie ich bereits sagte.«

»Nun, soeben habt Ihr Euch glanzvoll versprochen. Ein Offizier, zumal in solchen Verhältnissen, sollte seine Zunge doch besser bewahren können. Ich bin mit Euch fertig, Ihr könnt gehen.«

Der Offizier wollte noch etwas sagen. Da aber machte der Häuptling eine gebieterisch fortweisende Armbewegung, welcher er gehorchen mußte.

»Nun, was sagt mein Bruder jetzt?« fragte Old Death.

»Sein Gesicht klagt ihn an,« antwortete der ›weiße Biber‹, »aber auch das ist noch kein Beweis.«

»Du bist aber überzeugt, daß er Offizier und bei jenem Sennor Cortesio gewesen ist?«

»Ja.«

»Er muß also zu der Partei gehören, für welche Cortesio anwirbt?«

»So ist es. Beweise mir aber, daß dieser Mann für Juarez anwirbt, so bin ich befriedigt!«

»Nun, hier ist der Beweis.«

Er griff in die Tasche und zog den Paß hervor, welcher mit ›Juarez‹ unterschrieben war. Er öffnete ihn und fuhr fort:

»Um uns selbst zu überzeugen, daß Cortesio für Juarez arbeitet und daß alle Bleichgesichter, welche zu ihm kommen, Freunde von Juarez sind, haben wir so getan, als ob auch wir uns anwerben lassen wollten. Er hat uns angenommen und jedem von uns einen Paß gegeben, welcher mit dem Namen Juarez unterzeichnet ist. Mein Gefährte kann dir den seinigen ebenfalls zeigen.«

Der Häuptling nahm den Paß und betrachtete ihn genau. Ein grimmiges Lächeln glitt über sein Gesicht.

»Der ›weiße Biber‹ hat nicht die Kunst der Weißen gelernt, auf dem Papiere zu sprechen,« sagte er; »aber er kennt das Zeichen ganz genau, welches er hier sieht; es ist das Totem des Juarez. Und unter meinen Kriegern ist ein junger Mann, ein Halbblut, welcher als Knabe viel bei den Bleichgesichtern gewesen ist und die Kunst versteht, das Papier sprechen zu lassen. Ich werde ihn rufen.«

Er rief laut einen Namen aus. Ein junger, hell gefärbter Mann trat herbei und nahm auf einige Worte des Häuptlings den Paß in die Hand, kniete neben dem Feuer nieder und las, zugleich übersetzend, die Worte vor. Ich verstand ihn nicht; aber Old Deaths Gesicht wurde heller und immer heller. Als der Halbwilde geendet hatte, gab er den Paß mit sichtlichem Stolz, eine solche Kunst ausgeübt zu haben, zurück und entfernte sich. Old Death steckte den Paß ein und fragte:

»Soll auch mein Gefährte den seinigen zeigen?«

Der Häuptling schüttelte den Kopf.

»Weiß mein roter Bruder nun, daß diese Bleichgesichter ihn belogen haben und seine Feinde sind?«

»Er weiß es nun ganz gewiß. Er wird seine hervorragendsten Krieger sofort versammeln, um mit ihnen zu beraten, was geschehen soll.«

»Soll ich an dieser Beratung teilnehmen?«

»Nein. Mein Bruder ist klug im Rate und mutig bei der Tat; aber wir brauchen ihn nicht, denn er hat bewiesen, was er beweisen wollte. Was nun zu geschehen hat, ist nur Sache der Comanchen, welche belogen worden sind.«

»Noch eins. Es gehört zwar nicht zu der bisherigen Angelegenheit, ist aber von großer Wichtigkeit für uns. Warum ist mein roter Bruder so weit südwärts gezogen? Warum wagt er sich hinauf auf die Höhen der Wüste?«

»Die Comanchen wollten erst weiter nördlich reiten; aber sie haben erfahren, daß Winnetou mit großen Scharen nach dem Rio Conchos ist, und daß infolgedessen die Dörfer der Apachen hier unbewacht stehen. Wir haben uns daher schnell nach Süden gewendet und werden hier eine so große Beute machen, wie noch keine heimgeschafft wurde.«

»Winnetou nach dem Rio Conchos! Hm! Ist diese Nachricht zuverlässig? Von wem hast du sie? Wohl von den zwei Indianern, welche nordwärts von hier auf euch trafen?«

»Ja. Ihr habt ihre Fährte gesehen?«

»Wir sahen sie. Was für Indianer waren es?«

»Sie sind vom Stamme der Topia, Vater und Sohn.«

»Befinden sie sich noch bei dir, und darf ich mit ihnen sprechen?«

»Mein Bruder darf alles tun, was ihm gefällt.«

»Auch mit den beiden Bleichgesichtern sprechen, welche du mir ausliefern wirst?«

»Wer soll dich daran hindern?«

»So habe ich nur noch eine Bitte: Erlaube mir, um das Lager zu gehen! Wir sind in Feindesland, und ich möchte mich überzeugen, daß alles zu unserer Sicherheit Erforderliche geschehen ist.«

»Tue es, obgleich es nicht nötig ist. Der ›weiße Biber‹ hat das Lager und die Wachen geordnet. Auch sind unsere Kundschafter vor uns. Also ist alles in Ordnung.«

Seine Freundschaft für Old Death mußte sehr groß sein, da er sich nicht beleidigt fühlte durch das Verlangen des Scout, selbst nach den getroffenen Sicherheitsmaßregeln zu sehen. Die beiden vornehmen Comanchen, welche vollständig wortlos bei ihm gesessen hatten, erhoben sich jetzt und schritten in gemessener Haltung davon, um die Teilnehmer der Beratung zusammen zu holen. Die andern Comanchen nahmen nun wieder an ihren Feuern Platz. Die beiden Langes und Sam bekamen einen Platz an einem derselben angewiesen und drei tüchtige Stücke gebratenen Pferdefleisches vorgelegt. Old Death aber nahm mich beim Arme und zog mich fort nach dem Feuer, an welchem die Weißen allein saßen. Als man uns dort kommen sah, stand der Offizier auf, kam uns zwei Schritte entgegen und fragte in englischer Sprache in feindseligem Tone:

»Was hatte denn eigentlich das Examen zu bedeuten, Master, welches Euch beliebte, mit mir anzustellen?«

Der Alte grinste ihn freundlich an und antwortete:

»Das werden Euch nachher die Comanchen sagen; darum kann ich mir die Antwort ersparen. Uebrigens befinden sich unter euch Pferdediebe. Sprecht ja nicht in einem so hochtrabenden Tone mit Old Death! Es stehen sämtliche Comanchen zu mir und gegen euch, so daß es nur eines kleinen Winkes von mir bedarf, und es ist um euch geschehen.«

Er wendete sich mit stolzer Gebärde von ihnen ab, blieb aber stehen, um mir Gelegenheit zum Sprechen zu lassen. Gibson und William Ohlert saßen ebenfalls in der Runde. Der letztere sah außerordentlich leidend und verkommen aus. Seine Kleidung war zerrissen und sein Haar verwildert. Die Wangen waren eingefallen, und die Augen lagen tief in ihren Höhlen. Er schien weder zu sehen noch zu hören, was um ihn vorging, hatte einen Bleistift in der Hand und ein

Blatt Papier auf dem Knie liegen und stierte in einemfort auf dasselbe nieder. Mit ihm hatte ich zunächst nichts zu tun. Er war willenlos. Darum wendete ich mich an seinen Verführer:

»Treffen wir uns endlich, Master Gibson? Hoffentlich bleiben wir von jetzt an für längere Zeit beisammen.«

Er lachte mir geradezu in das Gesicht und antwortete:

»Mit wem redet Ihr denn da, Sir?«

»Mit Euch natürlich!«

»Nun, so natürlich ist das wohl nicht. Ich ersehe nur aus Eurem Blicke, daß ich gemeint bin. Ihr nanntet mich Gibson, glaube ich?«

»Allerdings.«

»Nun, so heiße ich nicht.«

»Seid Ihr nicht in New Orleans vor mir davongelaufen?«

»Master, bei Euch rappelt es wohl unter dem Hute! Ich heiße nicht Gibson.«

»Ja, wer so viele Namen hat, kann sehr leicht einen von ihnen verleugnen. Nanntet Ihr Euch nicht in New Orleans Clinton? Und in La Grange hießt Ihr wieder Sennor Gavilano?«

»Das ist allerdings mein richtiger und eigentlicher Name. Was wollt Ihr überhaupt von mir? Ich habe nichts mit Euch zu schaffen. Laßt mich in Ruhe! Ich kenne Euch nicht!«

»Glaube es. Ein Polizist kommt zuweilen in die Lage, nicht erkannt zu werden. Mit dem Leugnen entkommt Ihr mir nicht. Ihr habt Eure Rolle ausgespielt. Ich bin Euch nicht von New York aus bis hierher gefolgt, um mich von Euch auslachen zu lassen. Ihr werdet mir von jetzt an dahin folgen, wohin ich Euch führe.«

»O! Und wenn ich es nicht tue?«

»So werde ich Euch hübsch auf ein Pferd binden, und ich denke, daß das Tier mir dann gehorchen wird.«

Da fuhr er auf, zog den Revolver und schrie:

»Mann, sagt mir noch ein solches Wort, so soll Euch der Teufel auf – – –«

Er kam nicht weiter. Old Death war hinter ihn getreten und schlug ihm den Gewehrkolben auf den Arm, daß er den Revolver fallen ließ.

»Führt nicht das große Wort, Gibson!« sagte der Alte. »Es befinden sich hier Leute, welche sehr im stande sind, Euch den großen Mund zu stopfen!«

Gibson hielt sich den Arm, wendete sich um und schrie:

»Herr, soll ich Euch das Messer zwischen die Rippen geben? Meint Ihr, weil Ihr Old Death heißt, soll ich mich vor Euch fürchten?«

»Nein, mein Junge, fürchten sollst du dich nicht; aber gehorchen wirst du. Wenn du noch ein Wort sagst, welches mir in die Nase fährt, so niese ich dich mit einer guten Büchsenkugel an. Hoffentlich wissen es uns die Gentlemen Dank, wenn wir sie von so einem Halunken befreien, wie Ihr seid.«

Sein Ton und seine Haltung waren nicht ohne Einfluß auf Gibson. Dieser meinte bedeutend kleinlauter:

»Aber, ich weiß ja gar nicht, was ihr wollt. Ihr verkennt mich. Ihr verwechselt mich mit einem Andern!«

»Das ist sehr unwahrscheinlich. Du hast ein so ausgesprochenes Spitzbubengesicht, daß es nie mit einem andern verwechselt werden kann. Und übrigens sitzt der Hauptzeuge gegen dich hier neben dir.«

Er deutete bei diesen Worten auf William Ohlert.

»Der? Ein Zeuge gegen mich?« fragte Gibson. »Das ist wieder ein Beweis, daß ihr mich verkennt. Fragt ihn doch einmal!«

Ich legte William die Hand auf die Schulter und nannte seinen Namen. Er erhob langsam den Kopf, stierte mich verständnislos an und sagte nichts.

»Master Ohlert, Sir William, hört Ihr mich nicht?« wiederholte ich. »Euer Vater sendet mich zu Euch.«

Sein leerer Blick blieb an meinem Gesichte haften, aber er sprach kein Wort. Da fuhr Gibson ihn in drohendem Tone an:

»Deinen Namen wollen wir hören. Nenne ihn sofort.«

Der Gefragte wendete den Kopf nach dem Sprecher und antwortete halblaut in ängstlichem Tone wie ein eingeschüchtertes Kind:

»Ich heiße Guillelmo.«

»Was bist du?«

»Dichter.«

Ich fragte weiter:

»Heißest du Ohlert? Bist du aus New York? Hast du einen Vater?« Aber alle Fragen verneinte er, ohne sich im mindesten zu besinnen. Man hörte, daß er abgerichtet war. Es war gewiß, daß, seit Ohlert sich in den Händen dieses raffinierten Mannes befand, sich sein Geist mehr und mehr umnachtet hatte.

»Da habt ihr euern Zeugen!« lachte der Bösewicht. »Er hat euch bewiesen, daß ihr euch auf einem falschen Wege befindet. Also habt die Gewogenheit, uns von jetzt an ungeschoren zu lassen!«

»Will ihn doch um etwas Besonderes fragen,« sagte ich. »Vielleicht ist sein Gedächtnis doch noch stärker als die Lügen, die ihr ihm eingepaukt habt.«

Mir war ein Gedanke gekommen. Ich zog die Brieftasche hervor. Ich hatte das Zeitungsblatt mit Ohlerts Gedicht in derselben, nahm es heraus und las langsam und mit lauter Stimme den ersten Vers. Ich glaubte, der Klang seines eigenen Gedichtes werde ihn aus seiner geistigen Unempfindlichkeit reißen. Aber er blickte fort und fort auf sein Knie nieder. Ich las den zweiten Vers, ebenso vergeblich. Dann den dritten:

»Kennst du die Nacht, die auf den Geist dir sinkt,
Daß er vergebens um Erlösung schreit,
Die schlangengleich sich ums Gedächtnis schlingt
Und tausend Teufel ins Gehirn dir speit?«

Die letzten beiden Zeilen hatte ich lauter als bisher gelesen. Er erhob den Kopf; er stand auf und streckte die Hände aus. Ich fuhr fort:

»O sei vor ihr ja stets in wachen Sorgen – – –
Denn diese Nacht allein hat keinen Morgen!«

Da schrie er auf, zu mir hinspringend und nach dem Blatte greifend. Ich ließ es ihm. Er bückte sich zu dem Feuer nieder und las selbst, laut, von Anfang bis zu Ende. Dann richtete er sich auf und rief in triumphierendem Tone, so daß es weit durch das nächtliche stille Tal schallte:

»Gedicht von Ohlert, von William Ohlert, von mir, von mir selbst! Denn ich bin dieser William Ohlert, ich selbst. Nicht du heißest Ohlert, nicht du, sondern ich!«

Die letzten Worte waren an Gibson gerichtet. Ein fürchterlicher Verdacht stieg in mir auf. Gibson befand sich im Besitze von Williams Legitimationen – sollte er, trotzdem er älter als dieser war, sich für ihn ausgeben wollen? Sollte er – –? Aber ich fand keine Zeit, diesen Gedanken auszudenken, denn der Häuptling kam, ganz die Ratsversammlung und seine Würde vergessend, herbeigesprungen, stieß William auf den Boden nieder und gebot:

»Schweig, Hund! Sollen die Apachen hören, daß wir uns hier befinden? Du rufst ja den Kampf und den Tod herbei!«

William Ohlert stieß einen unverständlichen Klageruf aus und sah mit einem stieren Blick zu dem Indianer empor. Das Aufflackern seines Geistes war plötzlich wieder erloschen. Ich nahm ihm das Blatt aus der Hand und steckte es wieder zu mir. Vielleicht gelang es mir mit Hilfe desselben später wieder, ihn zum Bewußtsein seiner selbst zu bringen.

»Zürne ihm nicht!« bat Old Death den Häuptling. »Sein Geist ist umnachtet. Er wird fortan ruhig sein. Und nun sage mir, ob diese beiden Männer die Topias sind, von denen du zu mir sprachest!«

Er deutete auf zwei indianisch gekleidete Gestalten, welche mit an dem Feuer der Weißen saßen.

»Ja, sie sind es,« antwortete der Gefragte. »Sie verstehen die Sprache der Comanchen nicht gut. Du mußt mit ihnen in der Sprache der Grenze reden. Aber sorgt dafür, daß dieser Weiße, dessen Seele nicht mehr vorhanden ist, sich still verhalte, sonst muß ich ihm den Mund verbinden lassen!«

Er kehrte wieder zu dem Feuer der Beratung zurück. Old Death entfernte sich noch nicht, ließ vielmehr seinen Blick scharf und forschend über die beiden Indianer gleiten und fragte den Aeltesten von ihnen:

»Meine roten Brüder sind von dem Hochlande von Topia herabgekommen? Sind die Krieger, welche da oben wohnen, die Freunde der Comanchen?«

»Ja,« antwortete der Mann. »Wir leihen unsere Tomahawks den Kriegern der Comanchen.«

»Wie kommt es aber, daß eure Fährte vom Norden herbei führte, wo nicht eure Brüder wohnen, sondern diejenigen, welche die Feinde der Comanchen sind, die Llanero- und Taraconapachen?«

Diese Frage schien den Indianer in Verlegenheit zu setzen, was man deutlich sehen konnte, weil weder er, noch sein Sohn eine Malerei im Gesicht trug. Er antwortete nach einer Weile:

»Mein weißer Bruder tut da eine Frage, welche er sich sehr leicht selbst beantworten kann. Wir haben das Kriegsbeil gegen die Apachen ausgegraben und sind nach Norden geritten, um den Aufenthaltsort derselben auszukundschaften.«

»Was habt ihr da gefunden?«

»Wir haben Winnetou gesehen, den größten Häuptling der Apachen. Er ist mit allen seinen Kriegern aufgebrochen, um den Krieg über den Rio Conchos zu tragen. Da kehrten wir zurück, dies den Unsern zu melden, damit dieselben sich beeilen möchten, über die Dörfer der Apachen herzufallen. Wir trafen dabei auf die Krieger der Comanchen und haben sie hierher geführt, damit auch sie das Verderben über unsere Feinde bringen möchten.«

»Die Comanchen werden euch dankbar dafür sein. Aber seit wann haben die Krieger der Topias vergessen, ehrliche Leute zu sein?«

Es war klar, daß der Alte irgend einen Verdacht gegen die Beiden hegte; denn er sprach zwar sehr freundlich mit ihnen, aber seine Stimme hatte eine eigentümliche Färbung, einen Klang, welchen ich stets an derselben beobachtet hatte, wenn er die heimliche Absicht hegte, jemand zu überlisten. Den vermeintlichen Topias waren seine Fragen sehr unbequem.

Der jüngere blitzte ihn mit feindseligen Augen an. Der ältere gab sich alle Mühe, freundlich zu antworten, doch hörte man, daß seine Worte nur widerstrebend über seine Lippen kamen.

»Warum fragt mein weißer Bruder nach unserer Ehrlichkeit?« sagte er jetzt. »Welchen Grund hat er, an ihr zu zweifeln?«

»Ich habe nicht die Absicht, euch zu kränken. Aber wie kommt es, daß ihr nicht bei den Kriegern der Comanchen sitzet, sondern euch hier bei den Bleichgesichtern niedergelassen habt?«

»Old Death fragt mehr, als er sollte. Wir sitzen hier, weil es uns so gefällt.«

»Aber ihr erweckt dadurch die Meinung, daß die Comanchen die Topias verachten. Es sieht ganz so aus, als ob sie Vorteil von euch ziehen wollen, euch aber nicht erlauben, bei ihnen zu sitzen.«

Das war eine Beleidigung. Der Rote brauste auf:

»Sprich nicht solche Worte, sonst hast du mit uns zu kämpfen. Wir haben bei den Comanchen gesessen und sind nun zu den Bleichgesichtern gekommen, um von ihnen zu lernen. Oder ist es vielleicht verboten, zu erfahren, wie es in den Gegenden und Städten der Weißen zugeht?«

»Nein; das ist nicht verboten. Aber ich an eurer Stelle würde vorsichtiger verfahren. Dein Auge hat den Schnee vieler Winter erblickt; darum solltest du wissen, was ich meine.«

»Wenn ich es nicht weiß, so sage es mir!« erklang es höhnisch. Da trat Old Death nahe zu ihm hin, bückte sich ein wenig zu ihm nieder und fragte in fast strengem Tone:

»Haben die Krieger der Comanchen mit euch die Pfeife des Friedens geraucht, und habt ihr auch den Rauch des Calumets durch eure Nasen geblasen?«

»Ja.«

»So seid ihr streng verpflichtet, nur das zu tun, was zu ihrem Vorteile dient.«

»Meinst du etwa, daß wir dies nicht tun wollen?«

Die Beiden sahen einander scharf in die Augen. Es war, als

ob ihre Blicke sich umkrallen wollten, um miteinander zu ringen. Dann antwortete Old Death:

»Ich sehe es dir an, daß du mich verstanden und meine Gedanken erraten hast. Wollte ich dieselben aussprechen, so wäret ihr beide verloren.«

»Uff!« rief der Rote, indem er emporsprang und zu seinem Messer griff. Auch sein Sohn richtete sich drohend auf und zog den Tomahawk aus dem Gürtel. Old Death aber beantwortete diese feindlichen Bewegungen nur mit einem ernsten Kopfnicken und sagte:

»Ich bin überzeugt, daß ihr euch nicht lange bei den Comanchen befinden werdet. Wenn ihr zu denen zurückkehrt, welche euch ausgesandt haben, so sagt ihnen, daß wir ihre Freunde sind. Old Death liebt alle roten Männer und fragt nicht, zu welchem Stamme sie gehören.«

Da zischte ihm der Andere die Frage entgegen:

»Meinst du vielleicht, daß wir nicht zu dem Stamme der Topias gehören?«

»Mein roter Bruder mag bedenken, wie unvorsichtig es von ihm ist, diese Frage auszusprechen. Ich habe meine Gedanken verschwiegen, weil ich nicht dein Feind sein will. Warum verrätst du sie selbst? Stehst du nicht inmitten eines fünfhundertfachen Todes?«

Die Hand des Roten zuckte mit dem Messer, als ob er zustoßen wolle. »Sage mir also, wofür du uns hältst!« forderte er den Alten auf.

Dieser ergriff den Arm, dessen Hand das Messer hielt, zog den Indianer ein Stück beiseite, bis hin zu mir und sagte leise, doch so, daß ich es hörte, zu ihm die Worte: »Ihr seid Apachen!« Der Indianer trat einen Schritt zurück, riß seinen Arm aus der Hand des Alten, zückte das Messer zum Stoße und sagte:

»Hund, du lügst!«

Old Death machte keine Bewegung, den Stoß von sich abzuwehren. Er raunte dem Aufgeregten leise zu:

»Du willst den Freund Winnetous töten?«

War es der Inhalt dieser Worte oder war es der scharfe,

stolze Blick des Alten, welcher die beabsichtigte Wirkung hervorbrachte, kurz und gut, der Indianer ließ den Arm sinken. Er näherte seinen Mund dem Ohre Old Deaths und sagte drohend:

»Schweig!«

Dann wendete er sich ab und setzte sich wieder nieder. Sein Gesicht war so ruhig und von undurchdringlichem Ausdrucke, als ob gar nichts geschehen sei. Er sah sich durchschaut, aber es war ihm nicht die geringste Spur von Mißtrauen oder Furcht anzusehen. Kannte er Old Death so genau, um ihm keinen Verrat zuzutrauen? Oder wußte er sich aus irgend einem andern Grunde sicher? Auch sein Sohn setzte sich ganz ruhig neben ihm nieder und steckte den Tomahawk wieder in den Gürtel. Die beiden Apachen hatten es gewagt, sich als Führer an die Spitze ihrer Todfeinde zu stellen, eine Kühnheit, welche bewundernswert war. Wenn ihre Absicht gelang, so waren die Comanchen dem sichern Verderben geweiht. Wir wollten nun die Gruppen verlassen, aber eine unter den Comanchen entstehende Bewegung veranlaßte uns, stehen zu bleiben. Wir sahen, daß die Beratung zu Ende war. Die Teilnehmer hatten sich erhoben, und den Roten war von ihrem Häuptlinge ein Befehl geworden, infolgedessen auch sie ihre Feuer verließen und einen dichten Kreis um dasjenige bildeten, an welchem wir uns befanden. Die Weißen wurden von ihnen eingeschlossen. Der ›weiße Biber‹ trat in würdevoller Haltung in den Kreis und erhob den Arm, zum Zeichen, daß er sprechen wolle. Tiefes Schweigen herrschte rundum. Die Weißen ahnten noch nicht, was jetzt kommen werde. Sie waren aufgestanden. Nur die beiden vermeintlichen Topias blieben sitzen und blickten ruhig vor sich nieder, als ob der Vorgang sie gar nichts angehe. Auch William Ohlert saß noch auf seinem Platze und starrte auf den Bleistift, den er wieder in den Fingern hielt.

Jetzt begann der Häuptling in langsamer, schwer betonter Rede:

»Die Bleichgesichter sind zu den Kriegern der Comanchen gekommen und haben ihnen gesagt, daß sie ihre

Freunde seien. Darum wurden sie von ihnen aufgenommen und haben mit ihnen die Pfeife des Friedens geraucht. Jetzt aber haben die Comanchen erfahren, daß sie von den Bleichgesichtern belogen wurden. Der ›weiße Biber‹ hat alles, was für sie und was gegen sie spricht, genau abgewogen und mit seinen erfahrensten Männern beraten, was geschehen soll. Er ist mit ihnen darüber einig geworden, daß die Bleichgesichter uns belogen haben und unsere Freundschaft und unsern Schutz nicht länger verdienen. Darum soll von diesem Augenblicke an der Bund mit ihnen aufgehoben sein und die Feindschaft soll an die Stelle der Freundschaft treten.«

Er hielt für einen Augenblick inne. Der Offizier ergriff schnell die Gelegenheit, indem er fragte:

»Wer hat uns verleumdet? Jedenfalls sind es die vier Männer gewesen, welche mit ihrem Schwarzen gekommen sind, eine Gefahr über uns heraufzubeschwören, welche wir nicht verdient haben. Es ist von uns bewiesen worden, und wir wiederholen es, daß wir Freunde der Comanchen sind. Die Fremden aber mögen den Beweis bringen, daß sie es ehrlich mit unsern roten Brüdern meinen! Wer sind sie, und wer kennt sie? Haben sie Böses über uns gesprochen, so verlangen wir, es zu erfahren, um uns verteidigen zu können. Wir lassen uns nicht richten, ohne angehört worden zu sein! Ich bin Offizier, also ein Häuptling unter den Meinen. Ich kann und muß verlangen, an jeder Beratung, welche über uns stattfinden soll, teilnehmen zu dürfen!«

»Wer hat dir die Erlaubnis gegeben, zu sprechen?« fragte der Häuptling in strengem, stolzem Tone. »Wenn der ›weiße Biber‹ redet, so hat jeder zu warten, bis er ausgesprochen hat! Du verlangst, gehört zu werden. Du bist gehört worden, als Old Death vorhin mit dir sprach. Es ist erwiesen, daß ihr Krieger von Juarez seid. Wir aber sind Freunde von Napoleon; folglich seid ihr unsere Feinde. Du fragst, wer diese vier Bleichgesichter seien, und ich sage dir: sie sind tapfere, ehrliche Krieger. Wir kannten Old Death viele Winter vorher, bevor wir eure Gesichter erblickten. Du forderst, an unserer Beratung teilnehmen zu dürfen. Ich sage dir, daß selbst Old

Death nicht die Erlaubnis dazu erhalten hat. Die Krieger der Comanchen sind Männer. Sie bedürfen nicht der List der Bleichgesichter, um zu wissen, was klug oder unklug, was richtig oder falsch ist. Ich bin jetzt zu euch getreten, um euch zu sagen, was wir beschlossen haben. Ihr habt das ruhig anzuhören und kein Wort dazu zu sagen, denn – –«

»Wir haben das Calumet mit euch geraucht,« unterbrach ihn der Offizier. »Wenn ihr uns feindselig behandelt, so –«

»Schweig, Hund!« donnerte ihn der Häuptling an. »Du hattest jetzt eine Beleidigung auf den Lippen. Bedenke, daß ihr von über fünfhundert Kriegern umgeben seid, welche bereit sind, dieselbe augenblicklich zu rächen! Ihr habt das Calumet nur infolge einer Täuschung, einer Lüge bekommen. Aber die Krieger der Comanchen kennen den Willen des großen Geistes. Sie achten die Gesetze, welche bei ihnen herrschen, und wissen, daß ihr euch noch jetzt unter dem Schutze des Calumets befindet und daß sie euch als Freunde behandeln müssen, bis ihr aus demselben getreten seid. Rot ist der heilige Pfeifenton, aus welchem das Calumet geschnitten wird. Rot ist die Farbe des Lichtes, des Tages und der Flamme, mit welcher das Calumet in Brand gesteckt wird. Ist sie erloschen, so gilt der Friede, bis das Licht von neuem erscheint. Wenn das Licht des Tages beginnt, ist die Ruhe vorüber und unser Bund zu Ende. Bis dahin seid ihr unsere Gäste. Dann aber wird Feindschaft sein zwischen uns und euch. Ihr sollt hier sitzen und schlafen, und niemand wird euch berühren. Aber sobald der Tag zu grauen beginnt, sollt ihr davonreiten in der Richtung, aus welcher ihr mit uns gekommen seid. Ihr sollt einen Vorsprung haben von einer Zeit, welche ihr fünf Minuten nennt; dann werden wir euch verfolgen. Ihr sollt bis dahin alles behalten und mitnehmen dürfen, was euch gehört; dann aber werden wir euch töten und es uns holen. Die beiden aber unter euch, welche Old Death für sich haben will, sollen zwar auch bis dahin unsere Gäste sein, weil sie auch das Calumet mit uns rauchten; aber sie werden nicht mit euch reiten dürfen, sondern hier bleiben als Gefangene Old Deaths, welcher mit ihnen machen kann, was ihm beliebt. Das ist der Beschluß, den ihr hören sollt. Der ›weiße Biber‹, der Häuptling der Comanchen, hat gesprochen!«

Er wendete sich ab.

»Was?« rief Gibson. »Ich soll ein Gefangener dieses alten Mannes sein? Ich werde – –«

»Seid still!« unterbrach ihn der Offizier. »Es ist an den Anordnungen des Häuptlings nichts mehr zu ändern. Ich kenne die Roten. Uebrigens bin ich überzeugt, daß der gegen uns gezielte Schlag auf die Verleumder zurückfallen wird. Noch ist es nicht Morgen. Bis dahin kann sehr viel geschehen. Vielleicht ist die Rache näher, als man denkt.«

Sie setzten sich wieder nieder, wie sie vorhin gesessen hatten. Die Comanchen aber nahmen ihre Sitze nicht wieder ein, sondern verlöschten ihre Feuer und lagerten sich in einem vierfachen Kreis um die Weißen, so daß diese von allen Seiten eingeschlossen waren. Old Death nahm mich aus diesem Kreise hinaus. Er wollte rekognoszieren gehen.

»Meint Ihr, daß wir Gibson nun sicher haben, Sir?« fragte ich ihn.

»Wenn nicht etwas Unerwartetes geschieht, so kann er uns nicht entgehen,« antwortete er.

»Am allerbesten wäre es wohl, wir bemächtigten uns der Beiden sofort?«

»Das ist unmöglich. Die verteufelte Friedenspfeife macht uns zu schaffen. Vor dem Anbruche der Morgenröte werden die Comanchen nicht dulden, daß wir Hand an Gibson legen. Dann aber können wir ihn kochen oder braten, mit oder ohne Gabel verzehren, ganz wie es uns beliebt.«

»Ihr spracht von etwas Unerwartetem. Befürchtet Ihr so etwas?«

»Leider! Ich kalkuliere, daß sich die Comanchen von den beiden Apachen in eine gefährliche Falle haben locken lassen.«

»So haltet Ihr sie in der Tat für Apachen?«

»Ihr sollt mich aufhängen dürfen, wenn sie keine sind. Zunächst kam es mir verdächtig vor, als ich hörte, daß zwei Topias vom Rio Conchos her gekommen seien. Das darf man wohl einem roten Comanchen, nicht aber so einem alten Scout weismachen, wie ich bin. Als ich sie dann sah, wußte ich sofort, daß mein Verdacht mich nicht irre geführt habe. Die Topias gehören zu den halbzivilisierten Indianern. Sie haben einen weichen, verschwommenen Gesichtsausdruck. Nun seht Euch dagegen diese scharfen, spitzen, kühn geschnittenen Züge der zwei Roten an! Und gar dann, als ich sie sprechen hörte! Sie verrieten sich sofort durch die Aussprache. Und dann, als ich dem Einen ins Gesicht sagte, daß er ein Apache sei, hat mir da nicht sein ganzes Verhalten recht gegeben?«

»Könnt Ihr Euch nicht täuschen?«

»Nein. Er nannte Winnetou den ›größten Häuptling der Apachen‹. Wird ein Feind der Apachen sich eines Ausdruckes bedienen, welcher eine solche Ehre und Auszeichnung enthält? Ich wette mein Leben, daß ich mich nicht irre.«

»Ihr habt allerdings gewichtige Gründe. Aber wenn Ihr wirklich recht haben solltet, so sind diese Leute geradezu zu bewundern. Zwei Apachen, welche sich in eine Schar von über fünfhundert Comanchen wagen, das ist mehr als ein Heldenstück!«

»O, Winnetou kennt seine Leute!«

»Ihr meint, daß er sie gesandt hat?«

»Jedenfalls. Wir wissen von Sennor Atanasio, wann und wo Winnetou den Rio Grande überschwommen hat. Er kann unmöglich schon am Rio Conchos sein, zumal mit seinen sämtlichen Kriegern. Nein, wie ich ihn kenne, so ist er direkt nach der Bolson de Mapimi geritten, um seine Apachen zu sammeln. Er hat sofort verschiedene Späher ausgesandt, um die Comanchen aufzusuchen und in die Mapimi zu locken. Während diese ihn am Rio Conchos vermuten und die Dörfer der Apachen für von aller Verteidigung entblößt halten, erwartet er sie hier und wird über sie herfallen, um sie mit einem einzigen Schlage zu vernichten.«

»Alle Wetter! Dann sitzen wir mitten drin; denn die beiden Apachen betrachten uns als ihre Feinde!«

»Nein. Sie wissen, daß ich sie durchschaut habe. Ich brauchte dem ›weißen Biber‹ nur ein einziges Wort zu sagen, so müßten sie eines gräßlichen Todes sterben. Daß ich das nicht tue, ist ihnen der sicherste Beweis, daß ich ihnen nicht nur nicht feindlich, sondern sehr freundlich gesinnt bin.«

»So begreife ich nur eins noch nicht, Sir. Ist es nicht Eure Pflicht, die Comanchen zu warnen?«

»Hm! Ihr berührt da einen verteufelt heiklen Punkt. Die Comanchen sind Verräter und halten es mit Napoleon. Sie haben die unschuldigen Apachen mitten im Frieden überfallen und elendiglich hingemordet. Das muß nach göttlichem und menschlichem Rechte bestraft werden. Aber wir haben die Friedenspfeife mit ihnen geraucht und dürfen nicht an ihnen zu Verrätern werden.«

»Da habt Ihr freilich recht. Aber meine ganze Sympathie gehört diesem Winnetou.«

»Die meinige auch. Ich wünsche ihm und den Apachen alles Gute. Wir dürfen seine zwei Leute nicht verraten; aber dann sind die Comanchen verloren, auf deren Seite wir auch stehen müssen. Was ist da zu tun? Ja, wenn wir Gibson und Ohlert hätten, so könnten wir unsers Weges ziehen und die beiden Feinde sich selbst überlassen.«

»Nun, das wird ja morgen früh der Fall sein.«

»Oder auch nicht. Es ist wohl möglich, daß wir morgen abend grad um diese Stunde in den ewigen Jagdgründen sowohl mit Apachen wie mit Comanchen einige Dutzend Biber fangen oder gar einen alten Büffelstier töten und verzehren.«

»Ist die Gefahr so nahe?«

»Ich denke es, und dazu habe ich zwei Gründe. Erstens liegen die nächsten Dörfer der Apachen nicht allzu weit von hier, und Winnetou darf doch die Comanchen nicht zu nahe an diese kommen lassen. Und zweitens führte dieser mexikanische Offizier Reden, welche mich irgend einen Streich für heute vermuten lassen.«

»Sehr wahrscheinlich. Wir können uns auf das Calumet der Comanchen und auch auf mein Totem verlassen, zumal

Winnetou Euch kennt und auch mich bereits gesehen hat. Aber wer zwischen zwei Mühlsteine kommt, selbst wenn er von dem einzelnen Steine nichts zu befürchten hat, der wird eben zermahlen.«

»So gehen wir entweder nicht dazwischen, oder wir sorgen dafür, daß sie nicht anfangen, zu mahlen. Wir rekognoszieren jetzt. Vielleicht ist es trotz der Dunkelheit möglich, irgend etwas zu sehen, was meinen Gedanken eine kleine Erleichterung gibt. Kommt leise und langsam hinter mir her! Wenn ich nicht irre, so bin ich schon einmal in diesem Tale gewesen; darum kalkuliere ich, daß ich mich schnell zurechtfinden werde.«

Es zeigte sich so, wie er vermutet hatte. Wir befanden uns in einem kleinen, fast kreisrunden Talkessel, dessen Breite man sehr leicht in fünf Minuten durchlaufen konnte. Er hatte einen Eingang, durch welchen wir gekommen waren, und einen Ausgang, welcher ebenso schmal wie der vorige war. Da hinaus waren die Kundschafter geschickt worden. In der Mitte des Tales befand sich das Comanchenlager. Die Wände des kleinen Kessels bestanden aus Fels, welcher steil anstieg und die Gewähr zu geben schien, daß niemand da weder hinauf noch herab könne. Wir waren rundum gegangen und an den Posten vorübergekommen, welche sowohl am Ein- als auch am Ausgange standen. Jetzt näherten wir uns dem Lager wieder.

»Fatal!« brummte der Alte. »Wir stecken ganz richtig in der Falle, und es will mir kein Gedanke kommen, wie man sich da losmachen könne. Müßten es machen wie der Fuchs, der sich das Bein wegbeißt, mit dem er in das Eisen getappt ist.«

»Könnten wir den ›weißen Biber‹ nicht so weit bringen, daß er das Lager sofort verläßt, um ein anderes aufzusuchen?«

»Das wäre das einzige, was wir versuchen könnten. Aber ich glaube nicht, daß er darauf eingeht, ohne daß wir ihm sagen, daß er zwei Apachen bei sich hat. Und das wollen wir absolut vermeiden.«

»Vielleicht seht Ihr zu schwarz, Sir. Vielleicht sind wir hier ganz sicher. Die beiden Punkte, durch welche man herein kann, sind ja mehr als zur Genüge mit Wachen besetzt.«

»Ja, zehn Mann hüben und zehn Mann drüben, das sieht ganz gut aus. Aber wir dürfen nicht vergessen, daß wir es mit einem Winnetou zu tun haben. Wie der sonst so kluge und vorsichtige ›weiße Biber‹ auf den dummen Gedanken gekommen ist, sich grad in so einem eingeschlossenen Tale festzusetzen, das ist ein Rätsel. Die beiden Apachenkundschafter müssen ihm ein ganz gewaltiges X für das richtige U aufs Kamisol geschrieben haben. Ich werde mit ihm sprechen. Sollte er bei seiner Meinung bleiben und es passiert etwas, so halten wir uns möglichst neutral. Wir sind Freunde der Comanchen, müssen uns aber auch hüten, einen Apachen zu töten. Na, da haben wir das Lager, und dort steht der Häuptling. Kommt mit hin zu ihm!«

Man erkannte gegen das Feuer hin den ›weißen Biber‹ an seinen Adlerfedern. Als wir zu ihm traten, fragte er:

»Hat mein Bruder sich überzeugt, daß wir uns in Sicherheit befinden?«

»Nein,« antwortete der Alte.

»Was hat er an diesem Ort auszusetzen?«

»Daß er einer Falle gleicht, in der wir alle stecken.«

»Mein Bruder irrt sich sehr. Dieses Tal ist keine Falle, sondern es gleicht ganz genau einem solchen Orte, den die Bleichgesichter Fort nennen. Es kann kein Feind herein.«

»Ja, zu den Eingängen vielleicht nicht, denn dieselben sind so eng, daß sie durch zehn Krieger leicht verteidigt werden können. Aber können die Apachen nicht an den Höhen herabsteigen?«

»Nein. Sie sind zu steil.«

»Hat mein roter Bruder sich hiervon überzeugt?«

»Sehr genau. Die Söhne der Comanchen sind am hellen Tage hierher gekommen. Sie haben alles untersucht. Sie haben die Probe gemacht, an dem Fels empor zu klettern; es ist ihnen nicht gelungen.«

»Vielleicht ist es leichter, von oben herab als von unten hinauf zu kommen. Ich weiß, daß Winnetou klettern kann wie das wilde Dickhornschaf der Berge.«

»Winnetou ist nicht hier. Die beiden Topias haben es mir gesagt.«

»Vielleicht haben sie sich geirrt; sie haben es vielleicht von jemand erfahren, der es selbst nicht genau wußte.«

»Sie haben es gesagt. Sie sind Feinde Winnetous, und ich glaube ihnen.«

»Aber, wenn es wahr ist, daß Winnetou auf Fort Inge war, so kann er nicht schon hier gewesen sein, seine Krieger gesammelt haben und sich bereits jenseits des Rio Conchos befinden. Mein Bruder möge die kurze Zeit mit dem langen Wege vergleichen.«

Der Häuptling senkte nachdenklich das Haupt. Er schien zu einem Resultate gekommen zu sein, welches mit der Meinung des Scout übereinstimmte, denn er sagte:

»Ja, die Zeit war kurz, und der Weg ist lang. Wir wollen die Topias noch einmal fragen.«

Er ging nach dem Lagerfeuer, und wir folgten ihm. Die Weißen blickten uns finster entgegen. Seitwärts von ihnen saßen Lange, sein Sohn und der Neger Sam. William Ohlert schrieb auf sein Blatt, taub und blind für alles Andere. Die vermeintlichen Topias blickten erst auf, als der Häuptling das Wort an sie richtete:

»Wissen meine Brüder ganz genau, daß – – –«

Er hielt inne. Von der Höhe des Felsens erklang das ängstliche Kreischen eines kleinen Vogels und gleich darauf der gierige Schrei einer Eule. Der Häuptling lauschte, Old Death auch. Als ob er damit spielen wolle, ergriff Gibson einen neben ihm liegenden Ast und stieß mit demselben in das Feuer, daß es einmal kurz und scharf aufflackerte. Er wollte es zum zweitenmal tun, wobei die Augen sämtlicher Weißen befriedigt auf ihn gerichtet waren; da aber tat Old Death einen Sprung auf ihn, riß ihm den Ast aus der Hand und rief drohend:

»Das laßt bleiben, Sir! Wir müssen es uns verbitten!«

»Warum?« fragte Gibson zornig. »Darf man nicht einmal das Feuer schüren?«

»Nein. Wenn da oben die Eule schreit, so antwortet man nicht hier unten mit diesem vorher verabredeten Zeichen.«

»Ein Zeichen? Seid Ihr denn toll?«

»Ja, ich bin so toll, daß ich einem jeden, der es wagt, noch einmal in dieser Weise in das Feuer zu stoßen, sofort eine Kugel durch den Kopf jagen werde!«

»Verdammt! Ihr gebärdet Euch ganz so, als ob Ihr hier der Herr wäret!«

»Der bin ich auch, und Ihr seid mein Gefangener, mit dem ich verteufelt kurzen Prozeß machen werde, wenn mir Eure Physiognomie nicht mehr gefällt. Bildet Euch ja nicht ein, daß Old Death sich von Euch täuschen läßt!«

»Das, das muß man sich bieten lassen? Müssen wir das wirklich, Sennores?«

Diese Frage war an die Andern gerichtet. Old Death hatte seine beiden Revolver in den Händen, ich ebenso. Im Nu standen die beiden Langes und Sam neben uns, auch mit den Revolvern. Wir hätten auf jeden geschossen, der so unvorsichtig gewesen wäre, nach seiner Waffe zu greifen. Und zum Ueberflusse rief der Häuptling seinen Leuten zu:

»Legt alle die Pfeile an!«

Im Nu hatten die Comanchen sich erhoben, und Dutzende von Pfeilen waren auf die Weißen gerichtet, welche inmitten der auf sie gerichteten Spitzen saßen.

»Da seht ihr es!« lachte Old Death. »Noch schützt euch das Calumet. Man hat euch sogar die Waffen gelassen. Aber sobald ihr nur die Hand nach einem Messer streckt, ist es aus mit dem Schutze, in welchem ihr noch steht.«

Da ertönte das Gekreisch und der Eulenruf abermals, hoch, grad wie vom Himmel herab. Die Hand Gibsons zuckte, als ob er nach dem Feuer greifen wolle; aber er wagte doch nicht, es zu tun. Nun wiederholte der Häuptling seine vorher unterbrochene Frage an die Topias:

»Wissen meine Brüder ganz genau, daß Winnetou sich jenseits des Conchos befindet?«

»Ja, sie wissen es,« antwortete der Aeltere.

»Sie mögen sich besinnen, bevor sie mir Antwort geben!«

»Sie irren sich nicht. Sie waren in den Büschen versteckt, als er vorüberzog, und haben ihn gesehen.« Und nun fragte der Häuptling noch weiter und der Topia antwortete prompt. Schließlich sagte der ›weiße Biber‹:

»Deine Erklärung hat den Häuptling der Comanchen befriedigt. Meine weißen Brüder mögen wieder mit mir gehen!«

Diese Aufforderung war an Old Death und an mich gerichtet; aber der Erstere winkte den beiden Langes, mitzukommen. Sie taten es und brachten auch Sam mit.

»Warum ruft mein Bruder auch seine andern Gefährten herbei?« fragte der Häuptling.

»Weil ich denke, daß ich sie bald brauchen werde. Wir wollen in der Gefahr beisammenstehen.«

»Es gibt keine Gefahr.«

»Du irrst. Hat dich der Ruf der Eule nicht auch aufmerksam gemacht? Ein Mensch stieß ihn aus.«

»Der ›weiße Biber‹ kennt die Stimme aller Vögel und aller Tiere. Er weiß sie zu unterscheiden von den nachgemachten Tönen aus der Kehle des Menschen. Das war eine wirkliche Eule.«

»Und Old Death weiß, daß Winnetou die Stimmen vieler Tiere so getreu und genau nachahmt, daß man sie von den wirklichen nicht zu unterscheiden vermag. Ich bitte dich, vorsichtig zu sein! Warum schlug dieses Bleichgesicht in das Feuer? Es war ein verabredetes Zeichen, welches zu geben er beauftragt war.«

»So müßte er es mit den Apachen verabredet haben, und er kann doch mit ihnen nicht zusammengetroffen sein!«

»So hat es ein Anderer mit ihnen verabredet, und dieses Bleichgesicht hat den Auftrag erhalten, das Zeichen zu geben, damit der eigentliche Verräter sich durch dasselbe nicht vor euch bloßstelle.«

»Meinst du, daß wir Verräter unter uns haben? Ich glaube es nicht. Und selbst wenn dies der Fall wäre, so brauchten wir die Apachen nicht zu fürchten, denn sie können nicht an den ausgestellten Posten vorüber und auch nicht zu den Felsen herab.«

»Vielleicht doch. Mit Hilfe der Lassos können sie sich von Punkt zu Punkt herablassen, denn es ist – – – horch!«

Der Eulenruf erscholl abermals, und zwar nicht von der Höhe aus, sondern von weiter unten.

»Es ist der Vogel wieder,« meinte der Comanche ohne alle Beunruhigung. »Deine Sorge ist sehr überflüssig.«

»Nein. Alle Teufel! Die Apachen sind da, mitten im Tale. Hörst du?«

Von dem Ausgange des Tales her erscholl ein lauter, schriller, erschütternder Schrei, ein Todesschrei. Und gleich darauf erzitterte die stille Luft von dem vielstimmigen Kriegsgeheul der Apachen. Wer dasselbe auch nur ein einzigesmal vernommen hat, der kann es nie, nie wieder vergessen. Kaum war dieses Geschrei erschollen, so sprangen alle Weißen am Feuer auf.

»Dort stehen die Hunde,« rief der Offizier, indem er auf uns deutete. »Drauf auf sie!«

»Ja drauf!« kreischte Gibson. »Schlagt sie tot!«

Wir standen im Dunkeln, so daß sie ein sehr unsicheres Zielen hatten. Darum zogen sie es vor, nicht zu schießen, sondern sich mit hochgeschwungenen Gewehren auf uns zu werfen. Jedenfalls war dies vorher verabredet, denn ihre Bewegungen waren so schnell und sicher, daß sie nicht die Folge einer augenblicklichen Eingebung sein konnten. Wir standen höchstens dreißig Schritte von ihnen entfernt. Aber dieser zu durcheilende Raum gab Old Death Zeit zu der Bemerkung:

»Nun, habe ich nicht recht? Schnell in die Höhe mit den Gewehren! Wollen sie gehörig empfangen.«

Sechs Gewehre richteten sich auf die gegen uns Anstürmenden, denn auch der Häuptling hielt das seinige in der Hand. Unsere Schüsse krachten – zweimal aus den Doppelbüchsen. Ich hatte keine Zeit, zu zählen, wie viele getroffen niederstürzten. Auch die Comanchen waren aufgesprungen und hatten ihre Pfeile den Kerls von der Seite zu- und in den

Rücken geschickt. Ich sah nur noch, daß Gibson trotz seines auffordernden Rufes nicht mit auf uns eingedrungen war. Er stand noch am Feuer, hatte Ohlerts Arm ergriffen und bemühte sich, ihn vom Boden empor zu zerren. Mein Auge konnte diese beiden nur für einen Augenblick erfassen. Weitere Beobachtungen waren unmöglich, denn das Geheul war schnell näher gekommen, und jetzt drangen die Apachen auf die Comanchen ein.

Da der Schein des Feuers nicht weit genug reichte, so konnten die Ersteren nicht sehen, wie viel Feinde sie vor sich hatten. Die Letzteren standen noch immer im Kreise, doch wurde dieser augenblicklich durchbrochen und durch den Anprall auf der einen Seite aufgerollt. Schüsse krachten, Lanzen sausten, Pfeile schwirrten, Messer blinkten. Dazu das Geheul der beiden gegnerischen Scharen und der Anblick des Chaos dunkler, miteinander ringender Gestalten, welche das Aussehen wütender Teufel hatten! Allen Apachen voran war einer mit gewaltigem Stoße durch die Linie der Comanchen gedrungen. Er hatte in der Linken den Revolver und in der Rechten den hoch erhobenen Tomahawk. Während jede Kugel aus dem ersteren mit Sicherheit einen Comanchen niederstreckte, sauste das Schlachtbeil wie ein Blitz von Kopf zu Kopf. Er trug keine Auszeichnung auf dem Kopfe, auch war sein Gesicht nicht bemalt. Wir sahen dasselbe mit größter Deutlichkeit. Aber auch wenn dies nicht der Fall gewesen wäre, so hätte die Art und Weise, in welcher er kämpfte, und der Umstand, daß er einen Revolver hatte, uns erraten lassen, wer er sei. Der ›weiße Biber‹ erkannte ihn ebenso schnell wie wir.

»Winnetou!« rief er. »Endlich habe ich ihn! Ich nehme ihn auf mich.«

Er sprang von uns fort und in das Kampfgewühl hinein. Die Gruppen schlossen sich so dicht hinter ihm, daß wir ihm nicht mit den Augen folgen konnten.

»Was tun wir?« fragte ich Old Death. »Die Apachen sind in der Minderzahl, und wenn sie sich nicht schnell zurückziehen, werden sie aufgerieben. Wir müssen sie warnen; ich muß hin, um Winnetou herauszuhauen!«

Ich wollte fort; der Alte aber ergriff mich beim Arme, hielt mich zurück und sagte:

»Macht keine Dummheit! Wir dürfen nicht verräterisch gegen die Comanchen handeln, denn wir haben das Calumet mit ihnen geraucht. Uebrigens braucht Winnetou Eure Hilfe nicht; er ist selber klug genug. Ihr hört es ja.«

Ich hörte allerdings die Stimme meines roten Freundes; er rief:

»Wir sind betrogen worden. Weicht schnell zurück! Fort, fort!«

Das Feuer war während des kurzen aber sehr energischen Kampfes fast ausgetreten worden; aber es erleuchtete die Umgegend doch immer noch so, daß ich sehen konnte, was geschah. Die Apachen zogen sich zurück. Winnetou hatte eingesehen, daß eine viel zu große Uebermacht gegen ihn stand. Ich wunderte mich außerordentlich darüber, daß er, ganz gegen seine sonstige Art und Weise, nicht vorher rekognosziert hatte, um die Feinde zu zählen; der Grund wurde mir aber bald darauf bekannt.

Die Comanchen wollten nachdrängen, wurden aber durch die Kugeln der Apachen daran verhindert. Besonders fleißig hörte ich dabei den Knall von Winnetous Silberbüchse, welche er von seinem Vater geerbt hatte. Der ›weiße Biber‹ ließ das Feuer wieder nähren, so daß es heller wurde, kam zu uns und sagte:

»Die Apachen sind uns entkommen; aber morgen mit dem frühesten werde ich sie verfolgen und vernichten.«

»Meinst du, daß dir das wirklich gelingen werde?« fragte Old Death.

»Ganz gewiß! Denkt mein Bruder etwa anders als ich? So irrt er sich.«

»Hast du nicht, als ich dich vorhin warnte, auch gesagt, daß ich mich irre? Ich habe dieses Tal eine Falle genannt. Vielleicht wird es dir unmöglich, sie zu verlassen.«

»Laß nur den Tag erscheinen, dann sehen wir die Feinde, die wenigen, welche übrig geblieben sind, und werden sie schnell erlegen. Jetzt sind sie durch die Dunkelheit geschützt.«

»So ist es doch unnötig, auf sie zu schießen! Wenn ihr eure Pfeile verschossen habt, so gibt euch dieses Tal zwar Holz genug, neue zu fertigen; aber habt ihr auch Eisenspitzen dazu? Vergeudet eure Verteidigungsmittel nicht! Und wie sieht es mit den zehn Kriegern der Comanchen aus, welche den Eingang des Tales bewachten? Befinden sie sich noch dort?«

»Nein; sie sind hier. Der Kampf hat sie herbeigelockt.«

»So sende sie unverzüglich wieder hin, damit dir wenigstens der Rückzug offen bleibt!«

»Die Sorge meines Bruders ist ganz überflüssig. Die Apachen sind durch den Ausgang geflohen. Zum Eingange aber kann keiner gelangen.«

»Und doch rate ich dir, es zu tun. Die zehn Mann können dir hier nichts nützen; dort sind sie nötiger als hier.«

Der Häuptling folgte dieser Aufforderung, freilich mehr aus Achtung für Old Death als aus Ueberzeugung, daß diese Maßregel eine notwendige sei. Bald stellte es sich heraus, wie recht der Alte gehabt habe; denn als die zehn den betreffenden Befehl erhalten hatten und fort waren, ertönten vom Eingang des Tales her zwei Büchsenschüsse, welchen ein wildes Geheul antwortete. Einige Minuten später kehrten zwei von den zehn zurück, um zu melden, daß sie mit zwei Kugeln und vielen Pfeilen empfangen worden seien; sie beide seien die einzigen Uebriggebliebenen.

»Nun, habe ich mich abermals geirrt?« fragte der Scout. »Die Falle ist hinten und vorn geschlossen, und wir stecken drin.«

Der ›weiße Biber‹ fand keine Erklärung. Er fragte im betroffenen Tone:

»Uff! Was soll ich tun?«

»Verschwende nicht die Kräfte und die Waffen deiner Leute! Stelle je zwanzig oder dreißig Mann gegen den Aus- und Eingang des Tales, um diese beiden Punkte bewachen zu lassen. Die übrigen Leute mögen sich zurückziehen, um zu ruhen, damit sie früh gute Kräfte haben. Das ist das Einzige und wohl auch das Beste, was man dir raten kann.«

Diesesmal befolgte der Häuptling den Rat sofort. Dann zählten wir die Gefallenen, und da dachte ich erst wieder an die Weißen. Nur die Toten lagen da; die Uebrigen waren fort. Es fehlten mit Gibson und William Ohlert grad zehn Mann.

»Das ist schlimm!« rief ich aus. »Die Kerle haben sich zu den Apachen in Sicherheit gebracht.«

»Ja, und dort sind sie natürlich gut aufgenommen worden, da sie es mit den beiden Kundschaftern, den vermeintlichen Topias, gehalten haben.«

»So ist uns Gibson abermals verloren!«

»Nein. Wir haben das Totem des ›guten Mannes‹; die Apachen kennen mich; also versteht es sich ganz von selbst, daß wir von ihnen als Freunde aufgenommen werden. Dann werde ich es schon so weit bringen, daß Gibson und Ohlert uns ausgeliefert werden. Wir verlieren einen Tag, das ist alles.«

»Aber wenn nun die Beiden sich auf und davon machen?«

»Das glaube ich nicht. Sie müßten quer durch die Mapimi, und das können sie nicht wagen... Aber, was ist denn das?«

Ein Haufe der Comanchen stand beisammen. Aus der Mitte desselben erklang ein markerschütterndes Stöhnen und Wimmern. Wir gingen hinzu und sahen einen Weißen, welcher nicht tot, sondern wieder zu sich gekommen war. Er hatte einen Lanzenstich durch den Unterleib erhalten, von hinten her, also von einem Comanchen, als die Weißen auf uns eindrangen.

Old Death kniete zu ihm nieder und untersuchte seine Wunde.

»Mann,« sagte er, »Ihr habt vielleicht noch zehn Minuten zu leben. Macht Euer Herz leicht, und geht mit keiner Lüge in die Ewigkeit. Ihr habt es mit den Apachen gehalten?«

»Ja,« antwortete der Gefragte wimmernd.

»Ihr wußtet, daß wir in dieser Nacht überfallen werden sollten?«

»Ja. Die beiden Topias hatten die Comanchen zu diesem Zwecke hierher geführt.«

»Und Gibson sollte das Zeichen mit dem Feuer geben?«

»Ja, Sir. Eigentlich mußte er so oft in das Feuer schlagen, als es hundert Comanchen waren. Dann hätte Winnetou sie nicht heute, sondern erst morgen an einem andern Orte angegriffen, weil er heute nur hundert Mann bei sich hatte. Morgen aber stoßen die Uebrigen zu ihm.«

»Dachte es mir. Daß ich Gibson verhindert habe, noch viermal in das Feuer zu stöbern, hat die Apachen veranlaßt, uns jetzt schon zu überfallen. Nun aber haben sie die Ausgänge besetzt. Wir können nicht fort, und morgen wird sich dieses Tal zu einem offenen Grabe gestalten, in welchem wir langsam abgeschlachtet werden.«

»Wir werden uns wehren!« knirschte der Häuptling, welcher dabei stand, grimmig. »Dieser Verräter hier aber soll als räudiger Hund in die Jagdgründe gehen, um dort von den Wölfen gejagt zu werden, daß ihm der Geifer in Ewigkeit von der Zunge trieft.«

Er zog sein Messer und stieß es dem Verwundeten ins Herz.

»Torheit!« rief Old Death zornig. »Du brauchtest an ihm nicht zum Mörder zu werden.«

»Ich habe ihn getötet, und nun ist seine Seele die Sklavin der meinigen. Wir aber wollen jetzt Kriegsrat halten. Die Krieger der Comanchen haben nicht Lust, zu warten, bis die Hunde der Apachen in Menge herbeigekommen sind. Wir können noch heut in der Nacht durch den Ausgang dringen.«

Er setzte sich mit seinen Unteranführern an dem Feuer nieder. Old Death mußte auch teilnehmen. Ich saß mit Lange, dessen Sohn und dem Neger so weit vom Feuer entfernt, daß ich nichts hören konnte, da die Verhandlung in unterdrücktem Tone geführt wurde. Doch ersah ich aus den Zügen und lebhaften Handbewegungen des Scout, daß dieser nicht der Meinung der Indianer war. Er schien die seinige lebhaft zu verteidigen, doch ohne Erfolg. Endlich sprang er zornig auf, und ich hörte ihn sagen:

»Nun, so rennt in euer Verderben! Ich habe euch bereits wiederholt gewarnt, ohne gehört zu werden. Ich habe stets recht gehabt und werde es auch diesesmal haben. Macht, was ihr wollt. Ich aber und meine Gefährten, wir bleiben hier zurück.«

»Bist du zu feig, mit uns zu kämpfen?« fragte einer der Unteranführer.

Old Death machte eine heftige Bewegung gegen ihn und wollte ihm eine strenge Antwort geben, besann sich aber und sagte ruhig:

»Mein Bruder muß erst seinen Mut beweisen, bevor er mich nach dem meinigen fragen darf. Ich heiße Old Death, und das ist genug gesagt.«

Er kam zu uns und setzte sich da nieder, während die Roten noch eine Weile fortberieten. Endlich waren sie zu einem Entschlusse gekommen und standen von ihren Sitzen auf. Da ertönte von jenseits der das Lagerfeuer rund umgebenden Comanchen eine laute Stimme:

»Der ›weiße Biber‹ mag hierher sehen. Meine Büchse ist sehr hungrig auf ihn.«

Aller Augen wendeten sich nach der Stelle, von welcher aus die Worte ertönten. Dort stand Winnetou, hoch aufgerichtet mit angeschlagenem Gewehre. Die beiden Läufe desselben blitzten nacheinander auf. Der ›weiße Biber‹ stürzte getroffen nieder und neben ihm einer der Unterhäuptlinge:

»So werden sterben alle Lügner und Verräter!« erklang es noch. Dann war der Apache verschwunden. Das war so schnell geschehen, daß die Comanchen gar nicht auf den Gedanken gekommen waren, oder vielmehr gar nicht Zeit gefunden hatten, aufzuspringen. Nun aber fuhren sie alle empor und stürzten nach der Gegend, in welcher er verschwunden war. Nur wir vier blieben zurück. Old Death trat zu den beiden Häuptlingen. Sie waren tot.

»Welch ein Wagnis!« rief Lange. »Dieser Winnetou ist ein wahrer Teufel!«

»Pah!« lachte Old Death. »Das Richtige kommt noch. Paßt einmal auf!«

Kaum hatte er die Worte gesagt, so hörten wir ein durchdringendes Geheul.

»Da habt Ihr es!« meinte er. »Er hat nicht nur die beiden Häuptlinge für ihre Verräterei bestraft, sondern auch die Comanchen fortgelockt in den Bereich der Seinigen. Die Pfeile der Apachen werden ihre Opfer fordern. Horcht!«

Der scharfe, dünne Knall eines Revolvers war zu hören, drei-, fünf-, achtmal hintereinander.

»Das ist Winnetou,« meinte Old Death. »Er bedient sich seiner Revolver. Ich glaube, der Kerl steckt mitten unter den Comanchen, ohne daß sie ihm etwas anhaben können!«

Dem alten Westmanne waren solche Ereignisse etwas ziemlich Gewöhnliches. Sein Gesicht war so ruhig, als ob er im Theater den Verlauf eines Stückes verfolge, dessen Aufbau und Schluß ihm schon bekannt war. Die Comanchen kehrten zurück, da es ihnen nicht gelungen war, Winnetou zu treffen; anstatt dessen aber brachten sie mehrere der Ihrigen getragen, welche tot oder verwundet waren. Zivilisierte Leute hätten sich dabei sowohl aus Teilnahme, als auch aus Klugheit ruhig verhalten. Die Roten aber heulten und brüllten, als ob sie gepfählt werden sollten, und tanzten mit um die Köpfe geschwungenen Kriegsbeilen um die Leichen.

»Ich würde das Feuer auslöschen lassen, und mich an Stelle dieser Kerle sehr ruhig verhalten,« sagte Old Death. »Sie heulen ihren eigenen Todesgesang.«

»Was ist denn eigentlich im Kriegsrate beschlossen worden?« fragte Lange.

»Sich nach Westen durchzuschlagen und zwar sofort.«

»Welche Dummheit! Da gehen sie ja den Apachen, welche hier eintreffen sollen, grad entgegen.«

»Das wohl nicht, Master, denn es wird ihnen nicht gelingen, durchzukommen. Allerdings, wenn es ihnen glückte, so hätten sie Winnetou hinter sich und die von ihm erwarteten Hilfstruppen vor sich; sie befänden sich also in der Mitte und würden aufgerieben. Aber sie glauben die Apachen in der Minderzahl und sind gewiß, dieselben vernichten zu können. Uebrigens wissen sie, daß der Sohn des ›weißen Bibers‹ mit seiner Schar, welche wir getroffen haben, nachkommen wird; das verdoppelt ihre Zuversicht. Nun werden sie erst recht vor

Begierde brennen, den Tod der beiden Häuptlinge zu rächen. Aber die Comanchen sollten den Anbruch des Tages erwarten und dann nach der andern Seite durchbrechen, rückwärts, woher wir gekommen sind. Am Tage sieht man den Feind und die Hindernisse, welche derselbe einem bereitet. Aber meine Ansicht drang nicht durch. Uns freilich kann es gleichgültig sein, was sie tun. Wir machen nicht mit.«

»Das werden uns die Comanchen übelnehmen.«

»Habe nichts dagegen. Old Death hat gar keine Lust, sich nutzlos den Kopf einzurennen. Horcht! Was war das?«

Die Comanchen heulten noch immer, so daß sich nicht bestimmen ließ, welcher Art das Geräusch gewesen war, welches wir soeben gehört hatten.

»Diese Toren!« zürnte Old Death. »Winnetou ist ganz der Mann, den unzeitigen Lärm, den sie da vollführen, sich zu nutze zu machen. Vielleicht legt er Bäume nieder, um den Ausgang zu verschließen, denn es klang ganz wie das Krachen und Prasseln eines fallenden Baumes. Ich möchte darauf schwören, daß keiner von den Comanchen entkommen wird, eine schreckliche, aber gerechte Strafe dafür, daß sie mitten im Frieden ahnungslose Indianerortschaften überfallen und sogar die Abgesandten ermordet haben. Wenn es Winnetou gelingt, die Ausgänge zu verschließen, so kann er seine Leute zurückziehen, hier im Tale zusammennehmen und die Unvorsichtigen von hinten angreifen. Ich traue ihm das zu.«

Endlich war die vorläufige Totenklage zu Ende, und die Comanchen verhielten sich still, traten zusammen und erhielten die Weisungen des Unteranführers, welcher nunmehr den Befehl übernahm.

»Sie scheinen jetzt aufbrechen zu wollen,« sagte Old Death. »Wir müssen zu unsern Pferden, damit sie sich nicht etwa an denselben vergreifen. Master Lange, geht mit Eurem Sohne und Sam hin, um sie zu holen. Wir beide bleiben hier, denn ich vermute, daß der Häuptling uns noch eine kleine Rede halten wird.«

Er hatte recht. Als die drei fort waren, kam der jetzige Anführer langsamen Schrittes auf uns zu und sagte:

»Die Bleichgesichter sitzen ruhig an der Erde, während die Comanchen sich zu ihren Pferden begeben. Warum stehen sie nicht auch auf?«

»Weil wir noch nicht erfahren haben, was von den Comanchen beschlossen worden ist.«

»Wir werden das Tal verlassen.«

»Aber es wird euch nicht gelingen, hinaus zu kommen.«

»Old Death ist wie eine Krähe, deren Stimme stets häßlich klingt. Die Comanchen werden alles niederreiten, was sich ihnen in den Weg stellt.«

»Sie werden nichts und niemand niederreiten als sich selbst. Wir aber bleiben hier.«

»Ist Old Death nicht unser Freund? Hat er nicht die Pfeife des Friedens mit uns geraucht? Ist er nicht verpflichtet, mit uns zu kämpfen? Die Bleichgesichter sind tapfere und kühne Krieger. Sie werden uns begleiten und sich an unsere Spitze stellen.«

Da stand Old Death auf, trat ganz nahe an den Comanchen heran, lachte ihm in das Gesicht und antwortete:

»Mein Bruder hat einen schlauen Gedanken. Die Bleichgesichter sollen voranreiten, um den Roten den Weg zu öffnen und dabei unterzugehen. Wir sind Freunde der Comanchen, aber wir haben nicht ihren Häuptlingen zu gehorchen. Wir sind zufällig auf sie getroffen, aber wir haben uns nicht verpflichtet, an ihrem Kriegszuge teilzunehmen. Wir sind mutig und tapfer; mit diesen Worten hat mein Bruder die Wahrheit gesagt. Wir helfen unsern Freunden bei jedem Kampfe, welcher mit Sinn und Ueberlegung geführt wird; aber wir nehmen nicht teil an Plänen, von denen wir schon vorher wissen, daß sie mißlingen werden.«

»So werden die Weißen nicht mitreiten? Ich hatte sie für kühne Leute gehalten!«

»Wir sind es. Aber wir sind auch vorsichtig. Wir sind die Gäste der Comanchen. Wann ist bei ihnen die Sitte aufgekommen, ihre Gäste, die sie doch beschützen sollten, grad an die Spitze zu stellen, wo der Tod unvermeidlich ist? Mein Bruder ist schlau, aber wir sind nicht dumm. Auch mein Bruder ist ein sehr tapferer Krieger, und darum bin ich überzeugt, daß er seinen Leuten voranreiten wird, denn das ist die Stelle, wohin er gehört.«

Der Rote wurde verlegen. Seine Absicht, uns zu opfern, um sich zu retten, war sehr unverfroren. Als er sah, daß er bei uns nicht durchkam, wurde er nicht nur verlegen, sondern auch zornig. Sein bisher ruhiger Ton wurde strenger, als er sich erkundigte:

»Was werden die Bleichgesichter tun, wenn die Comanchen fort sind? Werden sie sich etwa den Apachen anschließen?«

»Wie wäre das möglich, da mein Bruder die Apachen doch vernichten will! Es sind dann also gar keine vorhanden, denen wir uns anschließen könnten.«

»Aber es werden welche nachkommen. Wir dürfen nicht dulden, daß die Bleichgesichter hier zurückbleiben. Sie müssen mit uns fort.«

»Ich habe bereits gesagt, daß wir bleiben.«

»Wenn die Weißen nicht mit uns gehen, müssen wir sie als unsere Feinde betrachten.«

»Und wenn die Roten uns als solche ansehen, werden wir sie auch als Feinde behandeln.«

»Wir werden ihnen ihre Pferde nicht geben.«

»Und wir haben sie uns bereits genommen. Da werden sie uns eben gebracht.«

In der Tat kamen unsere Freunde gerade mit unsern Pferden heran. Der Häuptling zog die Brauen finster zusammen und sagte:

»So haben die Weißen also bereits ihre Vorkehrungen getroffen. Ich sehe, daß sie uns feindlich gesinnt sind, und werde sie von meinen Kriegern gefangen nehmen lassen.«

Der Scout ließ ein kurzes, unheimlich klingendes Lachen hören und antwortete:

»Der Häuptling der Comanchen täuscht sich sehr in uns. Ich habe dem ›weißen Biber‹ bereits gesagt, daß wir hier bleiben werden. Wenn wir diesen Entschluß nun ausführen, so enthält er nur das, was ich gesagt habe, aber nicht die mindeste Feindseligkeit gegen die Comanchen. Es ist also gar kein Grund vorhanden, uns gefangen zu nehmen.«

»Wir werden es aber dennoch tun, wenn die Weißen mir nicht sofort versprechen, mit uns zu reiten und sich an unsere Spitze zu stellen.«

Der Blick Old Deaths schweifte forschend umher. Ueber sein Gesicht glitt jenes Grinsen, welches bei ihm stets anzeigte, daß er im Begriffe stehe, jemandem eine Schlappe beizubringen. Wir drei standen am Feuer. Wenige Schritte von uns hielten die Andern mit den Pferden. Kein einziger Comanche befand sich mehr in der Nähe. Sie waren alle zu ihren Pferden gegangen. Old Death sagte in deutscher Sprache, so daß der Comanche seine Worte nicht verstehen konnte:

»Wenn ich ihn niederschlage, dann schnell auf die Pferde und mir nach, dem Eingange des Tales zu, denn die Comanchen befinden sich auf der andern Seite.«

»Mein Bruder mag nicht diese Sprache reden. Ich will wissen, was er seinen Gefährten zu sagen hat.«

»Das soll der Häuptling sofort erfahren. Ihr habt heute wiederholt meinen Rat mißachtet und seid durch den darauf folgenden Schaden selbst jetzt noch nicht klug geworden. Ihr geht dem sicheren Tode entgegen und wollt uns zwingen, euch und uns selbst hineinzuführen. Ihr kennt, wie es scheint, Old Death noch immer nicht. Meinst du, ich ließe mich zwingen, etwas zu tun, was ich zu unterlassen beschlossen habe? Ich sage dir, daß ich mich weder vor dir noch all deinen Comanchen fürchte. Du willst uns gefangen nehmen? Merkst du denn nicht, daß du dich in meiner Hand befindest. Sieh diese Waffe! Nur die kleinste Bewegung, so schieße ich dich nieder!«

Er hielt ihm den Revolver entgegen. Der Indianer wollte nach seinem Messer greifen; aber sofort saß ihm Old Deaths Waffe auf der Brust.

»Die Hand weg!« donnerte ihn der Alte an. Jener ließ die Hand sinken.

»So! Ich mache keinen Spaß mit dir. Du zeigst dich als Feind von uns, und so gebe ich dir die Kugel, wenn du mir nicht augenblicklich gehorchst!«

Die bemalten Züge des Roten kamen in Bewegung. Er blickte sich forschend um, aber Old Death bemerkte:

»Suche nicht Hilfe von deinen Leuten! Selbst wenn sie sich hier befänden, würde ich dich niederschießen. Deine Gedanken sind so schwach, wie diejenigen eines alten Weibes, dessen Gehirn vertrocknet ist. Du bist von Feinden eingeschlossen, denen ihr unterliegen müßt, und doch schaffst du dir in uns weitere Feinde, welche noch mehr zu fürchten sind, als die Apachen. Wie wir bewaffnet hier stehn, schießen wir hundert von euch nieder, bevor ein Pfeil von euch uns erreichen kann. Willst du deine Leute mit aller Gewalt in den Tod führen, so tue es. Für uns aber gelten deine Befehle nicht.«

Der Indianer stand eine kurze Weile schweigend. Dann sagte er:

»Mein Bruder muß bedenken, daß meine Worte nicht so gemeint waren!«

»Ich nehme deine Worte, wie sie klingen. Was du mit denselben meinst, das geht mich nichts an.«

»Nimm deine Waffe weg, und wir wollen Freunde bleiben!«

»Ja, das können wir. Aber bevor ich die Waffe von deiner Brust nehme, muß ich Sicherheit haben, daß es mit deiner Freundschaft ehrlich gemeint ist.«

»Ich habe es gesagt, und mein Wort gilt.«

»Und soeben noch sprachst du davon, daß du deine Worte anders meinst, als sie klingen. Man kann sich also auf deine Rede und dein Versprechen nicht verlassen.«

»Wenn du mir nicht glaubst, so kann ich dir keine weitere Sicherheit geben.«

»O doch. Ich verlange von dir, daß du mir deine Friedenspfeife gibst und – – –«

»Uff!« rief der Indianer, ihn erschrocken unterbrechend. »Das Calumet gibt man nicht weg.«

»Ich bin damit aber noch gar nicht zufrieden. Ich verlange nicht nur dein Calumet, sondern auch deine Medizin.«

»Uff, uff, uff! Das ist unmöglich!«

»Du sollst mir beides nicht für immer geben, nicht schenken. In dem Augenblicke, in welchem wir uns friedlich trennen, erhältst du es wieder.«

»Kein Krieger gibt seinen Medizinbeutel aus der Hand!«

»Und doch verlange ich ihn. Ich kenne eure Sitte. Habe ich dein Calumet und deine Medizin, so bin ich du selbst und jede Feindseligkeit gegen uns würde dich um die Freuden der ewigen Jagdgründe bringen.«

»Und ich gebe sie nicht her!«

»Nun, so sind wir also fertig. Ich werde dir jetzt die Kugel geben und dir dann auch deinen Skalp nehmen, so daß du nach deinem Tode mein Hund und Sklave wirst. Ich werde meine linke Hand dreimal erheben. Beim drittenmal schieße ich, wenn du mir nicht gehorchst.«

Er erhob die Hand zum ersten-, und zum zweitenmal, während er mit der Rechten den Revolver noch immer auf das Herz des Roten gerichtet hielt. Schon war die dritte Handbewegung halb vollendet, da sagte der Indianer:

»Warte! Wirst du mir beides wiedergeben?«

»Ja.«

»So sollst du es haben. Ich werde – –«

Er erhob die Hände, wie um nach dem Medizinbeutel und der Pfeife, welche beide er um den Hals hängen hatte, zu greifen.

»Halt!« fiel Old Death ihm in die Rede. »Nieder mit den Händen, sonst schieße ich! Ich traue dir erst dann, wenn ich diese beiden Gegenstände wirklich besitze. Mein Gefährte mag sie dir von dem Halse nehmen, um sie mir an den meinigen zu hängen.«

Der Comanche ließ die Hände wieder sinken. Ich nahm ihm die Sachen ab und hing sie Old Death um, worauf dieser den ausgestreckten Arm mit dem Revolver zurückzog.

»So!« sagte er. »Jetzt sind wir wieder Freunde, und mein Bruder mag nun tun, was ihm beliebt. Wir werden hier zurückbleiben, um abzuwarten, wie der Kampf ausfällt!«

Der Häuptling hatte wohl noch nie eine solche Wut wie

jetzt gefühlt. Seine Hand fuhr nach dem Messer, aber er wagte doch nicht, dasselbe herauszuziehen. Doch tat er wenigstens das Eine, in zischendem Tone hervorzustoßen:

»Die Bleichgesichter sind jetzt sicher, daß ihnen nichts geschieht, aber sobald sie mir das Calumet und die Medizin zurückgegeben haben, wird Feindschaft zwischen ihnen und uns sein, bis sie am Marterpfahle gestorben sind!«

Er wendete sich um und eilte von dannen.

»Wir sind jetzt so sicher wie in Abrahams Schoß,« sagte der Scout, »trotzdem aber wollen wir keine Vorsichtsmaßregel unterlassen. Wir bleiben nicht hier beim Feuer, sondern ziehen uns nach dem Hintergrunde des Tales zurück und warten da ganz ruhig ab, was nun geschehen wird. Kommt, Mesch'schurs, nehmt die Pferde mit!«

Jeder nahm sein Pferd am Zügel. So begaben wir uns in die bezeichnete Gegend, wo wir die Pferde anpflockten und uns am Fuße der Talwand unter den Bäumen niederließen. Das Feuer leuchtete vom verlassenen Lagerplatze her. Rundum herrschte tiefe Stille.

»Warten wir die Sache ab,« sagte der Scout. »Ich vermute, daß der Tanz sehr bald beginnen wird. Die Comanchen werden unter einem satanischen Geheul losbrechen, aber mancher von ihnen wird seine Stimme zum letztenmal erhoben haben. Da – da habt ihr es ja schon!«

Das Geheul, von welchem er gesprochen hatte, erhob sich jetzt, als ob eine Herde wilder Tiere losgelassen worden sei.

»Horcht! Hört ihr einen Apachen antworten?« fragte der Alte. »Gewiß nicht. Die sind klug und machen ihre Arbeit in aller Stille ab.«

Die Felswände gaben das Kriegsgeschrei in vervielfachter Stärke zurück, ebenso wiederholte das Echo die beiden Schüsse, welche jetzt fielen.

»Das ist wieder Winnetous Silberbüchse,« sagte der Scout, »ein sicheres Zeichen, daß die Comanchen angehalten werden.«

Wenn abgeschossene Pfeile und geworfene Lanzen einen Schall oder Knall verursachten, so wäre das Tal ganz gewiß jetzt von einem wilden Getöse erfüllt gewesen. So hörten wir nur die Stimmen der Comanchen und die fortgesetzten Schüsse Winnetous. Das dauerte wohl gegen zwei Minuten. Dann aber erklang ein mark- und beindurchdringendes ›Iwiwiwiwiwiwi‹ zu uns herüber.

»Das Apachen sein!« jubelte Sam. »Haben gesiegt und Comanchen zurückgeschlagen.«

Jedenfalls hatte er recht; denn als dieses Siegesgeheul verklungen war, trat tiefe Stille ein, und zu gleicher Zeit sahen wir am Feuer die Gestalten von Reitern erscheinen, zu denen sich mehrere und immer mehrere gesellten. Es waren die Comanchen. Der Durchbruch war nicht gelungen. Für einige Zeit herrschte beim Feuer eine außerordentliche Verwirrung. Wir sahen, wie Menschen herbeigetragen wurden, welche tot oder verwundet waren, und das bereits erwähnte Klagegeheul hob jetzt von neuem an. Old Death rückte in größtem Aerger auf seinem Platze hin und her und schimpfte in allen Tonarten über die Unvernunft der Comanchen. Nur eins erwähnte er beifällig, nämlich, daß sie eine Schar von Posten in der Richtung der beiden Ausgänge fortschickten, denn das war eine ganz nötige Vorsichtsmaßregel. Als nach langer Zeit die Totenklagen verstummt waren, schienen die Comanchen sich zu einer Beratung niedergesetzt zu haben. Von da an verging wohl eine halbe Stunde; dann sahen wir mehrere der Krieger sich von dem Lager entfernen und in der Richtung nach der hintern Seite des Tales zerstreuen, wo wir uns befanden.

»Jetzt werden wir gesucht,« sagte Old Death. »Sie haben wohl eingesehen, welche Dummheiten sie begangen haben, und werden nicht zu stolz sein, auf unsern Rat zu hören.«

Einer der ausgesandten Boten kam in unsere Nähe. Old Death hustete leise. Der Mann hörte es und kam herbei.

»Sind die Bleichgesichter hier?« fragte er. »Sie sollen an das Feuer kommen.«

»Wer sendet dich?«

»Der Häuptling.«

»Was sollen wir dort?«

»Eine Beratung soll abgehalten werden, an welcher die Bleichgesichter diesesmal teilnehmen dürfen.«

»Dürfen? Wie gütig von euch! Sind wir es endlich einmal wert, von den klugen Kriegern der Comanchen angehört zu werden? Wir liegen hier, um zu ruhen. Wir wollen schlafen. Sage das dem Häuptlinge! Eure Feindschaft mit den Apachen ist uns von jetzt an sehr gleichgültig.«

Jetzt legte sich der Rote aufs Bitten. Das blieb nicht ohne Erfolg auf den gutherzigen Alten, denn er sagte:

»Nun wohl, wenn ihr ohne unsern Rat keinen Weg der Rettung findet, so sollt ihr ihn haben. Aber es beliebt uns nicht, uns von eurem Häuptlinge kommandieren zu lassen. Sage ihm, daß er her zu uns kommen solle, wenn er mit uns sprechen will.«

»Das tut er nicht, denn er ist ein Häuptling.«

»Höre, Mann, ich bin ein viel größerer und berühmterer Häuptling als er. Ich kenne nicht einmal seinen Namen. Sag ihm das!«

»Auch kann er nicht gehen, selbst wenn er wollte, weil er am Arm verwundet ist.«

»Seit wann gehen die Söhne der Comanchen nicht mehr auf den Beinen, sondern auf den Armen? Wenn er nicht zu uns kommen will, so mag er bleiben, wo er ist. Wir brauchen ihn und euch alle nicht!«

Das war in einem so entschiedenen Tone gesprochen, daß der Rote nun doch meinte:

»Ich werde ihm die Worte Old Deaths mitteilen. Vielleicht kommt er doch.«

»So sage ihm aber, daß er allein kommen soll. Zu einer langen Beratung unter vielen habe ich keine Lust. Nun gehe!«

Der Mann entfernte sich. Wir sahen ihn nach dem Feuer gehen und dort in den Kreis der Krieger treten. Eine geraume Zeit verging, ehe etwas geschah. Endlich sahen wir, daß eine Gestalt sich in der Mitte der Sitzenden erhob, das Lagerfeuer verließ und auf uns zukam. Er trug Adlerfedern auf dem Kopfe.

»Schaut, er hat dem toten ›weißen Biber‹ den Häuptlingsschmuck abgenommen und sich selbst angelegt. Jetzt wird er mit größter Grandezza herbeisteigen.«

Als der Häuptling näher kam, sahen wir, daß er allerdings den linken Arm in einem Riemen trug. Der Ort, an welchem wir uns befanden, mußte ihm ganz genau beschrieben worden sein, denn er kam grad auf denselben zu und blieb vor uns stehen. Er hatte wohl erwartet, angeredet zu werden, denn er sagte nichts. Old Death aber blieb ruhig liegen und schwieg. Wir Andern verhielten uns natürlich ganz ebenso.

»Mein weißer Bruder ließ mich bitten, zu ihm zu kommen?« fragte der Rote nun doch.

»Old Death hat nicht nötig, zu einer Bitte niederzusteigen. Du wolltest mit mir sprechen. Also du bist es, welcher zu bitten hat, wenn überhaupt von einer Bitte die Rede sein kann. Jetzt aber werde ich dich sehr höflich ersuchen, mir deinen Namen zu sagen. Ich kenne ihn noch nicht.«

»Er ist bekannt über die ganze Prairie. Ich werde der ›flinke Hirsch‹ genannt.«

»Ich bin auf allen Prairien gewesen, habe aber trotzdem diesen Namen nicht gehört. Du mußt sehr heimlich damit umgegangen sein. Nun aber, da ich ihn gehört habe, erlaube ich dir, dich zu uns zu setzen.«

Der Häuptling trat einen Schritt zurück. Erlauben wollte er sich nichts lassen; aber er fühlte sehr wohl, daß die Umstände ihn zwangen, nachzugeben. Darum ließ er sich langsam und gravitätisch Old Death gegenüber nieder, und nun erst richteten wir uns in sitzende Stellung auf. Erwartete der Comanche, daß der Scout das Gespräch beginnen werde, so hatte er sich geirrt. Letzterer behielt seine angenommene Gleichgültigkeit bei, und der Rote mußte anfangen:

»Die Krieger der Comanchen wollen eine große Beratung abhalten, und die Bleichgesichter sollen an derselben teilnehmen, damit wir ihren Rat hören.«

»Das ist überflüssig. Ihr habt meinen Rat schon oft gehört und doch nie befolgt. Ich aber bin gewohnt, daß meine Worte Beachtung finden, und so werde ich von jetzt an meine Gedanken für mich behalten!«

»Will mein Bruder wohl bedenken, daß wir seiner Erfahrung bedürfen!«

»Ah, endlich! Haben die Apachen euch belehrt, daß Old Death doch klüger war, als alle fünfhundert Comanchen? Wie ist euer Angriff ausgefallen?«

»Wir konnten nicht durch den Ausgang, denn er war mit Steinen, Sträuchern und Bäumen versperrt.«

»Dachte es mir! Die Apachen haben die Bäume mit ihren Tomahawks gefällt, und ihr hörtet es nicht, weil ihr eure Toten zu laut beklagtet. Warum habt ihr das Feuer nicht verlöscht? Seht ihr denn nicht ein, daß ihr euch dadurch in großen Schaden bringt?«

»Die Krieger der Comanchen mußten tun, was beraten worden war. Jetzt wird man etwas Klügeres beschließen. Du wirst doch mit uns sprechen?«

»Aber ich bin überzeugt, daß ihr meinen Rat abermals nicht befolgen werdet.«

»Wir befolgen ihn.«

»Wenn du mir das versprichst, so bin ich bereit, ihn euch zu geben.«

»So komme mit mir zum Feuer!«

»Ich danke! Dorthin komme ich nicht. Es ist eine große Unvorsichtigkeit, ein Feuer zu unterhalten, denn da können die Apachen sehen, was bei euch geschieht. Auch habe ich keine Lust, mich mit deinen Roten herumzustreiten. Ich werde sagen, was ich denke, und du kannst tun, was dir beliebt.«

»So sage es!«

»Die Apachen befinden sich nicht nur an den beiden Ausgängen des Tales, sondern sie sind im Tale selbst. Sie haben sich da vorn festgesetzt und die Ausgänge verbarrikadiert. So können sie sich nach links und rechts wenden, ganz wie es ihnen nötig erscheint. Sie zu vertreiben, ist unmöglich.«

»Wir sind ihnen ja weit überlegen.«

»Wie viele Krieger habt ihr bereits eingebüßt?«

»Der große Geist hat viele von uns zu sich gefordert. Es sind schon über zehnmal zehn. Und auch Pferde sind zu Grunde gegangen.«

»So dürft ihr in dieser Nacht nichts mehr unternehmen, weil es euch grad so ergehen würde, wie das letztemal. Und am Tage werden die Apachen sich so aufstellen, daß sie euch mit ihren Waffen, ihr aber nicht sie mit den eurigen erreichen könnt. Dann werden auch die Scharen eintreffen, nach denen Winnetou gesandt hat, und es sind nachher mehr Apachen als Comanchen vorhanden. Ihr seid dem Tode geweiht.«

»Ist das wirklich die Meinung meines Bruders? Wir werden seinen Rat befolgen, wenn er uns zu retten vermag.«

»Da du von Rettung sprichst, so hast du hoffentlich eingesehen, daß ich recht hatte, als ich dieses Tal eine Falle nannte. Wenn ich über die Sache nachdenke, so finde ich zwei Wege, auf denen die Rettung versucht werden könnte, aber auch nur versucht, denn ob sie wirklich gelingen wird, das kann ich nicht wissen. Der erste ist, daß ihr versucht, ob es möglich ist, an den Felsen empor zu klettern. Aber ihr müßtet dafür den Anbruch des Tages abwarten; die Apachen würden euch somit sehen und sich jenseits des Tales auf euch werfen. Dort sind sie euch überlegen, weil ihr eure Pferde nicht mitnehmen könnt. Es gibt also nur noch ein Mittel, euch zu retten. Tretet in Unterhandlung mit den Apachen!«

»Das tun wir nicht!« brauste der Häuptling auf. »Die Apachen würden unsern Tod verlangen.«

»Das verdenke ich ihnen auch nicht, weil ihr ihnen Grund dazu gegeben habt. Ihr habt mitten im Frieden ihre Dörfer überfallen, ihre Habe geraubt, ihre Weiber und Töchter fortgeführt und ihre Krieger getötet oder zu Tode gemartert. Ihr habt dann ihren Abgesandten das Wort gebrochen und sie ermordet. So schändliche Taten schreien um Rache, und es ist darum gar kein Wunder, daß ihr keine Gnade von den Apachen zu erwarten habt. Du siehst das selbst ein und gibst damit zu, daß ihr ganz unverantwortlich an ihnen gesündigt habt.«

Das war höchst aufrichtig gesprochen, so aufrichtig, daß der Häuptling für eine ganze Weile verstummte.

»Uff!« stieß er dann hervor. »Das sagst du mir – mir, dem Häuptling der Comanchen!«

»Ich würde es dir sagen, auch wenn du der große Geist selber wärest. Es war eine Schändlichkeit von euch, in dieser Weise an den Apachen zu handeln, welche euch nichts zugefügt hatten. Was taten euch ihre Gesandten, daß ihr sie tötetet? Was taten sie euch wieder, daß ihr den jetzigen Kriegszug unternehmt, um Tod, Verderben und Schande über sie zu bringen? Antworte mir!«

Der Indianer stieß erst nach längerer Zeit grimmig hervor:

»Sie sind unsere Feinde.«

»Nein. Sie lebten im Frieden mit euch, und kein Abgesandter von euch hat ihnen die Botschaft gebracht, daß ihr das Kriegsbeil gegen sie ausgegraben habt. Ihr seid euch eurer Schuld sehr wohl bewußt. Darum hegst du die Ueberzeugung, daß ihr keine Gnade zu erwarten habt. Und doch wäre es möglich, einen leidlichen Frieden mit ihnen zu schließen. Es ist ein Glück für euch, daß Winnetou ihr Anführer ist, denn er trachtet nicht nach Blut. Er ist der einzige Häuptling der Apachen, welcher sich vielleicht zur Milde gegen euch entschließen könnte. Sendet einen Mann an ihn, um eine Unterhandlung herbeizuführen. Ich selbst will mich sogar bereit finden lassen, zu gehen, um ihn nachgiebig für euch zu stimmen.«

»Die Comanchen werden lieber sterben, als die Apachen um Gnade bitten.«

»Nun, das ist eure Sache. Ich habe dir jetzt meinen Rat erteilt. Ob du ihn befolgest oder nicht, das ist mir außerordentlich gleichgültig.«

»Weiß mein Bruder keine andere Hilfe? Er redet zu Gunsten der Apachen; also ist er ein Freund derselben.«

»Ich bin allen roten Männern wohlgesinnt, so lange sie mich nicht feindselig behandeln. Die Apachen haben mir nicht das geringste Leid getan. Warum soll ich ihr Feind sein? Aber ihr habt uns feindselig behandeln wollen. Du wolltest uns gefangen nehmen. Nun wäge ab, wer größeres Anrecht auf unsere Freundschaft hat, ihr oder sie!«

»Du trägst mein Calumet und meinen Medizinbeutel, also ist das, was du sagst, grad so, als ob es meine Worte seien.

Darum darf ich dir nicht die Antwort geben, welche ich dir geben möchte. Dein Rat taugt nichts. Du hast damit die Absicht, uns in die Hände der Apachen zu bringen. Wir werden nun selbst wissen, was wir zu tun haben.«

»Nun, wenn ihr das wißt, warum willst du dann meinen Rat haben? Wir sind fertig und haben nichts mehr zu besprechen.«

»Ja, wir sind fertig,« stimmte der Comanche bei. »Aber bedenke wohl, daß du trotz des Schutzes, unter welchem du jetzt noch stehst, unser Feind bist. Du darfst mein Calumet und meine Medizin nicht behalten. Du wirst sie hergeben müssen, ehe wir diesen Ort verlassen, und dann wird alles über dich kommen, was du veranlaßt hast.«

»*Well!* Ich bin einverstanden. Was über mich kommen soll, erwarte ich mit großer Ruhe. Du hast Old Death gedroht. Ich wiederhole, daß wir mit einander fertig sind, und du kannst gehen.«

»Uff!« stieß der Häuptling wild hervor. Dann wendete er sich ab und kehrte gemessenen Schrittes nach dem Feuer zurück.

»Diese Kerls sind wirklich wie vor den Kopf geschlagen,« zürnte Old Death hinter ihm her. »Sie können sich wirklich nur dadurch retten, daß sie um Frieden bitten. Anstatt dies zu tun, bauen sie noch immer auf ihre Ueberzahl. Aber wie die Verhältnisse jetzt liegen, ist Winnetou allein für hundert Mann zu rechnen. Das werdet Ihr nicht glauben, weil Ihr ein Neuling im wilden Westen seid und also gar nicht ahnt, was unter Umständen ein einziger tüchtiger Kerl zu bedeuten hat. Ihr solltet zum Beispiel nur wissen, was dieser junge Apache mit seinem weißen Freunde Old Shatterhand ausgeführt hat. Habe ich Euch schon davon erzählt?«

Er nannte meinen Namen jetzt zum ersten Male.

»Nein,« antwortete ich. »Wer ist dieser Old Shatterhand?«

»Ein grad so junger Mann, aber doch ein ganz anderer Kerl als Ihr. Schlägt alle Feinde mit der Faust zu Boden, schießt mit dem Teufel um die Wette und ist ein Pfiffikus, an den kein Anderer kommt.«

Da raschelte es leise hinter uns, und eine unterdrückte Stimme sagte:

»Uff! Old Death hier? Das habe ich nicht gewußt. Wie freu' ich mich darüber!«

Der Alte drehte sich erschrocken um, zog sein Messer schnell und fragte:

»Wer ist da? Wer wagt es, uns hier zu belauschen?«

»Mein alter, weißer Bruder mag das Messer in seinem Gürtel lassen; er wird doch Winnetou nicht stechen wollen!«

»Winnetou? Alle Teufel! Allerdings nur Winnetou konnte es fertig bringen, sich hinter Old Death zu schleichen, ohne von ihm bemerkt zu werden. Das ist ein Meisterstück, welches ich mir nicht getraue, nachzumachen!«

Der Apache kam vollends herangekrochen und antwortete, ohne sich merken zu lassen, daß er mich kannte:

»Der Häuptling der Apachen hat keine Ahnung davon gehabt, daß Old Death hier ist, sonst hätte er sich schon eher zu ihm geschlichen und mit ihm gesprochen.«

»Aber du begibst dich ja in eine ganz außerordentliche Gefahr! Du hast dich durch die Posten und dann noch bis hierher schleichen müssen und mußt auch wieder zurück.«

»Nein, das habe ich nicht. Die Bleichgesichter sind meine Freunde, und ich kann ihnen mein Vertrauen schenken. Dieses Tal liegt im Gebiete der Apachen, und Winnetou hat es zu einer Falle eingerichtet für Feinde, welche etwa bei uns eindringen wollen. Diese Felswände sind nicht so unwegbar, wie es scheint. Die Apachen haben einen schmalen Pfad angelegt, welcher in der Höhe mehrerer Männer rund um das Tal läuft. Durch einen Lasso kommt man leicht hinauf und wieder herab. Die Comanchen sind durch meine Kundschafter in diese Falle gelockt worden und sollen darin untergehen.«

»Ist ihr Tod denn wirklich beschlossen?«

»Ja. Winnetou hat dein Gespräch mit dem Häuptling gehört und aus demselben ersehen, daß du dich zur Seite der Apachen neigest. Du hast gesagt, was die Comanchen an uns verbrochen haben, und gibst es zu, daß wir diesen vielfältigen Mord zu rächen haben.«

»Aber müssen deswegen Ströme Blutes fließen?«

»Du hast selbst gehört, daß die Comanchen weder ihre Sünde bekennen, noch das tun wollen, was du ihnen rietest und was die Klugheit ihnen gebietet. So mag nun ihr Blut über sie selbst kommen. Die Apachen werden ein Beispiel geben, wie sie den Verrat zu bestrafen wissen. Das müssen sie tun, um vor Wiederholungen sicher zu sein.«

»Es ist grauenhaft! Doch fühle ich keinen Beruf, meinen Rat abermals vor Ohren hören zu lassen, welche desselben gar nicht zu bedürfen vermeinen.«

»Du würdest abermals nicht gehört. Ich vernahm aus deinen Worten, daß du die Heiligtümer des Häuptlings besitzest. Wie bist du zu ihnen gekommen?«

Old Death erzählte es. Als er geendet hatte, sagte Winnetou:

»Da du ihm versprochen hast, sie ihm wiederzugeben, so mußt du dein Wort halten. Du wirst sie ihm gleich jetzt geben und zu uns kommen. Ihr werdet als Freunde bei uns aufgenommen werden.«

»Gleich jetzt sollen wir zu euch kommen?«

»Ja. In drei Stunden werden über sechshundert Krieger der Apachen hier ankommen. Viele von ihnen haben Gewehre. Ihre Kugeln streichen über das Tal weg, und euer Leben ist nicht mehr sicher.«

»Aber wie sollen wir es anfangen, zu euch zu kommen?«

»Das fragt Old Death?«

»Hm, ja! Wir setzen uns auf die Pferde und reiten zum Lagerfeuer. Dort gebe ich dem Häuptling seine Heiligtümer zurück, und dann sprengen wir fort, den Apachen entgegen. Die im Wege stehenden Posten reiten wir nieder. Wie aber kommen wir über die Barrikaden hinweg?«

»Sehr leicht. Wartet nur, wenn ich hier fort bin, noch zehn Minuten, bevor ihr aufbrecht. Dann werde ich rechts, am Ausgange des Tales, stehen und euch empfangen.«

Er huschte davon.

»Na, was sagt Ihr nun?« fragte Old Death.

»Ein außerordentlicher Mann!« antwortete Lange.

»Darüber gibt es gar keinen Zweifel. Wäre dieser Mann ein Weißer, ein Soldat, er könnte es bis zum Feldherrn bringen. Und wehe den Weißen, wenn es ihm in den Sinn käme, die Roten um sich zu versammeln, um ihre angestammten Rechte zu verfechten. Er aber liebt den Frieden und weiß, daß die Roten trotz allen Sträubens dem Untergange gewidmet sind, und verschließt die fürchterliche Last dieser Ueberzeugung still in seiner Brust. Na, setzen wir uns also auf zehn Minuten wieder nieder.«

Es blieb so ruhig im Tale, wie es in der letzten halben Stunde gewesen war. Die Comanchen berieten noch. Nach zehn Minuten stand Old Death wieder auf und stieg in den Sattel.

»Macht genau das nach, was ich tue!« sagte er.

Langsamen Schrittes ritten wir bis zum Lagerplatze. Der Kreis der Comanchen öffnete sich, und wir ritten in denselben hinein. Wären die Gesichter nicht bemalt gewesen, so hätten wir gewiß das größte Erstaunen in denselben bemerken können.

»Was wollt ihr hier?« fragte der Häuptling, indem er aufsprang. »Weshalb kommt ihr zu Pferde?«

»Wir kommen als Reiter, um den tapfern und klugen Kriegern der Comanchen eine Ehre zu erweisen. Nun, was werdet ihr also tun?«

»Die Beratung ist noch nicht zu Ende. Aber steigt ab! Ihr seid unsere Feinde, und wir dürfen nicht zugeben, daß ihr zu Pferde seid. Oder kommst du vielleicht, mir meine Heiligtümer zurückzubringen?«

»Wäre das nicht sehr unklug von mir gehandelt? Du hast ja gesagt, daß von dem Augenblicke an, an welchem du dein Eigentum zurück hast, Feindschaft zwischen euch und uns sein solle, bis wir am Marterpfahle sterben.«

»So wird es sein. Ich habe es gesagt, und ich halte Wort. Der Zorn der Comanchen wird euch vernichten!«

»Wir fürchten uns so wenig vor diesem Zorne, daß ich die Feindschaft gleich jetzt beginnen lasse. Da hast du deine Sachen! Und nun seht, was ihr uns tun könnt!«

Er riß die beiden Gegenstände vom Halse und schleuderte sie weit von sich. Zugleich spornte er sein Pferd an, daß es in einem weiten Bogen über das Feuer wegsetzte und drüben eine Bresche in die Reihen der Comanchen riß. Sam, der Neger, war der erste hinter ihm. Er ritt den Häuptling nieder. Wir andern Drei folgten augenblicklich. Zehn oder fünfzehn Comanchen wurden umgeritten, dazu einer der draußen dem voranstürmenden Old Death im Wege stehenden Posten; dann flogen wir über die ebene Grasfläche hin, verfolgt von einem unbeschreiblichen Wutgeheul unserer bisherigen so unzuverlässigen Freunde.

»Uff!« rief uns eine Stimme entgegen. »Anhalten! Da steht Winnetou!«

Wir parierten die Pferde. Vor uns stand eine Anzahl Apachen, welche unsere Tiere an den Zügeln nahmen, als wir abgestiegen waren. Winnetou geleitete uns nach der Enge, welche aus dem Tale führte. Dort war bereits Platz gemacht worden, so daß wir und auch die Pferde einzeln passieren konnten.

Als wir die Barrikade hinter uns hatten, wurde der Ausgang breiter, und bald sahen wir einen hellen Schein. Die Enge öffnete sich, und nun erblickten wir ein schwach brennendes Feuer, an welchem zwei Rote bei einem improvisierten Bratspieße hockten. Sie entfernten sich ehrerbietig, als wir uns näherten. Auch die andern Apachen zogen sich zurück, als sie unsere Pferde angepflockt hatten. In einiger Entfernung weidete eine ganze Schar von Pferden, bei denen Wächter standen. Das hatte fast einen militärischen Anstrich. Die Bewegungen der Apachen waren so exakt und sicher, fast wie einexerziert gewesen.

»Meine Brüder mögen sich an das Feuer setzen,« sagte Winnetou. »Ich habe ein Stück Lende des Büffels braten lassen. Sie können davon essen, bis ich wiederkehre.«

»Bleibst du lange fort?« fragte Old Death.

»Nein. Ich muß in das Tal zurück. Die Comanchen könnten sich von dem Zorne über euch haben fortreißen lassen, sich meinen Kriegern zu nähern. Da werde ich ihnen einige Kugeln geben.«

Er entfernte sich. Old Death ließ sich behaglich am Feuer nieder, zog das Messer und untersuchte den Braten. Er war ausgezeichnet. Der Alte und ich hatten überhaupt noch nicht gegessen, und auch von den Andern war das Pferdefleisch der Comanchen nur gekostet worden. Das große Stück Lende schrumpfte sehr schnell zusammen. Da kehrte Winnetou zurück; er sah mich fragend an, und ich verstand seinen Blick. Er wollte wissen, ob er mich auch jetzt noch verleugnen solle, darum stand ich vom Feuer auf, streckte ihm beide Hände entgegen und sagte:

»Mein Bruder Winnetou sieht, daß ich nicht nach dem Rio Pecos zu gehen brauche, um ihn wieder zu treffen. Mein Herz freut sich, ihm schon hier zu begegnen.«

Wir umarmten uns. Als Old Death dies sah, fragte er erstaunt:

»Was ist denn das? Ihr kennt euch schon?«

»Es ist mein weißer Bruder Old Shatterhand,« erklärte der Apache.

»Old – Shat–ter–hand!« rief der Alte, indem er ein wahrhaft köstliches Gesicht machte. Und als ich die Worte Winnetous lachend bestätigte, fuhr er zornig fort:

»So habt Ihr mich also belogen und betrogen, habt Old Death an der Nase geführt! Old Shatterhand! Und das hat nicht dergleichen getan, sondern sich immerfort ein Greenhorn und einen Neuling schimpfen lassen!«

Wir überließen ihn seinem Erstaunen, denn Winnetou hatte mir zu erzählen:

»Mein Bruder weiß, daß ich nach Fort Inge mußte. Dort erfuhr ich – – –«

»Ich weiß schon alles,« unterbrach ich ihn. »Wenn wir mehr Zeit haben als jetzt, werde ich dir sagen, wie wir es erfahren haben. Jetzt muß ich vor allen Dingen schnell wissen, wo die zehn Bleichgesichter sind, welche bei den Comanchen waren und mit deinen beiden Spähern, die sich für Topias ausgaben, zu euch übergegangen sind.«

»Sie sind fort.«

»Fort? Wohin?«

»Nach Chihuahua zu Juarez.«

»Schon fort? Wirklich, wirklich?«

»Ja. Sie hatten große Eile und mit den Comanchen einen großen Umweg machen müssen, den sie einholen mußten.«

»Das ist ein Schlag für uns, denn bei ihnen waren die beiden Männer, denen ich folgte!«

»Uff, uff! Die waren dabei? Das wußte ich nicht. Sie mußten zur bestimmten Zeit in Chihuahua eintreffen und hatten viel Zeit versäumt. Winnetou liebt Juarez; darum unterstützte er sie, schnell fortzukommen. Ich gab ihnen frische Pferde und Proviant und als Führer die beiden angeblichen Topias, welche den Weg über die Mapimi nach Chihuahua genau kennen. Die Bleichgesichter erklärten, keine Minute länger säumen zu dürfen.«

»Auch das! Frische Pferde, Proviant und zuverlässige Führer! Ich hatte diesen Gibson schon in der Hand; nun wird er mir entkommen!«

Winnetou sann einen Augenblick nach und sagte dann:

»Ich habe einen großen Fehler begangen, ohne es zu wissen, werde ihn aber gutmachen. Gibson wird in deine Hände fallen. Der Auftrag, den ich in Matagorda auszuführen hatte, ist erledigt; sobald ich die Comanchen hier bestraft habe, bin ich frei und werde euch begleiten. Ihr sollt die besten Pferde haben, und wenn nicht etwas ganz Unerwartetes geschieht, haben wir bis Mittag des zweiten Tages die Weißen eingeholt.«

Da kam ein Apache aus dem Tale gelaufen und meldete:

»Die Hunde der Comanchen haben das Feuer verlöscht und sind vom Lagerplatze fort. Sie haben einen Angriff vor.«

»Sie werden wieder abgewiesen werden, wie vorher,« antwortete Winnetou. »Wenn meine weißen Brüder mitkommen, werde ich sie dahin stellen, von wo aus sie alles hören können.«

Wir standen natürlich sofort auf. Er führte uns in die Enge

zurück, fast bis an die Barrikade. Dort gab er einen am Felsen niederhängenden Lasso in Old Deaths Hand und sagte:

»Turnt euch an dem Riemen empor, zweimal so hoch, wie ein Mann ist. Dort werdet ihr Sträucher finden und hinter ihnen den Weg, von welchem ich euch gesagt habe. Ich kann nicht mit hinauf, sondern muß zu meinen Kriegern.«

Er nahm etwas da am Felsen Lehnendes mit sich. Es war seine Büchse.

»Hm!« brummte der Scout. »An so einem dünnen Lasso zwölf Fuß empor zu kriechen! Ich bin doch keine Affe, der gelernt hat, zwischen Lianen herum zu klettern. Wollen es versuchen.«

Es gelang ihm doch. Ich folgte ihm, und auch die Anderen kamen nach, freilich nur mit Schwierigkeit. Der Felsen trug da einen Baum, um dessen Stamm der Lasso geschlungen war. Daneben standen Sträucher, welche den Steig verdeckten. Da es so dunkel war, daß wir uns anstatt der Augen des Gefühles oder vielmehr des Tastsinnes bedienen mußten, tappten wir uns mit Hilfe der Hände eine kleine Strecke fort, bis Old Death stehen blieb. An den Felsen gelehnt, warteten wir nun, was kommen werde. Mir schien es, als ob die Stille des Todes auf dem Tale liege. So sehr ich mein Ohr anstrengte, ich konnte nichts hören, als ein leises Schnüffeln, welches aus der Nase Old Deaths kam.

»Dumme Kerle, die Comanchen! Meint Ihr nicht, Sir?« sagte er. »Da drüben rechts riecht es nach Pferden, nach Pferden, welche sich bewegen. Das ist nämlich etwas ganz anderes, als Pferde, welche unbeweglich stehen. Ueber stillstehenden Pferden liegt der Geruch dick und unbeweglich; man kann die Nase, sozusagen, hineinstoßen. Sobald aber die Pferde sich bewegen, kommt auch er in Bewegung, wird feiner und flüssiger und leicht davongetragen. So unglaublich es klingen mag, der Westmann merkt aus der Dichtheit oder Dünne dieses Geruches, ob er stehende oder laufende Pferde vor sich hat. Natürlich ruhige Luft vorausgesetzt. Jetzt kommen nun von da rechts solche leichte Pferdelüftchen herüber, und meinen alten Ohren war es auch, als ob sie das Stolpern eines Pferdehufes vernommen hätten, leicht und dumpf wie auf Grasboden. Ich kalkuliere, daß die Comanchen jetzt sich leise nach dem Eingange hinziehen, um da durchzubrechen.«

Da hörten wir eine helle Stimme rufen:

»Ntsa-ho!«

Dieses Wort bedeutet ›Jetzt‹. Im Augenblicke darauf krachten zwei Schüsse – Winnetous Silberbüchse. Revolverschüsse folgten. Ein unbeschreibliches Geheul erscholl zu uns herauf. Wilde Indianerrufe schrillten über das Tal; Tomahawks klirrten. Der Kampf war ausgebrochen.

Er währte nicht lange. Durch das Schnauben und Wiehern der Pferde und das Wutgeschrei der Comanchen brach sich das siegreiche ›Iwiwiwiwiwi‹ der Apachen Bahn. Wir hörten, daß die ersteren sich in wilder Flucht zurückzogen. Ihre Schritte und das Stampfen ihrer Pferde entfernten sich nach der Mitte des Tales hin.

»Habe ich es nicht gesagt!« meinte Old Death. »Eigentlich hätte man nicht losschlagen sollen. Die Apachen halten sich wundervoll. Sie schießen ihre Pfeile und stechen mit ihren Lanzen aus sicheren Verstecken hervor. Die Comanchen sind dicht gedrängt, so daß jeder Pfeil, jeder Speer, jede Kugel Winnetous treffen muß. Und nun, da die Feinde sich zurückziehen, sind die Apachen klug genug, ihnen nicht zu folgen. Sie bleiben in ihrer Deckung, denn sie wissen, daß die Comanchen ihnen nicht entgehen können. Warum also sich in das Tal wagen!«

Auch in der Beziehung befolgten die Comanchen jetzt Old Deaths Rat, daß sie sich nach dem Mißerfolge ruhig verhielten. Ihr Geheul war verstummt, und da das Feuer nicht mehr brannte, ließen sie ihre Gegner über ihre Bewegungen im Unklaren. Wir warteten noch eine Weile. Es wollte sich nichts Neues begeben. Da hörten wir unter uns Winnetous gedämpfte Stimme:

»Meine weißen Brüder können wieder herabkommen. Der Kampf ist vorüber und wird auch nicht wieder losbrechen.«

Wir kehrten zu dem Lasso zurück und ließen uns an demselben hinab. Unten stand der Häuptling, mit dem wir uns wieder hinaus zu dem Feuer begaben.

»Die Comanchen versuchten es jetzt auf der andern Seite,« sagte er. »Es ist ihnen ebensowenig geglückt. Sie werden von neuem bewacht und können nichts unternehmen, ohne daß Winnetou es erfährt. Die Apachen sind ihnen gefolgt und liegen in einer langen Linie, welche von einer Seite des Tales bis zur andern reicht, im Grase, um alles scharf zu beobachten.«

Während er das sagte, hielt er den Kopf nach der rechten Seite geneigt, als ob er auf etwas horche. Dann sprang er auf, so daß das Feuer seine Gestalt hell beleuchtete.

»Warum tust du das?« fragte ich ihn.

Er deutete hinaus in die finstre Nacht und antwortete:

»Winnetou hat gehört, daß dort ein Pferd auf steinigtem Weg strauchelte. Es kommt ein Reiter, einer meiner Krieger. Er wird absteigen wollen, um zu untersuchen, wer hier am Feuer sitzt. Darum bin ich aufgestanden, damit er bereits von weitem erkennen möge, daß Winnetou sich hier befindet.«

Sein feines Gehör hatte ihn nicht getäuscht. Es kam ein Reiter im Trabe herbei, hielt bei uns sein Pferd an und stieg ab. Der Häuptling empfing ihn mit einem nicht sehr freundlichen Blick. Er tadelte ihn wegen des von dem Pferde gemachten Geräusches.

Der Gescholtene stand in aufrechter und doch ehrerbietiger Haltung da, ein freier Indianer, der aber gern die größere Begabung seines Anführers anerkennt.

»Sie kommen,« antwortete er.

»Wie viele Pferde?«

»Alle. Es fehlt kein einziger Krieger. Wenn Winnetou ruft, bleibt kein Apache bei den Frauen zurück.«

»Wie weit sind sie noch von hier?«

»Sie kommen mit dem Grauen des Tages an.«

»Gut. Führe dein Pferd zu den andern, und setze dich zu den Wachen, um auszuruhen!«

Der Mann gehorchte augenblicklich. Winnetou setzte sich wieder zu uns nieder, und wir mußten ihm von unserem Aufenthalte auf der Hacienda del Caballero und dann auch von dem Ereignisse in La Grange erzählen. Darüber verging die Zeit, und vom Schlafen war natürlich keine Rede. Der Häuptling hörte unsere Erzählung an und warf nur zuweilen eine kurze Bemerkung oder Frage ein. So wich allmählich die Nacht, und die Morgendämmerung begann. Da streckte Winnetou die Hand nach Westen aus und sagte:

»Meine weißen Brüder mögen sehen, wie pünktlich die Krieger der Apachen sind. Dort kommen sie.«

Ich sah nach der angegebenen Richtung. Der Nebel lag wie ein grauer, wellenloser See im Westen und schob seine undurchsichtigen Massen buchten- und busenartig zwischen die Berge hinein. Aus diesem Nebelmeere tauchte ein Reiter auf, dem in langer Einzelreihe viele, viele andere folgten. Als er uns erblickte, hielt er für einen Augenblick an. Dann erkannte er Winnetou und kam in kurzem Trabe auf uns zu. Er war ein Häuptling, denn er trug zwei Adlerfedern im Haarschopfe. Keiner dieser Reiter hatte ein wirkliches Zaumzeug; sie alle führten ihre Pferde am Halfter, und doch war die Lenkung, als sie jetzt im eleganten Galoppe heran kamen, um in fünffacher Reihe Aufstellung zu nehmen, eine so sichere, wie man sie selbst bei einer europäischen Kavallerie nur selten trifft. Die meisten von ihnen waren mit Gewehren bewaffnet, und nur wenige trugen Bogen, Lanze und Köcher. Der Anführer sprach eine kurze Weile mit Winnetou. Dann gab der Letztere einen Wink, und im Nu saßen die Krieger ab. Diejenigen, welche keine Gewehre besaßen, bemächtigten sich der Pferde, um dieselben zu beaufsichtigen. Die Andern schritten in die Enge hinein. Der Lasso, an welchem wir zum Pfade emporgeklettert waren, hing noch dort, und ich sah, daß sich Einer nach dem Andern an demselben hinaufschwang. Das ging alles so still, geräuschlos und exakt vor sich, als ob es lange vorher eingehend besprochen worden sei. Winnetou stand ruhig da, um die Bewegungen der Seinen mit aufmerksamem Blicke zu verfolgen. Als der Letzte von ihnen verschwunden war, wendete er sich zu uns:

»Meine weißen Brüder werden nun erkennen, daß die

Söhne der Comanchen verloren sind, wenn ich es so befehle.«

»Wir sind davon überzeugt,« antwortete Old Death. »Aber will Winnetou wirklich das Blut so vieler Menschen vergießen?«

»Haben sie es anders verdient? Was tun die weißen Männer, wenn einer von ihnen gemordet worden ist? Suchen sie nicht nach dem Mörder? Und wenn er gefunden worden ist, so treten ihre Häuptlinge zusammen und halten einen Rat, um das Urteil zu sprechen und ihn töten zu lassen. Könnt ihr die Apachen tadeln, wenn sie nichts als nur dasselbe tun?«

»Ihr tut ja nicht dasselbe!«

»Kann mein Bruder das beweisen?«

»Ja. Wir bestrafen den Mörder, indem wir ihn töten. Du willst aber auch diejenigen erschießen lassen, welche gar nicht dabei waren, als eure Dörfer überfallen wurden.«

»Sie tragen ganz dieselbe Schuld, denn sie sind damit einverstanden gewesen. Auch waren sie dabei, als die gefangenen Apachen am Marterpfahle sterben mußten. Sie sind nun die Männer unserer Frauen und Töchter und die Besitzer unseres Eigentums, unserer Pferde, welche uns geraubt wurden.«

»Aber Mörder kannst du sie nicht nennen!«

»Ich weiß nicht, was Old Death will. Bei seinen Brüdern gibt es außer dem Morde noch andere Taten, welche mit dem Tode bestraft werden. Die Westmänner schießen jeden Pferdedieb nieder. Wird einem Weißen sein Weib oder seine Tochter geraubt, so tötet er alle, welche zu dieser Tat in Beziehung stehen. Da drin im Tale befinden sich die Besitzer unserer geraubten Frauen, Mädchen und Pferde. Sollen wir ihnen dafür etwa das geben, was die Weißen ein Kreuz oder einen Orden nennen?«

»Nein; aber ihr könnt ihnen verzeihen und euer Eigentum zurücknehmen.«

»Pferde nimmt man zurück, aber Frauen nicht. Und verzeihen? Mein Bruder spricht wie ein Christ, welcher stets nur das von uns fordert, dessen gerades Gegenteil er tut! Verzeihen die Christen uns? Haben sie uns überhaupt etwas zu verzeihen? Sie sind zu uns gekommen und haben uns die Erde genommen. Wenn bei euch einer einen Grenzstein weitersetzt, oder ein Tier des Waldes tötet, so steckt man ihn in das finstere Gebäude, welches ihr Zuchthaus nennt. Was aber tut ihr selbst? Wo sind unsere Prairien und Savannen? Wo sind die Herden der Pferde, Büffel und anderer Tiere, welche uns gehörten? Ihr seid in großen Scharen zu uns gekommen, und jeder Knabe brachte ein Gewehr mit, um uns das Fleisch zu rauben, dessen wir zum Leben bedurften. Ein Land nach dem andern entriß man uns, ohne alles Recht. Und wenn der rote Mann sein Eigentum verteidigte, so wurde er ein Mörder genannt, und man erschoß ihn und die Seinigen. Du willst, ich soll meinen Feinden verzeihen, denen wir nichts zuleide getan haben! Warum verzeiht denn ihr es uns nicht, ihr, die ihr uns alles zuleide tut, ohne daß wir euch Veranlassung dazu gegeben haben? Wenn wir uns wehren, so tun wir unsere Pflicht; dafür aber bestraft ihr uns mit dem Untergange. Was würdet ihr sagen, wenn wir zu euch kämen, um euch unsere Art und Weise aufzuzwingen? Wollten wir es erzwingen, so wie ihr es bei uns erzwungen habt, so würdet ihr uns bis auf den letzten Mann töten oder uns gar in eure Irrenhäuser stecken. Warum sollen wir nicht ebenso handeln dürfen? Aber dann heißt es in aller Welt, der rote Mann sei ein Wilder, mit dem man weder Gnade noch Barmherzigkeit haben dürfe; er werde nie Bildung annehmen und müsse deshalb verschwinden. Habt ihr durch euer Verhalten bewiesen, daß ihr Bildung besitzet? Ihr zwingt uns, eure Religion anzunehmen. Zeigt sie uns doch! Die roten Männer verehren den großen Geist in einer und derselben Weise. Jeder von euch aber will in anderer Weise selig werden. Ich kenne einen Glauben der Christen, welcher gut war. Diesen lehrten die frommen Patres, welche in unser Land kamen, ohne uns töten und verdrängen zu wollen. Sie bauten Missionen bei uns und unterrichteten unsere Eltern und Kinder. Sie wandelten in Freundlichkeit umher und lehrten uns alles, was gut und nützlich für uns war. Das ist nun viel anders geworden. Die frommen Männer haben mit uns weichen müssen, und wir mußten sie sterben sehen, ohne Ersatz für sie zu erhalten. Dafür kommen jetzt Andersgläubige von hundert Sorten. Sie schmettern uns die Ohren voller Worte, die wir nicht verstehen. Sie nennen sich gegenseitig Lügner und behaupten doch, daß wir ohne sie nicht in die ewigen Jagdgründe gelangen können. Und wenn wir, von ihrem Gezänk ermüdet, uns von ihnen wenden, so schreien sie Ach und Wehe über uns und sagen, sie wollen den Staub von ihren Füßen schütteln und ihre Hände in Unschuld waschen. Dann währt es nicht lange, so rufen sie die Bleichgesichter herbei, welche sich bei uns eindrängen und unsern Pferden die Weide nehmen. Sagen wir dann, daß dies nicht geschehen dürfe, so kommt ein Befehl, daß wir abermals weiter zu ziehen haben. Das ist meine Antwort, welche ich dir zu geben habe. Sie wird dir nicht gefallen; aber du an meiner Stelle würdest noch ganz anders sprechen. Howgh!«

Mit diesem letzteren indianischen Bekräftigungsworte wendete er sich von uns ab und trat um einige Schritte zur Seite, wo er, in die Ferne blickend, stehen blieb. Er war innerlich erregt und wollte das überwinden. Dann kehrte er sich uns wieder zu und sagte zu Old Death:

»Ich habe meinem Bruder eine lange Rede gehalten. Er wird mir recht geben, denn er ist ein Mann, welcher gerecht und billig denkt. Dennoch will ich ihm gestehen, daß mein Herz nicht nach Blut trachtet. Meine Seele ist milder, als meine Worte es waren. Ich glaubte, die Comanchen würden mir einen Unterhändler senden. Da sie es nicht tun, brauchte ich kein Erbarmen mit ihnen zu haben, aber dennoch will ich ihnen einen Mann senden, welcher mit ihnen reden soll.«

»Das freut mich ungemein,« rief Old Death. »Ich hätte diesen Ort in sehr trüber Stimmung verlassen, wenn alle diese Leute ohne einen Versuch, sie zu retten, getötet worden wären. Ich trage ja auch einen Teil der Schuld, daß sie in deine Hände geraten sind.«

»Von diesem Vorwurfe kann ich dich befreien, denn ich hätte sie auch ohne deine Beihilfe besiegt,« entgegnete Winnetou.

»Aber weißt du auch, daß noch Hunderte von ihnen nachkommen?«

»Winnetou weiß es. Er hat ja mit dem ›guten Manne‹ zwischen ihnen hindurchzuschleichen gehabt. Es sind nur hundert. Ich werde sie in eben demselben Tale einschließen und vernichten wie die Andern, wenn sie sich nicht freiwillig ergeben.«

»So siehe zu, daß sie nicht zu zeitig kommen. Du mußt mit denen, welche sich hier befinden, fertig sein, ehe die Uebrigen hier eintreffen.«

»Winnetou fürchtet sich auf keinen Fall. Doch wird er sich beeilen.«

»Hast du einen Mann, welcher die Verhandlung mit den Comanchen führen kann?«

»Ich habe ihrer viele; aber am liebsten wäre es mir, wenn mein Bruder das tun wollte.«

»Das übernehme ich sehr gern. Ich gehe eine kurze Strecke vor und rufe ihren Häuptling zu mir. Welche Bedingungen stellst du ihnen?«

»Sie sollen uns für jeden Getöteten fünf, für jeden Gemarterten aber zehn Pferde geben.«

»Das ist sehr billig, aber seit es keine großen Herden wilder Pferde mehr gibt, ist ein Pferd nicht leicht zu erlangen.«

»Was sie uns sonst an Eigentum geraubt haben, verlangen wir zurück. Ferner haben sie uns so viele junge Mädchen auszuliefern, wie sie uns Frauen und Töchter raubten. Frauen der Comanchen mögen wir nicht. Dazu verlangen wir auch die Kinder zurück, welche sie fortgeführt haben. Hältst du das für hart?«

»Nein.«

»Endlich verlangen wir, daß ein Ort bestimmt werde, an welchem die Häuptlinge der Apachen und Comanchen sich versammeln, um einen Frieden zu beraten, welcher wenigstens dreißig Sommer und Winter währen soll.«

»Wenn sie darauf eingehen, werde ich sie beglückwünschen.«

»Dieser Ort soll das Tal sein, in welchem sich jetzt ihre

Krieger hier befinden. Hierher soll auch alles gebracht werden, was sie uns auszuliefern haben. Bis alles geschehen ist, was ich von ihnen fordere, bleiben die Comanchen, welche sich heute ergeben müssen, unsere Gefangenen.«

»Ich finde, daß deine Forderung nicht zu hoch ist, und werde sie ihnen sofort übermitteln.«

Er warf sein Gewehr über und schnitt sich einen Zweig ab, welcher als Parlamentärzeichen dienen sollte. Dann verschwand er mit dem Häuptlinge in der Enge. Es war für ihn keineswegs ohne Gefahr, sich jetzt den Comanchen zu nähern; aber der Alte kannte eben keine Angst.

Als Winnetou sich überzeugt hatte, daß der Scout sich mit dem Anführer der Comanchen in Unterredung befand, kehrte er zu uns zurück und führte uns zu den zuletzt angekommenen Pferden. Es waren auch ledige dabei gewesen, teils von einer bessern Sorte, welche man schonen und nur dann in Gebrauch nehmen wollte, wenn es darauf ankam, eine ungewöhnliche Leistung zu entwickeln, teils aber auch Tiere von gewöhnlicher Güte, welche als Reservepferde mitgeführt werden mußten.

»Ich habe meinen Brüdern versprochen, ihnen bessere Pferde zu geben,« sagte er. »Ich werde sie ihnen jetzt aussuchen. Mein weißer Bruder soll eines meiner eigenen Rosse erhalten.«

Er suchte fünf Pferde aus. Ich war ganz entzückt über das prächtige Tier, welches er mir brachte. Auch die beiden Langes und Sam waren sehr erfreut. Der Letztere zeigte alle Zähne und rief:

»Oh, oh, welch ein Pferd Sam bekommen! Sein schwarz wie Sam und sein auch prachtvoll ganz wie Sam. Passen sehr gut zusammen, Pferd und Sam. Oh, oh!«

Wohl dreiviertel Stunden waren vergangen, als Old Death zurückkehrte. Sein Angesicht war sehr ernst. Ich hatte die feste Ueberzeugung gehabt, daß die Comanchen auf die Forderung Winnetous eingehen würden, doch ließ das Gesicht des Scout das Gegenteil erwarten.

»Mein Bruder hat mir das zu sagen, was ich vermutete,«

sagte Winnetou. »Die Comanchen wollen nicht, was ich will.«

»So ist es leider,« antwortete der Alte.

»Der große Geist hat sie mit Taubheit geschlagen, um sie für das zu strafen, was sie taten; er will nicht, daß sie Gnade finden sollen. Aber welche Gründe geben sie an?«

»Sie glauben, noch siegen zu können.«

»Hast du ihnen gesagt, daß noch über fünfhundert Apachen gekommen sind; und wo diese sich jetzt befinden?«

»Auch das. Sie glaubten es nicht. Sie lachten mich vielmehr aus.«

»So sind sie dem Tode geweiht, denn ihre andern Krieger werden zu spät kommen.«

»Es treibt mir die Haare zu Berge, wenn ich denke, daß so viele Menschen in zwei oder drei Sekunden vom Erdboden vertilgt werden sollen!«

»Mein Bruder hat recht. Winnetou kennt weder Furcht noch Angst, aber der Rücken wird ihm kalt, wenn er daran denkt, daß er das Zeichen der Vernichtung geben soll. Ich brauche nur die flache Hand zu erheben, so krachen alle Schüsse. Ich werde noch ein Letztes versuchen. Vielleicht gibt der große Geist ihnen einen hellen Augenblick. Ich werde mich ihnen selbst zeigen, und mit ihnen reden. Meine Brüder mögen mich bis an die Barriere begleiten. Wenn auch meine Worte nicht gehört werden, so darf mir dann der große, gute Geist nicht zürnen, daß ich seinen Befehl ausrichte.«

Wir gingen mit ihm bis zu der angegebenen Stelle. Dort schwang er sich an dem Lasso empor und ging in aufrechter Haltung oben auf dem Pfade hin, so daß die Comanchen ihn sehen konnten. Er war noch nicht weit gekommen, so sahen wir Pfeile schwirren, die ihn aber nicht trafen, da sie zu kurz flogen. Ein Schuß krachte aus der Büchse des ›weißen Bibers‹, mit welcher der neue Häuptling der Comanchen auf Winnetou gezielt hatte. Dieser schritt so ruhig weiter, als ob er die Kugel, welche neben ihm an den Felsen geprallt war, gar nicht fürchte oder den Schuß überhaupt nicht gehört habe. Dann blieb er stehen und erhob seine Stimme. Er redete wohl fünf Minuten lang und zwar in lautem, eindringlichem Tone. Mitten in der Rede erhob er die Hand, und sofort sahen wir, daß alle Apachen, soweit unsere Augen reichten und also wohl weiter hin um das ganze Tal, vom Boden aufstanden, um sich den Comanchen zu zeigen. So mußten die Letzteren sehen, daß sie rundum von einer überlegenen Menge von Feinden eingeschlossen seien. Das war aufrichtig von Winnetou gehandelt, der letzte Versuch von ihm, sie zur Ergebung zu bewegen. Dann sprach er weiter. Da fuhr er plötzlich zu Boden nieder, so daß seine Gestalt verschwand, und zugleich krachte ein zweiter Schuß.

»Der Anführer der Comanchen hat abermals auf ihn geschossen. Das ist seine Antwort,« sagte Old Death. »Winnetou hat gesehen, daß er das Gewehr wieder lud, und sich in dem Augenblicke, als es auf ihn gerichtet wurde, niedergeworfen. Nun wird – – seht, seht!«

So schnell, wie Winnetou sich niedergeworfen hatte, so schnell fuhr er jetzt wieder empor. Er legte seine Silberbüchse an und drückte ab. Ein lautes Geheul der Comanchen beantwortete seinen Schuß.

»Er hat ihren Anführer niedergeschossen,« erklärte Old Death.

Jetzt erhob Winnetou abermals die Hand, indem er den Handteller flach, horizontal ausstreckte. Wir sahen alle Apachen, welche wir mit dem Blicke erreichen konnten, ihre Gewehre anlegen. Weit über vierhundert Schüsse krachten – – –

»Kommt, Mesch'schurs!« meinte der Alte. »Das wollen wir nicht mit ansehen. Das ist zu indianisch für meine alten Augen, obgleich ich sagen muß, daß die Comanchen es verdient haben. Winnetou hat alles Mögliche getan, es zu verhüten.«

Wir kehrten zu den Pferden zurück, wo der Alte das für ihn bestimmte besichtigte. Noch eine Salve hörten wir; dann ertönte das Siegesgeschrei der Apachen. Nach wenigen Minuten kehrte Winnetou zu uns zurück. Sein Angesicht war außerordentlich ernst, als er sagte:

»Es wird sich ein großes Klagen erheben in den Zelten der Comanchen, denn keiner ihrer Krieger kehrt zurück. Der große Geist hat es gewollt, daß unsere Toten gerächt werden sollen. Die Feinde wollten nicht anders, und so konnte ich auch nicht anders; aber mein Blick will nicht in dieses Tal des Todes zurückkehren. Was hier noch zu geschehen hat, werden meine Krieger tun; ich reite mit meinen weißen Brüdern sogleich fort.«

Eine halbe Stunde später brachen wir, mit allem Nötigen reichlich versehen, auf. Winnetou nahm noch zehn gut berittene Apachen mit. Wie froh war ich, diesen entsetzlichen Ort verlassen zu können!

Die Mapimi liegt im Gebiete der beiden mexikanischen Provinzen Chihuahua und Chohahuila, und ist eine sehr ausgedehnte Niederung des dortigen Plateaus, welches weit über elfhundert Meter über dem Meere liegt. Sie wird, außer im Norden, von allen Seiten von steilen Kalkfelsenzügen eingefaßt, welche durch zahlreiche Cannons von der eigentlichen Mapimi getrennt sind. Letztere besteht aus welligen, waldlosen Flächen, welche mit einem spärlichen, kurzen Graswuchse bedeckt sind, weite Sandunterbrechungen zeigen und nur selten ein Strauchwerk sehen lassen. Zuweilen steigt aus dieser wüsten Ebene ein einzelner Berg empor. Oefters ist der Boden durch tiefe, senkrecht abfallende Risse zerklüftet, was zu bedeutenden Umwegen nötigt. Aber wasserlos ist die Mapimi doch nicht so sehr, wie ich es mir gedacht hatte. Es gibt da Seen, welche in der heißen Jahreszeit zwar den größten Teil ihres Wassers einbüßen, aber doch so viel Luftfeuchtigkeit verbreiten, daß sich ein genügendes Pflanzenleben um ihre Ufer sammelt.

Nach einem dieser Seen, der Laguna de Santa Maria, war unser Ritt gerichtet. Er war ungefähr zehn deutsche Meilen von dem Tale entfernt, an welchem unser Ritt begonnen hatte, ein ganz tüchtiger Tagesmarsch nach einer schlaflos verbrachten Nacht. Wir ritten fast nur durch Schluchten, aus einer in die andere, in denen es keine Aussicht gab.

Wir sahen die Sonne den ganzen Tag fast nicht, und wenn

es geschah, doch nur für einige kurze Augenblicke. Dabei ging es bald rechts, bald links, zuweilen sogar scheinbar rückwärts, daß ich fast irre in der Hauptrichtung geworden wäre, welcher wir eigentlich folgten.

Es war gegen Abend, als wir an der Lagune anlangten. Der Boden war sandig. Bäume gab es an der Stelle, an welcher wir uns lagerten, auch nicht, nur Sträucher, deren Namen ich nicht kannte. Eine trübe Wasserfläche, von sehr spärlichem Buschwerk umgeben; dann eine Ebene, über welcher im Westen sich einige niedrige Kuppeln erhoben, hinter denen die Sonne bereits niedergegangen war. Hier oben aber hatten ihre Strahlen mit aller Macht wirken können. In den tiefen, engen, düsteren Cannons war es mir fast zu kühl geworden. Da oben aber strahlte der Boden nun eine Wärme aus, bei der man hätte Kuchen backen können. Dafür war die Nacht, als der Boden seine Wärme an die Luft abgegeben hatte, um so kälter, und gegen Morgen strich ein Wind über uns hin, welcher uns nötigte, uns dichter in unsere wollenen Decken zu hüllen.

Frühzeitig ging es weiter, zuerst gerade nach Westen. Bald aber nötigten uns die zahlreichen Cannons zu öfteren Umwegen. An so einem senkrechten Felsenriß hinab zu gelangen, wäre unmöglich, wenn nicht die Natur selbst ein Einsehen gehabt und einen halsbrecherischen, treppenartigen Abstieg gebildet hätte. Und ist man unten, so kann man nicht wieder heraus. Man muß durch zehn und mehr Haupt- und Seitenschluchten reiten, bevor man eine Stelle findet, an der man endlich zur Erdoberfläche gelangen kann, aber auch wieder nur mit Gefahr. Der Reiter hängt auf seinem Pferde an dem Felsen, über sich einen schmalen Strich des glühenden Himmels und unter sich die grausige Tiefe. Und in dieser Tiefe gibt es keinen Tropfen Wasser, nur Steingeröll und nichts als nacktes, trockenes, scharfes Steingeröll. Droben schweben die Geier, welche den Reisenden von früh bis zum Abende begleiten und sich, wenn er sich zur Ruhe legt, in geringer Entfernung von ihm niederlassen, um ihn vom Morgen an wieder zu begleiten und ihm mit ihrem schrillen, heiseren Schreien zu sagen, daß sie nur darauf warten, bis er vor Ermattung zusammenbreche oder infolge eines Fehltrittes seines Pferdes in die Tiefe des Cannons stürze. Höchstens sieht man einmal um irgend eine Felsenecke einen skelettmageren Schakal wie einen Schatten verschwinden, welcher dann hinter dem Reiter wieder auftaucht, um ihm heißhungrig nachzutrotteln, auf dieselbe Mahlzeit wartend wie der Geier.

Am Mittage hatten wir wiederum ein schlimmes Gewirr von Cannons hinter uns und ritten im Galoppe über eine grasige Ebene. Auf derselben stießen wir auf eine Spur von über zehn Reitern, welche in spitzem Winkel mit der unserigen von rechts her kam. Winnetou behauptete, daß es die gesuchte sei. Er zeigte uns sogar die Spuren der beschlagenen Pferde der Weißen und der barfüßigen der beiden Apachen, die jenen von Winnetou als Führer mitgegeben worden waren. Auch Old Death war der Ansicht, es sei gar nicht zu bezweifeln, daß wir uns auf der richtigen Fährte befänden. Leider stellte sich heraus, daß Gibson einen Vorsprung von wenigstens sechs Stunden vor uns hatte. Seine Truppe mußte die ganze Nacht hindurch geritten sein, jedenfalls in der Voraussetzung, daß wir sie verfolgen würden.

Gegen Abend blieb Old Death, welcher voran ritt, halten, und ließ uns, die wir etwas zurückgeblieben waren, herankommen. Da, wo er hielt, stieß von Süden her eine neue Fährte zu der bisherigen, ebenfalls von Reitern, und zwar zwischen dreißig und vierzig. Sie waren einzeln hintereinander geritten, was die Bestimmung ihrer Anzahl sehr erschwerte. Dieses Im-Gänsemarsch-Reiten, und der Umstand, daß ihre Pferde nicht beschlagen waren, ließen vermuten, daß sie Indianer seien. Sie waren nach links in unsere Richtung eingebogen, und aus dem fast ganz gleichen Alter der beiden Fährten war zu vermuten, daß sie später mit den Weißen zusammengetroffen seien. Old Death brummte mißmutig etwas vor sich hin. Er meinte:

»Was für Rote mögen es gewesen sein? Apachen sicherlich

nicht. Wir haben keineswegs Freundliches von ihnen zu erwarten.«

»Mein weißer Bruder hat recht,« stimmte Winnetou bei. »Apachen sind jetzt nicht hier und außer ihnen gibt es in diesem Tale der Mapimi nur noch feindliche Horden. Wir haben uns also in acht zu nehmen.«

Wir ritten weiter und erreichten bald die Stelle, an welcher die Roten mit den Weißen zusammengetroffen waren. Beide Trupps hatten hier gehalten und miteinander verhandelt. Jedenfalls war das Ergebnis für die Weißen ein günstiges gewesen, denn sie hatten sich in den Schutz der Roten begeben. Ihre bisherigen Führer, die beiden Apachen, welche wir erst als Topias kennen gelernt hatten, waren von ihnen verabschiedet worden. Die Spuren dieser beiden Reiter trennten sich hier von den übrigen.

Nach einer Weile erreichten wir einen Höhenzug, der mit Gras und Gestrüpp bewachsen war. Von demselben kam, hier eine Seltenheit, ein dünnes Bächlein herabgeflossen. Da hatten die von uns Verfolgten gehalten, um ihre Pferde zu tränken. Die Ufer des Baches waren vollständig strauchlos, so daß man den Lauf desselben sehr weit verfolgen konnte. Er floß nach Nordwest. Old Death stand da, beschattete mit der Hand seine Augen und blickte in der soeben angegebenen Richtung. Nach dem Grunde befragt, antwortete er:

»Ich sehe weit vor uns zwei Punkte. Ich kalkuliere, daß es Wölfe sind. Aber was haben die Bestien dort zu sitzen? Ich denke, wenn es wirklich welche wären, so würden sie vor uns davongelaufen sein, denn kein Tier ist so feig, wie diese Prairiewölfe.«

»Meine Brüder mögen schweigen. Ich hörte etwas,« sagte Winnetou.

Wir vermieden alles Geräusch, und wirklich, da klang von dort her, wo sich die beiden Punkte befanden, ein schwacher Ruf zu uns herüber.

»Das ist ein Mensch!« rief Old Death. »Wir wollen hin.«

Er stieg auf und wir mit ihm. Als wir uns der Stelle näherten, erhoben sich die beiden Tiere und trollten davon. Sie hatten am Ufer des Baches gesessen, und mitten im Bache erblickten wir einen unbedeckten menschlichen Kopf, welcher aus dem Wasser sah. Das Gesicht wimmelte vor Mücken, welche in den Augen, den Ohren, in der Nase und zwischen den Lippen saßen.

»Um Gottes willen, rettet mich, Sennores!« stöhnte es aus dem Munde. »Ich kann es nicht länger aushalten.«

Wir warfen uns natürlich sofort von den Pferden.

»Was ist's mit Euch?« fragte Old Death in spanischer Sprache, da der Mann sich derselben bedient hatte. »Wie seid Ihr denn in das Wasser geraten? Warum kommt Ihr nicht heraus? Es ist ja kaum zwei Fuß tief!«

»Man hat mich hier eingegraben.«

»Warum? Alle Teufel! Einen Menschen eingraben! Wer hat es getan?«

»Indianer und Weiße.«

Wir hatten gar nicht darauf geachtet, daß von dem Tränkplatze mehrere Fußspuren bis hierher führten.

»Dieser Mann muß schleunigst heraus. Kommt, Mesch'schurs! Wir graben ihn aus, und da wir keine Werkzeuge haben, so nehmen wir unsere Hände.«

»Der Spaten liegt hinter mir im Wasser. Sie haben ihn mit Sand zugedeckt,« sagte der Mann.

»Ein Spaten? Wie kommt denn Ihr zu so einem Werkzeuge?«

»Ich bin Gambusino[1]. Wir haben stets Hacke und Spaten bei uns.«

Der Spaten wurde gefunden, und nun traten wir in das Wasser und gingen an die Arbeit. Das Bett des Baches bestand aus leichtem, tiefem Sande, welcher sich unschwer ausgraben ließ. Wir sahen jetzt erst, daß hinter dem Manne eine Lanze eingestoßen worden war, an welche man ihm den Hals in der Weise festgebunden hatte, daß er den Kopf nicht nach vorn beugen konnte. So befand sich sein Mund nur drei Zoll

[1] Goldsucher. Ueberhaupt einer, welcher auf die Entdeckung von Fundorten edler Metalle ausgeht.

über dem Wasser, ohne daß es ihm möglich gewesen wäre, einen einzigen Schluck zu trinken. Außerdem hatte man ihm das Gesicht mit frischem, blutigem Fleische eingerieben, um Insekten anzulocken, die ihn peinigen sollten. Er hatte sich nicht aus seiner Situation befreien können, weil ihm die Hände auf den Rücken und die Füße zusammengebunden worden waren. Das Loch, welches man für ihn gegraben hatte, war zwei Ellen tief. Als wir ihn endlich aus demselben hoben und von den Fesseln befreiten, sank er in Ohnmacht. Kein Wunder, denn man hatte ihn von allen Kleidungsstükken entblößt und seinen Rücken blutrünstig geschlagen.

Der arme Mensch kam bald wieder zu sich. Er wurde nach der Stelle getragen, an welcher wir auf den Bach getroffen waren, weil dort gelagert werden sollte. Der Mann bekam zunächst zu essen. Dann holte ich mein Reservehemde aus der Satteltasche, damit er verbunden werden könne. Nun erst war er im stande, uns die erwünschte Auskunft zu geben.

»Ich bin als Gambusino zuletzt in einer Bonanza[1] tätig gewesen,« sagte er, »welche eine Tagreise von hier zwischen den Bergen liegt. Ich hatte da einen Kameraden, einen Yankee, namens Harton, welcher – –«

»Harton?« unterbrach ihn Old Death schnell. »Wie ist sein Vorname?«

»Fred.«

»Wißt Ihr, wo er geboren wurde und wie alt er ist?«

»In New York ist er geboren und vielleicht sechzig Jahre alt.«

»Wurde davon gesprochen, daß er Familie hat?«

»Seine Frau ist gestorben. Er hat einen Sohn, welcher in Frisco irgend ein Handwerk treibt, welches, das weiß ich nicht. Ist Euch der Mann bekannt?«

Old Death hatte seine Fragen in ungemein heftiger Weise ausgesprochen. Seine Augen leuchteten und seine tief eingesunkenen Wangen glühten. Jetzt gab er sich Mühe, ruhig zu erscheinen, und antwortete in gemäßigtem Tone:

[1] Fundort von Gold oder Silber.

»Hab' ihn früher einmal gesehen. Soll sich in sehr guten Verhältnissen befunden haben. Hat er Euch nichts davon erzählt?«

»Ja. Er war der Sohn anständiger Eltern und wurde Kaufmann. Er brachte es nach und nach zu einem guten Geschäfte, aber er hatte einen mißratenen Bruder, der sich wie ein Blutegel an ihn hing und ihn aussaugte.«

»Habt Ihr erfahren, wie dieser Bruder hieß?«

»Ja. Sein Vorname war Henry.«

»Stimmt. Hoffentlich gelingt es mir, Euern Harton einmal zu sehen!«

»Schwerlich. Er wird am längsten gelebt haben, denn die Halunken, welche mich eingruben, haben ihn mit sich genommen.«

Old Death machte eine Bewegung, als ob er aufspringen wolle, doch gelang es ihm, sich zu beherrschen und in ruhigem Tone zu fragen:

»Wie ist denn das gekommen?«

»So, wie ich es erzählen wollte, bevor ich von Euch unterbrochen wurde. Harton war also Kaufmann, wurde aber von seinem Bruder um sein ganzes Vermögen betrogen. Mir scheint, er liebt noch heute jenen gewissenlosen Buben, der ihn um alles brachte. Nachdem er verarmt war, trieb er sich lange Zeit als Digger in den Placers herum, hatte aber niemals Glück. Dann wurde er Vaquero, kurz, alles mögliche, aber immer ohne Erfolg, bis er zuletzt unter die Gambusinos ging. Aber zum Abenteurer hat er das Zeug nicht. Als Gambusino ist es ihm noch viel schlechter ergangen als vorher.«

»So hätte er keiner werden sollen!«

»Ihr habt gut reden, Sennor. Millionen Menschen werden das nicht, wozu sie Geschick hätten, sondern das, wozu sie am allerwenigsten taugen. Vielleicht hatte er einen heimlichen Grund, unter die Gambusinos zu gehen. Sein Bruder ist nämlich einer gewesen, und zwar ein sehr glücklicher. Vielleicht hoffte er, ihn in dieser Weise einmal zu treffen.«

»Das ist Widerspruch. Dieser liederliche Bruder soll ein glücklicher Gambusino gewesen sein und doch seinen Bruder um das ganze Vermögen betrogen haben? Ein glücklicher Gambusino hat doch das Geld in Hülle und Fülle.«

»Ja, aber wenn er es schneller verpraßt, als er es findet oder verdient, so ist es eben alle. Er war im höchsten Grade ein Verschwender! Zuletzt kam Harton nach Chihuahua, wo er sich von meinem Prinzipal engagieren ließ. Hier lernte ich ihn kennen und lieb gewinnen. Das ist eine große Seltenheit, denn es läßt sich leicht denken, daß die Gambusinos im höchsten Grade eifersüchtig gegen und neidisch auf einander sind. Von dieser Zeit an sind wir miteinander auf Entdeckungen ausgegangen.«

»Wie heißt denn Euer Herr?«

»Davis.«

»Wetter! – Hört mal, Sennor, sprecht Ihr auch englisch?«

»So gut wie spanisch.«

»So habt die Güte, englisch zu reden, denn hier sitzen zwei, welche das Spanische nicht verstehen und sich doch außerordentlich für Eure Erzählung interessieren werden.«

Er deutete auf die beiden Langes.

»Warum interessieren?« fragte der Gambusino.

»Das werdet Ihr sofort erfahren. Hört, Master Lange, dieser Mann ist ein Goldsucher und steht im Dienste eines gewissen Davis in Chihuahua.«

»Was? Davis?« fuhr Lange auf. »Das ist ja der Prinzipal meines Schwiegersohnes!«

»Nur nicht so schnell, Sir! Es kann ja mehrere Davis geben.«

»Wenn dieser Master den Davis meint, welcher das einträgliche Geschäft betreibt, Gold- und Silberminen zu kaufen, so gibt es nur einen einzigen dieses Namens,« erklärte der Gambusino.

»So ist er es!« rief Lange. »Kennt Ihr den Herrn, Sir?«

»Natürlich! Ich stehe ja in seinem Dienste.«

»Und auch meinen Schwiegersohn?«

»Wer ist das?«

»Ein Deutscher, namens Uhlmann. Er hat in Freiberg studiert.«

»Das stimmt. Er ist Bergwerksdirektor geworden mit höchst ansehnlichen Tantiemen. Und seit einigen Monaten steht die Sache gar so, daß er nächstens Compagnon sein wird. Ihr seid also sein Schwiegervater?«

»Natürlich! Seine Frau, die Agnes, ist meine Tochter.«

»Wir nennen sie Sennora Ines. Sie ist uns allen wohl bekannt, Sir! Ich habe gehört, daß ihre Eltern in Missouri wohnen. Wollt Ihr sie besuchen?«

Lange bejahte.

»So braucht Ihr gar nicht nach Chihuahua zu gehen, sondern nach der Bonanza, von welcher ich vorhin gesprochen habe. Habt Ihr denn noch nicht von ihr gehört? Sie gehört ja Eurem Schwiegersohne! Er machte jüngst einen Erholungsritt in die Berge und hat dabei ein Goldlager entdeckt, wie man es hier noch nicht gefunden hat. Sennor Davis hat ihm die Arbeitskräfte gegeben, es sofort auszubeuten. Jetzt wird fleißig geschafft, und die Funde sind derart, daß zu vermuten steht, Sennor Davis werde Sennor Uhlmann die Compagnonschaft antragen, was für beide von größtem Vorteile wäre.«

»Was Ihr da sagt! – Will, hörst du es?«

Diese Frage galt seinem Sohne. Dieser antwortete nicht. Er schluchzte leise vor sich hin; es waren Freudentränen, welche er weinte.

Natürlich freuten auch wir Andern uns außerordentlich über das Glück unserer beiden Gefährten. Old Death zog allerlei Grimassen, welche ich nicht verstehen konnte, obgleich ich sonst die Bedeutung derselben ziemlich genau kannte.

Es währte eine Weile, bevor die Aufregung über die Nachricht, daß Langes Schwiegersohn eine Bonanza entdeckt habe, sich legte. Dann konnte der Gambusino fortfahren:

»Ich half Harton mit, den Betrieb der Bonanza einzurichten. Dann brachen wir auf, um die Mapimi zu durchsuchen. Wir ritten drei Tage lang in dieser Gegend herum, fanden aber kein Anzeichen, daß Gold vorhanden sei. Heute vormittags rasteten wir hier am Bache. Wir hatten während der Nacht fast gar nicht geschlafen und waren ermüdet. Wir schliefen somit ein, ohne es zu beabsichtigen. Als wir erwachten, waren wir von einer großen Schar weißer und roter Reiter umgeben.«

»Was für Indianer waren es?«

»Tschimarra, vierzig an der Zahl, und zehn Weiße.«

»Tschimarra! Das sind noch die tapfersten von allen diesen Schelmen. Und sie machten sich an euch zwei arme Teufel? Warum? Leben sie denn in Feindschaft mit den Weißen?«

»Man weiß nie, wie man mit ihnen daran ist. Sie sind weder Freunde noch Feinde. Zwar hüten sie sich sehr wohl, in offene Feindschaft auszubrechen, denn dazu sind sie zu schwach, aber sie stellen sich auch niemals zu uns in ein wirklich gutes Verhältnis, dem man Vertrauen schenken könnte. Und das ist gefährlicher als eine ausgesprochene Feindschaft, da man niemals weiß, wie man sich zu verhalten hat.«

»So möchte ich den Grund wissen, euch so zu behandeln. Habt ihr sie beleidigt?«

»Nicht im geringsten. Aber Sennor Davis hatte uns sehr gut ausgerüstet. Jeder hatte zwei Pferde, gute Waffen, Munition, Proviant, Werkzeuge und alles, dessen man zu einem längeren Aufenthalte in einer so öden Gegend bedarf.«

»Hm! Das ist freilich für solches Volk mehr als genug.«

»Sie hatten uns umringt und fragten uns, wer wir seien und was wir hier wollten. Als wir ihnen der Wahrheit gemäß antworteten, taten sie äußerst ergrimmt und behaupteten, die Mapimi gehöre ihnen samt allem, was sich auf und in derselben befinde. Darauf hin verlangten sie die Auslieferung unserer Habseligkeiten.«

»Und ihr gabt sie hin?«

»Ich nicht. Harton war klüger als ich, denn er legte alles ab, was er besaß; ich aber griff zur Büchse, nicht um zu schießen, denn das wäre bei ihrer Uebermacht die reine Tollheit gewesen, sondern nur um sie einzuschüchtern. Ich wurde augenblicklich überwältigt, niedergerissen und bis auf die Haut ausgeraubt. Die Weißen kamen uns nicht zu Hilfe! Aber sie stellten Fragen an uns. Ich wollte nicht antworten und wurde deshalb mit den Lassos gepeitscht. Harton war abermals klüger als ich. Er konnte nicht wissen, was sie beabsichtigten oder beschließen würden. Er sagte ihnen alles, auch das von der neuen Bonanza Sennor Uhlmanns. Da horchten sie auf. Er mußte sie ihnen beschreiben. Ich fiel ihm in die Rede, damit er es verschweigen solle. Er merkte nun doch, daß ihnen nicht zu trauen sei, und gab weiter keine Auskunft. Dafür wurde ich gefesselt und hier eingegraben. Harton aber erhielt so lange Hiebe, bis er Alles sagte. Und da sie glaubten, daß er sie doch vielleicht falsch berichtet habe, so nahmen sie ihn mit und drohten ihm mit dem qualvollsten Tode, wenn er sie nicht bis morgen abend zur Bonanza geführt habe.«

Das Gesicht, welches Old Death jetzt machte, hatte ich bei ihm noch nicht gesehen, obgleich er von mir in allen möglichen Seelenstimmungen beobachtet worden war. Es lag ein Zug finsterster, wildester, unerbittlicher Entschlossenheit auf demselben. Er hatte das Aussehen eines Mörders, welcher sich vornimmt, um keinen Preis Nachsicht mit seinem Opfer zu haben. Seine Stimme klang fast heiser, als er fragte:

»Und glaubt Ihr, daß sie von hier aus nach der Bonanza sind?«

»Ja. Sie wollen die Bonanza überfallen und ausrauben. Es sind dort große Vorräte an Munition, Proviant und sonstigen Gegenständen, welche für einen Spitzbuben großen Wert haben. Auch Silber gibt es da in Menge.«

»Alle Teufel! Sie werden teilen wollen. Die Weißen nehmen das Metall und die Roten das Andere. Wie weit ist es bis dahin?«

»Ein tüchtiger Tagesritt, so daß sie morgen abend dort ankommen können, wenn Harton nicht den Rat befolgt, welchen ich ihm gab.«

»Welchen?«

»Er solle sie einen Umweg führen. Ich dachte, daß doch vielleicht jemand des Weges kommen könne, um mich zu erlösen. In diesem Falle wollte ich ihn bitten, schleunigst nach der Bonanza zu reiten, um die Leute dort zu warnen. Ich selbst hätte freilich nicht mitreiten können, denn ich hatte kein Pferd.«

Der Alte blickte eine kurze Weile sinnend vor sich nieder. Dann sagte er:

»Ich möchte am allerliebsten augenblicklich fort. Wenn man jetzt aufbricht, kann man der Fährte dieser Schufte folgen, aber auch nur, bis es dunkel ist. Könnt Ihr mir dann nicht den Weg so genau beschreiben, daß ich ihn des Nachts finde?«

Der Mann verneinte und warnte entschieden vor einem nächtlichen Ritt. Old Death beschloß also, bis zum nächsten Morgen zu warten.

»Wir sechzehn,« fuhr er fort, »haben es mit vierzig Roten und zehn Weißen zu tun, macht zusammen fünfzig; da meine ich nicht, daß wir uns fürchten müssen. Wie waren denn die Tschimarra bewaffnet?«

»Nur mit Lanzen, Pfeil und Bogen. Nun aber haben sie uns unsere beiden Gewehre und Revolver abgenommen,« antwortete der Gambusino.

»Das tut nichts, da sie nicht verstehen, mit solchen Waffen umzugehen. Uebrigens werden wir uns alle Umstände zu nutze machen. Dazu ist es nötig, zu erfahren, wo und wie die Bonanza liegt. Ihr sagtet, sie sei nur durch einen Zufall zu finden. Das begreife ich nicht. Bei einer Bonanza gibt es wahrscheinlich Wasser. Dieses fließt in einer Schlucht, einem Cannon, und das ist doch in dieser offenen, baumlosen Gegend zu finden. Beschreibt mir den Ort einmal!«

»Denkt Euch eine tief in den Wald eingeschnittene Schlucht, welche sich in ihrer Mitte erweitert und rund von steilen Kalkfelsen eingeschlossen ist. Diese Kalkfelsen sind ungeheuer reich an Silber-, Kupfer- und Bleilagern. Der Hochwald tritt von allen Seiten bis an die Kante dieser Schlucht heran und sendet sogar Bäume und Sträucher an den Wänden derselben herab. Im Hintergrunde entspringt ein Wasser, welches gleich stark und voll wie ein Bach aus der Erde tritt. Die Schlucht oder vielmehr dieses Tal ist fast zwei englische Meilen lang. Aber trotz dieser bedeutenden Länge gibt es nirgends eine Stelle, an welcher man von oben herniedersteigen könnte. Der einzige Ein- und Ausgang ist da, wo das Wasser aus dem Tale tritt. Und dort schieben sich die Felsen so eng zusammen, daß neben dem Wasser nur Raum für drei Männer oder zwei Reiter bleibt.«

»So ist der Ort doch ungemein leicht gegen einen Ueberfall zu verteidigen!«

»Gewiß. Einen zweiten Eingang gibt es nicht, wenigstens nicht für Leute, welche nicht zu den jetzigen Bewohnern des Tales gehören. In der Mitte des Tales wird gearbeitet. Da war es beschwerlich, in gebotenen Fällen stets eine halbe Stunde weit zu gehen, um aus dem Tale zu kommen. Darum hat Sennor Uhlmann einen Aufstieg errichten lassen, welcher an einer geeigneten Stelle angebracht wurde. Dort steigt der Fels nicht senkrecht, sondern stufenweise empor. Der Sennor ließ Bäume fällen und auf die verschiedenen Absätze so herabstürzen, daß sie gegen die Felsen gelehnt liegen blieben. Dadurch wurde eine von oben bis ganz herab gehende Masse von Stämmen, Aesten und Zweigen gebildet, unter deren Schirm man Stufen einhaute. Kein Fremder kann dieselben sehen.«

»Oho! Ich mache mich anheischig, diese famose Treppe sofort zu entdecken. Ihr selbst habt Euch verraten durch das Fällen der Bäume. Wo Bäume künstlich entfernt worden sind, da müssen sich Menschen befinden oder befunden haben.«

»Wenn Ihr an die betreffende Stelle kommt, so ahnt Ihr gar nicht, daß die Bäume da künstlich mit Hilfe von Seilen, Lassos und unter großer Anstrengung, ja sogar Lebensgefahr hinabgelassen worden sind. Versteht mich wohl! Sie sind nicht im gewöhnlichen Sinne gefällt worden. Kein Stumpf ist zu sehen. Sennor Uhlmann hat sie entwurzeln lassen, so daß sie sich langsam nach der Schlucht neigten und ihren ganzen Wurzelballen aus der Erde hoben. Ueber dreißig Mann haben dann an den Seilen gehalten, damit der Baum nicht zur Tiefe schmetterte, sondern langsam niederglitt und auf dem Felsenabsatze festen Halt bekam.«

»So viele Arbeiter hat er?«

»Jetzt fast vierzig.«

»Nun, so brauchen wir wegen des Ueberfalles gar keine Sorge zu haben. Wie hat er denn die Verbindung mit der Außenwelt organisiert?«

»Durch Maultierzüge, welche alle zwei Wochen ankommen, um das Tal mit allem Notwendigen zu versorgen und die Erze fortzuschaffen.«

»Läßt der Sennor den Eingang bewachen?«

»Des Nachts, wenn alles schläft. Uebrigens streift ein Jäger, den er zu diesem Zwecke engagiert hat, während des ganzen Tages in der Gegend umher, um die Gesellschaft mit Wildbret zu versorgen. Diesem kann nichts entgehen.«

»Hat Uhlmann Gebäude anlegen lassen?«

»Gebäude nicht. Er wohnt in einem großen Zelte, in welchem sich Alle nach der Arbeit versammeln. Ein Nebenzelt bildet den Vorratsraum. Beide stoßen an die Wand des Tales. Und im Halbkreise um dieselben sind einstweilen aus Aesten und dergleichen Hütten errichtet, in denen die Arbeiter kampieren.«

»Aber ein Fremder oben auf der Talkante kann die hellen Zelte sehen!«

»Nein, denn sie sind von dichten Baumkronen überdacht und nicht mit weißem Zeltleinen, sondern mit dunklem Gummistoffe überzogen.«

»Das will ich eher gelten lassen. Wie steht es mit der Bewaffnung?«

»Vorzüglich. Jeder der Arbeiter hat sein Doppelgewehr nebst Messer und Revolver.«

»Nun, so mögen die lieben Tschimarra immerhin kommen. Freilich ist dazu erforderlich, daß wir eher eintreffen als sie. Wir müssen unsere Pferde morgen anstrengen. Nun aber wollen wir versuchen, den Schlaf zu finden. In Anbetracht dessen, was uns morgen erwartet, müssen wir gut ausgeruht sein und unsere Pferde auch.«

Mir wollte die erwartete Ruhe nicht kommen, obgleich ich während der vorigen Nacht keinen Augenblick hatte schlafen können. Der Gedanke, morgen Gibson zu erwischen, regte mich auf. Und Old Death schlief auch nicht. Er wendete sich wiederholt von einer Seite auf die andere. Das war ich an ihm gar nicht gewöhnt. Ich hörte ihn seufzen, und zuweilen murmelte er leise Worte vor sich hin, welche ich nicht verstehen konnte, obgleich ich neben ihm lag. Es gab irgend etwas, was ihm das Herz schwer machte. Sein Benehmen, als auf den Gambusino Harton die Rede gekommen war, war mir aufgefallen, doch war dasselbe dadurch erklärt, daß er diesen Mann kannte. Sollte er zu ihm in noch anderer Beziehung als nur derjenigen eines bloßen Bekannten stehen?

Als wir ungefähr drei Stunden gelegen hatten, bemerkte ich, daß er sich aufrichtete. Er lauschte auf unsern Atem, um sich zu überzeugen, daß wir schliefen. Dann stand er auf und entfernte sich längs des Baches. Der Wachtposten, ein Indianer, hinderte ihn natürlich nicht daran. Ich wartete. Es verging eine Viertelstunde, noch eine, eine dritte, und der Alte kehrte nicht zurück. Dann stand ich auf und schritt ihm nach.

Er war weit fortgegangen. Erst nach zehn Minuten erblickte ich ihn. Er stand am Bache und starrte in den Mond, mit dem Rücken nach mir gewendet. Ich gab mir keine Mühe, leise aufzutreten, doch dämpfte das Gras meine Schritte. Dennoch hätte er sie hören müssen, wenn ihn seine Gedanken nicht allzusehr in Anspruch genommen hätten. Erst als ich fast hinter ihm stand, fuhr er herum. Er riß den Revolver aus dem Gürtel und fuhr mich an:

»Alle Teufel! Wer seid Ihr? Was schleicht Ihr Euch hier herum? Wollt Ihr eine Kugel von mir ha – – –«

Er hielt inne. Er mußte geistig sehr weit abwesend gewesen sein, da er mich erst jetzt erkannte.

»Ah, Ihr seid es!« fuhr er fort. »Hätte Euch fast eine Kugel gegeben, denn ich hielt Euch wahrhaftig für einen Fremden. Warum schlaft Ihr denn nicht?«

»Weil mir der Gedanke an Gibson und Ohlert keine Ruhe gibt.«

»So? Glaube es. Na, morgen kommen beide endlich in unsere Hände, oder ich will nicht Old Death heißen. Kann ihnen nicht länger nachlaufen, denn ich muß in der Bonanza bleiben.«

»Ihr! Weshalb? Handelt es sich um ein Geheimnis?«

»Ja.«

»Nun, so will ich nicht in Euch dringen und Euch auch nicht länger stören. Ich hörte Euer Seufzen und Murmeln und dachte, daß ich teilnehmen könne an irgend einem Herzeleid, welches nicht von Euch lassen will. Gute Nacht, Sir!«

Ich wendete mich zum Gehen. Er ließ mich eine kleine Strecke fort, dann hörte ich:

»Master, lauft nicht fort. Es ist wahr, was Ihr von dem Herzeleid denkt; es liegt mir schwer auf der Seele und will nicht heraus. Ich habe Euch kennen gelernt als einen verschwiegenen und gutherzigen Kerl, der mit mir wohl nicht allzu streng ins Gericht gehen will. Darum sollt Ihr jetzt einmal hören, was mich drückt. Alles brauche ich nicht zu sagen, nur Einiges; das Uebrige werdet Ihr Euch leicht dazu denken können.«

Er nahm meinen Arm unter den seinigen und schritt langsam mit mir am Bache hin.

»Was habt Ihr denn eigentlich für eine Ansicht von mir?« fragte er dann plötzlich. »Was denkt Ihr von meinem Charakter, von – von – na, von dem moralischen Old Death?«

»Ihr seid ein Ehrenmann; darum liebe und achte ich Euch.«

»Hm! Habt Ihr einmal ein Verbrechen begangen?«

»Hm!« brummte nun auch ich. »Die Eltern und Lehrer geärgert. Dem Nachbar durch den Zaun in den Obstgarten gekrochen. Andere Buben, welche nicht meiner Meinung waren, weidlich durchgewalkt, und so weiter!«

»Schwatzt nicht dummes Zeug! Ich spreche von wirklichen Verbrechen, kriminell strafbar.«

»Auf so etwas kann ich mich freilich nicht besinnen.«

»Dann seid Ihr ein außerordentlich glücklicher Mensch, Sir. Ich beneide Euch; es ist eine Strafe, ein böses Gewissen zu haben! Kein Galgen und kein Zuchthaus reicht da hinan!«

Er sagte das in einem Tone, welcher mich tief erschütterte.

Ja, dieser Mann schleppte das Andenken eines schweren Verbrechens mit sich herum, sonst hätte er nicht in diesem entsetzlichen Tone sprechen können. Ich sagte nichts. Es verging eine Weile, bis er fortfuhr:

»Master, vergeßt das nicht: Es gibt eine göttliche Gerechtigkeit, gegen welche die weltliche das reine Kinderspiel ist. Das ewige Gericht sitzt im Gewissen und donnert einem bei Tag und bei Nacht den Urteilsspruch zu. Es muß heraus; ich muß es Euch sagen. Und warum grad Euch? Weil ich trotz Eurer Jugend ein großes Vertrauen zu Euch habe. Und weil es mir in meinem Innern ganz so ist, als ob morgen etwas passieren werde, was den alten Scout verhindern wird, seine Sünden zu bekennen.«

»Seid Ihr des Kuckucks, Sir? Ihr habt doch nicht etwa gar eine Todesahnung?«

»Ja, die habe ich,« nickte er. »Ihr habt gehört, was der Gambusino vorhin von dem Kaufmanne Harton erzählte. – Was haltet Ihr von dem Bruder dieses Mannes?«

Jetzt ahnte ich das Richtige; darum antwortete ich in mildem Tone:

»Er war jedenfalls leichtsinnig.«

»*Pshaw!* Damit wollt Ihr wohl ein mildes Urteil sprechen? Ich sage Euch, der Leichtsinnige ist viel gefährlicher als der wirklich boshaft Schlechte. Der Schlechte kennzeichnet sich bereits von weitem; der Leichtsinnige ist aber meist ein liebenswürdiger Kerl; darum ist er gemeingefährlicher als der Erstere. Tausend Schlechte können gebessert werden, denn die Schlechtigkeit hat Charakter, bei welchem die Zucht anzufassen vermag. Unter tausend Leichtsinnigen aber kann kaum einer gebessert werden, denn der Leichtsinn hat keinen Halt, keine feste Handhabe, an welcher er zu fassen und auf bessere Wege zu bringen ist. Eigentlich schlecht bin ich nie gewesen, aber leichtsinnig, bodenlos leichtsinnig, denn jener Henry Harton, der seinen Bruder um alles, alles brachte, der war – ich, ich, ich!«

»Aber, Sir, Ihr habt mir einen andern Namen genannt!«

»Ganz natürlich! Ich nenne mich anders, weil ich den Namen, den ich trug, entehrt habe. Kein Verbrecher spricht gern von dem, an dem er sich versündigt hat. Könnt Ihr Euch besinnen, was ich Euch noch in New-Orleans sagte, nämlich, daß meine brave Mutter mich auf den Weg zum Glück gesetzt, ich aber dasselbe auf einem ganz andern Weg gesucht habe?«

»Ich erinnere mich.«

»So will ich nicht viele Worte machen. Meine sterbende Mutter zeigte mir den Weg der Tugend, ich aber wandelte denjenigen des Leichtsinnes. Ich wollte reich werden, wollte Millionen besitzen. Ich spekulierte ohne Verstand und verlor mein väterliches Erbteil und meine kaufmännische Ehre. Da ging ich in die Diggins. Ich war glücklich und fand Gold in Menge. Ich verschleuderte es ebenso schnell, wie ich es erworben hatte, denn ich wurde leidenschaftlicher Spieler. Ich plagte mich monatelang in den Diggins ab, um das Gewonnene auf eine einzige Nummer zu setzen und in fünf Minuten zu verspielen. Das genügte mir nicht. Die Placers ergaben keine solche Summen, wie ich haben wollte. Hunderttausend Dollars wollte ich verrückter Kerl setzen, um die Bank und dann alle übrigen Banken zu sprengen. Ich ging nach Mexiko und wurde Gambusino und hatte geradezu empörendes Glück, aber ich verspielte alles. Dieses Leben richtete mich körperlich zugrunde. Dazu kam, daß ich Opiumraucher geworden war. Ich war vordem ein starker, muskulöser Kerl, ein Riese. Ich kam herab bis auf den Lumpen. Ich konnte nicht mehr weiter. Kein Mensch wollte mich mehr ansehen, aber alle Hunde bellten mich an. Da begegnete ich meinem Bruder, welcher ein Geschäft in Frisco hatte. Er erkannte mich trotz meiner gegenwärtigen Erbärmlichkeit und nahm mich mit in sein Haus. Hätte er es doch nicht getan! Hätte er mich verderben lassen! Alles Unglück wäre ihm und mir aller Gewissensjammer erspart geblieben!«

Er schwieg eine Weile. Ich sah, wie seine Brust arbeitete, und fühlte herzliches Mitleid mit ihm.

»Ich war gezwungen, gut zu tun,« fuhr er dann fort. »Mein Bruder glaubte, ich sei vollständig gebessert, und gab mir eine Anstellung in seinem Geschäfte. Aber der Spielteufel schlummerte bloß, und als er erwachte, nahm er mich fester in seine Krallen als zuvor. Ich griff die Kasse an, um das Glück zu zwingen. Ich gab falsche Wechsel aus, um das Geld dem Moloch des Spieles zu opfern. Ich verlor, verlor und verlor, bis keine Rettung mehr möglich war. Da verschwand ich. Der Bruder bezahlte die gefälschten Wechsel und wurde dadurch zum Bettler. Auch er verschwand mit seinem kleinen Knaben, nachdem er sein Weib begraben hatte, welche aus Schreck und Herzeleid gestorben war. Das erfuhr ich freilich erst nach Jahren, als ich mich einmal wieder nach Frisco wagte. Der Eindruck dieser Kunde warf mich auf bessere Wege. Ich hatte wieder als Gambusino gearbeitet und war glücklich gewesen. Ich kam, um Schadenersatz zu leisten, und nun war der Bruder verschwunden. Von da an habe ich ihn gesucht allüberall, ihn aber nicht gefunden. Dieses ruhelose Wanderleben bildete mich aus zum Scout. Ich bin auch vielen in moralischer Beziehung ein Scout geworden. Das Spiel habe ich gelassen, aber das Opium nicht. Ich bin nicht mehr Raucher, sondern Opiumesser. Ich mische das Gift in den Kautabak und genieße es jetzt nur noch in verschwindend kleinen Gaben. So, da habt Ihr mein Bekenntnis. Nun speit mich an, und tretet mich mit den Füßen; ich habe nichts dagegen, denn ich habe es verdient!«

Er ließ meinen Arm los, setzte sich in das Gras nieder, stemmte die Ellbogen auf die Kniee und legte das Gesicht in die Hände. So saß er lange, lange Zeit, ohne einen Laut hören zu lassen. Ich stand dabei mit Gefühlen, welche sich gar nicht beschreiben lassen. Endlich sprang er wieder auf, stierte mich mit geisterhaftem Blicke an und fragte:

»Ihr steht noch hier? Graut es Euch denn nicht vor diesem elenden Menschen?«

»Grauen? Nein. Ihr tut mir herzlich leid, Sir. Ihr habt viel gesündigt, aber auch viel gelitten, und Eure Reue ist ernst. Wie könnte ich, wenn auch nur im Stillen, mir ein Urteil anmaßen. Ich bin ja selbst auch Sünder und weiß nicht, welche Prüfungen mir das Leben bringt.«

»Viel gelitten! Ja, da habt Ihr recht, sehr, sehr recht! O du lieber Herr und Gott, was sind die Töne aller Posaunen der Welt gegen die nie ruhende Stimme im Innern eines Menschen, welcher sich einer schweren Schuld bewußt ist. Ich muß büßen und gut machen, so viel ich kann. Morgen soll ich endlich den Bruder sehen. Mir ist, als ob mir eine neue Sonne aufgehe, keine irdische. Aber das alles geht Euch nichts an. Es ist etwas Anderes, was ich Euch sagen und um was ich Euch bitten muß. Wollt Ihr mir diesen Wunsch erfüllen?«

»Von Herzen gern!«

»So hört, was ich Euch sage! Es gibt einen sehr triftigen Grund, daß ich selbst dann, wenn ich für einige Zeit einmal kein Pferd besitze, meinen Sattel mit mir schleppe. Wenn man das Futter desselben aufschneidet, so gelangt man zu Gegenständen, welche ich für meinen Bruder, aber auch nur für ihn allein, bestimmt habe. Wollt Ihr Euch das merken, Sir?«

»Eure Bitte ist eine höchst bescheidene.«

»Nicht so sehr. Aber vielleicht erfahrt Ihr noch, welch ein Vertrauen ich in Euch setze, indem ich Euch bitte, das nicht zu vergessen. Und nun geht, Sir! Laßt mich allein! Es ist mir ganz so, als ob ich noch während dieser Nacht mein Schuldbuch durchlesen müsse. Morgen ist vielleicht keine Zeit mehr dazu. Es gibt Ahnungen, Ahnungen, denen man es sofort anmerkt, daß sie die Verkünderinnen der Wahrheit sind. Ich bitte Euch, geht! Schlaft in Gottes Namen; Ihr habt kein böses Gewissen. Gute Nacht, Sir!«

Ich kehrte langsam zum Lager zurück und legte mich dort nieder. Wohl erst nach Stunden schlief ich ein, kurz vor dem Morgengrauen, und noch war der Alte nicht da. Als geweckt wurde, saß er bereits auf seinem Pferde, als ob er große Eile habe, seine Todesahnung in Erfüllung gehen zu lassen. Der Gambusino erklärte, daß er sich, außer einigen Schmerzen auf dem Rücken, ganz frisch und gesund fühle. Er erhielt eine Pferdedecke wie einen Frauenrock umgeschnallt und darüber eine zweite Decke als Mantel. Ein Apache nahm ihn zu sich auf das Pferd; dann brachen wir auf.

Wir kamen von neuem durch Cannons, in deren Tiefen wir

fast bis zur Mittagszeit ritten. Sodann aber hatten wir dieses schwierige Terrain wenigstens für heute hinter uns. Es gab grasige Ebenen, über welche wir stundenlang ritten und aus denen einzelne Berge aufstiegen. Bis dahin hatten wir stets die Fährte der Tschimarra vor den Pferdehufen.

Nun aber ließ uns der Gambusino halten und sagte in befriedigtem Tone:

»Hier müssen wir die Spur verlassen. Harton hat meinen Rat befolgt und einen Umweg eingeschlagen. Wir aber biegen nach rechts ab, wohin der gerade Weg führt.«

»*Well!* Folgen wir also nun Eurer Richtung.«

Im Nordwesten, wohin wir jetzt ritten, lagerten bläuliche Massen am Horizonte. Der Gambusino erklärte, daß es Berge seien. Aber dieselben waren so weit entfernt, daß wir erst nach Stunden merkten, daß wir ihnen näher kamen. Kurz nach Mittag wurde eine kleine Rast gehalten; dann ging es mit erneuter Schnelligkeit weiter. Endlich sahen wir den ersten, freilich ziemlich dürren Strauch. Bald fanden wir mehrere, und dann ging es über grüne Prairien, in denen hier und da Inseln von Gebüsch zu umreiten waren. Wir lebten von Neuem auf. Wirklich bewundernswert aber hielten sich unsere Pferde. Das waren freilich noch ganz andere Tiere als diejenigen, welche uns Sennor Atanasio gegeben hatte. Sie trabten so frisch dahin, als ob sie soeben erst vom Lagerplatze kämen.

Die Berge waren uns mittlerweile näher getreten. Es war aber auch Zeit dazu, denn die Sonne neigte sich bereits zu ihren Spitzen nieder. Da sahen wir den ersten Baum. Er stand mitten auf der Prairie, mit von den Stürmen zerfetzten Aesten. Aber wir begrüßten ihn als Vorboten des willkommenen Waldes. Bald rechts, bald links, bald grad vor uns erblickten wir andere, welche hier näher zusammen, dort weiter auseinander traten und endlich einen lichten Hain bildeten, dessen Boden lehnenartig emporstieg und uns auf eine Höhe brachte, jenseits welcher das Terrain steil in ein nicht zu tiefes Tal abfiel. Da hinunter mußten wir, um es zu durchkreuzen. Dort aber stieg der Boden langsam zu einer beträchtlichen

Höhe an. Sie war nackt und kahl, trug aber eine grüne Waldkrone auf ihrem Rücken. Längs dieses lang gedehnten Rükkens ging es nun unter Bäumen hin und dann in eine steile Tiefe hinab. Dann kamen wir durch eine Schlucht hinauf auf eine kleine, baumfreie und grasbewachsene Hochebene. Kaum hatten die Hufe unserer Pferde sie betreten, so sahen wir einen Strich, welcher sich quer über unsere Richtung durch das Gras zog.

»Eine Fährte!« rief der Gambusino. »Wer mag hier geritten sein?«

Er stieg ab, um sie zu untersuchen.

»Kann es sehen, ohne abzusteigen,« zürnte Old Death. »So eine Fährte kann nur eine Truppe machen, welche über vierzig Reiter zählt. Wir kommen also zu spät.«

»Meint Ihr wirklich, daß es die Tschimarra gewesen sind?«

»Ja, das meine ich sogar sehr, Sennor!«

Winnetou stieg auch ab. Er schritt die Spur eine Strecke weit ab und berichtete sodann:

»Zehn Bleichgesichter und viermal so viel Rote. Seit sie hier vorüberkamen, ist die Zeit einer Stunde vergangen.«

»Nun, was sagt Ihr dazu, Sennor Gambusino?« fragte Old Death.

»Wenn es auch wirklich so ist, so können wir ihnen doch noch zuvorkommen,« antwortete der Gefragte. »Auf jeden Fall rekognoszieren sie doch vor dem Angriff. Und das erfordert Zeit.«

»Sie werden Harton zwingen, ihnen alles zu beschreiben, so daß sie nicht mit langem Suchen ihre Zeit zu verschwenden haben.«

»Aber Indianer greifen ja stets erst vor Tagesgrauen an.«

»Bleibt mir mit Eurem Tagesgrauen vom Leibe! Ich sagte Euch ja, daß Weiße bei ihnen sind! Die werden sich den Teufel um die Angewohnheiten der Roten kümmern. Ich möchte wetten, daß sie sogar am hellen Tage in die Bonanza gehen. Macht also, daß wir vorwärts kommen!«

Jetzt wurden die Sporen eingesetzt, und wir flogen über die Ebene dahin, in ganz anderer Richtung, als die Tschimarra geritten waren. Harton hatte sie nicht nach dem Eingange der Bonanza geführt, sondern war beflissen gewesen, sie nach der hintersten Kante des Tales zu bringen. Den Eingang suchten nun hingegen wir so schnell wie möglich zu erreichen. Leider aber stellte sich jetzt die Dunkelheit mit großer Schnelligkeit ein. Auf der Ebene ging es noch. Aber wir kamen wieder in Wald, ritten unter den Bäumen auf, wie sich ganz von selbst versteht, völlig ungebahntem Boden, bald aufwärts, bald wieder niederwärts und mußten uns endlich ganz und gar auf den jetzt voranschreitenden Gambusino und die Augen unserer Pferde verlassen. Aber die Aeste und Zweige waren uns im Wege. Sie schlugen uns in die Gesichter und konnten uns leicht von den Pferden schnellen. Darum stiegen auch wir ab und gingen zu Fuße, die Pferde hinter uns herführend, den gespannten Revolver in der freien Hand, da wir gewärtig sein mußten, jeden Augenblick auf die Feinde zu stoßen. Endlich hörten wir Wasser rauschen.

»Wir sind am Eingange,« flüsterte der Gambusino. »Nehmt euch in acht! Rechts ist das Wasser. Geht einzeln und haltet euch links an den Felsen!«

»Schön!« antwortete Old Death. »Steht denn kein Nachtposten hier?«

»Jetzt noch nicht. Es ist nicht Schlafenszeit.«

»Schöne Wirtschaft das! Und noch dazu in einer Bonanza! Wie ist nun der Weg? Es ist stockfinster.«

»Immer grad aus. Der Boden ist eben. Es gibt kein Hindernis mehr, bis wir an das Zelt gelangen.«

Wir sahen in der Dunkelheit nur so viel, daß wir einen freien Talboden vor uns hatten. Links stiegen finstere Massen hoch empor. Das war die Bergeswand. Rechts rauschte das Wasser. Bis zu der dortigen Seite des Berges konnten wir nicht sehen. So gingen wir weiter, die Pferde noch immer an den Zügeln führend. Ich schritt mit Old Death und dem Gambusino voran. Da war es mir, als ob ich eine Gestalt wie einen Hund zwischen uns und den Felsen dahinhuschen sähe, nur für einen Augenblick. Ich machte die Anderen darauf aufmerksam. Sie blieben stehen und lauschten. Nichts war zu hören.

»Die Finsternis täuscht,« sagte der Gambusino. »Uebrigens ist hinter uns die Stelle, an welcher sich der verborgene Aufstieg befindet.«

»So kann die Gestalt von dorther gekommen sein,« sagte ich.

»Wenn das der Fall ist, so hätten wir nichts zu sorgen; es wäre ein Freund gewesen. Ein Bewohner des Tales hat aber jetzt hier nichts zu suchen. Ihr habt Euch geirrt, Sennor.«

Damit war die Sache abgemacht, welche für uns so verhängnisvoll werden sollte, wenigstens für einen von uns. Nach kurzer Zeit sahen wir einen unbestimmten Lichtschimmer, den Schein der Lampen, welcher durch die Zeltdecke drang. Stimmen ertönten. Wir drei waren voran.

»Erwartet die Andern,« sagte Old Death zu dem Gambusino. »Sie mögen vor dem Zelte halten bleiben, bis wir Sennor Uhlmann benachrichtigt haben.«

Der Hufschlag unserer Pferde mußte im Innern des Zeltes gehört werden, dennoch wurde die Türe nicht zurückgeschlagen.

»Kommt mit herein, Sir!« meinte der Alte zu mir. »Wollen sehen, welche Freude und Ueberraschung wir anrichten.«

Man sah von außen, an welcher Stelle sich die Türe, der Vorhang, befand. Old Death trat ein, mir voran.

»Da sind sie schon!« rief eine Stimme. »Laßt ihn nicht herein!«

Noch während dieser Worte fiel ein Schuß. Ich sah, wie der Scout sich mit beiden Händen an den Rahmen des Vorhanges krampfte, ich sah zugleich mehrere Gewehre nach der Türe gerichtet. Der Alte konnte sich nicht aufrecht erhalten; er glitt zu Boden.

»Meine Ahnung – – – mein Bruder – – – Vergebung – – – im Sattel – – –!« stöhnte er.

»Sennor Uhlmann, um Gottes willen, schießt nicht!« schrie ich auf. »Wir sind Freunde, Deutsche! Euer Schwiegervater und Schwager sind mit uns. Wir kommen, Euch vor dem beabsichtigten Ueberfalle zu schützen.«

»Herrgott! Deutsche!« antwortete es innen. »Ist es wahr?«

»Ja, schießt nicht. Laßt mich ein, nur mich ganz allein!«

»So kommt! Aber kein Anderer mit.«

Ich trat hinein. Da standen wohl an die zwanzig Männer, alle mit Flinten bewaffnet. Drei von der Zeltdecke hängende Lampen brannten. Ein junger Mann trat mir entgegen. Neben ihm stand ein ganz herabgekommen aussehender Mensch.

»War der dabei, Harton?« fragte der Erstere den Zweiten.

»Nein, Sennor!«

»Unsinn!« rief ich. »Haltet kein Examen. Wir sind Freunde, aber die Feinde sind hinter uns. Sie können jeden Augenblick kommen. Ihr nennt diesen Mann Harton. Ist er derjenige, welchen die Tschimarra schon seit längerer Zeit mit sich schleppten?«

»Ja, er ist ihnen entkommen. Er trat vor kaum zwei Minuten hier bei uns ein.«

»So seid Ihr an uns vorüber geschlichen, Master Harton. Ich sah Euch. Die Andern glaubten mir nicht. Wer hat geschossen?«

»Ich,« antwortete einer der Männer.

»Gott sei Dank!« atmete ich auf, denn ich hatte bereits gedacht, daß der eine Bruder den andern erschossen habe. »Ihr habt einen Unschuldigen getötet, einen Mann, welchem ihr eure Rettung dankt!«

Da traten die beiden Langes herein, mit ihnen der Gambusino, die sich draußen nicht halten ließen. Es gab eine wirre überlaute Freudenszene. Aus den umliegenden Hütten kamen die übrigen Bewohner des Tales herbei. Ich mußte ein Machtwort sprechen, um Ruhe hervorzubringen. Old Death war tot, grad durch das Herz geschossen. Der Neger Sam brachte seine Leiche herein und legte sie unter lautem Klagen mitten unter uns nieder. Zwei Frauen waren aus einer Abteilung des Zeltes gekommen. Die eine trug ein Knäbchen. Sie war die Wärterin. Die andere lag in den Armen ihres Vaters und Bruders.

Unter diesen Umständen durfte ich mich nur auf mich selbst verlassen. Ich fragte Harton, wie es ihm gelungen sei, zu entkommen. Während die Andern unter sich herum fuhren und sprachen, erklärte er mir:

»Ich führte sie irre und brachte sie hinauf in den Wald hinter dem Tale. Dort lagerten sie, während der Häuptling rekognoszieren ging, und als es dunkel geworden war, brachen sie auf. Sie ließen ihre Pferde mit einigen Wachen zurück. Bei den letzteren lag ich mit gebundenen Händen und Füßen. Es gelang mir, die Hände frei zu bekommen und dann die Füße auch. Dann huschte ich fort, schnell zur geheimen Treppe und ins Tal hinab. Da kam ich an euch vorüber und hielt euch für die Feinde, eilte hierher, fand die meisten der Arbeiter hier versammelt und meldete ihnen den Ueberfall. Der erste, welcher eintreten wollte, wurde erschossen.«

»Wäret Ihr geblieben, wo der Pfeffer wächst! Ihr habt großes Unheil angerichtet. Nach dem, was Ihr sagt, können die Kerle jeden Augenblick hier sein. Man muß Ordnung schaffen.«

Ich wendete mich natürlich an Uhlmann selbst, den Mann, welcher bei meinem Eintritte neben Harton gestanden hatte. In fliegender Eile unterrichtete ich ihn über die Sachlage, und mit seiner Hilfe waren in weniger als zwei Minuten die Vorbereitungen getroffen. Unsere Pferde wurden weiter hinter ins Tal geschafft. Die Apachen postierten sich hinter das Zelt, zu ihnen die Arbeiter Uhlmanns. Old Deaths Leiche kam wieder hinaus. Ein Fäßchen Petroleum und eine Flasche Benzin wurden hinaus an den Bach geschafft. Den Deckel des Fasses entfernte man, und ein Mann stand dabei, welcher den Befehl erhielt, auf einen bestimmten Zuruf das Benzin in das Petroleum zu gießen und anzubrennen. Sobald die Masse brenne, sollte er das Faß in den Bach stoßen. Das brennende Oel mußte mit dem Wasser fortgeführt werden und das ganze Tal erleuchten.

So standen jetzt mehr als fünfzig Mann bereit, die Feinde

zu erwarten, denen wir an Zahl gleich, an Waffen aber weit überlegen waren. Einige schlaue und erfahrene Arbeiter waren gegen den Eingang beordert worden, um die Ankunft der Feinde zu melden.

An der Hinterwand des Zeltes wurden die untern Ringe gelockert, um daselbst aus- und eingehen zu können.

Die Frauen waren mit dem Kinde natürlich nach dem Hintergrunde des Tales in Sicherheit gebracht worden. Ich saß mit Uhlmann, Winnetou und den beiden Langes allein im Zelte. Sam war bei den Apachen geblieben. Seit wir warteten, mochten wohl zehn Minuten vergangen sein. Da kam einer der Leute, welche wir nach vorn gesandt hatten. Er meldete uns, daß er zwei Weiße bringe, welche Sennor Uhlmann ihre Aufwartung machen wollten. Hinter diesen Weißen aber habe sich eine Bewegung bemerkbar gemacht, aus welcher zu schließen sei, daß auch die Andern im Anzuge sich befänden. Sie erhielten den Bescheid, einzutreten. Ich aber versteckte mich mit den beiden Langes und Winnetou in der Nebenabteilung des Zeltes.

Ich sah – – Gibson mit William Ohlert eintreten. Sie wurden höflich bewillkommnet und zum Sitzen eingeladen, was sie auch taten. Gibson nannte sich Gavilano und gab sich für einen Geographen aus, welcher mit seinem Kollegen diese Berge besuchen wolle. Er habe sein Lager in der Nähe aufgeschlagen und da sei ein gewisser Harton, ein Gambusino, zu ihm gekommen. Von diesem habe er erfahren, daß sich hier eine ordentliche Wohnung befinde. Sein Kollege sei krank, und so habe er sich von Harton herführen lassen, um Sennor Uhlmann zu bitten, den Kollegen für diese Nacht bei sich aufzunehmen.

Ob dies klug oder albern ausgedacht sei, das zu beurteilen, nahm ich mir nicht die Zeit. Ich trat aus meinem Verstecke hervor. Bei meinem Anblicke fuhr Gibson empor. Er starrte mich mit dem Ausdrucke des größten Entsetzens an.

»Sind die Tschimarra auch krank, welche hinter Euch kommen, Master Gibson?« fragte ich ihn. »William Ohlert wird nicht nur hier bleiben, sondern mit mir gehen. Und Euch nehme ich auch mit.«

Ohlert saß wie gewöhnlich ganz teilnahmslos da. Gibson aber faßte sich schnell.

»Schurke!« schrie er mich an. »Verfolgst du ehrliche Leute auch hierher! Ich will – – –«

»Schweig, Mensch!« unterbrach ich ihn. »Du bist mein Gefangener!«

»Noch nicht!« entgegnete er wütend. »Nimm zunächst das!«

Er hatte sein Gewehr in der Hand und holte zum Kolbenhiebe aus. Ich fiel ihm in den Arm. Er erhielt dadurch eine halbe Wendung; der Kolben sauste nieder und traf den Kopf Ohlerts, welch letzterer sofort zusammenbrach. Im nächsten Augenblicke drängten sich einige Arbeiter von hinten in das Zelt herein. Sie richteten ihre Gewehre auf Gibson, den ich noch gefaßt hielt.

»Nicht schießen!« rief ich, da ich ihn ja lebendig haben wollte. Aber es war zu spät. Ein Krach und er stürzte aus meinen Armen, durch den Kopf geschossen, tot zu Boden.

»Nichts für ungut, Herr! So ist es hierzulande Sitte!« sagte derjenige, welcher geschossen hatte.

Als ob der Schuß ein Signal gewesen sei, was vielleicht auch zwischen Gibson und seinen Komplizen verabredet worden war, erhob sich unweit der Hütte ein indianisches Kriegsgeheul. So weit waren die Tschimarra mit den verbündeten Weißen bereits vorgedrungen.

Uhlmann stürzte hinaus; die Andern hinter ihm her. Ich hörte seine Stimme erschallen. Schüsse fielen, Menschen schrieen und fluchten. Ich war mit Ohlert allein im Zelte. Ich kniete bei ihm, um zu sehen, ob er tot sei. Sein Puls ging noch. Das beruhigte mich. Nun konnte ich am Kampfe teilnehmen.

Als ich hinauskam, bemerkte ich, daß dies gar nicht nötig war. Das Tal war von dem im Bache brennenden Petroleum fast tageshell erleuchtet. Die Feinde waren ganz anders empfangen worden, als sie gedacht hatten. Die meisten von ihnen lagen am Boden; die andern flohen, verfolgt von den Siegern, dem Ausgange zu. Hier oder da rang ein einzelner der Angreifer gegen zwei oder drei von Uhlmanns Leuten, aber freilich ohne Hoffnung auf Erfolg.

Dieser Letztere stand neben dem Zelte und schickte eine Kugel nach der andern dahin, wo er ein Ziel sah. Ich machte ihn darauf aufmerksam, daß es ratsam sei, einen Trupp seiner Leute mit Harton als Führer mittels des geheimen Aufstieges zu den Pferden der Feinde zu senden, um sich derselben zu bemächtigen. Dort konnte man auch diejenigen empfangen, denen es gelingen sollte, durch den Ausgang aus dem Tale zu entkommen. Er pflichtete diesem Rate bei und befolgte denselben auf der Stelle.

Kaum drei Minuten waren seit dem ersten Schusse vergangen und schon war der Platz gesäubert.

Gern gehe ich über das nun Folgende hinweg. Bilder, bei deren Anblick sich das Menschenherz empört, soll man weder mit dem Pinsel noch mit der Feder malen. Das wahre Christentum untersagt es selbst dem Sieger, sich an seinem Triumphe zu ergötzen.

Dem abgesandten Trupp war es leicht gelungen, sich der Pferde zu bemächtigen. Diese Leute blieben während der Nacht bei denselben. Nur Harton kehrte zurück. Er hatte keine Ahnung, wer unsererseits der einzige Tote des heutigen Abends war, der noch dazu infolge eines Mißverständnisses von der Kugel eines Freundes getötet worden war. Ich ging mit ihm hinaus in das Tal, wo einige indessen angezündete Feuer brannten, schritt mit ihm nach einer dunkeln Stelle, wo wir uns niedersetzten, und teilte ihm mit, was er erfahren mußte.

Er weinte wie ein Kind, laut und herzbrechend. Er hatte seinen Bruder stets geliebt, hatte ihm alles längst vergeben und war nur in der Hoffnung Gambusino geworden, ihn in der Ausübung dieses Berufes da oder dort einmal zu treffen. Ich mußte ihm alles erzählen, von meinem ersten Zusammentreffen mit dem Scout bis zu dem letzten Augenblicke, an welchem den Reuigen die irrende Kugel traf. Jedes Wort wollte er wissen, was zwischen ihm und mir gewechselt worden war, und als wir dann nach mehr als einer Stunde zum Zelte gingen, um den Toten zu sehen, bat er mich, ihn so in mein Herz zu schließen, wie ich es mit seinem armen Bruder getan hatte.

Am Morgen wurde Old Deaths Sattel herbeigeholt. Unter vier Augen schnitten wir das Futter los. Wir fanden eine Brieftasche. Sie war dünn, aber trotzdem sehr reichen Inhaltes. Der Tote hinterließ seinem Bruder Bankanweisungen zu sehr bedeutender Höhe und, was die Hauptsache war, die genaue Beschreibung und den minutiös gezeichneten Situationsplan einer Stelle in der Sonora, an welcher Old Death eine vielverheißende Bonanza entdeckt hatte. Von diesem Augenblicke an war Fred Harton ein steinreicher Mann.

Welche Pläne Gibson eigentlich mit William Ohlert verfolgt hatte, das war nun nicht zu erfahren. Selbst seine Schwester Felisa Perillo, zu welcher sein Weg doch wahrscheinlich hatte führen sollen, wäre nicht imstande gewesen, einen Aufschluß zu erteilen. Ich fand bei ihm all die in Banknoten erhobenen Summen, natürlich abzüglich dessen, was er für die Reise ausgegeben hatte.

Ohlert lebte zwar, aber er wollte nicht aus seiner Betäubung erwachen. Es stand zu erwarten, daß ich aus diesem Grunde hier einen längeren Aufenthalt zu nehmen gezwungen sein werde. Das war mir eigentlich gar nicht unlieb. Ich konnte mich von den Strapazen erholen und das Leben und Treiben einer Bonanza gründlich kennen lernen, bis der Zustand Ohlerts es erlaubte, ihn nach Chihuahua in die Pflege eines tüchtigen Arztes zu geben.

Old Death wurde begraben. Wir errichteten ihm ein Grabmal mit einem Kreuze aus silberhaltigem Erze. Sein Bruder trat aus dem Dienste Uhlmanns, um sich zunächst nach den Anstrengungen seines Gambusinolebens in Chihuahua einige Zeit zu pflegen.

Groß war das Glück, welches Uhlmann und dessen Frau über die Ankunft ihrer beiden Verwandten empfanden. Sie waren liebe, gastfreundliche Leute, denen dieses Glück zu gönnen war. Als Fred Harton sich von ihnen und mir verabschiedete, bat er mich, ihn zur Aufsuchung der Bonanza in die Sonora zu begleiten. Ich konnte keine entscheidende Antwort geben und vertröstete ihn auf meine Ankunft in Chihuahua. Winnetou beschloß, bei mir zu bleiben, und schickte seine zehn Apachen heim. Sie wurden von Uhlmann reich beschenkt. Der Neger Sam reiste mit Harton ab. Er hatte seinen Auftrag jedenfalls glücklich ausgeführt. Ob er zu Sennor Cortesio zurückgekehrt ist, weiß ich nicht. – – –

Und zwei Monate später saß ich bei dem guten Religioso[1] Benito von der Kongregation El buono Pastor in Chihuahua. Ihm, dem berühmtesten Arzte der nördlichen Provinzen, hatte ich meinen Patienten gebracht, und es war ihm gelungen, denselben vollständig herzustellen. Ich sage vollständig, denn wunderbarerweise hatte sich mit der leiblichen Heilung auch das geistige Normalbefinden eingestellt. Es war, als sei mit dem Kolbenhiebe die unglückselige Monomanie, ein wahnsinniger Dichter zu sein, erschlagen worden. Er war munter und wohlauf, sogar zuweilen lustig, und sehnte sich nach seinem Vater. Ich hatte ihm noch nicht gesagt, daß ich denselben erwarte. Es war natürlich ein Bericht von mir abgegangen, und darauf hatte ich die Nachricht erhalten, daß er selbst kommen werde, um seinen Sohn abzuholen. Nebenbei hatte ich ihn gebeten, mir bei Master Josy Tailor meine Entlassung zu erwirken. Es war mir doch die Lust gekommen und von Tag zu Tag gewachsen, mit Harton in die Sonora zu gehen.

Dieser Letztere kam täglich, um uns beide und den lieben Pater zu besuchen. Er hatte eine wahrhaft rührende Freundschaft zu mir gefaßt und freute sich ganz besonders auch über die Gesundung unseres Patienten.

In Beziehung hierauf mußte man allerdings gestehen, daß ein wahres Wunder geschehen sei. Ohlert wollte das Wort ›Dichter‹ nicht mehr hören. Er konnte sich an jede Stunde seines Lebens erinnern; die Zeit aber von seiner Flucht mit

[1] Ordensbruder.

Gibson bis zu seinem endlichen Erwachen in der Bonanza bildete ein vollständig leeres Blatt in seiner Erinnerung.

Also heute saßen wir auch zusammen, der Pater, Ohlert, Harton und ich. Wir erzählten von unsern Erlebnissen und Hoffnungen. Da klopfte der Famulus an, öffnete und schob einen Herrn herein, bei dessen Anblick William einen Freudenschrei ausstieß. Welchen Schmerz und welche Sorgen er dem Vater bereitet hatte, wußte er eigentlich nur durch mich. Er warf sich weinend in seine Arme. Wir Andern aber gingen still hinaus.

Später gab es Zeit, uns auszusprechen und alles zu erzählen. Vater und Sohn saßen Hand in Hand dabei. Der Erstere brachte mir die erbetene Entlassung, und augenblicklich erhielt Fred Harton mein Wort, daß ich ihn begleiten werde. Lieber freilich wäre es uns gewesen, wenn noch ein Dritter an diesem Ritte hätte teilnehmen können. Und mit diesem Dritten meine ich natürlich keinen andern als den Scout.

FÜNFTES KAPITEL.

Old Firehand.

Viel, sehr viel könnte ich von dem erzählen, was ich mit Harton erlebte; da es sich aber hier nur um Winnetou handelt, welcher nicht mit war, will ich nur sagen, daß wir, allerdings unter großen Mühen, Beschwerden und Kämpfen, so glücklich waren, eine Bonanza zu entdecken. Den Anteil, welchen ich an derselben zu beanspruchen hatte, persönlich auszubeuten, hatte ich nicht Lust; darum verkaufte ich ihn und erhielt eine Summe, welche mir den bei dem Schiffbruche erlittenen Verlust mehr als vollständig ersetzte. Dann ritt ich nach dem Rio Pecos, um das Apachen-Pueblo aufzusuchen. Ich wurde dort wie ein Bruder aufgenommen, fand aber Winnetou nicht vor; er befand sich auf einem Rundritte zu sämtlichen Unterabteilungen der Apachen.

Ich sollte bleiben und auf ihn warten; da dies aber einen Aufenthalt von einem halben Jahre bedeutet hätte, ließ ich mich nicht halten und unternahm einen Abstecher nach Kolorado, um dann durch Kansas nach St. Louis zurückzukehren. Unterwegs schloß sich mir der Engländer Emery Bothwell an, ein hochgebildeter, unternehmender und kühner Mann, den ich später, wie meine lieben Leser noch erfahren werden, in der Sahara wieder traf.

Alles, was ich vorher mit Winnetou und dann mit Fred Harton erlebt hatte und nun mit Bothwell erlebte, sprach sich schnell und immer weiter herum, und ich war, als ich nach St. Louis kam, ganz erstaunt, den Namen Old Shatterhand in Aller Mund zu finden. Als mein alter Mr. Henry diese meine Verwunderung bemerkte, sagte er in seiner eigenartigen Ausdrucksweise:

»Seid Ihr ein Kerl! Erlebt in einem Monate mehr Abenteuer als andere in zwanzig Jahren, geht durch alle Gefahren so glücklich hindurch wie eine Pistolenkugel durch ein Stück

Löschpapier, nehmt es als junges Greenhorn mit dem erfahrensten Westläufer auf, werft alle die grausamen und blutigen Gesetze des wilden Westens über den Haufen, indem Ihr selbst den ärgsten Todfeind schont, und sperrt dann das Maul vor Erstaunen darüber auf, daß man von Euch redet! Ich sage Euch, Ihr habt in Beziehung auf Berühmtheit in dieser kurzen Zeit sogar den großen Old Firehand ausgestochen, welcher über noch einmal so alt ist, als Ihr seid. Ich habe meine helle Freude gehabt, wenn ich so von Euch hörte, denn ich bin es ja gewesen, der Euch diesen Weg gezeigt hat. Für diese Freude muß ich Euch dankbar sein. Seht einmal her, was ich da habe!«

Er öffnete seinen Gewehrschrank, nahm – – – den ersten fertigen Henrystutzen heraus, erklärte mir die Zusammensetzung und den Gebrauch desselben und führte mich dann nach seinem Schießstande, wo ich das unübertreffliche Gewehr probieren und beurteilen sollte. Ich war geradezu entzückt über den Stutzen, machte ihn aber, wie schon früher, darauf aufmerksam, daß die Verbreitung dieses Schnellfeuergewehres für die Tier- und auch die Menschenwelt des Westens die nachteiligsten Folgen haben werde.

»Weiß es, weiß es,« nickte er; »habt es mir ja schon erklärt. Werde also nur einige Exemplare anfertigen. Das erste, also dieses hier, schenke ich Euch. Habt meinen alten Bärentöter berühmt gemacht, sollt ihn also für immer behalten und den Stutzen dazu. Ich kalkuliere, daß er Euch auf Euren weiteren Fahrten jenseits des Mississippi gute Dienste leisten wird.«

»Ohne allen, allen Zweifel! Aber dann darf ich ihn jetzt nicht annehmen.«

»Warum nicht?«

»Weil ich jetzt nicht nach dem Westen gehe.«

»Wohin denn?«

»Erst heim und dann nach Afrika.«

»Af – – Af – – – Af – – – – ?!« rief er aus, indem er vergaß, den Mund wieder zuzumachen. »Seid Ihr gescheit? Wollt Ihr ein Neger oder Hottentotte werden?«

»Das nicht. Ich habe Mr. Bothwell versprochen, mit ihm

in Algier zusammenzutreffen. Er hat Verwandte dort. Wir wollen von dort aus einen Ausflug in die Sahara machen.«

»Und Euch von den Löwen und Nilpferden fressen lassen!«

»*Pshaw!* Die Nilpferde sind keine fleischfressenden Tiere und leben nicht in der Wüste.«

»Aber die Löwen!«

»Gibt es auch nicht in der wirklichen Sahara. Raubtiere brauchen Wasser.«

»Das weiß ich, daß sie keinen Sirup trinken! Es handelt sich hier um noch viel mehr. Nicht wahr, in Algier wird französisch parliert?«

»Ja.«

»Versteht Ihr das denn?«

»Ja.«

»Und in der Wüste?«

»Arabisch.«

»Da wird es aber hapern!«

»Nein. Der Professor, welcher mein Lehrer im Arabischen war, galt für den größten Arabisten Deutschlands.«

»Hol Euch der Kuckuck! Euch ist ja von keiner Seite beizukommen! Aber es fällt mir noch etwas ein, was Euch von dieser Reise abbringen wird.«

»Was?«

»Das Geld.«

»Ich habe welches.«

»Oho!«

»Ja! Die Bonanza hat mir viel eingebracht, und von dem Bankier Ohlert habe ich eine ansehnliche Gratifikation erhalten, den Gehaltrest, den er mir von Josy Taylor mitbrachte, gar nicht gerechnet.«

»So lauft, lauft, immer lauft nach Eurer Sahara!« rief er zornig aus. »Kann keinen Menschen begreifen, der dorthin will! Sand, nichts als Sand und Millionen Wüstenflöhe! Konntet es hier viel besser haben. Wir sind geschiedene Leute, denn wer weiß, ob wir uns jemals wiedersehen.«

Er lief mit langen, raschen Schritten hin und her, brummte allerlei zorniges Zeug und gestikulierte mit beiden Armen dazu. Aber seine Gutmütigkeit gewann sehr bald den Sieg; er blieb vor mir stehen und fragte:

»Könnt Ihr den Bärentöter auch in der Wüste brauchen?«

»Ja.«

»Und den Stutzen?«

»Den erst recht.«

»Da habt Ihr beide, und nun macht, daß Ihr fortkommt! Packt Euch hinaus, und laßt Euch niemals wieder bei mir sehen, wenn Ihr nicht hinausgeworfen sein wollt, Ihr – Ihr – Ihr – – dummer Wüstenesel, Ihr!«

Er drückte mir die beiden Gewehre in die Hände, riß die Türe auf, stieß mich hinaus und schob hinter mir den Riegel vor. Aber als ich auf die Straße trat, reckte er den Kopf schon zum Fenster heraus und fragte:

»Ihr kommt doch heute abend ein Bißchen zu mir?«

»Versteht sich ganz von selbst!«

»*Well!* Werde eine Biersuppe auf der Kaffeemaschine kochen, Euer Leibessen des Abends. Nun trollt Euch aber fort!«

Als ich mich einige Tage später von ihm verabschiedete, zwang er mir mein Ehrenwort ab, nach sechs Monaten wiederzukommen, falls kein unüberwindbares Hindernis sich mir in den Weg lege. Ich konnte Wort halten und war genau nach einem halben Jahre wieder in St. Louis.

Er freute sich ungemein, als er hörte, welchen großen Nutzen mir die beiden Gewehre bei der Vernichtung der berüchtigten Gum[1] erwiesen hatten, und teilte mir mit, daß Winnetou inzwischen bei ihm gewesen sei. Er hatte diesem gesagt, in welcher Zeit er mich wieder erwarte, und von dem Apachen die Aufforderung erhalten, mich nach dem Rio Suanca zu schicken, wo er mit einer Schar seiner Krieger jagen werde.

Ich machte mich unverzüglich auf den Weg nach diesem Flusse, brauchte drei volle Wochen, ehe ich ihn erreichte, und fand nach kurzem Suchen das Jagdlager der Apachen. Winne-

[1] Raubkarawane.

tou war ebenso entzückt über den Henrystutzen wie ich, begehrte aber nicht, einen einzigen Schuß aus demselben zu tun; er betrachtete das Gewehr als ein Heiligtum für mich. Eine große freudige Ueberraschung war es für mich, als er mir ein Pferd schenkte, einen Rappen, den er für mich mitgebracht hatte. Der Hengst führte nach der Haupteigenschaft, welche er besaß, nämlich der Schnelligkeit, den Namen Swallow[1]; er besaß die feinste indianische Dressur und gewöhnte sich sehr rasch an mich.

Winnetou wollte nach der Jagd zu den Navajos hinüber, um zwischen ihnen und den Nijoras, welche sich im Streite befanden, Frieden zu stiften, und es war meine Absicht, ihn zu begleiten. Dies kam aber nicht zur Ausführung, denn einige Tage vor dem beabsichtigten Aufbruche begegneten wir einem kalifornischen Goldtransporte, dessen Teilnehmer nicht wenig erschraken, als sie sich so plötzlich von Roten umgeben sahen, sich aber schnell beruhigten, als sie Winnetous und Old Shatterhands Namen hörten. Welch einen guten Klang diese beiden Namen hatten, ersah ich daraus, daß die Leute mich baten, sie, natürlich gegen eine angemessene Gratifikation, bis nach Fort Scott zu bringen. Ich wollte, um mich nicht von Winnetou trennen zu müssen, nicht darauf eingehen; aber er war, als mein einstiger Lehrmeister, stolz auf die Auszeichnung und das Vertrauen, welches mir da entgegengebracht wurde, und forderte mich auf, den Leuten diesen Dienst zu erweisen und dann von Fort Scott nordwärts nach der westlich vom Missouri gelegenen Gravel-Prairie zu reiten, wo er mit mir zusammentreffen werde, denn er wolle einmal seinen alten, berühmten Freund Old Firehand besuchen, welcher sich jetzt in der dortigen Gegend aufhalte.

Da die Trennung also sein eigener Wille war, ritt ich mit diesen Leuten fort und brachte sie glücklich nach ihrem Bestimmungsort, allerdings nicht ohne öftere Gefahren, welche wir zu überwinden hatten. Ich nahm diese ganz allein auf mich und hatte es einige Male nur dem Henrystutzen und

[1] Schwalbe

meinem Pferde zu verdanken, daß ich dieses Verfahren nicht mit dem Leben büßte.

Dann ritt ich allein weiter, erst über den Kansas und dann über den Nebraska durch das Gebiet der Sioux, vor deren Verfolgung mich wiederholt die Schnelligkeit Swallows rettete. Winnetou hatte mir gesagt, daß mein Weg mich in dieser Gegend nach einer neu entdeckten und in Angriff genommenen Oelregion führen werde, deren Besitzer Forster heiße; dort gebe es auch einen Store, in welchem ich mir Alles kaufen könne, was ich etwa brauche.

Meiner Berechnung nach mußte ich mich nun in der Nähe der Oelniederlassung befinden. Ich wußte, daß sie New-Venango hieß und in einer jener Schluchten lag, die, Bluffs genannt, steil in die Fläche der Prairie einschneiden und gewöhnlich von einem Flüßchen durchzogen sind, das entweder spurlos unter Felsen verschwindet, vielleicht auch im durchlassenden Boden langsam versiegt, oder auch, wenn seine Wassermasse bedeutender ist, dieselbe einem der größeren Ströme zuführt. Bisher aber hatte sich auf der mit gelbblühendem Helianthus übersäeten Ebene kein Zeichen wahrnehmen lassen, welches auf die Nähe einer solchen Senkung schließen ließ. Das Pferd bedurfte der Ruhe; ich selbst war müde und von der langen Irrfahrt so angegriffen, daß ich mich mehr und mehr nach dem Ziele meiner heutigen Wanderung sehnte, wo ich einen Tag lang gehörig Rast machen und dabei die ziemlich auf die Neige gegangene Munition wieder ergänzen wollte.

Schon gab ich es auf, dieses Ziel noch zu erreichen, da hob Swallow das Köpfchen und stieß den Atem mit jenem eigentümlichen Laute aus, durch welchen das echte Prairiepferd das Nahen eines lebenden Wesens signalisiert. Mit einem leisen Ruck war es zum Stehen gebracht, und ich wandte mich auf seinem Rücken, um den Horizont abzusehen.

Ich brauchte nicht lange zu forschen. Seitwärts von meinem Standpunkte bemerkte ich zwei Reiter, welche mich erblickt haben mußten, denn sie ließen ihre Pferde weit ausgreifen und hielten gerade auf mich zu. Da die Entfernung zwischen ihnen und mir noch zu groß war, die Einzelheiten unterscheiden zu können, so griff ich zum Fernrohre und gewahrte zu meiner Verwunderung, daß die eine der beiden Personen nicht ein Mann, sondern, in dieser Gegend eine Seltenheit, ein noch ziemlich junger Knabe war.

»Alle Wetter, ein Kind hier mitten in der Prairie, und gar in echter Trapperkleidung!« fuhr es mir über die Lippen, und erwartungsvoll schob ich Revolver und Bowiemesser, welche ich vorsichtig gelockert hatte, wieder zurück.

»Ist der Mann dabei einer jener extravaganten Yankees, welche zu allem Außerordentlichen fähig sind, oder ist es gar der ›*flats ghost*‹, der Geist der Ebene, welcher nach dem Glauben der Indianer des Nachts auf feurigem Rosse und am Tage unter allerlei trügerischen Gestalten über die Woodlands reitet, um die weißen Männer in das Verderben zu locken, und der Knabe ein weißer Geisel, welchen er aus dem Osten entführt hat?«

Ich musterte mit einigem Bedenken meinen äußern Adam, welcher allerdings nicht das Geringste von alledem, was ein Gentleman in Gesellschaft an und um sich zu tragen pflegt, aufzuweisen hatte. Die Mokassins waren mit der Zeit höchst offenherzig geworden; die Leggins glänzten, da ich die löbliche Gewohnheit aller Jäger, die Hosenbeine bei Tafel als Serviette und Wischtuch zu gebrauchen, angenommen hatte, von Büffeltalg und Waschbärfett; das sackähnliche, lederne Jagdhemd, welches alle Temperaturen und atmosphärischen Kalamitäten mit anerkennungswerter Aufopferung ertragen hatte, gab mir das Aussehen einer von Wind und Wetter maltraitierten Krautscheuche, und die Bibermütze, welche mein Haupt bedeckte, war mir nicht nur viel zu weit geworden, sondern hatte auch den größten Teil ihrer Haare verloren und schien zu ihrem Nachteile mit den verschiedenen Lagerfeuern in sehr intime Bekanntschaft geraten zu sein.

Glücklicherweise befand ich mich nicht im Parkett eines Opernhauses, sondern zwischen den Black-Hills und dem Felsengebirge und hatte auch gar keine Zeit, mich zu ärgern, denn noch war ich mit meiner Selbstbetrachtung nicht ganz zu Ende, so hielten die Beiden schon vor mir; der Knabe hob den Griff seiner Reitpeitsche grüßend in die Höhe und rief mit heller, frischer Stimme:

»*Good day*, Sir! Was wollt Ihr finden, daß Ihr so an Euch herumsucht?«

»*Your servant*, mein Männchen! Ich knöpfe mein Panzerhemd zu, um unter dem forschenden Blicke Eures Auges nicht etwa Schaden zu leiden.«

»So ist es wohl sehr verboten, Euch anzusehen?«

»O nein, doch nehme ich natürlich an, daß mir die Erlaubnis zur Gegenbetrachtung nicht versagt wird.«

»Gegen einen Ritter mit Biberhelm und Karfunkelpanzer muß man gefällig sein. Schlagt Euer fürchterliches Visier also empor, und schaut mich an!«

»Danke, so wollen wir uns denn einmal nach Herzenslust begucken, wobei ich allerdings wohl besser wegkomme als Ihr, denn Euer Habitus ist noch ziemlich neu und gentlemanlike.« Und meinen Mustang auf den Hinterbeinen herumdrehend, fügte ich hinzu: »So, da habt Ihr mich von allen Seiten, zu Pferde und in Lebensgröße! Wie gefalle ich Euch?«

»Wartet ein wenig, und seht auch mich erst an!« erwiderte er lachend, zog sein Tier vorn in die Höhe und präsentierte sich durch eine kühne Wendung in derselben Weise, wie ich es getan hatte. »Jetzt ist die Vorstellung eine vollständige, und nun sagt erst Ihr, wie ich Euch gefalle!«

»Hm, nicht übel! Wenigstens scheint Ihr mir passabel genug für den Ort hier. Und ich?«

»So so, la la! Nur muß man sich hüten, Euch näher zu kommen, als es gewisse Bedenken gestatten.«

»Ja, wenn man den Mann nicht rechnet, so ist der Reiter ganz prächtig,« meinte sein Begleiter in wegwerfendem Tone, indem er Swallow mit bewunderndem Blicke betrachtete. Ich beachtete diese Beleidigung nicht und entgegnete dem Knaben, der eine für sein Alter außerordentlich gewandte Umgangsform zeigte:

»Eure Bedenken sind gerecht, Sir, doch wird mich die Wildnis entschuldigen, in der wir uns befinden.«

»Die Wildnis! So seid Ihr wohl fremd hier?«

»So fremd, daß ich bereits einen ganzen Tag lang die richtige Hausnummer vergebens suche.«

»So kommt mit uns, wenn Ihr sehen wollt, wie ungeheuer groß diese Wildnis ist!«

Er wandte sich der Richtung zu, welche ich verfolgt hatte, und ließ sein Pferd vom langsamen Schritte durch alle Gangarten bis zum gestreckten Galoppe übergehen. Swallow folgte mit Leichtigkeit, obgleich wir vom grauenden Morgen an unterwegs gewesen waren. Ja, das brave Tier schien zu bemerken, daß es sich hier um eine kleine Probe handle, und griff ganz freiwillig in einer Weise aus, daß der Knabe zuletzt nicht mehr zu folgen vermochte und mit einem Ausrufe der Bewunderung sein Pferd parierte.

»Ihr seid außerordentlich gut beritten, Sir. Ist Euch der Hengst nicht feil?«

»Um keinen Preis, Sir,« antwortete ich, verwundert über diese Frage.

»Laßt das Sir fort!«

»Ganz wie es Euch beliebt. Der Mustang hat mich aus so mancher Gefahr hinweggetragen, daß ich ihm mehr als einmal mein Leben verdanke und er mir also unmöglich feil sein kann.«

»Er hat indianische Dressur,« meinte er mit scharfem Kennerblicke. »Wo habt Ihr ihn her?«

»Er ist von Winnetou, einem Apachenhäuptling, mit welchem ich zuletzt am Rio Suanca ein Weniges zusammenkam.«

Er blickte mich sichtbar überrascht an.

»Von Winnetou? Das ist ja der berühmteste und gefürchtetste Indianer zwischen Sonora und Columbien! Ihr seht gar nicht nach einer solchen Bekanntschaft aus, Sir.«

»Warum nicht?« fragte ich mit offenem Lächeln.

»Ich hielt Euch für einen Surveyor oder etwas derartiges, und diese Leute sind zwar oft sehr brave und geschickte Männer, aber sich mitten zwischen Apachen, Nijoren und Navajos hineinzuwagen, dazu gehört schon ein wenig mehr. Eure blanken Revolver, das zierliche Messer da im Gürtel und die Weihnachtsbüchse dort am Riemen oder gar noch Eure Paradehaltung auf dem Pferde stimmen wenig mit dem überein, was man an einem echten und rechten Trapper oder Squatter zu bemerken pflegt.«

»Ich will Euch ganz gern gestehen, daß ich wirklich nur so eine Art Sonntagsjäger bin, aber die Waffen sind nicht ganz schlecht. Ich habe sie aus der Front-Street in St. Louis, und wenn Ihr auf diesem Felde so zu Hause seid, wie es scheint, so werdet Ihr ja wissen, daß man dort für gute Preise auch gute Ware bekommt.«

»Hm, ich meine, daß die Ware ihre Güte erst beim richtigen Gebrauche zeigt. Was sagt Ihr zu dieser Pistole hier?«

Er griff in die Satteltasche und zog ein altes, verrostetes Schießinstrument hervor, welches einem viel in Gebrauch gewesenen Prügel ähnlicher sah als einer ordentlichen und zuverlässigen Feuerwaffe.

»So! Das Ding stammt jedenfalls noch von Anno Poccahontas her; aber es kann für den damit Geübten doch ganz gut sein. Ich habe Indianer oft mit dem armseligsten Schießzeuge zum Verwundern umgehen sehen.«

»Dann sagt einmal, ob sie auch das fertig gebracht haben!«

Er warf das Pferd zur Seite, schlug im raschen Trabe einen Kreis um mich, hob den Arm und drückte, ehe ich nur eine Ahnung von seiner Absicht haben konnte, auf mich ab. Ich fühlte einen leisen Ruck an meiner kahlhäutigen Kopfbedekkung und sah zu gleicher Zeit die Helianthusblüte, welche ich an die Mütze gesteckt hatte, vor mir niederfliegen. Es schien mir ganz, als wolle der sichere Schütze sich darüber informieren, was von meiner Sonntagsjägerei zu halten sei, und ich antwortete also auf die ausgesprochene Frage kaltblütig:

»Ich denke, so etwas bringt jeder fertig, obgleich es nicht jedermanns Passion ist, seine Mütze hinzuhalten, da zufälligerweise einmal ein Kopf darunter stecken kann. Schießt also auf einen Andern nicht eher, als bis Ihr ihn überzeugt habt, daß Ihr mit Eurer Pulverspritze für einen guten Schuß zusammenpaßt!«

»*Wherefore?*« fragte es da hinter mir. Sein Begleiter ritt einen hohen, schwerfälligen Gaul, der mit unsern Pferden nicht hatte Schritt halten können, und war darum erst im Augenblicke des Schusses wieder zu uns gestoßen. »Der Kopf eines Savannenläufers ist samt der darauf sitzenden Pelzmütze mit einem Schusse Pulvers jedenfalls mehr als genug bezahlt!«

Der hagere, lang- und dünnhalsige Mann hatte eine echte, verkniffene Yankeephysiognomie. Aus Rücksicht gegen seinen Gefährten ließ ich auch diese Grobheit unberücksichtigt, obgleich es mir vorkam, als ob meinem Schweigen von dem Knaben eine falsche Ursache untergelegt werde; wenigstens sah ich über sein Gesicht einen Ausdruck gleiten, in welchem wenig Anerkennung für den von mir gezeigten Mangel an Schlagfertigkeit zu lesen war.

Die ganze Begegnung kam mir sehr sonderbar vor, und hätte ich etwas Aehnliches in irgend einem Roman gelesen, so wäre der Verfasser sicher in den Verdacht gekommen, Unmögliches für möglich darzustellen. Jedenfalls, das war klar, mußte eine Ansiedlung in der Nähe sein, und da seit längerer Zeit der Kriegspfad keinen der wilden Stämme in diese Gegend geführt hatte, so konnte es selbst ein Knabe immerhin wagen, ein Stückchen in die Ebene hineinzureiten.

Nicht so klar war es mir, was ich eigentlich aus dem interessanten Jungen machen sollte. Er verriet eine Kenntnis des Westens und eine Uebung in den hier notwendigen Fertigkeiten, daß ich wohl Ursache hatte, auf ganz besondere Verhältnisse zu schließen. Es war daher wohl kein Wunder zu nennen, daß mein Auge mit der lebhaftesten Aufmerksamkeit auf ihm ruhte.

Er ritt jetzt eine halbe Pferdelänge vor und der Schein der sich dem Horizonte zuneigenden Sonne umflutete ihn mit goldenen Lichtstrahlen. ›Bräunlich und schön‹, wie die heilige Schrift von dem Knaben David erzählt, zeigten seine eigenartigen Züge trotz ihrer noch jugendlichen Weichheit eine Festigkeit des Ausdruckes, welche auf frühzeitige Entwicklung des Geistes und kräftige Energie des Willens schließen ließ, und in der ganzen Haltung, in jeder einzelnen seiner Bewegungen sprach sich eine Selbständigkeit und Sicherheit aus, welche unbedingt verbot, das jugendliche Wesen als Kind zu behandeln, obgleich der Knabe nicht über sechzehn Jahre zählen konnte.

Ich mußte unwillkürlich an die Erzählungen denken, welche ich früher gelesen hatte, an Geschichten von der Kühnheit und Selbständigkeit, welche hier im ›*far west*‹ selbst Kindern zu eigen ist, und diese Selbständigkeit konnte nicht nur in Beziehung auf den Charakter, sondern auch in Betreff des pekuniären Vermögens gelten, sonst hätte er mich ja nicht vorhin nach dem Preise meines Pferdes fragen können.

Plötzlich zog er die Zügel an.

»Ihr wollt nach New-Venango, Sir?«

»Ja.«

»Und kommt aus der Savanne natürlich?«

»Wie Ihr mir ansehen könnt, ja.«

»Aber ein Westmann seid Ihr nicht!«

»Ist Euer Blick so scharf, um das sofort zu erkennen?«

»Ihr seid ein Deutscher?«

»Ja. Spreche ich das Englisch mit einem so bösen Accent, daß Ihr an demselben den Ausländer in mir erkennt?«

»Bös gerade nicht, aber doch so, daß man Eure Abstammung erkennt. Wenn es Euch recht ist, wollen wir uns unserer Muttersprache bedienen!«

»Wie, auch Ihr habt die gleiche Heimat?«

»Der Vater ist ein Deutscher; geboren aber bin ich am Quicourt. Meine Mutter war eine Indianerin vom Stamme der Assineboins.«

Nun war mir mit einemmal der eigentümliche Schnitt seines Gesichtes und der tiefe Schatten seines Teints erklärlich. Seine Mutter war also tot, und der Vater lebte noch. Hier stieß ich jedenfalls auf außergewöhnliche Verhältnisse, und es war mehr als bloße Neugierde, was ich jetzt für ihn empfand.

»Wollt Ihr einmal da hinüberblicken?« forderte er mich

mit erhobenen Armen auf. »Seht Ihr den Rauch wie aus dem Boden emporsteigen?«

»Ah, so sind wir endlich am Bluff, den ich suchte und in dessen Senkung New-Venango liegt! Kennt Ihr Emery Forster, den Oelprinzen?«

»Ein wenig. Er ist der Vater von meines Bruders Frau, welche mit ihrem Manne in Omaha lebt. Ich komme von dort von einem Besuche zurück, und habe hier Absteigequartier genommen. Habt Ihr mit Forster zu tun, Sir?«

»Nein. Ich will nach dem Store, um mich mit Einigem zu versorgen, und fragte nur, weil er als einer der bedeutendsten Oelprinzen jedem, der in diese Gegend kommt, von Interesse sein muß.«

»Ihr habt ihn schon gesehen!«

»Nein!«

»Und doch! Ihr seht ihn sogar jetzt, denn er reitet an Eurer Seite! Unsere Vorstellung war eine mangelhafte, ist aber zu entschuldigen; die Prairie kennt keine Dehors.«

»Ich möchte diese Ansicht nicht teilen,« erwiderte ich, ohne den Yankee mit einem einzigen Blicke zu beachten. »Ich meine sogar, daß die Prairie eine sehr scharfe Distinktion ausgebildet hat, deren Maßstab allerdings nicht der Geldbeutel, sondern das Gewicht des Mannes ist. Gebt einem Eurer arroganten Oelprinzen die Pistole, mit welcher Ihr so vortrefflich umzugehen versteht, in die Hand und schickt ihn nach dem Westen, er wird trotz seiner Millionen untergehen. Und fragt im Gegenfalle einen unserer berühmten Westmänner, die wie unbeschränkte Fürsten mit ihren Büchsen die weite Ebene beherrschen, nach dem Monney, welches er besitzt; er wird Euch in das Angesicht lachen. Da, wo der Mensch grad so viel wiegt wie die Gefahr, welche er zu überwinden vermag, leistet zum Beispiel meine ›Patentmütze‹ bessere Dienste, als der Besitz von einem Viertel- oder halben Dutzend von Oelquellen. Die Prairie schreibt ihre Gesetze und Komplimente nicht durch den Tanzlehrer, sondern mit dem Bowiemesser vor!«

Sein Auge blitzte mit einem raschen, leuchtenden Blicke

von Forster auf mich herüber. Ich bemerkte, daß ich ihm aus der Seele gesprochen hatte. Dennoch aber konnte er eine Berichtigung nicht unterlassen.

»Ich will Euch nicht ganz unrecht geben, Sir; aber es gibt doch vielleicht hier und da einen Trapper oder Squatter, der nicht lachen würde, wenn ich ihn nach dem ›Metall‹ fragte. Habt Ihr einmal von Old Firehand gehört?«

»Warum sollte ich nicht? Er ist einer der angesehensten unter den Waldläufern. Begegnet freilich bin ich ihm noch nicht.«

»Nun seht, er und Winnetou, den Ihr ja kennt, also ein Weißer und eine Rothaut, gehören zu denen, die ich meine. Diese beiden Männer kennen jedes ›*Open*‹ und jedes ›*Shut*‹ des Gebirges und könnten Euch zu Gold- und Silberlagern führen, von deren Dasein und Reichhaltigkeit kein Anderer eine Ahnung hat. Ich glaube nicht, daß einer von ihnen mit irgend einem Oelmanne tauscht!«

»*Pshaw*, Harry,« fiel Forster ein; »ich hoffe nicht, daß du anzüglich sein willst!«

Er vermied, zu antworten, und ich meinte kalt:

»Der Oelmann hätte diese Schätze jedenfalls nicht entdeckt und würde sich wohl auch hüten, ihre Ausbeutung mit seinem kostbaren Leben zu bezahlen. Uebrigens gebt Ihr wohl zu, mein junger Master, daß Eure Entgegnung nur eine Bestätigung meiner Behauptung enthält. Der richtige Jäger mag eine Ader aufgefunden haben, aber er verkauft gegen ihren Inhalt die kostbare Freiheit nicht, die ihm über alles geht. Doch da ist ja der Bluff und mit ihm unser Ziel.«

Wir hielten am Rande der Schlucht und blickten auf die kleine Niederlassung hinab, deren Häuserzahl ich mir höher vorgestellt hatte. Das vor uns liegende Tal bildete eine schmale Pfanne, welche, rings von steil aufsteigenden Felsen umschlossen, in ihrer Mitte von einem ansehnlichen Flusse durchströmt wurde, der sich zwischen nahe zusammentretendem Gestein unten einen Ausweg suchte. Das ganze unter uns liegende Terrain war mit Anlagen, wie sie die Petroleumerzeugung erfordert, bedeckt; oben, ganz nahe am Wasser, befand sich ein Erdbohrer in voller Tätigkeit; am mittleren Laufe stand etwas vor den eigentlichen Fabrikräumlichkeiten ein trotz des Interims doch ganz stattliches Wohngebäude, und wo das Auge nur hinblickte, waren Dauben, Böden und fertige Fässer, teils leer, meist aber mit dem vielbegehrten Brennstoffe gefüllt, zu sehen.

»Ja, das ist der Bluff, Sir,« antwortete Harry. »Da drüben seht Ihr den Store, zugleich Restauration, Boardinghouse und alles sonst noch Mögliche, und hier führt der Weg hinab, ein wenig steil zwar, sodaß wir absteigen müssen, aber doch immer noch ohne Lebensgefahr zu passieren. Wollt Ihr mitkommen?«

Ich schnellte mich rasch aus dem Sattel; auch er war abgesprungen und meinte:

»Nehmt Euer Tier an die Hand.«

»Swallow kommt von selbst nach. Steigt immerhin voran!«

Er ergriff die Zügel seines Pferdes; mein Mustang folgte ohne besondere Aufforderung, und während Forster mit seinem Gaule langsam und zaghaft nachgestiegen kam, hatte ich Gelegenheit, an dem Vorangehenden die Gewandtheit und Sicherheit des Schrittes zu bewundern. Diese Uebung hatte er sich ganz bestimmt nicht im Osten aneignen können, und mein Interesse für ihn wuchs von Minute zu Minute. Auf der Sohle des Tales angekommen, setzten wir uns wieder zu Pferde. Ich wollte mich verabschieden, weil ich annehmen mußte, daß die Beiden direkt nach dem bereits angegebenen Wohngebäude reiten würden, während mein Weg mich nach dem Laden führte, da aber fiel mir Forster in die Rede:

»Laßt das sein, Mann! Wir kommen mit nach dem Store, denn ich habe noch irgend eine Kleinigkeit mit Euch abzumachen!«

Es war mir um des interessanten Jünglings willen ganz lieb, die bisherige Gesellschaft noch für kurze Zeit genießen zu können, aber ich hatte keine Lust, Forster eine Frage über seine Kleinigkeit vorzulegen. Ich brauchte indes nicht lange zu warten, um Aufklärung über dieselbe zu erhalten. Bei dem

›*Store and Boardinghouse*‹, wie die einfache Blockhütte mit Kreideschrift an ihrer Türe bezeichnet war, angekommen, hatte ich kaum den Sattel verlassen, so war er auch von dem seinen herunter und faßte Swallow am Zügel.

»Ich werde Euch das Pferd abkaufen, was kostet es?«

»Ich verkaufe es nicht!«

»Ich gebe zweihundert Dollars.«

Ich lachte verneinend.

»Zweihundert und fünfzig!«

»Gebt Euch keine Mühe, Sir!«

»Dreihundert!«

»Es ist mir nicht feil!«

»Dreihundert, und was Ihr hier aus dem Store nehmt, das bezahle ich obendrein!«

»Glaubt Ihr wirklich, daß ein Präriemann sein Pferd verkauft, ohne welches er vielleicht zugrunde geht?«

»So gebe ich Euch das meinige noch dazu!«

»Behaltet Euern Patentgaul immerhin; ich tausche ihn Euch nicht um ein einziges Haar aus meiner Mütze ab!«

»Aber ich muß das Pferd haben,« versetzte er ungeduldig. »Es gefällt mir!«

»Das glaube ich Euch gern; doch bekommen könnt Ihr es nicht. Ihr seid zu arm, es zu bezahlen.«

»Zu arm?!« Er warf mir einen Blick zu, der mich jedenfalls einschüchtern sollte. »Habt Ihr nicht gehört, daß ich Emery Forster bin? Wer mich kennt, der weiß sehr genau, daß ich imstande bin, ein ganzes Tausend solcher Mustangs zu bezahlen!«

»Euer Geldbeutel ist mir ein sehr gleichgültiges Ding. Könnt Ihr wirklich ein gutes Pferd bezahlen, so geht zum Pferdehändler; das meinige aber laßt jetzt einmal los!«

»Ihr seid ein unverschämter Kerl, wißt Ihr's! Ein Bursche, dem wie Euch die Füße aus den Schuhen gucken, sollte froh sein, daß ihm das Geld zu neuen Stiefeln so leicht geboten wird; er kommt dann wenigstens einmal auf ehrlichem Wege zu ihnen!«

»Emery Forster, nimm deine Zunge in acht, du könntest

sonst auf einem sehr ehrlichen Wege erfahren, daß der Mann, der nach deiner Meinung mit einem Schusse Pulvers mehr als genugsam bezahlt ist, mit dieser Art von Geld schnell bei der Hand ist!«

»Oho, mein Junge! Hier ist nicht Savannenland, wo jeder Strolch tun kann, was ihm gerade beliebt. In New-Venango bin ich allein Herr und Gebieter, und wer sich nicht in gutem nach mir richtet, der wird auf andere Weise zu Verstand gebracht. Ich habe mein letztes Gebot getan. Bekomme ich das Pferd dafür oder nicht?«

Ein jeder andere Westmann hätte jedenfalls schon längst nur mit der Waffe geantwortet; das Verhalten des Mannes verursachte mir aber Vergnügen anstatt Aerger, und andernteils bewog mich auch die Rücksicht auf seinen Begleiter zu einer größeren Selbstbeherrschung, als ich ihm allein gegenüber gezeigt hätte.

»Nein,« antwortete ich daher ruhig. »Laßt es los!«

Ich langte nach dem Zügel, welchen er in der Hand hielt. Er gab mir einen Stoß vor die Brust, daß ich zurücktaumelte, und schwang sich in den Sattel.

»So, Mann, jetzt werde ich dir zeigen, daß Emery Forster ein Pferd zu kaufen versteht, auch wenn es ihm verweigert wird. Hier steht das meinige, es ist dein. Die Rechnung im Store werde ich berichtigen, und die Dollars kannst du dir holen, sobald es dir beliebt! Komm, Harry; wir sind fertig!«

Der Gerufene folgte nicht sofort, sondern hielt noch einige Augenblicke auf der Stelle und blickte mir gespannt in das Gesicht. Als ich aber keine Miene machte, mir nach Jägerart mein Eigentum zurückzuholen, glitt es wie eine tiefe Verachtung über sein Gesicht.

»Wißt Ihr, was ein Coyote ist, Sir?« fragte er mich.

»Ja,« antwortete ich gleichmütig.

»Nun?«

»Ihr meint den Präriewolf? Er ist ein feiges, furchtsames Tier, welches schon vor dem Bellen des Hundes flieht und nicht wert ist, daß man es beachtet.«

»Ihr habt recht mit Eurer Antwort; Ihr konntet sie auch leicht geben, denn – – Ihr seid ein Coyote!«

Mit einer unbeschreiblich geringschätzigen Handbewegung wandte er sich ab und folgte dem vorangerittenen ›Herrn und Gebieter‹ von New-Venango nach.

Ich schwieg, denn ich wußte, was ich tat. Swallow war mir nicht verloren, und ließ ich ihn für eine kurze Zeit bei Forster, so war es mir vielleicht möglich, Harry, für den ich mich zu interessieren begann, wieder zu sehen. Aus seinem Munde ließ ich die letzten Worte nicht als Beleidigung gelten.

Aus dem Laden waren einige Männer getreten, welche unserer unerquicklichen Verhandlung beigewohnt hatten. Der eine von ihnen band jetzt den Gaul Forsters an einen Pfahl und trat dann zu mir. Man konnte dem rothaarigen und vertrunkenen Burschen auf tausend Schritte den Irländer ansehen.

»Laßt Euch den Handel nicht dauern, Master,« meinte er; »Ihr kommt nicht schlecht dabei weg! Wollt Ihr längere Zeit in New-Venango bleiben?«

»Hab' keine Lust dazu! Seid Ihr der Besitzer von diesem berühmten Etablissement hier?«

»Der bin ich, und berühmt ist es; da habt Ihr recht; berühmt, so weit es nur immer Einen gibt, dem der Brandy gut über die Zunge läuft. Ihr seid vielleicht zu Eurem Glück hierher gekommen!«

»Wieso?«

»Das will ich Euch sagen! Ihr könntet hier bei mir bleiben, aber nicht bloß für heute, sondern für morgen und übermorgen und immer. Ich brauche einen Boardkeeper, der nicht gleich dreinspringt, wenn er einen derben Tritt bekommt. In unserem Geschäfte ist die Ambition oft ein recht überflüssiges und schädliches Ding, und ich habe ja vorhin gesehen, daß Ihr in dieser Beziehung einen guten Puff vertragt. Schlagt ein; es soll Euer Schade nicht sein!«

Ich hätte dem Manne eigentlich ins Gesicht schlagen mögen; doch war seine Offerte wirklich mehr lächerlich als ärgerlich, und so trat ich ohne Erwiderung in das Haus, um die nötigen Einkäufe zu machen. Als ich nach dem Preise des Ausgewählten fragte, blickte er mich erstaunt an.

»Habt Ihr denn nicht gehört, daß Emery Forster alles bezahlen will? Er wird Wort halten, und ich gebe Euch alle diese Sachen, ohne daß Ihr einen Penny dafür habt.«

»Danke! Wenn ich mir etwas kaufe, so habe ich nicht das Geld eines Pferdediebes dazu nötig.«

Er wollte einen Einspruch erheben, als er aber die Handvoll goldener Füchse bemerkte, welche ich unter dem Gürtel hervorzog, nahm seine Miene einen äußerst respektvollen Ausdruck an, und der Handel begann mit jener Schlauheit und Zähigkeit, welche in jenen Gegenden den Unkundigen auf das Glänzendste auszubeuten versteht.

Endlich wurden wir einig. Ich kam in den Besitz einer vollständig neuen Trapperkleidung und versah mich gegen schweres Geld mit einigem Proviant und so viel Munition, daß ich es nun wieder eine ganze Weile auszuhalten vermochte.

Der Abend war mittlerweile vollständig hereingebrochen, und tiefes Dunkel hatte sich über das Tal gesenkt. Es war nicht meine Absicht, in dem niedrigen und dunstigen Boarraum Herberge zu nehmen; ich warf daher den neuen, bis oben herauf gefüllten Fouragesack über die Schulter und trat hinaus in das Freie. Ich wollte zu Forster, um ihm eine richtigere Meinung über seine Herrscherrechte beizubringen.

Mein Weg führte längs dem Flusse hin, und was ich vorher nicht bemerkt hatte, das fiel mir jetzt, da meine Aufmerksamkeit nicht mehr von dem kleinen Begleiter in Anspruch genommen wurde, sofort auf: Der Oelgeruch, welcher das ganze Tal erfüllte, verstärkte sich in der Nähe des Wassers; der Fluß mußte also eine nicht unbedeutende Menge des Brennstoffes mit sich führen.

Der Gebäudekomplex, welchem ich zuschritt, lag vollständig schwarz vor mir; aber als ich eine leichte Krümmung des Weges zurückgelegt hatte und nun das Herrenhaus von vorn sehen konnte, fiel ein heller Lichtglanz von der Veranda herüber, und ich erkannte, daß eine kleine Gesellschaft dort versammelt sei. Als ich an der Fenz anlangte, welche den Vorplatz umschloß, vernahm ich ein leichtes Schnaufen, über dessen Ursache ich mir sofort im Klaren war.

Ich wußte, daß Swallow von keinem Fremden in einen Stall zu bringen sei. Man hatte ihn im Freien lassen müssen und gerade unter der Veranda angebunden, weil dort das Tier am besten zu bewahren war. Ich schlich mich leise über die dunklen Stellen des erwähnten Vorplatzes bis an das niedere Mauerwerk, in welches die Träger der leichten Ueberdachung eingesenkt waren. Ich befand mich jetzt ganz in der Nähe meines Pferdes und bemerkte zu meiner Genugtuung auch Harry, welcher in einer der Hängematten lag. Er war eben im Begriffe, dem neben ihm sitzenden Forster eine Auseinandersetzung zu machen. Keinen Blick von der Gesellschaft verwendend, befestigte ich den mitgebrachten Sack hinter dem Sattel Swallows. Das brave Tier hatte sich das Lederzeug nicht abnehmen lassen; hätte ich, als Forster mit ihm davonritt, einen Pfiff ausgestoßen, so hätte es ihn ganz sicher abgeworfen und wäre zu mir zurückgekommen.

»Es ist ein unnützes und lästerliches Unternehmen, *dear uncle*, und du hast dir die Sache wohl nicht ganz richtig berechnet,« hörte ich den Knaben sagen.

»Willst du mich etwa das Kalkulieren lehren? Die Oelpreise sind nur deshalb so gedrückt, weil die Quellen zu viel liefern. Wenn wir also, Einer wie der Andere, das Oel so einen Monat lang ablaufen lassen, so muß es wieder teuer werden, und wir machen Geschäfte, gute Geschäfte, sage ich dir. Und diesen Coup werden wir ausführen; es ist so beschlossen, und ein Jeder wird sein Versprechen halten. Ich lasse aus dem unteren Loche jetzt alles in unseren Venango-River fließen; bis die Preise steigen, werden wir weiter oben auch auf Oel getroffen sein, und da ich einen hinreichenden Vorrat von Fässern habe, so schicke ich dann im Verlaufe von wenigen Tagen eine Quantität Oel nach dem Osten, die mir Hunderttausende einbringt.«

»Das ist kein ehrliches Unternehmen, und mir scheint auch, ihr habt die Quellen drüben im alten Lande und sonst noch wo dabei ganz außer acht gelassen. Euer Verhalten wird die dortige Konkurrenz sofort zur äußersten Anstrengung spornen, und ihr selbst gebt also dem noch schlafenden Gegner die Waffen in die Hand. Uebrigens sind ja die hier in den Staaten aufgestapelten Vorräte so groß, daß sie für sehr geraume Zeit zureichen.«

»Du kennst den ungeheuren Bedarf nicht und hast also gar kein Urteil, bist für ein solches überhaupt noch zu jung.«

»Das müßte denn doch sehr bewiesen werden!«

»Der Beweis liegt nahe. Hast du mir nicht vorhin erst gestanden, daß du dich in dem Woodsmann, oder was der Mensch eigentlich war, getäuscht hast? Ich hätte mir niemals träumen lassen, daß es dir in solcher Gesellschaft gefallen könnte!«

Ich sah Harry erröten, aber er antwortete schnell:

»Ich bin in solcher Gesellschaft aufgewachsen, das weißt du ja, habe mein bisheriges Leben in den ›dunklen Gründen‹ verbracht und müßte den Vater nicht im geringsten lieb haben, wenn ich diese ›Gesellschaft‹ bloß um ihrer äußeren Erscheinung willen verachten könnte. Es gibt Männer unter ihr, denen gar mancher eurer noblen Gentlemen und stolzen Geldbarone an innerem Werte nicht gewachsen ist. Und übrigens ist ja heut von einer Täuschung keine Rede, denn ich sagte nur, daß er mir erst anders geschienen habe, und zwischen Vermutung und Behauptung pflege ich einen Unterschied zu machen.«

Forster wollte eine Entgegnung aussprechen, kam aber nicht dazu, denn in diesem Augenblicke geschah ein Donnerschlag, als sei die Erde mitten unter uns auseinandergeborsten. Der Boden erzitterte, und als ich das Auge erschrocken seitwärts wandte, sah ich im oberen Teile des Tales, da, wo der Erdbohrer tätig gewesen war, einen glühenden Feuerstrom fast fünfzig Fuß senkrecht in die Höhe steigen, welcher flakkernd oben breit auseinanderfloß und, wieder zur Erde niedersinkend, mit reißender Schnelligkeit das abfallende Terrain überschwemmte. Zugleich drang ein scharfer, stechender, gasartiger Geruch in die Atmungswerkzeuge, und die

Luft schien von leichtflüssigem, ätherischem Feuer erfüllt zu sein.

Ich kannte dieses furchtbare Phänomen, denn ich hatte es im Kanawhatale in seiner ganzen Schrecklichkeit gesehen, und stand mit einem einzigen Sprunge mitten unter der vor Schreck fast todesstarren Gesellschaft.

»Löscht die Lichter aus, schnell, die Lichter aus! Der Bohrer ist auf Oel getroffen, und ihr habt versäumt, alles Feuer in der Nähe zu verbieten. Nun breiten sich die Gase aus und haben sich entzündet. Lichter aus, sonst brennt in zwei Minuten das ganze Tal!« rief ich.

Ich sprang von einem der brennenden Armleuchter zum andern, aber im obern Zimmer brannten die Lampen auch, und drüben vom Store her sah ich ebenfalls Lichtschimmer. Dazu hatte die Flut des hochaufsprühenden Oeles, welches sich mit unglaublicher Raschheit über das ganze obere Tal ausbreitete, jetzt den Fluß erreicht, und nun galt es, alles einzusetzen für das nackte, bloße Leben.

»Rettet euch, ihr Leute! Lauft, lauft um Gottes willen! Sucht die Höhen zu gewinnen!« fuhr ich fort.

Mich um weiter niemand kümmernd, riß ich Harry empor in meine Arme und saß im nächsten Augenblick mit ihm im Sattel. Harry, mein Verhalten mißverstehend und die Größe der Gefahr nicht erkennend, sträubte sich mit Aufbietung aller seiner Kräfte gegen die Umschlingung; aber wie man in solchen Augenblicken stets eine auf das äußerste gesteigerte Körperstärke besitzt, so verschwand auch diese Anstrengung fast ganz unter der Gewalt, mit welcher ich ihn festhielt, und in rasendem Laufe trug Swallow, dessen Instinkt die Führung des Zügels und den Gebrauch der Sporen überflüssig machte, uns stromabwärts.

Der Bergpfad, welchen wir von der Savannenhöhe nach New-Venango herabgestiegen waren, konnte jetzt nicht mehr erreicht werden, denn der Glutstrom war schon an ihm vorübergeflutet. Nur abwärts konnten wir Rettung finden; aber ich hatte am Tage nichts einer Straße Aehnliches bemerkt und im Gegenteil gesehen, daß die Felswände so eng zusammentraten, daß sich der Fluß nur schäumend den Ausweg erzwingen konnte.

»Sagt,« rief ich in ängstlicher Hast, »gibt es einen Weg, welcher hier unten aus dem Tale führt?«

»Nein, nein!« stöhnte er unter der krampfhaften Anstrengung, von mir loszukommen. »Laßt mich fahren, sage ich Euch, laßt mich fahren. Ich brauche Euch nicht, ich bin mir selbst genug!«

Natürlich konnte ich auf dieses Verlangen nicht achten und musterte mit Aufmerksamkeit den nahe zusammentretenden Horizont, welchen die beiden schroff aufsteigenden Talwände bildeten. Da fühlte ich einen Druck in der Gürtelgegend, und zugleich rief der Knabe:

»Was wollt Ihr mit mir? Laßt mich los; gebt mich frei, oder ich stoße Euch Euer eigenes Messer in den Leib!«

Ich sah eine Klinge in seiner Hand funkeln; er hatte mein Bowiemesser an sich gerissen. Ich hatte keine Zeit zu einer langen Auseinandersetzung, sondern vereinte nur mit einem raschen Griffe seine beiden Handgelenke in meiner Rechten, während ich mit dem linken Arme ihn immer fester umschloß.

Mit jeder Sekunde wuchs die Gefahr. Der glühende Strom hatte die Lagerräume erreicht, und nun sprangen die Fässer mit kanonenschußähnlichem Knalle und ergossen ihren sofort in heller Lohe brennenden Inhalt in das auf diese Weise immer mehr anwachsende und immer rascher vorwärts schreitende Feuermeer. Die Atmosphäre war zum Ersticken heiß; ich hatte das Gefühl, als koche ich in einem Topfe siedenden Wassers, und doch wuchsen Hitze und Trockenheit mit solcher Rapidität, daß ich innerlich zu brennen vermeinte. Fast wollten mir die Sinne schwinden; aber es galt nicht bloß mein Leben, sondern noch viel mehr dasjenige des Knaben.

»*Come on*, Swallow, voran, voran, Swall –!«

Die fürchterliche Hitze versengte mir das Wort im Munde; ich konnte nicht weiter sprechen. Es war aber auch ein solcher Zuruf gar nicht notwendig, denn das brave, herrliche

Tier raste ja mit einer schier unmöglichen Geschwindigkeit dahin. So viel sah ich, diesseits des Flusses war kein Ausweg. Die Flammen beleuchteten die Felswände hell genug, um sehen zu lassen, daß die letzteren nicht zu erklimmen seien, deshalb ins Wasser, ins Wasser – hinüber auf die andere Seite!

Ein leiser Schenkeldruck – ein Sprung des gehorsamen Mustangs, und hochauf schlugen die Wellen über uns zusammen. Ich fühlte neue Kraft, neues Leben durch meine Adern pulsieren, aber das Pferd war unter mir verschwunden. Doch das war jetzt gleich; nur hinüber – immer hinüber! Swallow war schneller gewesen als das lohende Element; jetzt aber kam es flammend und himmelhoch züngelnd den Fluß herabgewälzt und fand in dem aus der Quelle hineingeleiteten Petroleum immer neue Nahrung. In einer Minute, in einer Sekunde, ach, vielleicht schon in einem Augenblicke mußte es mich erreichen. Der jetzt bewußtlose Knabe hing mit todesstarren Armen an mir; ich schwamm wie noch nie, nie in meinem Leben, oder nein, ich schwamm nicht, sondern schnellte mich in wahnsinnigen Sätzen über die von zuckenden Lichtern bis auf den Grund hinab durchblitzte Flut. Ich fühlte eine Angst, so furchtbar – so furchtbar – – – Da schnaufte es an meiner Seite. »Swallow, du treuer, wackerer – bist du's?« – Hier ist das Ufer – – – wieder in den Sattel – ich komme nicht hinauf – es ist, als sei mir das innerste Mark verdorrt – – Herr Gott, hilf, ich kann nicht liegen bleiben – – noch einmal; es gelingt – – »Swallow, fort – fort – – wohin du willst, nur hinaus, hinaus aus diesem Höllenbrande!«

Es ging weiter, nur das wußte ich; wohin, danach fragte ich nicht. Die Augen lagen mir wie geschmolzenes Metall in ihren Höhlen, und das von ihnen aufgefangene Licht wollte mir das Hirn verbrennen; die Zunge strebte zwischen den trockenen Lippen hervor; ich hatte durch den ganzen Körper ein Gefühl, als bestehe er aus glimmendem Schwamme, dessen lockere Asche jeden Moment auseinanderfallen könne. Das Pferd unter mir schnaubte und stöhnte mit fast menschlichem Wehelaute; es lief, es sprang, es kletterte, es schoß über Felsen, Vorsprünge, Risse, Kanten und Spitzen mit tiger-, mit schlangenartigen Bewegungen. Ich hatte mit der Rechten seinen Hals umklammert und hielt mit der Linken noch immer den Knaben fest. Noch einen Satz, einen weiten, fürchterlichen Satz – endlich, endlich ist die Felswand überwunden – noch einige hundert Schritte vom Feuer hinweg und in die Prairie hinein, und Swallow blieb stehen; ich sank von ihm zur Erde nieder.

Die Aufregung, die Ueberanstrengung war so groß, daß sie die Ohnmacht besiegte, die sich meiner bemächtigen wollte. Ich raffte mich langsam wieder empor, schlang die Arme um den Hals des treuen, unvergleichlichen Tieres, welches an allen Gliedern zitterte, und küßte es unter konvulsivischem Weinen mit einer Inbrunst, wie wohl selten ein Liebender die Auserwählte seines Herzens geküßt hat.

»Swallow, du Köstlicher, ich danke dir, du hast mich, du hast uns beide erhalten. Diese Stunde soll dir nie vergessen werden!«

Der Himmel glänzte blutigrot, und der Brodem des entfesselten Elements ruhte in dichten, schwarzen, von purpurnen Strahlen durchbrochenen Ballen über dem Herde der Verwüstung. Aber ich hatte keine Zeit zu diesen Betrachtungen, denn vor mir lag, das Messer noch immer krampfhaft festhaltend, Harry, bleich, kalt und starr, so daß ich ihn tot glaubte, ertrunken in den Fluten des Wassers, während ich ihn den Flammen entreißen wollte.

Seine Kleidung war durchnäßt und legte sich eng an die leblosen Glieder; auf dem erbleichten Angesichte spielten die düsteren Reflexe der über den Rand der Ebene emporsprühenden Feuerstrahlen. Ich nahm ihn in die Arme, strich ihm das Haar über die Stirn, rieb ihm die Schläfe, legte, um seiner regungslosen Brust Atem zu geben, meinen Mund auf seine Lippen, kurz, tat alles, was ich in meiner eigenen Hilflosigkeit zu tun vermochte, um ihn in das Leben zurückzurufen.

Da – endlich – ging ein Zittern über seinen Körper, erst leise, dann immer bemerkbarer; ich fühlte das Klopfen seines Herzens und den Hauch des wieder erwachten Odems. Er erwachte, öffnete weit, weit das Auge und starrte mir mit einem unbeschreiblichen Ausdrucke in das Gesicht. Dann belebte sich der wiederkehrende Blick, und mit einem lauten Schrei sprang er empor.

»Wo bin ich – wer seid Ihr – was ist geschehen?« rief er aus.

»Ihr seid gerettet aus der Glut da unten!«

Bei dem Klange meiner Stimme und dem Anblicke des noch immer hochlodernden Brandes kehrte ihm die Besinnung wieder vollständig zurück.

»Glut –? Da unten –? Herrgott, es ist wahr, das Tal hat gebrannt, und Forsters – –«

Als besinne er sich bei dem letztgenannten Namen auf die Gefahr, in welcher er die Verwandten zurückgelassen hatte, erhob er drohend den Arm.

»Herr, Ihr seid ein Feigling, ein elender Feigling, ein Coyote, wie Ihr schon gehört habt! Ihr konntet sie retten, alle, alle, aber Ihr seid geflohen, wie der Schakal flieht vor dem Gebell eines elenden Hundes. Ich – verachte Euch! Ich – – muß fort, fort zu ihnen!«

Er wollte fort. Ich hielt ihn bei der Hand fest.

»Bleibt! Es ist nichts mehr zu tun; Ihr lauft nur in Euer eigenes Verderben!«

»Laßt mich. Ich habe mit Euch, Memme, nichts zu schaffen!«

Er riß seine Hand los und stürzte fort. Ich fühlte einen kleinen Gegenstand zwischen meinen Fingern. Es war ein Ring, den er sich bei dem kräftigen Rucke abgestreift hatte.

Ich folgte ihm; aber schon war er im Schatten der steil abfallenden Klippen verschwunden. Ich konnte dem Knaben nicht zürnen. Er war noch jugendlich, und die Katastrophe hatte ihm die Ruhe geraubt, welche zu einem richtigen Urteile stets unerläßlich ist. Ich steckte also den Ring zu mir und setzte mich nieder, um von der fürchterlichen Anstrengung auszuruhen, die Nacht hier zu bleiben und den Anbruch des Morgens zu erwarten, denn früher war es unmöglich, hinab in den Bluff zu gelangen.

Noch zitterten alle meine Nerven, und das Tal, in welchem noch immer die Petroleumglut lohte, kam mir wie eine Hölle vor, der ich entkommen war. Der alte Anzug, den ich getragen hatte, fiel mir wie Zunder vom Leibe; ich zog den neuen an, der beim Durchreiten des Flusses naß geworden und infolgedessen unversehrt geblieben war.

Swallow lag ganz in meiner Nähe; es gab da Gras, aber er fraß nicht; das brave Tier war ebenso oder noch mehr angegriffen als ich selbst. Was war aus den Bewohnern des Tales geworden? Diese Frage ließ mich nicht schlafen, obgleich ich der Ruhe sehr bedurfte. Ich wachte während der ganzen Nacht und trat wiederholt hart an den Rand des Bluffs, um hinabzublicken. Das Feuer hatte nicht mehr den früheren Umfang, die vorherige Ausdehnung, gewährte aber dennoch einen Anblick, den ich nie vergessen werde. Das Petroleum stieg in einer starken und wohl dreißig Ellen hohen Fontäne aus dem Bohrloche in die Luft empor; dieser Oelstrahl brannte, zerstob oben in einzelne Garben und tausend sprühende Funken, fiel zur Erde nieder und rann dann als doppelt manneshoch loderndes Feuerband dem Flusse zu, dessen ganze Breite sofort einnehmend.

So blieb es bis zum Morgen, und so mußte es bleiben und brennen, so lange noch Oel aus dem Bohrloche floß, wenn es nicht gelang, den Brand zu löschen. Das Tageslicht milderte die Intensivität der Flammen; als ich jetzt wieder hinunterblickte, sah ich, daß außer einem kleinen Häuschen, welches ganz oben an der höchsten Stelle des Tales lag, wohin das Feuer nicht hatte kommen können, alles, alles verschwunden war. Das Wohnhaus, die Fabrikanlagen und alle sonst dagewesenen Gebäude waren samt den Vorräten ein Raub der Flammen geworden. Der ganze Bluff sah bis hinauf zur obersten Felsenkante schwarz aus und bot den Anblick einer riesigen, rußüberzogenen Pfanne, deren Inhalt ein unaufmerksamer Koch verkohlen ließ.

Vor dem erwähnten, allein geretteten Häuschen standen einige Menschen, bei denen ich Harry sah. Der verwegene Knabe hatte es also gewagt, während der Nacht da hinunterzusteigen. Jetzt, am Tage, war es kinderleicht, dies zu tun. Ich hatte den Pfad vor mir, welcher uns gestern bei unserm Kommen hinabgeführt hatte, und folgte ihm auch heute. Dabei sah ich, daß Harry, nach mir heraufzeigend, die Andern auf mich aufmerksam machte. Ein Mann ging in das Häuschen und kam nach wenigen Augenblicken mit einem Gewehr wieder heraus. Er ging mir bis vor das jenseitige Ufer des Flusses, wo er stehen blieb, entgegen, wartete da, bis ich an dem diesseitigen angekommen war, und rief dann zu mir herüber:

»Halloo, Mann, was treibt Ihr noch hier in unserm Orte? Macht Euch fort, wenn Ihr nicht eine Kugel zwischen den Rippen haben wollt!«

»Ich bin dageblieben, um Euch zu helfen, so viel es möglich ist,« antwortete ich hinüber.

»Weiß schon!« lachte er höhnisch. »Solche Hilfe kennt man ja!«

»Auch muß ich mit dem Knaben Harry reden.«

»Das dürfte Euch schwer fallen.«

»Ich habe ihm etwas zu geben.«

»Macht mir nichts weis! Möchte wissen, was so ein Kerl zu geben hätte! Erst feig und ehrlos zum Erbarmen, und dann steckt er aus Rache das Petroleum in Brand!«

Ich war für den Augenblick nicht eines Wortes fähig; ich ein Mordbrenner! Er mochte mein Schweigen für eine Folge des bösen Gewissens halten, denn er fuhr fort:

»Seht, wie Ihr erschreckt! Ja, wir wissen gar wohl, woran wir sind. Wenn Ihr nicht augenblicklich geht, bekommt Ihr eine Kugel!«

Er legte das Gewehr auf mich an. Da rief ich zornig hinüber:

»Was fällt Euch ein, Mann! Von einer Brandstiftung kann keine Rede sein; die Oelgase haben sich an euren Lampen und Lichtern entzündet: das furchtbare Unglück ist eine Folge eurer eignen Nachlässigkeit.«

»Weiß schon, weiß! Fort mit Euch! Oder soll ich schießen?«

»Hätte ich denn mit eigener Lebensgefahr den Knaben gerettet, wenn ich der Täter wäre?«

»Ausrede! Wenn Ihr gewollt hättet und nicht geflohen wäret, wären sie alle gerettet worden; nun aber sind sie alle verbrannt, elendiglich verbrannt! Hier habt Ihr Euren Lohn!«

Er schoß nach mir. Die Entrüstung hielt mich an der Stelle fest, wo ich stand; ich machte keine Bewegung, der Kugel zu entgehen, und das war gut, denn er hatte schlecht gezielt; ich wurde nicht getroffen. Meine Finger zuckten, ihm eine sichere Kugel als Antwort zu geben; ich tat dies aber natürlich nicht, drehte mich um und stieg langsam wieder empor, ohne mich ein einziges Mal nach dem Manne umzusehen. Oben angekommen, setzte ich mich auf das Pferd und ritt fort. Wenn man, anstatt als Lebensretter Dank zu erhalten, eines Verbrechens beschuldigt wird, so schüttelt man den Staub von den Füßen.

Einige Tage später erreichte ich die Gravel-Prairie, wo ich eine ganze Woche auf Winnetou zu warten hatte. Not zu leiden hatte ich während dieser Zeit nicht, denn es gab Wild in Menge. Und einsam und langweilig konnte mir die Gegend auch nicht vorkommen, denn es tummelten sich mehrere Trupps von Sioux da herum, so daß ich mich fortwährend auf dem *Quivive* befand, nicht von ihnen entdeckt zu werden. Als dann Winnetou kam und ich ihm die Anwesenheit der Roten meldete, war er mit mir einverstanden, sogleich weiter zu reiten.

Ich freute mich außerordentlich darauf, Old Firehand, diesen berühmten Westmann, zu sehen, und war bereit, von ihm noch viel, sehr viel zu lernen. Der Weg zu ihm war kein ungefährlicher; das bemerkten wir schon am nächsten Tage, als wir auf die Fährte eines Indianers trafen, der wohl kaum etwas anderes als ein Kundschafter sein konnte.

Ich untersuchte den Boden sorgfältig. Das Pferd des Indianers war angepflockt gewesen und hatte die halbdürren Büschel des Prairiegrases abgefressen; der Reiter hatte am Boden gelegen und mit dem Köcher gespielt. Dabei war ihm der Schaft eines Pfeiles zerbrochen, und er hatte die beiden Bruchstücke ganz gegen die gewöhnliche Vorsicht der Indianer liegen lassen. Ich hob sie auf, um sie zu betrachten. Es war kein Jagd-, sondern ein Kriegspfeil gewesen.

»Er befindet sich auf dem Kriegspfade,« sagte ich; »aber er ist noch jung und unerfahren, sonst hätte er die verräterischen Stücke versteckt, und die Spuren seines Fußes sind nicht die eines erwachsenen Mannes.«

Ein Blick auf die weiterlaufenden Eindrücke genügte, uns zu zeigen, daß der Mann erst vor Kurzem den Platz wieder verlassen habe; denn die Kanten derselben waren noch scharf, und die gestreiften oder zerdrückten Halme hatten sich noch nicht vollständig wieder erhoben.

Wir folgten der Spur weiter, bis die Schatten länger und länger wurden; der Abend begann zu dunkeln, und wir waren nun gezwungen, abzusteigen, wenn wir die Fährte nicht verlieren wollten. Aber ehe ich vom Pferde stieg, griff ich zum Fernrohre, um die Ebene vorher noch einmal abzusuchen.

Wir hielten gerade auf einer der zahlreichen, wellenförmigen Erhebungen, welche sich in jenem Teile der Prairie wie die Wogen eines erstarrten Meeres aneinander legen, und es war mir deshalb ein ziemlich freier Ausblick gestattet.

Kaum hatte ich das Glas am Auge, so fiel mir eine lange, gerade Linie auf, welche sich von Osten her längs des nördlichen Horizontes bis zum entferntesten westlichen Punkte hinzog. Voll Freuden gab ich Winnetou das Rohr und zeigte ihm die Richtung an, in welche er es zu führen hatte. Nachdem er einige Zeit hindurchgesehen, zog er es mit einem überraschten ›Uff‹ wieder ab und blickte mich mit fragendem Ausdrucke an.

»Weiß mein Bruder, was für ein Pfad das ist?« sagte ich. »Es ist nicht der Weg des Buffalo, auch hat ihn nicht der Fuß des roten Mannes ausgetreten.«

»Ich weiß es. Kein Büffel kann die Strecke laufen, welche dieser Pfad durchführt, und kein Indsman vermag, ihn durch die Prairie zu ziehen. Es ist der Pfad des Feuerrosses, welches wir heute noch sehen werden.«

Rasch hob er das Rohr wieder empor und betrachtete mit regem Interesse den durch die Linsen nahegerückten Schienenstrang. Plötzlich aber ließ er das Rohr sinken, sprang vom

Pferde und zog es raschen Laufes hinunter in das Wellental.

Natürlich mußte dieses Beginnen einen sehr triftigen Grund haben, und ich ahmte deshalb sein Verhalten ohne Verzug nach.

»Da drüben am Pfade des Feuerrosses liegen rote Männer,« rief er. »Sie stecken hinter dem Rücken der Erhebung; aber ich sah eines ihrer Pferde!«

Er hatte wohlgetan, unseren erhöhten Standpunkt sofort zu verlassen, da wir auf demselben leicht bemerkt werden konnten. Zwar war die Entfernung selbst für das scharfe Gesicht eines Indianers eine sehr bedeutende; aber ich hatte während meiner Streifereien mehrere Male in den Händen dieser Leute Fernrohre gesehen. Die Kultur schreitet eben unaufhaltsam vorwärts, und indem sie den Wilden immer weiter zurückdrängt, bietet sie ihm doch die Mittel, sich bis zum letzten Manne gegen ihre Gewalt zu verteidigen.

»Was sagt mein Bruder zu der Absicht dieser Leute?« fragte ich.

»Sie werden den Pfad des Feuerrosses zerstören wollen,« antwortete er.

»Das ist meine Ansicht auch. Ich werde sie einmal beschleichen.«

Das Rohr aus seiner Hand nehmend, forderte ich ihn auf, mich hier zu erwarten, und schlich mich vorsichtig vorwärts.

Obgleich ich fest überzeugt sein konnte, daß sie von unserer Nähe keine Ahnung hatten, suchte ich soviel wie möglich Deckung zu behalten und gelangte dadurch so weit an sie heran, daß ich, am Boden liegend, sie zählen und beobachten konnte.

Es waren ihrer dreißig, sämtlich mit den Kriegsfarben bemalt und sowohl mit Pfeilen als auch mit Feuerwaffen bewehrt. Die Zahl der angepflockten Pferde war bedeutend höher, und dieser Umstand bekräftigte meine Ansicht, daß sie Beute machen wollten.

Da hörte ich einen leisen Atemzug hinter mir. Rasch das

Messer ziehend, drehte ich mich um. Es war Winnetou, den es nicht bei den Pferden gelitten hatte.

»Uff!« klang es von seinen Lippen. »Mein Bruder ist sehr kühn, so weit voranzugehen. Es sind Ponkas, die kühnsten der Sioux, und dort liegt Parranoh, der weiße Häuptling.«

Erstaunt sah ich ihn an.

»Der weiße Häuptling?«

»Hat mein Freund noch nichts gehört von Parranoh, dem grausamen Häuptling der Atabaskah? Niemand weiß, wo er hergekommen ist; aber er ist ein gewaltiger Krieger und im Rate des Stammes unter die roten Männer aufgenommen worden. Als die grauen Häupter alle zu Manitou, dem großen Geiste, gegangen waren, hat er das Calumet des Häuptlings erhalten und viele Skalps gesammelt. Dann ist er aber von dem bösen Geist verblendet worden, hat seine Krieger wie Niggers behandelt und fliehen müssen. Jetzt wohnt er im Rate der Ponkas und wird sie zu großen Taten führen.«

»Kennt mein Bruder sein Angesicht?«

»Winnetou hat seinen Tomahawk mit ihm gemessen; aber der Weiße ist voller Tücke; er kämpft nicht ehrlich.«

»Er ist ein Verräter; ich sehe es. Er will das Feuerroß halten und meine Brüder töten und berauben.«

»Die weißen Männer?« fragte er erstaunt. »Er trägt doch ihre Farbe! Was wird mein Freund tun?«

»Er wird warten und sehen, ob Parranoh den Pfad des eisernen Rosses zerstört, und dann seinen weißen Brüdern entgegenreiten, um sie zu warnen.«

Er nickte. Damals kam es nicht selten vor, daß weiße oder rote Halunken Züge zum Entgleisen brachten, um sie zu berauben. Ich werde hiervon noch zweimal zu erzählen haben.

Das Dunkel des Abends senkte sich immer tiefer herab, so daß es immer schwieriger wurde, die feindlichen Gestalten im Auge zu behalten. Ich mußte über das Tun der Indianer genau unterrichtet sein und bat Winnetou, zu den Pferden zurückzukehren und dort auf mich zu warten. Er fügte sich meinem Verlangen, nachdem er mir gesagt hatte:

»Wenn mein Bruder in Gefahr ist, so mag er den Schrei des

Prairiehuhnes ausstoßen. Ich werde dann kommen, ihm zu helfen.«

Er bewegte sich vorwärts, und ich schlug, immer am Boden kriechend und aufmerksam jedes Geräusch beachtend, eine schräge Richtung nach dem Bahnkörper ein. Lange dauerte es, ehe ich ihn erreichte. Dann aber überkroch ich ihn und hielt auf seiner andern Seite mit verdoppelter Vorsicht auf die Stelle zu, an welcher ich die Ponkas gesehen hatte. Ich gelangte glücklich in ihre Nähe und bemerkte, daß sie sich bei der Arbeit befanden. Es gab in dieser Gegend, was sonst in der Prairie selten ist, große Steine. Darum wohl hatten die Ponkas diese Stelle zur Ausführung ihres Vorhabens ausersehen. Ich hörte, daß sie Steine auf die Schienen häuften, und es mußten sehr große und schwere sein, wie ich aus dem tiefen Atem der Träger schloß.

Hier war nicht die mindeste Zeit zu versäumen, und nachdem ich nur eine kurze Strecke rückwärts geschlichen war, erhob ich mich und sprang den Weg zurück, welchen ich gekommen war. Ich kannte den Punkt der Bahnstrecke nicht, an welchem wir uns befanden, und wußte ebensowenig die Zeit, in welcher ein Zug vorüberkommen mußte, doch erriet ich die Richtung, aus welcher er zu erwarten war. Das konnte alle Augenblicke geschehen, und zur Warnung war ein bedeutender Vorsprung nötig. Ich befand mich in einer nicht unbedeutenden Aufregung und wäre von Winnetou, an welchen ich fast anrannte, beinahe verkannt und niedergestochen worden.

Nach einigen Worten der Verständigung saßen wir zu Pferde und bewegten uns in scharfem Trabe längs des Schienengeleises nach Osten zu. Ein wenig Mondenschein wäre uns jetzt zwar willkommen gewesen, aber der klare Schimmer der Sterne genügte ja auch so ziemlich, uns die Strecke erkennen zu lassen.

Eine Viertelstunde verging und noch eine. Gefahr für den herannahenden Zug war also nicht mehr zu befürchten, sobald es nur gelang, uns bemerklich zu machen. Aber besser noch war es, wenn dies ohne Wissen der Indianer geschehen konnte, und bei dem platten Terrain war das durchdringende Licht, wie es die amerikanischen Maschinen bei sich führen, auf mehrere Meilen weit bemerklich. Also ließen wir die Pferde laufen und legten so, wortlos nebeneinander haltend, noch eine ansehnliche Strecke zurück.

Jetzt schien es mir an der Zeit. Ich hielt an und sprang vom Pferde. Winnetou tat dasselbe. Nachdem die Tiere gehörig gefesselt waren, sammelte ich einen Haufen ausgedörrten Grases, dessen trockenste Teile ich zu einer Art Fackel zusammendrehte. Mit Hilfe einigen aufgestreuten Pulvers war dieselbe leicht in Brand zu stecken, und nun konnten wir das Kommende ruhig erwarten.

Auf unseren Decken gelagert, lauschten wir in die Nacht hinein und verwandten fast kein Auge von der Richtung, aus welcher der Zug kommen mußte.

Da, nach einer kleinen Ewigkeit, blitzte in weiter, weiter Ferne ein Licht auf, erst klein und kaum wahrnehmbar, aber nach und nach immer größer werdend. Dann machte sich das Nahen der Wagen durch ein immer vernehmlicher werdendes Rollen bemerklich, welches nach und nach zu einem Geräusche anwuchs, das dem Grollen eines entfernten Donners glich.

Der Augenblick war gekommen. Einen blendenden Lichtkeil vor sich herwerfend, brauste der Zug heran. Ich zog den Revolver und drückte auf die Lunte los. Im Nu flammte das Pulver auf und brachte das dürre Gras in glimmenden Brand. Die Lunte schwingend, versetzte ich sie in helle Flamme und gab mit dem andern Arme das Zeichen zum Halten.

Der Maschinist mußte das Zeichen durch die Glastafeln des Wetterschutzes sofort bemerkt haben; denn schon nach den ersten Schwingungen des Brandes ertönte ein sich scharf wiederholender Pfiff, fast in demselben Augenblicke wurden die Bremsen angezogen und mit donnerndem Dröhnen flog die Wagenreihe an uns vorüber. Ich gab Winnetou ein Zeichen, mir zu folgen, und sprang dem seine Geschwindigkeit zusehends verringernden Zuge nach.

Endlich hielt er. Ohne zunächst die sich von ihren erhöhten Plätzen herabbeugenden Beamten zu beachten, eilte ich an den Wagen vorüber bis vor die Lokomotive, warf meine Decke, welche ich vorsorglich in die Hand genommen hatte, über den Reflektor und rief zu gleicher Zeit mit möglichst lauter Stimme:

»Lichter aus!«

Sofort verschwanden die Laternen. Die Angestellten der Pazificbahn sind ein geistesgegenwärtiges und schnell gefaßtes Völkchen.

»*'sdeath!*« rief es von der Maschine herab; »warum verdeckt Ihr unsere Flamme, Mann? Ich hoffe nicht, daß da vorn irgend etwas los ist!«

»Wir müssen im Finstern sein, Sir,« antwortete ich; »es sind Indianer vor uns, welche den Zug entgleisen lassen wollen.«

»Alle Teufel! Wenn das so ist, so seid Ihr der bravste Kerl, der jemals durch dieses verfluchte Land stolperte.« Und zur Erde herabspringend, drückte er mir die Hand, daß ich hätte aufschreien mögen.

In einigen Augenblicken waren wir von den wenigen Passagieren umringt, welche sich in dem Zuge befunden hatten.

»Was ist's? – was gibt's? – warum halten wir?« rief es rund im Kreise.

Mit kurzen Worten erklärte ich ihnen die Verhältnisse und brachte dadurch eine nicht geringe Aufregung unter den Männern hervor.

»Gut, sehr gut!« rief der Ingenieur. »Zwar bringt das eine Störung im Betriebe hervor; aber das hat nichts zu sagen gegen die prächtige Gelegenheit, den roten Halunken einmal Eins aufs Fell zu brennen. Glücklicherweise sind wir zwar nur wenig Leute, aber alle gut bewaffnet. Wißt Ihr, wieviel Rote es sind?«

»Dreißig Ponkas habe ich gezählt.«

»*Well!* So nehmen wir es gut und gern mit ihnen auf. Aber was steht denn da drüben für ein Mann? Bei Gott, eine Rothaut!«

Er griff in den Gürtel und wollte sich auf Winnetou stürzen, welcher mir gefolgt war und nun in aufrechter, zuwartender Haltung seitwärts im Halbdunkel stand.

»Bleibt ruhig hier, Sir! Es ist mein Jagdgenosse, der sich freuen wird, die kühnen Reiter des Feuerrosses kennen zu lernen.«

»Das ist was Anderes. Ruft den Mann her! Wie heißt er?«

»Es ist Winnetou, der Häuptling der Apachen.«

»Winnetou?« rief es da laut im Hintergrunde, und ein Mann drängte sich hastig durch die Umstehenden. »Winnetou, der große Häuptling der Apachen ist hier?«

Es war ein Mann von wahrhaft riesigen Körperformen, wie ich in der Dunkelheit erkennen konnte; auch schien er mir nicht die Kleidung der ihm rasch Platz machenden Beamten und Reisenden, sondern das Gewand eines Prairiejägers zu tragen. Er stellte sich vor den Häuptling und fragte mit hörbar freudigem Tone:

»Hat Winnetou die Gestalt und die Stimme seines Freundes vergessen?«

»Uff!« antwortete mit ebensolcher Freude der Gefragte. »Wie kann Winnetou vergessen Old Firehand, den größten unter den weißen Jägern, obgleich er ihn seit vielen Monden nicht gesehen habe!«

»Glaub's, glaub's, mein lieber Bruder – geht mir mit dir ja ebenso; aber –«

»Old Firehand?« rief's, ihn unterbrechend, rund im Kreise, und fast ehrerbietig traten die Anwesenden einen Schritt von dem Genannten zurück, diesem berühmtesten unter den Indianerfeinden, an dessen Person sich die Erzählung von fast unglaublichen Kühnheiten knüpfte, so daß ihn der Aberglaube der Prairiejäger mit einem durch immer neue Berichte wachsenden Nimbus umgab.

»Old Firehand?« rief auch der Ingenieur. »Warum habt Ihr mir Euern Namen nicht genannt, als Ihr aufstieget, Mann? Ich hätte Euch einen besseren Platz angewiesen, als jedem Andern, den man aus Gefälligkeit ein Stück mit in den Westen hineinnimmt!«

»Danke, Sir; war gut genug! Aber laßt uns die kostbare

Zeit nicht verschwatzen, sondern beraten, was wir gegen die Indsmen vorzunehmen haben.«

Sofort gruppierte sich alles, als wäre er selbstverständlich derjenige, dessen Ansicht die beste sei, um ihn, und ich mußte meinen Bericht eingehender wiederholen.

»So seid Ihr also Winnetous Freund?« fragte er, als ich geendet hatte. »Ich mag so leicht nicht von Jemandem was wissen; aber wem der seine Achtung schenkt, der kann auch auf mich rechnen. Hier habt Ihr meine Hand!«

»Ja, er ist mein Freund und Bruder,« erklärte Winnetou. »Wir haben das Blut der Vereinigung miteinander getrunken.«

»Das Blut getrunken?« fragte Old Firehand schnell, indem er näher zu mir herantrat, um mich zu betrachten. »So ist dieser Mann wohl gar – – wohl gar – – –«

»Old Shatterhand, unter dessen Faust jeder Gegner zusammenbricht,« ergänzte Winnetou.

»Old Shatterhand, Old Shatterhand!« riefen die Umstehenden, indem sie sich an mich drängten.

»Ihr seid Old Shatterhand?« fragte der Ingenieur in frohem Tone. »Old Firehand, Old Shatterhand und Winnetou! Welch ein glückliches Zusammentreffen! Die drei berühmtesten Männer des Westens, die drei Unüberwindlichen! Nun kann es uns ja gar nicht fehlen! Nun sind die roten Kanaillen verloren! Mesch'schurs, sagt uns nur, was wir tun sollen, wir werden euch gehorchen.«

»Es sind dreißig rote Lumpen,« antwortete Old Firehand, »mit denen wir gar keine Umstände machen werden. Wir schießen sie alle über den Haufen.«

»Sie sind Menschen, Sir,« warf ich ein.

»Vertierte Menschen, ja,« entgegnete er. »Ich habe genug von Euch gehört, um zu wissen, daß Ihr selbst in der größten Gefahr noch nachsichtig mit diesen Kerlen seid; ich aber bin ganz anderer Meinung. Wenn Ihr erlebt hättet, was ich erlebt habe, so würde niemand von Old Shatterhand, dem Schonungsvollen, erzählen können. Und da diese Sippe von Parranoh, dem abtrünnigen und hundertfachen Mörder, angeführt wird, so soll mein Tomahawk sie erst recht nun alle, alle fressen! Ich habe eine Rechnung mit ihm auszugleichen, eine Rechnung, welche mit Blut geschrieben ist!«

»Howgh!« stimmte der sonst so milde Winnetou bei. Er mußte triftige Gründe haben, ganz gegen seine Gewohnheit heut einmal eine strengere Anschauung der meinigen vorzuziehen.

»Ihr habt sehr recht, Sir,« erklärte auch der Ingenieur; »Schonung würde hier Sünde sein. Also sagt, welchen Plan Ihr hegt!«

»Das Zugpersonal hat bei den Waggons zu bleiben. Ihr seid Beamte, die wir nicht mit in den Kampf verwickeln dürfen. Aber die andern Gentlemen können sich alle das Vergnügen machen, an dem Abenteuer teilzunehmen und den Kerls die Lehre beizubringen, daß es nicht geraten ist, einen Bahnzug auszurauben. Wir schleichen uns im Dunkeln stracks auf sie zu und fallen über sie her. Da sie keine Ahnung davon haben, wird der Schreck noch weit größere Wirkung als ihre Waffen haben. Sobald wir sie verjagt haben, geben wir ein Feuerzeichen, auf welches der Zug nachfolgen kann, aber langsam, denn wir wissen nicht, ob es uns bis zu seiner Ankunft gelingen wird, die Hindernisse wegzuräumen. Also wer will mit?«

»Ich, ich, ich – – –!« riefen alle, welche außer dem Zugpersonal anwesend waren. Keiner wollte sich ausschließen.

»So nehmt eure Waffen, und kommt! Wir haben keine Zeit zu versäumen, denn die Roten wissen jedenfalls, wann der Zug zu kommen hat, und wenn er zögert, können sie leicht mißtrauisch werden.«

Wir brachen auf, Winnetou und ich als Führer voran. Tiefe Stille lag über der Gegend, denn wir bemühten uns, alles und selbst das leiseste Geräusch zu vermeiden. Nichts verriet, daß der auf der weiten Ebene ruhende scheinbare Frieden die Vorbereitung zu einer blutigen Katastrophe in sich berge.

Zunächst legten wir eine ansehnliche Strecke in aufrechter, bequemer Stellung zurück, dann aber, nachdem wir die Nähe des mutmaßlichen Kampfplatzes erreicht hatten, legten wir uns nieder und krochen, Einer hinter dem Andern, auf Händen und Füßen an der Böschung entlang.

Der Mond war mittlerweile aufgegangen und warf ein ruhiges, klares Licht über die Gegend, so daß es möglich war, in sehr geraume Entfernung zu blicken. Diese Helligkeit erschwerte zwar das Anschleichen, war uns aber in anderer Beziehung wieder von Vorteil. Bei der Gleichheit der Hebungen und Senkungen des Bodens wäre es uns im Dunkel nicht leicht geworden, den Ort genau zu bestimmen, an welchem wir die Ponkas gesehen hatten, und möglicherweise konnten wir also ganz unversehens auf sie stoßen; das war jetzt nicht zu befürchten.

Von Zeit zu Zeit im Vorwärtsdringen einen Augenblick innehaltend und mich vorsichtig erhebend, warf ich einen forschenden Blick über den Damm hinaus und gewahrte jetzt auf der seitwärts liegenden Erhöhung eine Gestalt, welche sich leicht kenntlich am Horizonte abzeichnete. Man hatte also jetzt eine Wache ausgestellt, und wenn der Mann sein Augenmerk nicht bloß in die Ferne auf den von ihm erwarteten Bahnzug, sondern auch auf die nähere Umgebung richtete, so mußte er uns unbedingt bemerken.

Nach wenigen Minuten konnten wir die Uebrigen sehen, welche bewegungslos am Boden lagen. Eine kurze Strecke hinter ihnen hielten die angekoppelten Pferde, ein Umstand, der einen plötzlichen Ueberfall sehr erschwerte, da die Tiere leicht zu Verrätern werden konnten. Zu gleicher Zeit erblickte ich die Vorrichtung, welche die Indianer getroffen hatten, um den Zug aufzuhalten. Es waren noch mehr Steine, als wir vorhin gesehen hatten, auf das Geleis gelegt worden, und mit Schaudern dachte ich an das Schicksal, welches die Insassen der Wagen hätte treffen müssen, wenn das Vorhaben der Wilden nicht von uns bemerkt worden wäre.

Wir setzten unsere Bewegung so lange fort, bis wir uns der Truppe gerade gegenüber befanden, und blieben nun, die Waffen zum sofortigen Gebrauch bereit haltend, erwartungsvoll liegen.

Die Aufgabe war jetzt, zunächst den Posten unschädlich

zu machen, ein Vornehmen, welches ich kaum einem andern als Winnetou zutraute. Der Mann konnte im hellen Mondschein die geringste Kleinigkeit seiner Umgebung genau erkennen und mußte bei der ringsum herrschenden Ruhe das leiseste Geräusch bemerken. Und selbst wenn es gelang, ihn zu überraschen, so war es doch, um ihn durch einen gutgeführten Messerstich unschädlich zu machen, notwendig, aufzuspringen, und dann mußte man ja sofort von den Andern gesehen werden. Dennoch übernahm Winnetou bereitwillig die Lösung dieses schwierigen Problemes. Er schlich sich fort, und kurze Zeit später sahen wir den Posten plötzlich wie in den Boden hinein verschwinden, im nächsten Augenblicke aber schon wieder in seiner früheren Haltung aufrecht stehen. Nur einen einzigen, blitzschnellen Moment hatte diese Bewegung in Anspruch genommen; aber ich wußte sogleich, was sie zu bedeuten hatte. Der jetzt scheinbar Wache Haltende war nicht mehr der Ponka, sondern Winnetou. Er mußte sich unmittelbar an den Posten geschlichen haben und war in demselben Augenblicke, an welchem Letzterer von dem Andern bei den Füßen niedergerissen und sofort eines Lautes unfähig gemacht wurde, kerzengrad in die Höhe gefahren.

Das war wieder eines seiner bewundernswerten Indianerstücke, und da die Feinde in ihrer Unbeweglichkeit verharrten, so mußte der Vorgang ihnen entgangen sein. Das Schwerste war somit glücklich vollbracht, und nun konnten wir den Angriff beginnen.

Aber noch war das Zeichen dazu nicht gegeben, da krachte hinter mir ein Schuß. Ein Unvorsichtiger von unsern Leuten war mit dem Finger an den Drücker seines gespannten Revolvers gekommen. So wenig die Roten einen Angriff erwartet hatten, sie ließen sich doch nicht aus der Fassung bringen. Wir sprangen infolge des vorzeitigen Schusses auf und auf sie zu. Sie sahen uns und eilten unter durchdringenden Schreien zu ihren Pferden, um zunächst schnell aus unserer Nähe zu kommen und dann in gesicherter Stellung einen Entschluß zu fassen.

»*Have care!*« rief Old Firehand. »Schießt auf die Pferde, daß die Kerls herunter müssen, und dann drauf!«

Unsere Salve krachte, und sogleich bildete die Schar der Indsmen einen wirren Knäuel von gestürzten Pferden mit niedergerissenen Indianern und von Reitern, welche zu entkommen suchten. Dieses Letztere zu verhindern, wurde mir durch meinen Henrystutzen leicht. Sobald ein Ponka ausbrechen wollte, gab ich seinem Pferde eine Kugel, die es niederwarf.

Old Firehand und Winnetou hatten sich sofort, ihre Tomahawks schwingend, auf den Knäuel geworfen; auf eine kräftige Hilfe seitens der andern Weißen hatte ich im Stillen gleich von vornherein nicht gerechnet, und nun sah ich, daß diese Voraussetzung richtig gewesen war. Sie pafften mit ihren Revolvern und sonstigen Schießzeugen von weitem auf die Indianer los, meist ohne zu treffen, und rissen schmählich aus, als einige Rote brüllend auf sie zusprangen.

Als ich meine letzte Kugel verschossen hatte, legte ich den Bärentöter und den Stutzen weg, zog den Tomahawk und eilte an die Seite von Old Firehand und Winnetou. Wir Drei waren die einzigen, welche eigentlich gegen die Ponkas kämpften.

Winnetou kannte ich genugsam und ließ ihn also unbeachtet; mit Gewalt dagegen drängte es mich in die Nähe von Old Firehand, dessen Anblick mich an jene alten Recken mahnte, von denen ich als Knabe so oft und mit Begeisterung gelesen hatte. Mit auseinandergespreizten Beinen stand er grad und aufrecht da und ließ sich von uns die Indianer in das Schlachtbeil treiben, welches, von seiner riesenstarken Faust geführt, bei jedem Schlage zerschmetternd auf die Köpfe der Feinde sank. Die langen, mähnenartigen Haare wehten ihm um das entblößte Haupt, und in seinem, vom Monde hell beschienenen Angesichte sprach sich eine Siegesgewißheit aus, welche den Zügen einen geradezu befremdenden Ausdruck gab.

Ich sah Parranoh mitten im Haufen der Indianer und suchte, an ihn zu kommen. Mir ausweichend, kam er in die

Nähe des Apachen, wollte aber auch diesen vermeiden. Das sah Winnetou, sprang auf ihn ein und rief:

»Parranoh! Will der Hund von Atabaskah laufen vor Winnetou, dem Häuptling der Apachen? Der Mund der Erde soll sein Blut trinken, und die Kralle des Geiers soll zerreißen den Leib des Verräters; aber sein Skalp wird zieren den Gürtel des Apachen!«

Er warf den Tomahawk weit von sich, riß das Messer aus dem mit Kopfhäuten geschmückten Gürtel und packte den weißen Häuptling bei der Kehle. Aber er wurde von dem tödlichen Stiche abgehalten.

Als er gegen seine sonstige Gewohnheit sich mit so lautem Rufe auf den Ponka stürzte, hatte Old Firehand einen raschen Blick herüber geworfen, welcher das Gesicht des Feindes streifte. Trotz der Flüchtigkeit dieses Blickes aber hatte er doch ein Gesicht gesehen, das er haßte mit der tiefsten Faser seines Innern, welches er lange, lange Jahre mit fürchterlicher Anstrengung, aber vergebens gesucht hatte, und das ihm nun so unerwartet an diesem Orte vor die Augen kam.

»Tim Finnetey,« schrie er, schlug mit den Armen die Indianer wie Grashalme auseinander und sprang mitten durch sie hindurch auf Winnetou zu, dessen soeben zum Stoße erhobene Hand er packte. »Halt, Bruder, dieser Mann gehört mir!«

Vor Schrecken starr stand Parranoh, als er seinen eigentlichen Namen rufen hörte; kaum aber hatte er einen Blick in das Angesicht Old Firehands geworfen, so riß er sich von der Hand Winnetous, der seine Aufmerksamkeit geteilt hatte, los und stürmte wie von der Sehne geschnellt von dannen. Im Augenblicke machte auch ich mich von dem Indianer, mit welchem ich während dieser Szene im Kampfe stand, los und setzte dem Fliehenden nach. Zwar hatte ich für meine Person keinerlei Abrechnung mit ihm zu halten, aber selbst wenn er auch nicht als der eigentliche Urheber des beabsichtigten Ueberfalles Anrecht auf eine Kugel gehabt hätte, so wußte ich doch, daß er ein Todfeind Winnetous sei, und ebenso hatten mich die letzten Augenblicke belehrt, daß

Old Firehand an der Habhaftwerdung seiner Person gelegen sein müsse.

Beide hatten sich ebenfalls augenblicklich zur Verfolgung in Bewegung gesetzt; aber ich wußte, daß sie den Vorsprung, welchen ich vor ihnen hatte, nicht verringern würden, und mußte freilich auch zu gleicher Zeit bemerken, daß ich es mit einem außerordentlich guten Läufer zu tun hatte. Obgleich Old Firehand nach dem, was ich von ihm gehört hatte, ein Meister in allen Fertigkeiten, welche das Leben im Westen verlangt, sein mußte, so befand er sich doch schon nicht mehr in den Jahren, welche einen Wettlauf auf Tod und Leben begünstigen, und Winnetou hatte mir schon öfters eingestanden, daß er mich nicht einzuholen vermöge.

Zu meiner Genugtuung bemerkte ich, daß Parranoh den Fehler beging, ohne seine Kräfte gehörig abzumessen, Hals über Kopf immer gradaus zu rennen, und in seiner Bestürzung die gewöhnliche Taktik der Indianer, im Zickzack zu fliehen, nicht befolgte, während ich den Odem zu sparen suchte, und in vollständiger Berechnung meiner Kräfte und der möglichen Ausdauer die Anstrengung des Laufes abwechselnd von einem Beine auf das andere legte, eine Vorsicht, welche mir stets von Vorteil gewesen war.

Die beiden Andern blieben immer weiter zurück, so daß ich das Geräusch ihres Atems, welches ich erst dicht hinter mir gehört hatte, nicht mehr vernahm, und jetzt erscholl auch aus schon ziemlicher Entfernung die Stimme Winnetous.

»Old Firehand mag stehen bleiben! Mein junger, weißer Bruder wird die Kröte von Atabaskah fangen und töten. Er hat die Füße des Sturmes, und niemand vermag, ihm zu entkommen.«

So schmeichelhaft dieser Ruf für mich klang, ich konnte mich doch nicht umsehen, um zu gewahren, ob der grimme Jäger ihm auch Folge leiste. Zwar schien der Mond, aber bei der Trüglichkeit seines Schimmers mußte ich den Flüchtling immer fest im Auge behalten.

Bisher war ich ihm noch um keinen Schritt näher gerückt;

aber als ich jetzt bemerkte, daß seine Geschwindigkeit im Abnehmen begriffen sei, holte ich weiter aus, und in kurzer Zeit flog ich so nahe hinter ihm her, daß ich sein keuchendes Schnaufen vernahm. Ich hatte keine andere Waffe bei mir, als die beiden abgeschossenen Revolver und das Bowiemesser, welches ich jetzt zog. Das Beil hätte mich am Laufen gehindert und war deshalb schon nach den ersten Schritten von mir weggeworfen worden.

Da plötzlich sprang er zur Seite, um mich im vollen Jagen an sich vorüberschießen zu lassen und dann von hinten an mich zu kommen; aber ich war natürlich auf dieses Manöver gefaßt und bog in ebendemselben Momente seitwärts, so daß wir mit voller Gewalt zusammenprallten und ihm dabei mein Messer bis an den Griff in den Leib fuhr.

Der Zusammenstoß war so kräftig, daß wir beide zur Erde stürzten, von welcher er sich allerdings nicht wieder erhob, während ich mich augenblicklich zusammenraffte, da ich nicht wissen konnte, ob er tödlich getroffen sei. Aber er bewegte kein Glied, und tief Atem holend, zog ich das Messer zurück.

Es war nicht der erste Feind, welchen ich niedergestreckt hatte, und mein Körper zeigte manches Andenken an nicht immer glücklich bestandene Rencontres mit den kampfgeübten Bewohnern der amerikanischen Steppen; aber hier lag ein Weißer vor mir, der von meiner Waffe gestorben war, und ich konnte mich eines beengenden Gefühls nicht erwehren. Doch hatte er den Tod jedenfalls verdient und war des Bedauerns also nicht wert.

Noch mit mir zu Rate gehend, welches Zeichen meines Sieges ich mit mir nehmen sollte, hörte ich hinter mir den eiligen Lauf eines Menschen. Rasch warf ich mich nieder; aber ich hatte nichts zu befürchten; denn es war Winnetou, welcher mir in freundschaftlicher Besorgnis doch gefolgt war und jetzt an meiner Seite hielt.

»Mein Bruder ist schnell wie der Pfeil des Apachen, und sein Messer trifft sicher das Ziel,« sagte er, als er den Toten liegen sah.

»Wo ist Old Firehand?« fragte ich.

»Er ist stark wie der Bär zur Zeit des Schneefalls; aber sein Fuß wird gehalten von der Hand der Jahre. Will mein Bruder sich nicht schmücken mit der Skalplocke des Atabaskah?«

»Ich schenke sie meinem roten Freunde!«

Mit drei Schnitten war die Kopfhaut des Gefallenen vom Schädel gelöst. Wie grimmig mußte der sonst so menschenfreundliche Apache diesen Tim Finnetey gehaßt haben, da er ihm die Kopfhaut nahm! Ich hatte mich, um von dieser Prozedur nicht berührt zu werden, abgewandt, da war es mir, als bewegten sich einige dunkle Punkte langsam auf uns zu.

»Winnetou mag sich zur Erde strecken; er wird den Skalp des weißen Häuptlings verteidigen müssen!« warnte ich.

Die Kommenden nahten sich mit sichtbarer Vorsicht; es waren ungefähr ein halbes Dutzend Ponkas, welche beabsichtigten, etwa versprengte Ihrige aufzusuchen.

Der Apache kroch, tief zur Erde gedrückt, seitwärts, und ich folgte, seine Absicht erratend. Längst schon hätte Old Firehand bei uns sein müssen; aber vermutlich hatte er, sobald Winnetou ihm aus den Augen geraten war, eine falsche Richtung eingeschlagen. Jetzt bemerkten wir, daß die Nahenden Pferde bei sich hatten, welche sie am Zügel nachführten; auf diese Weise waren sie für alle Fälle zur schnellen Flucht bereit; uns aber konnte dieser Umstand gefährlich werden und wir mußten uns deshalb in den Besitz der Tiere setzen. Wir schlugen daher einen kleinen Bogen ein, eine Bewegung, welche uns in ihren Rücken und die Pferde zwischen uns und sie bringen mußte.

In dieser Entfernung vom eigentlichen Kampfplatze hatten sie natürlich keinen Toten vermutet und stießen ein verwundertes ›Uff!‹ aus, als sie einen regungslosen menschlichen Körper vor sich erblickten. Hätten sie vermutet, daß er hier getötet worden sei, so wären sie gewiß mit weniger Eile auf ihn zugeschritten; sie schienen aber anzunehmen, daß er sich verwundet aus dem Handgemenge bis hierher geschleppt habe, bückten sich unverzüglich auf ihn nieder und stießen, als sie ihn und seine Entstellung erkannten, ein unterdrücktes Wutgeheul aus.

Das war der geeignete Augenblick für uns. Im Nu hatten wir die Pferde, welche sie im Schrecken losgelassen hatten, bei den Riemen, saßen auf und jagten im Galopp den Unsrigen zu. An einem Kampfe konnte uns nichts gelegen sein; es war genug, daß wir, fast waffenlos, wie wir waren, den dreifach Ueberlegenen entkamen und außer dem Skalpe des feindlichen Anführers noch eine Anzahl Pferde mitbrachten.

Mit sehr verzeihlichem Vergnügen dachte ich an die verdutzten Gesichter, welche die Betrogenen uns jedenfalls nachschnitten, und selbst der so ernste Winnetou konnte ein lachendes ›Uff‹ nicht unterdrücken. Zugleich aber war eine kleine Sorge um Old Firehand sicher gerechtfertigt, da er ebensogut wie wir mit einer Truppe der Verschlagenen zusammengetroffen sein konnte.

Und diese Sorge erwies sich als gerechtfertigt; denn wir fanden ihn bei unserer Rückkehr an dem Platze des Ueberfalles nicht vor, trotzdem seit unserer Entfernung eine geraume Zeit vergangen sein mußte.

Der Kampf war beendet; die Weißen, die uns geholfen oder vielmehr nicht geholfen hatten, trugen die toten Indianer zusammen; die verwundeten Roten waren natürlich mit den unbeschädigten fort. In der Nähe derjenigen Stelle, an welcher die Steine auf den Schienen lagen, brannten zwei hochlodernde Feuer, welche die nötige Helle verbreiteten und zugleich dem Zugpersonale als Signal dienten.

Es wurde bemerkt, und bald kam der Train herbei, um bei den Feuern zu halten. Die Beamten sprangen herab und erkundigten sich nach dem Resultate des Kampfes. Als ich es ihnen gesagt hatte, erteilten sie uns ihr Lob, welches sie besser hätten unterlassen mögen, und der Konduktor versprach uns, in seinem Berichte uns rühmend zu erwähnen und dafür zu sorgen, daß unsere Namen überall genannt würden.

»Ist nicht nötig, Sir,« entgegnete ich ihm. »Wir sind einfache Westmänner und verzichten gern auf solchen Ruhm. Wenn es Euch aber gar so sehr drängt, Euch erkenntlich zu zeigen, so posaunt die Namen dieser andern tapfern Gentlemen in den Staaten aus. Sie haben viel Pulver verknallt, und ich denke, es ist nur billig und gerecht, wenn sie dafür eine Anerkennung erhalten.«

»Ist das Euer Ernst, Sir?« fragte er, da er aus dem Tone, in welchem ich dies sagte, nicht recht klug werden konnte.

»Allerdings.«

»Sie sind also tapfer gewesen?«

»Ueber alle Maßen.«

»Freut mich ungemein. Werde also ihre Namen notieren und veröffentlichen. Aber wo ist denn Old Firehand? Ich sehe ihn nicht. Ich will nicht hoffen, daß er bei den Gefallenen liegt!«

Hierauf antwortete Winnetou:

»Mein Bruder Old Firehand hat verloren die Fährte Parranohs und wird auf neue Feinde gestoßen sein. Ich werde mit Old Shatterhand gehen, ihn zu suchen.«

»Ja, wir müssen schnell wieder fort,« stimmte ich bei, »denn es steht zu vermuten, daß er sich in Gefahr befindet. Hoffentlich seid Ihr noch hier, wenn wir wiederkommen.«

Wir beide, Winnetou und ich, nahmen unsere Gewehre und Tomahawks, welche wir vor der Verfolgung Parranohs weggeworfen hatten, wieder auf und eilten fort, natürlich in der Richtung, in welcher wir vorhin gewesen waren, weil dies diejenige war, in der wir Old Firehand zu suchen hatten.

Sehen konnten wir ihn auf größere Entfernung nicht; dazu war das Mondlicht zu bleich und schwach. Wir mußten uns also mehr als auf unsere Augen auf unser Gehör verlassen. In den ersten Minuten war auch dies vergeblich, weil der Lärm, welcher vom Bahnzuge ausging, jedes andere Geräusch unvernehmlich machte; aber als wir uns soweit entfernt hatten, daß dieser nicht mehr zu hören war und die tiefe Stille der Nacht um uns herrschte, blieben wir von Zeit zu Zeit stehen, um zu lauschen.

Auch dies war lange ohne Erfolg, und schon wollten wir wieder umkehren, weil wir glaubten, daß Old Firehand sich nun wieder an der Bahn befinden werde, als wir einen Ruf vernahmen, welcher aus der Ferne zu uns drang.

»Das muß unser Bruder Old Firehand sein, denn den fliehenden Ponkas wird es nicht einfallen, sich durch Rufe zu verraten,« sagte Winnetou.

»Das ist auch meine Meinung,« antwortete ich. »Laufen wir schnell hin!«

»Ja, schnell! Er befindet sich in Gefahr, sonst würde er nicht rufen.«

Wir liefen, aber Winnetou nach Nord und ich nach Ost. Darum blieben wir sofort wieder halten, und der Apache fragte:

»Warum eilt mein Bruder dorthin? Es war im Norden.«

»Nein, sondern im Osten. Horch!«

Der Ruf wiederholte sich, und ich fügte hinzu: »Es ist im Osten: ich höre es ganz deutlich.«

»Es ist im Norden; mein Bruder Old Shatterhand irrt sich abermals.«

»Und ich bin überzeugt, daß ich recht habe. Er befindet sich in Gefahr, und wir haben also keine Zeit, die irrige Meinung zu berichtigen. Winnetou mag also nördlich gehen, während ich östlich laufe; einer von uns findet ihn dann bestimmt.«

»Ja, so soll es geschehen!«

Mit diesen Worten sprang er, der sich sonst in solchen Dingen niemals irrte, fort, und ich lief, so schnell ich konnte, in der von mir behaupteten Richtung davon. Schon nach kurzer Zeit bemerkte ich, daß ich recht gehabt hatte, denn der Ruf erklang wieder, und zwar viel deutlicher als vorher. Und dann sah ich vor mir eine Gruppe von kämpfenden Menschen.

»Ich komme, Old Firehand, ich komme!« schrie ich und verwandelte meine Schritte in noch viel weitere Sätze.

Nun sah ich die Gruppe deutlicher. Old Firehand kniete an der Erde, weil er verwundet zusammengesunken war, und verteidigte sich gegen drei Feinde, während er schon drei niedergemacht hatte. Das waren die sechs, denen wir die Pferde genommen hatten. Jeder Streich konnte ihm das Leben kosten, und ich war wohl noch fünfzig Schritte weit. Darum blieb ich stehen und legte den Stutzen an, den ich wieder geladen hatte. Es war bei dem unbestimmten Scheine des Mondes, und weil infolge des schnellen Laufes mein Puls rascher ging und meine Lunge erregter atmete, ein gefährliches Schießen, denn ich konnte den treffen, dem ich helfen wollte; aber ich mußte es wagen. Drei schnell aufeinander folgende Schüsse; die drei Feinde stürzten nieder und ich rannte weiter, auf Old Firehand zu.

»Gott sei Dank! Das war zur rechten Zeit, grad im letzten Augenblicke, Sir!« rief er mir entgegen.

»Ihr seid verwundet?« fragte ich, bei ihm angekommen. »Doch nicht etwa schwer?«

»Lebensgefährlich wohl nicht. Zwei Tomahawkhiebe in die Beine. Die Kerls konnten mir oben nicht an den Leib; darum hackten sie unten in die Beine, daß ich zusammenbrechen mußte.«

»Das gibt großen Blutverlust. Erlaubt, daß ich Euch untersuche!«

»Ja, ja! Aber, Sir, was seid Ihr für ein Schütze! Bei solchem Lichte und nach einem solchen Dauerlaufe alle drei mitten in den Kopf getroffen! Sie sind tot. Das bringt nur Old Shatterhand fertig! Ich kam Euch vorhin, als wir Tim Finnetey verfolgten, nicht nach, weil ich eine Pfeilwunde am Beine hatte, die mich am Laufen hinderte. Eure Spur konnte ich nicht sehen; ich suchte nach Euch; da wuchsen die sechs roten Kerls grad vor mir förmlich aus der Erde; sie hatten sich platt niedergelegt, um mich herankommen zu lassen. Ich hatte nur das Messer und meine Fäuste, weil ich die andern Waffen, um besser laufen zu können, weggeworfen habe. Sie hackten mich in die Beine; drei stach ich nieder; die andern Drei hätten mich, wenn Ihr nicht gekommen wäret, wohl kalt gemacht. Ich werde dies Old Shatterhand niemals vergessen!«

Während er dies erzählte, untersuchte ich seine Wunden; sie waren schmerzhaft, aber glücklicherweise nicht gefährlich. Da kam Winnetou und half sie mit verbinden. Er gab freimütig zu, heut einmal von seinem sonst so vortrefflichen Gehör getäuscht worden zu sein. Die sechs Toten ließen wir liegen und kehrten nach der Bahn zurück, natürlich sehr langsam, weil Old Firehand nicht schnell gehen konnte. Darum wunderten wir uns nicht darüber, daß der Zug fort war, als wir das Geleise erreichten. Er hatte seine Zeit einzuhalten und nicht länger warten können. Die erbeuteten Pferde standen bei den unserigen angepflockt, und das war gut, weil wir nun Old Firehand leichter transportieren konnten. Freilich waren wir seinetwegen gezwungen, eine Woche oder auch noch länger still zu liegen, bis er zum Reiten fähig war, und dazu schlug er uns eine einen halben Tagesritt entfernte Stelle vor, wo es Wald und Wasser gab und wir also nicht nur für uns, sondern auch für unsere Pferde alles hatten, was wir brauchten. ---

SECHSTES KAPITEL.

In der »Festung«.

Eine Reihe von Tagen war vergangen und Old Firehand hatte mit uns den Ritt nach seiner ›Burg‹ antreten können. Unser darauf glücklich zurückgelegter Weg hatte uns mitten durch das Gebiet feindlicher Stämme geführt, und jetzt nun, wo die dabei drohenden Gefahren hinter uns lagen, konnten wir uns einmal nach Herzenslust ausruhen und pflegen.

Unsere Büchsen waren in den letzten Tagen, um durch den Knall derselben nicht die Rothäute auf uns aufmerksam zu machen, stumm geblieben; aber trotzdem hatten wir nicht Mangel gelitten, weil wir das Wild in Schlingen gefangen hatten. Ich saß mit Old Firehand am Lagerfeuer. Winnetou hatte die Wache und trat auf einem seiner Rundgänge zu uns heran. Old Firehand sagte zu ihm:

»Will mein Bruder sich nicht ans Feuer setzen? Der Pfad der Rapahos führt nicht an diese Stelle. Wir sind also sicher.«

»Das Auge des Apachen steht immer offen; er traut nicht der Nacht, denn sie ist ein Weib,« antwortete Winnetou.

Er schritt wieder in das Dunkel zurück.

»Er haßt die Frauen,« warf ich hin, um den Anfang zu geben zu einer jener traulichen Unterhaltungen, welche, geführt unter ruhig flimmernden Sternen, für lange Jahre in der Erinnerung bleiben.

Old Firehand öffnete das an seinem Halse hängende Futteral und entnahm demselben die sorglich darin verwahrte Pfeife, welche er gemächlich stopfte und dann in Brand steckte.

»Meint Ihr? Vielleicht auch nicht.«

»Seine Worte schienen es zu sagen.«

»Schienen,« nickte der Jäger; »aber es ist nicht so. Es gab einmal eine, um deren Besitz der mit Mensch und Teufel gekämpft hätte, und seit jener Zeit ist ihm das Wort ›Squaw‹ entfallen.«

»Warum führte er sie nicht in seine Hütte?«

»Sie liebte einen Andern.«

»Darnach pflegt ein Indianer nicht zu fragen.«

»Aber dieser Andere war sein Freund.«

»Und der Name dieses Freundes?«

»Ist jetzt Old Firehand.«

Ich blickte überrascht empor. Hier stand ich vor einer jener Katastrophen, an denen der Westen so reich ist und die seinen Gestalten und Ereignissen jenen energischen Charakter geben, durch welchen sie sich kräftig auszeichnen. Natürlich hatte ich kein Recht, weiter zu fragen; aber das Verlangen nach Weiterem mußte sich deutlich in meinen Mienen aussprechen; denn er fuhr nach einer Pause fort:

»Laßt die Vergangenheit ruhen, Sir! Wollte ich von ihr sprechen, wahrhaftig Ihr wäret trotz Eurer Jugend der Einzige, zu dem ich es täte; denn ich habe Euch lieb gewonnen in der kurzen Zeit, die wir beisammen sind.«

»Danke, Sir! Kann Euch offen sagen, daß auch ich nicht ganz empfindungslos bin.«

»Weiß es, weiß es; Ihr habt's ja reichlich bewiesen, und ohne Eure Hilfe wäre ich in jener Nacht verloren gewesen. Ich hatte einen teufelsmäßig harten Stand und blutete wie ein vielangeschossener Büffel, als Ihr endlich kamet. Es war ärgerlich, daß ich meine Rechnung mit Tim Finnetey nicht selbst ausgleichen konnte, und ich gäbe auf der Stelle diese meine Hand darum, wenn es mir vergönnt gewesen wäre, den Halunken mein eigenes Eisen schmecken zu lassen.«

Bei diesen Worten zuckte eine ingrimmige Erbitterung über das sonst so ruhige und offene Gesicht des Sprechenden, und wie er mit blitzenden Augen und festgeballten Fäusten mir so gegenüber lag, konnte ich nicht anders denken, als daß die erwähnte Rechnung mit diesem Parranoh oder Finnetey eine ganz außerordentliche gewesen sein müsse.

Ich gestehe gern, daß meine Wißbegierde immer größer

wurde, und bei jedem Anderen an meiner Stelle wäre es ebenso gewesen; trat mir doch hier der mir bisher unbekannte Umstand entgegen, daß mein Winnetou einst einem Mädchen sein Herz geöffnet hatte. Das war selbst mir, seinem besten Freunde und Blutsbruder, ein Geheimnis geblieben; aber ich mußte mich gedulden, was mir auch gar nicht schwer fiel, da ich von der Zukunft ganz sicher Aufklärung erwarten konnte.

Die Genesung Old Firehands war schneller vorgeschritten, als wir erwartet hatten, und so waren wir nach verhältnismäßig kurzer Zeit aufgebrochen, um durch das Land der Rapahos und Pawnees bis an den Mankizila vorzudringen, an dessen Ufer Old Firehand seine ›Festung‹ hatte, wie er sich ausdrückte, die wir vielleicht in kurzer Zeit erreichen konnten, da wir schon vorgestern den Kehupahan überschwommen hatten.

Dort wollte ich für einige Zeit den Pelzjägern, welche er befehligte, mich anschließen, und dann über Dakotah und die Hundeprairie die Seen zu gewinnen suchen. Während dieses Beisammenseins bot sich oft Gelegenheit, einen Einblick in die Vergangenheit Old Firehands zu tun, und so verharrte ich jetzt schweigend in meiner Stellung, die ich nur zuweilen veränderte, um das Feuer zu schüren und ihm neue Nahrung zu geben.

Bei einer dieser Bewegungen funkelte der an meinem Finger steckende Ring im Strahle der Flamme. Old Firehands scharfes Auge hatte trotz der Schnelligkeit dieses Leuchtens den kleinen, goldenen Gegenstand genau erfaßt, und er fuhr mit betretener Miene aus seiner bequemen Lage empor.

»Was ist das für ein Ring, den Ihr hier tragt, Sir?« fragte er.

»Er ist das Andenken an eine der schrecklichsten Stunden meines Lebens.«

»Wollt Ihr ihn mir einmal zur Betrachtung geben?«

Ich erfüllte seinen Wunsch. Mit sichtbarer Hast griff er zu, und kaum hatte er einen näheren Blick auf den Ring geworfen, so erklang die Frage:

»Von wem habt Ihr ihn?«

Es war eine unbeschreibliche Aufregung, die sich seiner bemächtigt hatte, und auf meine Antwort:

»Ich erhielt ihn von einem Knaben in New-Venango,« stieß er hervor:

»In New-Venango? Waret Ihr bei Forster? Habt Ihr Harry gesehen? Ihr spracht von einer schrecklichen Stunde, von einem Unglücke!«

»Ein Abenteuer, bei welchem ich mit meinem braven Swallow in Gefahr kam, bei lebendigem Leibe gebraten zu werden,« erwiderte ich, die Hand nach dem Ringe ausstreckend.

»Laßt das!« wehrte er ab. »Ich muß wissen, wie dieser Reif in Euren Besitz gekommen ist. Ich habe ein heiliges Anrecht auf ihn, heiliger und größer als irgend ein anderes Menschenkind!«

»Laßt Euch ruhig nieder, Sir! Verweigerte mir ein Anderer die Zurückgabe, so würde ich ihn dazu zu zwingen wissen; Euch aber will ich das Nähere berichten, und Ihr werdet dann mir wohl auch Euer Anrecht beweisen können.«

»Sprecht; aber wißt auch Ihr, daß dieser Ring in der Hand eines Mannes, dem ich weniger vertraute als Euch, sehr leicht sein Todesurteil werden könnte. Also erzählt – erzählt!«

Er kannte Harry, er kannte auch Forster, und die Erregung, in welcher er sich befand, zeugte von dem großen Interesse, welches er an diesen Personen nahm. Ich hatte hundert Fragen auf der Zunge, aber ich drängte sie zurück und begann meinen Bericht von der damaligen Begegnung.

Auf den einen Ellbogen gestützt, lag er, das Feuer zwischen uns, mir gegenüber, und in jedem einzelnen seiner Züge sprach sich die Spannung aus, mit welcher er dem Laufe meiner Erzählung folgte. Von Wort zu Wort wuchs seine Aufmerksamkeit, und als ich zu dem Augenblicke kam, an welchem ich Harry vor mir auf das Pferd gerissen hatte, sprang er auf und rief:

»Mann, das war das Einzige, ihn zu retten! Ich zittere für sein Leben; rasch, rasch, sprecht weiter!«

Auch ich hatte mich in dem Wiederfühlen jener furchtbaren Aufregung erhoben und fuhr in meiner Schilderung fort. Er trat mir näher und immer näher; seine Lippen öffneten sich, als wolle er jedes einzelne meiner Worte trinken; sein Auge hing, weit aufgerissen, an meinem Munde, und sein Körper bog sich in eine Stellung, als säße er selbst auf dem dahinbrausenden Swallow, stürze sich selbst mit in die hochaufschäumenden Fluten des Flusses und strebe selbst in fürchterlicher Angst die steile, zackige Felswand empor. Längst schon hatte er meinen Arm erfaßt, den er unbewußt drückte, daß ich hätte die Zähne zusammenpressen mögen, und laut und ächzend drängte sich der Atem aus seiner von fürchterlicher Besorgnis zusammengepreßten Brust.

»*Heavens!*« rief er mit einem tiefen, tiefen Atemzuge, als er hörte, daß ich glücklich über den Rand der Schlucht gekommen war und den Knaben also in Sicherheit gebracht hatte. »Das war entsetzlich – fürchterlich! Ich habe eine Angst ausgestanden, als ob mein eigener Körper in den Flammen stecke, und doch wußte ich vorher, daß Euch die Rettung gelungen sei, denn sonst hätte er Euch ja den Ring nicht geben können.«

»Er hat es auch nicht getan; ich streifte ihn wider Willen von seinem Finger, und er hat den Verlust gar nicht bemerkt.«

»So mußtet Ihr das fremde Eigentum dem Besitzer unbedingt zurückstellen.«

»Ich wollte es, doch floh er mich. Zwar folgte ich ihm, doch sah ich ihn erst am andern Morgen in Gesellschaft einer Familie wieder, welche dem Tode entgangen war, weil ihre Wohnung im obersten Winkel des Tales lag und der Brand seine Richtung abwärts genommen hatte.«

»Und da spracht Ihr von dem Ringe?«

»Nein, man ließ mich gar nicht vor, sondern schoß auf mich, und ich bin dann natürlich meines Weges fortgeritten.«

»So ist er, ja; so ist er! Er haßt nichts mehr als Feigheit und hat Euch für mutlos gehalten. Was ist aus Forster geworden?«

»Ich habe gehört, daß nur allein jene Familie davongekommen sei. Das Glutmeer, von welchem der Talkessel erfüllt war, hat alles verschlungen, was in seinen Bereich gekommen ist.«

»Es ist schrecklich und eine zu furchtbare Strafe für das allerdings unnütze und lächerliche Vorhaben, das Oel fortlaufen zu lassen, um den Preis desselben in die Höhe zu bringen!«

»Auch Ihr habt ihn gekannt, Sir?« fragte ich jetzt.

»Ich war einige Male bei ihm in New-Venango. Er war ein stolzer, geldprotziger Mann, der wohl Ursache gehabt hätte, wenigstens mit mir etwas manierlicher umzuspringen.«

»Und Harry habt Ihr bei ihm gesehen?«

»Harry?« sagte er mit einem eigentümlichen Lächeln in seinem jetzt wieder ruhigen Angesichte. »Ja, bei ihm und in Omaha, wo der Junge einen Bruder hat – vielleicht auch noch sonst irgendwo.«

»Ihr könntet mir wohl etwas über ihn mitteilen!«

»Möglich, aber jetzt nicht, jetzt nicht! Eure Erzählung hat mich so mitgenommen, daß ich keine rechte Sammlung zu einer solchen Unterhaltung verspüre; aber zu gelegener Zeit sollt Ihr mehr über ihn erfahren, das heißt natürlich, so viel ich selbst von ihm weiß. Hat er Euch nicht gesagt, was er in Venango wollte?«

»Doch! Er hatte dort nur Absteigequartier genommen.«

»So, so! Also Ihr behauptet, daß er der Gefahr dort wirklich und ganz bestimmt entgangen ist?«

»Ganz sicher.«

»Und schießen habt Ihr ihn auch sehen?«

»Wie ich Euch sagte, und zwar ganz vorzüglich. Er ist ein ganz ungewöhnlicher Junge.«

»So ist es. Sein Vater ist ein alter Skalper, der keine einzige Kugel gießt, die nicht ihren Weg zwischen die bewußten zwei Indianerrippen fände. Von ihm hat er das Zielen gelernt, und wenn ihr etwa glaubt, daß er es nicht zur rechten Zeit und am richtigen Ort anzuwenden verstehe, so irrt Ihr ganz gewaltig.«

»Wo ist dieser Vater?«

»Er ist bald da, bald dort zu finden, und ich darf wohl sagen, daß wir einander so ziemlich kennen gelernt haben. Es ist möglich, daß ich Euch helfe, ihn einmal zu sehen.«

»Das würde mir lieb sein, Sir!«

»Werden ja sehen, Mann; habt es an dem Sohne verdient, daß Euch der Vater Dank sage.«

»O, das ist's nicht, was ich meine!«

»Versteht sich, versteht sich; kenne Euch gut genug; aber hier habt Ihr Euren Ring. Werdet später erst sehen, was es heißt, daß ich ihn Euch wieder zustelle. Für jetzt aber will ich Euch den Apachen schicken; seine Wache ist um. Legt Euch aufs Ohr, damit ihr früh am Tage munter seid. Wir werden morgen einmal unsere Gäule anstrengen und zwei Tagreisen erzwingen müssen.«

»Zwei? Wollten wir morgen nicht bloß bis zum Green-Park?«

»Habe mich anders besonnen; *good night!*«

»*Good guard;* vergeßt nicht, mich zu wecken, wenn ich Euch abzulösen habe!«

»Schlaft nur zu! Kann's auch 'mal für Euch tun, die Augen offen zu halten; habt für mich genug getan!«

Mir war ganz wunderbar zu Mute. Ich wußte nicht, was ich von dieser Unterredung denken sollte, und als ich nun so allein dalag, gingen mir tausenderlei Vermutungen durch den Kopf, von denen ich nicht eine einzige stichhaltig fand. Lange noch, nachdem Winnetou zurückgekehrt war und sich zum Schlafen in seine Decke gewickelt hatte, warf ich mich ruhelos von einer Seite auf die andere. Die Erzählung hatte mich aufgeregt; jener fürchterliche Abend ging mit allen seinen Einzelheiten immer von Neuem an meiner Seele vorüber; zwischen seinen grausigen Gestaltungen tauchte immer und immer wieder Old Firehand empor, und noch im letzten Ringen zwischen Wachen und Träumen klangen mir die Worte ins Ohr: »Schlaft nur zu; habt genug für mich getan!«

Als ich am andern Morgen erwachte, fand ich mich allein am Feuer; doch konnten die beiden Andern nicht weit entfernt sein, denn der kleine, blecherne Kessel hing mit dem kochenden Wasser über der Flamme, und neben dem Stücke Fleisch, welches gestern abend übrig geblieben war, lag der offene Mehlbeutel.

Ich wickelte mich aus meiner Umhüllung und schritt nach dem Wasser, um mich zu waschen.

Dort standen, im eifrigen Gespräche begriffen, die Gefährten, und ihre Bewegungen, als sie mich erblickten, sagten mir, daß ich der Gegenstand ihrer Unterhaltung gewesen sei.

Kurze Zeit später waren wir zum Aufbruche bereit und schlugen eine Richtung ein, welche uns in einer Entfernung von vielleicht zwanzig Meilen vom Missouri parallel mit diesem Flusse auf das Tal des Mankizila zuführte.

Der Tag war kühl. Wir waren gut beritten, und da wir unsere Tiere während der letzten Tour geschont und immer gut gepflegt hatten, so legten wir nach und nach ein tüchtiges Stück grünes Land hinter uns.

Eigentümlich war die Veränderung, welche ich heute in dem Verhalten meiner Gefährten zu mir bemerkte. Es lag eine deutlich erkennbare Rücksicht, ich möchte sagen Hochachtung, in ihrem ganzen Benehmen, und es war mir ganz so, als ob in dem Blicke, den Old Firehand zuweilen über mich gleiten ließ, etwas einer zurückgehaltenen Zärtlichkeit Aehnliches liege.

Es war überhaupt augenfällig, welch beinahe liebevolle Aufmerksamkeit und Ergebenheit die zwei Leute gegen einander zeigten. Zwei Brüder, die sich durch die Bande des Blutes mit jeder Faser des Innern aneinander gefesselt fühlen, hätten nicht besorgter für einander sein können, und es dünkte mich, als begegne sich diese beiderseitige Fürsorge jetzt in meiner Person. Winnetou war mit Old Firehand fast noch freundlicher als mit mir, so daß ich hätte eifersüchtig werden mögen, wenn ich die Anlagen und den dazu nötigen Unverstand besessen hätte.

Als wir um die Mittagszeit Halt machten und Old Firehand sich entfernte, um die Umgebung des Lagerplatzes zu rekognoszieren, streckte sich, während ich den Proviant hervorholte, Winnetou an meiner Seite nieder und meinte:

»Mein Bruder ist kühn wie die große Katze des Waldes und stumm wie der Mund des Felsens.«

Ich schwieg zu dieser sonderbaren Einleitung.

»Er ist durch die Flammen des Oeles geritten und hat nicht davon gesprochen zu Winnetou, seinem Freunde.«

»Die Zunge des Mannes,« antwortete ich, »ist wie das Messer in der Scheide. Es ist scharf und spitz und taugt nicht zum Spiele.«

»Mein Bruder ist weise und hat recht; aber Winnetou ist betrübt, wenn das Herz seines jungen Freundes sich ihm verschließt wie ein Stein, in dessen Schoße die Körner des Goldes verborgen liegen.«

»Ist das Herz Winnetous geöffnet gewesen dem Ohre seines Freundes?«

»Hat er ihm nicht gesagt alle Geheimnisse der Prairie? Hat er ihm nicht gezeigt und gelehrt die Spur zu sehen, den Lasso zu werfen, den Skalp zu lösen und alles zu tun, was ein großer Krieger kennen muß?«

»Winnetou hat es getan; aber hat er auch gesprochen von Old Firehand, der seine Seele besitzt und von dem Weibe, dessen Andenken nicht gestorben ist in seinem Herzen?«

»Winnetou hat sie geliebt, und die Liebe wohnt nicht in seinem Munde. Aber warum hat mein Bruder nicht erzählt von dem Knaben, den Swallow durch das Feuer trug?«

»Weil dies wie ein Eigenlob geklungen hätte. Kennst du diesen Knaben?«

»Ich habe ihn getragen auf meinen Armen; ich habe ihm gezeigt die Blumen des Feldes, die Bäume des Waldes, die Fische des Wassers und die Sterne des Himmels; ich habe ihn gelehrt, den Pfeil vom Bogen zu schießen und das wilde Roß zu besteigen; ich habe ihm geschenkt die Sprachen der roten Männer und ihm zuletzt gegeben das Feuergewehr, dessen Kugel getötet hat Ribanna, die Tochter der Assineboins.«

Erstaunt blickte ich ihn an. Es dämmerte eine Ahnung in mir auf, der ich kaum Worte zu geben wagte, und doch hätte ich es vielleicht getan, wenn nicht gerade jetzt Old Firehand zurückgekehrt wäre und unsere Aufmerksamkeit auf das

Mahl gerichtet hätte. Aber während desselben mußte ich immerfort an die Worte Winnetous denken, aus denen in Verbindung mit dem, was Harry mir gesagt hatte, fast hervorging, daß Old Firehand des letzteren Vater sei. Das Benehmen desselben bei meiner Erzählung am gestrigen Abende stimmte allerdings mit dieser Vermutung überein; aber er hatte von diesem Vater als von einem Dritten gesprochen und nichts gesagt, was meine Vermutung zu einer festen Ueberzeugung machen konnte.

Nach einigen Stunden der Ruhe brachen wir wieder auf. Als ob unsere Tiere wüßten, daß ein Ort mehrtägiger Erholung vor ihnen liege, trabten sie munter dahin, und wir hatten eine ziemliche Strecke zurückgelegt, als mit der hereinbrechenden Dämmerung der Höhenzug, hinter welchem das Tal des Mankizila liegt, uns so nahe getreten war, daß das Terrain sich zu erheben begann und wir uns durch eine Schlucht bewegten, welche, wie es schien, uns senkrecht auf den Lauf des Flusses führen mußte.

»Halt!« tönte es da plötzlich aus den zur Seite stehenden Cottonsträuchern hervor, und zu gleicher Zeit ward zwischen den Zweigen der Lauf einer auf uns gerichteten Büchse sichtbar. »Wie heißt das Wort?«

»Tapfer!«

»Und?«

»Verschwiegen,« gab Old Firehand die Parole, indem er mit scharfem Blick das Gesträuch zu durchdringen suchte. Bei dem letzten Worte teilte sich dasselbe und ließ einen Mann hindurch, bei dessen Anblick ich ein freudiges Erstaunen fühlte.

Unter der wehmütig herabhängenden Krämpe eines Filzhutes, dessen Alter, Farbe und Gestalt selbst dem schärfsten Denker einiges Kopfzerbrechen verursacht haben würde, blickte zwischen einem Wald von verworrenen, schwarzgrauen Barthaaren eine Nase hervor, welche fast von erschreckenden Dimensionen war und jeder beliebigen Sonnenuhr als Schattenwerfer hätte dienen können. Infolge des gewaltigen Bartwuchses waren außer diesem so verschwenderisch ausgestatteten Riechorgan von den übrigen Gesichtsteilen nur die zwei kleinen, klugen Augen zu bemerken, welche mit einer außerordentlichen Beweglichkeit begabt zu sein schienen und mit einem Ausdrucke von schalkhafter List von Einem zum Andern von uns dreien sprangen.

Diese Oberpartie ruhte auf einem Körper, welcher uns bis auf das Knie herab vollständig unsichtbar blieb und in einem alten, bockledernen Jagdrocke stak, der augenscheinlich für eine bedeutend stärkere Person angefertigt worden war und dem kleinen Manne vor uns das Aussehen eines Kindes gab, welches sich zum Vergnügen einmal in den Schlafrock des Großvaters gesteckt hat. Aus dieser mehr als zulänglichen Umhüllung guckten zwei dürre sichelkrumme Beine hervor, welche in ausgefransten Leggins steckten, die so hochbetagt waren, daß sie das Männchen schon vor einem Jahrzehnt ausgewachsen haben mußte, und die dabei einen umfassenden Blick auf ein Paar Indianerstiefel gestatteten, in welchen zur Not der Besitzer in voller Person hätte Platz finden können.

In der Hand trug der Mann eine alte Flinte, die ich nur mit der äußersten Vorsicht angefaßt hätte, und als er sich so mit einer gewissen Würde auf uns zu bewegte, konnte man sich keine größere Karrikatur eines Prairiejägers denken, als ihn.

»Sam Hawkens!« rief Old Firehand. »Sind deine Aeuglein blöde geworden, daß du mir die Parole abverlangst?«

»Meine es nicht, Sir! Halte aber dafür, daß ein Mann auf Posten auch zuweilen zeigen muß, daß er die Losung nicht vergessen hat. Willkommen im Bajou, Mesch'schurs! Wird Freude geben, große Freude. Bin ganz närrisch vor Entzükken, mein einstiges ›Greenhorn‹ wiederzusehen, jetzt Old Shatterhand geheißen, und Winnetou, den großen Häuptling der Apachen dazu, wenn ich mich nicht irre.«

Er reichte mir beide Hände, drückte mich mit Inbrunst an seinen Jagdrock, daß dieser wie eine leere Holzschachtel prasselte, und spitzte die bärtigen Lippen, um mich zu küssen, welcher Zärtlichkeit ich aber durch eine geistesgegenwärtige Wendung entging. Sein früher dunkler Haar- und Bartwald war jetzt ziemlich grau geworden.

»Es freut mich herzlich und aufrichtig, Euch wiederzusehen, lieber Sam,« sagte ich ihm der Wahrheit gemäß. »Aber sagt, habt Ihr Old Firehand nicht erzählt, daß Ihr mich kennt und mein Lehrer gewesen seid?«

»Natürlich habe ich das!«

»Und Ihr habt mir nicht gesagt, daß ich meinen guten Sam Hawkens bei Euch treffen würde!«

Dieser freundliche Vorwurf war an Old Firehand gerichtet; er antwortete mir lächelnd:

»Ich wollte Euch überraschen. Ihr seht nun, daß ich Euch schon längst gekannt habe, denn wir haben oft von Euch gesprochen. Ihr werdet noch zwei andere gute Bekannte bei mir finden.«

»Etwa Dick Stone und Will Parker, die von Sam unzertrennlich sind?«

»Ja. Für die wird Euer Erscheinen auch eine große, frohe Ueberraschung bringen. Aber, Sam, welche von unsern Männern sind heut daheim?«

»Alle, außer Bill Bulcher, Dick Stone und Harris, meine ich, die fort sind, um ›Fleisch zu machen‹. Der kleine Sir ist auch wieder gekommen.«

»Weiß es, weiß es, daß er da ist. Wie ist's sonst gegangen? Gab's Rothäute?«

»Danke, danke, Sir; könnte mich nicht besinnen, welche gesehen zu haben, obgleich« – setzte er, auf sein Schießinstrument deutend, hinzu – »›Liddy‹ Hochzeitsgedanken hat.«

»Und die Fallen?«

»Haben gute Ernte gehabt, sehr gute, wenn ich mich nicht irre. Könnt's selbst sehen, Sir; werdet wenig Wasser im Tore finden, meine ich.«

Er drehte sich um und schritt, während wir weiter ritten, seinem Versteck wieder zu.

Die kleine Szene hatte mir gezeigt, daß wir in der Nähe der Festung angekommen seien, denn Sam Hawkens stand jedenfalls als Sicherheitswache in kurzer Entfernung vom Zugange zu derselben, und mit Aufmerksamkeit musterte ich die Umgebung, um das Tor zu entdecken.

Jetzt öffnete sich links eine enge Kluft, welche von so nahe aneinandertretendem und oben von Brombeerranken überdachtem Gestein gebildet wurde, daß man beide Seitenwände mit den ausgespreizten Händen erreichen konnte. Die ganze Breite des Bodens nahm ein Bach ein, dessen hartes, felsiges Bett nicht die geringste Spur eines Fußes wiedergeben konnte und sein klares, durchsichtiges Wasser in das Flüßchen leitete, an dessen Rand wir in das Tal emporritten. Old Firehand bog hier ein, und wir folgten, langsam gegen den Lauf des Wassers reitend. Jetzt verstand ich auch die Worte des Postens, daß wir wenig Wasser im Tore finden würden.

Kurze Zeit nur hatten wir diese Richtung eingeschlagen, als die Felsen zusammenrückten und uns in so geschlossener Masse entgegentraten, daß der Weg hier zu Ende zu sein schien. Aber zu meinem Erstaunen ritt Old Firehand immer zu und ich sah ihn mitten durch die Mauer verschwinden. Winnetou folgte, und als ich die rätselhafte Stelle erreichte, bemerkte ich nun allerdings, daß die dichten, von oben herabhängenden, wilden Epheuranken nicht eine Bekleidung des Steines, sondern einen Vorhang bildeten, hinter welchem die Oeffnung tunnelartig fortlief und in dichte Finsternis führte.

Lange, lange Zeit und in verschiedenen Krümmungen folgte ich den beiden Voranreitenden durch das Dunkel, bis endlich wieder ein matter Tagesschein vor mir auftauchte und wir in eine ähnliche Kluft kamen wie diejenige, durch welche wir uns vorher gewunden hatten.

Als dieselbe sich öffnete, hielt ich überrascht an.

Wir befanden uns nämlich am Eingange eines mächtigen und weit ausgedehnten Talkessels, welcher rings von ungangbaren Felswänden umschlossen war. Ein blätterreicher Saum von Büschen umrahmte die mit lockigem Grase bestandene, fast kreisrunde Fläche, auf welcher mehrere Trupps von Pferden und Maultieren weideten, zwischen denen sich zahlreiche Hunde herumtrieben, die teils jener wolfsähnlichen

Rasse, welche den Indianern ihre Wacht- und Lasttiere liefert, teils aber auch den kleinen, schnell fett werdenden Bastardarten angehörten, deren Fleisch nächst dem des Panthers bei jenen als der größte Leckerbissen gilt.

»Da habt ihr meine Burg,« wandte sich Old Firehand an uns, »in welcher es sich noch sicherer wohnen läßt, als selbst in Abrahams Schoße.«

»Gibt es eine Oeffnung dort in den Bergen?« fragte ich, nach dem entgegengesetzten Ende des Tales deutend.

»Nicht so viel, daß ein ›Stunk‹ hindurchschlüpfen könnte, und von außen ist es fast unmöglich, die Höhen zu erklimmen. Es ist wohl schon manche Rothaut da draußen vorüber geschlichen, ohne zu ahnen, daß diese schroffen Felsenzacken nicht eine kompakte Masse bilden, sondern ein so allerliebstes Tal umschließen.«

»Aber wie habt Ihr diesen köstlichen Ort entdeckt?«

»Ich verfolgte ein Racoon[1] bis in die Spalte, die damals noch nicht vom Epheu verdeckt wurde, und habe natürlich sofort Besitz von dem Platze ergriffen.«

»Allein?«

»Erst ja, und hundertmal bin ich dem Tode entronnen, weil ich vor den Verfolgungen der rothäutigen Halunken hier ein sicheres und untrügliches Versteck fand. Später aber habe ich meine ›Jungens‹ mit hergenommen, wo wir nun unsere Häute sammeln und den Schrecken des Winters trotzen können.«

Noch während der letzten Worte tönte ein gellender Pfiff weit über den grünenden Plan, und kaum war er erklungen, so öffneten sich an verschiedenen Stellen ringsum die Büsche, und es kamen eine Anzahl Gestalten zum Vorschein, denen man das Bürgerrecht des Westens auf mehrere tausend Schritte anzusehen vermochte.

Wir trabten der Mitte des Platzes zu und waren bald von den Leuten umringt, welche ihre Freude über die Ankunft Firehands in den kernigsten Ausdrücken kund gaben. Unter

[1] Waschbär.

ihnen befand sich auch Will Parker, der sich vor Freude über meinen Anblick fast wie närrisch benahm und auch von Winnetou freundlich begrüßt wurde.

Mitten in dem Lärm, der allerdings nur in dieser vollständigen Abgeschlossenheit erlaubt sein konnte, sah ich dann Winnetou beschäftigt, sein Pferd, von welchem er gestiegen war, abzusatteln. Als dies geschehen war, gab er dem Tiere mit einem leichten Schlage die Weisung, sich um das Abendbrot zu kümmern, nahm Sattel, Zaum und Decke auf die Schulter und schritt davon, ohne die Umstehenden eines Blickes zu würdigen.

Ich folgte, da unser Anführer zu sehr in Anspruch genommen war, um sich jetzt viel mit uns beschäftigen zu können, seinem Beispiele, machte den braven Swallow vollständig frei und unternahm, die neugierigen Frager kurz abfertigend, eine Rekognoszierung des Platzes.

Wie eine riesenhafte Seifenblase waren die Gesteinsmassen bei der Bildung des Gebirges von den plutonischen Gewalten emporgetrieben worden und hatten bei ihrem Zerplatzen eine hohle, nach oben offene und von außen unzugängliche Halbkugel gebildet, welche dem eingesunkenen Krater eines ungeheuren Vulkans glich. Luft und Licht, Wind und Wetter waren dann beschäftigt gewesen, den harten Boden zu zersetzen und der Vegetation zugänglich zu machen, und die angesammelten Wassermengen hatten sich nach und nach durch eine Seite der Felswand gebohrt und den Bach gebildet, der heute unser Führer gewesen war.

Ich wählte zu meinem Gange den äußersten Saum des Tales und schritt zwischen dem Gebüsch und der meist senkrecht aufsteigenden, oft sogar überhängenden Felswand entlang. In derselben bemerkte ich zahlreiche mit Tierfellen verschlossene Oeffnungen, welche jedenfalls zu Wohnungen oder Lagerräumen führten, deren die Jägerkolonie ja notwendig bedurfte.

Jedenfalls bestand dieselbe aus mehr Personen, als sich uns bei dem Empfange gezeigt hatten; wenigstens konnte ich das aus der Anzahl Squaws schließen, welche ich während meines Ganges erblickte; aber die meisten waren wohl auf Jagdzügen abwesend und kehrten erst bei Beginn des Winters, dessen Nahen allerdings in nicht mehr langer Zeit zu erwarten war, zurück.

Während ich so dahinschlenderte, bemerkte ich auf einer der, wie es schien, unbesteigbaren Klippen eine kleine, aus knorrigen Aesten ausgeführte Hütte. Von ihr aus mußte das ganze Tal mit allen seinen Einzelheiten vollständig zu überschauen sein, und ich beschloß, hinaufzusteigen. Bald fand ich, wenn auch keinen Pfad, so doch die Spuren von Fußtritten, die sich da hinaufgearbeitet hatten, und folgte ihnen empor.

Nur noch eine kurze Strecke hatte ich zurückzulegen, da sah ich aus der schmalen und niederen Türe eine Gestalt schlüpfen, welche wohl kaum durch mein Kommen gestört worden sein konnte; denn sie bemerkte mich gar nicht und trat, den Rücken mir zugewendet, an den Rand des Felsens und warf, das Auge mit der erhobenen Hand beschattend, einen Blick hinunter in die Tiefe.

Sie trug ein buntes, starkstoffiges Jagdhemde, an der äußeren Naht von der Hüfte bis zum Knöchel mit Fransen verzierte Leggins; die kleinen Mokassins waren reich mit Glasperlen und Stachelschweinborsten besetzt. Um den Kopf war turbanartig ein rotes Tuch geschlungen, und eine ebenso gefärbte Schärpe vertrat die Stelle des gewöhnlicheren Gürtels.

Als ich den Fuß auf die kleine Plattform setzte, vernahm die Person das Geräusch meiner Schritte und wandte sich schnell um. War es Wahrheit oder Täuschung? Ich rief freudig überrascht aus:

»Harry! Ist's möglich?« und trat mit raschen Schritten auf ihn zu.

Aber ernst und kalt blickte sein Auge, und kein Zug seines jetzt tiefer gebräunten Angesichtes verriet auch nur die leiseste, freundliche Regung über mein Kommen.

»Wenn es nicht möglich wäre, würdet Ihr mich nicht hier treffen, Sir,« antwortete er. »Aber die Berechtigung zur Frage liegt wohl mehr auf meiner als auf Eurer Seite. Welche Ursache gab Euch die Erlaubnis, Euern Weg in unser Lager zu nehmen?«

War das ein Empfang, wie ich ihn verdient hatte? Kälter und gemessener noch als er erwiderte ich nur das eine Wort:

»*Pshaw!*« und glitt, ihm den Rücken wendend, vorsichtigen Fußes wieder hinab.

Es war also doch so, wie ich vermutet hatte, daß er der Sohn Old Firehands sei, und nun war mir auch das Andere so ziemlich klar.

Obgleich ich nur einen Knaben vor mir hatte, wollte mir das Verhalten desselben nach all dem Geschehenen doch einen kleinen Aerger verursachen. Die Behauptung Old Firehands, daß Harry mich für feig gehalten habe, stimmte allerdings mit der damaligen Aeußerung des Letzteren vollständig überein, aber es war mir absolut unmöglich, zu sagen, worin diese Feigheit eigentlich bestanden habe. Ich bezwang meine Verstimmung und kehrte nach dem Lagerplatze zurück.

Es ward Abend. In der Mitte das weiten Talkessels brannte ein hoch empor züngelndes Feuer, um welches sämtliche anwesende Bewohner der ›Festung‹ sich versammelt hatten. Auch Harry, welcher, wie ich bald bemerkte, den Männern in jeder Beziehung gleichberechtigt war, hatte mitten unter denselben Platz genommen und betrachtete mich, wie es mir schien, mit weniger gehässigen Blicken als vorhin.

Es wurden eine Reihe selbsterlebter Abenteuer erzählt, denen ich aufmerksam lauschte, bis ich mich erhob, um nach alter Gewohnheit mich einmal nach meinem Pferde umzusehen. Ich verließ das Feuer und schritt in das Dunkel hinaus, über welches sich der Himmel so freundlich, klar und sonnenhell ausbreitete, als strahlten seine Millionen Lichter nicht auf eine Erde hernieder, deren höchstorganisierte Wesen sich mit den Waffen in der Hand einander gegenüber stehen, um sich zu zerfleischen.

Ein leises, freudiges Wiehern am Saume des Gebüsches, welches den Bach berandete, rief mich zu Swallow, welcher mich erkannt hatte und nun den Kopf zärtlich an meiner Schulter rieb. Er war mir doppelt lieb geworden, seit er mich durch Glut und Flut getragen hatte, und liebkosend drückte ich meine Wange an seinen schlanken, weichen Hals.

Ein kurzes Schnaufen seiner Nüstern, welches mir als Warnungszeichen bekannt war, ließ mich zur Seite blicken. Eine Gestalt kam auf uns zugeschritten, und ich sah den Zipfel des um den Kopf geschlungenen Tuches sich bewegen. Es war Harry.

»Verzeiht, wenn ich störe,« klang seine jetzt etwas unsichere Stimme. »Ich dachte an Euren Swallow, welchem ich das Leben zu danken habe, und wollte das brave Tier gern begrüßen.«

»Hier steht es. Ich werde diese Begrüßung nicht durch meine Gegenwart beeinträchtigen. *Good night!*«

Ich wandte mich zum Gehen, hatte aber kaum ein Dutzend Schritte getan, als ich den halblauten Ruf vernahm:

»Sir!«

Ich blieb stehen. Zögernden Fußes kam Harry mir nach, und das eigentümliche Vibrieren seiner Stimme verriet die Verlegenheit, welche er nicht so schnell überwinden konnte.

»Ich habe Euch beleidigt!«

»Beleidigt?« erwiderte ich kühl und ruhig; »Ihr irrt, Sir. Ich kann Euch gegenüber wohl Nachsicht, nie aber das Gefühl des Beleidigtseins empfinden.«

Es dauerte eine Minute, ehe er eine Antwort auf diese vielleicht unerwarteten Worte fand.

»Dann verzeiht meinen Irrtum.«

»Gern; ich bin an ihn gewöhnt.«

»Eure Nachsicht werde ich wohl nicht wieder in Anspruch nehmen.«

»Sie steht Euch trotzdem zu jeder Zeit zur Verfügung.«

Schon wollte ich mich wieder abwenden, als er mir mit einem schnellen Schritt nahe trat und die Hand auf den Arm legte.

»Lassen wir Persönlichkeiten jetzt unberührt. Ihr habt mit der größten Gefahr für Euer eigenes Leben mir dasjenige meines Vaters an einem Abende zweimal erhalten; ich muß Euch danken und wenn Ihr noch so böse und abstoßende Worte sprecht. Ich erfuhr erst vorhin, was Ihr getan habt.«

»Jeder Westmann ist zu dem bereit, was ich getan habe, und es geschehen noch ganz andere Dinge als das ist, was Ihr da erwähnt. Was der Eine für den Andern tut, ist ihm von noch Anderen vielleicht schon zehnfach geschehen und kaum der Rede wert. Ihr dürft nicht nach dem Maßstabe urteilen, welchen Eure Kindesliebe Euch in die Hand gibt.«

»Erst war ich es, jetzt aber seid Ihr's, der ungerecht gegen sich selbst ist. Wollt Ihr's auch gegen mich sein?«

»Nein!«

»Dann darf ich wohl eine Bitte sagen?«

»Sprecht sie aus!«

»Zürnt mir, Sir; seid böse auf mich, so sehr Ihr nur immer könnt, wenn ich nicht recht tue, aber sprecht nicht wieder von Nachsicht! Wollt Ihr?«

»Ich will.«

»Danke! Und nun kehrt mit mir zum Feuer zurück, um den Andern gute Nacht zu sagen. Ich werde Euch Euren Schlafraum anweisen, und wir müssen bald die Ruhe suchen, da es morgen einen zeitigen Aufbruch geben wird.«

»Aus welchem Grunde?«

»Ich habe am Bee-fork meine Fallen gestellt, und Ihr sollt mit mir gehen, nach dem Fange zu sehen.«

Einige Minuten später standen wir vor einer der erwähnten Felltüren, welche er zurückschlug, um mich in einen dunklen Raum zu führen, der indes bald durch eine primitive und mit Hilfe des ›Punks‹ entzündete Hirschtalgkerze erleuchtet wurde.

»Hier ist Euer *bed-room* (Schlafzimmer), Sir. Die Companymänner pflegen sich in diese Räume zurückzuziehen, wenn sie unter freiem Himmel einen Rheumatismus befürchten.«

»Und Ihr meint, daß dieser schlimme Gesell auch mir nicht unbekannt sei?«

»Will Euch das Gegenteil wünschen; aber das Tal ist

feucht, da die rundum liegenden Berge dem Winde den Zutritt verwehren, und Vorsicht ist zu allen Dingen nütze, wie man drüben in der Heimat sagt. Schlaft wohl!«

Er bot mir die Hand und schritt dann mit freundlichem Kopfnicken hinaus.

Als ich allein war, blickte ich mich in der kleinen Klause um. Sie war nicht eine natürliche Höhle, sondern durch menschliche Hand in das Gestein gehauen worden. Den felsigen Fußboden hatte man mit gegerbten Häuten belegt; ebenso waren die Wände mit denselben behangen, und an der hinteren Wand stand die Lagerstätte, bestehend aus einer allerdings nur aus glatten Kirschbaumstämmchen zusammengesetzten Bettstelle, über welche sich auf einer dicken Lage weißer Yutafelle eine sehr hinreichende Anzahl echter Navajodecken breiteten.

Mehrere in den Ritzen eingeschlagene Holzpflöcke trugen Gegenstände, welche mich bald zu der Ueberzeugung brachten, daß Harry mir sein eigenes Kabinett abgetreten habe.

Nur die große Müdigkeit, welche ich nun doch fühlte, vermochte mich, in dem engen, abgeschlossenen Raume zu bleiben; denn wer seine Nächte in der Unendlichkeit der freien, offenen Prairie zugebracht hat, kann sich nur schwer entschließen, sich gleich darauf zur Benutzung desjenigen Gefängnisses zu bequemen, welches der zivilisierte Mensch eine ›Wohnung‹ nennt.

Die Abgeschlossenheit meines Boudoirs mochte doch wohl schuld sein, daß mich der Schlaf etwas fester als gewöhnlich in seine Arme nahm; denn noch hatte ich mich nicht erhoben, als ich durch eine weckende Stimme wachgerufen wurde.

»*Pooh!* Sir, ich glaube gar, Ihr seid noch nicht ganz fertig, die Decken zu messen, meine ich. Streckt Euch noch ein wenig, aber nicht in die Länge, sondern in die Höhe; das wird gut sein, wie mir scheint!«

Ich sprang empor und sah mir den Störenfried, welcher unter der zurückgeschlagenen Tür stand, an. Es war Sam Hawkens. Während er gestern nur mit der Büchse versehen gewesen war, sah ich ihn jetzt in vollständiger Trapperausrüstung meiner warten, ein Beweis, daß er uns begleiten werde.

»Bin gleich fertig, lieber Sam.«

»Hoffe es; der kleine Sir steht, denke ich, schon am *hole*[1].«

»Ihr geht mit?«

»Scheint so, wenn ich mich nicht irre. Der kleine Sir soll doch das ›Gerät‹ nicht etwa tragen, und Old Shatterhand ist das auch nicht zuzumuten.«

Vor die Türe tretend, bemerkte ich Harry, welcher am Eingange der Schlucht meiner wartete. Sam nahm einige zusammengebundene Fallen auf, warf sie über die Achsel und schritt, ohne sich zu überzeugen, daß ich ihm auch nachfolgte, auf die unser Harrenden zu.

»Lassen wir die Pferde hier?« fragte ich.

»Meine nicht, daß Euer Tier gelernt hat, ein regelrechtes Eisen zu legen oder einen Dickschwanz[2] vom Grunde des Flusses herauf zu angeln. Wir müssen die Beine auseinander nehmen, wenn wir zu rechter Zeit fertig sein wollen. Kommt also!« antwortete Sam in seiner bekannten Weise.

»Muß doch erst nach dem Pferde sehen, Alter!«

»Ist nicht notwendig! Der kleine Sir hat's schon getan, wenn ich nicht irre.«

Ohne daß er es wußte, sagte er mir mit den letzten Worten etwas höchst Erfreuliches. Harry hatte sich also schon bei grauendem Tage um Swallow bekümmert, ein Zeichen, daß er auch an seinen Herrn gedacht habe. Jedenfalls hatte sein Vater von mir gesprochen und den Anstoß zur Aenderung seiner Meinung gegeben. Eben wollte es mich wundern, daß er, der Wachsame, noch nicht zu sehen war, als er mit Winnetou und einem der Jäger durch den Bach gewatet kam.

Winnetou machte Harry sein indianisches Kompliment:

»Der Sohn Ribannas ist stark wie die Krieger vom Ufer des Gila. Sein Auge wird viele Biber sehen und seine Hand nicht tragen können die große Zahl der Felle.« Und den Blick be-

[1] Loch, Tür.
[2] Biber.

merkend, welchen ich, nach Swallow suchend, über das Tal warf, meinte er beruhigend: »Mein guter Bruder kann gehen; sein Freund wird sorgen für das Roß, welches auch besitzt die Liebe des Apachen.«

Nachdem wir durch die Kluft gegangen waren, wandten wir uns, der Richtung, aus der wir gestern kamen, entgegengesetzt, nach links und schritten den Lauf des Wassers abwärts, bis wir an die Stelle gelangten, an der es sich in den Mankizila ergoß.

Dichtes, fast undurchdringliches Gestrüpp bestand die Ufer des Flusses, und die Ranken des wilden Weines kletterten an den engstehenden Stämmen empor, liefen von Zweig zu Zweig, ließen sich, fest ineinander geschlungen, von oben hernieder, stiegen am nächsten Baum wieder in die Höhe und bildeten so ein Wirrwarr, in welches man sich nur mit Hilfe des Messers Eingang zu verschaffen vermochte.

Sam, der Kleine, war immer vor uns hergegangen, und seine vollbepackte Gestalt erinnerte mich lebhaft an die slovakischen Mausefallenhändler, welche sich drüben in meinem freundlichen Heimatsstädtchen von Zeit zu Zeit sehen ließen. Trotzdem in der Nähe kein feindliches Wesen zu vermuten war, vermied sein großbeschuhter Fuß mit bewundernswerter Behendigkeit jeden Punkt, welcher eine Spur seines leisen Trittes zurückbehalten konnte, und die kleinen Aeuglein streiften mit ununterbrochener Beweglichkeit bald rechts, bald links über die reiche Vegetation, welche trotz der späten Jahreszeit mit der Ueppigkeit zu wetteifern vermochte, welche die jungfräulichen Bottoms des Mississippitales hervorbringen.

Jetzt hob er einige Ranken in die Höhe und kroch, sich bückend, unter ihnen hindurch.

»Kommt, Sir,« forderte Harry, ihm folgend, mich auf. »Hier zweigt unser Biberpfad ab.«

Wirklich zog sich hinter dem grünen Vorhange eine schmale, offene Linie durch das Dickicht und wir schlüpften, immer parallel mit dem Flusse, eine ansehnliche Weile zwischen dem Baum- und Strauchgewirr hindurch, bis Sam bei einem halb knurrenden, halb pfeifenden Laute, welcher vom Wasser her vernehmlich wurde, innehielt und, sich zu uns wendend, die Hand an den Mund legte.

»Wir sind da,« flüsterte Harry, »und die Wache hat Verdacht geschöpft.«

Nach einer Weile, während welcher die tiefste Stille in der Umgebung herrschte, schlichen wir wieder vorwärts und gelangten an eine Biegung des Flusses, welche uns Gelegenheit bot, eine ansehnliche Biberkolonie zu beobachten.

Ein breiter, für einen vorsichtigen menschlichen Fuß gangbarer Damm war weit in das Wasser hinein gebaut, und die vierfüßigen Bewohner desselben waren eifrig beschäftigt, ihn zu befestigen und zu vergrößern. Drüben am andern Ufer sah ich eine Anzahl der fleißigen Tiere bemüht, vermittelst ihrer scharfen Zähne schlanke Stämmchen so zu durchnagen, daß sie in das Wasser fallen mußten; andere waren mit dem Transporte dieser Bäume beschäftigt, die sie schwimmend vor sich herschoben, und noch andere beklebten den Bau mit fettem Erdreiche, welches sie vom Ufer herbeibrachten und vermittelst der Füße und des breiten, als Kelle gebrauchten Schwanzes an das Holz- und Strauchwerk befestigten.

Mit Interesse betrachtete ich das Treiben des regsamen Völkchens und hatte ganz besonders meine Aufmerksamkeit auf ein ungewöhnlich großes Exemplar gerichtet, welches in wachsamer Haltung auf dem Damme saß und allem Augenscheine nach als Sicherheitsposten fungierte. Da plötzlich spitzte der dicke Kerl die kurzen Ohren, machte eine halbe Drehung um seine Achse, stieß den schon erwähnten Warnungsruf aus und war im nächsten Augenblicke unter dem Wasser verschwunden.

Im Nu folgten die andern nach, und es war höchst possierlich zu sehen, wie sie beim Untertauchen den Hinterkörper in die Höhe warfen und der Wasserfläche mit dem platten Schwanze einen Schlag versetzten, daß es weithin schallte und das Wasser hoch in die Höhe spritzte.

Freilich war es nicht Zeit, sich humoristischen Betrachtungen hinzugeben; denn diese unerwartete Störung konnte bloß durch das Nahen eines feindlichen Wesens hervorgerufen worden sein, und der größte Feind dieser friedlichen und so gesuchten Tiere ist – der Mensch.

Noch war deshalb der letzte der Biber nicht unter der Wasserfläche verschwunden, so lagen wir schon, die Waffe in der Hand, unter den tief herabhängenden Zweigen einiger Pinien und erwarteten mit Spannung das Erscheinen des unwillkommenen Gastes. Nicht lange dauerte es, so bewegten sich eine Strecke aufwärts von uns die Spitzen des Röhrichtes, und nur wenige Augenblicke später sahen wir zwei Indianer schleichenden Schrittes am Ufer herabkommen. Der eine hatte mehrere Fallen über der Schulter hängen; der andere trug eine Anzahl Felle, beide aber waren vollständig bewaffnet und beobachteten eine Haltung, welcher man es anmerkte, daß sie sich in Feindesnähe wußten.

»*Zounds!*« zischte Sam durch die Zähne; »sind die Schurken über unsere Fallen geraten und haben geerntet, wo sie nicht gesäet haben, wenn ich nicht irre. Wartet, ihr Halunken, meine Liddy hier mag euch sagen, wem die Eisen gehören und die Pelze!«

Er nahm die Büchse langsam auf und machte sich schußfertig. Ich war von der Notwendigkeit, die beiden Rothäute ohne Lärm niederzustoßen, so sehr überzeugt, daß ich den alten Trapper am Arme faßte. Auf den ersten Blick hatte ich bemerkt, daß es Ponkas waren, und die Färbung des Gesichtes gab mir die Gewißheit, daß sie sich nicht auf einem Jagdzuge, sondern auf dem Kriegspfade befanden. Sie waren also nicht allein in der Nähe und jeder Schuß konnte ihnen Helfer oder doch wenigstens Rächer herbeirufen.

»Nicht schießen, Sam! Nehmt das Messer. Sie haben den Kriegspfeil ausgegraben und sind also wohl nicht nur zu zweien.«

Der kleine, schießlustige Mann entgegnete:

»Das sehe ich natürlich auch, sollte ich meinen, und freilich ist es besser, sie im Stillen auszulöschen; aber mein altes Messer ist zu sehr abgeschliffen, als daß es sich durch zwei solcher Männer hindurchbeißen könnte.«

»Pah! Ihr nehmt den Einen und ich den Andern; *come on!*«

»Hm! Viere von unsern besten Fallen; kostet jede dreieinhalb Dollars. Würde mich freuen, wenn sie zu den gestohlenen noch ihre eigenen beiden Felle hergeben müßten!«

»Vorwärts, Sam, ehe es zu spät ist!«

Die beiden Indianer standen jetzt von uns abgewendet, gerade vor uns und suchten nach Fußspuren im Boden. Leise, leise schob ich mich, die Büchse zurücklassend und das Messer zwischen die Zähne nehmend, vorwärts. Da flüsterte es ängstlich ganz nahe an meinem Ohre:

»Bleibt, Sir! Ich werde es an Eurer Stelle tun.« Harry sprach diese Worte.

»Danke, bringe es auch noch fertig!«

Mit diesen leise geflüsterten Worten hatte ich auch schon den Rand des Gebüsches erreicht, sprang empor, hatte im nächsten Augenblicke den mir am nächsten stehenden der Indianer mit der Linken beim Nacken und stieß ihm mit der Rechten das Messer zwischen die Schultern, daß er sofort lautlos zusammenbrach. Ich tat dies freilich nur notgedrungen; da es Ponkas waren, durften sie nicht geschont werden, denn wenn sie die ›Festung‹ entdeckten, galt es unser Leben. Rasch drehte ich mich mit der zurückgezogenen Klinge zur Seite, um nötigenfalls den Andern auch zu nehmen; aber auch dieser lag auf der Erde, und Sam stand mit ausgespreizten Beinen über ihm, hatte sich die lange Skalplocke um die Linke gewickelt, und zog ihm die losgeschnittene Kopfhaut vom Schädel.

»So, mein Junge; nun kannst du in den ewigen Jagdgründen so viele Fallen stellen, wie es dir beliebt, aber die unsrigen wirst du dort nicht gebrauchen können.«

Und den blutenden Skalp im Grase abwischend, fügte er mit kurzem Lachen hinzu:

»Das eine Fell haben wir, und das andere wird sich Old Shatterhand nehmen.«

»Nein,« antwortete ich. »Ihr wißt ja, wie ich über das Skalpieren denke. Es wundert mich sehr, zu sehen, daß Ihr Euch jetzt damit befaßt!«

»Das hat seine guten Gründe, Sir. Seit wir uns zum letzten Male sahen, nämlich Ihr und ich, habe ich viel Böses erlebt und mich in der Weise mit den Roten herumschlagen müssen, daß ich keine Schonung kenne. Sie haben mich auch nicht geschont. Da seht her!«

Er riß sich den traurigen Filz vom Kopfe und zog dabei die eigene langhaarige Haut mit ab. Ich kannte den Anblick schon, welchen der kahle, blutigrote Schädel bot.

»Was sagt Ihr dazu, Sir, wenn ich mich nicht irre? Hatte meine Haube von Kindesbeinen an ehrlich und mit vollem Rechte getragen und kein Lawyer hat es gewagt, sie mir streitig zu machen, bis so ein oder zwei Dutzend Pawnees um mich waren und mir die Haare nahmen. Bin dann nach Tekama gegangen und habe mir dort eine neue Haut gekauft. Nannten es eine Perücke, und kostete mich drei dicke Bündel Biberfelle, meine ich. Schadet aber nichts; denn die neue ist zuweilen praktischer als die alte, besonders im Sommer; kann sie abnehmen, wenn mich schwitzt. Aber trotzdem hat manche Rothaut dafür untergehen müssen, und ein Skalp macht mir mehr Vergnügen als der feinste Dickschwanz.«

Während dieser Worte hatte er sich Hut und Perücke wieder aufgestülpt; aber es war jetzt keine Zeit zu solchen Erinnerungen und langen Reden, denn hinter jedem Baume konnte die Sehne eines Bogens schwirren oder der Hahn einer Büchse knacken, und es war vor allen Dingen notwendig, das Lager zu alarmieren und die Jäger auf die Nähe der Indianer aufmerksam zu machen. Darum forderte ich Hawkens auf:

»Greift zu, Sam; wir wollen die Indsmen unsichtbar machen!«

»Habt recht, Sir! Ist notwendig, das, meine ich. Aber der kleine Sir mag doch ein wenig hinter die Büsche treten; ich wette meine Mokassins gegen ein Paar Ballettschuhe, daß es in kurzer Zeit hier rote Männer geben wird.«

Harry folgte der Warnung des Alten, und wir verbargen die Leichen, welche wir vorsichtigermaßen nicht in das Wasser stoßen durften, unter dem Uferschilf. Als wir damit fertig waren, meinte Hawkens:

»So, das wäre getan, und nun geht Ihr mit dem kleinen Sir nach der ›Festung‹ und warnt unsere Leute, während ich diese Spuren zurückgehen werde, um etwas mehr zu erfahren, als die beiden Braunen uns gesagt haben.«

»Mögt nicht lieber Ihr zum Vater gehen, Sam Hawkens?« fragte Harry. »Ihr versteht besser, mit den Fallen umzugehen und vier Augen sehen mehr als zwei.«

»Hm! Wenn der kleine Sir es nicht anders will, so muß ich's schon tun, meine ich; aber wenn ›der Stock anders schwimmt‹, als er es jetzt denkt, so mag ich nicht die Schuld haben.«

»Habt sie auch nicht, Alter! Wißt schon, daß ich nicht gern etwas Anderes tue, als was mir beliebt. Euern Skalp habt Ihr; muß sehen, daß ich mir mein Teil auch hole. Kommt, Sir!«

Er ließ den kleinen Trapper stehen und wand sich durch das Dickicht weiter vorwärts. Ich folgte ihm.

Obgleich es die Umstände erforderten, daß ich meine volle Aufmerksamkeit auf die Umgebung richtete, konnte ich doch nicht umhin, an das Verhalten des Knaben zu denken, welcher mit der vollständigen Gewandtheit eines erfahrenen Waldläufers sich geräuschlos durch das Gestrüpp arbeitete und in jeder seiner Bewegungen ein Bild der angestrengtesten Vorsicht bot.

Es war nicht anders möglich, er mußte schon von Jugend auf mit dem Leben im ›Jagdlande‹ vertraut sein, mußte Eindrücke empfangen haben, welche seine Sinne geschärft, sein Gefühl gehärtet und dem Laufe seines Schicksales eine so ungewöhnliche Richtung gegeben hatten.

Wohl beinahe eine Stunde lang waren wir ununterbrochen vorwärts gedrungen, als wir an eine zweite Biberkolonie kamen, deren Bewohner aber nicht außerhalb ihrer Wohnungen zu erblicken waren.

»Hier hatten wir die Fallen gestellt, welche wir den Rothäuten wieder abgenommen haben, Sir, und weiter droben teilt sich der Bee-fork ab, wo wir ursprünglich hinwollten. Doch wird's wohl anders kommen, denn seht, die Spuren laufen nach dem Walde, aus welchem sie gekommen sind. Wir müssen sie verfolgen.«

Er stand im Begriffe, weiter zu gehen, als ich ihn zurückhielt.

»Harry!«

Er blieb stehen und sah mich fragend an.

»Wollt Ihr nicht lieber umkehren und das Andere mir allein überlassen?«

»Wie kommt Ihr auf diesen Gedanken?«

»Kennt Ihr die Gefahren, welche unser da vorn vielleicht warten?«

»Warum sollte ich nicht? Sie können unmöglich größer sein als diejenigen, denen ich schon getrotzt und die ich überwunden habe.«

»Ich möchte Euch erhalten!«

»Das will ich und das werde ich ja auch. Oder glaubt Ihr etwa, daß mich der Anblick eines buntbemalten Mannes zu erschrecken vermöge?«

Wieder ging es vorwärts. Wir entfernten uns jetzt vom Flusse und schritten leicht zwischen den schlanken und freien Stämmen des Hochwaldes hin, welcher ein dichtes, grünes Dach über den mit feuchten Moosen überzogenen Boden wölbte; infolge der weichen Beschaffenheit desselben konnten wir die Fußeindrücke ohne besonderen Scharfsinn erkennen.

Da blieb Harry, welcher immer noch voranschritt, stehen. Es waren jetzt die Spuren nicht von zwei, sondern von vier Männern zu erkennen, welche zusammen gegangen waren und sich hier getrennt hatten. Die beiden von uns unschädlich gemachten hatten die vollständige Kriegsbewaffnung getragen, und da ich annahm, daß eine größere Anzahl ihrer Stammesgenossen vorhanden sei, die nur durch ein wichtiges Unternehmen veranlaßt sein konnten, einen so weiten Weg mitten durch das Gebiet feindlicher Horden zu machen, so kam ich jetzt auf den Gedanken, daß dieses Unternehmen vielleicht mit dem gestörten Bahnüberfalle in Verbindung stehe und einer jener Rachezüge sei, bei denen die Indianer alles aufbieten, um eine erlittene Beleidigung oder einen gehabten Verlust quitt zu machen.

»Was tun?« fragte Harry. »Diese Spuren führen in der Richtung nach unserem Lager, welches wir der Entdeckung nicht aussetzen dürfen. Verfolgen wir sie, oder teilen wir uns, Sir?«

»Und diese vierfache Spur geht jedenfalls zum Lager der Rothäute, welche sich natürlich verborgen haben und die Rückkehr ihrer Kundschafter abwarten. Vor allen Dingen müssen wir dieses aufsuchen, um Gewißheit über ihre Zahl und Zwecke zu bekommen. Der Eingang zu unserer Ritterburg wird ja von einem Posten bewacht, der das Seinige schon tun wird, unser Geheimnis zu bewahren.«

»Ihr habt Recht. Gehen wir vorwärts!«

Der Wald lief von der Höhe, zu welcher das Flußtal emporstieg, eine ansehnliche Strecke in die Ebene hinein und war von tiefen, felsigen Rinnen durchschnitten, in welchen Farnkraut und wildes Beergesträuch üppig wucherte. Eben nahten wir uns leise einer dieser Einsenkungen, als ich einen brenzlichen Geruch bemerkte und, dadurch aufmerksam gemacht, mit schärferem Blicke die Waldung zu durchdringen suchend, eine leichte, dünne Rauchsäule wahrnahm, welche oft unterbrochen oder auch ganz verschwindend, in spielender Bewegung gerade vor uns zu den Baumkronen in die Höhe stieg.

Dieser Rauch konnte nur von einem Indianerfeuer kommen; denn während der Weiße das Holz gleich in seiner ganzen Länge in die Glut wirft und dadurch eine breite und hochleckende Flamme hervorbringt, welche stets eine ansehnliche und oft verräterische Menge Rauches erzeugt, schiebt der Wilde die Scheite nur mit den Spitzen in das Feuer, wodurch nur eine kleine Flamme mit kaum wahrnehmbarem Rauch entsteht. Winnetou pflegte von solchen großen Feuern der Weißen zu sagen: »Die Bleichgesichter machen mit ihrem Feuer so viel Hitze, daß sie sich nicht daran setzen können, um sich zu wärmen.«

Ich hielt Harry zurück und machte ihn auf meine Bemerkung aufmerksam.

»Streckt Euch hinter jenes Gestrüpp; ich werde mir die Leute ansehen!«

»Warum nicht auch ich?«

»Einer genügt; bei zweien ist die Gefahr des Entdeckens eine doppelt große.«

Er nickte zustimmend und schritt, behutsam jede Spur verwischend, seitwärts, während ich, von Stamm zu Stamm Deckung suchend, gegen die Rinne schlich.

Auf dem Grunde derselben saßen oder lagen, eng aneinander gedrängt, eine solche Menge Rothäute, daß die Vertiefung sie kaum zu fassen vermochte; unten am Ausgange derselben stand, bewegungslos wie eine eherne Statue, ein junger, langhaariger Bursche, und auch hüben und drüben am Rande bemerkte ich Wachen, denen mein Nahen glücklicherweise vollständig entgangen war.

Ich versuchte, die Lagernden zu zählen, und nahm deshalb jeden Einzelnen ins Auge, hielt aber bald in größter Ueberraschung inne. Als der nächste am Feuer saß – war es denn nur auch möglich? – der weiße Häuptling Parranoh oder Tim Finnetey, wie er von Old Firehand genannt worden war. Ich hatte in jener Nacht sein Gesicht beim Scheine des Mondes und dann beim Niederstoßen seiner Person zu deutlich gesehen, um mich jetzt täuschen zu können, und doch wurde ich irre an mir selbst; denn von seinem Kopfe hing die prächtigste Skalplocke herab, während Winnetou sie ihm doch genommen und nicht eine Minute lang aus seinem Gürtel gebracht hatte.

Da machte der Wachtposten, welcher diesseits der Schlucht stand, eine Bewegung nach dem Orte zu, an welchem ich, von einem Felsstücke verborgen, lag, und ich mußte mich deshalb schleunigst zurückziehen.

Glücklich bei Harry angelangt, winkte ich ihm, mir zu folgen, und schritt nun den Weg, welchen wir gekommen waren, wieder bis zu der Stelle zurück, an welcher sich die Spuren teilten. Von hier aus verfolgten wir die neue Fährte, welche durch das dichteste Pflanzengewirr immer gerade auf das Tal zu lief, durch welches wir gestern gekommen und von dem Posten angerufen worden waren.

Es war mir jetzt klar, daß die Ponkas sich verstärkt hatten und uns dann Schritt um Schritt gefolgt waren, um sich an uns zu rächen. Unser Aufenthalt während der Krankheit Old Firehands hatte ihnen Zeit gegeben, alle verfügbaren Kräfte zusammenzuziehen; aber warum sich wegen uns Dreien eine so große Zahl streitbarer Krieger versammelt hatte, warum sie nicht schon längst über uns hergefallen waren und statt dessen uns ruhig hatten ziehen lassen, das konnte ich nicht begreifen, wenn ich nicht annehmen wollte, daß Parranoh von der Jägerniederlassung wisse und seine Pläne auf sämtliche Angehörigen derselben erstrecke.

Die beiden Vorangeschlichenen hatten uns gut Bahn gebrochen, so daß wir verhältnismäßig schnell vorwärts kamen und uns gar nicht mehr weit von dem senkrecht unsere Richtung durchschneidenden Tale befinden konnten, als ich ein leises Klirren vernahm, welches hinter einem dichten Gebüsch wilder Kirschenstämmchen hervorklang.

Harry mit einer Handbewegung bedeutend, sich zu verstecken, legte ich mich sogleich auf den Boden nieder, zog das Messer und kroch auf einem Umwege der erwähnten Richtung zu. Das nächste nicht an diesen Ort Gehörige, was ich erblickte, war ein Haufen eiserner Biberfallen, neben welchem ein Paar krumme Beinchen sichtbar wurden, deren Füße in riesigen Mokassins staken. Weiter heranschleichend, bemerkte ich auch einen langen, weiten Jagdrock, auf dessen oberem Teile die breite, runzelige Krempe eines uralten Filzhutes lag, und etwas abwärts von dieser Krempe sah ich die geraden und dornig abstehenden Spitzen eines verworrenen Bartes, aus welchem zwei kleine Aeuglein munter und aufmerksam durch das Blätterwerk lugten.

Es war Sam, der Kleine. Aber wie war er nur hierhergekommen, da ich ihn doch längst in der ›Burg‹ vermutete? Das war jedenfalls leicht und sofort zu erfahren; ich durfte ihn ja nur fragen, und als ich deshalb so geräuschlos wie möglich an ihn herankroch, machte mir der Schreck, welchen er über den unvermuteten Ueberfall haben mußte, schon im voraus Vergnügen.

Leise, ganz leise griff ich nach der Büchse, welche an seiner Seite lag, zog die alte, vorsündflutliche Liddy an mich heran und öffnete den rostbedeckten Hahn derselben. Bei dem dadurch verursachten Knacken fuhr er so schnell herum, daß ihm das überhängende Zweigwerk Hut und Perücke abstreifte, und als er seine eigene Büchse auf sich gerichtet sah, wurde unmittelbar unter der in allen Regenbogenfarben spielenden Papageinase ein mächtig großes Loch sichtbar, welches vor Erstaunen immer weiter aufgerissen wurde.

»Sam Hawkens,« flüsterte ich, »wenn Ihr Euren Mund nicht bald zumacht, werde ich Euch das ganze Dutzend Fallen hineinschieben, welches hier liegt!«

»*Good lack,* Ihr habt mich erschreckt, Sir, wenn ich mich nicht irre!« antwortete der Trapper, welcher trotz seiner Bestürzung keinen einzigen unvorsichtigen Laut von sich gegeben hatte und schleunigst Hut und Perücke ihren verlorenen Herrschersitz wieder anwies. »Hol' Euch der Teufel! Mir ist's in alle Glieder gefahren, meine ich; denn wenn Ihr eine Rothaut gewesen wäret, so –«

»So hättet Ihr Eure letzten Boudins gegessen gehabt. Hier habt Ihr Euer Schießgewehr! Und nun sagt, wie Ihr dazu kommt, Euch hier schlafen zu legen.«

»Schlafen? Na hört 'mal, von Schlafen war wohl gar keine Rede, wenn Ihr mir auch auf den Leib gerückt seid, ohne daß ich es gemerkt habe. Hatte meine drei Gedanken eben nur bei den zwei Rattenfellen, welche ich mir noch holen wollte, und Ihr braucht da drinnen den Andern beileibe nicht zu erzählen, daß der alte Sam überrumpelt worden ist.«

»Werde still sein.«

»Wo habt Ihr den kleinen Sir?«

»Steht da hinten. Wir hörten Eure Fallen klirren, und ich mußte natürlich wissen, was das für Glocken wären.«

»Glocken? Ist's so laut gewesen? Sam Hawkens, was bist du für ein alter, dummer Waschbär! Liegt das alte Maultier da, um Skalpe zu fangen, und macht dabei einen Lärm, der droben in Kanada zu hören ist, wie mir scheint! Aber wie seid Ihr denn in die Richtung geraten? Seid wohl auch hinter den beiden Rothäuten her?«

Ich bejahte diese Frage und erzählte ihm, was ich gesehen hatte.

»Hm, wird viel Pulver kosten, viel Pulver, Sir! Kam da mit meinen Fallen das Wasser herauf und sah plötzlich zwei Braune, wenn ich mich nicht irre, die spionierend dort am Rande des Gebüsches, kaum acht Schritte von uns entfernt, standen. Natürlich duckte ich mich ins Gesträuch und gewahrte nun, daß der Eine abwärts, der Andere aber aufwärts ging, um das Tal abzusuchen. Wird ihnen aber schlecht bekommen, meine ich! Ich ließ den Einen an mir vorüber und machte mich dann hierher, um die Burschen zu fragen, was sie gesehen haben, wenn sie nachher hier wieder zusammentreffen.«

»Glaubt Ihr es?«

»Meine es! Wenn Ihr klug sein wollt, so macht Euch da hinüber auf die andere Seite, damit wir sie dazwischen kriegen, und laßt den kleinen Sir nicht länger warten. Könnte sonst vor lauter Ungeduld einen Fehler machen.«

Ich folgte der Weisung und kehrte zu Harry zurück. Nachdem ich ihm in kurzen Worten Bericht erstattet hatte, nahmen wir eine, Sam gerade gegenüber liegende Stellung ein und warteten auf die Rückkehr der beiden Rothäute.

Lange wurde unsere Geduld auf die Probe gestellt, und es vergingen fast einige Stunden, ehe wir den leisen Schritt eines heranschleichenden Menschen hörten. Es war einer von den Erwarteten, ein alter, verwetterter Bursche, der für die erbeuteten Skalps so wenig Platz an seinem Gürtel gefunden hatte, daß er die Außennähte seiner weiten Hosen in dicken Lagen mit dem Haare seiner erlegten Feinde ausgefranst hatte.

Kaum war er in unseren Bereich getreten, als er auch schon von hüben und drüben gepackt und ›ausgelöscht‹ wurde.

Ebenso erging es dem Andern, welcher nach kurzer Zeit erschien, und nun kehrten wir, vereint, wie wir ausgegangen waren, in die Festung zurück.

Vor dem Tore suchten wir den Posten auf, welcher hinter dem beschützenden Gesträuch verborgen gelegen und den spionierenden Wilden, der in einer Entfernung von kaum einigen Schritten an ihm vorübergeschlichen war, wohl bemerkt hatte. Es war Will Parker.

Sam blickte ihn erstaunt an.

»Bist ein Greenhorn gewesen, Will, und wirst ein Greenhorn bleiben, bis dich 'mal die *red-men* beim Schopfe haben, meine ich. Hast wohl geglaubt, der Braune gehe hier nur Ameisen fangen, daß du das Eisen stecken gelassen hast?«

»Sam Hawkens, wirf die Schlinge um deine Zunge, sonst tue ich jetzt an dir, was ich vorhin unterlassen habe! Will Parker ein Greenhorn! Der Spaß wäre schon einige Körner Pulver wert, altes Coon. Aber deiner Mutter Sohn ist wohl nicht klug genug, um einzusehen, daß man einen Kundschafter laufen läßt, um nicht die übrigen durch seinen Untergang aufmerksam zu machen?«

»Sollst recht haben, Mann, wenn du nämlich nicht zu Indianerfellen kommen willst, wie mir scheint.«

Mit den letzten Worten wandte er sich dem Wasser zu, drehte sich aber, ehe er zwischen den Felsen verschwand, noch einmal um und warnte den Wachehaltenden:

»Mache deine Augen auf! Da drüben im ›Gutter‹ gibt's ein ganzes Nest Pfeilmänner. Könnten ihre Nasen auch zwischen deine Beine stecken wollen. Wäre schade um dich, wenn ich mich nicht irre, jammerschade!«

Tief unter den um ihn hängenden Fellen begraben, schritt er uns voran, und bald standen wir an dem Ausgange der Schlucht und konnten den Talkessel überblicken. Ein scharfer Pfiff des alten Trappers genügte, um sämtliche Bewohner unseres Versteckes herbeizurufen, und mit gespannter Aufmerksamkeit folgten alle dem Berichte unseres Abenteuers.

Schweigend hörte Old Firehand ihn bis zu Ende, aber als

ich ihm von Parranoh sagte, entfuhr ihm ein Ausruf der Verwunderung und zugleich der Freude.

»Wär's möglich, daß Ihr Euch nicht getäuscht hättet, Sir? Dann könnte ich meinen Schwur wahr machen und ihn zwischen meine Fäuste nehmen, wie es jahrelang mein einziger, mein heißester Wunsch gewesen ist.«

»Die Haare allein machen mich irre.«

»O, die sind gleichgültig! Sam Hawkens mag Euch als Beispiel dienen, und es ist doch nicht ganz unglaublich, daß Ihr ihn in jener Nacht nicht recht getroffen habt. Die Seinen haben ihn gefunden und mitgenommen. Während ich krank war, hat er sich erholt, hat uns beobachten lassen und ist dann gefolgt.«

»Aber warum griff er uns nicht an?«

»Weiß es nicht; wird aber jedenfalls seinen Grund haben, den wir auch erfahren. Seid Ihr müde, Sir?«

»Könnte es nicht behaupten.«

»Ich muß den Mann selbst sehen. Wollt Ihr mich begleiten?«

»Versteht sich. Nur muß ich Euch auf das Gefährliche dieses Ganges aufmerksam machen. Die Indianer werden vergebens auf ihre ausgesandten Späher warten, sich bald nach ihnen umsehen und die Toten finden. Wir geraten zwischen die Suchenden und werden vielleicht von den Unserigen abgeschnitten.«

»Das alles ist möglich; aber ich kann unmöglich bleiben und ruhig zuwarten, bis sie uns finden. Dick Stone!« Dieser letztere war gestern fort gewesen, um ›Fleisch zu machen‹, und sah mich also erst jetzt. Er begrüßte mich auch herzlich und wurde dann von Old Firehand gefragt:

»Hast du es gehört, wohin es gehen soll?«

»Denke es.«

»Hole dein Gewehr! Wir sehen nach Rothäuten.«

»Bin dabei, Sir! Reiten wir?«

»Nein; es geht nur bis zum ›Gutter‹. Ihr Andern aber rührt die Hände und deckt die Catches[1] mit Rasen zu. Man kann

[1] Verstecke für Häute.

nicht wissen, wie es geht, und wenn die Braunen ja zwischen unsere Felsen kommen, sollen sie wenigstens nichts von dem finden, was sie brauchen können. Harry, du gehst zu Will Parker, und du, Bill Bulcher, magst auf Ordnung sehen, wenn wir fort sind!«

»Vater, laß mich bei dir sein,« bat Harry.

»Kannst mir zu nichts dienen, Kind. Ruhe dich aus; wirst schon noch zur rechten Stelle kommen!«

Harry wiederholte seine Bitte; aber Firehand hielt an seiner Bestimmung fest, und so schritten wir bald wieder zu dreien durch das Bett des Baches hinaus.

Draußen angekommen schritten wir nach einigen kurzen Weisungen an der Wache vorüber, dem Orte zu, an welchem sich Hawkens versteckt gehabt hatte. Die von dort nach der Schlucht führende Richtung war jedenfalls die für uns vorteilhafteste; denn wir hatten von beiden Seiten Deckung und waren sicher, denjenigen von den Indianern zu begegnen, welche annehmbarerweise ihren Versteck verlassen hatten, um nach dem Verbleiben der uns Begegneten zu sehen.

Winnetou hatte kurz nach unserm frühzeitigen Aufbruche am Morgen das Lager auch verlassen und war noch nicht zurückgekehrt. Er wäre uns auf dem jetzigen Gange der willkommenste Begleiter gewesen, und ich konnte mich einer leisen Sorge um ihn nicht erwehren. Es war ja ein Zusammentreffen mit dem Feinde so leicht möglich, und in diesem Falle war er trotz seiner Tapferkeit verloren.

Eben dachte ich an diesen Umstand, als sich plötzlich neben uns die Büsche teilten und der Apache vor uns stand. Unsere Hände, welche beim ersten Rascheln der Zweige nach den Waffen gegriffen hatten, fuhren von denselben zurück, als wir ihn erkannten.

»Winnetou wird gehen mit den weißen Männern, um zu sehen Parranoh und die Ponkas,« sagte er.

Erstaunt blickten wir ihn an. Er wußte also schon von der Anwesenheit der Indianer.

»Hat mein roter Bruder die Krieger der grausamsten Verwandten der Sioux gesehen?« fragte ich.

»Winnetou muß wachen über seinen Bruder Old Shatterhand und über den Sohn Ribannas. Er ist hinter ihnen gegangen und hat gesehen ihre Messer fahren in das Herz der roten Krieger. Parranoh hat sich genommen den Schädel eines Mannes vom Volke der Osagen; sein Haar ist eine Lüge, und seine Gedanken sind voller Falschheit. Winnetou wird ihn töten.«

»Nein, der Häuptling der Apachen wird ihn nicht berühren, sondern ihn mir lassen!« entgegnete Old Firehand.

»Winnetou hat ihn schon einmal geschenkt seinem weißen Freunde!«

»Er wird mir nicht wieder entgehen, denn meine Hand –«

Nur das letzte Wort hörte ich noch; denn in dem Augenblicke, in welchem es gesprochen wurde, sah ich zwei glühende Augen hinter dem Strauche, welcher die Biegung der Fußspuren verbarg, hervorleuchten und hatte mit einem raschen Sprunge den Mann gepackt, dem sie angehörten.

Es war der, von welchem gesprochen wurde, Parranoh, und kaum stand ich vor ihm und warf ihm die Finger um die Kehle, so raschelte es zu beiden Seiten, und eine Anzahl Indianer sprangen hervor, ihrem Häuptlinge zu Hilfe.

Die Freunde hatten meine Bewegung gesehen und stürzten sich sofort auf meine Angreifer. Ich hatte den weißen Häuptling unter mir. Meine Kniee auf seiner Brust, die Finger der Linken um den Hals und die Rechte um seine Hand, welche das Messer gepackt hatte, krümmte er sich unter mir wie ein Wurm und machte die wütendsten Anstrengungen, mich von sich zu stoßen. Mit den Füßen wie ein angeketteter Stier um sich schlagend, versuchte er, in riesenkräftigen Rucken sich emporzuschnellen; der falsche, langbehaarte Schädel lag neben ihm, und die Augen traten weit mit Blut unterlaufen aus ihren Höhlen; vor dem Munde stand ihm der gärende Schaum der Wut, und die nackte, von dem Skalpmesser Winnetous barbierte Kopfblöße schwoll unter der Anstrengung aller Fasern und Nerven und dem wilden Schlage des zusammengedrückten Pulses mit einer erschreckenden Häßlichkeit auf. Mir war, als hätte ich ein rasendes Tier unter mir, und mit aller Gewalt krampfte ich meine Finger um seine Kehle, so daß er einigemal konvulsivisch zusammenzuckte, den Kopf hintenüber legte und, die Augen verdrehend, unter einem immer leiser werdenden Zittern die Glieder von sich streckte; – er war besiegt.

Jetzt endlich blickte ich, mich erhebend, um mich, und es bot sich mir eine Szene, wie sie die Feder nie zu beschreiben vermag. Keiner der Kämpfenden hatte, aus Sorge, dem Feinde Hilfe herbeizurufen, eine Schußwaffe gebraucht, sondern nur das Messer und der Tomahawk waren tätig gewesen. Keiner von ihnen stand aufrecht, sondern alle lagen am Boden und wälzten sich in ihrem oder dem Blute ihres Gegners.

Winnetou stand eben im Begriffe, einem unter ihm Liegenden die Klinge in die Brust zu stoßen; er bedurfte meiner nicht. Old Firehand lag auf einem der Gegner und versuchte, einen Zweiten, welcher ihm den Arm zerfleischte, von sich abzuhalten. Ich eilte ihm zu Hilfe und schlug den Dränger mit seinem eigenen Beile, welches ihm entfallen war, nieder. Dann ging's zu Dick Stone, welcher zwischen zwei toten Rothäuten unter einem riesigen Manne lag, der sich alle Mühe gab, einen tödlichen Stich anzubringen. Es gelang ihm nicht; das Beil des Stammesgenossen machte seiner Bemühung ein Ende.

Stone erhob sich und brachte seine Gliedmaßen in Ordnung.

»*By god*, Sir, das war Hilfe zur rechten Zeit! Drei gegen einen ist doch, wenn man nicht schießen darf, ein wenig zu viel; habt Dank!«

Auch Old Firehand streckte mir die Hand entgegen und wollte eben sprechen, als sein Blick auf Parranoh fiel.

»Tim Finn – ist's möglich? Der Häuptling selber! Wer hat's mit ihm zu tun gehabt?«

»Old Shatterhand hat ihn niedergeworfen,« antwortete Winnetou statt meiner. »Der große Geist hat ihm die Kraft des Büffels gegeben, der die Erde pflügt mit seinem Horne.«

»Mann,« rief Old Firehand, »wie Euch, so hab' ich noch keinen getroffen, so weit ich auch herumgekommen bin.

Aber wie ist es möglich, daß Parranoh mit den Seinen hier versteckt sein konnte, da Winnetou dort in der Nähe war?«

»Der weiße Häuptling ist nicht verborgen gewesen an der Seite des Apachen,« antwortete Winnetou. »Er hat bemerkt die Spuren seiner Feinde und ist ihnen nachgegangen auf ihrem Pfade. Seine Männer werden ihm nachkommen, und meine weißen Brüder müssen Winnetou schnell folgen in ihre Wigwams.«

»Hat recht, der Mann!« bekräftigte Dick Stone. »Wir werden sehen müssen, daß wir zu den Unsrigen kommen.«

»Gut,« erwiderte Old Firehand, von dessen Arm das Blut in hellen Strömen floß; »auf alle Fälle aber müssen wir die Spuren des Kampfes möglichst beseitigen. Gehe doch ein wenig vorwärts, Dick, damit wir nicht etwa überrascht werden.«

»Soll geschehen, Sir, aber nehmt mir doch zuerst einmal das Messer aus dem Fleische. Ich kann nicht gut zu dem Dinge kommen.«

Einer von den Dreien hatte ihm das Messer in die Seite gestoßen, und durch das Ringen war es immer weiter hineingedrungen. Glücklicherweise stak es an keiner gefährlichen Stelle und hinterließ bei seiner Entfernung eine für Stones Eisennatur nur leichte Wunde.

In kurzer Zeit war das Notwendige getan und Dick Stone wurde herbeigeholt.

»Wie bringen wir unsern Gefangenen fort?« fragte Old Firehand.

»Er wird getragen werden müssen,« antwortete ich. »Wird aber seine Schwierigkeiten haben, wenn er vollständig zur Besinnung kommt.«

»Tragen?« fragte Stone. »Ist mir seit etlichen Jahren nicht so wohl geworden und möchte diesem alten Knaben dieses Herzeleid auch nicht antun.«

Mit einigen Schnitten trennte er eine Anzahl der nebenstehenden Stämmchen von der Wurzel, nahm die Decke Parranohs wieder vor, schnitt sie in Streifen und meinte, uns vergnügt zunickend:

»Bauen da eine Schleife, einen Schlitten, ein Rutschholz oder so etwas zusammen, binden das Mannskind darauf fest und trollen uns damit von dannen.«

Der Vorschlag ward angenommen und ausgeführt, und bald setzten wir uns in Bewegung, die allerdings eine so deutliche Spur zurückließ, daß der hinterher gehende Winnetou alle Mühe hatte, sie nur einigermaßen zu verwischen. – – –

Es war früh am andern Tage. Noch hatten die Strahlen der Sonne nicht die Spitzen der umliegenden Berge berührt, und tiefe Ruhe herrschte im Lager. Ich aber war längst schon wach und auf den Felsen gestiegen, wo ich Harry wieder gefunden hatte.

Unten im Tale wälzten sich dichte Nebelballen um die Büsche, oben aber war die Luft rein und klar und wehte mir mit ermunternder Kühle um die Schläfe. Drüben hüpfte ein Kernbeißer unter Brombeerranken auf und ab und lockte mit schwellender, pfirsichblütroter Kehle sein unfolgsames Weibchen; etwas tiefer saß ein blaugrauer Katzenvogel und unterbrach seinen Gesang zuweilen durch einen possierlichen, miauenden Schrei, und von unten herauf ertönte die wundervolle Stimme des Entenvogels, der am Schlusse jeder Strophe seiner musikalischen Bravour mit einem lauten Entengequakel applaudierte. Meine Gedanken aber waren weniger bei dem Frühkonzerte, als vielmehr bei den Erlebnissen des vorhergehenden Tages.

Nach dem Berichte eines unserer heimkehrenden Jäger, welcher, still durch die Waldungen schleichend, die Ponkas auch bemerkt hatte, waren diese in noch größerer Anzahl vorhanden, als wir angenommen hatten; denn er war unten in der Ebene an einem zweiten Lagerplatze vorüber gekommen, an welchem sich auch die Pferde befunden hatten.

Es war also mit Bestimmtheit anzunehmen, daß ihr Kriegszug nicht gegen einzelne Personen, sondern gegen unsere ganze Niederlassung gerichtet war, und aus diesem Grunde und der bedeutenden Anzahl der Feinde wegen durften wir unsere Lage keineswegs zu den beneidenswerten rechnen.

Die Vorbereitungen, welche getroffen werden mußten, einem Ueberfalle zu begegnen, hatten den gestrigen Nachmittag und Abend in der Weise ausgefüllt, daß wir keine Zeit gefunden hatten, über das Schicksal unseres Gefangenen eine Bestimmung zu treffen. Er lag wohlgebunden und gut bewacht in einer der Felsenkammern, und noch vorhin erst, gleich nach meinem Erwachen, hatte ich mich von der Zuverlässigkeit seiner Fesseln überzeugt.

Die nächsten Tage, vielleicht schon die heutigen Stunden mußten uns wichtige Entscheidungen bringen, und es war wirklich ein außergewöhnlicher Ernst, mit welchem ich an meine gegenwärtige Lage dachte, als ich durch nahende Schritte aus dem Sinnen wachgerufen wurde.

»Guten Morgen, Sir! Der Schlaf scheint Euch ebenso geflohen zu haben, wie mich.«

Ich dankte dem Gruße und antwortete:

»Wachsamkeit ist die notwendigste Tugend in diesem gefahrvollen Lande, Sir.«

»Fürchtet Ihr Euch vor den Braunen?« fragte Harry lächelnd, denn dieser war es.

»Ich weiß, daß Ihr diese Frage nicht im Ernste aussprecht. Aber wir zählen im ganzen dreizehn Mann und haben einen zehnfach überlegenen Feind vor uns. Offen können wir uns desselben gar nicht erwehren, und unsere einzige Hoffnung besteht darin, von ihm nicht entdeckt zu werden.«

»Ihr seht die Sache doch etwas zu schwarz. Dreizehn Männer von der Art und Weise unserer Leute vermögen schon ein Erkleckliches zu leisten, und selbst wenn die Rothäute unser Versteck aufspürten, würden sie sich nichts als blutige Köpfe holen.«

»Ich hege andere Meinung. Sie sind ergrimmt über unsern Ueberfall, noch mehr aber über den gestrigen Verlust ihrer Leute, und wissen jedenfalls ihren Häuptling in unsern Händen. Sie haben natürlich nach den Fehlenden gesucht, die Leichen gefunden und dabei Parranoh vermißt, und wenn eine so zahlreiche Horde um irgend eines Zweckes willen solche Strecken zurücklegt wie diese, so wird dieser Zweck auch mit der möglichsten Energie und Schlauheit zu erreichen gesucht.«

»Alles ganz recht, Sir, aber noch kein Grund zu schlimmen Befürchtungen. Ich kenne diese Leute auch. Feig und verzagt von Natur, wissen sie nur hinterrücks zu handeln und den Wehrlosen anzugreifen. Wir haben ihre Jagdgründe durchstreift vom Mississippi bis zum stillen Meere, von Mexiko bis hinauf zu den Seen, haben sie vor uns hergetrieben, uns mit ihnen herumgeschlagen, vor der Uebermacht fliehen und uns verbergen müssen, aber immer, immer wieder die Faust am Messer gehabt und die Oberhand behalten.«

Ich sah ihn an, antwortete aber nicht, und es mußte in meinem Blicke etwas der Bewunderung Unähnliches gelegen haben, denn nach kurzer Pause fuhr er fort:

»Sagt, was Ihr wollt, Sir, es gibt Gefühle im Menschenherzen, denen der tatkräftige Arm gehorchen muß, gleichviel ob er der eines Mannes oder eines Knaben ist. Hätten wir gestern den Bee-fork erreicht, so wäre Euch ein Grab zu Gesicht gekommen, welches zwei Wesen birgt, die mir die Liebsten und Teuersten gewesen sind auf der ganzen, weiten Erdenrunde. Sie wurden hingeschlachtet von Männern, welche dunkles Haar und braune Haut besaßen, und seit jenen schrecklichen Tagen zuckt mir's in der Hand, wenn ich eine Skalplocke wehen sehe, und mancher Indianer ist blutend vom Pferde geglitten, wenn die Pistole blitzte, aus welcher das tötende Blei in das Herz meiner Mutter fuhr, und deren Sicherheit Ihr ja auch bei New-Venango kennen gelernt habt.«

Er zog die Waffe aus dem Gürtel und hielt sie mir vor die Augen. Dabei sprach er weiter:

»Ihr seid ein guter Schütze, Sir; aber aus diesem alten Rohre würdet Ihr auf fünfzehn Schritte nicht den Stamm eines Hikory treffen. Ihr mögt also denken, wie oft und viel ich mich geübt habe, um meines Zieles gewiß zu sein. Ich weiß mit allen Instrumenten umzugehen; aber wenn es sich um Indianerblut handelt, dann greife ich nur zu diesem da; denn ich habe geschworen, daß jedes Körnchen Pulver, welches jene mörderische Kugel trieb, mit dem Leben einer Rothaut bezahlt werden müsse, und ich glaube, ich stehe nicht sehr weit von der Erfüllung dieses Schwures. Dasselbe Rohr, welches die Mutter niederstreckte, soll auch das Werkzeug meiner Rache sein!«

»Ihr bekamt die Pistole von Winnetou?«

»Hat er Euch davon erzählt?«

»Ja.«

»Alles?«

»Nichts, als was ich eben sagte.«

»Ja, sie ist von ihm. Doch setzt Euch, Sir! Ihr sollt das Notwendigste erfahren, wenn die Sache auch nicht eine solche ist, über welche man viele Worte machen könnte.«

Er nahm neben mir Platz, warf einen beobachtenden Blick über das unter uns liegende Tal und begann:

»Vater war Oberförster da drüben im alten Lande und lebte mit seinem Weibe und einem Sohne in ungetrübtem Glücke, bis die Zeit der politischen Gärung kam, welche so manchen braven Mann um seine Ziele betrogen hat und auch ihn in den Strudel trieb, welchem er sich schließlich nur durch die Flucht zu entziehen vermochte. Die Ueberfahrt kostete ihm die Mutter seines Kindes, und da er nach der Landung mittellos und ohne Bekannte in einer andern und neuen Welt stand, so griff er zum ersten, was ihm geboten wurde, ging als Jäger nach dem Westen und ließ den Knaben bei einer wohlhabenden Familie zurück, in welcher derselbe als Kind aufgenommen wurde.

»Einige Jahre verflossen ihm unter Gefahren und Abenteuern, welche aus ihm einen von den Weißen geachteten, von ihren Feinden aber gefürchteten Westmann machten. Da führte ihn eine Jagdwanderung hinauf an den Quicourt, mitten unter die Stämme der Assineboins hinein, und hier traf er zum erstenmal mit Winnetou zusammen, welcher von den Ufern des Colorado kam, um sich am oberen Mississippi den heiligen Ton für die Calumets seines Stammes zu holen. Beide waren Gäste des Häuptlings Tah-scha-tunga, wurden Freunde und lernten in dem Wigwam desselben Ribanna, seine Tochter, kennen. Sie war schön, wie die Morgenröte, und lieblich wie die Rose des Gebirges. Keine unter den Töchtern des Stammes vermochte die Häute so zart zu gerben und das Jagdkleid so sauber zu nähen, wie sie, und wenn sie ging, um Holz zu holen für das Feuer ihres Kessels, so schritt ihre schlanke Gestalt wie die einer Königin über die Ebene und von ihrem Haupte floß das Haar in langen Strähnen fast bis zur Erde herab. Sie war der Liebling Manitous, des großen Geistes, war der Stolz des Stammes, und die jungen Krieger brannten vor Begierde, sich die Skalps der Feinde zu holen, um sie ihr zu Füßen legen zu dürfen.

»Aber keiner von ihnen fand Gnade vor ihren Augen, denn sie liebte den weißen Jäger, obgleich derselbe viel älter war als alle, die sich um sie bewarben. Von ihnen war Winnetou der jüngste, fast noch ein Knabe.

»Auch in des Weißen Seele waren die heiligsten Gefühle erwacht; er folgte der Spur ihres Fußes, wachte über ihrem Haupte und sprach mit ihr wie mit einer Tochter der Bleichgesichter. Da trat eines Abends Winnetou zu ihm.

»›Der weiße Mann ist nicht wie die Kinder seines Volkes. Aus ihrem Munde fallen die Lügen wie die Boudins aus einem Büffelmagen! Aber er hat stets die Wahrheit gesprochen zu Winnetou, seinem Freunde.‹

»›Mein roter Bruder hat den Arm eines starken Kriegers und ist der Weiseste beim Feuer der großen Beratung. Er dürstete nicht nach dem Blut des Unschuldigen, und ich habe ihm gegeben die Hand eines Freundes. Er spreche!‹

»›Mein Bruder hat lieb Ribanna, die Tochter Tah-schatungas?‹

»›Sie ist mir lieber als die Herden der Prairie und die Skalpe aller roten Männer.‹

»›Und er wird gut mit ihr sein und nicht hart reden zu ihren Ohren, sondern ihr sein Herz geben und sie schützen gegen die bösen Stürme des Lebens?‹

»›Ich werde sie auf meinen Händen tragen, und bei ihr sein in aller Not und Gefahr.‹

»›Winnetou kennt den Himmel und weiß die Namen und

die Sprache der Sterne; aber der Stern seines Lebens geht hinunter, und in seinem Herzen wird es dunkel und Nacht. Er wollte die Rose vom Quicourt nehmen in seinen Wigwam und an ihre Brust legen sein müdes Haupt, wenn er zurückkehrt vom Pfade des Büffels oder von den Dörfern seiner Feinde. Aber ihr Auge leuchtet auf seinen Bruder, und ihre Lippen sprechen den Namen des guten Bleichgesichtes. Der Apache wird gehen aus dem Lande des Glückes, und sein Fuß wird einsam weilen an den Wogen des Pecos. Seine Hand wird nimmermehr berühren das Haupt eines Weibes, und nie wird die Stimme eines Sohnes dringen an sein Ohr. Doch wird er zurückkehren zur Zeit, wenn das Elenn durch die Pässe geht, und wird sehen, ob glücklich ist Ribanna, die Tochter Tah-scha-tungas.‹

»Er drehte sich um, schritt in die Nacht hinaus und war am andern Morgen verschwunden.

»Als er zur Zeit des Frühlings zurückkehrte, fand er Ribanna, und ihre strahlenden Augen erzählten ihm besser als Worte von dem Glücke, welches ihr beschieden war. Er nahm mich, das erst einige Tage alte Kind, von ihrem Arme, küßte mir den kleinen Mund und legte seine Hand beteuernd auf mein Haupt:

»›Winnetou wird sein über dir wie der Baum, in dessen Zweigen die Vögel schlafen und die Tiere des Feldes Schutz finden vor der Flut, die aus den Wolken rinnt. Sein Leben sei dein Leben und sein Blut wie dein Blut. Nie wird der Hauch seines Atems stocken und die Kraft seines Armes erlahmen für den Sohn der Rose vom Quicourt; möge der Tau des Morgens fallen auf deine Wege und das Licht der Sonne auf deine Pfade, damit Freude habe an dir der weiße Bruder des Apachen.‹

»Jahre vergingen, und ich wuchs heran. Aber ebenso wuchs auch das Verlangen des Vaters nach dem zurückgelassenen Sohne. Ich nahm teil an den mutigen Spielen der Knaben und ward erfüllt von dem Geiste des Krieges und der Waffen. Da konnte der Vater seiner Sehnsucht nicht länger gebieten; er ging nach dem Osten und nahm mich mit. Mir ging an der Seite des Bruders und mitten im zivilisierten Leben eine neue Welt auf, von der ich mich nicht trennen zu können vermeinte. Vater kehrte allein zurück und ließ mich bei den Pflegeeltern des Bruders. Bald aber regte sich das Heimweh nach dem Westen mit solcher Macht in mir, daß ich es kaum zu bewältigen vermochte und nach dem nächsten Besuche des Vaters mit ihm wieder in die Heimat ging.

»Daselbst angekommen, fanden wir das Lager leer und vollständig ausgebrannt. Nach längerem Suchen entdeckten wir ein Wampum, welches Tah-scha-tunga zurückgelassen hatte, um uns bei unserer Ankunft von dem Vorgefallenen zu benachrichtigen.

»Tim Finnetey, ein weißer Jäger, war früher oftmals in unserem Lager gewesen und hatte die Rose vom Quicourt zur Squaw begehrt; aber die Assineboins waren ihm nicht freundlich gesinnt, denn er war ein Dieb und hatte schon zu mehreren Malen ihre ›Catches‹ geöffnet. Er wurde abgewiesen und ging mit dem Schwur der Rache auf den Lippen. Vom Vater, der mit ihm in den Black Hills zusammengetroffen war, hatte er erfahren, daß Ribanna sein Weib sei, und er ging zu den Schwarzfüßen, um sie zu einem Kriegszuge gegen die Assineboins zu bewegen.

»Sie folgten seiner Stimme und kamen zu einer Zeit, in welcher die Krieger auf einem Jagdzuge abwesend waren. Sie überfielen, plünderten und verbrannten das Lager, töteten die Greise und Kinder und führten die jungen Frauen und Mädchen gefangen mit sich fort. Als die Krieger zurückkehrten und die eingeäscherte Stätte sahen, folgten sie den Spuren der Räuber, und da sie ihren Rachezug nur einige Tage vor unserer Ankunft angetreten hatten, so war es uns vielleicht möglich, sie noch einzuholen.

»Laßt mich's kurz machen! Unterwegs stießen wir auf Winnetou, welcher über die Berge gekommen war, die Freunde zu sehen. Er wandte auf des Vaters Bericht, ohne ein Wort zu verlieren, sein Pferd, und nie im Leben werde ich den Anblick der beiden Männer vergessen, welche lautlos, aber mit glühendem Herzen und drängender, angstvoller Eile den Weg der Vorangezogenen verfolgten.

»Wir trafen sie am Bee-fork. Sie hatten die Schwarzfüße ereilt, welche im Flußtale lagerten und erwarteten nur die Nacht, um über sie herzufallen. Ich sollte bei der Pferdewache zurückbleiben; aber es ließ mir keine Ruhe, und als der Augenblick des Ueberfalles kam, schlich ich mich zwischen die Bäume vor und kam gerade an dem Rande des Gehölzes an, als der erste Schuß fiel. Es war eine furchtbare Nacht. Der Feind war uns überlegen, das Kampfgeschrei verstummte erst, als der Morgen zu grauen begann.

»Ich hatte das Gewirr der wilden Gestalten gesehen, das Aechzen und Stöhnen der Verwundeten und Sterbenden gehört und betend im nassen Grase gelegen. Jetzt kehrte ich zur Wache zurück. Sie war verschwunden. Unsägliche Angst bemächtigte sich meiner, und als ich jetzt das Freudengeheul der Feinde vernahm, wußte ich, daß wir besiegt seien.

»Ich versteckte mich bis zum Abend und wagte mich dann auf den Platz, wo der Kampf stattgefunden hatte.

»Tiefe Stille herrschte ringsum, und der helle Schein des Mondes fiel auf die leblos daliegenden Gestalten. Gepackt von grausem Entsetzen irrte ich zwischen ihnen herum, und – da lag sie, die Mutter, mitten durch die Brust geschossen, die Arme krampfhaft um das kleine Schwesterchen geschlungen, dessen Köpfchen von einem tiefen Messerhiebe klaffte. Der Anblick raubte mir die Besinnung; ich fiel ohnmächtig über sie hin.

»Wie lange ich dagelegen hatte, ich wußte es nicht. Es wurde Tag und Abend und wieder Tag; da hörte ich leise Schritte in der Nähe. Ich richtete mich empor und – o der Wonne – ich sah den Vater und Winnetou, beide in zerfetzten Kleidern und mit Wunden bedeckt. Sie waren der Uebermacht erlegen und gefesselt fortgeschleppt worden, hatten sich aber loszumachen gewußt und waren entflohen.«

Tief Atem holend hielt Harry inne und richtete sein Auge mit starrem Ausdrucke in die Weite. Dann sich rasch zu mir wendend, fragte er:

»Ihr habt noch Eure Mutter, Sir?«

»Ja.«

»Was würdet Ihr tun, wenn jemand sie Euch tötete?«

»Ich würde den Arm des Gesetzes walten lassen.«

»Gut. Und wenn derselbe zu schwach oder zu kurz ist, wie hier im Westen, so leiht man dem Gesetze den eigenen Arm.«

»Es ist ein Unterschied zwischen Strafe und Rache, Harry! Die erstere ist eine notwendige Folge der Sünde und eng verbunden mit dem Begriffe göttlicher und menschlicher Gerechtigkeit; die zweite aber ist häßlich und betrügt den Menschen um die hohen Vorzüge, welche ihm vor dem Tiere verliehen sind.«

»Ihr könnt nur deshalb so sprechen, weil Euch kein Indianerblut durch die kalten Adern rinnt. Wenn der Mensch aber sich freiwillig dieser Vorzüge entäußert und zur lebensgefährlichen Bestie wird, so darf er auch nur als eine solche behandelt und muß verfolgt werden, bis ihn die tötende Kugel ereilt hat. Als wir an jenem Tage die beiden Toten in die Erde gescharrt und so den Angriffen der Aasgeier entzogen hatten, da gab es in den Herzen von uns Dreien kein anderes Gefühl, als das des glühendsten Hasses gegen die Mörder unseres Glückes, und es war unser eigenes Gelübde, welches Winnetou aussprach, als er mit tiefgrollender Stimme schwur:

»›Der Häuptling der Apachen hat in der Erde gewühlt und den Pfeil der Rache gefunden. Seine Hand ist geballt; sein Fuß ist leicht, und sein Tomahawk hat die Schärfe des Blitzes. Er wird suchen und finden Tim Finnetey, den Mörder der Rose vom Quicourt, und seinen Skalp nehmen für das Leben Ribannas, der Tochter der Assineboins.‹«

»War Finnetey der Mörder?«

»Er war's. In den ersten Augenblicken des Kampfes, als es schien, daß die überraschten Schwarzfüße unterliegen würden, schoß er sie nieder. Winnetou sah es, stürzte sich auf ihn, entriß ihm die Waffe und würde ihn getötet haben, wenn er nicht von Andern gepackt und nach verzweifelter Gegenwehr gefangen genommen worden wäre. Zur Verspottung ließ man ihm die ungeladene Pistole; sie kam später als sein

Geschenk in meine Hand und hat mich nie verlassen, mochte ich meinen Fuß auf die Trottoirs der Städte oder den Grasboden der Prairie setzen.«

»Ich muß Euch sagen, daß –«

Er schnitt mir die Rede durch eine hastige Handbewegung ab.

»Was Ihr mir sagen wollt, weiß ich und habe es mir tausendmal schon selbst gesagt. Aber habt Ihr noch nie die Sage vom ›*flats-ghost*‹ vernommen, welcher in wilden Stürmen über die Ebene braust und alles vernichtet, was ihm zu widerstehen wagt? Es liegt ein tiefer Sinn in ihr, welcher uns sagen will, daß der ungezügelte Wille sich wie ein brandendes Meer über die Ebene ergießen müsse, bevor die Ordnung zivilisierter Staaten hier festen Fuß fassen kann. Auch durch meine Adern pulsiert eine Woge jenes Meeres und ich muß ihrem Drange folgen, obgleich ich weiß, daß ich in der Flut versinken werde.«

Es waren ahnungsvolle Worte, welche er hiermit aussprach, und es folgte ihnen eine tiefe, gedankenreiche Stille, welche ich endlich mit einer Vorstellung unterbrach. Dieser Knabe dachte, sprach und handelte wie ein Erwachsener; das widerstrebte mir; das stieß mich ab; ich sprach in milden Worten auf ihn ein. Er hörte mich ruhig an und schüttelte den Kopf. Mit beredtem Munde gab er eine Schilderung des Eindruckes, welchen jene Schreckensnacht auf sein Gemüt hervorgebracht hatte, eine Beschreibung seines späteren Lebens, welches ihn zwischen den Extremen der Wildnis und Gesittung hin und her geworfen hatte, und ich fühlte, daß ich nicht das Recht hatte, ihn zu verurteilen.

Da ertönte von unten herauf ein scharfer Pfiff. Er unterbrach sich und meinte:

»Vater ruft die Leute zusammen. Kommt nach unten. Es wird Zeit, den Gefangenen vorzunehmen.«

Ich erhob mich und ergriff seine Hand.

»Wollt Ihr mir eine Bitte erfüllen, Harry?«

»Gern, wenn Ihr nichts Unmögliches von mir verlangt.«

»Ueberlaßt ihn den Männern!«

»Ihr bittet gerade das, was ich nicht gewähren kann. Tausend und abertausend Male hat es mich verlangt, ihm von Angesicht zu Angesicht gegenüberstehen und den Tod entgegenschleudern zu können; tausend und abertausend Male habe ich mir diese Stunde ausgemalt mit allen Farben, welche der menschlichen Phantasie zu Gebote stehen; sie ist das Ziel meines Lebens, der Preis aller Leiden und Entbehrungen gewesen, die ich durchkämpft und durchkostet habe, und nun, da ich so nahe an der Erfüllung meines größten Wunsches stehe, soll ich auf die Erfüllung desselben verzichten? Nein, nein, und abermals nein!«

»Dieser Wunsch wird erfüllt werden, auch ohne Eure unmittelbare Beteiligung; der Menschengeist hat nach höheren Zielen zu streben, als dasjenige ist, welches Ihr Euch vorgesteckt habt, und das Menschenherz ist eines heiligeren und größeren Glückes fähig, als es die Befriedigung auch des glühendsten Rachegefühles bietet.«

»Denkt, wie Ihr wollt, Sir, nur laßt mir meine Meinung ebenfalls!«

»So wollt Ihr meinen Wunsch nicht erfüllen!«

»Ich kann nicht, wenn ich auch möchte. Kommt herab!«

Die außergewöhnliche Entwicklung des reich angelegten Knaben flößte mir ein hohes Interesse für ihn ein; ich mußte den Starrsinn, mit welchem er seinen blutigen Willen festhielt, beklagen, und eigentümlich berührt von unserer Unterhaltung, folgte ich ihm langsam nach.

Nachdem ich erst zu Swallow gegangen war, um dem braven Tiere meinen Morgengruß zu bringen, trat ich zu der Versammlung, welche rund um den jetzt an einen Stamm gebundenen Parranoh stand. Man beriet über die Art seines Todes.

»Ausgelöscht muß er werden, der Halunke, wenn ich mich nicht irre,« meinte eben Sam Hawkens; »aber ich möchte meiner Liddy nicht das Herzeleid antun, dieses Urteil auszuführen, meine ich.«

»Sterben muß er; das muß so sein,« stimmte Dick Stone, mit dem Kopfe nickend, bei, »und es soll mir Freude machen, ihn am Aste hängen zu sehen; denn ein Anderes hat er nicht verdient. Was meint Ihr, Sir?«

»Wohl,« antwortete Old Firehand. »Unser schöner Platz hier darf aber nicht mit dem Blute dieses Scheusals verunreinigt werden. Da draußen am Bee-fork hat er die Meinen gemordet, und draußen an derselben Stelle soll er auch seine Strafe finden. Der Ort, welcher meinen Schwur gehört, soll auch die Erfüllung desselben sehen.«

»Erlaubt, Sir,« fiel Stone ein, »warum soll ich den skalpierten Rotweißen umsonst auf dem Schleifholze hierher transportiert haben? Glaubt Ihr, daß ich ein Vergnügen daran finde, den Braunhäuten dafür nun meine Schmachtlocken zu überlassen?«

»Was meint Winnetou, der Häuptling der Apachen?« fragte Old Firehand, die Gründe dieses Einwurfs begreifend.

»Winnetou fürchtet nicht die Pfeile der Ponkas; er trägt in seinem Gürtel die Haut des Hundes von Atabaskah und schenkt den Leib des Feindes seinem weißen Bruder.«

»Und Ihr?« wandte sich der Fragende jetzt auch zu mir.

»Macht's kurz mit ihm! Furcht vor den Indianern wird wohl keiner von uns haben; aber ich halte es nicht für nötig, uns in nutzlose Gefahr zu begeben und dabei unsern Aufenthalt zu verraten. Der Mensch ist ein solches Wagnis nicht wert.«

»Ihr könnt ja hier bleiben, Sir, um Euer Schlafkabinett zu bewachen,« riet mir Harry mit zweifelhaftem Achselzucken. »Was aber mich betrifft, so verlange ich unbedingt das Urteil an demselben Orte vollstreckt, an welchem die Opfer des Mörders liegen. Das Schicksal bestätigt mein Verlangen dadurch, daß es ihn uns hier und nirgends anderswo in unsere Hände gab. Was ich verlange, bin ich denen schuldig, an deren Grabe ich den Schwur getan habe, nicht zu ruhen und zu rasten, bis sie gerächt seien.«

Ich wandte mich, ohne zu antworten, ab.

Der Gefangene stand aufrecht an den Stamm gelehnt und verzog trotz der Schmerzen, welche die tief in sein Fleisch eindringenden Fesseln ihm verursachen mußten, und trotz der ernsten Bedeutung, welche die Verhandlung für ihn hatte, keine Falte seines von Alter und Leidenschaft durchfurchten Angesichtes. In seinen abschreckenden Gesichtszügen stand die ganze Geschichte seines Lebens geschrieben, und der Anblick des nackten, in blutigen Farben spielenden Schädels erhöhte den schlimmen Eindruck, welchen der Mann selbst auf den unparteiischen Beschauer machen mußte.

Nach einer längeren Beratung, an welcher ich mich unbeteiligt hielt, löste sich der Kreis auf, und die Jäger rüsteten sich zum Aufbruche.

Der Wille des Knaben war also doch durchgedrungen, und ich konnte mich des Gedankens nicht erwehren, daß uns daraus Unheil entstehen müsse. Old Firehand trat zu mir und legte die Hand auf meine Schulter.

»Laßt es ruhig gehen, wie es gehen will, Sir, und legt keinen falschen Maßstab an Dinge, welche nicht nach der Schablone Eurer sogenannten Bildung geschnitten sind.«

»Ich gestatte mir kein Urteil über Eure Handlungsweise, Sir. Das Verbrechen muß seine Strafe finden, das ist einmal richtig; doch werdet Ihr mir nicht zürnen, wenn ich meine, daß ich mit der Exekution nichts zu tun habe. Ihr geht nach dem Bee-fork?«

»Wir gehen, und da Ihr Euch nun doch mit der Sache nicht befassen wollt, so ist es mir lieb, jemand hier zu wissen, dem ich die Sicherheit unsers Lagerplatzes anvertrauen darf.«

»Wird nicht an mir liegen, wenn etwas geschieht, was wir nicht wünschen, Sir. Wann kommt Ihr zurück?«

»Kann's nicht bestimmt sagen; richtet sich nach dem, was wir draußen finden. Also lebt wohl, und haltet die Augen offen!«

Er trat zu denen, welche bestimmt waren, ihn mit dem Gefangenen zu begleiten. Dieser wurde vom Baume losgebunden, und als Winnetou, welcher gegangen war, um sich von der Sicherheit der Passage zu überzeugen, zurückkehrte und die Meldung machte, daß er nichts Verdächtiges bemerkt habe, schob man Finnetey einen Knebel in den Mund und schritt dem Ausgange zu.

»Mein weißer Bruder bleibt zurück?« fragte der Apache, ehe er sich dem Zuge anschloß.

»Der Häuptling der Apachen kennt meine Gedanken; mein Mund braucht nicht zu sprechen.«

»Mein Bruder ist vorsichtig, wie der Fuß, ehe er in das Wasser der Krokodile tritt; aber Winnetou muß gehen und sein bei dem Sohne Ribannas, welche starb von der Hand des Atabaskah.«

Er ging; ich wußte, daß meine Ansicht auch die seinige war und er nur aus Sorge für die Andern und ganz besonders für Harry sich entschlossen hatte, ihnen zu folgen.

Nur wenige der Jäger waren zurückgeblieben, unter ihnen Dick Stone. Ich rief sie zu mir und machte ihnen die Mitteilung, daß ich beabsichtige, einmal hinauszugehen, um mir die Büsche anzusehen.

»Wird wohl nicht nötig sein, Sir,« meinte Stone. »Der Posten steht da draußen und hält die Augen offen, und außerdem ist ja auch der Apache auf Umschau ausgewesen. Bleibt hier, und pflegt Euch; werdet schon noch Arbeit bekommen.«

»Inwiefern?«

»Na, haben ja Augen und Ohren, die Rothäute, und werden schon merken, daß es da draußen was zu fangen gibt.«

»Gebe Euch vollständig recht, Dick, und werde deshalb 'mal zuschauen, ob sich irgend etwas regen will. Nehmt Ihr indessen den Ort hier in Eure Obhut! Werde nicht sehr lange auf mich warten lassen.«

Ich holte den Stutzen und begab ich hinaus. Der Wachtposten versicherte mir, nichts Verdächtiges bemerkt zu haben; aber ich hatte gelernt, nur meinen eigenen Augen zu trauen, und durchbrach den Saum des Gebüsches, um dasselbe nach Indianerspuren abzusuchen.

Gerade dem Eingange unsers Talkessels gegenüber bemerkte ich einige abgeknickte Zweige und fand bei näherer Untersuchung des Bodens, daß hier ein Mensch gelegen und bei seiner Entfernung die Eindrücke, welche sein Körper auf das abgefallene Laub und den lockeren Humusboden hervorgebracht, mit Sorgfalt verwischt und möglichst unbemerkbar gemacht hatte.

Man hatte uns also belauscht, unsern Aufenthalt entdeckt, und jeder Augenblick konnte uns einen Angriff bringen. Da ich aber schloß, daß der Feind zunächst wohl sein Augenmerk auf Parranoh und seine Eskorte richten werde, so war es vor allen Dingen notwendig, Old Firehand womöglich noch rechtzeitig zu warnen, und ich beschloß, dem vorangegangenen Zuge schleunigst zu folgen.

Nachdem ich der Wache die nötigen Anweisungen gegeben hatte, schritt ich den Spuren unserer Leute, welche längs des Flusses sich aufwärts begeben hatten, nach und kam auf diesem Wege an dem Schauplatz unserer gestrigen Taten vorüber. Wie ich geahnt, so war es geschehen; die Ponkas hatten die Toten entdeckt, und aus der Menge des niedergetretenen Grases war zu schließen, daß sie sich in bedeutender Anzahl an dem Orte eingefunden hatten, um die Leichname ihrer Brüder zu holen.

Noch war ich nicht sehr weit über diesen Punkt hinausgekommen, als ich auf neue Spuren stieß. Sie kamen seitwärts aus dem Gebüsch und führten auf dem Wege weiter, welchen unsere Jäger eingeschlagen hatten. Ich folgte ihnen, wenn auch mit möglichster Vorsicht, so doch mit größter Eile, und legte so in verhältnismäßig kurzer Zeit eine bedeutende Strecke zurück, so daß ich bald die Stelle erreichte, an welcher sich das Wasser des Bee-fork in die Fluten des Mankizila ergoß.

Da ich den Platz nicht kannte, an welchem die Exekution vor sich gehen sollte, so mußte ich meine Vorsicht jetzt verdoppeln und folgte, die Spuren nur von der Seite im Auge behaltend, ihrer Richtung durch das nebenanlaufende Gebüsch.

Jetzt machte das Flüßchen eine Biegung und grenzte an dieser Stelle eine Lichtung ab, von welcher sich der sogenannte ›schwarze Wuchs‹ zurückgezogen und den Gräsern den nötigen Raum zur ungehinderten Entwickelung gelassen hatte. Mitten auf dem freien Platz stand eine Gruppe von Balsamfichten, unter deren Zweigen die Jäger in lebhaftem Gespräche saßen, während der Gefangene an einen der Stämme gebunden war.

Gerade vor mir, höchstens drei Manneslängen von meinem Standorte entfernt, lugten eine kleine Anzahl Indianer durch den Buschrand hinaus auf die Blöße und es war mir augenblicklich klar, daß die Andern rechts und links abgegangen waren, um die Belauschten von drei Seiten einzuschließen und durch einen plötzlichen Ueberfall niederzumachen, oder in den Fluß zu treiben.

Es war kein Augenblick Zeit zu verlieren. Ich nahm den Henrystutzen an die Wange und drückte ab. Für die ersten Sekunden verursachten meine Schüsse das einzige Geräusch, welches zu hören war, denn sowohl Freunde wie Feinde befanden sich in lebhafter Ueberraschung über die unerwartete Durchkreuzung ihres Vorhabens. Sodann aber gellte der Kampfesruf der Indianer fast hinter jedem Strauche hervor; eine Wolke von Pfeilen drang von allen Seiten aus dem Gebüsche, und im Nu war der Platz von heulenden, keuchenden und schreienden Menschen bedeckt, welche im wütendsten Handgemenge miteinander kämpften.

Fast zu gleicher Zeit mit den Indianern war auch ich vorgesprungen, und kam gerade recht, einen der Rothäute niederzuschlagen, welcher auf Harry eindrang. Dieser war emporgesprungen und hatte die Pistole erhoben, um Parranoh niederzuschießen, war aber von dem Indianer, welcher die Absicht bemerkt hatte, daran verhindert worden. Mit dem Rücken gegeneinander oder an die Baumstämme gelehnt, verteidigten sich die Jäger mit allen ihnen zu Gebote stehenden Kräften gegen die sie umzingelnden Wilden. Es waren lauter wohlgeschulte Trapper, welche schon manchen harten Strauß ausgefochten hatten und keine Furcht kannten; aber es war klar, daß sie hier der Uebermacht erliegen mußten, zumal sie vorhin den Indianern ein offenes Ziel geboten hatten und infolgedessen fast alle verwundet waren.

Einige der Braunen hatten gleich im ersten Augenblicke sich auf Parranoh geworfen, um ihn seiner Bande zu entledigen, und so sehr dies auch Firehand und Winnetou, welche von ihm weggedrängt worden waren, zu hintertreiben suchten, so war ihnen diese Absicht doch endlich gelungen. Mit einem kräftigen Schlage schleuderte der muskulöse Mann die Arme in die Luft, um das stockende Blut wieder in Bewegung zu bringen, entriß der Hand eines seiner Leute den Tomahawk und knirschte, auf Winnetou eindringend:

»Komm her, du Hund von Pimo! Du sollst jetzt meine Haut bezahlen.«

Der Apache, welcher sich mit dem Schimpfnamen seines Stammes angeredet hörte, hielt ihm stand, war aber schon verwundet und wurde in demselben Augenblick noch von andrer Seite angefallen. Old Firehand war rund von Feinden umgeben, und wir Andern waren so in Anspruch genommen, daß wir an eine gegenseitige Hilfe nicht denken konnten.

Längerer Widerstand wäre hier die größte Torheit und ein falsches Ehrgefühl am unrechten Platze gewesen. Deshalb rief ich, Harry am Arme durch den Kranz der Feinde, welcher uns umgab, reißend:

»Ins Wasser, Männer, ins Wasser!« und fühlte dasselbe auch schon im nächsten Augenblicke über mir zusammenschlagen.

Mein Ruf war trotz des laut tobenden Kampfes gehört worden, und wer sich loszumachen vermochte, folgte ihm. Der Fork war, wenn auch tief, doch so schmal, daß es nur weniger Ruderschläge bedurfte, um das jenseitige Ufer zu erreichen; aber in Sicherheit waren wir natürlich damit noch lange nicht, vielmehr beabsichtigte ich, die zwischen ihm und dem Mankizila auslaufende Landspitze zu durchschneiden und dann den letzteren zu überschwimmen, und schon winkte ich dem Knaben nach der Richtung hin, welche wir auf diese Weise einzuschlagen hatten, als die kleine krummbeinige Gestalt Sams im triefenden Jagdrocke und schwappernden Mokassins an uns vorüberschoß und, die kleinen Aeuglein schlau auf die verfolgenden Feinde zurückwerfend, mit einem raschen Satze seitwärts im Weidengestrüpp verschwand.

Sofort waren wir hinter ihm her; denn die Zweckmäßigkeit seines Vorhabens war zu einleuchtend, als daß ich an meinem vorherigen Plane hätte festhalten mögen.

»Der Vater, der Vater!« rief Harry angstvoll. »Ich muß zu ihm; ich darf ihn nicht verlassen!«

»Kommt nur,« drängte ich und zog ihn immer vorwärts. »Wir vermögen nicht, ihn zu retten, wenn es nicht schon ihm selbst gelungen ist!«

Mit möglichster Raschheit uns durch das Dickicht windend, gelangten wir schließlich wieder an den Bee-fork, und zwar oberhalb der Stelle, an welcher wir in das Wasser gesprungen waren. Sämtliche Indianer hatten ihre Richtung auf den Mankizila zu genommen, und als wir drüben anlangten, konnten wir mit ziemlicher Sicherheit unsern Weg fortsetzen. Sam Hawkens aber schien zu zaudern.

»Seht Ihr dort die Büchsen liegen, Sir?« fragte er.

»Die Indsmen haben sie abgeworfen, ehe sie in das Wasser gingen.«

»Hihihihi, Sir, sind das dumme Männer, uns ihre Schießhölzer liegen zu lassen, wenn ich mich nicht irre!«

»Ihr wollt sie haben? Es ist Gefahr dabei.«

»Gefahr? Sam Hawkens und Gefahr!«

In raschen Sprüngen, welche ihm das Ansehen eines gejagten Känguru gaben, eilte er davon und las die Gewehre zusammen. Ich war ihm natürlich gefolgt und zerschnitt die Sehnen der Bogen, welche zerstreut am Boden umherlagen, so daß sie wenigstens für einige Zeit unbrauchbar wurden.

Niemand störte uns in dieser Beschäftigung, denn die Rothäute ahnten sicherlich nicht, daß einige von den Verfolgten die Verwegenheit besitzen könnten, nach dem Kampfplatze zurückzukehren. Hawkens hatte die Gewehre in den Händen, betrachtete sie mit mitleidigen Blicken und warf dann alle miteinander in das Wasser.

»Schönes Zeug, Sir, schönes Zeug! Können die Ratten hinein hecken in die Läufe, meine ich, ohne daß sie viel gestört werden. Aber kommt; es ist hier nicht geheuer, wenn ich mich nicht irre!«

Wir schlugen den geradesten Weg mitten durch dick und dünn ein, um so bald wie möglich das Lager zu erreichen. Nur ein Teil der Indianer war am Bee-fork gewesen, und da ich gesehen hatte, daß man uns belauscht und also Kenntnis von unserm Aufenthaltsorte genommen hatte, so stand zu vermuten, daß die Uebrigen die Abwesenheit der Jäger zu einem Ueberfalle der Zurückgebliebenen benutzt hatten.

Noch hatten wir eine ziemliche Strecke zurückzulegen, als wir einen Schuß aus der Richtung des Talkessels vernahmen.

»Vorwärts, Sir!« rief Hawkens und beschleunigte seine Bewegungen.

Harry hatte noch kein Wort wieder gesprochen, und mit angstvollen Zügen drängte er in hastiger Eile vorwärts. Es war gekommen, wie ich vorhergesagt hatte, und wenn ich auch nicht unternehmen konnte, einen Vorwurf auszusprechen, so sah ich es ihm doch deutlich an, daß er dieselbe Einsicht hegte.

Die Schüsse wiederholten sich, und es blieb uns kein Zweifel, daß die zurückgebliebenen Jäger in einem Kampfe mit den Indianern sich befanden. Hier war Hilfe notwendig, und trotz der Unwegsamkeit des Gehölzes gelang es uns doch in kurzem, das Tal zu erreichen, in welches der Ausgang unseres ›Schlosses‹ mündete. Wir hielten auf den Punkt zu, welcher diesem Ausgang gegenüberlag, und wo ich die Spuren des Indianers entdeckt hatte. Jedenfalls lagen die Rothäute im Saume des Waldes verborgen und blockierten von da aus das Wassertor. Wir mußten ihnen also in den Rücken kommen, wenn wir einen Erfolg erzielen wollten.

Da hörte ich seitwärts hinter uns ein Geräusch, als dringe Jemand in aller Eile durch die Büsche. Auf ein Zeichen von mir traten die beiden Anderen ebenso wie ich hinter das dichte Blätterwerk eines Strauches und erwarteten das Erscheinen desjenigen, welcher dieses Geräusch verursachte. Wie groß war unsere Freude, als wir Old Firehand erkannten, hinter welchem Winnetou und noch zwei Jäger folgten.

Sie waren also der Verfolgung entkommen, und wenn Harry seine Freude über das Wiedersehen auch nicht in auffälliger Weise kundgab, so war ihm dieselbe doch in einer Weise anzumerken, welche mir die Ueberzeugung gab, daß sein Herz gar wohl mächtiger Gefühle fähig sei und mich mit ihm vollständig aussöhnte.

»Habt Ihr die Schüsse gehört?« fragte Old Firehand hastig.

»Ja,« antwortete er.

»So kommt! Wir müssen den Unsrigen Hilfe bringen. Denn wenn der Eingang auch so schmal ist, daß ein einzelner Mann ihn recht gut zu verteidigen vermag, so wissen wir doch nicht, was geschehen ist.«

»Nichts ist geschehen, Sir, wenn ich mich nicht irre,« meinte Sam Hawkens. »Die Rothäute haben unser Nest entdeckt, und sich nun davor gelegt, um zu sehen, was wir drinnen ausbrüten wollen, meine ich. Bill Bulcher, welcher die Wache hat, wird ihnen ein wenig Blei gegeben haben, und so hat der ganze Lärm also nichts zu bedeuten, als daß wir uns noch einige Rattenfelle holen sollen.«

»Möglich, daß es so ist; aber wir müssen trotzdem vorwärts, um uns Gewißheit zu verschaffen. Auch ist zu bedenken, daß unsere Verfolger bald hier sein werden und wir es dann mit einer doppelten Anzahl Indianer zu tun haben.«

»Aber unsere versprengten Leute?« warf ich ein.

»Hm, ja, wir brauchen jeden Arm so notwendig, daß wir keinen von ihnen entbehren können. Der Einzelne wird sich den Eingang nicht erzwingen können. Wir müssen also sehen, ob sich nicht vielleicht noch irgendwer zu uns finden will.«

»Meine weißen Brüder mögen hier bleiben an diesem Orte. Winnetou wird gehen, um zu sehen, an welchem Baume die Skalpe der Ponkas hängen.«

Ohne eine Antwort auf diesen Vorschlag abzuwarten, ging der Apache von dannen, und wir konnten nichts Anderes tun, als ihm Folge leisten, indem wir uns niederließen, um seine Rückkehr zu erwarten. Während dieser Zeit gelang es uns wirklich, noch zwei von unseren zerstreuten Leuten an uns zu ziehen. Auch sie hatten das Schießen vernommen, und waren herbeigeeilt, um die vielleicht notwendige Hilfe zu bringen. Der Umstand, daß wir alle den geradesten Weg mitten durch den Wald eingeschlagen hatten, war die alleinige Ursache unseres glücklichen Zusammentreffens, und wenn es auch keinen gab, der ohne Wunde dem Ueberfall entgangen war, so besaßen wir doch immer noch die gute Zuversicht, daß wir uns glücklich aus der Affaire ziehen würden. Wir waren ja neun Personen, eine Anzahl, die bei kräftigem Zusammengreifen schon etwas auszurichten vermochte.

Es verging eine geraume Zeit, ehe Winnetou zurückkehrte; aber als er kam, sahen wir einen frischen Skalp in seinem Gürtel. Er hatte also einen der Indianer in aller Stille ›ausgelöscht‹, und unseres Bleibens konnte hier nun nicht länger sein; denn wenn der Tod eines der Ihrigen bemerkt wurde, so mußten die Indsmen sofort erkennen, daß wir hinter ihnen seien.

Auf Old Firehands Rat sollten wir eine dem Buschrande parallel laufende Linie bilden, dem Feinde in den Rücken fallen und ihn aus seinem Verstecke hinauswerfen. Infolgedessen trennten wir uns, nachdem wir unsere vom Wasserbade naß gewordenen Gewehre wieder schußfähig gemacht hatten, und kaum waren einige Minuten vergangen, so krachte eine der neun Büchsen nach der anderen. Jede Kugel forderte ihren Mann, und ein lautes Schreckensgeheul der Ueberraschten erfüllte die Luft.

Da unsere Linie eine ziemlich gedehnte war, und unsere Schüsse immer von neuem fielen, so hielten die Wilden unsere Zahl für größer als sie war und nahmen die Flucht. Aber anstatt in den freien Talraum hinaus zu gehen, wo ihre Körper uns ein sicheres Ziel geboten hätten, brachen sie zwischen uns durch und ließen die Gefallenen zurück.

Bill Bulcher, der Wachthabende, hatte das Nahen der Rothäute bemerkt und sich zu rechter Zeit noch nach der ›Festung‹ zurückgezogen. Sie waren ihm gefolgt, hatten aber nach einigen Schüssen, die er und der herbeieilende Dick

Stone von dem engen Felsengange aus, in den sie ihm nicht folgen konnten, unter sie gefeuert, sich wieder zurückgezogen und im Gebüsch festgesetzt, aus welchem wir sie jetzt vertrieben hatten.

Die beiden Genannten staken noch immer im Wassertore; denn da sie sich nicht bloßgeben durften, so konnten sie nicht eher zum Vorschein kommen, als bis wir uns gezeigt hatten. Als dies geschehen war, standen sie und alle andern Zurückgebliebenen bei uns und hörten den Bericht über das Geschehene.

In diesem Augenblicke kam es von der Seite heraufgedonnert wie eine Herde wilder Büffel. Sofort sprangen wir ins Gesträuch und machten uns schußfertig. Wie groß aber war unser Erstaunen, als wir eine Anzahl aufgezäumter Pferde erblickten, auf deren vorderstem ein Mann in Jägertracht saß, dessen Züge vor dem aus einer Kopfwunde rinnenden Blute nicht zu erkennen waren. Auch am Körper trug er mehrere Verletzungen, und es war ihm anzusehen, daß er sich in einer nicht beneidenswerten Lage befunden hatte.

Gerade vor dem Orte, an welchem sich gewöhnlich der Posten befand, hielt er an und schien sich nach dem letzteren umzusehen. Als er ihn nicht bemerkte, ritt er kopfschüttelnd weiter und sprang beim Wassertore vom Pferde. Da ließ sich neben mir Sams laute Stimme vernehmen:

»Jetzt lasse ich mich schinden und ausnehmen wie einen Dickschwanz, wenn das nicht Will Parker ist. So sauber fällt kein Anderer vom Pferde wie dieser Mann, meine ich!«

»Sollst recht haben, altes Coon! Will Parker ist's, das Greenhorn – weißt's noch, Sam Hawkens? Will Parker und ein Greenhorn, hahaha!« Und als wir Anderen nun auch hervortraten, rief er:

»Segne meine Augen. Da sind sie ja alle, die Springfüße, die mit meiner Mutter Sohne so tapfer vor den Rothäuten herliefen! Na, Sir, nehmt's nicht übel, aber zuweilen ist das Laufen besser, als irgend etwas Anderes.«

»Weiß es, Mann; doch sag', was willst du mit den Pferden?« fragte Old Firehand.

»Hm! Hatte so meine Ansicht, daß die Roten den alten Will Parker überall eher suchen würden, als in ihrem eigenen Lager. Bin deshalb erst hinüber nach dem Gutter; war aber nichts mehr da zu finden. Darum machte sich das Greenhorn – hörst du, Sam Hawkens, hahaha – das Greenhorn nach dem ›*couch*‹, wo sie die Pferde hatten. Waren ausgeflogen, die Vögel, und hatten Zwei bei den Tieren gelassen, damit sie mir die Felle geben sollten; ist ihnen auch nach Willen geschehen! War böse Arbeit, sage ich, und hat mir einige Löcher eingetragen; aber Will Parker dachte, den Indsmen eine Freude zu machen, wenn er ihnen von ihren Pferden helfe. Habe die schlechten hinaus in die Prairie gejagt und die guten mitgebracht; da sind sie!«

»Hm, das muß so sein,« rief Dick Stone vor Erstaunen über die Heldentat des Sprechers.

»Freilich muß das so sein,« antwortete Parker, »denn wenn wir den Pfeilmännern ihre Pferde nehmen, so kommt ›ihr Holz ins Schwimmen‹ und sie müssen elend untergehen. Aber da liegen ja drei von ihnen! Aha, hier gewesen, und darum war es im *couch* so leer. Seht Euch doch den Braunen an, Sir; ein Pferd wie ›Tabak‹, muß dem Häuptling gehören!«

»Den wir so schön an die Luft geführt haben, wenn ich mich nicht irre,« grollte Sam, der Kleine. »War ein heilloser Streich, meine ich.«

Old Firehand hörte den Vorwurf nicht. Er war zu dem Braunen getreten, und betrachtete das Tier mit bewundernden Blicken.

»Ein Kapitalroß,« wandte er sich zu mir, »wenn mir die Wahl gelassen würde, so wüßte ich nicht, ob ich Swallow nähme oder diesen da.«

»Winnetou spricht mit der Seele des Rosses und hört den Puls seiner Adern. Er nimmt Swallow,« entschied der Apache.

Da ließ ein scharf zischender Laut sich hören, ein Pfeil flog Hawkens an den Arm, fiel aber, von dem brettsteifen, eisenharten Leder des Aermels abgleitend, zur Erde und in demselben Augenblicke erscholl betäubendes ›ho – ho – hi‹ aus dem Dickicht hervor. Trotz dieser kriegerischen Demonstration aber ließ sich keiner der Wilden sehen, und Sam meinte, den Pfeil vom Boden nehmend und betrachtend:

»Hihihihi! Sam Hawkens' Rock und so ein dummes Gewächs durchgehen! Habe dreißig Jahre lang einen Flicken auf den andern gesetzt und stecke nun drin wie San Jago in Abrahams Schoß, wenn ich mich nicht irre.«

Weiter hörte ich von seiner an das alte Kleidungsstück gerichteten Ode nichts, denn wir sprangen natürlich sofort in den Busch, um den unfreundlichen Gruß gehörig zu beantworten. Hätten wir uns in die ›Burg‹ flüchten wollen, so wäre das wegen der Enge des Einganges so langsam vor sich gegangen, daß, da wir alle ohne Deckung waren, Einer nach dem Andern weggeschossen werden konnte. Auch mußten wir dann die erbeuteten Pferde im Stiche lassen, da ihr Transport durch die schmale Felsenwindung uns ungemein aufgehalten hätte, und vor allem war aus dem Umstande, daß der Feind zu keinem Angriffe vorging, mit ziemlicher Sicherheit zu schließen, daß er nicht zahlreich genug sei und ihm die von mir und Sam hinweggenommenen oder doch wenigstens unbrauchbar gemachten Waffen fehlten.

Der ganze Lärm war nichts weiter gewesen, als eine Kundgebung des kriegerischen Mutes der Indianer; denn trotzdem wir weit in das Gebüsch eindrangen, bekamen wir doch keinen von ihnen zu Gesichte. Sie hatten sich schleunigst zurückgezogen, um auf Verstärkung zu warten, und wir waren durch das unschädliche Ereignis nun doch so weit gewitzigt worden, daß wir nicht länger halten blieben, sondern uns in den sicheren Talkessel begaben.

Einer der vorher zurückgebliebenen und also nicht ermüdeten Jäger ward als Wache aufgestellt, während die Andern nach ihren Wunden sahen und dann sich um das Mahl versammelten oder der Ruhe pflegten.

Am Feuer, welches den Versammlungsort aller derer bildete, welche das Bedürfnis, sich auszusprechen, fühlten, ging es lebhaft her. Jeder der um dasselbe Herumsitzenden hatte notwendig seine Taten zu erzählen und seine Ansicht auszusprechen. Alle waren der freudigen Meinung, daß von den Wilden nichts zu befürchten sei. Die Zahl der erbeuteten Skalpe war eine ansehnliche, das Abenteuer siegreich bestanden, und keine der Wunden zeigte eine gefährliche Beschaffenheit. Zudem schien unser Aufenthaltsort ein vollständig sicherer zu sein; für Proviant und Munition war reichlich gesorgt, und so konnten die Feinde den Eingang belagern, so lange es ihnen gefiel, oder sich die Köpfe an den ringsum starrenden Felsen einrennen.

Auch Old Firehand teilte diese Ansicht, und nur Winnetou schien ihr nicht beizustimmen. Er lag abseits von den Andern in der Nähe seines Pferdes und schien in tiefe, ernste Gedanken versunken.

»Das Auge meines roten Freundes blickt finster, und seine Stirne trägt die Falten der Sorge. Welche Gedanken wohnen in seinem Herzen?« fragte ich, zu ihm tretend.

»Der Häuptling der Apachen sieht den Tod durch die Pforte dringen und das Verderben von den Bergen steigen. Es flammt das Tal von der Glut des Feuers, und das Wasser ist rot vom Blute der Erschlagenen. Winnetou spricht mit dem großen Geiste. Das Auge der Bleichgesichter ist blind geworden vom Hasse, und ihre Klugheit ist den Gefühlen der Rache gewichen. Parranoh wird kommen und nehmen die Skalpe der Jäger; aber Winnetou ist gegürtet zum Kampfe und wird anstimmen den Totengesang auf den Leichen seiner Feinde.«

»Wie soll der Ponka betreten das Lager unserer Jäger? Er vermag nicht durch das Tor zu dringen.«

»Mein weißer Bruder spricht Worte, aber er glaubt ihnen nicht. Vermag eine Büchse aufzuhalten die Zahl der roten Männer, wenn sie durch die Enge brechen?«

Er hatte recht. Gegen eine geringe Anzahl Feinde konnte es wohl einem Einzigen glücken, den Paß zu verteidigen, nicht aber gegen eine so bedeutende Horde, wie sie uns gegenüberstand; denn wenn auch nur stets eine Person einzudringen vermochte, so stand ihr doch eben auch nur einer entgegen, und wenn die Hintersten nachdrängten, so konnten wohl einige der Vorderen getötet, nicht aber das Eindringen der Uebrigen verhütet werden.

Ich sagte das Old Firehand; er aber antwortete:

»Und wenn sie es wagen, so wird es uns leicht sein, sie nacheinander auszulöschen, sowie sie durch die Schlucht kommen.«

Das klang wahr, und ich mußte mich zufrieden geben, obgleich ich wußte, daß der kleinste Umstand hinreichend sein konnte, diese Wahrheit zu Schanden zu machen.

Als der Abend hereinbrach, wurde die Wachsamkeit natürlich verdoppelt, und trotzdem ich auf meinen ausdrücklichen Wunsch erst zur Zeit des Morgengrauens Posten zu stehen hatte, zu welcher Zeit die Indsmen am liebsten ihre Ueberfälle vornehmen, so ließ es mir doch nirgends Ruhe, und ich hielt mich für alle Fälle bereit.

Die Nacht lag still und ruhig über dem Tale, in dessen Vordergrunde das Feuer brannte und sein zitterndes Licht über die Umgebung warf. Swallow, welcher sich in dem von Bergen umschlossenen Raume frei bewegen konnte, weidete im dunklen Hintergrunde des Kessels; ich ging, nach ihm zu sehen, und fand ihn ganz am Rande der steilansteigenden Höhen. Nachdem ich mit ihm die gewöhnlichen Liebkosungen gewechselt hatte, wollte ich mich eben wieder entfernen, als ein leises Gepolter mich lauschen machte.

Auch das Pferd hob den Kopf in die Höhe; aber da der kleinste Atemzug unsere Gegenwart verraten konnte, so ergriff ich es beim Riemen und deckte die Hand auf die sich unter dem Verdachte schon erweiternden Nüstern. Während wir von oben herab nicht leicht bemerkt werden konnten, war es mir möglich, von unten hinauf gegen den lichten Himmel jeden Gegenstand zu erkennen, und mit angestrengtem Auge suchte ich nach der Ursache, welche den herabgefallenen Stein von seinem Orte gelöst hatte.

In den ersten Augenblicken nach dem Falle des Steines war nichts Auffallendes zu bemerken. Jedenfalls hatte man das von dem Steine verursachte Geräusch ebensogut bemerkt, wie ich, und wartete nun eine Weile, um sich zu überzeugen, daß dasselbe nicht gehört oder beachtet werde.

Diese Ansicht war eine richtige, denn nachdem ich mich einige Zeit lang ruhig verhalten hatte, sah ich zuerst mehrere Gestalten, welche sich von dem dunklen Felsen lösten und nach unten stiegen; bald aber gewahrte ich eine ganze Reihe Indianer, welche einer hinter dem Anderen über den Kamm der Höhe kamen und mit langsamen, vorsichtigen Schritten dem Ersten folgten, welcher mit der Oertlichkeit außerordentlich vertraut zu sein schien und kaum noch zweier Minuten bedurfte, um die Talsohle zu erreichen.

Hätte ich meinen Stutzen bei mir gehabt, so wäre es mir leicht gewesen, ihn durch einen Schuß herunter zu holen und damit zugleich das notwendige Alarmsignal zu geben. Er war der Führer, und die Anderen durften bei dem gefahrdrohenden Terrain sich keinen Schritt weiter wagen, wenn er ihnen weggeschossen wurde. Aber leider hatte ich nur die Revolver im Gürtel, welche für einen Fernschuß untauglich waren.

Gab ich mit ihnen das Lärmzeichen, so waren die Feinde doch unten, ehe Hilfe herbeikommen konnte, und ich befand mich dann in der gefährlichsten Lage; denn selbst wenn ich mich zurückziehen wollte, so mußte ich meinen von mehreren Sträuchern gedeckten Standort verlassen und mich den Schießgewehren der Rothäute bloßgeben. Deshalb befolgte ich eine andere Taktik.

Parranoh, – denn dieser war jedenfalls der Vordere – welcher allem Anscheine nach seinen jetzigen Weg nicht zum erstenmal zurücklegte, befand sich soeben in der Nähe einer Felsklippe, welche er umklettern mußte. Konnte ich dieselbe vor ihm erreichen, so mußte er mir gerade in die Kugel laufen, und ich stieg deshalb kurz entschlossen nach oben. Hinter dem Felsblocke verborgen und von ihm gedeckt, konnte ich ihnen allen Trotz bieten und sie einzeln, wie sie kamen, auslöschen.

Kaum hatte ich den ersten Schritt getan, so fiel vorn am Wassertore ein Schuß, welchem bald mehrere folgten. Ich begriff sofort die Klugheit der Indianer, welche einen Scheinangriff auf den Eingang vornahmen, um unsere Aufmerksamkeit von dem eigentlichen Punkte der uns drohenden Gefahr abzulenken. Mit verdoppelter Eile und Anstrengung kletterte ich deswegen empor und war der Klippe schon so nahe, daß ich sie bereits mit der Hand erreichen konnte, als die lockere Steinmasse unter mir nachgab und ich kopfüber von Stein zu Stein, von Riff zu Riff den zurückgelegten Weg wieder hinunterstürzte und, unten angekommen, für einige Momente die Besinnung verlor.

Als ich wieder zu denken vermochte und die Augen öffnete, sah ich die ersten der Indsmen nur noch wenige Schritte von mir entfernt und sprang, obgleich furchtbar zerschlagen und zerquetscht, in die Höhe, feuerte die Schüsse des einen Revolvers rasch hintereinander auf die dunklen Gestalten ab, warf mich auf Swallow und galoppierte dem Feuer zu; – ich durfte das brave Pferd nicht irgend einer Gefahr aussetzen, indem ich es zurückließ.

Die Ponkas, welche sich nun doch bemerkt sahen, stießen ihren schon wiederholt vernommenen Schlachtruf aus und stürmten, wie sie einer nach dem anderen den Boden des Kessels erreichten, mir nach.

Am Lagerplatze vom Pferde springend, fand ich ihn von den Jägern verlassen; sie hatten sich am Eingange zusammengeschart und waren auf meine Schüsse hin eben nach der Richtung unterwegs, aus welcher sie dieselben gehört hatten. Ich wurde von ihnen mit hastigen Fragen empfangen.

»Die Indianer kommen,« rief ich; »rasch in die Höhlen!«

Es war dies das einzige Mittel, uns vom Untergange zu retten, mit welchem wir von der Uebermacht bedroht waren. In den Höhlen waren wir sicher und konnten von ihnen aus nicht nur den Indsmen standhalten, sondern sie bis auf den letzten Mann niederschießen. Deshalb eilte ich schon während meines Rufes nach dem ›Boudoir‹, welches mir zur Schlafstelle gedient hatte; aber es war zu spät.

Die Rothäute waren mir auf dem Fuße gefolgt und ganz gegen ihre gewöhnliche Art und Weise, obgleich sie sich noch nicht gesammelt hatten, sofort auf die Jäger eingedrungen, welchen die unerklärliche Anwesenheit des Feindes so überraschend kam, daß sie erst an Abwehr dachten, als die feindlichen Waffen unter ihnen zu arbeiten begannen.

Vielleicht hätte ich meinen Zufluchtsort noch zu erreichen vermocht; aber ich sah Harry, Old Firehand und Will Parker vom Feinde bedroht und sprang ihnen zu Hilfe.

»Fort, fort, an die Felswand!« rief ich, mitten in den Knäuel hineinfahrend, so daß die Angreifer für einen Augenblick aus der Fassung gebracht wurden und wir Raum gewannen, das senkrecht aufsteigende Gestein zu erreichen, wo wir den Vorteil hatten, im Rücken gedeckt zu sein.

»Muß das sein, wenn ich mich nicht irre?« rief uns eine Stimme aus einem im Felsen befindlichen Risse entgegen, welcher gerade so breit war, daß sich ein Mann hineinzwängen konnte. »Nun ist Sam Hawkens, der alte Trapper, verraten!«

Das listige Männlein war der Einzige gewesen, der seine Geistesgegenwart bewahrt und die wenigen Sekunden benutzt hatte, sich zu salvieren. Leider machten wir ihm diese Bemühungen erfolglos, indem wir gerade den Ort, an welchem sich sein Versteck befand, zum Ziele unseres Laufes wählten. Trotzdem aber streckte er schleunigst die Hand nach Harry aus und faßte ihn beim Arme.

»Der kleine Sir mag mit hereinkommen in das Nest, meine ich; ist gerade noch Platz für ihn, wie mir scheint.«

Natürlich waren die Rothäute uns gefolgt und drangen mit wilder Energie auf uns ein, und ein Glück war es, daß infolge des Scheinangriffes die Jäger alle ihre Waffen bei sich führten. Freilich waren im Nahekampf die Büchsen vollständig nutzlos, desto erfolgreicher aber wütete das Schlachtbeil unter den Wilden.

Nur Hawkens und Harry machten Gebrauch von ihren Schießgewehren. Ersterer lud und letzterer, welcher vorn im Risse stak, gab die Schüsse ab, die zwischen Old Firehand und mir aus der Spalte hervorblitzten.

Es war ein wilder, grauenhafter Kampf, wie kaum die Phantasie ihn sich auszumalen vermag. Das halberloschene

Feuer warf seinen flackernden, dunkelglühenden Schein über den Vordergrund des Tales, auf welchem sich die einzelnen kämpfenden Gruppen wie der Hölle entstiegene und einander zerfleischende Dämone abzeichneten. Durch das Geheul der Indianer drangen die ermunternden Rufe der Trapper und die scharfen, kurzen Laute der Revolverschüsse; der Erdboden schien zu erzittern unter den schweren, stampfenden Tritten der miteinander ringenden Feinde.

Es blieb uns kein Zweifel darüber, daß wir verloren seien. Die Zahl der Ponkas war eine zu bedeutende, als daß wir hoffen durften, uns gegen sie zu halten. Eine zufällige Wendung zu unsern Gunsten war ebensowenig zu erwarten wie die Möglichkeit, uns durchzuschlagen, und deshalb hegte ein Jeder die vollständige Ueberzeugung, daß er in kurzer Zeit aufgehört haben werde, zu den Lebenden zu gehören. Aber nicht umsonst wollten wir sterben, und wenn wir uns auch in das uns bestimmte Schicksal ergaben, so wehrten wir uns doch nach allen Kräften und mit derjenigen Kaltblütigkeit, welche dem Weißen ein so großes Uebergewicht über den roten Bewohner der amerikanischen Steppen gibt.

Mitten in dem blutigen Ringen gedachte ich des alten Elternpaares, welches ich in der Heimat zurückgelassen hatte und dem nun keine Kunde mehr von dem in die Ferne gezogenen Sohne zukommen sollte, gedachte – doch nein, ich warf diese Gedanken alle von mir, denn der gegenwärtige Augenblick erforderte nicht nur die kräftigste körperliche Anstrengung, sondern auch die größte geistige Aufmerksamkeit.

Hätte ich meinen Stutzen gehabt! Aber der lag in der Kammer, die ich nicht hatte erreichen können. Ich hatte vorhergesehen, wie es kommen werde, hatte geraten und gewarnt, und nun mußte ich die Fehler der Andern mitbüßen. Es überkam mich ein noch nie gefühlter Ingrimm und eine Erbitterung, welche meine Kräfte verdoppelte, so daß ich den Tomahawk mit solcher Nachdrücklichkeit handhabte, daß es anerkennend aus der Spalte scholl:

»Recht so, Sir, recht so! Sam Hawkens und Ihr, das paßt

zusammen, meine ich. Schade, daß wir ausgelöscht werden! Könnten noch manches Rattenfell mit einander holen, wenn ich mich nicht irre.«

Wir kämpften still und lautlos; es war eine ruhige, aber desto fürchterlichere Arbeit, und die Worte des kleinen Fallenstellers wurden deshalb deutlich gehört. Auch Will Parker hatte sie vernommen und rief, trotz der gestern erhaltenen Verletzungen mit der umgedrehten Büchse die wuchtigsten Hiebe austeilend:

»Sam Hawkens, blick hierher, altes Coon, wenn du sehen willst, wie es zu machen ist. Heraus aus dem Loche mit dir, und sage, ob das Greenhorn – hahaha, Will Parker ein Greenhorn, hörst du es, Sam Hawkens? – ob das Greenhorn etwas gelernt hat?«

Kaum zwei Schritte von meiner Rechten entfernt stand Old Firehand. Die Art und Weise, wie er mit beiden Händen im Leben der ihn umdrängenden Gegner wühlte, flößte mir die größte Bewunderung ein. Ueber und über mit Blut bespritzt, lehnte er an der Felsenmauer. Die langen, grauen Haare hingen in zusammengeklebten Strähnen von seinem Kopfe; die ausgespreizten Beine schienen in der Erde zu wurzeln, und in der einen Faust das schwere Beil, in der andern das scharfe, leichtgekrümmte Messer, hielt er die mächtig an ihn Drängenden von sich ab. Noch mehr als ich war er mit Wunden bedeckt; aber noch hatte keine derselben ihn zum Falle gebracht, und ich mußte immer wieder von neuem meinen Blick auf seine hohe, reckenhafte Gestalt richten.

Da entstand eine Bewegung in dem Knäuel der Rothäute, und Parranoh erschien, sich eine Bahn durch ihre dichte Menge brechend. Kaum erblickte er Firehand, so rief er:

»Endlich habe ich dich; denk an Ribanna, und stirb!«

Er wollte sich an mir vorüber auf ihn stürzen; da packte ich ihn bei der Schulter und holte zum tödlichen Hiebe aus. Mich erkennend, sprang er zurück, so daß mein Tomahawk die Luft durchsauste.

»Auch du?« brüllte er. »Dich muß ich lebendig haben. Gebt ihm ein Lariat!«

An mir vorbeispringend, noch ehe ich das Beil wieder schwingen konnte, erhob er die Pistole; der Schuß krachte; Old Firehand schlug die Arme weit auseinander in die Luft, sprang mit einem mächtigen, krampfhaften Satze vorwärts mitten unter die Feinde und stürzte dann lautlos zusammen.

Es war mir, als sei die Kugel in meine Brust gefahren, so durchzuckte mich der Fall des Helden; ich schlug den Indianer, mit welchem ich es in diesem Augenblicke zu tun hatte, nieder und wollte auf Parranoh los, als ich eine dunkle Gestalt bemerkte, welche sich mit schlangenhafter Behendigkeit durch die Feinde wand und gerade vor dem Mörder die geschmeidigen Glieder in die Höhe streckte.

»Wo ist die Kröte von Atabaskah? Hier steht Winnetou, der Häuptling der Apachen, zu rächen den Tod seines weißen Bruders!«

»Ha, der Hund von Pimo! Fahr' zum Teufel!«

Mehr hörte ich nicht. Der Vorgang hatte meine Aufmerksamkeit in so hohem Grade in Anspruch genommen, daß ich die Verteidigung meiner selbst versäumte. Eine Schlinge legte sich mir um den Hals, ein Ruck – zu gleicher Zeit fühlte ich einen schmetternden Schlag auf den Kopf, und ich verlor das Bewußtsein. –

Als ich erwachte, war es vollständig dunkel und still um mich, und ich besann mich vergebens auf die Art und Weise, wie ich in diese Finsternis gekommen sei. Ein brennender Schmerz, welchen ich im Kopfe fühlte, erinnerte mich endlich an den empfangenen Schlag, und nun reihten sich die Einzelheiten des Vergangenen zu einem vollständigen Bilde des Geschehenen aneinander. Zu dem erwähnten Schmerze kam noch die Qual, welche mir von den empfangenen Wunden und den Fesseln verursacht wurde, die man mir mit raffinierter Festigkeit um die Hände und Füße gelegt hatte, so daß sie mir tief in das Fleisch einschnitten und ich kaum zu irgend welcher Bewegung fähig war.

Da hörte ich ein Geräusch neben mir, als ob ein Mensch sich räuspere.

»Ist noch Jemand hier?« fragte ich.

»Hm, freilich! Fragt der Mann gerade so, als ob Sam Hawkens Niemand wäre, wenn ich mich nicht irre.«

»Ihr seid es, Sam? Sagt doch um aller Welt willen, wo wir sind!«

»So leidlich unter Dach und Fach, Mann. Haben uns in die Lederhöhle gesteckt; wißt's schon, wo die Felle lagen, meine ich, die wir so schön vergraben haben. Sollen aber keines finden, sage ich, keines!«

»Und wie ist es mit den Anderen?«

»Passabel, Sir. Old Firehand ist ausgelöscht, Dick Stone ist ausgelöscht, Will Parker ist ausgelöscht – war doch ein Greenhorn, der Mann, hihihi, ein Greenhorn, sage ich, wollt's aber nicht glauben, wenn ich mich nicht irre – Bill Bulcher ist ausgelöscht, Harry Korner ist ausgelöscht, alle, alle sind ausgelöscht, nur Ihr brennt noch und der Apache; auch der kleine Sir lebt ein wenig, wie mir scheint – und Sam Hawkens, hm, vielleicht haben sie auch ihn noch nicht ganz ausgelöscht, hihihihi!«

»Wißt Ihr es gewiß und wahrhaftig, daß Harry wirklich noch lebt, Sam?« fragte ich angelegentlich.

»Denkt Ihr wohl, daß so ein alter Skalper nicht weiß, was er sieht, Mann? Haben ihn da neben uns gesteckt in das andere Loch und Euren roten Freund dazu. Wollte gern auch mit da hinein, habe aber keine Audienz bekommen, wie mir scheint.«

»Wie steht es mit Winnetou?«

»Loch an Loch, Sir! Wird, wenn er davonkommt, aussehen wie der alte Rock, in welchen sie Sam Hawkens so vorsichtig eingeschnallt haben: Flick an Flick und Fleck auf Fleck.«

»An das Davonkommen ist wohl nicht zu denken. Aber wie kam er lebendig in ihre Hände?«

»Gerade so wie Ihr und ich. Hat sich gewehrt wie ein Heide – hm, ist doch wohl auch einer, wenn ich mich nicht irre, hihihi – wollte lieber untergehen, als sich am Pfahle braten lassen; half aber nichts; wurde doch niedergeschlagen und halb entzwei gerissen. Nicht davonkommen wollt Ihr? Sam Hawkens hat große Lust dazu, wie mir scheint.«

»Was tut man mit der Lust, wenn es nicht möglich ist.«

»Nicht möglich? Hm, klingt gerade wie Will Parker! Sind gute Leute, die Roten, gute Leute; haben dem alten Coon hier alles genommen; alles, die Pistole, die Pfeife – hihihi, werden sich wundern, wenn sie daran riechen; duftet ganz wie Skunk! Wird ihnen aber gerade lieb sein – auch die Liddy ist zum Teufel – die arme Liddy; was für ein Schakal wird sie nun wohl nehmen! – und der Hut und die Haube – werden sich wundern über den Skalp, hihihi, kostete mich drei dicke Bündel Dickschwanzfelle damals in Tekama; wißt's ja schon, meine ich – aber das Messer haben sie ihm gelassen, dem Sam Hawkens; steckt im Aermel. Der alte, graue Bär da steckte es hinein, als er merkte, daß es mit dem Quartiere in der Ritze vorüber sei.«

»Das Messer habt Ihr noch? Werdet wohl nicht gut dazu kommen können, Sam!«

»Meine es auch, Sir; müßt dem Sohne meiner Mutter schon ein wenig helfen!«

»Komme gleich! Wollen sehen, was in dieser Sache zu tun ist.«

Noch hatte ich nicht begonnen, mich zu ihm hinzuwälzen, die einzige Bewegung, durch welche es mir möglich war, an ihn zu kommen, als die Felltüre geöffnet wurde und Parranoh mit einigen der Indianer eintrat. Er hielt den Feuerbrand, welchen er in der Hand trug, so, daß der Schein desselben uns überleuchtete. Ich gab mir nicht die Mühe, für noch bewußtlos zu gelten, würdigte ihn aber keines einzigen Blicks.

»Da haben wir dich ja endlich!« knirschte er mich an. »Bin dir bisher ein Kleines schuldig geblieben, sollst dich aber nun jetzt nicht zu beklagen haben. Kennst du den da?«

Er hielt mir einen Skalp vor das Gesicht; es war derjenige, welchen Winnetou ihm selbst genommen hatte. Er wußte also, daß ich es war, der ihn damals niederstach. Der Apache hatte ihn nicht darüber aufgeklärt, des war ich sicher, da ich wußte, er werde jede an ihn gerichtete Frage mit stolzem Schweigen beantworten, aber Finnetey hatte mich an jenem

Abende vielleicht beim Scheine des Feuers bemerkt oder im Augenblicke unseres Zusammenprallens einen Blick in mein Gesicht geworfen. Als ich nicht antwortete, fuhr er fort:

»Sollt es auch erfahren, ihr alle, wie es ist, wenn man die Haut über die Ohren gezogen bekommt; wartet nur ein wenig, bis es Tag geworden ist; sollt eure Freude an meiner Dankbarkeit erleben!«

»Wird euch nicht so wohl werden, wie mir scheint!« meinte Hawkens, der es nicht über das Herz bringen konnte, ruhig zu sein. »Wäre doch neugierig, welche Haut dem alten Sam Hawkens über das Ohr gezogen werden sollte; habt die meinige ja schon in den Händen, ist vom *Hair-dresser* gemacht worden – wie hat Euch die Arbeit gefallen, alter Yambarico?«

»Schimpfe nur zu! Wirst schon noch Haut genug haben, um geschunden werden zu können.« Und nach einer Pause, während welcher er unsere Fesseln besichtigt hatte, fragte er:

»Habt wohl nicht geglaubt, daß Tim Finnetey Eure Mausefalle hier kennt? War in dem Tale, noch ehe der – der Hund von Firehand, verdamme seine Seele, etwas von ihm geahnt hat, und wußte auch, daß ihr euch hergemacht hattet. Der da hat mir's erzählt!«

Er zog ein Messer aus dem Gürtel und hielt den hölzernen Griff desselben vor Sams Augen. Dieser warf einen Blick auf die eingeschnittenen Buchstaben und rief:

»Fred Owins? Hm, war ein Halunke allezeit! Will wünschen, daß er das Messer hat selber kosten müssen.«

»Keine Sorge, Mann! Dachte, sich mit dem Geheimnisse loszukaufen, war aber nichts, haben ihm Leben und Haut genommen, gerade so, wie ihr es auch erfahren sollt, nur umgedreht, erst die Haut und dann das Leben.«

»Macht, was Ihr wollt! Sam Hawkens ist mit seinem Testamente fertig; hat Euch das Ding vermacht, das sie Perücke nennen, wenn ich mich nicht irre. Könnt's gut gebrauchen, hihihi!«

Parranoh versetzte ihm einen Fußtritt und schritt, gefolgt von seinen schweigsamen Begleitern, wieder hinaus.

Eine Weile verhielten wir uns schweigend und bewegungslos; dann aber, als wir uns sicher glaubten, warfen wir uns gegenseitig herum, so daß wir endlich hart nebeneinander zu liegen kamen. Obgleich mir die Hände fest aneinander gebunden waren, gelang es mir doch, das Messer aus seinem Aermel zu ziehen, und mit Hilfe desselben ihm die Armfesseln zu durchschneiden. Dadurch bekam er die Hände frei, und einige Augenblicke später standen wir mit ungebundenen Gliedern aufrecht vor einander und frottierten uns die durch die Bande taub gewordenen Körperteile.

»So recht, Sam Hawkens; scheinst mir kein so unebenes Geschöpf zu sein!« belobte sich der kleine Mann selbst. »Hast zwar schon in mancher schlimmen Patsche gesteckt; aber so bös ist es doch noch nie gewesen wie heute. Soll mich verlangen, wie du die Ohren aus der Mütze bringen wirst, wenn ich mich nicht irre!«

»Laßt uns vor allen Dingen sehen, wie es draußen steht, Sam!«

»Meine es auch, Sir; ist das Notwendigste.«

»Und dann vor allen Dingen Waffen. Ihr habt ein Messer, ich aber bin vollständig leer.«

»Wird sich schon 'was finden lassen!«

Wir traten an die Tür und zogen die beiden Felle, welche als Portièren dienten, ein wenig auseinander.

Eben brachten einige der Indianer die beiden Gefangenen aus der Nebenhöhle gezogen, und vom Lagerplatze kam Parranoh herbeigeschritten. Es war jetzt schon ziemlich hell geworden, so daß wir das Tal vollständig überblicken konnten. Nicht weit vom Wassertore entfernt war Swallow mit dem von dem armen Will Parker erbeuteten Braunen in Zwist geraten, und der Anblick des mir an das Herz gewachsenen Tieres ließ mich auf eine Flucht zu Fuße, die jedenfalls die geratenste war, sofort verzichten. In nicht gar zu großer Entfernung davon graste der starkknochige und ausdauernde Klepper Winnetous, ein Pferd, welchem sein Wert nur schwerlich anzusehen war, und wenn es uns gelang, zu einigen

Waffen zu kommen, und die Tiere zu erreichen, so war es vielleicht möglich, zu entfliehen.

»Seht Ihr etwas, Sir?« kicherte Hawkens.

»Was?«

»Hm, da drüben den alten Burschen, welcher sich so behaglich im Grase wälzt.«

»Sehe ihn.«

»Und auch das Ding, das daneben am Steine lehnt?«

»Auch das.«

»Hihihi, legt dem alten Coon da das Schießholz so mundrecht in den Weg! Wenn ich wirklich Sam Hawkens heiße, so muß das auch die Liddy sein, meine ich, und einen Kugelbeutel wird der Mann wohl auch haben!«

Ich konnte nicht viel auf die Freude des kleinen Helden achten, denn Parranoh nahm meine ganze Aufmerksamkeit in Anspruch. Leider war es mir nicht möglich, zu verstehen, was er zu den beiden Gefangenen sprach, und es dauerte eine geraume Zeit, ehe er von ihnen ging; aber seine letzten Worte, welche er mit erhobener Stimme sprach, vermochte ich deutlich zu hören, und sie klärten mich auf über den Inhalt seiner ganzen Rede.

»Mach dich gefaßt, Pimo! Der Pfahl wird eben eingeschlagen, und du,« – setzte er, sich mit einem haßerfüllten Blicke zu Harry wendend, hinzu – »wirst an seiner Seite gebraten.«

Er gab seinen Leuten einen Wink, die Gefesselten nach dem Platze zu bringen, an welchem sich die Indsmen um das jetzt wieder helllodernde Feuer gelagert hatten, und schritt dann in hochaufgerichteter und würdevoller Haltung davon.

Jetzt galt es, schleunigst zu handeln, denn waren die Beiden einmal in die Mitte der Versammlung gebracht, so war keine Hoffnung mehr, zu ihnen zu kommen.

»Sam, kann man sich auf Euch verlassen?« fragte ich.

»Hm, weiß es nicht, wenn Ihr's nicht wißt! Müßt's 'mal probieren, wie mir scheint.«

»Ihr nehmt den rechts und ich den Linken. Dann rasch die Riemen entzwei!«

»Und dann zu Liddy, Sir!«

»Seid Ihr fertig?«

Er nickte mit einem Ausdrucke im Gesichte, dem man deutlich das Vergnügen an dem bevorstehenden Streiche anmerkte.

»Nun, dann drauf!«

Mit leisen, aber raschen Sprüngen schnellten wir hinter den die Gefangenen nach sich schleppenden Indianern her, und obgleich sie gezwungen waren, eine infolge ihrer Last gegen uns gewandte Haltung einzunehmen, gelang es uns doch, unbemerkt an sie zu kommen.

Sam stieß den einen von hinten mit so gut geführtem Stiche nieder, daß der Getroffene lautlos zusammenbrach; ich aber riß, da ich vollständig waffenlos war, dem Andern zuerst das Messer aus dem Gürtel, und zog es ihm dann mit solchem Drucke durch die Kehle, daß der Schrei, welchen er auszustoßen im Begriffe gestanden hatte, als ein pfeifendes Gurgeln sich durch die Schnittwunde drängte und er ebenfalls niedersank.

Einige rasche Schnitte befreiten die Gebundenen von ihren Fesseln, so daß sie sich frei sahen, noch ehe bei der Raschheit des ganzen Vorganges derselbe von irgend jemand bemerkt worden war.

»Vorwärts; holt euch Waffen!« rief ich, da ich wohl einsah, daß ohne dieselben ein Entkommen nicht denkbar war, riß dem von mir Getöteten den Schießbeutel vom Leibe und stürmte Winnetou nach, welcher in richtiger Erfassung der Umstände nicht nach dem Tore zu, sondern mitten unter die am Feuer Lagernden hineinsprang.

Wie in jedem Augenblicke, in dem es sich um Tod und Leben handelt, der Mensch ein ganz Anderer ist als sonst, so gab auch uns die Erwägung dessen, was auf dem Spiele stand, die notwendige Behendigkeit. Noch ehe sich die Ueberfallenen besonnen hatten, waren wir schon, die ihnen entrissenen Waffen in der Hand, zwischen ihnen hindurch.

»Swallow, Swallow!« rief ich dem Pferde zu, saß wenige Augenblicke später auf seinem Rücken, sah Winnetou auf das seinige springen und Hawkens den ersten besten Spritzer besteigen.

»Herauf zu mir, um des Himmels willen rasch!« bedeutete ich Harry, welcher vergebens versuchte, auf Finneteys Braunen zu kommen, welcher wie rasend um sich schlug. Ich ergriff ihn beim Arme, riß ihn zu mir empor und wandte nach dem Ausgange um, durch welchen soeben Sam verschwand.

Es war ein Moment der höchsten Aufregung. Wütendes Geheul erfüllte die Luft; Schüsse krachten; Pfeile schwirrten um uns, und dazwischen tönte das Getrappe und Schnauben der Pferde, auf welche sich die Wilden warfen, um uns zu verfolgen.

Ich war der hinterste von uns Dreien und kann unmöglich sagen, wie ich durch den engen, gewundenen Paß hinaus ins Freie kam, ohne von dem Feinde erreicht zu werden. Hawkens war nicht mehr zu sehen; Winnetou bog rechts in das Tal hinab, welches wir vor einigen Tagen bei unserer Ankunft heraufgeritten waren, und blickte sich dabei nach mir um, ob ich ihm folgen werde.

Eben standen wir im Begriffe, die Biegung zurückzulegen, da fiel hinter uns ein Schuß, und ich fühlte, wie Harry zusammenzuckte. Er war getroffen worden.

»Swallow, mein Swallow, greif aus!« ermunterte ich in höchster Angst das Tier, und in demselben rasenden Laufe wie damals nach der Explosion in New-Venango schoß es vorwärts.

Als ich mich umblickte, sah ich Parranoh auf seinem Mustang dicht hinter mir; die Anderen waren mir durch die Krümmungen des Weges versteckt. Obgleich ich nur einen flüchtigen Blick auf ihn werfen konnte, bemerkte ich doch den wütenden Ingrimm, mit welchem er uns zu ereilen trachtete, und verdoppelte meine Zurufe an das brave Pferd, von dessen Schnelligkeit und Ausdauer alles abhing; denn wenn ich auch einen Kampf mit dem wilden Manne nicht scheute, so wurde ich doch durch den Knaben an jeder freien Bewegung verhindert und konnte nichts tun als nur vorwärts streben.

Wie im Sturme flogen wir an dem Laufe des Wassers entlang. Winnetous Fuchs schleuderte die langen, knochenstarken Glieder von sich, daß die Funken stoben und das lockere Geröll hinter ihm einen förmlichen Steinregen bildete. Swallow hielt ihm gleichen Schritt, obgleich er doppelte Last zu tragen hatte; aber, obwohl ich mich nicht mehr umblickte, wußte ich doch, daß Parranoh uns hart auf den Fersen blieb; denn der Hufschlag seines Braunen ließ sich in steter Nähe vernehmen.

»Ihr seid verwundet, Harry?« fragte ich im vollen Jagen.

»Ja.«

»Und gefährlich?«

Das lebenswarme Blut rann ihm aus seiner Wunde über meine Hand, mit welcher ich ihn um den Leib gefaßt hielt. Er war mir zu lieb geworden, als daß mich dies nicht mit der lebhaftesten Besorgnis erfüllt hätte.

»Werdet Ihr den Ritt aushalten können?«

»Ich hoffe es.«

Ich feuerte das Pferd zu immer rasenderem Laufe an. Es führte nicht umsonst den Namen ›Swallow‹. Wie eine Schwalbe flog es dahin; seine Hufe schienen kaum den Boden zu berühren.

»Haltet Euch nur fest, Harry. Wir sind schon halb gerettet!«

»Es liegt mir nichts am Leben. Laßt mich immerhin herunterfallen, wenn meine Last Euch hindert, zu entkommen!«

»Nein, nein, Ihr sollt leben. Ihr habt ein Anrecht dazu!«

»Jetzt nicht mehr, da der Vater tot ist. Ich wollte, ich wäre mit ihm gefallen!«

Eine Pause folgte, während welcher wir unseren Lauf oder vielmehr unseren Flug fortsetzten.

»Ich bin schuldig an seinem Tode,« klagte sich jetzt der Knabe an. »Wäre ich Euch gefolgt, so wäre Parranoh in der ›Festung‹ niedergeschossen worden, und die Indsmen hätten ihn nicht getötet!«

»Laßt das Geschehene. Wir haben mit der Gegenwart zu tun!«

»Nein, laßt mich herab. Parranoh bleibt zurück und wir können Atem holen!«

»So wollen wir's versuchen!«

Mit dem festen Vorsatze, Stich zu halten, blickte ich zurück.

Längst hatten wir den Lauf des Wassers verlassen und waren in die freie Ebene eingebogen, über welche wir parallel mit dem Saume des uns zur Linken liegenden Waldes dahinflogen. Parranoh war jetzt eine ziemliche Strecke zurückgeblieben, und Swallow bewies sich also dem Braunen weit überlegen. Hinter dem weißen Häuptlinge, einzeln oder in kleinen Gruppen, folgten die Indianer, welche die Verfolgung nicht aufgeben wollten, trotzdem wir immer größeren Vorsprung gewannen.

Mich wieder umdrehend, sah ich, daß Winnetou abgesprungen war und hinter seinem Pferde stand. Er lud die erbeutete Büchse. Auch ich parierte meinen Hengst. Ich ließ Harry niedergleiten, stieg nach und legte ihn in das Gras. Zum Laden blieb mir nicht mehr Zeit; denn Parranoh war schon zu nahe. Ich sprang also wieder auf und griff zum Tomahawk.

Der Verfolger hatte unsere Bewegung wohl bemerkt, ließ sich aber von der Hitze fortreißen und stürmte, das Schlachtbeil schwingend, auf mich ein. Da krachte der Schuß des Apachen; der Feind zuckte zusammen und stürzte, zu gleicher Zeit von meiner Waffe getroffen, mit tief gespaltenem Haupte vom Pferde.

Winnetou wandte den leblosen Körper mit dem Fuße um und sprach:

»Die Schlange von Atabaskah wird nicht mehr zischen und den Häuptling der Apachen nennen mit dem Namen eines Pimo. Mein Bruder nehme seine Waffen zurück.«

Wirklich trug der Gefallene Messer, Beil, Revolver und Stutzen von mir; ich nahm eiligst mein Eigentum wieder an mich und sprang zu Harry zurück, während Winnetou den Braunen einfing.

Die Indsmen waren uns fast so nahe gekommen, daß sie uns mit ihren Kugeln erreichen konnten. Wir saßen wieder auf und fort ging es mit erneuter Schnelligkeit.

Da plötzlich blitzte es zu unserer Linken hell und glänzend auf wie Waffenschimmer; eine zahlreiche Truppe Reiter flog von dem Waldessaume her zwischen uns und die Verfolger hinein, schwenkte gegen diese um und stürmte in gestreckten Galopp ihnen entgegen.

Es war ein Detachement Dragoner von Wilkes Fort. Kaum hatte Winnetou die Helfer erblickt, so riß er seinen Gaul herum, schoß an ihnen vorüber und mit hochgeschwungenem Tomahawk unter die Ponkas hinein, welche kaum Zeit gehabt hatten, den Lauf ihrer Pferde zu hemmen. Ich hingegen stieg ab, um nach der Wunde Harrys zu sehen.

Sie war nicht gefährlich. Ich zog das Messer und schnitt, da mir nichts anderes zur Verfügung stand, einen Streifen meines Jagdhemdes los, mit Hilfe dessen ich in der Eile einen notdürftigen Verband anlegte, um wenigstens die Blutung zu stillen.

»Werdet Ihr aufsitzen können, Harry?« fragte ich.

Er lächelte und trat zu dem Braunen, dessen Zügel mir Winnetou im Vorübersprengen zugeworfen hatte. Mit einem Sprunge saß er oben.

»Nun das Blut nicht mehr fließt, fühle ich von der Wunde nichts mehr. Dort fliehen die Roten. Vorwärts, ihnen nach, Sir!«

Es war so, wie er sagte. Ihres Anführers beraubt, dessen Zuruf sie zum Widerstande ermutigt oder wenigstens ihre Flucht geregelt hätte, jagten sie, die Dragoner immer in ihren letzten Gliedern, denselben Weg zurück, welchen wir gekommen waren, und es war also zu vermuten, daß sie in unserem Talkessel ihre Zuflucht suchen wollten.

Jetzt ließen wir wieder ausgreifen, schossen an den zahlreich am Boden liegenden gefallenen Indianern vorüber und erreichten infolge der Schnelligkeit unserer Tiere die Soldaten noch eine ziemliche Strecke vor dem Wassertore.

Es kam sehr viel darauf an, die Wilden sich nicht in der Felsenwindung festsetzen zu lassen, sondern gleich mit ihnen einzudringen; deshalb trieb ich Swallow durch Busch und Dorn, über Stock und Stein an der ganzen Reihe der Verfolgenden vorüber und war bald an der Seite Winnetous, welcher sich immerfort würgend an die Fersen der Flüchtenden geheftet hatte.

Jetzt bogen sie links nach dem Tore ein, und eben wollte der vorderste sein Pferd in die Enge lenken, als aus derselben ein Schuß fiel und er leblos vom Tiere stürzte. Sofort krachte es zum zweitenmal; der nächste ward bügellos, und da die bestürzten Wilden sich auf diese Weise den Eingang verwehrt und zu gleicher Zeit von uns fast umzingelt sahen, so brachen sie in der Richtung nach dem Mankizila durch und flohen, immer wieder verfolgt von den Dragonern, dem Wasserlaufe entlang davon.

Nicht geringer als die Bestürzung der Wilden war auch mein Erstaunen über die Schüsse, welche unsere Absicht so kräftig unterstützten oder vielmehr unnötig machten. Aber ich sollte nicht lange im Zweifel über den mutigen Schützen sein, denn noch war der Hufschlag der Davonreitenden nicht verhallt, so lugte aus einem Walde von struppigen Barthaaren eine gewaltige Nase, über welcher ein Paar kleine, listige Aeuglein funkelten, vorsichtig hinter der Felskante hervor, und da kein feindliches Wesen zu bemerken war, so schoben sich die übrigen Körperteile vertrauensvoll hinter dem rekognoszierenden Riechorgane her.

»Segne meine Augen, Sir! Welche Büchse hat denn auch Euch wieder hierhergeschossen, wenn ich mich nicht irre?« fragte der kleine Mann, ebenso erstaunt über meinen Anblick, wie ich über den seinen.

»Sam, Ihr seid's? Wie kommt denn Ihr in das Tor? Habe Euch doch mit diesen meinen eigenen Augen fortreiten sehen!«

»Fortreiten, Sir? Danke für den Ritt! War eine Bestie, die gar nicht von der Stelle kam und ihre alten Knochen mir so zwischen den Beinen herumschüttelte, daß diesem alten Coon die seinigen auseinander gegangen wären, wenn er das dumme Tier nicht hätte laufen lassen. Bin dann wieder zurückgeschlichen, hihihi; dachte mir, daß die Roten alle hinter euch her seien und die ›Festung‹ leer gelassen haben würden, wie mir scheint. Fand es auch so. Haben sich schön gewundert, als sie wieder zurückkamen, und machten Gesichter, meine ich, Gesichter, hihihi! Aber wo bringt Ihr denn die Kommißleute her, Sir?«

»Wir werden wohl erfahren, welche Absicht sie grad jetzt, so sehr zur richtigen Zeit, in diese abgelegene Gegend führt. Ihr plötzliches Erscheinen kommt mir wie ein Wunder vor, und ich möchte fast sagen, daß sie uns gerettet haben.«

»Das sage ich nicht. Old Shatterhand, Winnetou und Sam Hawkens sind Leute, die sich selbst zu retten verstehen. Aber um diesen roten Ponkas für lange Jahre einen Denkzettel anzuhängen, dazu kamen sie grad zum rechten Augenblicke. Meint Ihr, daß wir ihnen jetzt gleich nachreiten?«

»Wozu? Sie werden auch ohne uns mit den Indsmen fertig. Das hat Winnetou auch gedacht, denn er ist mit Harry hinein in das ›Schloß‹ geritten. Wollen auch hinein, um nach unsern Toten zu sehen.«

Als wir den Eingang passiert hatten und in dem für uns so verhängnisvoll gewordenen Talkessel ankamen, sahen wir an der Stelle, wo in der vergangenen Nacht der Kampf stattgefunden hatte, Winnetou und Harry mit der Leiche Old Firehands beschäftigt. Der weinende Harry hielt den Kopf seines Vaters im Schoße, und der Apache untersuchte die Schußwunde. Grad als wir hinkamen, hörten wir Winnetou rufen:

»Uff, uff, uff! Er ist noch nicht tot – er lebt!«

Das war ein Wort, welches uns förmlich elektrisierte. Harry jauchzte vor Freude hell auf. Wir beteiligten uns natürlich an den Bemühungen des Apachen und hatten wirklich die Genugtuung, daß Old Firehand nach einiger Zeit die Augen öffnete. Er erkannte uns und hatte für seinen Sohn ein leises Lächeln; sprechen aber konnte er nicht; das Bewußtsein schwand ihm sehr bald wieder. Ich untersuchte ihn auch. Die Kugel war ihm rechtsseitig vorn in die Lunge gedrungen und hinten wieder hinausgegangen, eine sehr schwere und mit vielem Blutverluste verbundene Verwundung; aber trotzdem und obgleich er erst vor kurzem an der Bahn verwundet worden war, stimmte ich der Meinung des Apachen bei, daß der Blessierte infolge seiner mehr als kräftigen Natur bei allerdings außerordentlich sorgfältiger Behandlung zu retten sein werde. Er wurde nach Winnetous bewährter Weise verbunden und erhielt ein so vorzügliches Lager, wie die Oertlichkeit und die Umstände es gestatteten.

Dann konnten wir an uns selbst auch denken; es war von uns keiner ohne Verletzung davon gekommen, und so flickten wir einander zusammen, so gut es gehen wollte. Die Andern aber hatten die Mißachtung meiner Warnung alle mit dem Tode bezahlt.

Gegen Mittag stellten sich die Dragoner ein. Sie hatten die Ponkas vollständig zu Paaren getrieben und dabei keinen einzigen Mann eingebüßt. Der kommandierende Offizier teilte uns mit, daß ihr Erscheinen kein zufälliges gewesen sei. Er hatte gehört, daß die Ponkas die Absicht gehabt hätten, den Zug entgleisen zu lassen, und sofort beschlossen, sie dafür zu züchtigen. Er war zu ihnen aufgebrochen und ihnen, als er hörte, daß sie einen Kriegs- und Rachezug unternommen hätten, auf dem Fuße gefolgt. Um seine Pferde ausruhen zu lassen, blieb er mit den Truppen drei Tage in dem Tale, während welcher Zeit die Toten beerdigt wurden, und lud uns ein, Old Firehand, sobald dieser den Transport aushalten könne, nach Wilkes Fort zu bringen, wo er wenn auch keine aufopferndere Pflege, so doch bessere ärztliche Behandlung finden werde. Wir sagten natürlich zu.

Daß mein alter Sam Hawkens über den Tod Dick Stones und Will Parkers tief betrübt war, versteht sich ganz von selbst. Er versicherte wiederholt, jeden Ponka, der ihm begegne, in Zukunft ohne Gnade erschießen zu wollen. Ich aber beurteilte auch diesen Fall anders: Parranoh war ein Weißer; ich stand also vor einer abermaligen Wiederholung meiner alten Erfahrung, daß der Indianer nur durch die Bleichgesichter das geworden ist, was er heute ist. – – –

SIEBENTES KAPITEL.

Der Pedlar.

Es war drei Monate nach den zuletzt beschriebenen Begebenheiten, deren Folgen trotz dieser langen Zeit noch nicht an uns vorübergegangen waren. Die Hoffnung, Old Firehand retten zu können, hatte sich zwar erfüllt, aber seine Genesung schritt außerordentlich langsam vorwärts; er konnte vor großer Schwäche noch nicht aufstehen, und wir hatten unsern ursprünglichen Gedanken, ihn nach dem Fort zu transportieren, aufgegeben; er sollte bis zu seiner vollständigen Gesundung in der ›Festung‹ bleiben, wo, wie wir uns überzeugt hatten, die Pflege durch uns für ihn hinreichend war.

Harrys Verwundung hatte sich glücklicherweise als nicht bedeutend herausgestellt. Winnetou war an vielen Stellen seines Körpers, doch auch nicht gefährlich, verletzt gewesen, und seine Wunden gingen nun der vollständigen Vernarbung entgegen. Die Schrammen und Kniffe, welche ich erhalten hatte, waren von keiner Bedeutung; sie taten bei der Berührung zwar noch weh, doch war ich gegen Schmerzen wie ein Indianer abgehärtet. Am besten war Sam Hawkens davongekommen; er hatte einige ganz unbedeutende Quetschungen erlitten, welche eigentlich gar nicht erwähnt zu werden brauchen.

Es war vorauszusehen, daß Old Firehand sich selbst nach seiner vollständigen Genesung noch lange, lange Zeit zu schonen haben werde; das Leben eines Westmannes sofort wieder zu beginnen, war für ihn eine Unmöglichkeit; darum hatte er sich entschlossen, sobald er die Reise unternehmen könne, nach dem Osten zu seinem älteren Sohne zu gehen und Harry mitzunehmen. Da verstand es sich denn ganz von selbst, daß die Vorräte von Fellen, welche er mit seiner Pelzjägergesellschaft gesammelt hatte, nicht liegen bleiben konnten; sie mußten verwertet, das heißt also, verkauft werden. Auf dem Fort gab es gegenwärtig leider keine Gelegenheit dazu, und doch war es für Rekonvaleszenten wenn nicht schwer, so doch höchst unbequem, eine solche Menge von Fellen weit fort zu transportieren. Wie war dem abzuhelfen? Da half uns einer der Soldaten, welche für einige Zeit zu unserm Schutze bei uns zurückgelassen worden waren, mit einem guten Rate aus. Er hatte erfahren, daß sich drüben am Turkey-River ein Pedlar[1] aufhielt, welcher alles Mögliche, was ihm angeboten wurde, aufkaufte und dabei nicht bloß Tauschgeschäfte trieb, sondern die erhandelten Waren auch mit barem Gelde bezahlte. Dieser Mann konnte uns aus der Verlegenheit helfen.

Aber wie ihn herbeibringen? Einen Boten konnten wir ihm nicht schicken, denn wir hatten Niemand als nur die Soldaten bei uns, und von diesen durfte keiner seinen Posten verlassen. Da ging es denn nicht anders, als daß einer von uns fort mußte, um den Pedlar zu benachrichtigen. Ich bot mich an, nach dem Turkey-River zu reiten, wurde aber darauf aufmerksam gemacht, daß die für die Weißen sehr gefährlichen Okananda-Sioux jetzt dort ihr Wesen trieben. Der Pedlar konnte sich getrost zu ihnen wagen, denn die Roten pflegen selten einem Händler etwas zu tun, weil sie sich bei diesen Leuten alles eintauschen können, was sie brauchen; desto mehr aber hatten sich andere Weiße vor ihnen in acht zu nehmen, und wenn ich mich auch nicht gerade fürchtete, so war es mir doch lieb, daß Winnetou sich erbot, mich zu begleiten. Wir konnten wohl abkommen, weil Old Firehand an Sam Hawkens und Harry genug hatte. Sie pflegten ihn, und für Nahrung sorgten die Soldaten, welche abwechselnd auf die Jagd gingen. Wir machten uns also auf den Weg und kamen, da Winnetou die Gegend genau kannte, schon am dritten Tage an den Turkey-River oder Turkey-Creek. Es gibt mehrere kleine Flüsse dieses Namens; der, welchen ich hier meine, ist bekannt wegen der vielen und blutigen Zusammenstöße, welche die Weißen im Laufe der Zeit mit den verschiedenen Stämmen der Sioux dort gehabt haben.

[1] Händler.

Wie nun den Pedlar finden? Wenn er bei den Indianern war, galt es für uns, außerordentlich vorsichtig zu sein. Es gab aber am Flusse und in der Nähe desselben auch weiße Ansiedler, welche es vor einigen Jahren gewagt hatten, sich da niederzulassen, und so war es also geraten, zunächst einen von ihnen aufzusuchen, um uns bei ihm zu erkundigen. Wir ritten also den Fluß entlang, doch ohne die Spur einer Wohnung zu finden, bis wir gegen Abend endlich ein Roggenfeld erblickten, an welches sich andere Felder schlossen. An einem Bache, welcher sein Wasser in den Fluß ergoß, lag ein aus rohen, starken Baumstämmen zusammengefügtes, ziemlich großes Blockhaus mit einem von einer starken Fenz[1] umgebenen Garten. Seitwärts davon umschloß eine ebensolche Fenz einen freien Raum, auf welchem sich einige Pferde und Kühe befanden. Dorthin ritten wir, stiegen ab, banden unsere Pferde an und wollten nach dem Hause gehen, welches schmale, schießschartenähnliche Fenster besaß. Da sahen wir aus zwei von diesen Fenstern je einen auf uns gerichteten doppelten Gewehrlauf erscheinen, und eine barsche Stimme rief uns zu:

»Halt! Bleibt stehen! Hier ist kein Taubenhaus, wo man ein- und ausfliegen kann wie es einem beliebt. Wer seid Ihr, Weißer, und was wollt Ihr hier?«

»Ich bin ein Deutscher und suche den Pedlar, der sich in dieser Gegend befinden soll,« antwortete ich.

»So seht, wo Ihr ihn findet! Ich habe nichts mit Euch zu tun. Trollt Euch von dannen!«

»Aber, Sir, Ihr werdet doch so vernünftig sein, mir die Auskunft, wenn Ihr sie geben könnt, nicht zu verweigern. Man weist doch nur Gesindel von der Tür.«

»Ist sehr richtig, was Ihr da sagt, und darum weise ich Euch eben fort.«

»Ihr haltet uns also für Gesindel?«

»*Yes!*«

»Warum?«

[1] Holzzaun.

»Das ist meine Sache; brauche es Euch eigentlich nicht zu sagen; aber Eure Angabe, daß Ihr ein Deutscher seid, ist jedenfalls eine Lüge.«

»Es ist die Wahrheit.«

»*Pshaw!* Ein Deutscher getraut sich nicht so weit hierher; es müßte denn Old Firehand sein, der einer ist.«

»Von dem komme ich.«

»Ihr? Hm! Woher denn?«

»Drei Tagesritte weit von hier, wo er sein Lager hat. Vielleicht habt Ihr davon gehört?«

»Ein gewisser Dick Stone war einmal da und hat mir allerdings gesagt, daß er ungefähr so weit zu reiten habe, um zu Old Firehand zu kommen, zu dem er gehörte.«

»Der lebt nicht mehr; er war ein Freund von mir.«

»Mag sein; aber ich darf Euch nicht trauen, denn Ihr habt einen Roten bei Euch, und die gegenwärtigen Zeiten sind nicht danach, daß man Leute dieser Farbe bei sich eintreten läßt.«

»Wenn dieser Indianer zu Euch kommt, so müßt Ihr es als eine Ehre für Euch ansehen, denn er ist Winnetou, der Häuptling der Apachen.«

»Winnetou? Alle Wetter, wenn das wahr wäre! Er mag mir doch einmal sein Gewehr zeigen!«

Winnetou nahm seine Silberbüchse vom Rücken und hielt sie so, daß der Settler sie sehen konnte, da rief dieser:

»Silberne Nägel! Das stimmt. Und Ihr, Weißer, habt zwei Gewehre, ein großes und ein kleines; da komme ich auf eine Idee. Ist das große etwa ein Bärentöter?«

»Ja.«

»Und das kleine ein Henrystutzen?«

»Ja.«

»Und Ihr habt einen Prairienamen, welcher anders lautet als Euer eigentlicher, den Ihr mir gesagt habt?«

»Sehr richtig!«

»Seid Ihr etwa Old Shatterhand, der allerdings ein Deutscher von drüben her sein soll?«

»Der bin ich allerdings.«

»Dann herein, schnell herein, Mesch'schurs! Solche Leute sind mir freilich hochwillkommen. Ihr sollt Alles haben, was Euer Herz begehrt, wenn ich es besitze.«

Die Gewehrläufe verschwanden, und gleich darauf erschien der Settler unter der Tür. Er war ein ziemlich alter, kräftiger und starkknochiger Mann, dem man es beim ersten Blick ansah, daß er mit dem Leben gekämpft hatte, ohne sich werfen zu lassen. Er streckte uns beide Hände entgegen und führte uns in das Innere des Blockhauses, wo sich seine Frau und sein Sohn, ein junger, kräftiger Bursche, befanden. Zwei andere Söhne waren, wie wir erfuhren, im Walde beschäftigt.

Das Innere des Hauses bestand aus einem einzigen Raume. An den Wänden hingen Gewehre und verschiedene Jagdtrophäen. Ueber dem aus Steinen errichteten einfachen Herde brodelte kochendes Wasser in einem eisernen Kessel; das notwendigste Geschirr stand dabei auf einem Brette. Einige Kisten dienten als Kleiderschrank und Vorratskammern, und an der Decke hing so viel geräuchertes Fleisch, daß die aus fünf Personen bestehende Familie monatelang davon leben konnte. In der vordern Ecke stand ein selbstgezimmerter Tisch mit einigen ebensolchen Stühlen. Wir wurden aufgefordert, uns da niederzusetzen, und erhielten, während der Sohn draußen unsere Pferde besorgte, von dem Settler und seiner Frau ein Abendessen aufgetragen, welches, die Verhältnisse berücksichtigt, nichts zu wünschen übrig ließ. Während des Essens kamen die beiden Söhne aus dem Walde und setzten sich ohne große Umstände bei uns nieder, um tüchtig zuzulangen, ohne sich an der Unterhaltung zu beteiligen, welche ausschließlich ihr Vater mit uns führte.

»Ja, Mesch'schurs,« sagte er, »ihr dürft es mir nicht übel nehmen, daß ich euch etwas rauh angesprochen habe. Man hat hier mit den Roten zu rechnen, besonders mit den Okananda-Sioux, welche erst kürzlich einen Tagesritt von hier ein Blockhaus überfallen haben. Und fast noch weniger ist den Weißen zu trauen, denn hierher kommen nur solche, die sich im Osten nicht mehr sehen lassen dürfen. Darum freut man sich doppelt, wenn man einmal Gentlemen, wie ihr seid, zu sehen bekommt. Also den Pedlar wollt ihr haben? Beabsichtigt ihr ein Geschäft mit ihm?«

»Ja,« antwortete ich, während Winnetou sich nach seiner Gewohnheit schweigsam verhielt.

»Was für eines ist es? Ich frage nicht aus Neugierde, sondern um euch Auskunft zu erteilen.«

»Wir wollen ihm Felle verkaufen.«

»Viel?«

»Ja.«

»Gegen Waren oder Geld?«

»Wo möglich Geld.«

»Da ist er euer Mann, und zwar der einzige, den ihr hier finden könnt. Andere Pedlars tauschen nur; dieser aber hat stets auch Geld oder doch Gold bei sich, weil er auch die Diggins besucht. Er ist ein Kapitalist, sage ich euch, und nicht etwa ein armer Teufel, der seinen ganzen Kram auf dem Rükken herumträgt.«

»Ob auch ehrlich?«

»Hm, ehrlich! Was nennt ihr ehrlich? Ein Pedlar will Geschäfte machen, will verdienen und wird also nicht so dumm sein, sich einen Vorteil entgehen zu lassen. Wer sich von ihm betrügen läßt, ist selber schuld. Dieser heißt Burton; er versteht sein Fach aus dem Fundamente und treibt es so, daß er stets mit vier oder fünf Gehilfen reist.«

»Wo denkt Ihr, daß er jetzt zu finden ist?«

»Werdet es noch heut abend hier bei mir erfahren. Einer seiner Gehilfen, welcher Rollins heißt, war gestern da, um nach Aufträgen zu fragen; er ist flußaufwärts zu den nächsten Settlers geritten und wird zurückkommen, um bis morgen früh dazubleiben. Uebrigens hat Burton in letzter Zeit einigemal Pech gehabt.«

»Wieso?«

»Es ist ihm in kurzem fünf- oder sechsmal passiert, daß er, wenn er kam, um Geschäfte zu machen, die betreffende Niederlassung von den Indsmen ausgeraubt und niedergebrannt gefunden hat. Das bedeutet für ihn nicht nur einen großen Zeitverlust, sondern auch einen direkten Schaden, gar nicht gerechnet, daß es selbst für einen Pedlar gefährlich ist, den Roten so im Wege herumzulaufen.«

»Sind diese Ueberfälle in eurer Nähe geschehen?«

»Ja, wenn man nämlich in Betracht zieht, daß hier im Westen die Worte nahe oder fern nach einem andern Maßstabe genommen werden als anderswo. Mein nächster Nachbar wohnt neun Meilen von hier.«

»Das ist zu beklagen, denn bei solchen Entfernungen könnt ihr im Falle einer Gefahr einander nicht beistehen.«

»Freilich richtig; habe aber trotzdem keine Angst. Dem alten Corner sollen die Roten ja nicht kommen; ich heiße nämlich Corner, Sir. Würde ihnen schön heimleuchten!«

»Obgleich ihr nur vier Personen seid?«

»Vier? Ihr könnt meine Frau getrost auch als Person rechnen, und als was für eine! Die fürchtet sich vor keinem Indsman und weiß mit dem Gewehre grad so umzugehen, wie ich selbst.«

»Das glaube ich gern; aber wenn die Indianer in Masse kommen, so geht es eben nach dem alten Sprichworte: Viele Hunde sind des Hasen Tod.«

»*Well!* Aber muß man grad ein Hase sein? Ich bin zwar kein so berühmter Westmann wie Ihr und habe weder eine Silberbüchse noch einen Henrystutzen; aber zu schießen verstehe ich auch; unsere Gewehre sind gut, und wenn ich meine Türe zumache, kommt mir gewiß kein Roter herein. Und wenn hundert draußen ständen, wir würden sie alle wegputzen, einen nach dem andern. Doch horch! Das wird wohl Rollins sein.«

Wir hörten den Huftritt eines Pferdes, welches draußen vor der Tür angehalten wurde. Corner ging hinaus. Wir hörten ihn mit jemand sprechen, und dann brachte er einen Mann herein, den er uns mit den Worten vorstellte:

»Dies ist Mr. Rollins, von dem ich euch gesagt habe, der Gehilfe des Pedlars, den ihr sucht.«

Und sich wieder zu dem Eingetretenen wendend, fuhr er fort:

»Ich habe draußen gesagt, daß Euch eine große Ueberraschung bevorstehe, eine Ueberraschung nämlich darüber, was für Männer Ihr heute bei mir zu sehen bekommt. Diese beiden Gentlemen sind nämlich Winnetou, der Häuptling der Apachen, und Old Shatterhand, von denen Ihr gewiß schon oft gehört haben werdet. Sie suchen nach Mr. Burton, dem sie eine ganze Menge von Fellen und Pelzen verkaufen wollen.«

Der Händler war ein Mann in den mittleren Jahren, eine ganz gewöhnliche Erscheinung, ohne irgend etwas Auffälliges im guten oder im bösen Sinne. Seine Physiognomie war gar nicht etwa geeignet, bei der ersten Betrachtung irgend ein negatives Urteil hervorzurufen, und dennoch wollte mir der Gesichtsausdruck, mit dem er uns betrachtete, nicht gefallen. Waren wir wirklich so hervorragende Männer, wie er jetzt zu hören bekommen hatte, so mußte er sich freuen, uns kennen zu lernen; zugleich war ihm ein gutes Geschäft in Aussicht gestellt worden; das mußte ihm lieb sein; aber in seinen Zügen war nichts von Freude oder Befriedigung zu lesen; ich glaubte vielmehr zu bemerken, daß es ihm nicht recht zu sein schien, mit uns zusammenzutreffen. Doch war es leicht möglich, daß ich mich täuschte; das, was mir nicht gefiel, konnte eine ganz unschuldige Zaghaftigkeit sein, welche er, der Gehilfe eines Händlers, zwei bekannten Westmännern gegenüber empfand. Darum überwand ich das mir grundlos erscheinende Vorurteil und forderte ihn auf, sich zu uns zu setzen, da wir geschäftlich mit ihm zu sprechen hätten.

Er bekam auch zu essen, schien aber keinen Appetit zu haben und stand bald vom Tische auf, um hinauszugehen und nach seinem Pferde zu sehen. Dazu brauchte er nicht lange Zeit, und doch verging weit über eine Viertelstunde, ohne daß er wiederkam. Ich kann es nicht Mißtrauen nennen, aber es war doch etwas Aehnliches, was mich veranlaßte, auch hinauszugehen. Sein Pferd stand angebunden vor dem Hause; er aber war nicht zu sehen. Es war längst Abend, doch schien der Mond so hell, daß ich ihn hätte bemerken müssen, wenn er in der Nähe gewesen wäre. Erst nach längerer Zeit sah ich ihn um die Ecke der Umzäunung kommen. Als er mich erblickte, blieb er für einen Augenblick stehen, kam aber dann schnell vollends heran.

»Seid Ihr vielleicht ein Freund von Mondscheinpromenaden, Mr. Rollins?« fragte ich ihn.

»Nein, so poetisch bin ich nicht,« antwortete er.

»Es scheint mir aber doch!«

»Warum?«

»Ihr geht ja doch spazieren.«

»Aber nicht dem Monde zuliebe. Ich fühle mich nicht wohl; habe mir heut früh den Magen verdorben; dann das lange Sitzen im Sattel; mußte mir ein wenig Bewegung machen. Das ist es, Sir.«

Er band sein Pferd los und führte es in die Umzäunung, wohin die unserigen auch gebracht worden waren; dann kam er mir nach in das Haus. Was hatte ich mich um ihn zu kümmern? Er war ja sein eigener Herr und konnte tun, was ihm beliebte; doch ist der Westmann nun einmal zur größten Vorsicht, zum Mißtrauen verpflichtet und geneigt; aber der Grund, den Rollins mir für seine Entfernung angegeben hatte, war ein völlig stichhaltiger und befriedigender. Er hatte vorhin so wenig gegessen, darum war es leicht zu glauben, daß die Schuld an seinem Magen lag. Und dann, als wir drinnen wieder beisammen saßen, gab er sich so natürlich bescheiden, so unbefangen und harmlos, daß mein Mißtrauen, wenn ich ja noch welches gehabt hätte, ganz gewiß geschwunden wäre.

Wir sprachen natürlich vom Geschäft, von den jetzigen Preisen der Pelze, von der Behandlung, dem Transporte derselben und von allem, was sich auf unseren Handel bezog. Er zeigte sehr gute Fachkenntnisse und brachte dieselben in so anspruchsloser Weise zum Vorscheine, daß selbst Winnetou Wohlgefallen an ihm zu haben schien und sich an dem Gespräche mehr, als sonst in seiner Gewohnheit lag, beteiligte. Wir erzählten unsere letzten Erlebnisse und fanden sehr aufmerksame Zuhörer. Natürlich erkundigten wir uns auch nach dem Pedlar selbst, ohne dessen Anwesenheit und Zustimmung das Geschäft ja nicht abgeschlossen werden konnte. Hierauf antwortete Rollins:

»Ich kann Euch leider nicht sagen, wo mein Prinzipal sich grad heut befindet oder morgen oder übermorgen befinden wird. Ich sammle die Aufträge und überbringe sie ihm zu gewissen Tagen, an denen ich weiß, wo ich ihn treffen werde. Wie lange hat man zu reiten, um zu Mr. Firehand zu kommen?«

»Drei Tage.«

»Hm! Von heut an in sechs Tagen wird Mr. Burton oben am Riffley-Fork sein, und ich hätte also Zeit, mit Euch zu gehen, um mir die Ware anzusehen und den ungefähren Wert derselben zu bestimmen. Dann erstatte ich ihm Bericht und bringe ihn zu Euch, natürlich aber nur dann, wenn ich bei Euch der Ansicht werde, daß wir auf das Geschäft eingehen können und er derselben Meinung ist. Was sagt Ihr dazu, Sir?«

»Daß Ihr allerdings die Ware sehen müßt, ehe Ihr sie kaufen könnt. Nur wäre es mir lieber, wenn wir Mr. Burton selbst da hätten.«

»Das ist nun einmal nicht der Fall, und selbst wenn er hier wäre, fragte es sich sehr, ob er gleich mit Euch reiten könnte. Unser Geschäft hat einen größern Umfang, als Ihr denkt, und der Prinzipal besitzt nicht die nötige Zeit, drei Tage weit zu reiten, ohne vorher zu wissen, ob es ihm möglich sein werde, ein Gebot zu machen. Ich bin überzeugt, daß er Euch nicht selbst begleiten, sondern Euch einen von uns mitgeben würde, und da trifft es sich ja ganz gut, daß ich es grad jetzt ermöglichen kann, den Weg mit Euch zu machen. Sagt also ja oder nein, damit ich weiß, woran ich bin!«

Es gab nicht den mindesten Grund, seinen Vorschlag zurückzuweisen; ich war vielmehr überzeugt, ganz im Sinne Old Firehands zu handeln, indem ich antwortete:

»Habt Ihr die Zeit dazu, so ist es uns recht, daß Ihr mit uns reitet; aber dann gleich morgen früh!«

»Natürlich! Unsereiner hat keine Stunde, noch viel weniger ganze Tage zu verschenken. Wir brechen auf, sobald der

Morgen graut, und darum schlage ich vor, daß wir uns zeitig niederlegen.«

Auch hiergegen gab es nichts einzuwenden, obwohl wir dann später freilich erfuhren, daß dieser Mann ganz und gar nicht so harmlos war, wie er sich den Anschein gab. Er stand vom Tische auf und half der Settlersfrau, die Felle und Dekken ausbreiten, auf welchen geschlafen werden sollte. Als sie damit fertig waren, gab er uns beiden unsere Plätze an.

»Danke!« sagte ich. »Wir ziehen vor, im Freien zu liegen. Die Stube ist voller Rauch; draußen haben wir frische Luft.«

»Aber, Mr. Shatterhand, Ihr werdet nicht schlafen können, wenn Euch der helle Mond bescheint, und außerdem ist es jetzt kühl des Nachts.«

»Diese Kühle sind wir gewöhnt, und was den Mond betrifft, so kommt es uns nicht in den Sinn, ihm zu verbieten, dahin zu gucken, wohin es ihm beliebt.«

Er machte noch einige Versuche, uns von diesem Vorhaben abzubringen, doch vergeblich. Wir nahmen keinen Anstoß daran, und erst später, als wir ihn kennen gelernt hatten, erinnerten wir uns, freilich zu spät, daran, daß dieses sein Zureden eigentlich auffällig gewesen war; wir hätten die Absichtlichkeit bemerken sollen.

Ehe wir hinausgingen, machte der Wirt gegen uns die Bemerkung:

»Ich bin gewöhnt, die Tür zu verriegeln. Soll ich sie heut offen lassen, Mesch'schurs?«

»Warum das?«

»Ihr könntet etwas zu wünschen haben.«

»Wir werden nichts wünschen. In diesen Gegenden ist es nicht geraten, die Türen des Nachts unverschlossen zu halten. Hätten wir Euch ja etwas zu sagen, so würden wir es durch das Fenster tun.«

»Ja, die werden nicht zugemacht.«

Als wir aus dem Hause getreten waren, hörten wir deutlich, daß der Wirt hinter uns den Riegel vor die Türe schob. Der Mond stand so niedrig, daß das Gebäude seinen Schatten über die Umfriedigung warf, in welcher sich die Pferde befanden; wir gingen also dahinein, um im Dunkeln zu liegen. Swallow und Winnetous Pferd hatten sich nebeneinander niedergetan; ich breitete neben dem ersteren meine Decke aus, legte mich auf dieselbe und nahm den Hals des Rappen zum Kopfkissen, wie ich schon oft getan hatte. Er war dies nicht nur gewöhnt, sondern er hatte es sehr gern. Bald schlief ich ein.

Ich mochte eine Stunde geschlafen haben, als ich durch eine Bewegung meines Pferdes aufgeweckt wurde. Es rührte sich nie, so lange ich bei ihm lag, außer wenn etwas Ungewöhnliches passierte; jetzt hatte es den Kopf hoch erhoben und sog die Luft mißtrauisch durch die Nüstern. Sofort war ich auf und ging in der Richtung, nach welcher Swallow windete, nach der Fenz; dies tat ich in gebückter Haltung, um nicht von außen gesehen zu werden. Indem ich vorsichtig über die Umzäunung lugte, bemerkte ich in der Entfernung von vielleicht zweihundert Schritten eine Bewegung, welche sich langsam näherte. Das war eine Anzahl von Menschen, welche am Boden lagen und herbeigekrochen kamen. Ich drehte mich um, Winnetou schnell zu benachrichtigen; da stand er schon hinter mir; er hatte im Schlafe die leisen Schritte gehört, mit denen ich fortgeschlichen war.

»Sieht mein Bruder die Gestalten dort?« fragte ich ihn.

»Ja,« antwortete er; »es sind rote Krieger.«

»Wahrscheinlich Okanandas, welche das Blockhaus überfallen wollen.«

»Old Shatterhand hat das Richtige erraten. Wir müssen in das Haus.«

»Ja, wir stehen dem Settler bei. Aber die Pferde können wir nicht hier lassen, denn die Okanandas würden sie mitnehmen.«

»Wir schaffen sie mit in das Haus. Komm schnell! Es ist gut, daß wir uns im Schatten befinden; da sehen uns die Sioux nicht.«

Wir kehrten schnell zu den Pferden zurück, ließen sie aufstehen und führten sie aus dem umfenzten Platze nach dem Hause. Eben wollte Winnetou die Schläfer drin durch das offene Fenster wecken, da sah ich, daß die Türe nicht verschlossen war, sondern eine Lücke offen stand; ich stieß sie vollends auf und zog Swallow in das Innere. Winnetou folgte mir mit seinem Pferde und schob hinter sich den Riegel vor. Das Geräusch, welches wir verursachten, weckte die Schlafenden auf.

»Wer ist da? Was gibt es? Pferde im Hause?« fragte der Settler, indem er aufsprang.

»Wir sind es, Winnetou und Old Shatterhand,« antwortete ich, weil er uns nicht erkennen konnte, denn das Feuer war ausgegangen.

»Ihr? Wie seid ihr hereingekommen?«

»Durch die Tür.«

»Die habe ich doch zugemacht!«

»Sie war aber offen.«

»Alle Wetter! Da muß ich den Riegel nicht ganz zugeschoben haben, als ihr hinausginget. Aber warum bringt ihr die Pferde herein?«

Er hatte freilich den Riegel vorgeschoben, aber der Händler hatte denselben, als die Settlers schliefen, wieder aufgemacht, damit die Indianer hereinkönnten. Ich antwortete:

»Weil wir sie uns nicht stehlen lassen wollen.«

»Stehlen lassen? Von wem?«

»Von den Okananda-Sioux, welche soeben herangeschlichen kommen, euch zu überfallen.«

Es läßt sich denken, welche Aufregung diese Worte hervorriefen. Corner hatte zwar am Abend gesagt, er fürchte sich nicht vor ihnen, aber nun sie wirklich kamen, erschrak er ungeheuer. Rollins gab sich den Anschein, als ob er ebenso entsetzt sei wie die Andern. Da gebot Winnetou Ruhe, indem er sagte:

»Seid still! Mit Schreien kann man keinen Feind besiegen. Wir müssen eiligst darüber einkommen, wie wir die Okananda von uns abwehren wollen.«

»Darüber brauchen wir doch nicht erst zu beraten,« antwortete Corner. »Wir putzen sie mit unserm Gewehr weg, einen nach dem andern, grad so, wie sie kommen. Erkennen können wir sie, denn der Mond scheint hell genug dazu.«

»Nein, das werden wir nicht tun,« erklärte der Apache.

»Warum nicht?«

»Weil man nur dann Menschenblut vergießen soll, wenn es durchaus notwendig ist.«

»Hier ist es notwendig, denn diese roten Hunde müssen eine Lehre bekommen, welche die Ueberlebenden nicht so leicht vergessen werden.«

»Mein weißer Bruder nennt die Indianer also rote Hunde? Er mag doch beherzigen, daß ich auch ein Indianer bin. Ich kenne meine roten Brüder besser, als er sie kennt. Wenn sie sich an einem Bleichgesichte vergreifen, so haben sie stets Ursache dazu. Entweder sind sie von ihm angefeindet worden, oder ein anderer Weißer hat sie durch irgend ein Vorgeben, dem sie Glauben schenken müssen, dazu beredet. Die Ponkas überfielen uns bei Old Firehand, weil ihr Anführer ein Weißer war, und wenn diese Okananda-Sioux jetzt kommen, um dich zu berauben, so ist ganz gewiß auch ein Bleichgesicht schuld daran.«

»Das glaube ich nicht.«

»Was du glaubst, das ist dem Häuptling der Apachen sehr gleichgültig, denn er weiß, daß es ganz gewiß so ist, wie er sagt!«

»Und wenn es so wäre, so müßten die Okanandas auf das strengste dafür bestraft werden, daß sie sich haben verführen lassen. Wer bei mir einbrechen will, den schieße ich nieder; das ist mein Recht und ich bin entschlossen, es auszuüben.«

»Dein Recht geht uns nichts an; wahre du es, wenn du allein bist; jetzt aber sind Old Shatterhand und Winnetou hier, und überall, wo sie sich befinden, sind sie gewohnt, daß man sich nach ihnen richtet. Von wem hast du dieses Settlement gekauft?«

»Gekauft? Daß ich so dumm wäre, es zu kaufen! Ich habe mich hierher gesetzt, weil es mir hier gefiel, und wenn ich die von dem Gesetze vorgeschriebene Zeit hier bleibe, gehört es mir.«

»Die Sioux, denen dieses Land gehört, hast du also wohl nicht gefragt?«

»Ist mir nicht eingefallen!«

»Und da wunderst du dich, daß sie dich als ihren Feind, als den Dieb und Räuber ihres Landes behandeln? Da nennst du sie rote Hunde? Da willst du sie erschießen? Tu nur einen einzigen Schuß, so jage ich dir eine Kugel durch den Kopf!«

»Aber was soll ich denn tun?« fragte der Settler, jetzt kleinlaut geworden, da er von dem berühmten Apachen in dieser Weise angesprochen wurde.

»Nichts sollst du tun, gar nichts,« antwortete dieser. »Ich und mein Bruder Old Shatterhand werden für dich handeln. Wenn du dich nach uns richtest, wird dir nichts, gar nichts geschehen.«

Diese Reden waren so schnell gewechselt worden, daß sie kaum mehr als eine Minute in Anspruch genommen hatten. Ich stand indessen an einem der Fenster und sah hinaus, um die Annäherung der Okanandas zu beobachten. Es war noch keiner zu sehen. Sie umschlichen das Haus jedenfalls erst von weitem, um sich zu überzeugen, daß sie nichts zu befürchten hätten und ihr Kommen nicht bemerkt worden sei. Jetzt kam Winnetou zu mir hin und fragte:

»Sieht mein Bruder sie kommen?«

»Noch nicht,« antwortete ich.

»Bist du mit mir einverstanden, daß wir keinen von ihnen töten?«

»Ganz und gar. Der Settler hat ihnen ihr Land gestohlen, und vielleicht hat ihr Kommen auch noch einen andern Grund.«

»Sehr wahrscheinlich. Wie aber machen wir es, sie von hier zu vertreiben, ohne Blut zu vergießen?«

»Mein Bruder Winnetou weiß das ebensogut wie ich.«

»Old Shatterhand errät meine Gedanken wie stets und immer. Wir fangen einen von ihnen.«

»Ja, und zwar den, der an die Tür kommt, um zu lauschen. Oder nicht?«

»Ja. Es wird jedenfalls ein Späher kommen, um zu horchen; den nehmen wir fest.«

Wir gingen an die Tür, schoben den Riegel zurück und öffneten sie so weit, daß nur eine kleine Spalte entstand, grad weit genug, um hinausblicken zu können. An diese stellte ich mich und wartete. Es verging eine geraume Zeit. Im Innern des Hauses war es absolut dunkel und still. Niemand regte sich. Da hörte ich den Späher kommen, oder vielmehr, ich hörte ihn nicht, denn es war wohl nicht das Ohr, mit welchem ich seine Annäherung vernahm, sondern jener eigenartige Instinkt, welcher sich bei jedem guten Westmann ausbildet, sagte es mir. Und wenige Augenblicke später sah ich ihn. Er lag an der Erde und kam an die Tür gekrochen. Die Hand erhebend, befühlte er dieselbe. Im Nu hatte ich sie ganz geöffnet, lag auf ihm und faßte mit beiden Händen seinen Hals; er versuchte, sich zu wehren, strampelte mit den Beinen und schlug mit den Armen um sich, konnte aber keinen Ton hervorbringen. Ich zog ihn auf und schaffte ihn in das Haus, worauf Winnetou die Tür wieder verriegelte.

»Macht Licht, Mr. Corner!« forderte ich den Settler auf. »Wollen uns den Mann einmal ansehen.«

Der Ansiedler kam dieser Aufforderung nach, indem er eine Hirschtalgkerze anzündete und mit derselben dem Indianer, den ich beim Halse losgelassen, aber bei den beiden Oberarmen wieder gepackt hatte, in das Gesicht leuchtete.

»Das ›Braune Pferd‹, der Häuptling der Okananda-Sioux!« rief Winnetou aus. »Da hat mein Bruder Old Shatterhand einen sehr guten Fang gemacht!«

Der Indsman war unter meinem Griffe beinahe erstickt. Er holte jetzt einigemal tief Atem und stieß dann bestürzt hervor:

»Winnetou, der Häuptling der Apachen!«

»Ja, der bin ich,« antwortete der Genannte. »Du kennst mich, denn du hast mich schon gesehen. Dieser da aber hat noch nicht vor deinen Augen gestanden. Hast du seinen Namen gehört, den ich soeben genannt habe?«

»Old Shatterhand?«

»Ja. Daß er es ist, hast du empfunden, denn er hat dich ergriffen und hereingebracht, ohne daß du ihm zu widerstehen vermochtest. Du befindest dich in unserer Gewalt. Was meinst du wohl, daß wir mit dir anfangen werden?«

»Meine berühmten Brüder werden mich wieder freigeben und fortgehen lassen.«

»Denkst du das wirklich?«

»Ja.«

»Warum?«

»Weil die Krieger der Okanandas nicht Feinde der Apachen sind.«

»Sie sind Sioux, und die Ponkas, welche uns kürzlich überfallen haben, gehören zu demselben Volke.«

»Wir haben nichts mit ihnen zu tun.«

»Das darfst du Winnetou nicht sagen. Ich bin der Freund aller roten Männer, aber wer unrecht tut, der ist mein Feind, von welcher Farbe er auch sei. Und wenn du behauptest, mit den Ponkas nichts zu tun zu haben, so ist das eine Unwahrheit, denn ich weiß ganz genau, daß die Okanandas und die Ponkas sich niemals gegenseitig bekriegt haben und grad jetzt sehr eng miteinander verbunden sind; deine Ausrede gilt also nichts in meinen Ohren. Ihr seid gekommen, diese Bleichgesichter hier zu überfallen; meinst du, daß ich und Old Shatterhand dies dulden werden?«

Der Okananda blickte eine Weile finster vor sich nieder und fragte dann:

»Seit wann ist Winnetou, der große Häuptling der Apachen, ungerecht geworden? Der Ruhm, welcher von ihm ausgeht, hat darin seinen Grund, daß er stets bestrebt gewesen ist, keinem Menschen unrecht zu tun. Und heut tritt er gegen mich auf, der ich in meinem Rechte bin!«

»Du täuschest dich, denn das, was ihr hier tun wollt, ist nicht recht.«

»Warum nicht? Gehört dieses Land nicht uns? Hat nicht jeder, der hier wohnen und bleiben will, die Erlaubnis dazu von uns zu holen?«

»Ja.«

»Diese Bleichgesichter haben es aber nicht getan; ist es da nicht unser gutes Recht, daß wir sie vertreiben?«

»Ja; dieses Recht euch abzusprechen, liegt mir fern; aber es kommt auf die Art und Weise an, in welcher ihr es ausübt. Müßt ihr denn sengen, brennen und morden, um die Eindringlinge los zu werden? Müßt ihr wie Diebe und Räuber, die doch sie sind, ihr aber nicht seid, des Nachts und heimlich kommen? Jeder tapfere Krieger scheut sich nicht, dem Feinde sein Angesicht offen und ehrlich zu zeigen; du aber kommst mit so viel Kriegern des Nachts, um einige wenige Menschen zu überfallen. Winnetou würde sich schämen, dies zu tun; er wird überall, wohin er kommt, erzählen, welch furchtsame Leute die Söhne der Okanandas sind; Krieger darf man sie gar nicht nennen.«

›Braunes Pferd‹ wollte zornig auffahren, aber das Auge des Apachen ruhte mit einem so mächtigen Blicke auf ihm, daß er nicht wagte, es zu tun, sondern nur in mürrischem Tone sagte:

»Ich habe nach den Gewohnheiten aller roten Männer gehandelt; man überfällt den Feind des Nachts.«

»Wenn ein Ueberfall nötig ist!«

»Soll ich diesen Bleichgesichtern etwa gute Worte geben? Soll ich sie bitten, wo ich befehlen kann?«

»Du sollst nicht bitten, sondern befehlen; aber du sollst nicht wie ein Dieb des Nachts geschlichen kommen, sondern offen, ehrlich und stolz als Herr dieses Landes am hellen Tage hier erscheinen. Sage ihnen, daß du sie nicht auf deinem Gebiete dulden willst; stelle ihnen einen Tag, bis zu welchem sie fort sein müssen, und dann, wenn sie deinen Willen nicht achten, kannst du deinen Zorn über sie ergehen lassen. Würdest du so gehandelt haben, so sähe ich in dir den Häuptling der Okananda, der mir gleichsteht; so aber erblicke ich in dir einen Menschen, der sich heimtückisch an Andere schleicht, weil er sich nicht offen an sie wagt.«

Der Okananda starrte in eine Ecke des Raumes und sagte nichts; was hätte er dem Apachen auch entgegnen können! Ich hatte seine Arme losgelassen; er stand also frei vor uns, aber freilich in der Haltung eines Mannes, welcher sich bewußt ist, sich in keiner beneidenswerten Situation zu befinden. Ueber Winnetous ernstes Gesicht ging ein leises Lächeln, als er sich jetzt mit der Frage an mich wendete:

»›Braunes Pferd‹ hat geglaubt, daß wir ihn freigeben. Was sagt mein Bruder Old Shatterhand dazu?«

»Daß er sich da verrechnet hat,« antwortete ich. »Wer wie ein Mordbrenner kommt, wird als Mordbrenner behandelt. Er hat das Leben verwirkt.«

»Will Old Shatterhand mich etwa ermorden?« fuhr der Okananda auf.

»Nein; ich bin kein Mörder. Ob ich einen Menschen ermorde oder ob ich ihn mit dem wohlverdienten Tode bestrafe, das ist ein großer Unterschied.«

»Habe ich den Tod verdient?«

»Ja.«

»Das ist nicht wahr. Ich befinde mich auf dem Gebiete, welches uns gehört.«

»Du befindest dich im Wigwam eines Bleichgesichtes; ob dieses auf deinem Gebiete liegt, das ist gleichgültig. Wer ohne meine Erlaubnis in mein Wigwam eindringt, der hat nach den Gesetzen des Westens den Tod zu erwarten. Mein Bruder Winnetou hat dir gesagt, wie du hättest handeln sollen, und ich stimme vollständig mit ihm überein. Es kann uns kein Mensch tadeln, wenn wir dir jetzt das Leben nehmen. Aber du kennst uns und weißt, daß wir niemals Blut vergießen, wenn es nicht unumgänglich nötig ist. Vielleicht ist es möglich, mit dir ein Uebereinkommen zu treffen, durch welches du dich retten kannst. Wende dich an den Häuptling der Apachen; dieser wird dir sagen, was du zu erwarten hast.«

Er war gekommen, um zu richten, und nun standen wir als Richter vor ihm; er befand sich in großer Verlegenheit; dies war ihm anzusehen, obgleich er sich große Mühe gab, es zu verbergen. Er hätte wohl gern noch etwas zu seiner Verteidigung gesagt, konnte aber nichts vorbringen. Darum zog er es vor, zu schweigen, und sah dem Apachen mit einem Ausdrucke, welcher halb derjenige der Erwartung und halb der des unterdrückten Zornes war, in das Gesicht. Hierauf schweifte sein Auge zu Rollins, dem Gehilfen des Pedlars, hinüber. Ob dies Zufall war, oder ob es absichtlich geschah, das wußte ich in diesem Augenblicke nicht, doch kam es mir vor, als ob in diesem Blicke eine Aufforderung, ihn zu unterstützen, liege. Der Genannte nahm sich auch wirklich seiner an, indem er sich an Winnetou wendete:

»Der Häuptling der Apachen wird nicht blutgierig sein. Man pflegt selbst hier im wilden Westen nur Taten zu bestrafen, welche wirklich ausgeführt worden sind; es ist aber hier noch nichts geschehen, auf was eine Strafe folgen muß.«

Winnetou warf ihm, wie ich sah, einen mißtrauisch forschenden Blick zu und antwortete:

»Was ich und mein Bruder Old Shatterhand zu denken und zu beschließen haben, das wissen wir, ohne daß jemand es uns zu sagen braucht. Deine Worte sind also unnütz, und du magst dir merken, daß ein Mann kein Schwätzer sein soll, sondern nur dann redet, wenn es notwendig ist.«

Warum diese Zurechtweisung? Winnetou wußte es wohl selbst kaum, aber wie es sich später herausstellte, hatte sein stets bewährter Instinkt auch hier wieder einmal das Richtige gefunden. Er fuhr, sich wieder an den Okananda wendend, fort:

»Du hast die Worte Old Shatterhands gehört; seine Meinung ist auch die meinige. Wir wollen dein Blut nicht vergießen, aber nur dann, wenn du mir jetzt die Wahrheit sagest. Versuche nicht, mich zu täuschen; es würde dir nicht gelingen. Sag mir also ehrlich, weshalb ihr hierher gekommen seid. Oder solltest du so feig sein, es leugnen zu wollen?«

»Uff!« stieß der Gefragte zornig hervor. »Die Krieger der Okananda sind keine so furchtsamen Menschen, wie du vorhin sagen wolltest. Ich leugne nicht. Wir wollten dieses Haus überfallen.«

»Und verbrennen?«

»Ja.«

»Was sollte mit den Bewohnern geschehen?«

»Wir wollten sie töten.«

»Habt ihr dies aus eigenem Antriebe beschlossen?«

Der Okananda zögerte mit der Antwort; darum sprach Winnetou sich deutlicher aus:

»Seid ihr vielleicht von irgend jemand auf diesen Gedanken gebracht worden?«

Auch jetzt schwieg der Gefragte, was in meinen Augen ebensoviel wie ein laut ausgesprochenes Ja bedeutete.

»Das ›Braune Pferd‹ scheint keine Worte zu finden,« fuhr der Apache fort. »Er mag bedenken, daß es sich um sein Leben handelt. Wenn er es erhalten will, muß er reden. Ich will wissen, ob es einen Urheber dieses Ueberfalles gibt, welcher nicht zu den Kriegern der Okanandas gehört.«

»Ja, es gibt einen solchen,« ließ der Gefangene sich endlich hören.

»Wer ist es?«

»Würde der Häuptling der Apachen einen Verbündeten verraten?«

»Nein,« gab Winnetou zu.

»So darfst du mir nicht zürnen, wenn auch ich den meinigen nicht nenne.«

»Ich zürne dir nicht. Wer einen Freund verrät, verdient, wie ein räudiger Hund erschlagen zu werden. Du magst also den Namen verschweigen; aber ich muß wissen, ob der Mann ein Okananda ist.«

»Er ist keiner.«

»Gehört er zu einem andern Stamme?«

»Nein.«

»So ist er ein Weißer?«

»Ja.«

»Befindet er sich mit draußen bei deinen Kriegern?«

»Nein; er ist nicht hier.«

»So ist es also doch so, wie ich dachte, und auch mein Bruder Old Shatterhand hat es geahnt: es hat ein Bleichgesicht die Hand im Spiele. Das soll uns zur Milde stimmen. Wenn die Okananda-Sioux keine widerrechtliche Niederlassung der Bleichgesichter auf dem ihnen gehörigen Gebiete dulden wollen, so ist ihnen dies nicht zu verdenken; aber zu morden brauchen sie deshalb doch nicht. Die Absicht dazu war da; sie ist jedoch nicht zur Ausführung gekommen, und so soll ihrem Häuptlinge das Leben und die Freiheit geschenkt sein, wenn er auf die Bedingung eingeht, die ich ihm stelle.«

»Was forderst du von mir?« fragte ›Braunes Pferd‹.

»Zweierlei. Erstens mußt du dich von dem Weißen, der euch verführt hat, lossagen.«

Diese Bedingung gefiel dem Okananda nicht; aber er ging nach einigem Zögern doch auf sie ein; als er dann nach der zweiten fragte, erhielt er zur Antwort:

»Du forderst von diesem Bleichgesichte hier, welches sich Corner nennt, die Ansiedlung von euch zu kaufen oder sie zu verlassen. Erst wenn er keine von diesen beiden Forderungen erfüllt, kehrst du mit deinen Kriegern zurück, ihn von hier zu vertreiben.«

Hierauf ging ›Braunes Pferd‹ schneller ein; aber der Settler war dagegen. Er berief sich auf das Heimstättengesetz und brachte eine lange Rede hervor, auf welche ihm Winnetou die kurze Antwort gab:

»Wir kennen die Bleichgesichter nur als Räuber unserer Ländereien; was bei solchen Leuten Gesetz, Recht oder Sitte ist, geht uns nichts an. Wenn du glaubst, hier Land stehlen zu dürfen und dann von eurem Gesetze gegen die Bestrafung geschützt zu werden, so ist das deine Sache. Wir haben für dich getan, was wir tun konnten; mehr darfst du nicht verlangen. Jetzt werden Old Shatterhand und ich mit dem Häuptlinge der Okananda das Calumet rauchen, um dem, was wir ausgemacht haben, Geltung zu verleihen.«

Das war in einem solchen Tone gesprochen, daß Corner darauf verzichtete, etwas dagegen vorzubringen. Winnetou stopfte seine Friedenspfeife, und dann wurde das Uebereinkommen, welches wir mit dem ›Braunen Pferde‹ getroffen hatten, unter den gewöhnlichen, wohlbekannten Zeremonien besiegelt. Ob dem Okanandahäuptlinge darauf zu trauen sei, das bezweifelte ich kaum, und Winnetou war derselben Ansicht, denn er ging zu der Tür, schob den Riegel zurück und sagte zu ihm:

»Mein roter Bruder mag zu seinen Kriegern hinausgehen und sie fortführen; wir sind überzeugt, daß er das, was er versprochen hat, ausführen wird.«

Der Okananda verließ das Haus. Wir schlossen hinter ihm wieder zu und stellten uns an die Fenster, um als vorsichtige Leute ihn so weit wie möglich mit unseren Blicken zu verfolgen. Er entfernte sich nur einige Schritte und blieb dann im Mondscheine stehen; er wollte also von uns gesehen werden. Zwei Finger in den Mund steckend, ließ er einen gellenden Pfiff hören, auf welchen seine Krieger herbeigeeilt kamen. Sie waren natürlich höchst erstaunt darüber, von ihm so laut und auffällig zusammengerufen zu werden, während sie doch von ihm jedenfalls angewiesen worden waren, äußerst vorsichtig zu sein und ja kein Geräusch zu verursachen. Da erklärte er ihnen mit lauter Stimme, so daß wir jedes Wort hörten:

»Die Krieger der Okananda mögen hören, was ihr Häuptling ihnen zu sagen hat! Wir sind gekommen, um das Bleichgesicht Corner dafür zu züchtigen, daß es sich ohne unsere Erlaubnis hier bei uns eingenistet hat. Ich schlich mich voran, um das Haus zu umspähen, und dies wäre mir gelungen, wenn sich nicht die zwei berühmtesten Männer der Prairie und der Berge hier befänden. Old Shatterhand und Winnetou, der Häuptling der Apachen, sind gekommen, um diese Nacht bei diesem Hause zu lagern. Sie hörten und sie sahen uns kommen und öffneten ihre starken Arme, um mich zu empfangen, ohne daß ich dies ahnen konnte; ich wurde ihr Gefangener und von der Faust Old Shatterhands in das Haus gezogen. Von ihm besiegt worden zu sein, ist keine Schande, sondern es ist eine Ehre, mit ihm und Winnetou ein Bündnis zu schließen und das Calumet zu rauchen. Wir haben das getan und dabei beschlossen, daß den Bleichgesichtern, welche dieses Haus bewohnen, das Leben geschenkt sein soll, wenn sie es entweder kaufen oder zu einer Zeit verlassen, welche ich ihnen bestimmen werde. Dies ist zwischen uns fest bestimmt worden, und ich werde das Wort halten, welches ich gegeben habe. Winnetou und Old Shatterhand stehen an den

Fenstern und hören, was ich meinen Kriegern jetzt sage. Es ist Friede und Freundschaft zwischen uns und ihnen. Meine Brüder mögen mir folgen, nach unsern Wigwams heimzukehren.«

Er ging und verschwand mit seinen Leuten um die Ecke der Fenz. Wir verließen natürlich alle das Haus, um ihnen nachzusehen und uns zu überzeugen, daß sie sich wirklich entfernten. Sie taten dies, und wir waren sicher, daß es ihnen nicht einfallen würde, zurückzukehren. Darum holten wir unsere Pferde wieder aus dem Hause und legten uns da zu ihnen nieder, wo wir vorher gelegen hatten. Rollins aber, der Händler, war mißtrauisch und ging ihnen nach, sie noch länger zu beobachten. Später freilich stellte es sich heraus, daß er sich aus einem ganz andern Grunde entfernt hatte. Wann er zurückgekehrt war, wußten wir nicht, doch als wir am Morgen aufstanden, war er da. Er saß mit dem Wirte auf einem Baumklotze, welcher als Bank diente, vor der Tür.

Corner bot uns einen guten Morgen, welcher keineswegs freundlich klang. Er war wütend über uns, denn er hegte die Ueberzeugung, daß es unbedingt vorteilhafter für ihn gewesen wäre, wenn wir die Roten alle weggeputzt hätten, wie er sich ausdrückte. Nun mußte er entweder fort oder bezahlen. Er tat mir übrigens nicht allzu sehr leid; warum hatte er sich in dieses Territorium gewagt. Was würde man in Illinois oder Vermont sagen, wenn ein Sioux-Indianer käme, sich mit seiner Familie in eine Gegend, die ihm gefiele, setzte und nun behauptete, ›das ist mein!‹

Wir machten uns aus seinem Gezanke nichts, bedankten uns für das bei ihm Genossene und ritten fort.

Der Händler begleitete uns natürlich, doch war es fast ebenso, als ob er sich nicht bei uns befunden hätte, denn er hielt sich nicht zu uns, sondern ritt in gewisser Entfernung hinter uns her, ungefähr so wie ein Untergebener, welcher in dieser Weise den Vorgesetzten seinen Respekt zu erzeigen hat. Das hatte an sich gar nichts Auffälliges und war uns sogar lieb, da wir ungestört miteinander sprechen konnten und uns nicht mit ihm zu beschäftigen brauchten.

Erst nach einigen Stunden kam er an unsere Seite, um mit uns über das abzuschließende Geschäft zu sprechen. Er erkundigte sich nach der Art und der Zahl der Fellvorräte, welche Old Firehand zu verkaufen beabsichtigte, und wir gaben ihm diejenige Auskunft, die wir zu geben vermochten. Hierauf fragte er nach der Gegend, wo Old Firehand auf uns wartete, und nach der Art und Weise, wie er seine Felle dort versteckt halte. Wir hätten ihm auch hierauf antworten können, taten dies aber nicht, weil wir ihn noch gar nicht kannten und es überhaupt nicht Gepflogenheit eines Westmannes und Jägers ist, von den Verstecken zu sprechen, an denen er seine Vorräte heimlich aufbewahrt. Ob er uns dies übel nahm oder nicht, das war uns gleich; er hielt sich von nun an wieder zurück, und zwar in noch größerer Entfernung als vorher.

Wir hatten auf dem Rückwege dieselbe Richtung eingeschlagen, aus welcher wir hergekommen waren, und fanden infolgedessen keine Veranlassung, die Gegend, durch welche wir ritten, so zu untersuchen, wie es nötig gewesen wäre, wenn wir sie nicht gekannt hätten. Ausgeschlossen war dabei natürlich aber nicht diejenige Vorsicht, welche der Westmann selbst an Orten anwendet, die er so genau wie seine Tasche kennt. Wir blickten also immer nach Spuren von Menschen oder Tieren aus, und diese immerwährende Aufmerksamkeit war die Ursache, daß uns gegen Mittag eine Fährte auffiel, welche uns andernfalls vielleicht entgangen wäre, weil sichtlich sehr viel Sorgfalt darauf verwendet worden war, sie zu verwischen. Vielleicht hätten wir sie dennoch übersehen, wenn wir nicht an einer Stelle auf sie getroffen wären, wo die Betreffenden eine kurze Rast gemacht hatten und das Gras, welches von ihnen niedergedrückt worden war, sich noch nicht wieder ganz aufgerichtet hatte. Wir hielten natürlich an und stiegen ab, um die Spur zu untersuchen. Während wir dies taten, kam Rollins heran und sprang auch aus dem Sattel, die Eindrücke zu betrachten.

»Ob dies wohl von einem Tiere oder von einem Menschen ist?« fragte er dabei.

Winnetou antwortete nicht; ich aber hielt es für unhöflich, auch zu schweigen, und machte darum die Bemerkung:

»Ihr scheint im Fährtenlesen nicht sehr geübt zu sein. Hier muß einem doch gleich der erste Blick sagen, wer dagewesen ist.«

»Also wohl Menschen?«

»Ja.«

»Das glaube ich nicht, denn da wäre das Gras weit mehr zerstampft.«

»Meint Ihr, daß es hier Leute gibt, welche es sich zum Vergnügen machen, den Boden zu zerstampfen, um dann entdeckt und ausgelöscht zu werden?«

»Nein; aber mit Pferden ist es gar nicht zu umgehen, deutlichere Spuren zu verursachen.«

»Die Personen, welche hier gewesen sind, haben eben keine Pferde gehabt.«

»Keine Pferde? Das wäre auffällig, vielleicht sogar verdächtig. Ich denke, in dieser Gegend kann kein Mensch, der nicht beritten ist, existieren.«

»Ist auch meine Meinung; aber habt Ihr noch nicht erlebt oder gehört, daß jemand auf irgend eine Weise um sein Pferd gekommen ist?«

»Das wohl. Aber Ihr redet nicht von einem, sondern von mehreren Menschen. Einer kann sein Pferd verlieren, ob aber mehrere – – –?!«

Er tat so altklug, obgleich er nicht viel zu verstehen schien; ich hätte ihm nicht wieder geantwortet, selbst wenn ich nicht jetzt von Winnetou gefragt worden wäre:

»Weiß mein Bruder Old Shatterhand, woran er mit dieser Fährte ist?«

»Ja.«

»Drei Bleichgesichter ohne Pferde; sie haben nicht Gewehre, sondern Stöcke in den Händen getragen. Sie sind von hier aus fortgegangen, indem einer in die Stapfen des andern trat und der hinterste die Eindrücke zu verwischen suchte; sie scheinen also anzunehmen, daß sie verfolgt werden.«

»Das kommt auch mir so vor. Ob sie vielleicht gar keine Waffen haben?«

»Wenigstens Flinten haben diese drei Weißen nicht. Da sie ausgeruht haben, müßten wir die Spuren ihrer Gewehre sehen.«

»Hm! Sonderbar! Drei unbewaffnete Bleichgesichter in dieser gefährlichen Gegend! Man kann sich das nur damit erklären, daß sie Unglück gehabt haben, vielleicht gar überfallen und beraubt worden sind.«

»Mein weißer Bruder hat ganz meine Meinung. Diese Männer haben sich auf Stöcke gestützt, welche sie abgebrochen haben; man sieht die Löcher deutlich im Boden. Sie bedürfen wohl der Hilfe.«

»Wünscht Winnetou, daß wir sie ihnen gewähren?«

»Der Häuptling der Apachen hilft gern jedem, der seiner bedarf, und fragt nicht, ob es ein Weißer oder ein Roter ist. Doch mag Old Shatterhand bestimmen, was wir tun. Ich möchte helfen, aber ich habe kein Vertrauen.«

»Warum nicht?«

»Weil das Verhalten dieser Bleichgesichter ein zweideutiges ist. Sie haben sich große Mühe gegeben, ihre weiterführenden Spuren auszulöschen; warum haben sie die hier an der Lagerstelle nicht ebenso vertilgt?«

»Vielleicht glaubten sie, keine Zeit dazu zu haben. Oder: daß sie hier ausgeruht haben, das konnte man wissen; aber wohin sie dann gegangen sind, das wollten sie verbergen.«

»Vielleicht ist es so, wie mein Bruder sagt; aber dann sind diese Weißen nicht gute Westmänner, sondern unerfahrene Leute. Wir wollen ihnen nach, um ihnen zu helfen.«

»Ich bin gern einverstanden, zumal es nicht den Anschein hat, daß wir da von unserer Richtung sehr abzuweichen brauchen.«

Wir stiegen wieder auf; Rollins aber zögerte damit und sagte in bedenklichem Tone:

»Ist es nicht besser, diese Leute sich selbst zu überlassen? Es kann uns doch nichts nützen, ihnen nachzureiten.«

»Uns freilich nicht, sondern ihnen,« antwortete ich.

»Aber wir versäumen unsere Zeit dabei!«

»Wir sind nicht so pressiert, daß wir versäumen müßten, Leuten zu helfen, welche der Unterstützung sehr wahrscheinlich bedürfen.«

Ich sagte das in einem etwas scharfen Tone; er brummte einige mißmutige Worte in den Bart und stieg aufs Pferd, um uns zu folgen, die wir nun der Spur nachritten. Ich hatte noch immer kein rechtes Vertrauen zu ihm, doch kam es mir nicht bei, ihn für so außerordentlich verschlagen zu halten, wie er wirklich war.

Die Fährte verließ den Wald und das Gebüsch und führte auf die offene Savanne hinaus; sie war frisch, höchstens eine Stunde alt, und da wir schnell ritten, dauerte es nicht lange, so sahen wir die Gesuchten vor uns. Als wir sie bemerkten, mochten sie ungefähr eine englische Meile von uns entfernt sein, und wir hatten diese Strecke erst halb zurückgelegt, als sie auf uns aufmerksam wurden. Einer von ihnen sah sich um, erblickte uns und teilte es den Andern mit. Sie blieben eine kurze Zeit stehen, vor Schreck, wie es schien; dann aber begannen sie, zu laufen, als ob es sich um ihr Leben handele. Wir trieben unsere Pferde an; es war uns natürlich eine Leichtigkeit, sie einzuholen, doch rief ich ihnen, ehe wir sie erreichten, einige beruhigende Worte zu, und dies hatte zur Folge, daß sie stehen blieben.

Sie waren wirklich unbewaffnet, vollständig unbewaffnet; sie hatten nicht einmal ein Messer besessen, um sich die Stöcke abzuschneiden, sondern diese abgebrochen; ihre Anzüge aber befanden sich in gutem Zustande. Der Eine von ihnen hatte ein Tuch um die Stirne gewickelt, und der Andere trug den linken Arm in der Binde; der Dritte war unverletzt. Sie sahen uns mit mißtrauischen, ja ängstlichen Blicken entgegen.

»Was rennt ihr denn in dieser Weise, Mesch'schurs?« fragte ich, als wir bei ihnen anhielten.

»Wissen wir, wer und was ihr seid?« antwortete der älteste von ihnen.

»Das war gleich. Wir mochten sein, wer wir wollten, wir hätten euch auf alle Fälle eingeholt; darum war euer Rennen unnütz. Doch braucht ihr euch nicht zu sorgen; wir sind ehrliche Leute und euch, als wir eure Spur sahen, nachgeritten, um euch zu fragen, ob wir euch vielleicht mit etwas dienen können. Wir vermuteten nämlich, daß euer gegenwärtiges Befinden nicht ganz nach euren Wünschen sei.«

»Da habt Ihr Euch freilich nicht getäuscht, Sir. Es ist uns übel ergangen, und wir sind froh, daß wir wenigstens das nackte Leben erhalten haben.«

»Bedaure es. Wer hat euch denn in dieser Weise mitgespielt? Etwa Weiße?«

»O nein, sondern die Okananda-Sioux.«

»Ach diese! Wann?«

»Gestern früh.«

»Wo?«

»Da droben am obern Turkey-River.«

»Wie ist das denn gekommen? Oder meint ihr vielleicht, daß ich lieber nicht darnach fragen soll?«

»Warum nicht, wenn ihr nämlich wirklich das seid, wofür ihr euch ausgebt, nämlich ehrliche Leute. Wenn dies der Fall ist, so werdet ihr uns wohl erlauben, nach euren Namen zu fragen.«

»Die sollt ihr erfahren. Dieser rote Gentleman hier ist Winnetou, der Häuptling der Apachen; mich pflegt man Old Shatterhand zu nennen, und dieser dritte Mann ist Mr. Rollins, ein Pedlar, der sich uns aus Geschäftsgründen angeschlossen hat.«

»*Heigh-day*, da ist ja jedes Mißtrauen vollständig ausgeschlossen! Von Winnetou und Old Shatterhand haben wir genug gehört, wenn wir uns auch nicht zu den Westmännern rechnen dürfen. Das sind zwei Männer, auf welche man sich in jeder Lage verlassen kann, und wir danken dem Himmel, daß er euch in unsern Weg geführt hat. Ja, wir sind hilfsbedürftig, sehr hilfsbedürftig, Mesch'schurs, und ihr verdient ein Gotteslohn, wenn ihr euch unser ein wenig annehmen wollt.«

»Das werden wir gern; sagt uns nur, in welcher Weise dies geschehen kann!«

»Da müßt ihr erst erfahren, wer wir sind. Ich heiße Warton; dieser hier ist mein Sohn und der andere mein Neffe. Wir kommen aus der Gegend von Neu-Ulm herüber, um uns am Turkey-River anzusiedeln.«

»Eine große Unvorsichtigkeit!«

»Leider! Aber wir wußten dies nicht. Es wurde uns alles so schön und leicht hergemacht; es klang so, als ob man sich nur herzusetzen und die Ernten einzuheimsen brauche.«

»Und die Indianer? Habt ihr denn an diese gar nicht gedacht?«

»O doch; aber sie wurden uns ganz anders geschildert, als wir sie gefunden haben. Wir kamen wohlausgerüstet, um uns zunächst die Gelegenheit anzusehen und ein Stück gutes Land auszuwählen. Dabei fielen wir den Roten in die Hände.«

»Dankt Gott, daß ihr noch am Leben seid!«

»Freilich, freilich! Es sah erst weit schlimmer aus, als es hernach geschah. Die Kerls sprachen vom Marterpfahle und andern schönen Dingen; dann begnügten sie sich aber damit, uns außer den Kleidern alles, was wir besaßen, abzunehmen und dann fortzujagen. Sie schienen doch notwendigere Dinge vorzuhaben, als sich mit uns zu schleppen.«

»Notwendigere Dinge? Habt Ihr vielleicht erfahren, was das gewesen ist?«

»Wir verstehen ihre Sprache nicht; aber der Häuptling hat, als er englisch mit uns radebrechte, einen Settler Namens Corner erwähnt, auf den sie es, wie es schien, abgesehen hatten.«

»Das stimmt. Den wollten sie am Abend überfallen, und darum hatten sie nicht Zeit und Lust, sich mit euch zu befassen. Diesem Umstande habt ihr euer Leben zu verdanken!«

»Aber was für ein Leben!«

»Wieso?«

»Ein Leben, welches kein Leben ist. Wir haben keine Waffe, nicht einmal ein Messer, und können kein Wild schießen oder fangen. Seit gestern früh haben wir Wurzeln und Beeren gegessen, und auch dies hat hier in der Prairie aufgehört. Ich glaube, wenn wir euch nicht getroffen hätten, müßten wir verhungern. Denn ich darf doch hoffen, daß ihr uns mit einem Stückchen Fleisch oder so etwas aushelfen könnt?«

»Das werden wir; aber sagt, wohin ihr eigentlich wollt!«

»Nach Wilkes Fort.«

»Kennt ihr den Weg dorthin?«

»Nein, doch glaubten wir, die Richtung so ungefähr getroffen zu haben.«

»Dies ist allerdings der Fall. Habt ihr denn einen Grund, grad dorthin zu wollen?«

»Den besten, den es giebt. Ich sagte bereits, daß wir drei vorausgegangen seien, um uns das Land anzusehen; unsere Angehörigen sind hinterhergekommen und warten in Wilkes Fort auf uns. Erreichen wir glücklich diesen Ort, so ist uns dann geholfen.«

»Da habt ihr es jetzt möglichst gut getroffen. Wir haben ganz dieselbe Richtung mit euch und stehen in guter Verbindung mit Wilkes Fort. Ihr könnt euch uns anschließen.«

»Wirklich? Wollt Ihr uns das erlauben, Sir?«

»Natürlich. Wir können euch doch nicht hier im Stiche lassen.«

»Aber die Roten haben uns die Pferde genommen; wir müssen also laufen, und das wird Euch Zeit kosten!«

»Das ist nicht zu ändern. Setzt euch jetzt nieder, und ruht euch aus; ihr sollt vor allen Dingen etwas zu essen haben.«

Der Pedlar schien mit diesem Gange der Sache nicht einverstanden zu sein; er fluchte leise vor sich hin und murmelte etwas von Zeitversäumnis und unnützer Mildherzigkeit; wir achteten aber nicht darauf, stiegen ab, lagerten uns mit in das Gras und gaben den drei Hilfsbedürftigen zu essen. Sie ließen es sich wohl schmecken, und dann, als sie sich ausgeruht hatten, setzten wir den unterbrochenen Ritt fort, indem wir von ihrer bisherigen Richtung ab- und in unsere frühere einbogen. Sie waren ganz glücklich darüber, von uns gefunden worden zu sein, und hätten sich wohl gern mehr mit uns unterhalten, wenn wir, nämlich Winnetou und ich, gesprächigere Leute gewesen wären.

Was den Pedlar betrifft, so machten sie zwar einige Male den Versuch, ihn zum Reden und Erzählen zu bringen, doch vergeblich; er war zornig über unser Zusammentreffen mit ihnen und wies sie scharf von sich. Das machte ihn mir noch unsympathischer, als er mir vorher gewesen war, und infolgedessen schenkte ich ihm jetzt mehr, allerdings heimliche, Aufmerksamkeit, als ich bis jetzt für ihn gehabt hatte. Das Resultat dieser Aufmerksamkeit war aber ein ganz anderes, als man denken sollte.

Ich bemerkte nämlich, daß, wenn er sich unbeobachtet wähnte, ein höhnisches Lächeln oder ein Ausdruck schadenfroher Genugtuung über sein Gesicht glitt. Und wenn dies der Fall war, so warf er dann allemal einen scharf forschenden Blick auf Winnetou und mich. Das hatte ganz gewiß etwas zu bedeuten, und zwar etwas für uns nicht Vorteilhaftes. Ich beobachtete ihn schärfer, wobei ich mich jedoch so in acht nahm, daß er es nicht bemerken konnte, und sah hierauf noch ein zweites.

Er nahm nämlich zuweilen einen von den drei Fußgängern ins Auge, und wenn sich da die Blicke beider trafen, so glitten sie zwar schnell voneinander ab, aber es war mir dabei ganz so, als ob ein gewisses, heimliches Einvernehmen zu bemerken sei. Sollten die vier einander kennen, sollten sie wohl gar zusammengehören? Sollte das abstoßende Wesen des Pedlar bloß Maske sein?

Aber welchen Grund konnte er haben, uns zu täuschen? Die andern Drei waren uns zu Dank verpflichtet. Konnte ich mich nicht irren?

Sonderbar! Die – – ich möchte fast sagen, Kongruenz der Gefühle, Ansichten und Gedanken zwischen dem Apachen und mir machte sich auch jetzt wieder geltend. Eben als ich über die erwähnte Beobachtung nachdachte, hielt er sein Pferd an, stieg ab und sagte zu dem alten Warton:

»Mein weißer Bruder ist lang genug gegangen; er mag sich

auf mein Pferd setzen. Old Shatterhand wird das seinige auch gern herleihen. Wir sind sehr schnelle Läufer und werden gleichen Schritt mit den Rossen halten.«

Warton tat so, als ob er diesen Dienst nicht annehmen wollte, fügte sich aber gern; sein Sohn bekam mein Pferd. Der Pedlar hätte das seinige nun eigentlich dem Neffen borgen sollen, tat dies aber nicht; darum wechselte dieser später mit dem Sohne ab.

Da wir nun zu Fuße waren, konnte es nicht auffallen, daß wir hinterdrein schritten. Wir hielten uns so weit zurück, daß die Andern unsere Worte nicht verstehen konnten, und waren außerdem so vorsichtig, uns der Apachensprache zu bedienen.

»Mein Bruder Winnetou hat sein Pferd nicht aus Mitleid, sondern aus einem andern Grunde hergegeben?« fragte ich ihn.

»Old Shatterhand errät es,« antwortete er.

»Hat Winnetou die vier Männer auch beobachtet?«

»Ich sah, daß Old Shatterhand Mißtrauen gefaßt hatte, und hielt darum meine Augen auch offen. Es war mir aber schon vorher Verschiedenes aufgefallen.«

»Was?«

»Mein Bruder wird es erraten.«

»Wohl die Bandagen?«

»Ja. Der Eine hat den Kopf verbunden, und der Andere trägt den Arm in der Binde. Diese Blessuren sollen von dem gestrigen Zusammentreffen mit den Okananda-Sioux herstammen. Glaubst du das?«

»Nein; ich denke vielmehr, daß diese Leute gar nicht verwundet worden sind.«

»Sie sind es nicht. Seit wir sie getroffen haben, sind wir an zwei Wassern vorübergekommen, ohne daß sie halten geblieben sind, um ihre Wunden zu kühlen. Wenn aber die Blessuren erlogen sind, so ist es auch eine Lüge, daß sie von den Okanandas überfallen und ausgeraubt wurden. Und hat mein weißer Bruder sie beim Essen beobachtet?«

»Ja. Sie aßen viel.«

»Aber doch nicht so viel und so hastig wie einer, der seit gestern nur Beeren und Wurzeln genossen hat. Und am oberen Turkey-Creek wollen sie überfallen worden sein. Können sie sich da jetzt schon hier befinden?«

»Das weiß ich nicht, weil ich am oberen Creek noch nicht gewesen bin.«

»Sie könnten nur dann hier sein, wenn sie geritten wären. Also haben sie entweder Pferde, oder sie sind nicht am oberen Turkey gewesen.«

»Hm! Gesetzt, sie haben Pferde, warum leugnen sie es, und wem haben sie die Tiere anvertraut?«

»Das werden wir erforschen. Hält mein Bruder Old Shatterhand den Pedlar für einen Feind von ihnen?«

»Nein; er verstellt sich.«

»Das tut er; ich sah es auch. Er kennt sie. Vielleicht gehört er gar zu ihnen.«

»Warum aber diese Heimlichkeit? Welchen Grund und welchen Zweck kann sie haben?«

»Das können wir nicht erraten, aber wir werden es erfahren.«

»Wollen wir es ihnen nicht gleich in das Gesicht sagen, was wir von ihnen denken?«

»Nein.«

»Warum nicht?«

»Weil ihre Heimlichkeit auch eine Ursache haben kann, welche uns nichts angeht. Diese vier Männer können trotz des Mißtrauens, welches sie in uns erwecken, ehrliche Leute sein. Wir dürfen sie nicht kränken; wir dürfen nicht eher etwas sagen, als bis wir überzeugt sind, daß sie böse Menschen sind.«

»Hm! Mein Bruder Winnetou beschämt mich zuweilen. Er besitzt manchmal weit mehr Zartgefühl als ich.«

»Will Old Shatterhand mir damit vielleicht einen Vorwurf machen?«

»Nein. Winnetou weiß, daß mir dies fern liegt.«

»Howgh! Man soll keinem Menschen ein Leid antun, bis man weiß, daß er es verdient. Es ist besser, ein Unrecht erleiden, als eins begehen. Mein Bruder Shatterhand mag nachdenken. Hat der Pedlar einen Grund, Böses gegen uns im Schilde zu führen?«

»Ganz und gar nicht. Er hat vielmehr alle Ursache, sich freundschaftlich gegen uns zu stellen.«

»So ist es. Er will unsere Vorräte sehen; sein Herr soll ein gutes Geschäft mit Old Firehand machen. Dies kann aber nicht geschehen, wenn unterwegs etwas Feindseliges gegen uns ausgeführt wird. Man würde von uns nie erfahren, wo Old Firehand mit seinen Schätzen sich befindet. Also selbst wenn dieser Händler für später eine böse Tat planen sollte, bis er die Vorräte gesehen hat, haben wir nichts von ihm zu fürchten. Stimmt mir mein Bruder bei?«

»Ja.«

»Und nun die drei Männer, welche sich für überfallene Ansiedler ausgeben – – –«

»Sie sind es nicht.«

»Nein; sie sind etwas anderes.«

»Aber was?«

»Mag es sein, was es wolle, so lange wir uns unterwegs befinden, haben wir auch von ihnen nichts Böses zu erwarten.«

»Aber dann vielleicht? Wenn wir mit ihnen in der Festung angekommen sind?«

»Uff!« lächelte Winnetou vor sich hin. »Mein Bruder Shatterhand hat wieder einmal dieselben Gedanken wie ich!«

»Das ist kein Wunder; diese Vermutung liegt so nahe; es gibt fast keine andere.«

»Daß diese vier alle Händler sind und zusammengehören?«

»Ja. Corner sagte ja gestern, daß Burton, der Pedlar, mit vier oder fünf Gehilfen arbeite. Vielleicht heißt dieser angebliche alte Warton Burton. Beide Namen klingen einander ähnlich. Er ist in der Nähe von Corners Settlement gewesen, und Rollins, der Gehilfe, war in der Nacht fort. Er hat seinen Herrn von dem großen Geschäfte, welches er machen kann, benachrichtigt, und dieser hat sich mit zwei andern Gehilfen unterwegs zu uns gesellt.«

»Aber in welcher Absicht? In guter oder in böser? Was meint mein weißer Bruder?«

»Hm, ich möchte das letztere behaupten. Wäre die Absicht keine böse, so könnte sie nur darin bestehen, sich unter falscher Flagge bei uns Eingang zu verschaffen, um die Vorräte selbst taxieren zu können, ohne uns merken zu lassen, daß er der eigentliche Händler, der Besitzer des Geschäftes ist. Das hat aber eigentlich gar keinen Zweck, weil der Gehilfe das Taxieren wohl ebenso gut vornehmen kann.«

»Das ist richtig. Es bleibt also nur das Eine übrig, daß die Drei mit dem Gehilfen Rollins' zu uns wollen, um die Felle zu sehen und sie uns dann ohne Bezahlung abzunehmen.«

»Also Raub, gar Mord?«

»Ja.«

»Ich nehme dies auch an.«

»Es ist das Richtige. Wir haben es mit bösen Menschen zu tun! Aber unterwegs brauchen wir keine Sorge zu haben; es wird uns nichts geschehen. Die Tat soll erst dann vorgenommen werden, wenn alle Vier sich in der Festung befinden.«

»Und dies ist ja ganz leicht zu vermeiden. Rollins müssen wir mitnehmen; das ist nicht zu umgehen; die Andern aber verabschieden wir vorher; wir haben guten Grund dazu, denn sie wollen nach dem Fort zu ihren Familien. Dennoch aber dürfen wir auch unterwegs keine Vorsicht versäumen. Wir glauben zwar, das Richtige getroffen zu haben, können uns aber doch noch täuschen. Wir müssen diese vier Männer nicht nur bei Tage, sondern auch während der Nacht scharf beobachten.«

»Ja, das müssen wir, denn es ist anzunehmen, daß sich jemand mit ihren Pferden stets in der Nähe befindet. Es darf stets nur Einer von uns beiden schlafen; der Andere muß wach und zum Kampfe gerüstet sein, doch so, daß diese Leute es nicht bemerken.«

Dies waren die Mitteilungen, die wir uns gegenseitig machten. Winnetou hatte mit seinem Scharfsinne wieder einmal das Richtige getroffen, das Richtige, aber doch nicht das Vollständige; hätten wir ahnen können, worin dieses letztere bestand, so wären wir wohl kaum imstande gewesen, äußerlich ruhig zu bleiben und unsere Erregung vor unsern Begleitern zu verbergen.

Wir nahmen während des Nachmittags unsere Pferde nicht zurück, obgleich sie uns wiederholt angeboten wurden. Als der Abend anbrach, hätten wir am liebsten auf der freien, offenen Prairie gelagert, weil wir da den nötigen Rundblick hatten und jede Annäherung eines uns bisher etwa Verborgenen leichter bemerken konnten; aber es wehte ein scharfer Wind, welcher Regen mit sich brachte, und wir wären durch und durch naß geworden; darum zogen wir es doch vor, weiter zu reiten, bis wir an einen Wald gelangten. Am Rande desselben gab es einige hohe und sehr dichtbelaubte Bäume, deren Blätterdach den Regen von uns abhielt. Dies bildete für uns eine Annehmlichkeit, welcher wir die Gefahr unterordneten, die es wahrscheinlich heute noch für uns gab, und der wir, wenn sie doch wider Erwarten eintreten sollte, durch die gewohnte Vorsicht begegnen konnten.

Unser Proviant war nur für zwei Personen berechnet gewesen; aber Rollins hatte auch welchen mit, und so langte er heut abend für uns alle; es blieb noch welcher übrig, und morgen konnten wir uns um ein Wild bekümmern.

Nach dem Essen sollte eigentlich geschlafen werden; aber unsere Begleiter hatten noch keine Lust dazu; sie unterhielten sich sehr angelegentlich, obgleich wir ihnen das laute Reden verboten. Sogar Rollins war gesprächig geworden und erzählte einige Abenteuer, die er während seiner Handelsreisen erlebt haben wollte. Da gab es für Winnetou und mich natürlich auch keinen Schlaf; wir mußten also wach bleiben, obwohl wir uns nicht am Gespräch beteiligten.

Diese Unterhaltung kam mir nicht ganz zufällig vor; sie machte den Eindruck auf mich, als ob sie mit Absicht in dieser Weise geführt werde. Sollte dadurch etwa unsere Aufmerksamkeit von der Umgebung abgelenkt werden? Ich beobachtete Winnetou und bemerkte, daß er den gleichen Gedanken hegte, denn er hatte alle seine Waffen, selbst das Messer auch, griffbereit und hielt scharfen Ausguck nach allen Seiten, obgleich nur ich allein, der ihn genau kannte, dies bemerkte. Seine Lider waren fast ganz auf die Augen gesenkt, so daß es schien, als ob er schlafe; aber ich wußte, daß er durch die Wimpern hindurch alles auf das sorgfältigste beobachtete. Bei mir war natürlich dasselbe auch der Fall.

Der Regen hatte aufgehört, und der Wind wehte nicht mehr so steif wie vorher. Am liebsten hätten wir den Lagerplatz nun hinaus in das Freie verlegt, aber dies konnte nicht geschehen, ohne daß wir Anstoß erregten und Widerspruch erweckten; darum mußte es so bleiben, wie es war.

Ein Feuer brannte nicht. Da die Gegend, in der wir uns befanden, den feindlichen Siouxindianern gehörte, hatten wir einen guten Vorwand gehabt, das Anzünden einer Flamme zu untersagen. Ein Feuer mußte uns nicht nur den Roten, sondern auch den etwaigen Verbündeten unserer Begleiter verraten, und da unsere Augen an die Dunkelheit gewöhnt waren, hatten wir die Gewißheit, jede Annäherung nicht nur zu hören, sondern auch zu sehen. Das Hören wurde uns durch die Unterhaltung allerdings einstweilen noch erschwert; desto tätiger aber waren unsere Augen.

Wir saßen, wie gesagt, unter den Bäumen am Waldesrande und hielten dem Walde die Gesichter zugekehrt, denn es war anzunehmen, daß, falls ein Feind sich uns nähern sollte, er dies von dort aus tun werde. Dann ging die dünne Sichel des Mondes auf und warf ihr leises, mattes Licht unter den Wipfel, der sich über uns wölbte. Das Gespräch wurde noch immer ununterbrochen fortgesetzt; man richtete die Worte zwar nicht direkt an uns, aber es war doch nicht zu verkennen, daß unsere Aufmerksamkeit gefesselt und von Anderem abgelenkt werden sollte. Winnetou lag lang ausgestreckt am Boden, mit dem linken Ellbogen im Grase und den Kopf in die hohle Hand gestützt. Da bemerkte ich, daß er das rechte Bein langsam und leise näher an den Leib zog, so daß das Innenknie einen stumpfen Winkel bildete. Hatte er etwa vor, einen Knieschuß zu tun, den berühmten, aber äußerst schwierigen Knieschuß, den ich schon an anderer Stelle beschrieben habe?

Ja wirklich! Er griff nach dem Kolben seiner Silberbüchse und legte, anscheinend ganz ohne alle Absicht oder nur spielend, den Lauf eng an den Oberschenkel. Ich folgte mit dem Auge der nunmehrigen Richtung dieses Laufes und sah unter dem vierten Baume von uns ein Buschwerk stehen, zwischen dessen Blättern ein leises, leises, wie phosphoreszierendes Schimmern zu bemerken war, zu bemerken allerdings nur für das geübte Auge eines Mannes von der Sorte des Apachen. Das waren zwei Menschenaugen; dort im Gebüsche steckte einer, der uns beobachtete. Winnetou wollte, ohne eine auffällige Bewegung zu machen, ihn durch den Knieschuß zwischen die Augen, die allein sichtbar waren, schießen. Noch ein klein, klein wenig höher die Gewehrmündungen, dann waren die Augen fixiert. Ich wartete mit größter Spannung auf den nächsten Augenblick; Winnetou verfehlte nie sein Ziel, selbst des Nachts und bei diesem schwierigen Schusse nicht. Ich sah, daß er den Finger an den Drücker legte; aber er schoß nicht; er nahm den Finger wieder weg und ließ das Gewehr sinken, um das Bein wieder auszustrekken. Die Augen waren nicht mehr zu sehen; sie waren verschwunden.

»Ein kluger Kerl!« raunte er mir in der Sprache der Apachen zu.

»Einer, dem der Knieschuß wenigstens bekannt ist, wenn er ihn auch nicht selbst fertig bringt,« antwortete ich ihm leise in derselben Mundart.

»Es war ein Bleichgesicht.«

»Ja. Ein Sioux, und nur solche gibt es hier, macht die Augen nicht so weit auf. Wir wissen nun, daß ein Feind in der Nähe ist.«

»Er weiß aber auch, daß wir seine Anwesenheit kennen.«

»Leider. Er hat es daraus ersehen, daß du auf ihn schießen wolltest, und wird sich nun sehr in acht nehmen!«

»Das nützt ihm nichts, denn ich beschleiche ihn.«

»Höchst gefährlich!«

»Für mich?«

»Er wird es erraten, sobald du dich von hier entfernst.«

»*Pshaw!* Ich tue, als ob ich nach den Pferden sehen will. Das fällt nicht auf.«

»Ueberlaß es lieber mir, Winnetou!«

»Soll ich dich in die Gefahr schicken, weil ich sie scheue? Winnetou hat die Augen eher gesehen als du und besitzt also das Recht, den Mann zuerst zu ergreifen. Mein Bruder mag mir nur dazu verhelfen, daß ich mich entfernen kann, ohne daß der Mann ahnt, wem es gilt.«

Infolge dieser Aufforderung wartete ich noch eine kleine Weile und wendete mich dann an die in ihr Gespräch vertieften Gefährten:

»Jetzt hört einmal auf! Wir brechen morgen zeitig auf und wollen nun schlafen. Mr. Rollins, habt Ihr Euer Pferd gut angebunden?«

»Ja,« antwortete der Gefragte in unwilligem Tone über diese Störung.

»Das meinige ist noch frei,« meinte Winnetou laut. »Ich gehe, es draußen im Grase anzuhobbeln, damit es während der Nacht fressen kann. Soll ich das meines Bruders Shatterhand auch mitnehmen?«

»Ja,« stimmte ich bei, damit es den Anschein habe, daß es sich wirklich um die Pferde handle.

Er erhob sich langsam, schlang seine Santillodecke um die Schultern und ging, um die Pferde eine Strecke weit fortzuführen. Ich wußte, daß er sich dann auf die Erde legen und nach dem Walde kriechen würde. Die Santillodecke konnte er dabei nicht gebrauchen; er hatte sie trotzdem mitgenommen, um den Betreffenden zu täuschen.

Das kurz unterbrochene Gespräch wurde jetzt wieder fortgesetzt; dies war mir einesteils lieb und andernteils unlieb. Ich konnte nicht hören, was Winnetou tat, aber auch er konnte nun von dem, den er beschleichen wollte, nicht gehört werden. Ich senkte die Lider und tat, als ob ich mich um nichts bekümmerte, beobachtete aber den Rand des Waldes auf das schärfste.

Es vergingen fünf Minuten, zehn Minuten; es wurde eine Viertel-, ja fast eine halbe Stunde daraus. Es wollte mir angst um Winnetou werden; aber ich wußte, wie schwer das Anschleichen unter solchen Umständen ist und wie langsam es geht, wenn es sich um einen Feind handelt, welcher scharfe Sinne besitzt und dazu ahnt, daß er überrumpelt werden soll. Da endlich hörte ich seitwärts hinter mir Schritte, also in der Gegend, nach welcher sich der Apache mit den Pferden entfernt hatte. Den Kopf leicht wendend, sah ich ihn von weitem kommen; er hatte die Santillodecke wieder umgehängt und den versteckten Feind also unschädlich gemacht. Erleichterten Herzens drehte ich den Kopf wieder herum, ruhig abzuwarten, daß er sich neben mich niederlassen werde. Seine Schritte kamen näher und näher; sie blieben hinter mir stehen, und eine Stimme, welche nicht die seinige war, rief:

»Nun diesen hier!«

Mich rasch wieder umblickend, sah ich zwar die Santillodecke, aber der sie sich, um mich zu täuschen, umgehängt hatte, war nicht Winnetou, sondern ein bärtiger Kerl, der mir bekannt vorkam. Er hatte die drei Worte gesprochen und dabei mit dem Gewehrkolben zum Schlage gegen mich ausgeholt. Mich blitzschnell zur Seite wälzend, suchte ich dem Hiebe zu entgehen, aber doch schon zu spät; er traf mich noch, zwar nicht auf den Kopf, aber in das Genick, also an einer noch gefährlicheren Stelle; ich war sofort gelähmt und bekam einen zweiten Hieb auf den Schädel, so daß ich die Besinnung verlor.

Ich mußte, wahrscheinlich infolge des Schlages ins Genick, wenigstens fünf oder sechs Stunden so gelegen haben, denn als ich wieder zu mir kam und es nach langer Anstrengung fertig brachte, die bleischweren Lider ein wenig zu öffnen, graute bereits der Morgen. Die Augen fielen mir sofort wieder zu; ich befand mich in einem Zustande, welcher weder dem Schlafe noch dem Wachen noch einem Mitteldinge zwischen beiden glich. Es war mir, als ob ich gestorben sei und als ob mein Geist aus der Ewigkeit herüberlausche auf das Gespräch, welches an meiner Leiche geführt wurde. Aber ich konnte die einzelnen Worte nicht verstehen, bis ich eine

Stimme, deren Klang mich vom Tode hätte erwecken können, sagen hörte:

»Dieser Hund von Apachen will nichts gestehen, und den Andern habe ich erschlagen! Jammerschade! Auf ihn hatte ich mich ganz besonders gefreut. Er sollte es doppelt und zehnfach fühlen, was es heißt, in meine Hände zu fallen! Ich gäbe viel, sehr viel drum, wenn ich ihn nur betäubt und nicht getötet hätte.«

Der Klang dieser Stimme riß mir förmlich die Augen auf; ich starrte den Mann an, den ich wegen des dichten Vollbartes, den er jetzt trug, bei dem ersten, todesmatten Blicke nicht erkannt hatte. Diese außerordentliche Wirkung wird begreiflich erscheinen, wenn ich sage, daß ich Santer, keinen Andern als Santer, mir gegenübersitzen sah. Ich wollte die Augen wieder schließen, wollte es nicht merken lassen, daß ich noch lebte; aber ich brachte es nicht fertig; es war mir unmöglich, die Lider, die mir erst von selbst so schwer zugefallen waren, zu senken; ich starrte ihn an, geradeaus, in einem fort, ohne den Blick von ihm wenden zu können, bis er es bemerkte. Er sprang auf und rief, indem sein Gesicht in plötzlicher Freude strahlte:

»Er lebt; er lebt! Seht ihr es, daß er die Augen geöffnet hat? Wollen doch gleich einmal sehen, ob ich mich täusche oder nicht.«

Er richtete eine Frage an mich; als ich diese nicht sogleich beantwortete, kniete er neben mir nieder, faßte mich hüben und drüben beim Kragen und rüttelte mich auf und nieder, so daß der Hinterkopf hart gegen die Steine schlug, aus denen der Erdboden an dieser Stelle bestand. Ich konnte mich nicht dagegen wehren, weil ich so gefesselt war, daß ich kein Glied zu rühren vermochte. Dabei brüllte er:

»Willst du wohl antworten, Hund! Ich sehe, daß du lebst, daß du bei Besinnung bist, daß du antworten kannst. Wenn du nicht reden willst, werde ich dir Worte machen!«

Bei dem Auf- und Niederschlagen meines Kopfes bekam dieser eine Richtung, welche es mir ermöglichte, seitwärts zu blicken. Da sah ich Winnetou liegen, krumm geschlossen, in Form eines Ringes, ungefähr in der Weise, welche man durch den Ausdruck ›in den Bock gespannt‹ zu bezeichnen pflegt. Eine solche Lage hätte selbst einem Kautschukmanne die größten Schmerzen bereitet. Was mußte er ausstehen! Und vielleicht waren ihm die Glieder schon stundenlang in dieser unmenschlichen Weise zusammengebunden. Außer ihm und Santer sah ich nur den angeblichen Warton mit seinem Sohne und seinem Neffen; Rollins, der Gehilfe des Pedlars, war nicht da.

»Also, wirst du reden?« fuhr Santer in drohendem Tone fort. »Soll ich dir die Zunge mit meinem Messer lösen? Ich will wissen, ob du mich kennst, ob du weißt, wer ich bin, und ob du hörst, was ich sage!«

Was hätte das Schweigen genützt? Unsere Lage wäre dadurch nur verschlimmert worden. Ich durfte mich schon um Winnetous willen nicht starrköpfig zeigen. Freilich, ob ich reden konnte, das wußte ich nicht; ich versuchte es, und siehe da, es ging; ich brachte, wenn auch mit schwacher, lallender Stimme, die Worte hervor:

»Ich erkenne Euch; Ihr seid Santer.«

»So, so! Erkennst du mich?« lachte er mir höhnisch in das Gesicht. »Hast wohl große Freude? Bist wohl ganz entzückt, mich hier zu sehen? Eine herrliche, eine unvergleichlich frohe Ueberraschung für dich! Nicht?«

Ich zögerte, diese hämische Frage zu beantworten; da zog er sein Messer, setzte mir die Spitze desselben auf die Brust und drohte:

»Willst du auf der Stelle ja sagen, ein lautes Ja! Sonst stoße ich dir augenblicklich die Klinge in den Leib!«

Da warf mir Winnetou trotz seiner Schmerzen die Mahnung zu:

»Mein Bruder Shatterhand wird nicht ja sagen, sondern sich lieber erstechen lassen.«

»Schweig, Hund!« brüllte ihn Santer an. »Wenn du noch ein Wort sagst, so spannen wir deine Fesseln so sehr an, daß dir die Knochen brechen. Also, Old Shatterhand, du Freund, dem meine ganze, ganze Liebe gehört, nicht wahr, du bist entzückt, mich wiederzusehen?«

»Ja,« antwortete ich laut und fest trotz der Worte des Apachen.

»Hört ihr es? Habt ihr es gehört?« grinste Santer die drei Andern triumphierend an. »Old Shatterhand, der berühmte, unbesiegliche Old Shatterhand hat eine solche Angst vor meinem Messer, daß er wie ein kleiner Junge zugibt, Freude über mich zu fühlen!«

War mein vorheriger Zustand vielleicht nicht so schlimm gewesen, wie man meinen sollte, oder bewirkte der Hohn dieses Menschen diese Veränderung in mir, ich weiß es nicht, aber ich fühlte meinen Kopf jetzt plötzlich frei, als ob ich die Kolbenhiebe gar nicht empfangen hätte, und antwortete, ihm nun meinerseits in das Gesicht lachend:

»Ihr irrt Euch da gewaltig; ich habe nicht aus Angst vor Eurem Messer ja gesagt.«

»So? Nicht? Warum denn?«

»Weil es Wahrheit ist. Ich freue mich wirklich darüber, daß ich Euch endlich wiedersehe.«

Trotz meines Lachens sagte ich dies nicht etwa ironisch oder höhnisch, sondern mit einem solchen Ausdrucke der Wahrheit, daß es ihn frappierte. Er fuhr mit dem Kopfe zurück, zog die Brauen empor, sah mich einige Augenblicke lang forschend an und sagte dann:

»Wie? Was? Höre ich recht? Haben die Hiebe, die du erhalten hast, dein Gehirn so erschüttert, daß du phantasierest? Du freust dich in Wirklichkeit?«

»Natürlich!« nickte ich.

»Alle Teufel! Ich möchte fast annehmen, daß dieser Kerl im Ernste spricht!«

»Es ist allerdings mein völliger Ernst!«

»Dann bist du freilich verrückt, vollständig verrückt!«

»Fällt mir nicht ein! Ich bin so bei Sinnen, wie ich es noch niemals besser gewesen bin.«

»Wirklich? Dann ist es Frechheit, eine so bodenlose, verdammte Frechheit, wie mir in meinem ganzen Leben noch nicht vorgekommen ist! Mensch, ich schließe dich ebenso krumm wie Winnetou, oder ich hänge dich verkehrt da an den Baum, mit dem Kopfe nach unten, daß dir das Blut aus allen Löchern spritzt!«

»Das werdet Ihr bleiben lassen!«

»Bleiben lassen? Warum sollte ich es nicht tun? Was für einen Grund könnte ich dazu haben?«

»Einen, den Ihr so gut kennt, daß ich ihn Euch nicht zu sagen habe.«

»Oho! Ich weiß keinen solchen Grund!«

»*Pshaw!* Mich täuscht Ihr nicht. Hängt mich immer auf! Dann bin ich in zehn Minuten tot, und Ihr erfahrt nicht, was Ihr wissen wollt.«

Ich hatte das Richtige getroffen; das sah ich ihm an. Er blickte zu Warton hinüber, schüttelte den Kopf und sagte:

»Wir haben diesen Halunken für tot gehalten, aber er ist nicht einmal besinnungslos gewesen, denn er hat alle meine Fragen gehört, die ich an Winnetou richtete, ohne daß diese verdammte Rothaut mir eine einzige davon beantwortet hat.«

»Ihr irrt Euch abermals,« erklärte ich. »Ich war wirklich betäubt; aber Old Shatterhand hat Grütze genug im Kopfe, Euch zu durchschauen.«

»So? Nun, dann sag mir doch einmal, was das ist, was ich von euch wissen will!«

»Unsinn! Laßt diese Kinderei! Ihr werdet nichts erfahren. Ich sage Euch im Gegenteile, daß ich mich wirklich über das Zusammentreffen freue. Wir haben uns so lange vergeblich nach Euch gesehnt, daß diese Freude eine sehr aufrichtige und herzliche sein muß. Wir haben Euch ja endlich, endlich, endlich!«

Er starrte mich eine ganze Weile wie abwesend an, stieß dann einen Fluch aus, welcher nicht wiederzugeben ist, und schrie mich an:

»Schuft, sei froh darüber, daß ich dich für wahnsinnig halte! Denn wenn ich wüßte, daß du doch bei Sinnen seiest und mit Absicht und Ueberlegung so redetest, so würde ich dich durch tausend Martern überzeugen, daß ich nicht mit mir scherzen lasse. Ich will also nachsichtig mit dir sein und in Ruhe mit dir reden; aber falls du mir nicht offen und gutwillig antwortest, so hast du einen Tod zu erwarten, wie ihn noch kein Mensch gestorben ist.«

Er setzte sich vor mich hin, sah einige Zeit wie nachdenkend vor sich nieder und fuhr dann fort:

»Ihr beide haltet euch für außerordentlich gescheite Kerls, natürlich für die allergescheitesten im ganzen wilden Westen; aber wie dumm, wie unendlich dumm seid ihr in Wirklichkeit! Wie war damals dieser Winnetou hinter mir her! Hat er mich erwischt? Ein jeder Andere an seiner Stelle würde sich vor Scham darüber vor keinem Menschen wieder sehen lassen! Und jetzt! Wirst du eingestehen, daß ihr gestern abend meine Augen gesehen habt?«

»Ja,« nickte ich.

»Er wollte auf mich schießen?«

»Ja.«

»Ich sah es und verschwand natürlich auf der Stelle. Da ging er fort, um mich zu beschleichen. Giebst du auch das zu?«

»Warum nicht?«

»Mich beschleichen, hahahaha! Ich wußte doch, daß ich bemerkt worden war; das hätte sich ein jedes Kind gesagt. Mich dennoch beschleichen zu wollen, war eine Dummheit, die mit gar keiner andern zu vergleichen ist. Ihr habt dafür Prügel, ja wirklich Prügel verdient. Anstatt er mich, beschlich ich ihn und schlug ihn, als er kam, mit einem einzigen Kolbenhiebe nieder. Dann holte ich seine Decke, die er weggelegt hatte, nahm sie über und machte mich über dich her. Was dachtest du denn eigentlich, als du sahst, daß ich es war anstatt des Apachen?«

»Ich freute mich darüber.«

»Auch über die Hiebe, die du bekamst? Jedenfalls nicht. Ihr habt euch übertölpeln lassen wie achtjährige Jungens, die man nicht auslachen, sondern nur bemitleiden kann. Nun befindet ihr euch so vollständig in unserer Gewalt, daß Rettung für euch absolut unmöglich ist, wenn mich nicht etwa eine milde Regung überläuft. Es ist nicht ganz ausgeschlossen, daß ich mich zur Nachsicht geneigt fühle, aber nur in dem allereinzigen Falle, daß du mir aufrichtig Auskunft gibst. Schau diese drei Männer! Sie gehören zu mir; ich schickte sie euch in den Weg, um euch zu überlisten. Für was hältst du uns wohl jetzt?«

Wer und was er war, das ahnte ich nicht nur, sondern ich wußte es nun ganz genau; aber die Klugheit verbot mir, dies merken zu lassen; darum antwortete ich:

»Ein Schurke seid Ihr stets gewesen und seid es jedenfalls noch heut; mehr brauch ich nicht zu wissen.«

»Schön! Ich will dir eins sagen: Jetzt nehme ich diese Beleidigungen ruhig hin; ist dann unser Gespräch zu Ende, so kommt die Strafe; das schreib dir hinter die Ohren! Ich will dir zunächst sehr aufrichtig gestehen, daß wir allerdings lieber ernten als säen; das Säen ist so anstrengend, daß wir es andern Leuten überlassen; doch wo wir eine Ernte finden, die uns keine große Mühe macht, da greifen wir schnell zu, ohne viel darnach zu fragen, was diejenigen Leute dazu sagen, welche behaupten, daß das Feld ihnen gehöre. So haben wir es bisher gehalten, und so werden wir es auch weiter treiben, bis wir genug haben.«

»Wann wird dies wohl der Fall sein?«

»Vielleicht sehr bald. Es steht nämlich hier in der Nähe ein Feld in voller, reifer Frucht, welches wir abmähen wollen. Wenn uns das gelingt, so können wir sagen, daß wir unser Schaf ins Trockene gebracht haben.«

»Gratuliere!« sagte ich ironisch.

»Danke dir!« antwortete er ebenso. »Da du uns gratulierst und es also gut mit uns meinest, so nehme ich an, daß du uns gern behilflich sein wirst, dieses Feld zu finden.«

»Ach, ihr wißt also noch gar nicht, wo es liegt?«

»Nein. Wir wissen nur, daß es gar nicht weit von hier zu suchen ist.«

»Das ist unangenehm.«

»O nein, da wir den Ort von dir erfahren werden.«

»Hm, das bezweifle ich.«
»Wirklich?«
»Ja.«
»Warum?«
»Ich weiß kein Feld, welches für euch paßt.«
»O doch!«
»Gewiß nicht!«
»Das denkst du nur. Ich werde deinem Gedächtnisse zu Hilfe kommen. Es handelt sich natürlich nicht um ein Feld im gewöhnlichen Sinne, sondern um ein Versteck, welches wir ausleeren möchten.«
»Was für ein Versteck?«
»Von Häuten, Fellen und dergleichen.«
»Hm! Und ich soll es kennen?«
»Ja.«
»Wahrscheinlich täuscht ihr euch da.«
»O nein. Ich weiß, woran ich bin. Du gibst doch wohl zu, daß ihr bei dem alten Corner am Turkey-River gewesen seid?«
»Ja.«
»Was wolltet ihr bei ihm?«
»Das war wohl nur so ein Besuch, wie man zuweilen ohne alle Absicht macht.«
»Versuche doch nicht, mich irre zu machen. Ich traf Corner, als ihr fort waret, und erfuhr von ihm, wen ihr bei ihm gesucht habt.«
»Nun, wen?«
»Einen Pedlar, welcher Burton heißt.«
»Das brauchte der Alte nicht zu sagen!«
»Nein; aber er hat es gesagt. Der Pedlar soll euch Felle, viele Felle abkaufen.«
»Uns?«
»Weniger euch, als vielmehr Old Firehand, der eine ganze Gesellschaft von Pelzjägern kommandiert und einen großen Vorrat von Fellen beisammen hat.«
»Alle Wetter, seid ihr gut unterrichtet!«
»Nicht wahr?« lachte er schadenfroh, ohne meinen ironi-

schen Ton zu beachten. »Ihr habt den Pedlar nicht gefunden, sondern nur einen Gehilfen von ihm und diesen mit euch genommen. Wir sind euch schnell nach, um euch und ihn festzunehmen; der Kerl aber, der, glaube ich, Rollins heißt, ist uns leider entwischt, während wir uns mit euch beschäftigen mußten.«

Gewohnt, alles, selbst das scheinbar Unbedeutendste, zu beobachten, entging es mir nicht, daß er bei dieser Versicherung einen Blick dorthin warf, wo wir gestern abend seine Augen gesehen hatten. Dieser Blick war ein unbeabsichtigter, unwillkürlicher, von ihm nicht genug bewachter; er fiel mir also auf. Gab es etwa dort in dem Gesträuch etwas, was mit dem, von dem er sprach, also mit Rollins, zusammenhing? Das mußte ich erfahren, aber ich hütete mich, mein Auge jetzt sogleich nach der betreffenden Stelle zu richten, weil ihm dies wahrscheinlich aufgefallen wäre. Er fuhr in seiner Rede fort:

»Es schadet das aber nichts, denn diesen Rollins brauchen wir nicht, wenn wir nur Euch haben. Ihr kennt Old Firehand?«

»Ja.«

»Und seinen Versteck?«

»Ja.«

»Ah! Freut mich ungemein, daß Ihr dies so bereitwillig zugebt!«

»*Pshaw!* Warum sollte ich etwas leugnen, was doch wahr ist?«

»*Well!* So nehme ich also an, daß Ihr mir keine große Plage machen werdet.«

»Nehmt Ihr das wirklich an?«

»Ja, denn Ihr werdet einsehen, daß es für Euch das Beste ist, uns alles mitzuteilen.«

»Inwiefern soll es das Beste sein?«

»Insofern, als Ihr Euch Euer Schicksal dadurch bedeutend erleichtert.«

»Welches Schicksal nennt Ihr denn eigentlich das unserige?«

»Den Tod. Ihr kennt mich, und ich kenne Euch; wir wissen ganz genau, wie wir miteinander stehen: Wer in die Gewalt des Andern gerät, der ist verloren, der muß sterben. Ich habe Euch erwischt, und so ist es also mit Euerm Leben zu Ende. Da ist aber nun die Frage, welches Ende? Ich habe stets die feste Absicht gehabt, Euch langsam und mit Genuß zu Tode zu schinden; jetzt aber, da es sich um Old Firehands Versteck handelt, denke ich nicht mehr ganz so streng.«

»Sondern wie?«

»Ihr sagt mir, wo sich dieses Versteck befindet, und beschreibt es mir.«

»Und was bekommen wir dafür?«

»Einen schnellen schmerzlosen Tod, nämlich eine rasche Kugel durch den Kopf.«

»Sehr schön! Das ist zwar sehr gefühlvoll, aber nicht sehr klug von Euch.«

»Wieso?«

»Wir können, um einen schnellen, leichten Tod zu finden, Euch irgend einen Ort beschreiben, der aber gar nicht der richtige ist.«

»Da haltet Ihr mich für unvorsichtiger, als ich bin; ich weiß es schon so anzufassen, daß ich Beweise von Euch erhalte. Vorher will ich wissen, ob Ihr geneigt sein wollt, mir den Ort zu verraten.«

»Verraten, das ist das richtige Wort. Ihr werdet aber wissen, daß Old Shatterhand kein Verräter ist. Ich sehe, daß Winnetou Euch auch nicht zu Willen gewesen ist; vielleicht hat er Euch nicht eine einzige Antwort gegeben, denn er ist viel zu stolz, mit solchen Halunken, wie Ihr seid, zu reden. Ich aber habe mit Euch gesprochen, weil ich dabei eine gewisse Absicht verfolgte.«

»Absicht? Welche?«

Er blickte mir bei dieser Frage mit großer Spannung in das Gesicht.

»Das braucht Ihr nicht zu wissen; später werdet Ihr es ohne mich erfahren.«

Er hatte jetzt verhältnismäßig höflicher gesprochen und

mich auch nicht mehr Du, sondern Ihr genannt; nun fuhr er zornig auf:

»Du willst dich also auch weigern?«

»Ja.«

»Nichts sagen?«

»Kein Wort.«

»So schließen wir dich krumm wie Winnetou!«

»Tut es.«

»Und martern euch zu Tode.«

»Das wird Euch keinen Nutzen bringen.«

»Meinst du? Ich sage dir, daß wir das Versteck auf alle Fälle finden werden!«

»Höchstens durch einen blinden Zufall, aber dann zu spät; denn wenn wir nicht zur bestimmten Zeit zurückkehren, schöpft Old Firehand Verdacht und räumt das Versteck aus. In dieser Weise haben wir es mit ihm besprochen.«

Er blickte finster und nachdenklich vor sich nieder und spielte dabei mit seinem Messer, doch bedeutete diese Beschäftigung seiner Hände keine Gefahr für mich. Ich durchschaute ihn und seinen Doppelplan. Die erste Hälfte desselben war mißlungen; nun mußte er zur zweiten Hälfte desselben schreiten. Er gab sich Mühe, seine Verlegenheit zu verbergen, aber dies gelang ihm nicht ganz so, wie er es wünschte.

Die Sache lag so, daß er es auf unser Leben, aber auch auf die Reichtümer Old Firehands abgesehen hatte; die letzteren standen ihm höher als sein Haß gegen uns; um sie zu erlangen, war er jedenfalls bereit, uns laufen zu lassen, falls es nicht anders ging. Darum war es keineswegs das Gefühl der Sorge oder gar der Angst, mit dem ich nun seinen weiteren Entschließungen entgegensah. Da endlich erhob sich sein Gesicht wieder und er fragte:

»Du verrätst mir also nichts?«

»Nein.«

»Und wenn es euch sofort das Leben kostet?«

»Erst recht nicht, denn ein schneller Tod ist ja weit besser, als der qualvolle, der uns eigentlich erwarten soll.«

»*Well!* Ich werde dich zwingen. Wollen doch sehen, ob deine Glieder ebenso gefühllos sind wie diejenigen des Apachen.«

Er gab den drei Andern einen Wink; sie standen auf, faßten mich an und trugen mich dorthin, wo Winnetou lag. Dabei konnte ich für kurze Zeit bequem nach der Stelle sehen, an welcher wir gestern abend seine Augen erblickt hatten. Meine Ahnung war richtig: Dort lag ein Mensch versteckt. Um zu sehen, was mit mir geschah, schob er seinen Kopf ein Stück durch das Gezweig, und ich glaubte das Gesicht Rollins' zu erkennen.

Um es kurz zu machen, will ich nur sagen, daß ich auch krumm geschlossen wurde. So lag ich drei volle Stunden neben Winnetou, ohne daß wir ein leises Wort miteinander wechselten und unsern Peiniger einen Atemzug hören oder eine schmerzliche Miene sehen ließen. Von Viertelstunde zu Viertelstunde kam Santer und fragte, ob wir gestehen wollten; er bekam aber keine Antwort. Es galt, wer länger Geduld hatte, er oder wir. Ich wußte, daß Winnetou die Sachlage ebenso kannte und durchschaute wie ich.

Da, gegen Mittag, als Santer wieder einmal vergeblich gefragt hatte, setzte er sich zu seinen drei Gefährten und verhandelte leise mit ihnen. Nach kurzer Unterhaltung meinte er laut, so daß wir es hörten:

»Ich glaube auch, daß er sich noch in der Nähe versteckt hält, weil es ihm nicht gelungen ist, sein Pferd mit fortzunehmen. Durchsucht die Gegend doch einmal genau! Ich bleibe hier, um die Gefangenen zu bewachen.«

Er meinte Rollins. Daß er dies so laut sagte, ließ ihn durchschauen. Wenn man wirklich einen in der Nähe Versteckten fangen will, sagt man dies nicht so, daß er es hören kann oder gar hören muß. Die drei griffen zu ihren Waffen und entfernten sich. Da endlich flüsterte mir Winnetou leise zu:

»Ahnt mein Bruder, was geschehen wird?«

»Ja.«

»Sie werden Rollins fangen und herbeibringen.«

»Ganz gewiß. Man erwartet in ihm einen Gegner, und

dann wird und muß es sich herausstellen, daß er ein guter Bekannter von Santer ist. Er wird für uns bitten – – –«

»Und Santer wird uns nach dem notwendigen Zögern freigeben. Das wird genau so gemacht werden, wie in den großen schönen Häusern der Bleichgesichter, in denen man Theater spielt.«

»Ja. Dieser Santer ist natürlich kein Anderer als jener Pedlar, der sich jetzt Burton nennt, und Rollins hat uns ihm in die Hände führen müssen. Falls wir aber Old Firehands Versteck nicht verraten, müssen wir freigegeben werden, damit man uns heimlich folgen und es entdecken kann. Zu diesem Zwecke ist Rollins nicht hiergeblieben und soll nun scheinbar nachträglich noch ergriffen werden, um uns zur Freiheit zu verhelfen.«

»Mein Bruder denkt genau wie ich. Wenn Santer klug gewesen wäre, hätte er dies alles nicht nötig gehabt. Er konnte Rollins mit uns gehen lassen und dann von ihm erfahren, wo Old Firehand und natürlich auch wir zu finden sind.«

»Er hat voreilig gehandelt. Jedenfalls befand er sich bei den Okananda-Sioux, als sie Corners Settlement überfallen wollten. Er ist ihr Verbündeter, und Rollins, sein Gehilfe, machte den Spion. Als dieser hörte, wer wir waren, meldete er es Santer, und dieser beschloß, weil die Sioux uns nichts anhaben konnten, uns selbst zu überfallen. Rollins ritt mit uns; die drei andern Gehilfen mußten uns zu Fuße voran, und Santer selbst kam mit den Pferden hinterdrein. Dieser Plan wurde in der großen Freude, uns zu erwischen, viel zu schnell und gedankenlos entworfen. Diese Kerls haben dabei nicht in Berechnung gezogen, daß wir doch keine solchen Schurken sind, Old Firehands Versteck zu verraten. Da sie dies aber unbedingt finden und ausrauben wollen, müssen sie nun den begangenen Fehler dadurch gutmachen, daß sie uns wieder loslassen, um uns heimlich folgen zu können. Es ist sehr gut, daß wir diesem Rollins keine Beschreibung des Versteckes gegeben haben.«

Wir wechselten diese Mitteilungen, ohne die Lippen zu bewegen; Santer bemerkte also nicht, daß wir miteinander sprachen. Er saß übrigens halb von uns abgewendet und lauschte in den Wald hinein. Nach einiger Zeit ertönte da drin ein lauter Ruf und noch einer; eine zweite, eine dritte Stimme antwortete; dann folgte ein lauteres Geschrei, welches schnell näher kam, bis wir die drei Wartons aus dem Gebüsch treten sahen; sie hatten Rollins in der Mitte, der sich scheinbar sträubte, ihnen zu folgen.

»Bringt ihr ihn?« rief Santer ihnen entgegen, indem er aufsprang. »Habe ich es nicht gesagt, daß er sich noch in der Nähe befindet! Schafft den Kerl zu den beiden andern Gefangenen, und schließt ihn auch so krumm wie – – –«

Er hielt mitten in der Rede inne, machte eine Bewegung größter Ueberraschung und fuhr dann, wie vor Freude stotternd, fort:

»Wa–wa–was? We–wer ist denn das? Sehe ich recht, oder ist's nur eine Aehnlichkeit?«

Rollins stellte sich ebenso freudig erstaunt, riß sich von den Dreien los, eilte auf ihn zu und rief:

»Mr. Santer, Ihr seid es! Ist's die Möglichkeit? O, nun ist alles gut; nun wird mir nichts geschehen!«

»Geschehen? Euch? Nein, Euch kann nichts geschehen, Mr. Rollins. Also ich täusche mich nicht; Ihr seid der Rollins, den ich fangen wollte! Wer hätte das gedacht, daß ihr mit diesem Manne identisch seid! Ihr befindet Euch also jetzt bei Burton, dem Pedlar?«

»Ja, Mr. Santer. Es ist mir bald gut, bald schlecht ergangen; jetzt aber bin ich zufrieden. Grad auf dem jetzigen Ritte stehe ich im Begriffe, ein ausgezeichnetes Geschäft zu machen, leider aber wurden wir gestern abend von – – –«

Auch er brach seine Rede ab. Sie hatten sich wie gute Freunde, die sich lange nicht gesehen haben, in herzlicher Weise die Hände geschüttelt; jetzt machte er ein plötzlich betroffenes Gesicht, sah Santer wie verblüfft an und fuhr dann fort;

»Ja, wie ist es denn? Seid Ihr es etwa, der uns überfallen hat, Mr. Santer?«

»Allerdings.«

»Teufel! Ich werde von dem Manne, der mein bester Freund ist und mir verschiedene Male das Leben zu verdanken hat, angefallen! Was habt Ihr Euch dabei gedacht?«

»Gar nichts. Was konnte ich mir denken, da ich Euch nicht zu sehen bekommen habe? Ihr habt Euch doch schleunigst aus dem Staube gemacht.«

»Das ist freilich wahr. Ich hielt es für das Beste, zunächst mich in Sicherheit zu bringen, um dann diesen Gentlemen, zu denen ich gehöre, zur Flucht behilflich sein zu können. Darum bin ich nicht fort, sondern ich habe mich hier versteckt, um den geeigneten Augenblick abzuwarten. Aber was sehe ich! Sie sind gefesselt und noch dazu in einer solchen Weise? Das darf nicht sein; das kann ich unmöglich zugeben; ich werde sie losbinden!«

Er wendete sich uns zu, jedoch Santer ergriff ihn beim Arm und antwortete:

»Halt, was fällt Euch ein, Mr. Rollins! Diese Kerls sind meine ärgsten Todfeinde.«

»Aber meine Freunde!«

»Das geht mich nichts an. Ich habe eine Rechnung mit ihnen, die sie mit dem Leben bezahlen müssen; darum überfiel ich sie und nahm sie fest, freilich ohne zu ahnen, daß Ihr zu ihnen gehörtet.«

»Alle Wetter, ist das unangenehm! Eure Todfeinde? Und doch muß ich ihnen helfen! Ist es denn gar so viel, was Ihr gegen sie habt?«

»Mehr als genug, um ihnen zehnmal an den Hals zu gehen.«

»Aber bedenkt, wer sie sind!«

»Meint Ihr etwa, daß ich sie nicht kenne?«

»Winnetou und Old Shatterhand! Die bringt man nicht so mir nichts dir nichts um!«

»Grad weil es diese beiden sind, gibt es bei mir kein Erbarmen.«

»Ist das wirklich Euer Ernst, Mr. Santer?«

»Mein völligster und blutigster Ernst. Ich gebe Euch die Versicherung, daß sie verloren sind.«

»Selbst dann, wenn ich für sie bitte?«

»Auch dann.«

»Aber bedenkt, was Ihr mir zu verdanken habt. Ich habe Euch mehrere Male das Leben gerettet!«

»Das weiß ich sehr wohl und werde es Euch auch nicht vergessen, Mr. Rollins.«

»Wißt Ihr denn auch noch, was bei dem letzten Mal geschah?«

»Was?«

»Ihr schwurt mir zu, daß Ihr mir jeden Wunsch, jede Bitte erfüllen würdet.«

»Hm! Ich glaube, so sagte ich.«

»Wenn ich nun jetzt eine Bitte ausspreche?«

»Tut es nicht, denn in diesem Falle kann ich sie nicht erfüllen und möchte doch mein Wort nicht gern brechen. Hebt es lieber für später auf.«

»Das kann ich nicht. Ich habe hier Verpflichtungen, die mir heilig sind. Kommt also einmal her, Mr. Santer, und laßt mit Euch reden!«

Er nahm ihn beim Arme und zog ihn ein Stück fort, wo sie stehen blieben und, heftig gestikulierend, miteinander sprachen, ohne daß wir die Worte verstehen konnten. Sie führten die Spiegelfechterei so gut aus, daß sie uns wohl getäuscht hätten, wenn wir weniger fest überzeugt gewesen wären. Dann kam Rollins allein zu uns und sagte:

»Ich habe wenigstens die Erlaubnis bekommen, euch eure Lage etwas zu erleichtern, Mesch'schurs. Ihr seht und hört, welche Mühe ich mir gebe. Hoffentlich gelingt es mir doch noch, euch ganz frei zu bekommen.«

Er lockerte unsere Fesseln so weit, daß wir nicht mehr krumm gebunden waren, und kehrte dann wieder zu Santer zurück, um seine scheinbare Fürbitte auf das lebhafteste fortzusetzen. Nach längerer Zeit kamen beide zu uns, und Santer redete uns an:

»Es ist, als ob der Teufel euch beschützen wolle. Ich habe diesem Gentleman hier einst ein Versprechen gegeben, welches ich halten muß. Er beruft sich jetzt darauf und läßt sich nicht davon abbringen. Ich will ihm zuliebe die größte Dummheit meines Lebens begehen und euch freigeben, aber alles, was ihr bei euch habt, also auch eure Waffen, sind mein Eigentum.«

Winnetou sagte kein Wort, und ich antwortete ebensowenig.

»Nun? Ihr könnt wohl vor Erstaunen über meinen Edelmut nicht sprechen?«

Als auch hierauf keine Antwort erfolgte, meinte Rollins:

»Natürlich sind sie sprachlos über diese Gnade. Ich werde sie losbinden.«

Er griff nach meinen Banden.

»Halt!« sagte ich. »Laßt diese Riemen so, wie sie sind, Mr. Rollins!«

»Seid Ihr des Teufels? Warum denn?«

»Entweder alles oder gar nichts.«

»Wie meint Ihr das?«

»Die Freiheit ohne unsere Waffen und alles unser Eigentum mögen wir nicht.«

»Ist das möglich? Ist das zu denken?«

»Andere mögen anders denken, als wir; Winnetou und ich aber gehen ohne das, was ihnen gehört, nicht von der Stelle. Lieber tot als hören zu müssen, daß wir von unsern Waffen lassen mußten.«

»Aber seid doch froh, daß – – –«

»Schweigt!« unterbrach ich ihn. »Ihr kennt unsere Ansicht, die kein Mensch anders macht.«

»Tod und Hölle! Ich will euch retten und muß mich in dieser Weise abfahren lassen!«

Er zog Santer wieder mit sich fort, und zu der nun weiter folgenden Beratung wurden auch die Wartons zugezogen.

»Das hat mein Bruder recht gemacht,« flüsterte mir Winnetou zu. »Es ist gewiß, daß sie uns den Willen tun werden, denn sie meinen, daß sie später doch alles bekommen.«

Auch ich war davon überzeugt. Freilich mußte sich Santer noch längere Zeit scheinbar sträuben, endlich kamen sie alle herbei, und er erklärte:

»Ihr habt heut ein unmenschliches Glück. Mein Wort zwingt mich, etwas zu tun, was sonst Wahnsinn sein würde. Ihr werdet mich auslachen, aber ich schwöre es euch zu, daß ich es bin, der zuletzt lachen wird; das werdet ihr noch eher einsehen, als ihr jetzt für möglich haltet! Hört also jetzt, was wir ausgemacht haben!«

Er hielt inne, um dem, was zu folgen hatte, Nachdruck zu geben, und fuhr dann fort:

»Ich lasse euch für diesmal frei, und ihr behaltet alles, was euch gehört; aber ihr werdet bis zum Abend hier an diese Bäume gebunden, damit ihr uns nicht eher als von morgen früh an verfolgen könnt. Wir reiten jetzt fort, dorthin, woher wir gekommen sind, und nehmen Mr. Rollins mit, damit er euch nicht vor der Zeit losmachen kann. Wir lassen ihn aber so zurückkehren, daß er hier bei euch eintrifft, wenn es dunkel geworden ist. Ihm habt ihr euer Leben zu verdanken; seht, daß ihr quitt mit ihm werdet!«

Weiter sprach niemand. Wir wurden an zwei nebeneinander stehende Bäume befestigt; nachher band man unsere Pferde in der Nähe an, und hierauf wurde alles, was man uns abgenommen hatte, neben uns hingelegt. Wie froh war ich, daß sich die Waffen dabei befanden! Als dies geschehen war, ritten die fünf Kerle fort.

Wir blieben wohl eine Stunde lang still, nur beschäftigt, mit unsern Sinnen jedes Geräusch aufzunehmen und zu bestimmen. Dann sagte der Apache:

»Sie sind noch hier, um uns, wenn wir aufbrechen, gleich folgen zu können. Um nicht gesehen zu werden, lassen sie uns erst am Abend frei. Wir müssen Santer haben. Wie denkt mein Bruder, daß wir ihn am sichersten fangen?«

»Jedenfalls nicht so, daß wir ihn bis zu Old Firehand locken.«

»Nein. Er darf das Versteck gar nicht kennen lernen. Wir reiten die ganze Nacht hindurch und würden also am Abend in der ›Festung‹ ankommen; wir halten aber eher an. Rollins wird, hinter uns herreitend, ihnen heimlich Zeichen zurücklassen, denen sie folgen. Wenn die Zeit gekommen ist, machen wir ihn unschädlich und reiten eine kleine Strecke zurück, um sie auf unserer Fährte zu erwarten. Ist mein Bruder Shatterhand mit diesem Plane einverstanden?«

»Ja, er ist der beste, den es gibt. Santer ist überzeugt, uns zu bekommen, wir aber bekommen ihn.«

»*Howgh!*«

Er sagte nur dies eine Wort, aber in demselben klang eine tiefe, unendliche Befriedigung darüber, daß der so lange und vergeblich Gesuchte nun endlich, endlich in seine Hand gegeben sein sollte.

Der Tag kroch wie eine Schnecke dem Abende zu, aber es wurde schließlich doch finster, und da hörten wir auch bald den Hufschlag eines Pferdes. Rollins kam, stieg ab und machte uns von den Fesseln los. Es versteht sich ganz von selbst, daß er dabei nicht unterließ, sich als unser Retter in das hellste Licht zu stellen und uns weiszumachen, wie weit er mit unserm Todfeinde noch geritten sei. Wir taten, als ob wir ihm glaubten, und versicherten ihn unserer größten Dankbarkeit, hüteten uns aber sehr, dabei in überschwengliche Ausdrücke zu verfallen. Dann saßen wir auf und ritten langsam davon.

Er hielt sich selbstverständlich hinter uns. Wir hörten, daß er, um gute Spuren zu hinterlassen, sein Pferd öfters tänzeln ließ. Als dann der sichelförmige Mond am Himmel stand, konnten wir beobachten, daß er von Zeit zu Zeit zurückblieb, um einen Zweig abzureißen und auf den Weg zu werfen, oder sonst irgend ein Zeichen zurückzulassen.

Am Morgen wurde eine kurze Rast gemacht und zu Mittag wieder; diese letztere aber war länger, wohl drei Stunden lang. Wir wollten Santer, der erst am Morgen hatte folgen können, möglichst heranlassen. Hierauf ritten wir noch zwei Stunden weiter, bis wir ungefähr ebenso weit noch bis zur ›Festung‹ hatten. Nun war es Zeit, uns mit Rollins auseinanderzusetzen. Wir hielten an und stiegen ab. Das mußte ihm auffallen, und er fragte, indem er auch aus dem Sattel sprang:

»Warum anhalten, Mesch'schurs? Das ist nun heut zum drittenmal. Es kann doch nicht mehr weit zu Old Firehand sein. Wollen wir diese Strecke nicht vollends zurücklegen, anstatt hier noch ein Nachtlager zu machen?«

Winnetou, der sonst so Schweigsame, antwortete:

»Zu Old Firehand dürfen keine Schurken.«

»Schurken? Wie meint das der Häuptling der Apachen?«

»Ich meine, daß du einer bist.«

»Ich? Seit wann ist Winnetou so ungerecht und undankbar, seinen Lebensretter zu beschimpfen?«

»Lebensretter? Hast du wirklich geglaubt, Old Shatterhand und mich zu täuschen? Wir wissen alles, alles: Santer ist Burton, der Pedlar, und du bist sein Spion. Du hast ihnen während des ganzen Rittes Zeichen hinterlassen, damit sie uns und Old Firehands Versteck finden sollen. Du willst uns an Santer ausliefern und sagst, daß du unser Lebensretter seist. Wir haben dich beobachtet, ohne daß du es ahntest; nun aber ist unsere und auch deine Zeit gekommen; Santer mahnte uns, mit dir quitt zu werden; gut, wir rechnen mit dir ab!«

Er streckte die Hand nach Rollins aus. Dieser begriff die Situation schnell, wich zurück und schwang sich blitzschnell in den Sattel, um zu fliehen; ebenso schnell hatte ich sein Pferd beim Zügel und noch viel, viel schneller schwang sich Winnetou hinter ihm auf, um ihn beim Genick zu nehmen. Rollins sah in mir, weil ich sein Pferd hielt, den gefährlicheren Feind, zog sein Doppelpistol hervor, richtete es auf mich und drückte ab. Ich bückte mich nieder und zugleich griff Winnetou nach der Waffe; die beiden Schüsse gingen los, doch ohne mich zu treffen; einen Augenblick später flog Rollins, von Winnetou herabgeschleudert, vom Pferde; noch eine halbe Minute, und er war entwaffnet, gebunden und geknebelt. Wir befestigten ihn mit den Riemen, mit denen wir gefesselt gewesen waren, einstweilen an einen Baum und banden sein Pferd in der Nähe an. Später, nach der Ueberwältigung Santers, wollten wir ihn hier abholen. Dann stiegen wir wieder auf und ritten eine Strecke zurück, nicht auf unserer Spur, sondern parallel mit derselben, bis wir ein vorspringendes Gebüsch erreichten, an dessen anderer Seite unsere

Fährte vorüberführte und wo Santer also vorbei mußte. In dieses Gesträuch führten wir unsere Pferde und setzten uns nieder, um auf die zu warten, die es auf uns abgesehen hatten.

Sie mußten aus Westen kommen; nach dorthin streckte sich eine kleine, offene Prairie, so daß wir Santer also sehen konnten, ehe er unsern Hinterhalt erreichte. Nach unserer Berechnung konnte er nicht sehr weit hinter uns sein. Es war noch anderthalb Stunden Tag, und bis dahin, wahrscheinlich aber noch viel eher, mußte er uns eingeholt haben.

Wir saßen still nebeneinander, ohne ein Wort zu sprechen. Wie wir uns kannten und verstanden, war es nicht nötig, uns zu besprechen, in welcher Weise der Ueberfall auszuführen sei. Wir hatten unsere Lassos losgeschnallt; Santer und die drei Wartons waren uns sicher.

Aber es verging eine Viertelstunde, eine zweite und eine dritte, ohne daß unsere Erwartung sich erfüllte. Beinahe war die volle Stunde vorüber, da bemerkte ich drüben, auf der Südseite der erwähnten kleinen Prairie, einen sich sehr schnell vorwärts bewegenden Gegenstand, und zu gleicher Zeit sagte Winnetou, indem er nach derselben Gegend deutete:

»Uff! Ein Reiter dort drüben!«

»Allerdings ein Reiter. Das ist sonderbar!«

»Uff, uff! Er reitet Galopp, nach der Gegend zu, aus welcher Santer kommen muß. Kann mein Bruder die Farbe des Pferdes erkennen?«

»Es scheint ein Brauner zu sein.«

»Ja, es ist ein Brauner, und braun war ja Rollins' Pferd.«

»Rollins'? Unmöglich! Wie könnte der losgekommen sein?«

Winnetous Augen blitzten; sein Atem ging schneller, und die leichte Bronze seines Gesichts färbte sich dunkler, doch bezwang er sich und sagte ruhig:

»Noch eine Viertelstunde warten.«

Diese Zeit verging; der Reiter war längst verschwunden, aber Santer kam nicht. Da forderte mich der Apache auf:

»Mein Bruder mag schnell zu Rollins reiten und mir Nachricht von ihm bringen!«

»Aber wenn die vier Kerls inzwischen kommen!«

»So überwindet Winnetou sie allein.«

Ich zog mein Pferd aus dem Gebüsch und ritt zurück. Als ich nach zehn Minuten an die Stelle kam, wo wir Rollins an- und festgebunden hatten, war er fort und sein Pferd auch. Ich brauchte weitere fünf Minuten, um die Spuren, welche ich neu vorfand, genau zu untersuchen, und kehrte dann zu Winnetou zurück. Er fuhr wie eine Spannfeder auf, als ich ihm sagte, daß Rollins fort sei.

»Wohin?« fragte er.

»Santer entgegen, um ihn zu warnen.«

»Sahst du die Spur so liegen?«

»Ja.«

»Uff! Er wußte, daß wir fast auf unserer eigenen Fährte zurück sind, um Santer zu fangen, und hat sich ein wenig südlicher gehalten und einen kleinen Umweg gemacht, um nicht an uns vorüber zu müssen. Darum sahen wir ihn da drüben am Rande der Prairie. Aber wie ist er losgekommen? Sahst du keine Spur davon?«

»O doch. Es ist ein Reiter von Osten gekommen und bei ihm abgestiegen; dieser hat ihn losgemacht.«

»Wer mag das gewesen sein? Ein Soldat aus Wilkes Fort?«

»Nein. Die Fußstapfen waren so groß, daß sie nur von den uralten, riesigen Indianerstiefeln unsers Sam Hawkens herrühren können. Auch meine ich, in den Spuren seines Tieres diejenigen der alten Mary erkannt zu haben.«

»Uff! Vielleicht ist es noch Zeit, Santer zu fassen, obgleich er gewarnt worden ist. Mein Bruder Shatterhand mag kommen!«

Wir stiegen auf die Pferde, gaben ihnen die Sporen und flogen davon, nach Westen zu, immer auf unserer Fährte. Winnetou sagte kein Wort, doch in seinem Innern war Sturm. Dreimal wehe über Santer, wenn er ihn noch ergriff!

Die Sonne war schon hinter dem Horizonte verschwunden. In fünf Minuten hatten wir die Prairie hinter uns; drei

Minuten später kam die Spur des entflohenen Rollins von links herüber und vereinigte sich mit der unserigen; nach abermals drei Minuten erreichten wir die Stelle, wo Rollins auf Santer und die drei Wartons getroffen war. Sie hatten sich nur einige Augenblicke verhalten, um Rollins' Meldung zu hören, und waren dann schleunigst umgekehrt. Hätten sie das auf derselben Fährte getan, so wären wir ihnen, da wir dieselbe kannten, trotz der hereinbrechenden Dunkelheit gefolgt; aber sie waren so klug gewesen, von derselben abzuweichen und eine andere Richtung einzuschlagen. Da uns diese unbekannt war, mußten wir, als es noch dunkler wurde, von der Verfolgung absehen, weil die Fährte nicht mehr zu erkennen war. Winnetou wendete, ohne auch diesmal ein Wort zu sagen, sein Pferd, und wir galoppierten zurück. Ostwärts ging es wieder, erst an der Stelle vorüber, wo wir auf Santer gewartet hatten, und dann an derjenigen, wo Rollins von uns gebunden worden war. Wir ritten nach der ›Festung‹. Santer war uns abermals entgangen, ob nur für heut, oder für immer? Die Verfolgung mußte morgen früh, sobald seine Spur zu erkennen war, aufgenommen werden, und es stand zu erwarten, daß Winnetou sich bis zur äußersten Möglichkeit an dieselbe hängen werde.

Der Mond ging eben auf, als wir die Nähe des Mankizila erreichten und in die Schlucht kamen, wo im Cottongesträuch die Schildwache zu stehen pflegte. Sie war auch heut abend da und rief uns an. Auf unsere Antwort bemerkte der Mann:

»Dürft es nicht übel deuten, daß ich so scharf fragte. Müssen heut vorsichtiger sein als sonst.«

»Warum?« fragte ich.

»Scheint hier herum etwas los zu sein.«

»Was?«

»Weiß es nicht genau. Muß sich aber etwas ereignet haben, denn der kleine Mann, Sam Hawkens heißt er wohl, hielt eine lange Predigt, als er heimkam.«

»Er war also fort?«

»Ja.«

»Noch jemand?«

»Nein; er allein.«

Es war also richtig, daß der sonst so kluge Sam die Dummheit begangen und Rollins befreit hatte.

Als wir durch die Enge und das Felsentor geritten waren und in die Festung kamen, war das Erste, was wir erfuhren, daß sich das Befinden Old Firehands verschlimmert hatte. Es war zwar keine Gefahr vorhanden, aber ich erwähne es, weil dieser Zufall mich von Winnetou trennte.

Dieser warf seinem Pferde die Zügel über und ging nach dem Lagerfeuer, an welchem Sam Hawkens, Harry und der Offizier von Wilkes Fort bei Old Firehand saßen, welcher in weiche Decken gehüllt war.

»Gott sei Dank! – Wieder da!« begrüßte uns der Letztere mit matter Stimme. »Habt ihr den Pedlar gefunden?«

»Gefunden und wieder verloren,« antwortete Winnetou. »Mein Bruder Hawkens ist heute fort gewesen?«

»Ja, ich war draußen,« antwortete der Kleine ahnungslos.

»Weiß mein kleiner, weißer Bruder, was er ist?«

»Ein Westmann, wenn ich mich nicht irre.«

»Nein, kein Westmann, sondern ein Dummkopf, wie Winnetou einen so großen noch nie gesehen hat und auch niemals sehen wird. Howgh!«

Mit diesem Beteuerungsworte drehte er sich um und ging fort. Dieser Ausspruch des sonst so ruhigen und sogar zarten Apachen erregte natürlich Aufsehen; der Grund ward aber allen leicht begreiflich, als ich mich niedersetzte und erzählte, was wir erlebt hatten. Santer gefunden und doch wieder entkommen! Das war ein Ereignis, wie es gar kein bedeutenderes geben konnte. Der kleine Sam war außer sich; er gab sich alle möglichen ehrenrührigen Namen; er fuhr und wühlte sich mit beiden Händen in seinem Bartwalde herum, doch ohne Trost zu finden; er riß sich die Perücke vom Kopfe und quetschte sie in die verschiedensten unmöglichen Gestalten, wurde aber auch dadurch nicht beruhigt; da warf er sie zornig zu Boden und rief aus:

»Winnetou hat recht, vollständig recht: ich bin der größte Dummkopf, das albernste Greenhorn, das es geben kann, und werde bis an das Ende meiner Tage so dumm bleiben.«

»Wie konnte es nur geschehen, daß dieser Rollins losgekommen ist, lieber Sam?« fragte ich ihn.

»Eben nur durch diese meine Dummheit. Ich hörte zwei Schüsse fallen und ritt der Gegend zu, wo sie ertönten. Dort traf ich einen an einen Baum gebundenen Menschen und ein daneben angehängtes Pferd, wenn ich mich nicht irre. Ich fragte ihn natürlich, wie er in diese Lage gekommen sei, und er gab sich für den Pedlar aus, der Old Firehand aufsuchen wolle; er sei von Indianern überfallen und hier angefesselt worden, sagte er.«

»Hm! Ein Blick auf die Spuren mußte doch zeigen, daß von Indianern keine Rede war!«

»Ist richtig; aber ich hatte meinen schwachen Tag, und da machte ich ihn los. Ich wollte ihn hierher bringen; er aber sprang auf sein Pferd und jagte in ganz entgegengesetzter Richtung davon. Es wurde mir unheimlich, zumal der Indsmen wegen, von denen er gesprochen hatte, und so hielt ich es für das Beste, schleunigst hierher zu reiten und zur Vorsicht zu mahnen, wenn ich mich nicht irre. Ich möchte mir vor Aerger alle Haare einzeln ausreißen, aber auf dem Kopfe habe ich keine, und daß ich mir meine Perücke damit verderbe und schimpfiere, das macht die Sache auch nicht anders. Aber morgen mit dem frühesten werde ich die Fährte dieser Kerls aufsuchen und nicht eher von ihr lassen, als bis ich sie alle gefangen und ausgelöscht habe!«

»Mein Bruder Sam wird das nicht tun,« ließ sich da Winnetou hören, welcher wieder in die Nähe gekommen war. »Der Häuptling der Apachen wird dem Mörder allein folgen; seine weißen Brüder müssen alle hier bleiben, denn es ist möglich, daß Santer doch noch nach der ›Festung‹ sucht, um sie auszurauben; da sind kluge und tapfere Männer zur Verteidigung nötig.«

Später, als man sich über das Ereignis einstweilen beruhigt hatte und schlafen ging, suchte ich nach Winnetou. Sein Pferd weidete am Wasser, und er hatte sich in der Nähe in das Gras gestreckt. Als er mich kommen sah, stand er auf, ergriff meine Hand und sagte:

»Winnetou weiß, was sein lieber Bruder Scharlieh zu ihm sagen will; du möchtest mit mir fort, um Santer zu fangen?«

»Ja.«

»Das darfst du nicht. Die Schwäche Old Firehands hat sich gesteigert; sein Sohn ist noch ein Kind; Sam Hawkens wird alt, wie du heut gesehen hast, und die Soldaten aus dem Fort müssen als Fremdlinge betrachtet werden. Old Firehand braucht dich nötiger als ich. Ich jage Santer allein und bedarf dazu keiner Hilfe. Wie aber, wenn er, während ich nach ihm suche, Gesindel an sich zieht und hier einbricht? Beweise mir dadurch deine Liebe, daß du Old Firehand beschützest! Willst du diesen Wunsch deines Bruders Winnetou erfüllen?«

Es wurde mir schwer, in die Trennung von ihm zu willigen, doch drang er so lange in mich, bis ich es tat; er hatte recht: Old Firehand bedurfte meiner nötiger als er. Aber ein Stück begleiten mußte ich ihn. Noch schien der Morgenstern hell, so ritten wir miteinander hinaus in den Wald, und grad als es tagte, hielten wir an der Stelle, wo wir von der neuen Fährte Santers umgekehrt waren. Für das scharfe Auge des Apachen war sie noch zu erkennen.

»Hier scheiden wir,« sagte er, indem er sich auf seinem Pferde zu mir herüberbeugte und den Arm um mich schlang, »der große Geist gebietet, daß wir uns jetzt trennen; er wird uns zur rechten Zeit wieder zusammenführen, denn Old Shatterhand und Winnetou können nicht geschieden sein. Mich treibt die Feindschaft fort, dich hält die Freundschaft hier; die Liebe wird mich wieder mit dir vereinigen. Howgh!«

Ein Kuß für mich, ein lauter, gellender Zuruf an sein Pferd, und er jagte davon, daß sein langes, herrliches Haar wie eine

Mähne hinter ihm herwehte. Ich blickte ihm nach, bis er verschwand.

Wirst du den Feind erjagen? Wann sehe ich dich wieder, du lieber, lieber Winnetou? – – –

Schluß des 2. Bandes.

KARL MAY (1842–1912), der meistgelesene Erzähler der deutschen Literatur, seit 100 Jahren von gleicher Faszination für Jugendliche und Erwachsene, »vertritt mit seinen grellen, knalligen Werken einen Typus von Dichtung, der unentbehrlich und ewig ist« (Hermann Hesse). Sein umfangreiches Werk, nach seinem Tode vielfältig durch Bearbeitungen entstellt, erscheint hier in einer zuverlässigen Ausgabe, die nach den strengen Prinzipien der historisch-kritischen Edition angelegt ist, die bestüberlieferte Textgestalt bietet und diese nach Stil und Orthographie in ihrer vollen Zeitgebundenheit erhält. Sie dokumentiert damit die Spannweite einer literarischen Entwicklung, die vom unterhaltenden Trivialroman über die berühmten Reiseerzählungen bis zu den psychologisch-mystischen Büchern der Alterszeit reicht. »Fast alles ist nach außen gebrachter Traum der unterdrückten Kreatur, die großes Leben haben will ...« (Ernst Bloch).